# Kenia · Tansania

Daniela Eiletz-Kaube, Sabine Jorke, Steffi Kordy

DUMONT **RICHTIG REISEN**

# Inhalt

## Wissenswertes über Kenia und Tansania

## Wissenswertes für die Reise

# Unterwegs in Kenia und Tansania

# Inhalt

## Kapitel 3 Kenias Süden und die Küste

## Kapitel 4 Tansanias Küste, Sansibar, Pemba und Mafia

## Kapitel 5 Tansanias Norden

# Inhalt

# Themen

# Alle Karten auf einen Blick

Massai beim traditionellen Tanz

# Wissenswertes über Kenia und Tansania

# Diesseits von Eden – Willkommen in Ostafrika

**Eine Reise durch Kenia und Tansania gleicht einer Safari in den Garten Eden. Hier liegt es nicht fern, an Noahs Arche zu glauben, deren einzigartige Tierfracht sich über die riesigen Savannenlandschaften ausbreiten konnte. Gleichzeitig vermuten Paläontologen hier die Wiege der Menschheit. Wer Ostafrika besucht, darf sich auf eine erfrischende Mischung aus üppiger Natur und faszinierenden Kulturen freuen.**

»Ostafrika ist eine ›Infektion‹: Wer einmal dort war, möchte immer wieder hinfahren«, so schwärmte schon der Direktor des Frankfurter Zoos, Prof. Bernhard Grzimek. Die einzigartigen Nationalparks sind für Naturliebhaber zweifellos das Paradies. Hier können Safari-Reisende Löwen, Nashörner, Affen und Leoparden hautnah in ihrem natürlichen Lebensraum, der afrikanischen Savanne, beobachten. Als Kontrastprogramm locken korallenweiße Strände und schneebedeckte Vulkanberge. Oder aber das Miteinander von Tradition und Moderne wie im Großstadtdschungel Nairobi, wo Speer tragende Massai mit Handy zur Alltagsszenerie gehören.

Wer das Abenteuer liebt, den locken Safaris in das Königreich der Tiere, beispielsweise zu den Löwen in die Serengeti oder zu den Schimpansen in die Mahale Mountains. Wer hoch hinaus will, dem blinkt schon von weitem die vom ewigen Eis gekrönte Kuppe des majestätischen Kilimanjaro entgegen. Ein Spaziergang durch die historische Altstadt von Mombasa spiegelt die Geschichte der Seefahrer, Abenteurer und Entdecker wider. Das gemeinhin als Gewürzinsel bekannte Sansibar bietet einen kulinarischen Streifzug durch die Küchen Asiens, Europas und Afrikas. Historisch Interessierte können zudem die Spuren der Menschheit bis zu ihrem Ursprung zurückverfolgen, denn die ›Wiege der Menschheit‹ soll am Turkana-See im Norden Kenias stehen. Von hier aus verbreitete sich

der Mensch im Lauf der Jahrtausende über den Erdball, der Homo erectus hinterließ 3,7 Mio. Jahre alte Fußspuren in der Laetoli-Schlucht in Tansania. Allein in Ostafrika bilden heute rund 200 verschiedene Ethnien ein buntes Völkermosaik.

Geologen können noch tiefer in die Vergangenheit graben, denn die spannende Erdgeschichte lässt sich wie in einem aufgeschlagenen Buch am gigantischen Ostafrikanischen Grabenbruch ablesen. Hier stoßen massive Erdplatten aufeinander, die vor Jahrmillionen Gebirge, Vulkane, große Ebenen und sodahaltige Seen hervorgebracht hatten. Zu diesen Seen, die wie Perlen in Rosa-, Grün- und Blautönen schimmern, gehören der rosarote Magadi-See und der Victoriasee, der als zweitgrößter Süßwassersee der Welt quasi das Mittelmeer Ostafrikas bildet.

Die Vulkane, in denen sich die feurige Kraft der tektonischen Spannungen entlud, haben sich nach jahrhundertelanger Aktivität mit wenigen Ausnahmen schlafen gelegt. Die beiden bekanntesten sind Mt. Kenya (der Namensgeber des gleichnamigen Landes) und Mt. Kilimanjaro, der sechs Kilometer (!) hoch in den Himmel ragt und dessen schmelzende Schneekuppe für viele zum Symbol des Treibhauseffekts geworden ist.

Es war der ›Schnee am Äquator‹, der seinerzeit die europäischen Entdecker neugierig auf Ostafrika gemacht hatte. Die tropische Vegetation und das ideale Klima zum Anbau von lukrativen Sonderkulturen wie Kaffee oder Tee brachten kurz darauf Siedler aus Europa nach Ostafrika. Die unterschiedlichen Landschafts- und Klimazonen bedingen, dass in Ostafrika nahezu alle auf der Welt bekannten Vegetationszonen vertreten sind; ob Heidekraut oder Kokospalmen, Teeplantagen oder Usambaraveilchen – Kenia und Tansania muten an wie ein Garten Eden.

Die heutigen Besucher kommen aber vor allem wegen der unschlagbaren Kombination von Abenteuer-, Natur- und Wellnessurlaub nach Ostafrika. Der größte Trumpf ist die faszinierende Tierwelt. Forscher zählen mehrere Tausend Wild- und Wassertiere und etwa 1300 verschiedene Vogelarten (rund viermal so viele wie in Westeuropa)! Die Großen Fünf: Elefant, Büffel, Giraffe, Nashorn und Löwe, die außer in Kenia und Tansania nur noch in wenigen Regionen des südlichen Afrika existieren, sind hier in vergleichsweise vielen Naturschutzgebieten zu Hause – allen voran im Ngorongoro-Krater, in Serengeti und Masai Mara mit ihren unendlich wirkenden Weiten.

Nicht immer funktioniert das Nebeneinander von Zivilisation und Tierwelt vollkommen reibungslos – kein Paradies ist ohne Fehler: Die wachsende Bevölkerung, der zunehmende Siedlungs- und Anbaubedarf der Menschen und die Freiheit der Tiere stehen oft im Konflikt. Denn die Tiere halten sich nicht an die vom Menschen gesetzten Grenzen. Zum Glück besteht zwischen Kenia und Tansania eine freie Migrationszone für Tiere, die man bei der atemberaubenden Großen Wanderung (Migration) der Gnus beobachten kann. Abertausende von Gnus, Zebras, Büffel und ihre Jäger ziehen in kilometerlangen Trecks von der Masai Mara in Kenia in die tansanische Serengeti auf der Suche nach Wasser und frischem Gras. Ähnlich ziehen Flamingos ihre Kreise. Delfine springen munter entlang der ostafrikanischen Küste, und es ist eine Lust, ihnen von einem Boot aus zuzusehen.

Wer bei dieser Vielseitigkeit nicht von Ostafrika ›infiziert‹ ist, dem kann kein Professor der Welt mehr helfen: »Heia Safari«!

**Ostafrikas Faszination: Die reiche Tierwelt**

# Steckbrief Kenia

## Daten und Fakten

**Name:** Republic of Kenya
**Fläche:** 582 646 km$^2$

**Hauptstadt:** Nairobi
**Amtssprache:** Englisch (weitere Sprachen:
Kiswahili, Luo, Maa u. a.)
**Einwohner:** ca. 34 Mio. (2006)
**Bevölkerungswachstum:** 2,2 %
**Lebenserwartung:** 49 Jahre
**Analphabetenrate:** 15 %
**Währung:** Kenya Schilling (KSh):
1 € = 86 KSh (Inflation 2006: 10 %)
**Zeit:** MEZ plus 2 Stunden

**Landesvorwahl:** +254
**Internet-Kennung:** .ke

**Landesflagge:** Die Flagge Kenias besteht
aus drei waagerechten Streifen und einem
Massai-Schild in der Mitte. Die drei Streifen

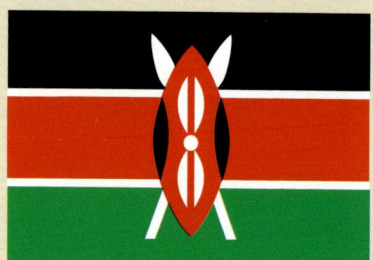

symbolisieren das schwarze Volk (schwarz),
das vergossene Blut im Unabhängigkeits-
kampf (rot) und die Natur des Landes (grün).
Die weißen Trennlinien zwischen den Balken
stehen für den Frieden und die Einheit der
Völker Kenias. Das Massai-Schild mit den ge-
kreuzten Speeren steht für den wehrhaften
Freiheitswillen und Kenias Unabhängigkeit.
Die Flagge wurde am 12. Dezember 1963,
dem Tag der Unabhängigkeit von Großbritannien, zum ersten Mal gehisst.

## Geografie

Kenia liegt zwischen 24° und 42° östlicher
Länge sowie zwischen 5° nördlicher und 5°
südlicher Breite; der Äquator teilt Kenia also
fast genau in der Mitte. Die Umrisse des Landes erinnern an ein Fünfeck (vergleichbar in
Form und Größe mit Frankreich), das im Norden an Somalia, Äthiopien und den Sudan,
im Westen an Uganda und im Süden an Tansania grenzt. Im Osten bilden die 500 km
lange Küste des Indischen Ozeans und im
Südwesten der riesige Victoriasee natürliche
Grenzen. Durch die gesamte Länge Westkenias zieht sich der gewaltige Ostafrikanische
Grabenbruch mit einer Reihe von Salzwasserseen und Vulkanbergen, von denen der
höchste mit 5199 m der Mt. Kenya ist.

**Naturschutzgebiete:** 20 National Parks, 25
National Reserves, 4 Sanctuaries, 6 Marine
Parks und Marine Reserves auf ca. 12 % der
Landesfläche

## Geschichte

Paläontologen nehmen an, dass im heutigen
Staatsgebiet Kenias, an der Grenze zu Äthiopien, vor fast 16 Mio. Jahren die Wiege der
Menschheit stand. Die heutigen Staatsgren-
zen wurden im Jahr 1884 auf der Kongokonferenz in Berlin festgelegt. Danach regierten
die Briten rund 80 Jahre lang die Kolonie British East Africa. Seit 1950 begann mit dem
Mau-Mau-Aufstand ein blutiger Kampf gegen
das Joch der Kolonialherrschaft, der schließlich 1963 zur Unabhängigkeit Kenias führte.

## Staat und Politik

Mit der Unabhängigkeit erlangte Kenia den Status einer präsidialen Republik. Die Kenia African National Union (KANU) regierte das Land von 1963 bis 2002. Auf Druck der Vereinten Nationen fand 1992 die erste demokratische Wahl statt, bei der erstmals ernst zu nehmende Oppositionsparteien auf der Liste standen. 2002 gewann die Regenbogenpartei (NARC) die Wahl und seitdem leitet Mwai Kibaki die Geschicke des Landes. Der Wahlturnus beträgt fünf Jahre mit beliebig vielen Regierungsperioden des Präsidenten.

Kenia ist unterteilt in den Hauptstadtdistrikt Nairobi (gleichzeitig Regierungssitz) und die sieben Provinzen Coast (Hauptstadt Mombasa), North Eastern (Garissa), Eastern (Embu), Central (Nyeri), Rift Valley (Nakuru), Western (Kakamega) und Nyanza (Kisumu). Die Provinzen zerfallen in insgesamt 40 Distrikte. Die Verwaltungsstruktur ist zentralistisch, die wichtigste Verwaltungsebene nach der Zentralregierung ist der Distrikt. Kenia ist Mitglied im Commonwealth und der East African Cooperation (EAC).

## Wirtschaft und Tourismus

Landwirtschaft und Bergbau tragen mit 25 % zum Bruttoinlandsprodukt (BIP) bei. Wichtigste landwirtschaftliche Produkte sind Kaffee, Tee, Blumen, Gemüse, Obst, wichtigste Abbauprodukte Bauxit und Zement. Der Anteil der Industrie am BIP beträgt 19 %, es werden vor allem Textilien, Zement, Brenn- und Schmierstoffe hergestellt, Kraftfahrzeuge montiert sowie Nahrungs- und Genussmittel produziert. 56 % nimmt der Dienstleistungssektor ein. Hier spielt neben dem Beamtenapparat und den Bereichen Presse- und Finanzwesen insbesondere der Tourismus eine entscheidende Rolle. Mit Einnahmen von nahezu 690 Mio. US-$ (2005) ist er der bedeu-

tendste Devisenbringer. Die Tourismuszahlen erreichten ihren Höhepunkt in den 1970er- und 1980er-Jahren und gingen aufgrund gewalttätiger Ausschreitungen und Terroranschläge Ende der 1990er-Jahre enorm zurück. Daraufhin mussten viele Hotels und touristische Einrichtungen schließen. Inzwischen scheinen sich die Touristenzahlen wieder erholt zu haben, obschon sich Tansania und Südafrika zu ernsthaften Konkurrenten entwickelt haben. Das Pro-Kopf-Einkommen lag 2006 bei 460 US-$, wobei etwa die Hälfte der Bevölkerung unter der Armutsgrenze lebt. Die Arbeitslosenrate liegt bei 40 %, wobei diese Zahl weder den informellen *jua-kali*-Sektor (das Heer der fliegenden Händler) berücksichtigt noch die Subsistenzler, die sich durch den Anbau von Lebensmitteln zum Teil selbst versorgen können. Das Einkommensgefälle zwischen Arm und Reich ist enorm hoch.

## Bevölkerung und Religion

Rund drei Viertel der Bevölkerung leben auf dem Land und sind in der Landwirtschaft tätig. Insgesamt gibt es in Kenia etwa 50 verschiedene Ethnien (zu den bevölkerungsreichsten Ethnien zählen die Kikuyu, die Massai, die Luo, die Kamba und die Mijikenda). Die großen Städte sind ethnische Schmelztiegel, allen voran die Hauptstadt Nairobi mit fast 3 Mio. und Mombasa mit etwa 670 000 Einwohnern.

Die Lebenserwartung auf dem Land ist geringer als in den Städten (Landesdurchschnitt: Männer 50 Jahre, Frauen 48 Jahre); 45 % der Kenianer sind unter 15 Jahre alt. Das Bevölkerungswachstum ist in den letzten Jahren von 3 auf 2,2 % gesunken.

Rund 40 % der Bevölkerung sind Protestanten; etwa 30 % bekennen sich zur katholischen Kirche, rund 23 % zu anderen (Natur-)Religionen und 6 % zum Islam.

# Steckbrief Tansania

## Daten und Fakten

**Name:** United Republic of Tanzania
**Fläche:** 945 087 km²
**Hauptstadt:** Dodoma
(inoffiziell: Dar-es-Salaam)
**Amtssprache:** Kiswahili
**Einwohner:** ca. 37 Mio. (geschätzt 2006)
**Bevölkerungswachstum:** 1,83 % (2006)
**Lebenserwartung:** 45 Jahre
**Analphabetenrate:** 20 %

**Währung:** Tansanischer Schilling (TSh):
1 € = 1,75 TSh (Inflation 2006: 4 %)
**Zeit:** MEZ plus 2 Stunden
**Landesvorwahl:** +255
**Internet-Kennung:** .tz

**Landesflagge:** Die Flagge Tansanias symbolisiert das Land (grün), das Wasser (blau), die Bodenschätze (gelb) und die Menschen (schwarz). Sie kombiniert die Flaggen Sansibars und Tanganyikas, die sich 1964 zur Republik Tansania zusammenschlossen.

## Geografie

Tansania liegt zwischen 29° und 40° östlicher Länge und 1° und 12° südlicher Breite. Das Land ist fast dreimal so groß wie die Bundesrepublik Deutschland.

Im Osten bildet der Indische Ozean mit den vorgelagerten Inseln Sansibar, Pemba und Mafia eine natürliche Grenze. Abgesehen von der 15–70 km breiten, flachen Küstenzone liegt der größte Teil des Staatsgebiets auf einem 1000–1500 m hohen Plateau. Im Norden wie auch entlang der gesamten Westgrenze durchziehen mehrere Arme des Rift Valley mit einer Reihe von Seen dieses Plateau. Es wird darüber hinaus von zahlreichen vulkanischen Bergen gesäumt. Dazu zählen der majestätische Mt. Kilimanjaro – mit 5892 m Afrikas höchster Berg –, gleich in seiner Nachbarschaft, der Mt. Meru (4566 m) sowie die 25 Mio. Jahre alte Bergkette, bestehend aus den Uluguru, Usambara und Pare Mountains.

## Geschichte

Bis zum Zusammenschluss zur Vereinigten Republik Tansania 1964 gingen das Festland Tanganyika und der Inselstaat Sansibar verschiedene Wege. Tanganyika stand um die Jahrhundertwende zum 20. Jh. als Deutsch-Ostafrika unter dem ›Schutz‹ des Deutschen Reiches, nach dem Ersten Weltkrieg unter britischer Verwaltung und erlangte am 9. Dezember 1961 die Unabhängigkeit. Sansibar wurde am 10. Dezember 1963 von den Briten unabhängig. Die neu errichtete konstitutionelle Monarchie mit einem Sultan an der Spitze hatte nur kurze Zeit Bestand. Schon nach wenigen Wochen kam es zum Sturz des Sultanats, und Abeid Karume erklärte Sansibar zur Volksrepublik. Drei Monate später, am 26. April 1964, schlossen sich Sansibar und Tanganyika zur United Republic of Tanzania zusammen – mit dem charismatischen Julius Nyerere als Präsident und Abeid Karume als Vizepräsident.

## Staat und Politik

Nyerere verkündete 1967 die Arusha-Deklaration, die die Ära des Afrikanischen Sozialismus einleitete. Nachdem sich die wirtschaftliche Misere dieses Modells abzeichnete, legte Nyerere 1985 sein Präsidentenamt nieder und ebnete für seinen Nachfolger Ali H. Mwinyi den Weg in eine liberale Marktwirtschaft. Auf internationalen Druck hin fanden 1995 die ersten demokratischen Wahlen statt. Neben der bis dahin regierenden Revolutionspartei (CCM) standen eine Reihe weiterer Parteien zur Wahl. Doch bis heute konnten sich die Kandidaten der CCM bei den Wahlen jeweils durchsetzen. Derzeitiger Präsident ist Jakaya Kikwete, sein Stellvertreter Ali M. Shein aus Sansibar. Laut Verfassung stellen stets die Wahlgewinner vom Festland und Sansibar das Führungsteam. Tansania ist eine föderative Präsidialrepublik. Das Festland ist aufgeteilt in 22 Verwaltungsbezirke, die durch die Zentralregierung verwaltet werden. Der Teilstaat Sansibar wählt ein eigenes Parlament und eine eigene Regierung, die außer für die Steuer-, Außen- und Verteidigungspolitik für sämtliche Belange zuständig ist. International ist das Land Mitglied im Commonwealth, der UN und der East African Cooperation (EAC).

## Wirtschaft und Tourismus

Die wichtigsten Standbeine der Ökonomie sind Landwirtschaft und Bergbau. Sie bringen etwa 80 % der Exporterlöse ein (46 % des BIP). Kaffee, Tee, Baumwolle, Sisal, Obst, Gewürznelken und Tabak gehören zu den Hauptexportgütern. Tansania verfügt über große Kapazitäten an Bodenschätzen, z. B. Erdgas, Kohle, Diamanten, Tanzanit, Phosphate, Salze und Gold, die jedoch bislang noch nicht intensiv genutzt werden. Wichtige Industriezweige sind die Verarbeitung und Verpackung von Nahrungsmitteln, Tabak-, Textil-, Zementproduktion sowie die Verwertung von ausrangierten Autos aus Industrieländern. Viele Güter müssen eingeführt werden. Zu den größten wirtschaftlichen Wachstumssektoren gehört der Tourismus, der sich seit 1995 zu einem wichtigen Devisenbringer entwickelt hat. Hier wurde in den letzten zehn Jahren enorm investiert und die Anzahl von Besuchern lag 2006 bei geschätzten 750 000 mit Einnahmen von 750 Mio. US-$. Die Zahl der im Tourismus Beschäftigten verdoppelte sich bis 2006 auf über 200 000. Heute findet man eine gute Auswahl an Unterkünften, und die touristische Infrastruktur insbesondere in Nordtansania ist für afrikanische Verhältnisse gut ausgebaut.

Vor allem die Öffnung für den Tourismus und die graduelle Privatisierung mit Raum für internationale Investitionen halfen dem Land seit 1990 zu einem Wachstum des BIP von über 6 %. Auch die einst hohe Inflation von über 20 % hat sich zwischenzeitlich bei 4 % eingependelt. Der IWF zählte Tansania 2004 zu den zehn am schnellsten wachsenden Volkswirtschaften Afrikas. Trotzdem gehört es immer noch zu den ärmsten Ländern der Welt mit einem jährlichen Pro-Kopf-Einkommen von im Schnitt 290 US-$ (2005), 33 % der Tansanier leben unter der Armutsgrenze.

## Bevölkerung und Religion

In Tansania leben 136 Ethnien; zu den größeren zählen Sukuma, Gogo, Swahili, Chagga, wobei kein Volk dominant ist. Etwa drei Viertel der Tansanier leben auf dem Land, die Stadtbevölkerung konzentriert sich in Dar-es-Salaam. Etwa ein Drittel der Tansanier bekennt sich zum Christentum, ca. 35 % zum Islam (Teilstaat Sansibar: nahezu 100 % Muslime). Die Übrigen sind Anhänger von Naturreligionen.

# Natur und Umwelt

Es ist, als hätte sich das gesamte Kaleidoskop der Natur in Ostafrika ausgebreitet. Nirgendwo sonst auf der Erde gibt es eine solche Fülle von Tieren und Pflanzen. Zwischen Meer und Moos, Gebirge und Gletscher, Savanne und Strand trifft der Reisende auf eine Artenvielfalt, die von 1000 Jahre alten Affenbrotbäumen bis zu ebenso alten Korallenriffen reicht, von Affenhorden über Löwenrudel bis zu Zebraherden.

## Naturraum Ostafrika

Zum geografischen Raum Ostafrika zählen neben den Staaten Kenia und Tansania auch Uganda, Ruanda, Burundi, das südliche Äthiopien, Somalia sowie das nördliche Sambia, Mosambik und Malawi. Erst mit der Aufteilung des afrikanischen Kontinents durch die Kolonialmächte Ende des 19. Jh. wurden die heutigen Landesgrenzen festgelegt. Sie verlaufen wie mit dem Lineal gezogen, natürliche Grenzen wie Flüsse, Seen, Gebirge wurden kaum berücksichtigt. So kommt es, dass ein Teil des Kilimanjaro in Kenia liegt, der Gipfel allerdings in Tansania. Der Malawi-See (oder Lake Nyasa) gehört ganz zu Malawi, während die Grenze zwischen Tansania, Sambia und der Demokratischen Republik Kongo mitten durch den Tanganyika-See verläuft. Den riesigen Victoriasee teilen sich Uganda, Kenia und Tansania zu unterschiedlich großen Abschnitten. Diese Grenzen trennen nicht nur landschaftlich zusammenhängende Regionen, sondern auch ethnisch verwandte Volksgruppen voneinander. So müssen Angehörige der Massai oder der Luo, um ihre Verwandten zu besuchen, ihre Pässe an den Grenzen vorzeigen.

Die Landschaftsräume von Kenia und Tansania gliedern sich topografisch in drei große Bereiche: die Küstenregion, die Inselwelt und das Hinterland, wozu der Ostafrikanische Grabenbruch, das Hochland, die ausgedehnten Plateaulandschaften und die großen Seen gehören. Insgesamt nehmen Kenia und Tansania eine Fläche von über 1 500 000 km$^2$ ein – ein Gebiet fünfmal so groß wie die Bundesrepublik Deutschland und so vielfältig, dass man es kaum in ein Schema fassen kann. Die Topografie variiert stark und reicht von der tiefsten Stelle Afrikas auf dem Grund des Tanganyika-Sees (660 m unter dem Meeresspiegel!) bis zum höchsten Punkt Afrikas, dem legendären Gipfel des Kilimanjaro (fast 6000 m über dem Meeresspiegel!). Die Vegetationszonen bewegen sich zwischen Kakteen und Flechten, die man auch in den Alpen findet – das Klima variiert zwischen Wüste und ewigem Eis.

## Die Küste des Indischen Ozeans

Entlang der 1300 km langen Küstenlinie erstrecken sich weiße Korallenstrände, die oft von Palmen gesäumt werden, einsame Buchten, an die die azurblauen Wellen plätschern, sowie Mangrovensümpfe, Fischerdörfer und Hafenstädte. In einigen hundert Metern Abstand deuten weiße Schaumkronen auf das fast durchgängig vorgelagerte Korallenriff. Dieses Riff bietet der Küste natürlichen Schutz vor den wilden Launen des Indischen Ozeans und bildet ein natürliches Netz, durch das Raubfische wie Haie, Wale, Rochen oder

Barrakudas ferngehalten werden. Am Riff mit seinen imposanten Korallengärten leben unzählige Muschel- und Krustentiere sowie bunte Fische wie Anemonen-, Juwelen- oder Schmetterlingsfische wie in einem überdimensionalen Aquarium – ideale Schnorchel- oder Tauchgründe.

## Mangrovenwälder und Creeks

Hinter der unmittelbaren Küstenlinie, an der sich streckenweise moderne Ferienresorts angesiedelt haben, liegt der 15–80 km breite Küstengürtel, mit hoher Bevölkerungsdichte und fruchtbaren Böden. Das Klima ist tropisch, mit Temperaturen von 20–30 °C und ausreichend Niederschlagsmengen. Früher wuchs hier ein dichter Urwald, heute wird ein Großteil der Region intensiv bewirtschaftet. Hauptsächlich handelt es sich dabei um Anpflanzungen von Sisal, Kokos-, Cashew- und Makademianüssen, Mangos, Apfelsinen, Limonen, Mais, Maniok und Baumwolle. An den Flussmündungen, im Brackwasser, gedeihen **Mangrovenwälder.** Sie zeichnen sich durch niedrige, 1–5 m hohe, besonders harte und widerstandsfähige Bäume aus, die im

**Den vulkanischen Ursprung kann Sansibar nicht verleugnen: Mangapwani Beach**

Salzwasser stehen und durch ihre spargelartigen Stech- oder Atemwurzeln auffallen. Sie gelten als Katalysator für den Wasserhaushalt, mit ihren Wurzelgeflechten stabilisieren sie Schlammbänke und Sanddünen.

Mangroven findet man auch häufig entlang der sogenannten **Creeks**. Die ungeheure Kraft des Meeres hat diese Wasserwege ins Inland gegraben, sie ähneln aus der Luft einem Fluss, sind jedoch eher salzwasserhaltige Naturbuchten. Diese geschützen Creeks erweisen sich als hervorragende Anlegestellen für Schiffe. Seefahrer wissen seit über tausend Jahren die Buchten von Malindi, Mombasa, Tanga, Kilwa und Dar-es-Salaam zu schätzen.

Der Nordost-**Monsun**, *kaskaszi*, blies die Dhaus (Segelschiffe) zwischen Oktober und März vom Persischen Golf, Indien oder China an die ostafrikanische Küste, der Südwest-Monsun *kuzi* ließ die Schiffe wieder in ihre Heimat segeln. Beide Monsunarten bedingen die **Trocken- und Regenzeiten** (s. S. 108 f.).

## Die Inselwelt

Viele Inseln vor der Küste Ostafrikas, wie Sansibar und Lamu, weisen noch eine weitaus längere und turbulentere Geschichte auf als die Küstenregion (s. S. 47 f.). Andere Inseln sind bis heute kaum oder gar nicht bewohnt, viele blieben von Reisenden unberührt. Diese Inseln sind vor allem im Norden Kenias und im Süden Tansanias zu finden.

Einige Inseln wurden ganz oder teilweise unter Naturschutz gestellt, so z. B. Whale Island im Malindi/ Watamu Marine Park, die Insel Kisite im Süden Kenias, Bat und Pungume Island bei Sansibar. Diese häufig von Mangrovenwäldern gesäumten Inseln sind vor allem Vogelschutzgebiete. Die Wurzeln der Mangroven bieten ideale Lebensräume für Krabben und andere wirbellose Tiere und dienen so einer artenreichen Vogelwelt als Nahrungsquelle. Raubvögel finden in dem parallel zur Küste verlaufenden Korallenriff reiche Beute.

Einige der Inseln im Indischen Ozean sind auf der Basis eines Korallengartens entstanden, andere, wie Sansibar, haben vulkanischen Ursprung. Die unterschiedlichen geologischen Voraussetzungen beeinflussen die Art der Vegetation. Während auf den trockenen, kalkhaltigen Korallenböden nur wenige Pflanzen gedeihen, strotzt der eisenhaltige Vulkanboden vor Üppigkeit. Begünstigt durch das tropische Klima wachsen hier seltene Kulturpflanzen. Viele davon wurden von Seefahrern und Händlern aus Arabien, Asien, Europa, selbst aus Mittel- und Südamerika eingeführt: Maniok, Mango, Mais, Kakao, Kaffee, Gewürze wie Pfeffer, Kardamom, Nelken, Zimt und Zierpflanzen wie Frangipani, Bougainvillea oder Weihnachtsstern.

## Vielseitig verwendbar: die Kokosnuss

Die **Kokosnuss**, so nehmen Botaniker an, trieb von Indonesien über den Indischen Ozean, landete schließlich auf Sansibar, wo sie sproß und gedieh. Heute ist die Kokospalme aus dem Landschaftsbild Afrikas nicht mehr wegzudenken. Die Kokospalme wird in nahezu unbegrenzter Weise genutzt. Charakteristisch sind die großen Steinfrüchte, die Kokosnüsse. In den ausgewachsenen, aber noch unreifen Früchten sammelt sich eine wasserhelle Flüssigkeit, die Kokosmilch. Sie wird getrunken, das weiße Kokosfleisch wird gekocht oder roh gegessen, aus dem Nährgewebe wird Kopra bzw. Speiseöl gewonnen; die harte, getrocknete Innenschicht dient als Aktivkohle, aus der harten Schale werden kunstvolle Schmuckstücke und Gefäße hergestellt, aus den Fäden der äußeren Faserschicht Seile gedreht. Doch nicht nur die Nüsse, auch der Stamm und die Blätter sind nutzbar: Das Holz des Stammes eignet sich zum Haus- und Schiffsbau, mit den langen Blättern werden Dächer gedeckt oder Körbe und Matten geflochten. Als ›Bonbon‹ liefert die Kokospalme sogar Alkohol, den Palmwein, der bei vielen einheimischen Festen gereicht wird. Dazu werden die Blütenstände angezapft, der Saft in Behältern gesammelt, wo er dann in der Sonne gärt und nach wenigen Tagen ›geerntet‹ werden kann.

In Ostafrika treffen wir eine Vielzahl weiterer **Palmenarten** an, am häufigsten sind neben der Kokospalme die majestätische Königspalme, die Dattelpalme, die Hanfpalme, die hohe Ölpalme, deren gefiederter Blütenschopf wie ein Feuerwerk am Himmel züngelt, und die Borassuspalme, die durch ihre gefächerten Blätter auffällt.

Andere Vegetationsformen, wie dichte Wälder, gehören kaum zum gängigen Bild der Inselwelt Afrikas, obwohl einige Inseln wie Pemba und Unguja (bekannter als Sansibar) einst ganz mit Urwald bedeckt waren. Heute zeugen nur noch winzige Fleckchen wie der Jozani Forest oder Ngezi Forest davon.

### Gewürze und tropische Früchte

Dank des tropischen Klimas entlang der ostafrikanischen Küste gedeihen Früchte wie Bananen, Mangos, Avocados oder Kokosnüsse ganzjährig, z. T. mit mehreren Ernten oder, wie die Bananenstauden, kontinuierlich ohne Saison. **Gewürznelken,** die wohl typischste Pflanze für Sansibar und Pemba, dagegen haben nur eine Erntezeit, dann jedoch erfüllt ihr starkes Aroma die gesamte Insel. Der Duft geht von den etwa 1,5 cm langen, nagelförmigen Blütenknospen am Ende der Äste aus. Gewürznelken sind zunächst olivgrün, dann rot und nehmen erst im getrockneten Zustand die braune Farbe des Gewürzes an, das wir in Lebkuchen, Glühwein und Likören zu schätzen wissen. Nelken enthalten über 21 % ätherisches Öl, das vielfache Verwendung in der Kosmetikindustrie und in der Medizin (als Antiseptikum und in der Zahnheilkunde) findet. Sansibar und Pemba gehören neben Indonesien zu den wichtigsten Anbaugebieten der Welt für Gewürznelken und produzieren erstklassige Qualität (andere typische Früchte des Landes s. S. 73 ff.).

### Kleine und Große Regenzeit

Die üppige Vegetation wird begünstigt durch Temperaturen, die so gut wie nie unter 15 °C fallen. Somit stellt die Küste Ostafrikas ein ideales ganzjähriges Urlaubsgebiet dar. Lediglich in den beiden Regenzeiten (die Große Regenzeit dauert von März bis Juni, die

Kleine Regenzeit von Mitte Oktober bis Dezember) müssen Urlauber mit platzregenartigen Schauern rechnen, die meist nach ein bis zwei Stunden vorbei sind. Vor jedem Regen baut sich eine sehr hohe Luftfeuchtigkeit auf, die sich dann mit dem Regenguss entlädt. Diese Luftfeuchte, bei der man, ohne sich zu bewegen, schwitzt, macht manchem Urlauber zu schaffen. Wer Herzprobleme oder Durchblutungsstörungen hat, sollte diese Zeiten meiden oder aber auf Safari ins Hinterland reisen, wo die Luftfeuchtigkeit deutlich geringer ist (s. auch S. 108 ff.).

# Der Große Afrikanische Grabenbruch

### The Great Rift Valley

Wie ein gewaltiger Riss zieht sich der Große Afrikanische Grabenbruch (Great Rift Valley) durch den afrikanischen Kontinent: Vom Jordantal in Südasien über das Rote Meer, quer durch Kenia und Tansania bis nach Mosambik. Dieser im Schnitt 700 m tiefe Graben ist Zeuge von gewaltigen geologischen Prozessen, die in den letzten 18 Mio. Jahren stattgefunden haben und die sich heute an den steilen Rändern des Bruchs wie in einem aufgeschlagenen Buch ablesen lassen.

### Aktive Vulkane

Tobende Vulkane haben die Erdkruste mit einer tiefen Narbe versehen, die so gewaltig ist, dass Astronauten sie selbst vom Mond deutlich ausmachen können. Der Bruch ist fast 5000 km lang, bis zu 300 km breit (nur unter den Weltmeeren gibt es noch breitere Gräben) und schwankt zwischen einigen hundert und 1500 m Tiefe. Seine niedrigste Stelle liegt im Tanganyika-See (Südtansania), seine breiteste Stelle am Turkana-See (Nordkenia). Geologen sind sich einig, dass die Geschichte des gigantischen Grabenbruchs keineswegs beendet ist, denn heiße Quellen, Dämpfe und auch gelegentlich Vulkanausbrüche treten immer wieder auf und zeugen von lebhafter Aktivität unter der Erdoberfläche. Zuletzt brach der Vulkan Ol Doinyo Len-

19

# Die Großen Fünf – von Elefant bis Nashorn

**Zu den legendären Großen Fünf gehören Elefant, Löwe, Büffel, Leopard und Nashorn. Sie zählen nicht unbedingt zu den größten Säugetieren, dafür waren sie einst das begehrteste Jagdwild der Großwildjäger. Ihre Bestände, vor allem die der Nashörner, waren im Laufe des 20. Jh. zeitweise vom Aussterben bedroht.**

Bis auf einige Ausnahmen in Tansania, wo die Großwildjagd für viel Geld noch erlaubt ist, rücken seit den 1950er-Jahren die Safari-Reisenden den Tieren zum Glück nur noch mit der Kamera und dem Fotoapparat auf das Fell. Diese Bewusstseinsänderung zusammen mit Jagdverboten und Gesetzen zum Artenschutz (z. B. die Konvention über den Internationalen Handel mit gefährdeten Arten, kurz CITES) hatten zur Folge, dass sich der Wildbestand zumindest dieser fünf Tierarten weitgehend – wenn auch nicht ausreichend – erholt hat. Die Großen Fünf im Einzelnen:

Der **Elefant** – mit sechs Tonnen Gewicht das schwerste Landtier der Erde – verbringt fast 16 Stunden am Tag mit der Nahrungsaufnahme. Rund 300 kg an Gräsern, Blättern, Früchten, Wurzeln und Baumrinden wandern täglich durch seinen bis zu 80 (!) m langen Darm (zum Vergleich: Der Darm des Menschen ist zwischen 6 und 8 m lang). Die auffälligsten Merkmale des Elefanten sind sein langer Rüssel – eine Verschmelzung aus Nase und Oberlippe – seine riesigen Ohren, über die er seine Körpertemperatur reguliert, und seine bis zu 3,5 m langen und 100 kg schweren Stoßzähne.

Ähnlich wie Elefanten sind afrikanische **Büffel** gesellige Herdentiere. Elefanten leben in Herden zwischen 20 und 80 Tieren – angeführt von einer Kuh, Büffelherden dagegen umfassen bis zu 2000 Tiere und werden von einem Bullen geleitet. Ein Büffelbulle kann bis

zu 800 kg schwer werden und strotzt nur so vor Kraft. Büffel sehen und hören sehr schlecht, dagegen ist ihr Geruchssinn – man sollte es bei ihrem Körpergeruch kaum meinen – besonders gut ausgeprägt.

Gleiches gilt für das **Nashorn,** das einen sehr ausgeprägten Geruchssinn und ein gutes Gehör hat, dafür aber nicht gut sieht, im Sprint schon mal sein Ziel verfehlt, stattdessen aber Wasserquellen über Meilen riecht. In Ostafrika leben zwei Nashornarten: Das Spitzmaulnashorn (auch Schwarzes Nashorn) unterscheidet sich vom Breitmaulnashorn (auch Weißes Nashorn) durch die pointierte Form seiner Oberlippe. Außerdem sind Spitzmaulnashörner wesentlich kleiner als die bis zu 3,5 t schweren Breitmaulnashörner. Charakteristisch für beide sind die zwei Nasenhörner. Sie bestehen aus miteinander verbackenen Haaren (Keratin), das in pulverisierter Form gern von potenzschwachen Männern in Asien gekauft wird. Dafür wurde und wird das Tier gejagt. Zu ihrem Schutz sägen Wildhüter ihnen die Hörner ab, damit die grauen Pflanzenfresser für Wilderer wertlos sind. Langsam erholen sich die Bestände, dennoch ist ihr Vorkommen auf wenige Nationalparks beschränkt.

Im Gegensatz dazu kommen **Löwen** in fast allen Nationalparks vor. Männliche Löwen lassen sich leicht von den Weibchen durch ihre ›Krone‹, die majestätisch wirkende Mähne, unterscheiden. Oftmals wird der König der Tiere gleich von einem ganzen Harem umgeben – Rudel mit mehr als zehn Weibchen und ihren Jungen sind keine Seltenheit. Gehen die Löwinnen auf Pirsch, bleibt oftmals eine Mutter zurück und versorgt als Amme auch die Jungen der anderen Löwinnen mit Milch. Kehren die Löwen von der Jagd zurück, wird die Beute geteilt. Die männlichen Jungtiere gründen mit Erreichen der Geschlechtsreife (18 Monate) ihre eigenen Rudel. Mit einer Körperlänge von ca. 2 m und einem Gewicht von rund zwei Zentnern ist der Löwe die kräftigste aller Raubkatzen.

Weitaus zierlicher ist im Vergleich der **Leopard.** Mit einer Schulterhöhe von etwa 60 cm und einem Gewicht von ca. 45 kg ist der Leopard kleiner, aber etwa genauso schwer wie sein schneller Verwandter, der Gepard. Wie dieser ist der Leopard ein Einzelgänger, der sich nur während der Paarungszeit mit einem Partner sehen lässt. Mütter ziehen ihre Jungen alleine groß, nach etwa zwei Jahren sind die Jungen selbstständig und trennen sich von der Mutter. Der Leopard ist ein ausgezeichneter Kletterer, der sich gern im Geäst von Bäumen aufhält. Dort, vom Licht- und Schattenspiel der Blätter getarnt, können Feinde die gefleckte Katze kaum erkennen – es sei denn, der etwa 1 m lange Schwanz baumelt vom Ast und verrät sein Versteck.

**Gut gebrüllt! Der König der Tiere zählt natürlich zu den Großen Fünf**

gai in Tansania erst 2006 aus, bis heute brodelt es im Krater! Viele der Seen und Berge im Tal des Grabenbruchs sind das Ergebnis von gewaltiger vulkanischer Tätigkeit.

Der Graben bildet in Ostafrika zwei Arme: Der zentralafrikanische Grabenbruch zieht sich von Uganda über die westliche Grenze Tansanias, durch den Tanganyika-See bis zum Malawi-See (auch Lake Nyasa genannt). Der andere Arm reicht von Nordkenia bis Nordtansania. In diesem Einschnitt reihen sich die Seen Turkana, Baringo, Bogoria, Nakuru, Elmenteita, Naivasha und Magadi sowie die tansanischen Seen Natron, Manyara und Eyasi wie eine Perlenkette aneinander.

Das Klima, das maßgeblich von der Oberflächengestaltung und der geografischen Lage beeinflusst wird, ist entsprechend variantenreich. Auch lokale Gegebenheiten wie die Bodenbeschaffenheit oder die Nähe zu Gewässern beeinflussen die Temperaturen und Niederschläge.

weniger an Wasserreservoire, sondern aufgrund ihrer untypischen Farbgebung eher an abstrakte Kunstwerke der Natur.

## Idealer Lebensraum für Flamingos

Viele der Seen haben keinen Abfluss und werden auch nur periodisch von Zuflüssen gespeist. So kann es zu jahreszeitlich bedingten Schwankungen des Wasserstands kommen; manche Seen trocknen in regenarmen Jahren sogar ganz aus. Dann kann es passieren, dass man beim Blick auf den Nakuru-, Eyasi- oder Natron-See nicht vom Wasser, sondern von einer silbrig-glänzenden Salzwüste geblendet wird. Einige Fische, wie der Afrikanische Lungenfisch, haben sich dementsprechend auf ihre Umwelt eingestellt: Sobald der Wasservorrat knapp wird, gräbt er sich im Schlamm ein und umhüllt seine Schuppen mit körpereigenem Schleim.

# Die Großen Grabenseen

## Alkalische Seen

Die meisten Flüsse Afrikas führen in den Trockenzeiten wenig oder gar kein Wasser, weswegen sie für die Ökologie eine weitaus geringere Rolle spielen als die Seen. Die Mehrzahl der Seen liegen im Ostafrikanischen Grabenbruch und sind Salzwasserseen, d. h. alkalisch. Zu ihnen gehören der Turkana-, Elementeita- und Nakuru-See in Kenia sowie die Seen Eyasi, Natron, Manyara und Rukwa in Tansania. Durch die starke Sonneneinstrahlung verdunsten dort täglich große Mengen Wasser, was die Konzentration der Mineralien in den Seen erklärt; häufig zeugt ein weißer Uferrand vom starken alkalischen Gehalt des Wassers. Der Salzgehalt fördert das Wachstum bestimmter Algenarten, die wiederum für die unterschiedlichen Verfärbungen der Seen verantwortlich sind. Je nach Salzgehalt bzw. Algenart schimmern die Salzseen mal in roten, mal in grünen oder gar lilafarbenen Schattierungen. Aus der Vogelperspektive betrachtet erinnern diese Seen

Über ein Atmungsloch erhält er Sauerstoff und überbrückt so die Trockenzeit. Andere Bewohner der Seen, wie die Vögel, wechseln ihre Lebensräume mit dem Kommen und Gehen des Wassers. So findet man am Lake Nakuru gegen Ende der Trockenzeiten im Februar/März bzw. September kaum einen Flamingo, während sich zu anderen Zeiten bis zu einer Million der grazilen Zwergflamingos auf dem flachen See tummeln und den See in eine einzigartige Naturschaubühne verwandeln. Unter den rosabeinigen Ballerinas Afrikas unterscheidet man den Zwergflamingo vom größeren Gemeinen Flamingo, der eine Größe von 1,40 m erreicht. Obschon beide Arten den gleichen Lebensraum besetzen, nutzen sie unterschiedliche ökologische Nischen: Der Zwergflamingo fischt nach Algen, der Gemeine Flamingo ernährt sich von Krebsen und Weichtieren. Je nach Wasser- und Nahrungsvorkommen wechseln die Flamingos zwischen den alkalischen Seen, in einem Jahr mag der Bogoria-See die Bühne für das ›Flamingo-Festival‹ sein, im nächsten der Elmenteita-See. Noch hält die Natur den Schlüssel über den Turnus beim Bühnenwechsel in der Hand – Ornithologen wie Klimatologen stehen hier vor einem Rätsel.

## Gigantische Frischwasserseen

Die drei größten Seen Ostafrikas sind Süßwasserseen. Auch hier verdunsten durch die starke Sonneneinstrahlung täglich enorme Wassermengen, jedoch ist speziell der Victoriasee so groß, dass die verdunsteten Wassermengen gleich wieder in Form von Regen in den See bzw. auf die Uferregion zurückfallen. Deswegen sind auch die Uferzonen um die großen Seen besonders grün, fruchtbar und stark besiedelt. Die Uferregionen mit ihrer natürlichen ›Sprinkleranlage‹ bieten ideale Anbauflächen für die Schnittblumenindustrie,

**Die Färbung des Salzsees Lake Natron beruht auf Algen**

## Natur und Umwelt

die in den vergangenen Jahren insbesondere in Kenia boomt. Die Kehrseite: Düngemittel, die für den Anbau dieser Blumen verwendet werden und letztendlich wieder in die Seen fließen, verschmutzen die Frischwasserreservoire.

### Der Victoriasee

Der größte See – er wird auch als das Mittelmeer Ostafrikas bezeichnet – ist der Lake Victoria. Mit seiner enormen Fläche von 68 800 km$^2$ ist er so groß wie Schottland und hält damit den Rekord als größter See Afrikas und zweitgrößter der Welt. Der See verfügt nur über einen einzigen Abfluss, der gleichzeitig als wichtigster Quellfluss des Nil gilt; gespeist wird der Victoriasee von mehreren Zuflüssen. Die Wirtschaft wird von der Fischerei sowie vom Anbau von Mais, Weizen und Baumwolle in der Uferregion bestimmt.

### Der Tanganyika-See

Nach dem Victoriasee ist der Tanganyika-See mit einer Fläche von 32 880 km$^2$ der zweitgrößte See Afrikas. Der 676 km (!) lange See bildet die Grenze zwischen Tansania, Sambia, Burundi und der Demokratischen Republik Kongo. Seine tiefste Stelle misst 1470 m, womit er nach dem Baikalsee der tiefste Süßwassersee der Erde ist. Der frühere Staat Tanganyika hatte seinen Namen vom Tanyika-See übernommen. Über den etymologischen Ursprung des Namens herrscht kein Konsens; die plausibelste Erklärung ist, dass der See eine verwirrend große Anzahl von Namen besaß, weswegen ihn Fremde, vermutlich arabische Karawanenhändler, als Ort der Verwirrung ›Changanyika‹ – Kiswahili für Verwirrung, Mischung – bezeichneten. Durch sprachliche Lautverschiebung entwickelte sich der Name Tanganyika.

**Der Aufstieg zum Mt. Kenya führt durch unterschiedliche Vegetationszonen**

### Der Malawi-See

Der drittgrößte See Afrikas ist der Malawi-See (auch Lake Nyasa genannt) im Süden Tansanias. Er erstreckt sich über eine Fläche von 31 000 km$^2$ und trennt Tansania von Malawi. Seine bewaldeten Uferregionen – die bis zu 2500 m hohen Livingstone Mountains – sind kaum erschlossen. Der Malawi-See ist extrem fischreich, in ihm tummeln sich bis zu 1500 verschiedene Fischarten, darunter seltene maulbrütende Buntbarsche und farbenprächtige Exemplare, die bei Aquarianern beliebt sind.

### Tana River und Galana River

Viele der Flüsse Ostafrikas trocknen während der Trockenzeiten aus. Zu den ganzjährigen Flüssen gehören der rund 700 km lange Tana River und der 400 km lange Galana River in Kenia, die von den Gletscherbächen der höheren Gebirgslagen des Mt. Kenya bzw. des Kilimanjaro gespeist werden. Nach der Regenzeit tragen die Flüsse genügend Wasser, um eine wilde Whitewater Rafting Tour zu unternehmen, gegen Ende der Trockenzeit jedoch kann man fast durch den Fluss waten.

# Das Hochland und die höchsten Gipfel Afrikas

### Die ›Goldminen‹ der Landwirte

Die Hochlandregionen, also die Gebiete über 800 m Höhe, weisen ein gemäßigtes Klima auf, das dem Frühsommer in Mitteleuropa ähnelt. Deshalb waren sie seit der Ankunft der Europäer bevorzugtes Gebiet der Siedler. Wegen der hohen Konzentration an Weißen erhielt die Region nördlich von Nairobi in der Region des Mt. Kenya den Namen White Highlands. Andere bevorzugte Siedlungsgebiete mit mildem Klima waren die Gegenden um den Kilimanjaro – Arusha und Moshi – oder auch die Usambara Mountains, Morogoro, Iringa und Mbeya. Die fruchtbaren Böden erlauben den Anbau von devisenbringenden Sonderkulturen wie Getreide, Gemüse, Früchten, Blumen sowie insbesondere von Kaffee und Tee (s. S. 37).

### Kilimanjaro, Mt. Kenya und Mt. Meru

Für Wanderer und Kletterer bietet Ostafrikas Berglandschaft gleich mehrere Höhepunkte an: Der höchste Gipfel Afrikas, der schneebedeckte **Kilimanjaro,** ragt 5892 m über dem Meeresspiegel in den Himmel. Die weiße Kuppe des legendären Berges ist weitaus steiler, als sie aussieht. Sein etwa 100 km weit entfernter Nachbar, der **Mt. Meru,** liegt mit 4566 m bereits unter der Schneegrenze. Beide Berge sind vulkanischen Ursprungs. Ihre spitzen Kegel sind, nachdem die Lava erkaltete und sich zusammenzog, in sich zusammengefallen und bilden nun eine Kaldera. Ursprünglich waren beide Berge um ein beträchtliches Maß höher. Das kenianische Pendant zum Kilimanjaro ist der **Mt. Kenya** (5199 m). Sein gezackter Gipfel macht ihn unverwechselbar. Der zweithöchste Berg Afrikas liegt genau auf dem Äquator und kann wie der 4322 m hohe **Mt. Elgon** in Westkenia bestiegen werden.

Für die einheimische Bevölkerung sind alle Berge mit Legenden und (Schöpfungs-)Mythen verbunden. In den Bergmassiven leben die Geister der Ahnen. Für die Kikuyu, die aus der Region des zentralen kenianischen Hochlandes kommen, ist der Mt. Kenya eine heilige Stätte. Hier wohnt ihr Gott Mwene-Nyaga, weswegen sie den Berg ›Kirinyaga‹ nennen. Als der deutsche Missionar Krapf im Jahr 1849 den Berg als einer der ersten Europäer zu Gesicht bekam, und nach seinem Namen fragte, verstand er anstelle von ›Kirinyaga‹ Kenia oder Kegnia. Sein Hörfehler bescherte daraufhin dem Berg und dem ganzen Land seinen heutigen Namen.

### Vegetationszonen am Berg

Die kontinuierlich ansteigenden Hänge der hohen Berge Ostafrikas, insbesondere des Kilimanjaro, der von nahezu null Höhenmetern auf 5892 Höhenmeter ansteigt, bieten Klimatologen eine Paradestudie zum Thema Klimakontinuum. Als Faustregel gilt, dass pro 100 m Höhe die Temperatur im Schnitt um 0,5 °C abnimmt, während die Niederschlagsmenge steigt. Wobei der jeweilige Osthang

## Natur und Umwelt

(die Wetterseite) deutlich mehr Niederschlag als die westliche Flanke erhält.

Auch Botaniker haben ihre Freude an dem graduellen Anstieg des Berges und der entsprechend lehrbuchartig wechselnden Vegetation: Ist die Region rund um den Berg eine Nutzlandschaft für die **Plantagenwirtschaft,** findet man am Fuß des Berges Relikte des **Tropischen Regenwalds,** gefolgt von **Montanem Regenwald** (bis ca. 2700 m Höhe). Die Vegetation dieser Wälder ist auf ständige Niederschläge angewiesen (nicht weniger als 100 mm im Monat). Wie im Tropischen Regenwald gibt es auch im Montanen Regenwald keinen periodischen Austrieb, keine Massenblüte oder Blattfall. Die Pflanzen erneuern stetig, aber etappenweise – beispielsweise Ast für Ast – ihr Laub.

Mit zunehmender Höhe werden die Baumbestände lockerer, und immer häufiger treten Zedernarten, Kampferbäume (Lorbeergewächse) und Johannisbrotgewächse auf. Die Stämme und Äste der Bäume besetzen Epiphyten (Farne, Orchideen und Bromelien), nicht um die Bäume parasitär zu schädigen, sondern um das Licht besser ausnutzen zu können. In Regionen mit besonders wasserreichen Böden (Moorland) durchziehen **Bambuszonen** den Bergwald; hier herrschen Bambus, Schilf und einige Palmenarten vor (am Mt. Elgon und Mt. Kenya, in den Aberdares und am Kilimanjaro).

Auf über 3000 m Höhe beginnt die Region der **Erikazeen-Gesellschaft,** in der Büsche und in höheren Lagen Heidefelder dominieren. Auffällig große Erikagewächse, wilde

**Typisch für Ostafrikas Hochebenen: Fieberakazien in der Savannne**

Gladiolen, Orchideen- und Aloearten werden auf 4000 m Höhe von meterhohen Senezien und Lobelien abgelöst. Sie sind charakteristisch für die **Afroalpine Zone,** deren Bewuchs in gewisser Weise dem der alpinen Tundren ähnelt, wenn auch wegen der hohen UV-Strahlung die Pflanzen gigantische Ausmaße einnehmen.

Spätestens bei 4500 m Höhe geht der afroalpine Gürtel in eine Art Mondlandschaft über – die vegetationslose **Gletscherzone** mit grauem Gebirgsschutt, Geröll und ewigem Eis. Letzteres ist in den letzten Jahren zunehmend geschmolzen. Umweltschützer befürchten, dass das Phänomen der schmelzenden Gletscherkuppe der zunehmenden Erwärmung der Erde zuzuschreiben ist; einige Ansässige meinen, dass es im Lauf der Geschichte immer wieder zu periodischen Abnahmen der Gletscherkuppe kam. Es fehlen Langzeitstudien, doch ist das Abschmelzen des ewigen Eises sicherlich nie so schnell fortgeschritten wie in den letzten 15 Jahren. Es mag sein, dass die heranwachsende Generation den Kilimanjaro mit seiner charakteristischen weißen Kuppe nur noch von Bildern kennen wird.

# Die Plateaus

### Die Savannen

Den größten Teil Ostafrikas nehmen großflächige Ebenen ein, deren Höhen zwischen 150 und 1200 m liegen. Charakteristisch sind flache **Savannenlandschaften** mit vereinzelten Hügeln und niedrigen Bergzügen. Die größte Plateaulandschaft Ostafrikas bildet das Nyika-Plateau, das sich vom Norden Kenias bis zu Tansanias Südgrenze erstreckt. Im diesem Gebiet befinden sich eine Reihe von großen Naturschutzgebieten wie die **Nationalparks Meru** und **Tsavo** in Kenia oder das **Selous Game Reserve** sowie der **Ruaha National Park** in Tansania. Der dichte Bewuchs mit Savannengras und die Schatten spendenden Schirmakazien stellen für viele Wildtiere die wichtigsten Futterpflanzen dar.

### Akazien

Botaniker unterscheiden über 800 Akazienarten, wovon die **Schirmakazien** in Ostafrika am weitesten verbreitet sind. Charakteristisch für die 5–10 m hohen Bäume sind die flachen Kronen, die sich wie Schirme aufspannen. Das Wurzelwerk breitet sich über eine große Fläche aus, damit der oft spärliche Regen effizient aufgenommen werden kann. Allerdings lassen die weitreichenden Wurzeln keinen anderen Bewuchs (außer Gras) zu, weswegen Akazien immer vereinzelt stehen.

Eine Unterart der Schirmakazie ist die **Fieberakazie,** die man leicht an ihrer gelben Rinde erkennt. Die frühen Siedler hielten sie für den Verursacher der Malaria, weswegen sie im Englischen *fever tree* heißt.

# Trophäenjäger kontra Tierschützer

**Die einzigartige Tierwelt ist der Reichtum Ostafrikas. Doch dieser unbezahlbare Schatz wird von Wilderern bedroht, die die Tiere in immer rücksichtsloserer Weise verfolgen und Tierschützer ständig vor neue Herausforderungen stellen.**

Solange die ansässige Bevölkerung für den Eigenbedarf mit Speeren, Pfeil und Bogen jagte oder aber rituelle Jagdzüge unternahm, bestand für das natürliche Gleichgewicht in der Tierwelt Afrikas keine Gefahr. Erst mit der Einführung von Feuerwaffen durch die Europäer wurden nicht nur vermehrt Tiere getötet, sondern das Jagdverhalten änderte sich grundlegend: Tiere wurden nicht mehr der Nahrung wegen, sondern als Trophäen gejagt. Bevorzugte Objekte waren zunächst die Großen Fünf, also Löwen, Nashörner, Büffel, Elefanten und Leoparden. Nachdem die ungebändigte Jagdlust der europäischen Pioniere die einst größten Wildbestände der Welt drastisch reduziert hatte, erkannte die britische Kolonialregierung die drohende Gefahr und begann mit der Einrichtung von Wildschutzgebieten. 1946 entstand mit dem Nairobi National Park die erste Schutzzone in Kenia, gefolgt vom Amboseli (1947), der Masai Mara und dem Tsavo (beide 1948). In Tansania erhielt die Serengeti 1951 den Status eines Schutzgebietes. Heute gibt es in Kenia und Tansania insgesamt 100 Nationalparks, Reservate und Sanctuaries.

Die Großwildjagd ist in Kenia seit 1977 gänzlich verboten, in Tansania darf mit besonderer Erlaubnis noch gejagt werden. Doch es sind nicht die wenigen Hobbyjäger, sondern vielmehr professionell ausgestattete Banden, die im Auftrag geldgieriger Hintermänner aus den Industrienationen mit modernen Waffen, Scheinwerfern und Helikoptern systematisch Jagd auf international begehrte Trophäen machen. Die Organisation des illegalen Trophäenhandels ist wie die Mafia ein gut strukturiertes Syndikat, bei dem den Drahtziehern in der Regel nichts nachgewiesen werden kann. Die Schmutzarbeit verrichten meist mittellose Männer aus ländlichen Gegenden Kenias und Tansanias, aus angrenzenden Ländern oder aus Flüchtlingslagern. Geblendet vom großen Geld – ein Stoßzahn aus Elfenbein bringt dem Wilderer etwa 1500 Euro (der Durchschnittslohn eines Arbeiters beträgt ca. 500 Euro im Jahr) – lassen sich Wilddiebe auf diesen kriminellen Handel ein. Mit Kettensägen schneiden sie den oft noch nicht toten Tieren Stoßzähne, Hörner, Füße und Schwänze ab und überlassen sie dann sich selbst. Die Dealer aus dem Orient, aus Asien, den USA und Europa bestechen durch großzügige Geschenke Regierungsbeamte, die ihnen die erforderlichen Zertifikate und Ausfuhrgenehmigungen erteilen. Auf dem Schwarzmarkt bringen Produkte von geschützten Tierarten den Hintermännern Millionenbeträge. So wird z. B. ein Kilogramm Rhinozeroshorn mit 25 000 Euro gehandelt – etwa das Dreifache des gleichen Gewichts in Gold.

Infolge der erbarmungslosen Jagd sank die Elefantenpopulation in Kenia von 130 000 Tiere 1973 auf etwa 16 000 Exemplare 1989. Zahlen über die abgeschlachteten Berggorillas und andere Affen in den Bergwäldern Ruandas und Ugandas wurden niemals veröffentlicht. Von 20 000 Spitzmaulnashörnern, die Ende der 1960er-Jahre in Kenia gezählt

## Thema

wurden, überlebten nur rund 400 (das entspricht gerade 2 %) die Jagd auf ihr Horn. Nachdem 1988 fünf geschützte Breitmaulnashörner samt ihrer ›Leibwächter‹ im Meru-Nationalpark niedergemetzelt wurden, stattete der Kenya Wildlife Service (KWS) die Parkranger mit Waffen aus und ermächtigte sie sogar, schonungslos auf Wilderer zu schießen.

In den letzten 20 Jahren haben private oder Nichtregierungsorganisationen (z. B. WWF oder Zoologische Gesellschaft Frankfurt) in Zusammenarbeit mit den Regierungen Kenias und Tansanias Erfolg versprechende Programme entwickelt, um die Tierwelt vor dem Wildererunwesen zu schützen. So wurden Konventionen über den Internationalen Handel mit gefährdeten Arten (CITES) beschlossen, die den Handel mit vom Aussterben bedrohten Tierarten und aus ihnen hergestellten Produkten weltweit ahnden. So konnten sich die Nashorn-, Leoparden- und Elefantenbestände in den letzten Jahren weitgehend stabilisieren. Um die Ernsthaftigkeit dieses Abkommens zu betonen, ließen Kenias Präsident Moi und der KWS-Vorsitzende Richard Leakey 1989 in einer spektakulären Aktion im Nairobi-Nationalpark 2000 von KWS und Zoll konfiszierte Elefantenstoßzähne (11 t Elfenbein im Wert von mehreren Millionen Euro!) öffentlich verbrennen.

Dagegen befanden im Sommer 1997 einige afrikanische Länder (darunter Südafrika), dass sich die Elefantenbestände ausreichend erholt haben, sodass sie das Verbot des Elfenbeinhandels und die Elefantenjagd wieder aufhoben – in kontrolliertem Maße, wie es heißt, was auch immer das bedeuten mag.

**Wegen seines begehrten Horns wurde das Rhinozeros nahezu ausgerottet**

Außer auf Schirmakazien wird man häufig auf die **Flötenakazie** stoßen. Diese Art ist sehr dornig und hat sich gut an das Leben in der wasserarmen Halbwüste angepasst. An den Enden der Zweige bauen winzige Ameisen kugelige Nester. Wenn der Wind durch die Löcher dieser hohlen Kugeln weht, entsteht ein Pfeifton, dem der Baum seinen Namen verdankt.

### Galerie- und Miombowälder

Die Wälder, die sich unmittelbar an die Flussläufe schmiegen, heißen Galeriewälder. Sie bestehen überwiegend aus Akazien, vor allem der gelbrindigen Fieberakazie, wilden Feigenbäumen und vereinzelt auch Affenbrotbäumen. Im dichten Geäst nistet eine vielfältige Vogelwelt, Leoparden und Affen suchen hier Schutz vor der sengenden Mittagssonne. Die besten Chancen, auf einer Mittagspirsch Tiere zu entdecken, bestehen in der Nähe von Galeriewäldern.

In Südtansania hat die weite Verbreitung von Bäumen der Gattung Brachystegia, die von der Bevölkerung als Miombo bezeichnet werden, den Begriff Miombowald entstehen lassen. Die feuerresistenten, maximal 20 m hohen Bäume bilden einen aufgelockerten Forst, der an eine Obstplantage erinnert.

### Der Affenbrotbaum

Das Wahrzeichen der ostafrikanischen Savanne ist für viele der imposante Affenbrotbaum (Baobab). Sein Stamm erreicht einen Umfang von bis zu 12 m, die meiste Zeit sind die Äste kahl und weisen wie Wurzelwerk in den Himmel. Etwa vier Wochen vor dem Einsetzen der Regenzeit beginnt der Baum, etwa 20 cm große Laubblätter zu treiben und kündigt den (oft ersehnten) Regen an. Während der Regenzeit wachsen dann große, porzellanweiße Blüten, die gerade einen Tag lang blühen und auffällig riechen.

Seinem merkwürdigen Äußeren und anderen Eigenschaften hat er es zu verdanken, dass sich zahlreiche Überlieferungen und Anekdoten um den Mbuyu ranken, wie der Baum auf Kiswahili genannt wird. So heißt es z. B., dass der Teufel nach der Erschaffung der Welt so wütend über das Werk Gottes war, dass er den Baobab ausriss und ihn umgekehrt, mit der Wurzel nach oben, wieder eingrub. Sicher könnte der mächtige Baum Anekdoten aus seiner Sicht erzählen, denn manche der urzeitlich anmutenden Gewächse haben bis zu 1000 Jahre afrikanische Geschichte miterlebt. Da einige Ältere glauben, durch den Baum zu Gott sprechen zu können, dürfen Baobabs nicht gefällt werden.

### Halbwüsten und Wüsten

Die Plateaus sind mitunter auch durch kahle Halbwüsten- und Wüstenregionen geprägt, insbesondere der Norden Kenias und ein Großteil des nördlichen und zentralen Tansania werden von halbwüstenartigem Trockenbuschland bedeckt. Ausgedehnte Dürreperioden lassen lediglich eine karge, dornige Vegetation zu. In ihrem Fortpflanzungsverhalten haben sich die Pflanzen der (Halb-)Wüste perfekt ihrer Umgebung angepasst. Viele der Samen von Blumen und Gräsern bleiben über Jahre keimfähig und lagern so lange unter der sandigen Bodendecke, bis Regen sie zum Leben erweckt. Nach den meist sintflutartigen Regenfällen beginnt die Wüste zu blühen – scheinbar aus dem Nichts sprießt ein beeindruckendes Blumenmeer.

Wirkliche **Wüsten**, wo der Niederschlag ein ganzes Jahr lang ausfallen kann, sind jedoch selten; die Chalbi Desert, das lebensfeindliche Gebiet östlich des Lake Turkana in Kenia, ist als solche klassifiziert. Entsprechend ist diese Region äußerst dünn besiedelt, Kamele und Kakteen haben sich wohl von allen Lebewesen am besten an diese rauen Gegebenheiten angepasst.

# Im Garten Eden

Der ostafrikanische Raum wird wegen seiner artenreichen Flora gerne als Garten Eden bezeichnet – nicht zu Unrecht, denn es gibt kaum einen Platz auf der Welt, wo so viele Zier- und Nutzpflanzen beheimatet sind, wo es Leberwurstbäume gibt und der nach Honig duftende Nektar aus Blüten tropft. Neben der einheimischen Vegetation bereichern importierte Nutzpflanzen wie Mais, Kartoffeln, Äpfel, Kaffee, Tee, aber auch Zierpflanzen wie die farbenprächtige Bougainvillea und der Tulpenbaum die bunte Pflanzenwelt Ostafrikas. Viele Pflanzen, die für uns exotisch sind, wachsen hier in Hülle und Fülle. Einige, wie etwa die Weihnachtsstern, gedeihen im tropischen Küstenklima zu Dimensionen, die aus der Fantasiewelt in Jurassic Park stammen könnten und meterlange Weihnachtssternhecken bilden.

Die Vielfalt der Pflanzen ist enorm, noch beeindruckender als ihr imposantes Äußeres ist oftmals das, was in ihnen steckt. Viele moderne Pharmaunternehmen finden hier natürliche Heilmittel, und die westliche Welt hat neuen Respekt für lokale ›Medizinmänner‹ entwickelt. Auch die Küche Ostafrikas kann auf eine Vielzahl von erntefrischen Zutaten zurückgreifen (s. S. 71 ff.).

# Ostafrikas Tierwelt

Nichts machte Ostafrika bekannter als seine Tierwelt. Unzählige Säugetiere, Reptilien, Amphibien, Fische, Insekten und Vögel bevölkern Luft, Land und Gewässer. In faszinierender Weise sind sie an ihre Lebensräume angepasst, weswegen man zumindest am Anfang einer Safari den getarnten Löwen im goldgelben Savannengras schnell übersehen wird. Unübersehbar dagegen sind die großen Herden von Hunderten von Büffeln, Gnus oder Impalas, die häufig in langen Trecks durch die Savanne streifen.

Nicht alle Tiere sind groß und lassen beim Anblick den Adrenalinspiegel steigen. Manche sind klein und unscheinbar, etwa die rund 1300 Vogelarten (zum Vergleich: In ganz Europa existieren lediglich 500 Arten!) oder aber die Termiten, Insekten, Schlangen, Spinnen und Fische in den Flüssen, Seen und im Meer.

Die im folgenden genannten Tiere (in Klammern der englische Begriff) repräsentieren nur einen winzigen Bruchteil der atemberaubenden Vielfalt der ostafrikanischen Tierwelt – auf jeder Safari darf man auf Hunderte von kleinen und großen Tieren gespannt sein, keine Safari gleicht der anderen, kein Tier dem anderen – Wildhüter achten auf die Zeichnungen im Gesicht, die Maserungen im Fell oder die Form des Horns.

## Kleines Glossar der großen Welt der Tiere

**Dikdik** *(Kirk's dikdik):* Die niedlichen, hasengroßen Dikdiks sind die kleinste Antilopenart der Welt. Sie sind äußerst scheu. Wenn sie sich bedroht fühlen, stoßen sie einen vogelrufähnlichen Laut aus, der sich wie »zik...zik« anhört – daher auch ihr Name. Meist trifft man Dikdiks zu zweit an, denn sie leben in dauerhafter Partnerschaft. Wenn das Junge geschlechtsreif wird, setzt es sich von den Eltern ab, um eine eigene Familie zu gründen.

**Flusspferd** *(hippo):* Die walzenförmigen Hippos führen eine Art Doppelleben: Tagsüber dösen die 2–3 t wiegenden Schwergewichtler im seichten Gewässer, nachts gehen sie an Land, um mit ihrem breiten Maul bis zu einen Zentner Gras abzurupfen. Hippos können nicht schwimmen, sondern tasten sich mit ihren kurzen Beinen auf dem Grund entlang. Deswegen wird man sie immer nur in Hippo-Pools, in flachen Gewässern. antreffen. Das tiefe Brüllen der Flusspferde kann leicht mit der Lautstärke (115 Dezibel) einer voll aufspielenden Heavy-Metal-Band mithalten.

**Geier** *(vulture):* Wenn Löwen und Hyänen ihre Beute vertilgt haben, kommen die Aasgeier zum Einsatz. Als ›Müllmänner‹ der Savanne räumen sie stets den Schauplatz eines Beutezugs sorgfältig auf und hinterlassen vom Kadaver nur noch das blanke Skelett. Sitzen viele Geier beisammen auf einem Baum, ist dies ein guter Indikator für einen vollstreckten Raubzug.

**Gepard** *(cheetah):* Das schnellste Säugetier der Welt (mit Spitzengeschwindigkeiten von 120 km/h) unterscheidet sich vom Leoparden durch seinen athletischen Körperbau. Geparden haben längere Hinter- als Vorderbeine, wodurch sie ungeheuer sprintstark sind. Auch ihr Fell – dunkle Flecken auf gelb-braunem Grund, also keine Rosetten – unterscheidet sich bei näherem Hinsehen deutlich von dem des Leoparden.

**Giraffe** *(giraffe)*: Die Grande Dame Afrikas ist die bis zu 6 m große Giraffe. Wegen ihrer langen Glieder, den auffallend geschwungenen Wimpern und ihrer eleganten Gangart erinnert die Giraffe an eine graziöse Dame. Ein ausgewachsenes Tier wiegt zwischen 500 und 800 kg. Die typischsten Merkmale einer Giraffe sind ihre langen Beine und ihr bis zu 3 m langer Hals. Trotz der außergewöhnlichen Länge wird der Hals nur von sieben Wirbelknochen getragen – genauso viele wie beim Menschen und allen anderen Säugetieren. Um Blut bis in die letzten Ecken des Körpers zu pumpen, schlägt ein 50 cm großes Herz im Rumpf der Giraffe. Giraffen leben in kleinen Gruppen von 2–20 Tieren. In Ostafrika werden drei Giraffenarten unterschieden: Die **Massai-Giraffe** kommt am häufigsten vor. Ihr Fell weist hellbraune, sternförmige Flecken auf, die von dicken beigen Linien umrahmt werden. Ihr Verbreitungsgebiet reicht von Zentralkenia bis ins südliche Tansania. Das Fell der **Rothschild-Giraffe** (auch Baringo-Giraffe) hat dunkelbraune dunkle Flecken. Sie kommt hauptsächlich im Nordwesten Kenias vor. Die **Netzgiraffe** unterscheidet sich von den anderen Arten durch ein gleichmäßig verteiltes Karomuster mit schmalen, weißen Streifen dazwischen, die wie ein Netz aussehen. Sie ist in Nord- bzw. Nordostkenia heimisch.

**Gnu** *(wildebeest)*: In Ostafrika kommen das Streifengnu (auch Weißbartgnu) und das Weißschwanzgnu vor. Die bärtigen Antilopen treten in riesigen, bis zu 100 000 Tiere zählenden Herden auf – man könnte sie auch als das Fußvolk der Savanne bezeichnen (s. auch S. 358 f.). Zu ihnen gesellen sich gerne Zebras und kleinere Gazellen wie die Thomsongazelle oder die Schwarzfersenantilope (Impala).

**Grantgazelle** *(Grant's gazelle)*: Sie sieht ihrer Verwandten, der Thomsongazelle, sehr ähnlich, unterscheidet sich jedoch durch den fehlenden Balken auf der Flanke und ist etwas größer.

**Pavian** *(baboon)*: Während Menschenaffen, Gorillas und Schimpansen, nur noch in wenigen Parks überlebt haben, trifft man in fast allen Schutzgebieten auf eine der fünf ostafrikanischen Pavianarten. Die struppigen Affen mit hundeartigen Köpfen leben in Familienverbänden mit durchschnittlich zehn Mitgliedern und erreichen ein Alter von bis zu 30 Jahren. Paviane sind sehr kontaktfreudig und neugierig – nicht selten kommen sie bis an die Terrassentür des Hotelzimmers oder durch das Sonnendach des Safaribusses. Wenn sie ihr Interesse verlieren oder nichts zu Essen finden, können sie außerordentlich aggressiv werden, weswegen man sie erst gar nicht anlocken sollte. Biss- oder Kratz-

wunden können beim Menschen schwerwiegende Krankheiten hervorrufen.

**Schimpanse** *(chimpanzee)***:** Primaten wecken bei ihren nächsten biologischen Verwandten, den Menschen, stets besonderes Interesse. Sie bevorzugen dichte, ungestörte Wälder als Habitat; Gorillas kommen in Ostafrika eigentlich nur noch in Uganda, Kongo und Ruanda vor, während Schimpansen in den Nationalparks Mahale Mountains und Gombe Stream (Südwesttansania) leben. Ausgewachsene Gorillas sind zu schwer, um auf Bäume zu klettern; Schimpansen hingegen sind feingliedriger und führen ihr Dasein sowohl am Boden als auch auf den Bäumen. Menschenaffen in freier Wildbahn aufzuspüren und zu beobachten ist ohne einen ortskundigen Spezialisten fast unmöglich.

**Schirrantilope, Buschbock** *(bush buck)***:** Die dunkelbraune ca. 1–1,5 m große Gazelle zeichnet sich durch einen robusten Körperbau und ein zotteliges Fell aus. Nur der Bock, das Männchen, ist gehörnt.

**Schwarzfersenantilope** *(impala)***:** Sie hat gewöhnlich keine Zeichnungen im Gesicht; ihr Geweih besteht aus zwei S-förmig gebogenen langen Hörnern. Sie ist eine großartige Athletin, denn sie erreicht im Sprint Spitzengeschwindigkeiten von 60 km/h und springt bis zu 3 m hoch und 10 m (!) weit.

**Termiten** *(termites)***:** Termiten sind ungeheuer fleißige Tiere. Sie können spielend ihr mehr-

**Das Fell des Geparts zeigt dunkle Flecken auf gelb-braunem Grund**

faches Körpergewicht tragen und legen bei einer Beinlänge von wenigen Millimetern täglich mehrere Kilometer zurück. Erstaunlicherweise sind die 130 verschiedenen Termitenarten näher mit Schaben (Kakerlaken) verwandt als mit Ameisen. Sie bauen in emsiger Arbeit gewaltige, meterhohe Schlösser aus Sand. Der obere – für uns sichtbare – Teil ist der kleinere Teil des Termiten-Imperiums, die Behausung geht unterirdisch weiter. Tausende von kleinen Gängen sind wie ein gigantisches Labyrinth miteinander verbunden; es gibt Kammern für die neugeborenen und noch blinden Larven, Luftschächte, Vorratsräume und einen Thronsaal, in dem die Königin haust. Die Königin ist permanent damit beschäftigt, Eier zu produzieren. Stirbt die Königin, stirbt ihr Staat.

**Thomsongazelle** *(Thomson's gazelle)*: Die auch als Zwerggazelle bekannte Art ist klein (ca. 1 m Höhe) und muskulös, immer zum Sprung bereit. Sie lässt sich leicht von anderen Gazellen unterscheiden: Ein schwarzer Balken auf weißem Grund ziert ihre Flanken sowie ihren Allerwertesten. Ein weißer Ring umrahmt die Augen. Sowohl die Männchen als auch die Weibchen tragen ein Geweih. Männchen sind etwa 10 cm größer als Weibchen. Pro Herde gibt es immer nur einen Bock, der einen Harem mit bis zu 60 Weibchen um sich scharen kann.

**Vogelstrauß** *(ostrich)*: Der größte Vogel der Welt ist ein hervorragender Langstreckenläufer; seine langen Beine tragen ihn in nur 30 Minuten 20 km weit, die schweren Flügel allerdings taugen nicht zum Fliegen. Das Männchen lässt sich durch sein schmuckes schwarz-weißes Federkleid leicht vom graubraunen des Weibchens unterscheiden.

**Warzenschwein** *(warthog)*: Die kurzbeinigen, aber flinken wilden Schweinchen verkriechen sich gerne mit dem Hinterteil voran in Erdhöhlen oder in ausgedienten Termitenbauten. Auffällige Merkmale sind ihre warzenähnlichen Hauthöcker an der Schnauze, auf die ihr Name zurückgeht, ihre messerscharfen etwa 20 cm langen Eckzähne und die ›Antenne‹, der ständig vor Aufregung steil in die Luft gestreckte Schwanz.

**Zebra** *(Grevy- und Burchell's zebra)*: In Ostafrika kommen zwei der drei afrikanischen Zebraarten vor: das fein gestreifte **Grevy-Zebra**, das in Nordkenia beheimatet ist und das kleinere, breiter gestreifte **Steppen- oder Burchell-Zebra**. Letzteres lebt oft in großen Herden mit Weißbartgnus und anderen Antilopen zusammen, wobei jedes von ihnen Huftieren eine eigene ökologische Nische als Futterquelle besetzt. Die Gnus fressen das höhere Gras, die Zebras das etwas niedrigere und die Gazellen das bodennahe Gras oder die Blätter niedrig wachsender Büsche.

# Die Naturschutzgebiete

Ostafrikas größter Reichtum ist seine vielfältige und artenreiche Natur. Viele der Pflanzen und Tiere, die wir nur aus Filmen oder Büchern kennen, sind hier zu Hause. Um diesen einmaligen Naturschatz zu pflegen, haben die Regierungen von Kenia und Tansania jeweils etwa 10 % ihrer Landfläche zu Schutzzonen erklärt. Derzeit stehen rund 100 Gebiete – unter Wasser, auf den Inseln, an der Küste, im Hochland und in den weiten Ebenen der Plateaus – unter Naturschutz. Die jeweiligen Gebiete werden bezüglich ihres Status in unterschiedliche Kategorien eingeteilt. Es werden **National Parks** (im Meer: **Marine Parks**) von **National Reserves** (in Tansania **Game Reserves**) und **Sanctuaries** (in Tansania **Conservation Area**) unterschieden. Die beiden letztgenannten Schutzgebiete dürfen für bestimmte Zwecke von der einheimischen Bevölkerung genutzt werden – z. B. als Weideland, Wasserquelle und in beschränktem Maß auch für die Forst- und Landwirtschaft. Nationalparks hingegen stehen unter strengem Schutz und dürfen in keinster Weise (einzige Ausnahme bildet der Tourismus) genutzt werden. Abseits der Wege zu fahren ist hier strikt untersagt, um das Ökosystem zu schützen.

## Nationalparks als Touristenziel

Die geschützten Regionen sind quer über das Land verteilt, wobei einige mehr von Touristen besucht werden als andere, was meist mit deren Zugänglichkeit zusammenhängt. Hohe Besucherzahlen verzeichnen etwa die Nationalparks Tsavo und Amboseli in Kenia oder der Ngorongoro-Krater und die Serengeti im Norden Tansanias.

Die Nationalparks und Reservate sind allgemein ganzjährig 6–18 Uhr geöffnet. Wer nicht im Park übernachten will (und kein *permit* hat), muss das Schutzgebiet gegen Einbruch der Dunkelheit verlassen, denn im Dunkeln herrscht Fahrverbot. Die Höchstgeschwindigkeit beträgt 30 km/h, Allradantrieb ist für die meisten Parks empfehlenswert, wenn nicht sogar Pflicht. Die Straßen durch die Naturschutzgebiete sind mit Ausnahme des Rings um den Ngorongoro-Krater nicht asphaltiert. Die mitunter sandigen Pisten wirbeln viel Staub auf, daher ist weiße Kleidung, wie sie Meryl Streep im Film »Out of Africa« trug, nicht zu empfehlen, Sonnenbrillen, ein Hut mit Band zum Festbinden und ein Halstuch als Atemschutz dagegen sehr. Einige Wege gleichen Wellblechpisten, auf denen man ordentlich durchgeschüttelt wird.

### Pisten und Wege

Während der Regenzeit sind manche Parks bzw. Pisten aufgrund der unbefahrbaren Fahrbahnen geschlossen. Je nach Bodenbeschaffenheit fährt es sich auf solchen nassen Wegen wie auf Schmierseife, nicht selten müssen die Autos unerfahrener Safaritouristen mit Seilwinden aus dem Schlamm gezogen werden. Wer sich das Fahren nicht zutraut, sollte einen Fahrer anheuern – so kann man sich ohnehin besser auf das Beobachten der Tiere konzentrieren als auf den oft abenteuerlichen Straßenzustand (Eintrittspreise u. a. Details s. S. 107). In Kenia ist der Kenya Wildlife Service (KWS), in Tansania Tanzania National Parks (TANAPA) für die Verwaltung der Naturschutzgebiete zuständig. Detaillierte Infos im Internet (s. S. 80).

### Die Rolle der Parkranger

Die Parkranger, leicht erkennbar an ihren grünen und khakifarbenen Uniformen, wirken sowohl als Naturschützer, Mentor und Polizei vor Ort. Waren früher viele Parkranger dafür bekannt, für Schmiergelder ein Auge zuzudrücken, wenn jemand von den Wegen abfährt oder aber mit Wilderern kollaboriert, so haben beide Regierungen sich bemüht, diesem Übel einen Riegel vorzuschieben. Nicht nur werden die Ranger besser besoldet, sie sind auch besser ausgestattet mit Waffen und technischen Geräten, um Wilderern entgegenzutreten. Als Besucher sollte man sich an die Anweisungen der Ranger halten, sind sie es doch, die ihren Arbeitsplatz am besten kennen.

# Umwelt

Ostafrika hat mit zahlreichen Umweltproblemen zu kämpfen, darunter auch mit den Auswirkungen der Erderwärmung. Noch strahlt der monumentale Mt. Kilimanjaro mit seiner weißen Schneekuppe als Symbol Ostafrikas von vielen Katalogtiteln, doch dieser Anblick könnte schon bald Seltenheitswert haben, denn das ewige Eis auf dem fast 6000 m hohen Berg schmilzt mit jedem Jahr ein wenig mehr. Viele Geologen befürchten, dass der Schnee auf dem Kilimanjaro möglicherweise bereits im Jahr 2025 ›Schnee von gestern‹ sein könnte.

Eine weitere Belastung für die Umwelt ist die zunehmende Verstädterung, aber auch paradoxerweise der Tourismus. Zu viele Parkbesucher halten sich nicht an die Regeln, fahren von den Wegen ab und zerstören dabei die sensible Grasnarbe. Dies hat kürzlich dazu geführt, dass die tansanische Regierung die Eintrittsgelder im Ngorongoro Crater Conservation Area pro Fahrzeug drastisch erhöht hat. Auf diese Weise sollen weniger Fahrzeuge mit mehr Insassen (quasi Carsharing im Busch) den Vorzug erhalten. Auch mahnen die Parkranger die Weitgereisten, dass man nicht, um ein gutes Foto aus der Nähe zu schießen, von den Wegen abfahren sollte: Ein Foto aus größerer Entfernung auf eine Löwenfamilie zeugt jedenfalls von mehr Respekt für die Natur als manche Nahaufnahme!

# Wirtschaft, Soziales und aktuelle Politik

**Wirtschaftlich und politisch gelten Kenia und Tansania als stabile Länder mit demokratischem Mehrparteiensystem, die das Vertrauen der Industrieländer sowie der Weltbank gewonnen haben. Entsprechend fördern verschiedene Geberländer die Infrastruktur, etwa durch den Ausbau des Straßen- oder Kommunikationssystems, und tragen damit wie der wachsende Tourismus zum wirtschaftlichen Aufschwung bei.**

## Zwei Länder mit einzigartigen Ressourcen

Die wirtschaftliche Entwicklung Kenias und Tansanias ist im Vergleich zu anderen schwarzafrikanischen Ländern fortschrittlich, hinkt jedoch deutlich hinter dem westlichen Standard her. Dies ist kaum verwunderlich, da die Industrialisierung Ostafrikas knapp hundert Jahre nach der europäischen einsetzte und der Rohstoffabbau – unter oftmals schweren Bedingungen – weitaus weniger hohe Renditen erwirtschaftet als das weiterverarbeitete Endprodukt.

### Informeller Sektor, Korruption

Kenia galt seit der Unabhängigkeit lange als das wirtschaftliche Musterland Afrikas; Tansania zählte mit einem Pro-Kopf-Einkommen von 100 $ pro Monat bis 1990 zu den ärmsten Ländern der Welt, jedoch brachte die Liberalisierung im Handel sowie die Privatisierung von ehemals genossenschaftlichen Institutionen in jüngster Zeit einen wirtschaftlichen Aufschwung, den Wirtschaftsbeobachter als Boom auf niedrigem Niveau bezeichnen. In beiden Ländern floriert der informelle Sektor der fliegenden Händler, *jua kali* genannt, der von keiner Statistik erfasst wird, aber allein in Kenia nach Schätzungen 5 Mio. Menschen beschäftigt. Die Händler bieten alles nur Erdenkliche an: von Kaugummis über Zigaretten bis zu falschen

Cartier-Uhren, sie putzen Schuhe am Straßenrand, tragen Koffer und ernennen sich selbst zum Reiseführer. In den Slums wird illegal Schnaps gebrannt, an Busständen wird *mira'a,* eine Spinatblättern ähnelnde Droge verkauft. Den Schwarzmarkthändlern steht die Regierung zwiespältig gegenüber: Einerseits kämpfen viele von ihnen um die nackte Existenz, weil der Staat wenig soziale Unterstützung bietet, andererseits unterlaufen sie das Steuersystem und unterstützen den Schmuggel, eventuell sogar vorsätzlichen Diebstahl, denn billige, gestohlene Gegenstände finden auf dem Schwarzmarkt immer einen Abnehmer. Oftmals drücken die Sicherheitsbehörden ein Auge zu, wenn ihnen ein wenig *chai* (Schmiergeld) zugeschoben wird.

Korruption, ganz gleich auf welchem Niveau, ist ein weitverbreitetes Phänomen in Afrika und weitaus offensichtlicher als in anderen Teilen der Welt. Fast bei jeder Parlamentswahl gehört es zu den Wahlversprechen, Korruption unter Beamten zu ahnden – meist mit wenig Erfolg in der späteren Umsetzung. Die Korruption ist so stark verbreitet, dass selbst Touristen mitunter hiermit unverhofft in Berührung geraten – sei es bei einer kurzerhand eingerichteten Straßensperre oder an manchem Grenzposten.

Des Weiteren gilt sowohl für Kenia als auch für Tansania der wirtschaftliche Dualismus zwischen den wachsenden großstädtischen

Zentren und der oft verarmten Bevölkerung auf dem Land, die an oder unterhalb der Armutsgrenze lebt. Doch können Statistiken, die in ausbalancierten Industrieländern mit einer breiten Mittelschicht Aussagekraft haben mögen, unter solchen Voraussetzungen kaum als Messlatte angelegt werden. Die ländliche Bevölkerung hat zwar oft kein Jahreseinkommen, lebt aber als Subsistenzler, als Selbstversorger von den selbst angebauten Produkten oder Tauschgeschäften mit diesen. Ihr ›Einkommen‹ ist nicht immer monetär und lässt sich entsprechend nicht mit unserem Wertesystem vergleichen.

# Die Wirtschaft in Kenia

### Landwirtschaft zwischen Subsistenz und cash crops

Nach wie vor spielt die Landwirtschaft in Kenia eine bedeutende Rolle. Obwohl nur weniger als ein Fünftel der jeweiligen Landesfläche intensiv nutzbar ist, wird etwa ein Drittel des Bruttosozialproduktes in diesem Bereich erwirtschaftet. Rund 75 % der Bevölkerung leben von der Landwirtschaft, wobei die meisten auf der eigenen *shamba* Feldfrüchte wie Mais, Maniok, Hirse, Kartoffeln und an der Küste Kokospalmen für den Eigenbedarf anbauen (Subsistenzwirtschaft). Etwa 15 % der Bevölkerung verdienen darüber hinaus an den sogenannten *cash crops,* also den für den Export bestimmten Produkten. Hierzu zählen Tabak, Baumwolle, das aus Wucherblumen (Margeriten) gewonnene Insektengift Pyrethrum und neuerdings Schnittblumen, Setzlinge und tropische Früchte, vor allem Ananas, Mangos und Cashewnüsse in großen Mengen. Die Exportschlager jedoch sind Kaffee und Tee – Kenia ist, gefolgt von Sri Lanka, der weltgrößte Teeproduzent!

Kaffee- und Teeplantagen benötigen mildes Hochlandklima ohne Frost. Die wechsel-

**Üppiges Gemüse aus eigenem Anbau ist gut für die Haushaltskasse**

feuchten Berghänge des ostafrikanischen Hochlandes bieten den empfindlichen Kaffee- bzw. Teesträuchern ideale Anbaugebiete. Der Kaffeestrauch entwickelt bereits nach dem dritten Lebensjahr kleine Steinfrüchte, in deren fleischigem Inneren sich die uns bekannten Kaffeebohnen befinden. Bis zu 30 Jahre lang liefern die Sträucher gute Erträge. In Ostafrika wachsen vor allem die beiden Arten Arabica und Robusta. Weniger bekannt, doch nicht minder gut ist die Qualität kenianischen Tees. Die kultivierten, halbrunden Büsche werden in kilometerlangen Reihen angebaut und auf Hüfthöhe getrimmt, damit die Teepflücker an die wertvollen Teeblätter herankommen. Für die Ernte werden die jungen Triebspitzen mit den Endknospen abgepflückt. Das anschließende Trocknen und Fermentieren setzt Aromastoffe frei, die den Charakter des späteren Teegetränks bestimmen. Ähnlich wie Sommeliers für den Wein gibt es Tee- und Kaffeespezialisten. Nicht selten erhalten kenianische Tees und Kaffeebohnen von ihnen Bestnoten.

## Viehzucht und Fischerei

Neben der traditionellen Viehhaltung existiert in Kenia auch die kommerzielle Viehzucht auf Großfarmen. Sie liefert Fleisch, Leder und Milchprodukte hauptsächlich für den eigenen Markt. Ebenso deckt der Fischereisektor vor allem den eigenen Bedarf. Neben der Küstenfischerei (Großfische und Krustentiere) hat dabei auch die Binnenfischerei auf dem Victoriasee eine relativ große Bedeutung. Insbesondere der Tilapia, der Futterfisch des Nilbarsches (Viktoriabarsch), aus dem Victoriasee ist ein Produkt, das weltweit auf Fischmärkten verkauft wird.

## Bodenschätze

Kenia verfügt über weniger Bodenschätze als Tansania. Zu den mineralischen Bodenschätzen zählen Sodaasche, Flussspat und Salz, daneben Magnesit, Saphire, Bimsstein und Rohsoda. Weitere Rohstoffe sind Kochsalz, Gold und Diatomit, ein Grundstoff nicht nur für Dynamit, sondern auch für Putzmittel und Filteranlagen. Derzeit laufen Vorberei-

tungen, Tiomin an der Küste abzubauen, wovon man sich hohe Renditen ausrechnet. Die auch als Titanweiß bekannte Verbindung dient als Pigment für Sonnencreme und Farben. Ebenso werden momentan die Öl- und Erdgasvorkommen im Indischen Ozean vor der kenianischen Küste auf ihre Erschließungsfähigkeit getestet.

## Holzwirtschaft

Die Forstwirtschaft dient vor allem der Gewinnung von Holzkohle, die in den meisten Haushalten zum Kochen verwendet wird. Nicht selten gibt es in ländlichen Küchen einen Elektroherd, doch dient er mehr als Statussymbol als dem praktischen Gebrauch. Beim Kochen wird gerne auf die traditionelle Zubereitungsmethode über dem Feuer zurückgegriffen. Die Papierindustrie nutzt Bambuswälder bzw. das Holz der schnell wachsenden Kasuarinen. Große Teile Kenias wurden jahrelang gerodet. Dem Engagement von Umweltschützern wie Wangari Maathai (s. S. 162) oder Rene Haller vom Bamburi Nature Trail (s. S. 223 f.) ist es zu verdanken, dass die Bevölkerung aus eigenem Interesse immer mehr darauf achtet, gerodete Flächen neu zu bepflanzen. Internationale Kampagnen haben dafür gesorgt, dass entsprechende Mittel zur Verfügung stehen.

## Fortschrittlicher Industriestandort

Der Industriesektor ist im Vergleich zu anderen Entwicklungsländern in Kenia sehr fortschrittlich. Rund ein Viertel der Bevölkerung sind in den Industriestandorten Nairobi, Mombasa, Nakuru, Thika, Eldoret und Kisumu beschäftigt. Viele der dort produzierten Waren für den Alltagsgebrauch wie Papier, Kleidung, Autoreifen, Batterien, Zigaretten und Lebensmittel decken zunehmend den eigenen Bedarf; gleichwohl ist Kenia abhängig von kostspieligen Importen wie Fahrzeugen und Maschinen.

Der bedeutendste Umschlagplatz in ganz Ostafrika für Im- und Export ist neben den beiden internationalen Flughäfen der große Hafen von Mombasa. Er dient gleichzeitig als

Transithafen für die Binnenländer Uganda, Burundi, Ruanda und Republik Kongo, die über die Bahnlinie Mombasa–Kisumu und von dort über den Victoriasee mit dem Hafen verbunden sind.

## Devisenquelle Tourismus

Wichtigster Devisenbringer für Kenia ist der Tourismus. Nach einem Einbruch während der Somalia-Krise sowie nach den Terroranschlägen auf die amerikanische Botschaft in Nairobi 1998 und ein Küstenhotel 2002 überschritten im neuen Jahrtausend erstmals über 1 Mio. Reisende die Grenze nach Kenia. Deutsche und britische Touristen stellen dabei mehr als die Hälfte aller Touristen. Der Tourismus stellt insgesamt 20 % des BIP. Urlaubsreisende halten sich vor allem an der Küste sowie in den Naturschutzgebieten auf, während Geschäftsreisende, Hilfsorganisationen, Journalisten und Politiker Nairobi aufgrund seiner relativ guten Infrastruktur und seiner zentralen Lage in Ostafrika ansteuern.

# Die Wirtschaft in Tansania

## Landwirtschaft für den Eigenbedarf

Der Landwirtschaft in Tansania kommt im Vergleich zu Kenia eine noch bedeutendere Rolle zu. Fast jeder Tansanier baut Feldfrüchte für den eigenen Bedarf an, knapp 80 % der Bevölkerung leben davon. Nur etwa 8 % der Landfläche werden intensiv für den Ackerbau genutzt. Von dort stammen u. a. die *cash crops* Kaffee, Tee, Baumwolle, Schnittblumen und Cashewnüsse. Während die Tabakproduktion in letzter Zeit einen Zuwachs registriert, besteht für Sisal – einst das wichtigste Exportprodukt – immer weniger Bedarf, da Seile, Körbe etc. heute aus Kunstfasern hergestellt werden. Gewürznelken sind das wichtigste landwirtschaftliche Produkt von Sansibar. Mais, Reis und Weizen werden nicht exportiert, decken aber mittlerweile weitgehend den Eigenbedarf der Bevölkerung. Das gleiche gilt für den Fischfang und die Forstwirtschaft.

## Bodenschätze und Industrie, Energiewirtschaft

Fast alle Bodenschätze Tansanias werden exportiert. Allerdings schmälern Schmuggler die Einnahmen aus den Gold- und Diamantenminen. Auch Edelsteine wie der blaue Tansanit, der weinrote Rubin oder der grüne Tsavolit gehen meist unverzollt ins Ausland. Als etwas gewinnträchtiger erweist sich der Abbau von Blei, Kupfer, Meerschaum, Kochsalz und Grafit, die zusammen insgesamt 10 % der Ausfuhrgüter ausmachen.

Der industrielle Sektor hinkt dem Agrarsektor weit hinterher. Über das Land verteilt gibt es nur wenige Fabriken, die die lokalen Rohstoffe verarbeiten; diese befinden sich vor allem in Dar-es-Salaam, Arusha, Moshi, Tanga und Mwanza. Nachdem nahezu alle der zuvor genossenschaftlich geführten Betriebe in den letzten zwei Jahrzehnten privatisiert wurden, zeichnet sich nunmehr eine Expansion ab, nicht zuletzt auch aufgrund neuer Absatzmärkte und von Investoren aus dem Ausland, die noch vor wenigen Jahren nicht in Tansania investieren durften oder wollten.

Stark abhängig und somit verletzlich ist der tansanische Markt von der Einfuhr fast aller technischen Geräte, Fahrzeuge sowie Konsumgüter und Brennstoffe. Noch verstrickter ist die Lage in der Energiewirtschaft; Strom- oder Wasserausfälle sind nahezu an der Tagesordnung und unterbrechen immer wieder die Produktionleistung der Industrie, anderer Wirtschaftszweige und privater Haushalte. Die Versorgungsleitungen für Wasser und Strom sind stark veraltet und nicht flächendeckend – es wird noch einige Zeit dauern, bis das System modernisiert ist.

## Tourismus als Wachstumsmotor

Als Tourist bekommt man von dieser Energiekrise wenig mit, handelt es sich doch bei den meisten Hotels um moderne Anlagen mit Stromgenerator und eigenen Wasserreservoirs. Entsprechend floriert auch der Tourismus: Während Kenia in den 1970er-Jahren eine Hochburg des Tourismus war, blieben im

**Schule in Tansania – wie in Kenia ist der Besuch von Grund- und Hauptschule frei**

damals sozialistischen Tansania die Grenzen außer für Genossen aus China und Ostdeutschland so gut wie geschlossen. Erst Anfang der 1990er-Jahre etablierte sich in Tansania der Tourismus, heute eine der am stärksten wachsenden und wirtschaftlich lukrativen Branchen. Die Regierung scheint verstärkt auf gehobenen Ökotourismus abzuzielen; dies hat zur Folge, dass viele Parkgebühren höher als beispielsweise im benachbarten Kenia sind.

Positiv – nicht nur für den Tourismus – wirkt sich auch die stabilisierte Lage des Währungsmarktes aus. Lag die Inflationsrate vor zehn Jahren noch bei 21 %, so lag sie 2006 bei 4 % und scheint sich hier einzupendeln. Unter diesen Voraussetzungen ist Tansania ein Land, das ausländische Investoren lockt, deren Investitionen – solange korrekt verwaltet – wesentlich zum wirtschaftlichen Aufschwung beitragen.

# Bildungs- und Gesundheitswesen

Während in vorkolonialer Zeit Wissen und kulturelle Traditionen in ritualisierter Form innerhalb der Großfamilie weitergegeben wurden, und während der Kolonialzeit Bildung vor allem durch Missionarsschulen vermittelt wurde, liegt heute das Ausbildungswesen weitgehend in der Hand des Staates. Sowohl in Kenia als auch in Tansania ist der Besuch von Grund- und Hauptschule schulgeldfrei, allerdings müssen oftmals Uniformen und Unterrichtsmaterialien von den Eltern gestellt werden. Den Hauptschulabschluss erreichen

Schüler in Tansania nach sieben, in Kenia nach acht Schuljahren. Nach weiteren vier Jahren erhält man den Sekundarabschluss; dieser berechtigt zum Studium auf einer der beiden Universitäten in Tansania oder der vier Hochschulen in Kenia. Der Unterricht während der ersten Schuljahre findet in Tansania in Kiswahili statt, Englisch wird als Fremdsprache erlernt. In Kenia wird dagegen bereits in der Grundschule in Englisch unterrichtet, sodass zumindest die jüngere Generation über gute Englischkenntnisse verfügt. Auffallend ist die Relation männlicher und weiblicher Schüler: Während die Grundschulen noch zu etwa gleichen Anteilen besucht werden, ist auf den Universitäten nur jeder achte Studierende weiblich. Dank der allgemeinen Schulpflicht ist die Analphabetenrate in den letzten Jahren auf ca. 15 % gesunken.

Das Gesundheitswesen ruht in Ostafrika auf drei Säulen. Offiziell zuständig ist der Staat, doch übersteigt der Bedarf bei Weitem die Kapazitäten. Die Folge: überbelegte Krankenhäuser, mangelhaft entlohntes und ausgebildetes Personal sowie unzureichende Ausstattung. Die Behandlung in den staatlichen Krankenhäusern (gleichzeitig Arztpraxen) ist für Patienten weitgehend kostenfrei, die Medikamente müssen jedoch selbst bezahlt werden. Zudem gibt es kirchliche und von Entwicklungsorganisationen geförderte Krankenhäuser. Dort hat es sich bewährt, Personal aus der ansässigen Bevölkerung auszubilden, um das Vertrauen der Patienten in die moderne Medizin zu gewinnen.

Viele Menschen aus ländlichen Gegenden stehen der westlichen Medizin ebenso skeptisch gegenüber wie wir ihren traditionellen Heilmethoden. Außerdem gibt es private Ärzte und Krankenhäuser, die sich jedoch nur die Oberschicht leisten kann. Die privaten Institutionen findet man fast nur in den größeren Städten. Je weiter man sich von den Ballungsgebieten entfernt, desto schlechter wird die medizinische Versorgung. In ländlichen Gebieten kommt darum traditionellen Heilkundigen große Bedeutung zu. Sie kennen Kräuter, Wurzeln und andere Naturmedizin und ersetzen so die Apotheken der Städte.

# Soziale Herausforderungen

Die größten Herausforderungen Kenias und Tansanias sind gleichzeitig die Geißeln vieler heutiger Entwicklungsländer: Die hohe Arbeitslosenquote, die – wenn auch sinkende – große Zahl von Analphabeten, die klaffende soziale Schere zwischen Arm und Reich mit wachsender, aber immer noch geringer Mittelschicht sowie die schleichend zunehmende Aids-Problematik, die Kleinkinder zu Waisen macht und Familien zerrüttet (s. S. 42 f.). Hinzu kommen die unberechenbaren Auswirkungen der globalen Erwärmung und anderer Naturkatastrophen, wie Dürre oder Überschwemmungen, die zu Hungersnöten und Flüchtlingsproblemen führen.

Verglichen mit der immens hohen Verschuldung scheinen die Schuldenerlasse von Industrienationen in Millionenhöhe wie ein Tropfen auf den heißen Stein. Dennoch – steter Tropfen höhlt den Stein – und das kombinierte System aus internationaler staatlicher und nichtstaatlicher Unterstützung sowie die Sensibilisierung der betroffenen Bevölkerung für Themen wie Aids, Bildung oder Umweltschutz sind langfristig Erfolg versprechend.

Abgesehen von finanziellen Unterstützungen der sogenannten Geberländer gibt es zahlreiche Nichtregierungsorganisationen (NROs), deren Projekte nicht durch Steuergelder sondern durch private Spenden finanziert sind. Zu den bekanntesten NROs gehört das Rote Kreuz, das vor allem bei akuten Katastrophen wie Überschwemmungen Sofortdienste leistet oder aber Brot für die Welt und Misereor, die sich im Bereich Armutsbekämpfung und Bildung engagieren. Im medizinischen Bereich leisten die Ärzte ohne Grenzen freiwillig Dienste in Gegenden, wo es sonst oftmals nur einen Arzt für Tausende von Patienten gibt.

Neben diesen weltweit operierenden Organisationen agieren andere NROs auf regionaler Basis und sind weniger bekannt. Der Vorteil dieser basisorientierten Gruppen (oft sind es Privatiniativen wie Schulpatenschaften o. ä.) liegt in ihrem geringen Aufwand für

# Tumani letu – unsere Hoffnung

**Tumani letu – die Buchstaben prangen über etlichen der Initiativen, Projekte, Dorfgemeinschaften, genauso groß geschrieben wie die Krankheit Aids – eine Art Beschwörung? Eher soll das Motto Kraft geben, um den Alltag meistern zu können. Die Krankheit ist das eine, das andere sind die sozialen Folgen für den Einzelnen und für die Gemeinschaft.**

In Kenia verloren 2006 etwa 1,3 Mio. Kinder einen oder beide Elternteile, 2008 sind es vermutlich doppelt so viele Aids-Waisen. In der Küstenregion sind 13 % der Bevölkerung positiv, d.h. jede zweite Familie ist betroffen, in der Region um den Lake Victoria im Westen des Landes hat(te) sogar jede Familie ein Mitglied mit der Infektion in ihren Reihen.

So auch in Mathare, einem der größten Slums in Nairobi. ›Das Ghetto‹, wie die dort Lebenden selbst sagen, hat eine Fläche von 4 km², schätzungsweise 500 000 Menschen leben gedrängt zusammen. Die ganz Armen, die nichts haben, schlafen unter den Planen eines Verkaufsstandes, verdienen sich als nächtliche Wache ein paar *shillingi* für den Tee am nächsten Tag. Wer etwas mehr verdient, wohnt in einem Wellblechkonstrukt, ›Hütte‹ genannt, geschützt gegen die Kälte der Nacht und den Schmutz der Straße. Wer ein kleines Einkommen hat, leistet sich einen Raum im steinernen Massenquartier für 2000 KSh, mit Strom für 2500 KSh. Wasser gibt es nur in Kanistern, 400 Menschen benutzen eine Toilette. Wohlhabend ist, wer sich am Rand des Slums in einem beinahe ›normalen‹ Haus ein Zimmer mietet, für 3000-4000 KSh, mit der Hoffnung auf den Sprung ins normale Leben.

Atieno ist zwölf Jahre alt und die Älteste von vier Kindern, ihre Mutter Akoro ist positiv getestet. Nach langen inneren Kämpfen geht sie regelmäßig in die Klinik, nimmt regelmäßig die dort von der Regierung ausgegebenen kostenfreien Medikamente, um ihre Symptome eindämmen zu können. Sie will die Last verringern, die bereits jetzt auf ihrer Tochter Atieno liegt. Oft fühlt sie sich so matt, dass dann Atieno die kleine *duka,* den Laden, draußen vor der Hütte betreuen muss. Unter der heißen Sonne des Januar und an kalten Julitagen schleppt sie die schweren Kisten vor Sonnenaufgang aus dem Verschlag und in der Nacht wieder zurück. Erst wenn es still wird im Slum, kommt niemand mehr, um Tomaten, fein geschnittenen Spinat und Kerosin in Plastiktütchen für den Kocher zu kaufen.

Eigentlich besteht Schulpflicht, und die Grundschule ist gebührenfrei, aber es ist kein Geld für die teure Sekundarschule da, und warum soll sie noch zwei Jahre lernen, wenn sie doch jetzt schon für das Familieneinkommen sorgen muss? Wie gut, dass sie den armseligen Stand haben. Aber wie lange noch? Werden Armut und Sorge für die Kleinen Atieno in die Prostitution zwingen, wenn die Mutter tot ist? Möglicherweise ist auch sie längst infiziert.

Gibt es keinen Vater? Orao starb vor Monaten an Lungenentzündung, nein, nicht an Aids … Nie hatten sie darüber gesprochen, als er vor Jahren abmagerte und oft krank war. Ja, sie hätte ihn verlassen aus Angst vor Ansteckung, vor der Verantwortung, vor der Pflege. Genauso wie die Nachbarin von ihrem

Mann allein gelassen wurde, als sie ihm sagte, er habe sie angesteckt.

Hilft Flucht? Aus Angst gehen viele gar nicht erst zum Test, aus Ignoranz nehmen sie nicht regelmäßig die Medikamente, die den Körper stabilisieren, wenn auch nicht retten. Aber dann sind die Kinder vielleicht schon groß, können für sich sorgen. Man ist alten Traditionen verbunden, und es wird nicht über die Krankheit gesprochen, das wie ein Damoklesschwert über der Familie hängt. Sonst könnte man die kostenlosen Kondome benutzen, Übertragungen verhindern, sich testen lassen, um nicht dem Ungeborenen den Virus mit ins Leben zu geben.

Auf dem Land ist alles noch viel schlimmer: Ganze Dörfer bestehen bald nur noch aus Alten, die die Enkel großziehen. 1980 lag die Lebenserwartung bei 60 Jahren, 2005 bei 47 Jahren … Wer pflügt das Land und sichert die Ernährung? Nicht nur die Familie und die dörfliche Gemeinschaft, die gesamte Wirtschaft ist betroffen. Kinder gehen nicht mehr zur Schule, was sie an Lesen und Schreiben gelernt haben, vergessen sie wieder beim Ackern, Wasser schleppen, Feuerholz sammeln. Was für eine Zukunft erwartet sie?

Zahlreiche Selbsthilfegruppen, genannt Community Based Organizations (CBO) versuchen, den Aids-Waisen eine hoffnungsvolle Zukunft zu bieten, das Leiden zu verringern und das Leben wieder lebenswert zu machen. In enger Zusammenarbeit mit Nichtregierungsorganisationen engagieren sie sich bei der aufklärenden Gesundheitserziehung, in Initiativen zur Verbesserung von Allgemein- und Berufsausbildung, im Aufbau und in der Betreuung von Wohngruppen, Kinderheimen, Nicht alle Projekte sind erfolgreich, aber sie sind »Tumani letu«.

**Aufklärung ist die wichtigste Grundlage für den Kampf gegen Aids**

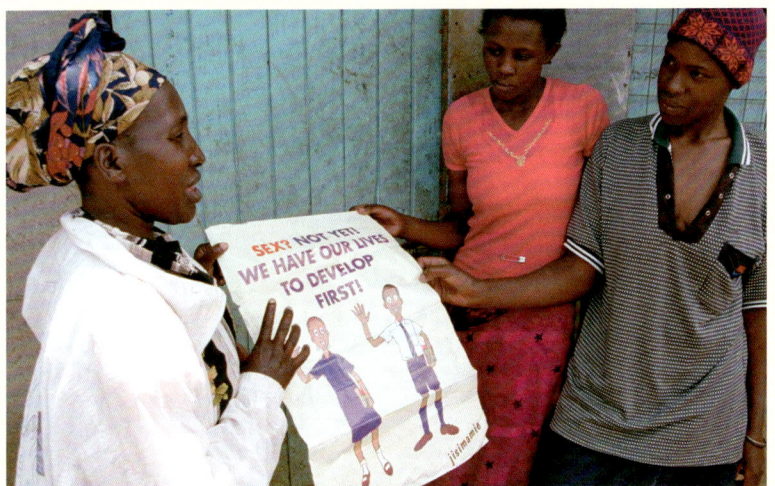

Verwaltungs- und Öffentlichkeitsarbeit, wodurch Spenden ungeschmälert den Projekten zugutekommen. Mehr und mehr scheint sich zudem eine neue Richtung der Entwicklungshilfe zu etablieren, eine Art Pop-Hilfe, bei der bekannte Persönlichkeiten mit gutem Beispiel vorangehen, und Spenden oder zumindestens Aufklärungsarbeit initiieren. Hierzu gehören die Live-Aid-Konzerte von Bob Geldof oder Bono oder die Adoption von Waisenkindern durch Stars wie Madonna oder Angelina Jolie. Namhafte Künstler nutzen ihren Ruhm, um Aufmerksamkeit und Unterstützung für ein sonst eher unpopuläres Thema zu wecken und – wie im Fall von Live Aid – Millionen ins Rollen zu bringen.

Kein Konzept der Welt wird jedoch helfen, wenn die Samen der Entwicklungshilfe nicht auf fruchtbaren Nährboden fallen oder – besser noch – aus Eigeninitiative wachsen. Verständnis, Sensibilisierung und ein großes Maß an Eigenverantwortlichkeit der Betroffenen machen ein Projekt erst langfristig erfolgreich. Wangari Maathai und ihr Green Belt Movement, das sich für den Umweltschutz in Kenia einsetzt, ist ein Bilderbuchexempel für eine Initiative, die aus eigener Erfahrung gewachsen ist und die letztendlich zu einer Lösungsfindung aus eigenen Mitteln geführt hat (s. S. 162). Hierfür erhielt Maathai 2004 den Friedensnobelpreis.

# Grenzprobleme

Kenia und Tansania sind relativ stabile Länder in einer Region, die von Kriegen, Despoten und Naturkatastrophen heimgesucht wird. Entsprechend sehen Flüchtlinge aus dem kriegsgeplagten Somalia und Sudan, Ruanda, Kongo oder Burundi in diesen Ländern einen Felsen in der Brandung, wo sie Sicherheit finden.

Das sehen auch die westlichen Regierungen so, nicht immer jedoch die lokale Bevölkerung, die ihre Wasservorräte oder oft ohnehin einfache Infrastruktur mit den Flüchtlingen teilen muss. Kenia und Tansania haben in den wenigsten Fällen die Mittel, den großen Flüchtlingsscharen gerecht zu werden; eine Integration der Flüchtlinge ins Alltagsleben ist schwierig, wenn die meisten Einheimischen selbst am Existenzminimum leben.

Die Schlupflöcher entlang der nur teilweise überwachten Grenzen, die Flüchtlinge nutzen, stehen auch Waffen- und Trophäenschmugglern offen. Das gilt auch für islamische Extremisten, die 1998 die US-Botschaften in Nairobi und in Dar-es-Salaam sowie 2002 ein Touristenhotel an der Küste zur Zielscheibe von Anschlägen gemacht hatten. In einigen islamischen Enklaven – etwa auf Lamu und Pemba – ist der westliche Einfluss schon seit langem extremistischen Imamen ein Dorn im Auge. Das deutsche Auswärtige Amt empfiehlt daher allen Reisenden ein sicherheitsbewusstes und situationsgerechtes Verhalten. Andererseits trägt auch das respektvolle Verhalten von Touristen dazu bei, das Feuer nicht zu schüren – hierzu gehört etwa auch das korrekte Kleiden in Glaubenshäusern aller Art oder in sehr traditionellen Gegenden etwa der Altstadt von Sansibar oder Mombasa (weitere Empfehlungen zur eigenen Sicherheit s. S. 113).

# Präsidentenwahlen, Vetternwirtschaft

## Kenia nach der Ära Moi

Kenia galt seit der Unabhängigkeit 1963 als demokratisches Land, wobei sich ein echtes Mehrparteiensystem erst 30 Jahre später etablierte, dann jedoch so vehement, dass die Dutzenden von Splitterparteien die Wähler eher verunsicherten und doch wieder der etablierten Führungspartei Platz machen mussten. Die Parteienlandschaft Kenias lässt sich nicht mit europäischen Parteien vergleichen, da sie viel mehr personen- und noch viel mehr stammesgebunden ist. Das soll nicht heißen, dass es keine ideologischen Parteigruppierungen gibt, etwa die Brückenpartei Safina, Kenias ›grüne‹ Partei, oder die sozialistische CCU, doch letztendlich wählen viele Kenianer den Kandidaten, der der eigenen Ethnie am meisten Vorteile verspricht.

Präsident Moi, der aus der Gegend um Eldoret stammte, sorgte z. B. dafür, dass seine Heimatstadt im Westen Kenias einen internationalen Flughafen und andere strategische Vorteile erhielt. Ganz zu schweigen von der Vetternwirtschaft, die sowohl sein Vorgänger Jomo Kenyatta als auch Moi exzessiv betrieben. Die Bekämpfung von Vetternwirtschaft und Korruption waren deswegen auch die großen Schlagworte für den jetzigen Präsidenten Mwai Kibaki, der der 30-jährigen Dominanz der KANU-Partei mit seinem Erfolg bei den Wahlen 2002 ein Ende bereitete. Es ging regelrecht ein Ruck durch die Gesellschaft als Kibaki mit großer Mehrheit siegte. Man erhoffte sich vom Parteiwechsel ›Gold am Ende des Regenbogens‹ – der Regenbogen war das Symbol von Kibakis NARC-Partei. Nach anfänglichem Enthusiasmus – z. B. ermöglichte Kibaki Schulbildung für alle, was großen Zuspruch fand mit der Konsequenz, dass es mitunter zu Klassengrößen von bis zu 100 Schülern kam – schwindet derzeit die Hoffnung, die die Gesellschaft in die Regenbogenpartei gesetzt hatte. Innerparteiliche Skandale und eine Spaltung der Partei nach vierjähriger Amtszeit in zwei Fraktionen sind keine gute Ausgangslage für eine mögliche Wiederwahl im Dezember 2007.

## Tansanias Weg in die Demokratie

Tansanias Weg in die Demokratie führte von der kolonialen Abhängigkeit über afrikanischen Sozialismus unter Julius Nyerere zu einer Mehrparteiendemokratie. Dieser gemäßigte, von westlichen Demokratien nicht immer bevorzugte, Weg hat sich für Tansanias innenpolitische Stabilität als sehr positiv erwiesen. Nyerere, der das Land 14 Jahre lang, 1961–1985, regierte, sorgte dafür, dass Tansania eine gemeinsame afrikanische Sprache (Kiswahili) spricht und bis heute nicht von ethnischen Rivalitäten geplagt wird, die in anderen afrikanischen Ländern oftmals von politischen Führern geschürt wurden – bis hin zu Völkermord und Bürgerkrieg, wie die Beispiele Ruanda, Sudan und Somalia gezeigt haben.

Weiterhin sorgte Nyerere dafür, dass es in gewissem Sinne eine Basis-Schulausbildung sowie eine allgemeine Gesundheitsvorsorge gab. Mit seinem freiwilligen Rücktritt stellte er die Weichen für einen afrikanischen Liberalismus. Sein Nachfolger, der gemäßigte Ali Hassan Mwinyi, begann mit der schrittweisen Privatisierung der vormals staatlichen Institutionen. Der liberalisierte Handel ebnete den Weg für den internationalen Markt und den Einzug des Tourismus in den 1990er-Jahren. Staatliche Güter wie Banken, Fabriken und Hotels wurden schrittweise privatisiert, die Infrastruktur mit Hilfe von internationalen Hilfsorganisationen ausgebaut. Diesen Trend setzte der 1995 gewählte Präsident Mkapa fort. Seine Politik richtete sich gegen korrupte Regierungsangestellte und verfolgte den Ausbau der Wirtschaft sowie der East African Cooperation (EAC), einer Art Mini-EU. Als einer der ersten Präsidenten Afrikas sprach er sich gegen den Präsidentenkult aus; konsequenterweise hatte er darauf verzichtet, neue Geldnoten mit seinem Konterfei drucken zu lassen – was sonst in Afrika durchaus üblich ist. Trotz seiner Bemühungen um eine Politik der freien Marktwirtschaft konnte er die tief verwurzelte Korruption und die Steuerflucht nicht unterbinden.

Auch sein Nachfolger, der derzeitige Präsident Jakaya Kikwete hat mit dieser Geißel zu kämpfen. Andere innenpolitische Probleme sind die schleppende Privatisierung der maroden Wasserwirtschaft, der Drang Sansibars nach Unabhängigkeit, steigende Aids-Zahlen sowie die Integration von Abertausenden Flüchtlingen, die aus Ruanda oder Zentralafrika nach Tansania kommen. Umweltschutz wird übrigens von der derzeitigen Regierung sehr ernst genommen – beispielsweise wurde im April 2006 auf Sansibar ein Verbot von Plastiktüten, die oftmals im Meer landen und den Korallen und Fischen schaden, gesetzlich vereinbart. Vieles spricht für Kikwete, der bis zum Ende seiner derzeitigen Amtszeit 2010 noch allerhand zu tun haben wird. Laut Verfassung darf er einmal wiedergewählt werden; die maximale Amtszeit beträgt zehn Jahre.

# Geschichte

Ostafrikas Historie ist äußerst wechselvoll und bedeutsam. Am Turkana-See in Nordkenia soll die ›Wiege der Menschheit‹ stehen, in der Oldupai-Schlucht unweit des Ngorongoro-Kraters scheint der aufrecht gehende Mensch erste Schritte unternommen zu haben, am Baringo-See gibt es die ältesten Funde eines Homo sapiens. Seitdem haben die Menschheit und Ostafrika eine bewegte Geschichte durchlebt.

## Ur- und Frühgeschichte

### Die Wiege der Menschheit

Anthropologischen Untersuchungen gemäß steht die ›Wiege der Menschheit‹ im ostafrikanischen Raum; Schritte der Menschheitsentwicklung lassen sich hier anhand von Fossilien und Werkzeugen nachvollziehen. Eine aufschlussreiche Fundgrube für Paläanthropologen stellt dabei der Ostafrikanische Graben dar. In dem gewaltigen Riss lässt sich nicht nur anhand von Gesteinsschichten die Erdgeschichte ablesen, es wurden auch viele aussagekräftige Fossilien freigelegt.

### Frühe Werkzeuge

So entdeckte man am westlichen Grabenbruch, bei Fort Tenan in Kenia, Spuren von Hominoidea (= Menschenähnlichen), wozu Menschen und alle schwanzlosen Affen zählen. Die freigelegten Fossilien von Hominiden, die vor 15,9 Mio. Jahren im heutigen Westkenia lebten, werden nach ihrem Fundort als Keniapithecinen bezeichnet. Vier bis fünf Millionen Jahre später entwickelten sich aus den Keniapithecinen die Vormenschen, die frühen Australopithecinen. Im Gegensatz zu den Hominoidea gingen sie bereits aufrecht, was Archäologen anhand von freigelegten Fußabdrücken bei Laetoli in Nordtansania nachweisen konnten. Diese Vormenschen waren höchstens 1,50 m groß und wogen bis zu 40 kg; ihr Gehirnvolumen betrug allerdings nur etwa 400 cm³. Ihr Nachfolger, der Homo habilis, besaß ein doppelt so großes Gehirnvolumen, und man nimmt an, dass er bereits sprachfähig war. Dies scheint auch der berühmte Schädelfund mit der Nummer 1470 zu bestätigen, den man bei Koobi Fora am Turkana-See ausgrub. Weitere Knochen sowie eine Menge von Steinwerkzeugen, die der ›geschickte‹ Mensch‹ herstellte, fand man in der Schlucht von Oldupai (Tansania). An der gleichen Stelle, nur in höher gelegenen, d. h. jüngeren Gesteinsschichten, trafen Archäologen auf Relikte des Homo erectus, darunter Reste von Mahlzeiten, Faustkeile und andere Werkzeuge.

### Vom Homo erectus zum Homo sapiens

Moderne DNA-Tests scheinen die These zu belegen, dass sich der Homo erectus von Ostafrika aus in einem Zeitraum von mehreren Millionen Jahren über den Rest der Welt ausgebreitet hat. Aus dem Homo erectus entwickelte sich schließlich der ›weise‹ Mensch, der Homo sapiens. Die ältesten Funde eines Homo sapiens aus Europa sind nur 40 000 Jahre alt, wohingegen man am Baringo-See in Kenia 200 000 Jahre alte Werkzeuge unseres Vorfahren gefunden hat. Auf seine Spuren stießen Forscher neben den Ausgrabungen beim Baringo-See auch am Lukenia Hill in Südkenia sowie in Oldupai und am Eyasi-See in Nordtansania.

# Die Vorkolonialzeit

## Blütezeit der Swahili

Ostafrikas Geschichte beginnt für viele Europäer erst mit der Zeit der Entdeckungen, der Eroberer und der Missionare. Die Geschichte des ostafrikanischen Raums reicht allerdings sehr viel weiter zurück, wie vor- und frühgeschichtliche Funde zeigen, jedoch fehlen darüber schriftliche Quellen oder zumindest solche, die wir dechiffrieren können, wie die Höhlenmalerein von Kondoa in Tansania, die 2006 in die Liste der Unesco World Heritage Sites aufgenommen worden sind. Wir wissen lediglich, dass es vor ca. 2500 Jahren massive Wanderbewegungen gegeben haben muss. Die eingewanderten Völker waren Bantu und Niloten (hierzu gehören z. B. die Massai). Auch gab es bereits regen Handelskontakt mit den Küstenregionen des Indischen Ozeans, vor allem mit Arabien und Indien. Die Handelswaren wurden mit Segelschiffen (Dhaus) transportiert. Arabische und indische Seeleute lieferten Datteln, Stoffe, Keramiken und Gewürze, dafür nahmen sie Mangrovenholz, Gold, Tierfelle und später auch Elfenbein und Sklaven mit zurück. Einen gewaltigen Aufschwung erfuhr der Tauschhandel durch die Ausbreitung des Islam ab dem 8. Jh. Viele der Küstenbewohner bekehrten sich zum Islam, der bis heute führenden Religion in der Küstenregion. Überhaupt entstand das, was man fortan als ›Swahili‹ beschreibt, eine Kultur, die eine gemeinsame Sprache (das Swahili) sowie eine gemeinsame Religion (Islam, oft gemischt mit anderen Weltanschauungen) und das Leben entlang der Küste auszeichnet.

## Handel und Kulturaustausch

Etwa aus der gleichen Zeit ist die Existenz dauerhafter Siedlungen aus Stein belegt, die vermutlich von Arabern und Shirazi (aus Persien) errichtet wurden. Einige der Siedlungen sind heute nur noch Ruinenstädte, z. B. Manda im Lamu-Archipel und Mtambwe Mkuu auf Pemba. Andere Siedlungen wie Lamu, Mombasa oder Sansibar sind auch heute noch bedeutende Küstenstädte. Aufgrund des regen Handels und kulturellen Austauschs gilt die Zeit zwischen 800 und 1500 als Blütezeit der Swahili.

Mit der Ankunft europäischer Schiffe, allen voran die Flotte von Vasco da Gama, dem die lang ersehnte Umseglung des Kaps der Guten Hoffnung im Jahr 1498 gelang, begann sowohl für Europa als auch für Ostafrika eine neue Ära. Seitdem erlauben uns auch schriftliche Quellen einen genauen Blick in die lebendige Vergangenheit Ostafrikas.

# Die Kolonialzeit

## Europa ›entdeckt‹ Afrika

Als die Portugiesen unter der Führung Vasco da Gamas am 15. April 1498 den Hafen von Mombasa ansteuerten, wurden sie nicht mit Pauken und Trompeten, sondern stattdessen mit Pfeil und Bogen empfangen; daraufhin stach da Gama wieder in See und segelte nach Malindi, dem Rivalen Mombasas, wo man ihm große Gastfreundschaft erwies. Als da Gama mit schwerbeladenen Schiffen nach Europa zurückkehrte, sorgten die exotischen Waren, die er an Bord hatte, für Furore; nun galt es, die ostafrikanische Küste zu erobern. Das versprach zum einen strategische Vorteile, denn dadurch schien der Weg nach Indien gesichert; zum anderen lagerten in Ostafrika wie in Indien wertvolle Rohstoffe.

## Portugiesische Herrschaft

Bis zur Mitte des 16. Jh. hatten die Portugiesen aufgrund ihrer militärischen Überlegenheit (Feuerwaffen) eine lange Kette von Niederlassungen entlang der ostafrikanischen Küste etabliert. Alle Städte mussten die Oberhoheit der Portugiesen anerkennen und sich zu Tributzahlungen verpflichten (ausgenommen der freundliche Verbündete Malindi). Diese Zölle sowie der eingeschränkte Handel mit Arabien führte zur Verarmung der Küstenstädte. Die Bewohner der besetzten Städte begannen zu rebellieren, vor allem in Mombasa widersetzte man sich immer wieder vehement der Fremdherrschaft. Um diese zu sichern, errichteten die Portugiesen dort zwischen 1593 und 1596 eine Festung, das bis heute gut erhaltene Fort Jesus.

### Omani und Mazrui

Nach mehr als 100-jähriger Herrschaft über die ostafrikanische Küste begann die portugiesische Vormachtstellung jedoch zu wanken. Nach kriegerischen Auseinandersetzungen fielen 1652 die Hochburgen Pate und Sansibar an Herrscher aus dem Oman auf der Arabischen Halbinsel, und auch die letzte Bastion, Mombasa, musste 1698 nach grausamer, dreijähriger Belagerung geräumt werden. Nach 200 Jahren portugiesischer Herrschaft begann nun die Zeit der Omani und Mazrui.

Die Omani erlangten spätestens mit der Eroberung von Mombasa die unbestrittene Herrschaft über die Küste Ostafrikas. Nun kontrollierten sie die Handelswege und forderten ihrerseits Tribute von den Swahili. Während der Sultan von Oman zunächst Probleme im eigenen Land lösen musste, übernahm die einflussreiche omanische Familie Mazrui 1744 die Herrschaft über Mombasa und dehnte ihren Einfluss auf weite Teile der Swahiliküste aus. Erst 1837 kümmerte sich der neue Sultan der Oman, Sayid Sayid bin Sultan, wieder um seine Herrschaftsansprüche in Ostafrika; er verbannte die Mitglieder der Mazrui aus Mombasa und besetzte die Stadt. Auch auf Sansibar und Pemba entmachtete er die ansässige Shirazi-Elite und verlegte 1832 seine offizielle Residenz aus dem Oman nach Sansibar. In den folgenden 50 Jahren avancierte Sansibar zur Handelsmetropole des Indischen Ozeans. Der natürliche Tiefseehafen bot hervorragende Ankerplätze für die immer größer werdenden Schiffe aus Asien und Europa.

### Abenteurer und Missionare

Berichte von sagenhaften Reichtümern im Inneren von Afrika weckten das Interesse von Händlern und Politikern; die abschreckenden Schilderungen über den Sklavenhandel und die ›Barbarei‹ lockten Missionare; unerforschtes Gelände reizte Entdeckungsreisende. So begann allmählich die Ära der europäischen Pioniere im Osten Afrikas. Zu den ersten gehörten die Missionare Ludwig Krapf und Johannes Rebmann und die abenteuerlustigen Entdeckungsreisenden Speke, Burton, Stanley und Livingstone (s. S. 370). Indem sowohl Missionare als auch ›Entdecker‹ das Innere Ostafrikas erforschten, bereiteten sie – wenn auch nicht bewusst – das Vordringen der europäischen Siedler in Ostafrika vor. Der Begriff ›Entdecker‹ steht deshalb in Anführungen, weil ihre ›Entdeckungen‹ nicht nur den ansässigen Völkern, sondern auch arabischen und asiatischen Händlern seit langem bekannt waren. Um es mit den Worten eines kenianischen Anthropologen zu sagen: »Niemand hat jemals vorgeschlagen, den ersten Afrikaner, der die Alpen oder die Themse sah, Entdecker zu nennen.«

# Die koloniale Aufteilung Afrikas

Die ›Entdeckung Afrikas‹ kam den europäischen Machthabern wie gerufen, denn die rasch fortschreitende Industrialisierung im 19. Jh. gierte nach neuen Rohstoff- und Absatzmärkten. Zunächst sicherten sich die Briten, die damals führende Industrienation, exklusive Handelsrechte in Ostafrika, indem sie entsprechende Verträge mit dem Oman bzw. dem Sultan von Sansibar schlossen.

Als die USA und das industriell aufsteigende Deutschland begannen, den Briten ihre Handelsrechte streitig zu machen, bauten diese ihre Flottenpräsenz und militärischen Stützpunkte am Indischen Ozean aus. Um diese Aktionen zu rechtfertigen, nutzten sie die dank der Missionare in Verruf geratene Sklaverei: Im Jahr 1873 setzten die Briten das sofortige Verbot des Sklavenhandels durch. Diese heroische Leistung hatte also nicht nur ethische, sondern durchaus machtpolitische Motive.

### Ein ›Platz an der Sonne‹

Schließlich mussten sich die Briten doch dem Druck der anderen europäischen Industrienationen beugen, die alle ein Stück vom ›afri-

# Ein dunkles Kapitel der Geschichte

## Thema

**Zu den grausamsten Kapiteln der Menschheitsgeschichte gehört zweifellos der afrikanische Sklavenhandel. Vom 16. Jh. bis zum späten 19. Jh. wurden mindestens 20 Mio. Menschen vom Schwarzen Kontinent verschleppt. Ungezählte andere – 50 oder gar 100 Mio. – starben auf den Transporten oder durch Hunger und Seuchen in den verwüsteten Gebieten, die die Sklavenjäger hinterließen.**

Die Sklavenjäger brannten ganze Dörfer nieder und massakrierten ›ungeeignet‹ erscheinende Alte, Kranke, Schwangere oder Kinder. Die übrigen menschlichen ›Beutestücke‹ wurden mit Ketten und hölzernen Halsjochen aneinandergefesselt und in wochenlangen Märschen unter Peitschenhieben zu den Sklavenmärkten getrieben. Diejenigen, die den Strapazen nicht gewachsen waren, ließen die Sklaventreiber erschlagen oder hilflos im Busch zurück oder lieferten sie ihrem Schicksal aus, von Wildtieren gefressen zu werden.

Am schlimmsten vom Sklavenhandel betroffen war der Westen Afrikas, aber auch in Ostafrika hinterließ das schmutzige Geschäft blutige Spuren. Ab dem frühen 19. Jh., als die Franzosen Zuckerrohrfelder auf ihren Besitzungen Île de France (Mauritius) und Bourbon (Réunion) anlegten und ihr Bedarf an Arbeitskräften stieg, begannen die Sklavenexporte auch in Ostafrika zu boomen. Die vorgelagerte Insel Sansibar entwickelte sich um 1840 zu einem der größten Sklavenmärkte der Welt. Um den stets wachsenden Bedarf zu decken, organisierten die Händler Karawanen, schwer bewaffnete Trupps aus arabischen bzw. swahilischen Händlern sowie angeworbenen Söldnern und Trägern – in das Innere Ostafrikas. Sie verschleppten zwischen 10 000–70 000 Sklaven im Jahr. Dabei folgten die Sklavenjäger bestimmten Routen; die wichtigsten führten von Kilwa durch Südtansania zum Malawi-See und von der nahe Sansibar gelegenen Festlandsküste (u. a. Bagamoyo) über Tabora zum Victoriasee nach Ujiji. Die Nordroute von Tanga, Pangani und Mombasa ins Innere des heutigen Kenia diente dagegen überwiegend dem Elfenbeinhandel – einem anderen blutigen Kapitel in der Geschichte Afrikas. Die Schließung des sansibarischen Sklavenmarktes 1873 markierte das offizielle Ende des Sklavenhandels in Ostafrika, allerdings ging der illegale Handel noch bis zum Beginn des 20. Jh. weiter. Das endgültige Aus für dieses grausame Kapitel der Geschichte Afrikas kam erst nach der kolonialen Machtergreifung: 1897 erhielten die Sklaven im britischen Einflussbereich ihren offiziellen ›Freiheitsbrief‹.

Die Freigelassenen, oft mittellos und Hunderte Kilometer von ihrem Ursprungsort entfernt, gründeten teilweise neue Städte – etwa bei Bagamoyo oder Freretown bei Mombasa, das Sir Bartle Frere, der britische Gouverneur von Bombay, initiierte. Während Orte wie Freretown heute nichts mehr von der dunklen Ära der Sklaverei ahnen lassen, tragen andere noch deutlich die Spuren jener Zeit, etwa Kelele Square in Stone Town auf Sansibar am Ort des letzten Sklavenmarkts oder die Mangapwani-Höhlen, wo einem auch heute eine Gänsehaut über den Rücken läuft. Im Dunkel der Nacht wurden die Menschen einst aus den Höhlen auf die Schiffe verladen.

49

kanischen Kuchen‹ abhaben wollten. Da es bereits im Vorfeld zu Unstimmigkeiten bezüglich der Aufteilung kam, rief Otto von Bismarck auf Veranlassung Belgiens 15 Delegierte aus Europa, den USA und dem Osmanischen Reich zur Kongokonferenz Ende 1884 in Berlin zusammen. Diese Konferenz und weitere Verhandlungen hatten zur Folge, dass die Grenzen innerhalb Afrikas regelrecht am Reißbrett festgelegt wurden. Die willkürliche Grenzziehung mit dem Lineal hat weitestgehend bis heute Gültigkeit. Bei der Verteilung wurden große Teile Westafrikas den Franzosen zugesprochen, das Kongogebiet den Belgiern, die Briten erhielten Südafrika und teilten sich mit den Deutschen (die außerdem die Kolonien Togo, Kamerun und Südwestafrika gründeten) Ostafrika. British East Africa umfasste das heutige Kenia. Zu Deutsch-Ostafrika gehörte das Festland von Tansania, das damalige Tanganyika. Nach anfänglichen Kontroversen einigten sich die beiden Staaten im Helgoland-Sansibar-Vertrag vom 1. Juli 1890: Das Deutsche Reich akzeptierte Uganda und Sansibar als britisches Protektorat (allerdings besaßen die Deutschen niemals Sansibar, wie es oft heißt). Im Gegenzug erhielten sie das bis dahin britische Helgoland sowie das Recht, dem Sultan von Sansibar die Tanganyika-Küste abzukaufen.

## Aufstände gegen die Kolonialherren

Im Zuge ihrer Expansionsbestrebungen ignorierten die Kolonialherren rücksichtslos jeglichen Anspruch der einheimischen Herrscher, seien es Sultane, Klanälteste oder andere Autoritäten. Auch ethnische Zugehörigkeiten wurden bei der Grenzziehung völlig außer Acht gelassen, sodass bis heute z. B. das Volk der Massai teils in Tansania und teils in Kenia lebt. Diese rigorose, koloniale Inbesitznahme verlief dementsprechend nicht ohne den erbitterten Widerstand seitens der einheimischen Bevölkerung. Dabei setzten sich die Kolonialherren durch ihre militärische Überlegenheit stets durch. Dennoch fügte beispielsweise der Aufstand der Hehe (1891–1894) oder der Maji-Maji-Aufstand bei Kilwa (1905–1907) den Deutschen empfindliche Verluste zu.

## Steuereintreiber und Eisenbahnbauer

Danach hielten die neuen Machthaber ihre Kolonien weitgehend in Schach, indem sie die Bevölkerung abhängig machten. Sie forderten beispielsweise Steuern ein, die nicht etwa in Naturalien, sondern in Geld zu zahlen waren. Das zwang die Afrikaner, als Lohnarbeiter auf den Ländereien der Weißen zu arbeiten. Andere wurden direkt zur Zwangsarbeit verpflichtet, u. a. beim Bau ehrgeiziger Eisenbahnprojekte. Zwischen 1896 und 1901 wurde die Uganda-Bahn gebaut, die die Küste des Indischen Ozeans mit dem Victoriasee verbindet. Zehn Jahre später, 1911–1914, errichtete man in Tansania die Bahnstrecken Tanga–Moshi und Dar-es-Salaam–Tabora–Kigoma. Da viele der zwangsweise Rekrutierten sich weigerten, unter sklavenähnlichen Bedingungen zu arbeiten, holten die Kolonialherren Arbeitskräfte aus Indien. Nachdem der Bau der Eisenbahnstrecken beendet war, verzeichnete Ostafrika einen enormen Zustrom an weißen Siedlern aus Europa und Südafrika. Dieser Siedlerboom hatte zur Folge, dass viele Afrikaner von ihren fruchtbaren Ländereien vertrieben wurden, da sie das Land nicht ›angemessen‹ nutzten. Damit wurde der einheimischen Bevölkerung nach und nach ihre natürliche Lebensgrundlage entzogen, wurden ihre Rechte im Lauf der Jahre weiter beschnitten. So untersagte man ihnen z. B. in Kenia, gewinnträchtige *cash crops* wie Kaffee anzubauen und bestimmte traditionelle Riten auszuüben (z. B. Beschneidungsrituale). Sie wurden angehalten, Pässe bei sich zu tragen und durften sich in bestimmten Stadtvierteln nicht niederlassen.

Die Rassenpolitik eskalierte schließlich nach den beiden Weltkriegen im Kampf um die Unabhängigkeit. Zuvor verloren die Deutschen durch den Vertrag von Versailles (1919) ›Deutsch-Ost‹, das fortan unter dem Mandat des Völkerbunds stand. Damit gehörte das gesamte Ostafrika bis zur Unabhängigkeit zum britischen Imperium, allein der Status der Gebiete variierte: Kenia war ab 1920 britische Kronkolonie, Tanganyika stand als Mandat des Völkerbundes unter britischer Verwaltung, Uganda und Sansibar blieben unverändert Protektorate.

# Der Weg in die Unabhängigkeit

## Der Mau-Mau-Aufstand

Nach dem Zweiten Weltkrieg begann Ostafrikas steiniger Weg in die Unabhängigkeit. Während sich die Rassentrennung verstärkte, begannen sich politische Gruppen zu formieren. In Kenia wurde 1946 die Kenya Africa Union (KAU) gegründet, an deren Spitze der Kikuyu Jomo Kenyatta stand. Ab 1950 sorgte die Kenia Land and Freedom Army für Aufregung unter den Weißen. Die Freiheitskämpfer, die von den Siedlern Mau-Mau genannt wurden, kämpften während der folgenden sieben Jahre in einem hartnäckigen Guerillakrieg gegen die Beschneidung ihrer Rechte und für die Rückgabe ihres Landes. Jomo Kenyatta, der von der britischen Regierung als Mau-Mau-Kämpfer angeklagt und verurteilt wurde, musste ebenso wie andere Oppositionsführer viele Jahre in Arbeits- und Internierungslagern zubringen. 1959 erreichte der Mau-Mau-Aufstand bei der Lancaster House Conference in London schließlich die offizielle Aufhebung der strikten Rassentrennung sowie das ersehnte Zugeständnis politischer Einflussnahme. Diese war zunächst gering, doch gelangen dem jungen Luo-Führer Oginga Odinga und Tom Mboya die Bildung der Partei Kenya African National Union (KANU). Nachdem Kenyatta am 14. August 1961 aus der Haft entlassen wurde, wählte man ihn als Symbolfigur des nationalen Widerstandes zum Präsidenten der KANU, deren Druck auf die Siedlerparteien so stark war, dass am 12. Februar 1963 Kenia schließlich die Unabhängigkeit zugebilligt wurde.

In Tansania verlief der Weg zur Unabhängigkeit im Vergleich zu Kenia unkomplizierter.

Das lag u. a. auch daran, dass die Briten hier keine Siedlerkolonie angestrebt hatten und Kleinbauern nicht wie in Kenia vom Anbau der *cash crops* ausgeschlossen waren. Das Festland, Tanganyika und die Insel Sansibar durchliefen allerdings verschiedene Entwicklungen. Tanganyika feierte am 9. Dezember 1961 seine Unabhängigkeit von der Kolonialmacht, Sansibar wurde am 10. Dezember 1963 zur konstitutionellen Monarchie unter dem vorerst letzten Sultan (Sayid Jamshid bin Abdullah bin Khalifa) erklärt. Erst 1964 schlossen sich beide zur Vereinigten Republik Tansania zusammen, mit Mwalimu Julius Nyerere als Präsident und Abeid Karume aus Sansibar als Vizepräsident.

# Unabhängiges Ostafrika

*Uhuru* – so lautet das Kiswahili-Wort für Unabhängigkeit und Freiheit – wurde überall begeistert begrüßt. In den Folgejahren ging es darum, diese neu erworbene Freiheit zu nutzen. Kenia und Tansania wählten dabei zwei völlig unterschiedliche Wege.

## Kenias Weg zum ›Musterland Afrikas‹

Kenias charismatischer Präsident, Jomo Kenyatta, entschied sich für eine privat-kapitalistische Wirtschaft. Das Motto seiner Regierungsperiode (1964–1978) hieß *harambee,* was so viel bedeutet wie ›Zusammenarbeit‹, ›an einem Strang ziehen‹. Der Beginn seiner Amtszeit war nicht einfach, denn zwischen 1964 und 1967 wüteten im Nordosten Kenias somalische Rebellen, die Shifta, deren brutale Überfälle Angst und Terror verbreiteten.

Vor der Machtübernahme hatte Kenyatta eine neue Strukturierung der Ländereien angekündigt, die er nun umzusetzen versuchte. Die weißen Siedler wurden nicht – wie befürchtet – enteignet, sondern konnten ihr Farmland der Regierung abkaufen. Das verbleibende Land wurde an etwa 50 000 Kleinbauern verteilt. Kenia entwickelte sich in den Folgejahren zu dem ›afrikanischen Musterland‹ im Sinne europäischer Beobachter. Die

**Das Fort auf der Insel Pate sicherte einst die Hochburg der Portugiesen**

politische Lage schien stabil, die Wirtschaft verzeichnete vielversprechende Zuwachsraten, die Industrialisierung schritt voran, und in den 1970er-Jahren entwickelte sich zudem der Tourismus als lukratives Geschäft. Hinter der glänzenden Fassade gärten jedoch soziale Missstände. Während eine kleine Elite, vornehmlich die Weißen und die Kikuyu, vor allem der Klan um Kenyatta, die Fäden in der Hand hielt, änderte sich für die Masse der Bevölkerung wenig. Das Problem der sozialen Gegensätze, das bereits in den 1920er-Jahren begonnen hatte, wurde auch von Kenyatta nicht gelöst. Im Gegenteil, das Mosaik aus Klassen, Schichten und ethnischen Zwiespältigkeiten prägt bis heute die politischen Auseinandersetzungen, die soziale Schere klafft immer weiter auseinander und trennt nicht mehr nur zwischen Schwarz und Weiß.

## Ujamaa oder Tansanias Weg zum Afrikanischen Sozialismus

Im Gegensatz zu Kenia setzte Tansania auf eine sozialistische Entwicklung. Die Amtszeit von Julius Nyerere (1961–1985) stand unter dem Motto *ujamaa,* worunter ein Gemeinschaftsgefühl im Sinn der traditionellen afrikanischen Großfamilie zu verstehen ist. In der Familie wie im Dorf waren die einzelnen Mitglieder zur Arbeit verpflichtet, jegliches Eigentum galt als Gemeinbesitz. Die Eigenständigkeit und das Vertrauen in die eigene

Kraft sollten das Land stärken und unabhängig von anderen Ländern machen. Das zunächst Erfolg versprechende Rezept des Afrikanischen Sozialismus, der dem Land politische Stabilität sowie bedeutende soziale Errungenschaften, wie kostenlose Schulbildung und medizinische Grundversorgung, bescherte, scheiterte letztendlich an der Wirtschaftlichkeit. In der berühmten Arusha-Deklaration von 1967 wurden alle ausländischen Banken und Industrien verstaatlicht, um den Kapitalabfluss ins Ausland zu verhindern. Daraufhin reagierten die Industrienationen mit einem Abnahmestopp von Gütern aus Tansania. Aus Mangel an Devisen konnten kaum noch Ersatzteile importiert werden, Treibstoffmangel brachte die Infrastruktur mehrfach zum Erliegen. Als es auch an wichtigen Gütern des täglichen Bedarfs wie Speiseöl, Salz oder Zucker fehlte, begann die Bevölkerung zu protestieren; damit bröckelten die Säulen des *ujamaa*-Konzepts. In den 1970er-Jahren wandte man sich in Tansania vom Afrikanischen Sozialismus ab und wählte den stärker marktwirtschaftlich orientierten Weg des Afrikanischen Liberalismus.

## Durch Bündnisse zur Eigenständigkeit

Nach der ersten Euphorie über die Unabhängigkeit erkannten die Präsidenten die Bedeutung von *self-reliance* (Eigenständigkeit), zu der die wirtschaftliche Unabhängigkeit von den Industrienationen zählt. Darum gründeten die Staatsführer aus Kenia, Tansania und Uganda am 1. Dezember 1967 die Ostafrikanische Gemeinschaft EAC (vergleichbar mit der Europäischen Gemeinschaft), um die Zusammenarbeit der ostafrikanischen Staaten zu fördern. Im Wesentlichen bestand die Gemeinschaft aus einer Zollunion sowie der gemeinsamen Verwaltung von Post, Telekommunikation, Flug-, Hafen- und Eisenbahnwesen. Zehn Jahre später scheiterte der gut gemeinte Versuch einer ostafrikanischen Wirtschaftsvereinigung, nachdem es zu Differenzen (u. a. wegen der Beitragszahlungen) zwischen den Mitgliedern gekommen war. Die Streitigkeiten gipfelten darin, dass Tan-

sania die Grenze zu Kenia schloss (bis 1983) und der machtbesessene ugandische Präsident Idi Amin 1978 mit Truppen in Tansania einmarschierte. Es schien, als wollten die noch jungen Länder zunächst ihre eigene Stärke erproben, bevor sie sich mit anderen solidarisierten.

Seitdem alle drei Länder eine liberalere Politik verfolgen, haben die Präsidenten von Uganda, Kenia und Tansania 1996 in Arusha die Idee des Wirtschaftsabkommens von 1967 wieder aufgenommen und die East African Cooperation (ebenfalls EAC) ins Leben gerufen. Diesmal scheint die Union unter einem besseren Stern zu stehen.

## Die Ostafrikanische Union

Die East African Cooperation zwischen Kenia, Tansania und Uganda vertritt ähnliche Ziele wie die Europäische Union (EU): Währungsunion, Zoll- und Handelserleichterungen sowie wirtschaftliche Integration. Wie beim europäischen Pendant gibt es viele bürokratische Hürden zu nehmen, der Zeitplan und die Vorschussleistungen eines stärkeren Staates zugunsten eines schwächeren sind immer wieder diskutierte Themen.

Im Januar 2005 wurde schließlich nach langen Verhandlungen die Zollunion verwirklicht. Nunmehr sind Binnenzölle zwischen den drei Ländern abgeschafft, und man verspricht sich ein Erstarken der ostafrikanischen Wirtschaft.

Seit Sommer 2007 gehören auch die Länder Ruanda und Burundi zur EAC. Des Weiteren wird an einer Währungsunion gefeilt; möglicherweise gibt es ab 2009 den East African Shilling – auch hier die Parallele zum Euro –, der das Reisen innerhalb der drei Länder erheblich vereinfachen würde.

Sitz der EAC ist Arusha in Nordtansania – es ist also nicht verwunderlich, dass in dem kleinen Städtchen neben Touristen in khakifarbener Safarikluft auch jede Menge Politker in Nadelstreifen durch die Straßen eilen und stattliche Limousinen mit Leibwächtern neben verstaubten Jeeps mit Massaibewachung parken. Hier unterscheidet sich Straßburg dann doch deutlich von Arusha!

# Zeittafel

| | |
|---|---|
| **vor 7,5 Mio. –**<br>**200 000 Jahren** | Entwicklung des Menschen vom Keniapithecus über die Vormenschen zum Homo sapiens. |
| **500 v. Chr.–500** | Niloten (heute z. B. Massai) und Bantu besiedeln Ostafrika. |
| **12.–15. Jh.** | Blütezeit der Swahilikultur; Malindi, Mombasa, Kilwa und Sansibar Town wachsen zu einflussreichen Städten heran. |
| **1498** | Vasco da Gama und die portugiesische Flotte erreichen Mombasa und Malindi; sie übernehmen die Vormacht an Ostafrikas Küste. |
| **1652–1698** | Omani erobern Pate und Sansibar (1652), dann Mombasa (1698). |
| **1741** | Die Mazrui ernennen sich selbst zum Herrscher von Mombasa. |
| **ab 1820** | Expansion des Sklavenhandels; Beginn britischer Dominanz. |
| **1837** | Der gesamte Küstenstreifen fällt unter die Herrschaft von Sultan Sayid aus dem Oman. |
| **1844 und 1846** | Missionare (Rebmann und Krapf) dringen ins Innere Ostafrikas vor. |
| **1858** | Speke stößt auf die Quellen des Nil; europäische Expeditionen. |
| **1870** | Sayid Bargash wird Sultan von Sansibar. |
| **1873** | Offizielles Verbot des Sklavenhandels auf Sansibar. |
| **1884/1885** | Kongokonferenz in Berlin; Aufteilung der Kolonien. |
| **1890** | Deutsch-Britischer Helgoland-Sansibar-Vertrag. |
| **1891** | Deutsch-Ostafrika wird Kolonie des Deutschen Reiches. |
| **1895** | British East Africa wird Hoheitsgebiet der Britischen Krone. |
| **1896–1902** | Bau der Uganda-Bahn, Zustrom europäischer Siedler nach Kenia. |
| **1905–1907** | Maji-Maji-Aufstand in Deutsch-Ostafrika. |
| **1914–1918** | Erster Weltkrieg mit heftigen Kämpfen in Deutsch-Ostafrika. |

| | |
|---|---|
| Das Deutsche Reich verliert Tanganyika an die Briten, Kenia wird britische Kronkolonie. | **1919** |
| Mau-Mau-Aufstand in Kenia. | **1950–1957** |
| Tanganyika wird unabhängig, erster Präsident: Julius Nyerere. | **1961** |
| Sansibar (10.12.) wird unabhängig, ebenso Kenia (12.12.).; erster Präsident ist Jomo Kenyatta, KANU-Partei). | **1963** |
| Revolution auf Sansibar; Vereinigung von Tanganyika und Sansibar, Gründung von Tansania, erster Präsident ist Julius Nyerere. | **1964** |
| Shifta-Krieg in Nordostkenia. | **1964–1967** |
| Gründung der East African Community (EAC); 1967 bis Ende 1970 Arusha-Deklaration; Afrikanischer Sozialismus unter Nyerere. | **1967** |
| Zusammenbruch der EAC, Schließung der Grenze zwischen Tansania und Kenia (bis 1983). | **1977** |
| 22.8. Tod Kenyattas, Nachfolger als Präsident wird Daniel arap Moi. | **1978** |
| Hassan Mwinyi übernimmt das Präsidentenamt von Nyerere. | **1985** |
| Krieg in Somalia: Zehntausende Somalis fliehen nach Kenia. | **1991–1994** |
| Krieg in Burundi/Ruanda: Fast 1 Mio. Menschen fliehen nach Tansania, 1995 kurzfristige Schließung der Grenze in Westtansania. | **1993/1994** |
| Wiederbelebung der EAC; neuer Name: East African Cooperation. | **1996** |
| Attentate auf die US-Botschaften in Nairobi und Dar-es-Salaam. | **1998** |
| Mwai Kibaki und die Regenbogenkoalition gewinnen die Wahl in Kenia; Ende der Regierung Moi (KANU-Partei) nach fast 30 Jahren. | **2002** |
| Wahl von Jakaya Kikwete von der Revolutionspartei (CCM) zum Präsidenten von Tansania; Beginn der Ostafrikanischen Zollunion. | **2005** |
| Nach Zerfall der Regenbogenkoalition 2006 Neuwahlen in Kenia. | **2007** |

55

**Ostafrika ist im wahrsten Sinne des Wortes mannigfaltig, was die Anzahl seiner Bevölkerungsgruppen betrifft. Rund 180 verschiedene Völker – 50 in Kenia und 130 in Tansania – mit ihren eigenen Sprachen, Weltanschauungen und Traditionen leben hier nebeneinander. Entsprechend bunt ist die kulturelle Vielfalt – ob es regionale Speisen sind, die Musik, die Rituale oder die Art der Begrüßung oder Kleidung.**

## Bevölkerung und Lebensweise

Insgesamt leben in Tansania knapp 37 Mio. Menschen oder etwa 39 Einwohner pro km², in Kenia ungefähr 34 Mio., das sind 45 Personen pro km² (zum Vergleich: Bundesrepublik Deutschland = 231 Einw. pro km²). Davon sind insgesamt etwa 50 000 Europäer sowie 200 000 Inder und Araber, also deutliche Minderheiten. Die afrikanische Bevölkerung besteht zu über 60 % aus Bantu-Gruppen, Niloten und einer kleinen Gruppe von Kuschiten und Khoisan. Die Gruppen unterscheiden sich in Bezug auf Herkunft, Sprachen, soziale Organisation und kulturelle Traditionen. Keine repräsentiert einen Urzustand, wie es häufig in den Reiseprospekten heißt, alle blicken auf eine lange und lebhafte Herkunftsgeschichte zurück.

Erwarten Sie daher keinen Purismus und kein romantisiertes ›Out of Africa‹, sondern freuen Sie sich auf neue Eindrücke, Gerüche und Lebensstile. Seit Jahrhunderten beeinflussen sich die Völker Afrikas untereinander, und im Zeitalter der Globalisierung ziehen die Stars von Reality-TV und Hollywood in Afrikas Wohnzimmer – hier verschwimmt, was manch ein Tourist lieber traditionell sehen würde. Daher wundern Sie sich nicht, wenn im roten Gewand eines Massai ein Handy steckt oder Coca Cola auch in den letzten Winkel Afrikas Einzug gehalten hat.

### Herausforderung Stadt

Viele ostafrikanische Städte sind ein quirliges Potpourri aus Farben, Gerüchen und Küchen, die die Bezeichnung ›multikulti‹ sehr wohl verdienen. Wie in vielen Entwicklungsländern wachsen die Städte überproportional schnell und ziehen vor allem die jüngere Bevölkerung vom Land an, die sich wirtschaftlichen Wohlstand erhofft – durch einen Job in der Verwaltung, in einer Fabrik oder im Servicebereich – sowie ein Leben mit modernen Annehmlichkeiten. Die Folgen: Die Städte sind sehr verjüngt (fast drei Viertel der Bevölkerung sind unter 25 Jahre alt), den ländlichen Regionen fehlt die leistungsfähige Generation.

Nicht jeder Stadtneuling kommt indes mit den neuen Herausforderungen klar, die das Leben in der Großstadt fordert, und Schätzungen zufolge landen drei von vier Neuankömmlingen in einem der Slums, die insbesondere in Nairobi und Dar-es-Salaam tagtäglich wachsen. Die Landflucht ist enorm, die Konkurrenz um Arbeitsplätze in den Städten groß, und es besteht kaum ein soziales Netz, welches diejenigen auffängt, die keine Arbeit finden. Scheitert der Anschluss in das erhoffte Wohlstandsleben der Stadt, fehlt diesen jungen Menschen oftmals das nötige Geld und vor allem der Mut, zurück in ihr Dorf zu gehen – der Ausbruch aus dem Schoß der Familienstrukturen auf dem Dorf ist für viele eine Einbahnstraße, die nicht selten in einem

Slum endet. Es bedarf viel Eigeninitiative, Kraft und Glück, sich hier am eigenen Schopf aus der Misere herauszuziehen.

### Stadt-Land-Gefälle

Während das Leben in der Stadt neue wirtschaftliche Möglichkeiten und Wertvorstellungen mit sich bringt, werden auf dem Land Traditionen weitaus mehr gepflegt – das hat nicht nur sein Gutes. In ländlichen Gegenden sind die Menschen oftmals noch in ihren seit Jahrhunderten tradierten Wirtschaftsformen tätig – sei es als Ackerbauer, Viehzüchter oder Fischer – und die Rollen von Frau, Mann und Kindern sind weitgehend festgelegt.

Da Wege lang sind und es so gut wie kein öffentliches Verkehrsnetz auf dem Land gibt, bestehen zwar nachbarschaftliche Kontakte, im Großen und Ganzen jedoch vermischen sich die einzelnen Ethnien wenig und geben somit ihre Werte von einer Generation an die nächste weiter. Ehebündnisse unterstehen gesellschaftlichen, aber auch wirtschaftlichen und sozialen Zwecken und sind deshalb oft arrangiert. Brautpreise – oftmals in Form von Naturalien wie Kühen oder Kamelen – sind vielerorts üblich. Staatliche Renten oder gar gesetzlich garantierte Urlaubstage sind ein Produkt der westlichen Wohlstandsgesellschaft und in afrikanischen Dörfern unbekannt; die Kinder sorgen für die Älteren, weswegen Kinderreichtum die Altersvorsorge darstellt. Wandert etwa ein Kind ab in die Stadt, wird erwartet, dass ein Teil seines Einkommens an die Eltern geschickt wird.

Das Zugehörigkeitsgefühl zur Ethnie ist stark ausgeprägt und beeinflusst das Leben der Menschen maßgeblich; auch dann, wenn jemand aus den traditionellen Strukturen der Familie ausbricht, etwa, um in der Stadt zu leben. Dies hat neben sozialen auch politische Konsequenzen, insbesondere in Kenia, wo Wahlkämpfe nicht unwesentlich von ethnischen Bündnissen geprägt sind.

### Herausforderung Land

Abseits von den Städten bestimmt die Landwirtschaft den Alltag der Menschen, sei es beim Feldbau, in Viehzucht oder Fischerei. Die traditionelle Form der Landwirtschaft entspricht nicht der westlicher Großfarmen und Plantagen, die die weißen Siedler aus Europa

**Der informelle Sektor blüht: Auf den Massai-Märkten gibt es buchstäblich alles**

eingeführt hatten. Im Gegenteil, die afrikanischen Landwirte hatten sich an die jeweiligen klimatischen und geografischen Gegebenheiten durch Wanderfeldbau oder Nomadentum ökologisch und ökonomisch angepasst. Nach der Einführung des Konzepts von Landbesitz, der Parzellierung und dem Entstehen urbaner Zentren durch die Kolonial-herren ist heute der Raum, den beispielsweise Nomaden nutzen können, stark begrenzt, und viele traditionelle Viehzüchter haben eine Mischform entwickelt.

## Viehzüchter

Zu den bekanntesten traditionellen Viehzüchtern zählen die **Massai,** die die offenen

**Süße Verlockungen in Sansibar begeistern auch Swahilikinder**

Savannengebiete im Süden Kenias (Masai Mara) und im Norden Tansanias bewohnen. Sie halten Ziegen, Kühe und mitunter Kamele – in dieser Reihenfolge liegt auch die Wertestruktur (z. B. hat eine Kuh in etwa den Wert von fünf Ziegen, ein Kamel entspricht mehreren Kühen etc.). Wer viele Rinder besitzt, hat den Status eines Bankiers: Seuchen in der Herde sind ebenso verheerend wie ein Börsencrash; stehlen Diebe einen Teil der Herde, kommt dies einem Banküberfall nahe. Tiere werden gut gehütet und beschützt – jeden Abend nach dem Grasen werden sie zum Schutz vor Wildtieren und Dieben in den Kraal (das Runddorf der Massai) gebracht. Mag das Vieh auf den ersten Blick mager aussehen – es geht ihm sicherlich besser als in den Mastfarmen der Industrienationen!

Auch andere Ethnien sind traditionelle Viehhüter, z. B. die **Turkana,** die den (semi-) ariden Nordwesten Kenias bewohnen, hüten neben Kühen vor allem Ziegen, Schafe und Kamele. Letztere sind ideal angepasst an die wüstenähnliche Landschaft, die immer wieder von extremer Hitze (bis zu 60 °C), Dürren oder aber sintflutartigen Überschwemmungen heimgesucht wird.

Die Turkana haben feste Heiratstraditionen und ehelichen selten jemanden außerhalb ihrer Ethnie. Brautpreise sind üblich, weswegen es wichtig ist, eine möglichst große Anzahl von Tieren zu besitzen. Das Ansehen eines Mannes steigt mit der Anzahl seiner Frauen, für die jeweils ein abgesprochener Brautpreis (eine bestimmte Anzahl von Rindern, Ziegen oder Kamelen) gezahlt werden muss. Wer viel Vieh besitzt, kann sich entsprechend viele Frauen ›leisten‹ – das Prestige entspricht dann etwa dem von Donald Trump und anderen reichen Männern im Westen, die oftmals auch mehrere Frauen heiraten – nur nacheinander.

## Fischer und Händler

Andere ostafrikanische Völker sind traditionell Fischer. So die **Luo,** die am Victoriasee leben, die **El Molo** am Turkana-See, die **Fipa** am Tanganyika-See und natürlich die **Swahili,** die den gesamten Küstenstreifen Ost-

afrikas von der Juba-Mündung in Somalia bis zum Kap Delgada an der Grenze zwischen Tansania und Mosambik bewohnen. Ihr Name leitet sich vom arabischen Wort *swahil,* das so viel wie ›Küste‹ bedeutet, ab und ist im Grunde eine Sammelbezeichnung für die Völker der ostafrikanischen Küste sowie der vorgelagerten Inseln. Die Swahili-Hochburgen sind Sansibar und Lamu. Allen gemeinsam ist die Sprache, das Kiswahili (s. S. 62), sowie die Bindung als Fischer und Händler an das Meer sowie der frühe Kontakt mit arabischen Kaufleuten, die sich bereits im 9. Jh. an der Küste niedergelassen hatten und sich mit den dort ansässigen Bantu vermischten.

Die Araber führten etwa im 10. Jh. den Islam in Ostafrika ein, der sich schnell als führende Religion entlang der Küste durchsetzte und bis heute die dominante Religion der Küstenregion ist. Die Vorschriften des Koran bestimmen das Leben der Swahili, selbst ihre Mode ist stark religiös geprägt. Männer tragen häufig ein weites, weißes Baumwollhemd *(kanzu)* und dazu eine individuell bestickte Mütze *(kofia).* Frauen werfen, bevor sie sich in der Öffentlichkeit sehen lassen, oft einen schwarzen Umhang *(buibui)* über die bunten *kangas* (s. S. 272 f.).

## Ackerbauern

Im Gegensatz zu den Viehzüchtern, Fischern und Händlern betreiben die **Kikuyu** traditionell Ackerbau und halten Kleinvieh wie Hühner und Ziegen. Sie machen etwa 20 % der kenianischen Bevölkerung aus, und als zahlenmäßig größte Ethnie besitzen sie großen Einfluss in Staat und Gesellschaft. Der erste Präsident des unabhängigen Kenia, Jomo Kenyatta alias Johnstone Kamau, war Kikuyu. Seine Doktorarbeit »Facing Mount Kenya« ist eine Hommage an die Kultur der Kikuyu, in der er die Traditionen, Sitten und Gebräuche seines Volkes festgehalten hat.

Einen ähnlichen wirtschaftlichen Status nehmen in Tansania die **Chagga** ein. Sie haben den Ruf die ›Schwaben‹ Tansanias zu sein: Sie gelten als clevere und fleißige Anbauer von Kaffee und anderen landwirtschaftlichen Produkten wie Mais, Yams, Zuckerrohr, Bananen und Bohnen. Sie sind früh missioniert worden, weswegen fast alle Chagga dem christlichen Glauben angehören – der Anteil von Kirchen europäischen Stils ist auffallend hoch in der Region um Moshi. Da die Missionare oftmals in Schulen und Erziehung investiert haben, ist die Analphabetenrate unter den Chagga extrem niedrig, entsprechend hoch ihr Anteil an Universitätsabsolventen und in höheren Wirtschaftsetagen.

### Künstler und Handwerker

Viele der handwerklichen (Haus-)arbeiten sind den Frauen überlassen. Einige Ethnien sind jedoch besonders bekannt für ihr handwerkliches und künstlerisches Geschick. Hierzu zählen in Tansania die **Makonde,** in Kenia die **Kisii** sowie die **Akamba,** die mit den Rohstoffen ihrer unmittelbaren Umgebung – Stein oder Holz – sowohl praktische Haushaltsgegenstände als auch eindrucksvolle Kunstwerke herstellen (s. S. 67 f.).

### Missionare, Manager, ›Gastarbeiter‹

Die rund 50 000 Europäer, die sich selbst als *expats* (kurz für Englisch *expatriates*) oder aber – in Kenia als *Kenya cowboys* bezeichnen, leben entweder als Großgrundbesitzer auf dem Land, als Besitzer von Lodges und Hotels, oder als Manager in den Städten.

Die knapp 200 000 Asiaten sind in erster Linie Inder und Pakistani. Inder kamen Anfang des 20. Jh. als (Zwangs-)arbeiter, vor allem für den Bau der Uganda-Bahn. Etwa ein Drittel von ihnen blieb in Ostafrika, wo sie wegen ihrer Schreib- und Lesekenntnisse bevorzugt als Kolonialbeamte angestellt wurden. Den bereits Ansässigen folgte ein steter Zustrom vom indischen Subkontinent. Die Geschäfte der Inder blühten; in erster Linie waren sie als Geldleiher tätig oder betrieben kleine Läden *(dukas).* Aufgrund ihres endogamen Heiratssystems vermischten sich die Asiaten weder mit den Afrikanern noch mit den Weißen. So beschränkte sich ihr gesellschaftlicher Einfluss auf Handel und Industrie, ihre Traditionen blieben weitgehend erhalten. Heute sind sie oft Inhaber von Geschäften, Supermärkten und Restaurants – ihre Stoffe und Speisen sind weit über ihren Kulturkreis beliebt.

# Religionen und Kulte

Drei Hauptreligionen sind in Ostafrika vertreten: das Christentum, der Islam und die Naturreligionen. In Kenia bekennen sich gut zwei Drittel der Bevölkerung zum christlichen Glauben (30 % Katholiken, 40 % Protestanten und viele Splittergruppen, darunter mit einer Anhängerschaft von rund 100 000 die größte Quäker-Gemeinde der Welt, noch vor den USA), in Tansania sind es 45 %. Dem Islam gehören in Kenia 6 % der Bevölkerung an, in Tansania etwa 35 %. Die übrigen folgen den traditionellen Vorstellungen und Gebräuchen ihres Volkes. Daneben existiert eine hinduistische Minderheit.

## Christentum und Islam

Staat und Kirche sind offiziell getrennte Einheiten, jedoch gibt es Überschneidungen. Bildung und medizinische Versorgung oblagen vor der Unabhängigkeit häufig den religiösen Institutionen, und trotz der Verstaatlichung haben Missions- und Koranschulen nach wie vor einen bedeutenden Einfluss auf Erziehung und medizinische Versorgung, vor allem in abgelegenen Gebieten, wo sich neben den etablierten Religionen besonders die protestantischen Splitterreligionen (Presbyterianer, Adventisten, Baptisten usw.) engagieren. Das Christentum hat sich weiträumig über ganz Ostafrika verbreitet, der Islam konzentriert sich an der Swahiliküste. In den islamischen Hochburgen Lamu, Mombasa und Sansibar liegt der Anteil der Muslime bei fast 100 %. Dort werden neben den staatlichen auch islamische Feiertage eingehalten. Diese Feiertage gelten für alle muslimischen Glaubensrichtungen, egal ob es sich um Sunniten (die in Ostafrika am meisten verbreitet sind), Ismaeliten (die Anhänger des Aga Khan), Shiiten, die Turban tragenden Sikhs oder um die persischstämmigen Shirazi handelt.

## Traditionelle Religionen

In den traditionellen Religionen spielen die Ahnen eine bedeutende Rolle. Die Genealogien von den erst kürzlich Verstorbenen bis hin zu den mythischen Urvätern oder -müttern sind den Mitgliedern der Gemeinschaft bekannt. Durch rituelle Feste, zu denen traditionelle Musik und Tänze gehören, werden die Genealogien und (Ursprungs-)Mythen an die nachfolgende Generation weitergegeben. Schriftliche Überlieferungen wie die Bibel oder den Koran gibt es nicht.

Die verschiedenen Weltanschauungen variieren stark zwischen den einzelnen Ethnien. Für die meisten existiert ein Ahnenkult; die Ahnen gelten nicht als tot, sondern man nimmt an, dass sie weiterhin in die Geschicke der Gemeinschaft eingreifen, weswegen man um ihr Wohlwollen bemüht sein muss. Daneben existiert der Glaube an gute und böse Geister oder Dämonen. Die umgebende Natur gilt häufig als beseelt, d. h. Bäumen, Quellen, Felsen, Bergen u. a. wird ein heiliges Wesen zugesprochen – wie etwa dem Mt. Kenya, in dessen Schluchten Ngai (Mwene-Nyaga), der Gott der Kikuyu, lebt. Im Zusammenhang mit diesen Vorstellungen stehen häufig Meidungstabus, d. h. Gebote, bestimmte Tiere oder Pflanzen nicht zu essen, bestimmte Orte nicht zu betreten oder zu bestimmten Zeiten auf gewisse Tätigkeiten zu verzichten.

Als Mittler zwischen den Menschen einerseits und den Ahnen, Geistern und der Natur andererseits fungieren zumeist ältere Personen. Damit erklärt sich auch der hohe Status, der den älteren Mitgliedern einer Gemeinschaft zukommt. Manche der Älteren verfügen dazu noch über hervorragende Kenntnisse der Heilkunde, des Wettergeschehens oder der Erzählkunst, und es werden ihnen besondere magische Fähigkeiten zugeschrieben. Diese Personen werden aus westlicher Sicht oft mit Begriffen wie Medizinmann, Seher oder Regenmacher bezeichnet.

Der Glaube an die Mythen und Ahnen der eigenen Religion schließt nicht aus, dass viele Afrikaner auch gleichzeitig ›Christen‹ oder ›Muslime‹ sind. Viele Kikuyu beispielsweise sind christianisiert und pflegen parallel dazu ihren Ahnenkult.

# Feste und Veranstaltungen

## Traditionelle und religiöse Feste

Viele Feste sind an die Traditionen und die Religion der jeweiligen Ethnie gebunden. In den wenigsten Fällen haben Touristen die Gelegenheit, hieran teilzuhaben, da es sich um familiäre Feiern handelt, vergleichbar mit einer Kommunionsfeier oder Weihnachten. Je nach Religion jedoch haben diese Feierlichkeiten Auswirkungen auf die Infrastruktur. So schließen viele der Geschäfte auf Sansibar und an der Küste freitagnachmittags, dem heiligen Tag der Muslime. Auch sind viele Geschäfte an der Küste während des Ramadan – zumindest tagsüber – geschlossen.

Die **islamischen Feiertage** können in unserem (gregorianischen) Kalendersystem nicht genau datiert werden, weil der islamische Kalender sich exakt nach dem Mond richtet und das Jahr nur 354 Tage zählt. Als Faustregel kann man auf den jeweiligen Feiertag schließen, indem man elf Tage vom Datum des Vorjahres abzieht. Maulidi, der Geburtstag des Propheten, findet 2008 am 20. März statt. Der Fastenmonat Ramadan liegt im September 2008 und Id-el-fitri, der Tag nach dem Ramadan, fällt auf den 2./3. Oktober 2008. Das Ende des Ramadan wird besonders ausgiebig gefeiert. Auf Sansibar wird darüber hinaus noch **Mwaka Kogwa,** das Austreiben böser Geister mit Stöcken und Feuer zu Beginn des Neuen Jahres der persischstämmigen Shirazi gefeiert (Ende Juli). In Orten mit hoher indischer Präsenz, etwa Nairobi, wird ausgiebig das Lichterfest **Diwali,** das indische Pendant zu Weihnachten/ Neujahr, gefeiert.

## Sport- und Kulturveranstaltungen

**Feb.:** Swahili Musik Festival. Das Sauti za Busara Swahili Music Festival ist eine einmalige

# 180 Sprachen und kein Kauderwelsch

## Thema

**So vielfältig wie seine Völker sind auch die Sprachen Ostafrikas. Häufig werden Sprachen als Kriterien verwendet, um verschiedene Völker voneinander zu unterscheiden. Insgesamt gehen Sprachforscher von rund 180 verschiedenen Sprachen in Kenia und Tansania aus!**

Dass aufgrund dieser enormen Sprachenvielfalt kein zweites Babel entstanden ist, liegt daran, dass sich einige Sprachen als Verkehrssprachen durchgesetzt haben. Im Lauf der letzten Jahrhunderte avancierte das Kiswahili (oder Swahili), das von der Küste stammt und von arabischen Händlern ins Hinterland eingeführt wurde, zur ostafrikanischen Verkehrs- oder Handelssprache.

Wenn auch z. T. erst als Zweitsprache erlernt, so verbreitete sich das Kiswahili von der somalischen Küste über Nairobi bis nach Uganda, über ganz Tansania bis nach Südafrika. In Kenia sprechen mehr als zwei Drittel der Bevölkerung neben ihrer Muttersprache auch Kiswahili; in Tansania hat es sich sowohl als Nationalsprache als auch in der Verwaltung (gleichberechtigt mit dem Englischen) etabliert. Insgesamt sprechen 90 Mio. Menschen in Afrika diese Sprache. Dank Walt Disney sind einige Phrasen aus dem Kiswahili zwischenzeitlich auf dem gesamten Erdball bekannt: *hakuna matata* (kein Problem), *simba* (Löwe), *rafiki* (Freund) oder *safari* (Reise) sind auch uns vertraute Vokabeln.

Das Kiswahili weist viele regional unterschiedliche Dialekte auf. Der Dialekt, der aus Sansibar stammt, wurde zum Standard-Kiswahili (vergleichbar mit dem Hochdeutschen) erklärt. Das Kiswahili gehört zu den Bantu-Sprachen, einer Unterfamilie der Niger-Kordofanischen Sprachfamilie. Die Bantusprachen bilden die größte linguistische Unterfamilie in ganz Afrika (dazu gehört u. a. auch das Kikuyu, das Kikamba, das Taita sowie das Makonde). Die Niger-Kordofanische Sprachfamilie ist eine der vier Sprachfamilien, in die der Linguist J. Greenberg die Sprachen Afrikas eingeteilt hat. Die anderen sind die nilotischen Sprachen (etwa das Dholuo, das von den Luo, gesprochen wird), das Kuschitische (z. B. das Somali) sowie das Khoisan, zu der die Schnalz- oder Klicksprachen gehören, darunter das Sandawe und Hadza in Tansania. Zum Vergleich: In Westeuropa existiert mit wenigen Ausnahmen im Grunde nur eine Sprachfamilie, nämlich die indoeuropäische. Vertreter aller vier Sprachfamilien kommen in Ostafrika vor. Die Sprachen einer Sprachfamilie unterscheiden sich in etwa so wie das Deutsche vom Chinesischen, und viele Afrikaner sind zweier oder mehrerer derart unterschiedlicher Sprachen mächtig!

Die eine oder andere Sprache Ostafrikas ist vom Aussterben bedroht, so etwa das El Molo der gleichnamigen Ethnie in Nordkenia, von denen nur noch weniger als 100 Sprecher leben. Umso eindrucksvoller ist eine Entwicklung in anderer Richtung, die aus dem Schmelztiegel Nairobi kommt. Hier haben die Jugendlichen eine Sprache entwickelt, das Sheng, das ein Gemisch aus vielen anderen Sprachen Kenias ist und äußerst kreative Wortformen bildet. In gewisser Weise ist es der ›Rap‹ der jungen Bevölkerung, ein Ausdruck ihrer rauen Lebensumstände und des Wechsels, den diese Menschen durchleben, eine Sprache, die nicht von den *wabenzi* (den Mercedes-Benz-Fahrern, wie die High Society genannt wird), verstanden wird.

Gelegenheit, in die Klänge der Swahilimusik einzutauchen und traditionelle wie unkonventionelle Instrumente der Swahili kennenzulernen. Fünf Tage im Februar werden mitreißende Musik-, Theater- und Tanzaufführungen geboten. Das Festival ist sicher eines der besten Musikfestivals von Ostafrika, Informationen unter www.busaramusic.com.

**Feb./März:** Kenya & Tanzania Rally. Jedes Jahr im Februar (Tansania) bzw. März (Kenia) wirbeln die Offroad-Rallyefahrer viel Staub auf – und das auch im übertragenen Sinne: Insbesondere die Kenia Rally gilt als die schwierigste Crosscountry-Rallye der Welt und wird von Motorsportfreunden weltweit mit großer Spannung verfolgt. Sie beginnt im Rift Valley, und es gilt, insgesamt 3000 Pistenkilometer als Schnellster in ca. 4–5 Tagen hinter sich zu bringen. Aktuelle Infos unter: www.africanrallychampionship.com

**Mai:** Dugong Festival auf Lamu. Einmal im Jahr ist in der sonst so beschaulichen Altstadt von Lamu der Bär – pardon Esel – los. Die emotionsgeladenen Höhepunkte des einwöchigen Dugong-Festivals sind ein ambitioniertes Eselrennen und eine Dhau-Regatta. Esel sind die Haupttransportmittel auf dieser Insel im Norden Kenias, ihnen kommt der Stellenwert eines Autos zu.

**Juli:** Zanzibar International Film Festival und Zanzibar Cultural Festival. Das Zanzibar International Film Festival zeigt vor allem Filme aus der Region um den Indischen Ozean, oder ›soweit die Dhaus segeln‹. Es findet jedes Jahr im Juli in Stone Town statt (www.ziff.or.tz).

Das Zanzibar Cultural Festival schließt sich direkt dem Filmfestival an und umfasst Veranstaltungen auf dem gesamten Sansibar-Archipel. Ensembles von überallher entlang der ostafrikanischen Küste finden sich ein, um traditionelle Musik – darunter Taarab und Tänze – aufzuführen. Darüber hinaus finden Workshops, Kulturveranstaltungen und ein Umzug statt. In Pemba wird zur gleichen Zeit der traditionelle Bull Fight aufgeführt, ein mit viel Spannung erwarteter Stierkampf.

**Aug./Sept.:** Camel Derby – Kamelrennen. Das internationale Camel Derby findet jedes

## Nationale Feiertage in Kenia

**1. Mai** Tag der Arbeit
**1. Juni** Madaraka Day (Jahrestag der Selbstverwaltung)
**10. Okt.** Moi Day
**20. Okt.** Kenyatta Day
**12. Dez.** Jamhuri Day (Unabhängigkeitstag)

## Nationale Feiertage in Tansania

**12. Jan.** – Revolution Day
**5. Feb.** – Jahrestag der CCM-Gründung
**26. April** – Union Day (Jahrestag der Vereinigung von Tanganyika und Sansibar)
**1. Mai** – Tag der Arbeit
**7. Juli** – Tag der Arbeiter
**8. Aug.** – Tag der Bauern
**9. Dez.** – Siku ya Uhuru (Unabhängigkeitstag)

Fallen die Feiertage auf einen Sonntag, so bleiben öffentliche Einrichtungen wie Banken, Schulen und Postämter am nächsten Tag geschlossen. Neben **Neujahr** (1. Jan.), **Weihnachten** (25./26. Dez.) und **Ostern** existieren an der Küste weitere religiöse Feiertage, die sich nach dem **islamischen Kalender** richten (s. auch S. 61).

Jahr an einem Wochenende im August oder September in Maralal, einem Outpost im Norden von Kenia statt. Hier geben sich Kameljockeys aus aller Welt ein Stelldichein, nicht nur um gegenseitig die Kamelstärken zu testen, sondern auch, um auf das Vordringen der Wüsten in dieser Region aufmerksam zu machen. Die Wettbewerbe finden in verschiedenen Kategorien statt, Touristen können ebenfalls teilnehmen – auf Kamelen oder Eseln.

**Nov./Dez.:** Mombasa und Nairobi Carnival. Eine illustre und farbenfrohe Parade durch das Herz von Mombasa bzw. Nairobi, die jedes Jahr durch die Straßen zieht und das kulturelle Potpourri der beiden Städte veranschaulicht. Daneben finden zahlreiche Kulturveranstaltungen statt. Das jeweilige Programm wird in der lokalen Presse bekannt gegeben.

# Architektur, Kunst und Kultur

**Ostafrika ist sehr reich an Kultur und Kunst – schon im europäischen Mittelalter bestand ein reger Kulturaustausch mit Asien, insbesondere China und Indien – und dem Nahen Osten. Vor allem die Musik integriert seit langem orientalische, indische und europäische Instrumente und Rhythmen, aber auch die Töpfer-, Textil- und Schnitzkunst sind kulturelle Highlights mit langer Tradition.**

## Architektur

Die traditionell afrikanische Architektur erweist sich als äußerst umweltfreundlich: Die Rohstoffe stammen aus der unmittelbaren Umgebung, sind biologisch abbaubar und passen optisch optimal ins Umfeld. Aufgrund der klimatischen Bedingungen dienen Häuser meist lediglich als Schlafstätte und sind entsprechend klein, das Leben spielt sich vor allem draußen ab.

Die verschiedenen Ethnien integrieren ihre jeweiligen Wertvorstellungen in die Architektur, so sind beispielsweise die Hütten der Kikuyu immer rund, da in den Ecken böse Geister hausen könnten. Die Massai ordnen ihre Häuser stets kreisförmig an; ihr Dorf – der Kraal – ist von einem Zaun aus Dornbüschen umgeben, um Wildtiere und Diebe fernzuhalten. Ihre Häuser aus einem Gerüst aus Geäst werden mit einer Mischung aus Erde und Kuhdung verspachtelt, das hält sie kühl, macht sie windresistent und schützt vor aufgewirbeltem Staub. Sind die Weidegründe erschöpft, wird das Dorf sich selbst überlassen, und in nur kurzer Zeit hat die Natur die menschlichen Spuren wieder verwischt.

Im krassen Gegensatz hierzu steht die Bauweise der Städte. Die ältesten, heute noch existierenden Städte Ostafrikas sind Mombasa, Lamu und Sansibars Stone Town, wo Häuser aus weißem Korallenstein das Stadtbild dominieren. In den filigran gearbeiteten Holztüren der Häuser ist teilweise das Alter der Häuser eingeritzt (s. S. 283). Die Altstädte von Sansibar oder Mombasa wurden bewusst eng bebaut – zum einen, um sie schattig zu halten, zum anderen, um Windschneisen einzubauen, die eine Art natürliche Klimaanlage bilden. Die schmalen Gassen lassen Platz für Menschen, Fahrräder und Esel – an Autos hingegen war nicht gedacht, weswegen sich moderne Häuser, Fabrikanlagen etc. immer außerhalb der alten Stadtkerne angesiedelt haben. In diesen Stadtteilen dominieren Häuser aus Beton (sowohl Kenia als auch Tansania sind große Betonexporteure) mit Wellblechdächern.

## Musik

Musik und Tanz haben für die Menschen in Ostafrika einen sehr hohen Stellenwert, jede Ethnie hat ihren eigenen Musikstil und wenn das Wort *ngoma* fällt, was übersetzt Trommel heißt, ist damit nicht unbedingt pure Trommelmusik, sondern Musik oder Tanzen ganz allgemein gemeint. *Ngoma* kann die Disco sein, eine Live-Percussion-Session oder die Musik aus dem Radio.

### Die Trommeln

Trommeln an sich sind in Afrika allgegenwärtig, weswegen das Trommeln oftmals als der Puls Afrikas bezeichnet wird. Allein in Ostafrika existieren mindestens so viele Trommelarten, wie es in Frankreich Käsesorten gibt. Manche sind sanduhrenförmig, manche flach, andere hoch, wieder andere zweiseitig bespannt. Die meisten sind aus massiven Holzklötzen geschnitzt, aber es gibt auch Kürbisse und Blechbüchsen, die als Trommeln dienen. Je nach Volumen und Bespannung erzeugen die Trommeln die unterschiedlichsten Töne, und auch der Spielart – ob mit Händen oder Stöcken – sind nahezu keine Grenzen gesetzt. Fast allen gemein ist die Bespannung mit Tierhäuten, meistens aus Ziegen- oder Ochsenhaut, die oft mit Rasierklingen oder scharfgeschliffenen Steinen in Handarbeit enthaart werden. So variantenreich wie die Trommel selbst ist auch der Einsatz dieses Instruments. Vom spontanen Spiel vor der Haustür bis zur Begleitung zum Hochzeitstanz oder gar zur Totenzeremonie!

## Der Taarab

Eine wichtige Rolle übernehmen die Trommeln im Taarab, einer Musikrichtung der ostafrikanischen Küste. Das Taarab-Orchester besteht neben Trommeln aus der Rika (Tamburin), Oud (Laute), Nai (Flöte), Ganun (Zither), Taishokoto (ein dem Banjo ähnliches Instrument), Akkordeon, Gitarre, Bass und einem gemischten Chor. Letzterer singt entweder in Kiswahili oder Arabisch, weswegen sich die Musik sehr orientalisch anhört.

Der Taarab soll von Sultan Said Barghash bin Said in der zweiten Hälfte des 19. Jh. eingeführt worden sein. Seitdem hat diese Musikrichtung viele Veränderungen durchlebt, mehr Instrumente wurden hinzugefügt und die Texte kritischer, sogar anzüglicher. Auch wird Taarab heute nicht mehr nur zu gesellschaftlichen Anlässen wie Hochzeiten gespielt, sondern hallt mittels Radio durch die Gassen von Sansibar, Mombasa und Lamu, entlang der Küste bis nach Uganda und Zaire, von wo es in neuartigen Formen zurückschallt. Es hat sich geradezu ein künstlerischer Wettstreit zwischen populären Taarab-Sängern entwickelt, der beim Kulturfestival auf Sansibar (s. S. 63) ausgetragen wird.

**Was wäre Afrika ohne seine Trommeln?**

**Vergängliche Kunstwerke: Henna-Tattoos schmücken die Handflächen**

# Literatur

Kenia und Tansania haben wie fast alle afrikanischen Länder eine umfangreiche Oralliteratur. Das bedeutet, dass eine Fülle von überlieferten Geschichten, Mythen und Weisheiten erzählend oder singend weitergegeben wurden. Die Sprachen Afrikas weisen zudem ein schier unendliches Repertoire von Gedichten und Sprichworten auf, die Weisheiten und Belehrungen pointiert und spielerisch weitergeben – eine Art ›Literaturspiel‹.

Erst seit der Einführung der Schrift – zunächst der arabischen Schrift und später der europäischen – etablierte sich eine Literaturszene. Nach und nach werden viele der sonst mündlich tradierten Erzählungen in Büchern festgehalten, afrikanische Märchenbücher mit authentischer Bebilderung findet man heute in den Buchläden. Viele der Geschichten haben eine versteckte Botschaft und handeln von Tieren und Fabelwesen; sie sind sowohl bei Kindern als auch Erwachsenen beliebt.

### Zeitgenössische Autoren

Die Literatur Ostafrikas, zumindest die auf Englisch geschriebene, bildet meistens weniger ein sprachliches Kunstwerk als ein sozialkritisches Statement. Autoren wie **Ngugi wa Thiong'o** (geboren 1938) bezeichnen sich selbst als antikoloniale und aufklärerische Schriftsteller. Seine gesellschaftskritischen Stellungnahmen und der Widerstand zunächst gegen die britische Kolonialpolitik und später die postkoloniale Herrschaft der Moi-Regierung brachten Ngugi wa Thiong'o sogar vorübergehend ins Gefängnis, sodass er sich gezwungen sah, Asyl im Ausland zu beantragen; er lebte einige Zeit in London und Kalifornien. Seine vom Volk geschätzten Werke, darunter auch viele Theaterstücke – denn die Lesekultur in Ostafrika ist weitaus weniger ausgeprägt als die dramatische Inszenierung von Literatur – wurden in Kenia verboten. Unter der Regierungskoalition von Mwai Kibaki sind die Werke von Ngugi wa Thiong'o wieder im Land erhältlich. Viele seiner Bücher sind auch ins Deutsche übersetzt worden, darunter »Matigari« (1991) oder »Verbrannte Blüten« (1981). Beide vermitteln tiefe Einblicke in das postkoloniale soziale Gefüge Kenias, abseits der Strand- und Safariidylle.

**Jomo Kenyatta** (1891–1978), der erste Präsident des freien Kenia, verfasste als Student in London eine Hommage an sein Volk, die Kikuyu, unter dem Titel »Facing Mount Kenya«, ein bis heute wertvolles Werk, wenn man mehr über die größte Ethnie Kenias erfahren möchte. Die eher romantischen und weniger kritischen Romane über Kenia und Tansania stammen meist aus der Hand nicht-afrikanischer Autoren (s. S. 85)

# Malerei und Kunsthandwerk

## Tingatinga-Malerei

Der Malstil ist benannt nach dem in den 1970er-Jahren verstorbenen tansanischen Maler Edward Saidi Tinga Tinga. Er stellte Tiere und Pflanzen in einer typischen bilderbuchartigen Art unter Verwendung kräftiger Lackfarben dar. Sein Stil wird von vielen Künstlern in immer neuen Formen weitergepflegt.

## Henna-Tattoos

Zu besonderen Anlässen, etwa zu einer Hochzeit, schmücken viele Frauen Ostafrikas ihre Finger- und Fussnägel – und die Hände und Füsse gleich mit – in filigraner Arbeit mit kunstvollen Henna-Malereien. Es entstehen rotbraune bis schwarze ›Tätowierungen‹, deren Intensität und Haltbarkeit zum einen von der Mischung des Henna-Pulvers abhängt und zum anderen von der Anzahl der aufgetragenen Schichten. Oft werden zwei oder gar drei Lagen mit einem dünnen Holzstäbchen aufgetragen, die Hautgemälde halten dann mitunter einige Wochen.

Gewöhnlich kann man sich anhand von Bildern die gewünschten Ornamente (häufig sind es stilisierte Blumen) aussuchen. Urlauber wählen dabei die Muster meist nach rein ästhetischen Gesichtspunkten, während für die Einheimischen auch die Symbolik eine Rolle spielt. Ursprünglich wird dieser Hautschmuck nur von erwachsenen muslimischen Frauen getragen, und ist Teil einer Hochzeitszeremonie. Der Braut werden dabei – nicht selten in tagelanger Feinstarbeit – ganz besonders aufwendig gestaltete Muster an ihren Hand- und Fußgelenken aufgemalt. Vergleichbar mit den Tätowierungen westlicher Frauen, die ihre Hautbilder oft an unkeuschen Körperstellen platzieren, sollen diese temporären Tätowierungen erotisierend auf das andere Geschlecht wirken.

## Schnitzereien aus Speckstein (Soapstone)

Speckstein, in Ostafrika als Soapstone bekannt, stammt größtenteils aus der Gegend von Kisii im Westen von Kenia. Die englische Bezeichnung, übersetzt als Seifenstein, beschreibt die relativ weiche Textur. Die Oberfläche des Steins wird oft von einem weißen Puder, aus Magnesiumsilikat, dem Hauptbestandteil des Steins, ›eingemehlt‹. Speckstein ist Sportlern als Talk oder Steatit bekannt und wird darüber hinaus auch industriell genutzt, etwa als Puder zur Haltbarmachung von Gummi. Als Reisender in Kenia wird einem Speckstein vor allem in seiner grünlichen Grundform begegnen, aus der in liebevoller Handarbeit Tiere, Schachfiguren oder Aschenbecher geschnitzt werden.

## Schnitzereien der Makonde und Akamba

Ähnliche Figuren wie aus Speckstein werden auch aus Holz gefertigt. Hier reicht die Palette von Wildtieren, Kriegern bis hin zu Gebrauchsgegenständen: Kämme, Löffel, Hocker, Brieföffner oder gar Nackenstützen (die die Turkana als Kopfkissen benutzen, um ihre Ohren vor Staub und Insekten zu schützen). Oftmals haben hier die traditionellen Gegenstände der ›Souvenir-Kunst‹ Platz gemacht – ein Plastikkamm aus China ist billiger für die einheimische Bevölkerung und die Touristen ziehen Figuren als Souvenir vor.

Besonders bekannt für die Bearbeitung von Holz sind in Kenia die Akamba mit einem

# Welterbe in Ostafrika

**Alles in allem zehn Stätten in Kenia und Tansania wurden von der Unesco für würdig befunden, den Titel Welterbe zu tragen – eine Auszeichnung, die die historische und kulturelle Bedeutung Ostafrikas untermauert. Doch mit der Auszeichnung sind für die beiden Länder nicht nur Lorbeeren und Reputation verbunden, sie übernehmen damit auch viel Verantwortung.**

Welterbe-Denkmäler sind »Zeugnisse vergangener Kulturen und einzigartige Naturlandschaften, deren Untergang ein unersetzlicher Verlust für die gesamte Menschheit wäre. Sie zu schützen liegt nicht allein in der Verantwortung eines einzelnen Staates, sondern ist Aufgabe der Völkergemeinschaft.« (Auszug aus der Website der deutschen Unesco-Kommission www.unesco.de). Diesem Credo folgt seit 1972 die Unesco, eine Organisation der Vereinten Nationen, und wacht so über das Weltkultur- und das Weltnaturerbe. 830 Denkmäler in 138 Ländern wurden bislang unter den Schutz der Unesco gestellt. Nur wenn bestimmte Kriterien erfüllt werden, wird einem Antrag stattgegeben.

In Kenia entsprachen drei Stätten den Kriterien, nämlich der Mt. Kenya National Park, der Lake Turkana National Park (beide seit 1997 gelistet) und seit 2001 die Altstadt von Lamu. Bereits 1979 wurde hingegen die Ngorongoro Conservation Area in Tansania in die Liste des Weltnaturerbes aufgenommen. Es folgten die Serengeti und die Ruinen von Kilwa 1981, das Selous Game Reserve 1982, der Kilimanjaro 1987 und 2000 schließlich die Altstadt von Stone Town auf Sansibar. 2006 wurden die wenig bekannten Felsenmalereien von Kondoa in die Liste aufgenommen, und seit einigen Jahren schon wartet beispielsweise die Stadt Bagamoyo auf den begehrten Titel.

Die Unesco stellt zwar fachliche, aber nur wenig finanzielle Hilfe bei der Erhaltung ihrer Kultur- und Naturdenkmäler zur Verfügung. Denn mit einer Aufnahme verpflichten sich die Länder, selbst die Verantwortung für den kontinuierlichen Schutz der Stätten zu über-

nehmen – ein schier aussichtsloses Unterfangen in Ländern wie Kenia und Tansania, deren Wirtschaft größtenteils von fremder Entwicklungshilfe abhängt. Ohne internationale Hilfe kämen die wenigsten Denkmäler aus; deutsche, schweizerische oder amerikanische Organisationen engagieren sich intensiv für den Erhalt. Hinzu kommen noch Herausforderungen, denen die Länder nicht gewachsen sind, wie der Klimawandel, Naturkatastrophen, der Abbau von Bodenschätzen, Bevölkerungszunahme oder fehlende Managementpläne.

Eine Bedrohung stellt auch der Hoffnungsträger Tourismus dar. Zwar ist der Hinweis auf die Liste des Unesco-Welterbes für die jeweiligen Länder ein wichtiger Faktor im Tourismusmarketing, doch mangels Instrumentarien oder Knowhow können Naturräume durch ein Zuviel an Tourismus unwiederbringlich geschädigt werden. Über kurz oder lang würden die Touristen ausbleiben und würden wichtige Deviseneinnahmen wegfallen. Den meisten Menschen in Kenia und Tansania ist das Welterbe wohl auch einerlei – ist es doch verständlich, dass zuallererst die Grundbedürfnisse gestillt werden müssen, bevor an den Schutz von einzigartigen Naturlandschaften oder steinernen Zeitzeugen gedacht werden kann.

**Ein Architekturensemble mit Welterbestatus findet man auf Lamu**

## Architektur, Kunst und Kultur

großen Workshop gleich in der Nähe des Moi International Airports in Mombasa und vielen Niederlassungen auf Märkten und Stränden. Da Reisende bereit sind, für tropisches Ebenholz wesentlich mehr zu zahlen, gibt es nunmehr viele gewiefte Händler, die einfaches Holz mit Gewichten und schwarzer Schuhcreme präparieren, um Ebenholz vorzutäuschen. Hochwertiges Holz wird selten von fliegenden Händlern angeboten, am ehesten wird man in den Läden von Selbsthilfegruppen mit angeschlossener Werkstatt fündig.

Gleiches gilt für original Makonde-Schnitzereien. Sie werden seit Jahrhunderten von der gleichnamigen Küstenbevölkerung aus dem Süden Tansanias gefertigt. Traditionell handelt es sich hierbei um Masken, Figuren und sogenannte ›Familienbäume‹. Vor der Kolonialisierung verkörperten viele ihrer Schnitzereien satanische Geister- und Fabelwesen mit grässlichen Fratzen, die das Böse fernhalten sollten. Die Familienbäume entstanden erst nach der Befreiung Tansanias.

Es sind bis zu 2 m hohe, konvexe Skulpturen, die oft auf einer Ahnenfigur aufbauen, über deren Kopf sich reliefartig hervortretende, ineinander verschlungene stilisierte Menschen aufeinander stützen. Sie symbolisieren den Gemeinschaftsgedanken *ujamaa* (s. S. 52 f.). Die Makonde-Skulpturen sind immer aus einem Stück Holz gefertigt, fast immer lassen sich die Künstler von den Maserungen und der Form des Materials inspirieren und ›beleben‹ das entsprechende Stück. Die ›Beseelung‹ von irdischen Dingen ist tief verwurzelt in der Weltanschauung der meisten afrikanischen Völker und wird insbesondere von den Makonde sehr ernst genommen. Moderne Makonde-Schnitzer von internationalem Ruhm sind der 2005 verstorbene George Lilanga und Mbangwende Moris. Außerhalb von Ostafrika kann man die Kunst der Makonde in ausgewählten Galerien bewundern, etwa in der Hamburger Mawingu Collection (www.makonde-online.de) oder bei Afrikanische Kunst (www.kunstausafrika.de).

**Tingatinga-Malerei ist eine Spezialität auf Sansibar**

# Essen und Trinken

**Ostafrikas Küche bietet ein Potpourri aus afrikanischer, indischer, arabischer, portugiesischer, britischer und – zählt man die neuen Fastfoodketten dazu – auch amerikanischer Kost. Die Märkte zeigen, was der Boden von ›Mutter Afrika‹ alles hervorbringen kann, und Tierfarmen produzieren ›Wild‹: Krokodil-, Antilopen- oder Straußenfleisch.**

## Typisches und Spezialitäten

Generell ist die afrikanische Küche sehr stärkehaltig, nahezu überall bilden *ugali* (fester Mais- oder Hirsebrei, ähnlich wie Kartoffelpüree), *mtoke* (Kochbananen) und *maharagwe* (rote Bohnen) bzw. *sukuma wiki* oder *mchicha* (spinatähnliches Gemüse) die Grundlage. Dazu reicht man *nyama* (Fleisch), manchmal auch nur *mchuzi* (eine Fleischsoße), *kuku* (Huhn), *mbuzi* (Ziege) oder *samaki* (Fisch). Letzterer ist besonders gut am Victoriasee und natürlich fangfrisch aus dem Indischen Ozean.

Die köstlichen Meeresfrüchte sollte man sich daher auf keinen Fall entgehen lassen. Die Hummer aus Lamu und die Krebse aus Wasini zählen zu den besten Schalentieren der Welt. In den besseren Restaurants entlang der Küste werden sie delikat mit Knoblauch, Zitronenpfeffer oder auf indische Art mit Ingwer oder Curry zubereitet.

### Wild bis scharf

Der jahrhundertelange Kulturaustausch zwischen Indern, Arabern und Afrikanern hat seine Spuren in Form von exotischen Gewürzen in vielen Speisen hinterlassen. Insbesondere entlang der Küste oder in den kulturellen Schmelztiegeln Nairobi, Mombasa, Dar-es-Salaam oder Sansibar erfreuen Kardamom, Zimt, Nelken, Ingwer *(ginger)* und viele andere Gewürze den Geschmackssinn.

Einige Gerichte, die ursprünglich aus Indien oder Arabien stammen, wie schmackhafte Currys, *samosas* (gefüllte Teigtaschen), *chapati* (Fladenbrot) oder *mandazi* (ein süßes krapfenartiges Gebäck), gehören mittlerweile fest zum Speiseplan.

Beliebt insbesondere bei Reisenden ist auch *game meat,* Fleisch von afrikanischen Wildtieren. Einige Restaurants mit Sondergenehmigung in Nairobi und Mombasa haben sich hierauf spezialisiert und bieten Krokodilspieße, Keulen vom Dikdik (eine kleine Gazellenart) oder Straußenfilets an. Hier sei angemerkt, dass dieses Fleisch von Tierfarmen kommt; die Tiere in den Nationalparks dürfen nicht gejagt werden, *game meat* ist also nicht (legal) auf Märkten oder beim Metzger erhältlich.

## Esskultur und Restauranttypen

Die Restaurants der ostafrikanischen Touristenhotels und der Nobelherbergen bieten im Allgemeinen eine gehobene internationale Küche mit stark britischem Einschlag – Frühstücksbuffets, Afternoon Tea sowie Mittags- und Abendmenüs (oft in Buffetform). Neben den teuren Hotels gibt es insbesondere in Nairobi, Mombasa, Malindi, Sansibar sowie Dar-es-Salaam weitere Luxusrestaurants und eine breite Palette von Restaurants, die hinsichtlich Ausstattung und Service europäi-

**Da fällt die Wahl schwer – rund fünfzig Bananensorten werden angeboten**

schen Normen entsprechen und moderate Preise haben.

### Einfache Restaurants und *hoteli*

Einfache Restaurants, d. h. Lokale mit sehr bescheidener Einrichtung, begrenztem Speisenangebot und äußerst niedrigen Preisen, findet man in allen größeren Orten in Hülle und Fülle. Oftmals sind es asiatische (indische) Restaurants, die meist eine Mischung aus indischen und afrikanischen Gerichten anbieten, oder Snackbars englischen Stils.

Noch unter der Kategorie der einfachen Restaurants rangieren die *hoteli:* Bescheidene Bretterbuden (keine Unterkünfte!), die auf dem Land meist die einzig verfügbare Verpflegungsmöglichkeit darstellen und in den Städten hauptsächlich auf Märkten und in Busbahnhöfen sowie in den Armenvierteln zu finden sind. Hier werden einfache afrikanische Gerichte, Tee, (Leitungs-)Wasser und

Erfrischungsgetränke angeboten. Die Qualität der Speisen (bei niedrigen Preisen) ist verblüffend gut – auch wenn die Räumlichkeiten teilweise nicht sehr hygienisch wirken. Da aber oftmals das Auge mitisst, muss man für sich selbst entscheiden, ob einen die angebotenen Speisen ansprechen. Herrscht Wasserknappheit – insbesondere in Dar-es-Salaam ist die städtische Wasserversorgung oft schlecht –, sollte man auf ungekochte Speisen verzichten.

### Mobile Küchen

Am Straßenrand findet man überall mobile Küchen, die afrikanische Variante von Fastfood, wo es geröstete Maiskolben, *nyama choma* (gegrilltes Fleisch), *kassava*-Chips (aus Maniok) auf die Hand gibt. Eine besonders schöne Stimmung und große Auswahl an lokalen Speisen bieten das allabendliche Stelldichein an den Forodhani Gardens in Stone Town oder auch an Wochenenden an

Mombasas Küste, wenn die Anwohner zum Flanieren bei Sonnenuntergang kommen. Der frischgepresste Zuckerrohrsaft oder *nyama choma* schmecken hier besonders gut!

### Bunte (Super-)Märkte

Wohlbestückte Märkte oder Straßenverkauf gibt es fast überall. Hier findet man alles für den täglichen Bedarf: Obst und Gemüse, Gewürze, Getreide, Fisch, Fleisch, Dosen, Plastikutensilien, Handarbeiten, Kleidung – dem Angebot sind fast keine Grenzen gesetzt. Der Geruch des angebotenen Fleischs ist nicht jedermanns Sache, dafür sind die bunten und hübsch drapierten Früchte eine wahre Augenweide. Lästig können mitunter selbsternannte *Guides* werden, die Reisende auf den Märkten für ein Trinkgeld begleiten wollen.

Rund um dem eigentlichen Markt haben sich oftmals *hoteli* angesiedelt, die fertige Speisen zu äußerst niedrigen Preisen anbieten. Daneben gibt es sogenannte *dukas* (Krämerläden) und Straßenkioske, die praktisch alles führen, was verfügbar ist. In größeren Orten findet man auch Supermärkte.

Die Versorgung mit Lebensmitteln hat sich in Kenia und Tansania in den letzten Jahren stark verbessert. Dennoch kann es dann und wann an Butter, Zucker, Milch, Eiern, ja aufgrund eines schlechten Erntejahres sogar an gewissen Gemüse- und Obstsorten oder Bier mangeln. In den Hotels fallen diese Engpässe den Gästen meistens nicht auf; Selbstversorger müssen diesbezüglich mitunter flexibel sein.

# Typische Früchte des Landes

Unbedingt sehenswert sind die Märkte Ostafrikas vor allem wegen ihrer Fülle an tropischen Früchten, Gewürzen und Gemüsesorten. Einige davon gibt es mitlerweile auch in besser sortieren Supermärkten in Europa – jedoch niemals so frisch und wohlschmeckend wie im Herkunftsland. Da Früchte immer von einer Schale umgeben sind, ist das Innenleben völlig keimfrei und somlt unbe-

denklich. Einige Früchte und Gemüsesorten unter der Lupe:

### Ananas

Die Ananas wächst nicht etwa an einem Baum oder Strauch, sondern ist eine bodennahe Sprosspflanze und gehört zur Gattung der Bromelien. Aus einem kurzen, harten Schaft entwickelt sich ein ährenförmiger Blütenstand. Selbstbefruchtend, also ohne vorherige Bestäubung, wachsen daraus die essbaren Ananasfrüchte, die wie überdimensionale Tannenzapfen aussehen. Fleischige Tragblätter bilden einen Schopf, der der vegetativen Vermehrung dient. Die Ananaspflanze liefert zwei Ernten pro Jahr. Ananasplantagen findet man im kenianischen Hochland, bei Moshi in Tansania und auf Sansibar.

### Bananen

In Europa kennt man meistens die längliche (Chiquita-)Banane und bestenfalls noch die braunen Minibananen. In Ostafrika gibt es dagegen über 50 verschiedene kultivierte Bananenarten, die je nach Verwendung ihrer Früchte als Obst- oder Mehlbanane bezeichnet werden. Mehlbananen sind mehr stärkehaltig und müssen vor dem Verzehr gekocht, gebraten oder gebacken werden. Sie bilden zusammen mit den Wurzelfrüchten Yams, Maniok und (Süß-)Kartoffeln das wichtigste Grundnahrungsmittel in Ostafrika. Besucher, die das erste Mal in die Tropen reisen, werden ihre Freude daran haben, die vielen verschiedenen Bananensorten zu kosten. Zu den bekanntesten gehören die honigsüßen Zwergbananen, die roten, etwas trockenen *mzungus* und die dicken Braunbananen, in denen man bisweilen auf kleine Samenkerne beißt, die eigentlich nur noch in den Wildarten vorkommen.

### Jackfruit

Diese enorme, 30–90 cm lange Frucht (Swahili: *fenesi*) kann bis zu 50 kg schwer werden und wird wegen ihrer Größe oftmals portionsweise verkauft. Die Fruchtschale ist grün, gelb oder braun und pockenartig. Das Fruchtfleisch im Innern besteht aus 100–500 gelben Früchten, die ihrerseits einen 1–3 cm langen glatten Kern haben. Man kann diese Frucht wie ein Bonbon vom Kern ablutschen oder auch kochen. Roh schmeckt Jackfruit wie eine Mischung aus Banane und Ananas, ist aber nicht säuerlich.

## Mango

Mangofrüchte gibt es in Ostafrika in Dutzenden Formen, Farben und Geschmacksrichtungen. Es gibt grüne, rote, gelbe, kleine, große, herzförmige, harte, weiche, fasrige, glatte – es ist eine Lust, sie alle zu probieren! Die riesigen Mangobäume, die oftmals einen Radius von 20 m haben, geben reichhaltige Ernte. Zu den beiden Erntezeiten im Jahr ›regnet‹ es regelrecht Mangos, und sie sind für wenige Cent eimerweise zu haben. Mangos werden in Ostafrika nicht nur roh gegessen, sondern auch zu Saft, Marmelade, Eiscreme oder Chutneys verarbeitet.

## Maniok

Was für einen Mitteleuropäer die Kartoffel ist, ist für einen Ostafrikaner der Maniok *(kassava)*. Unter einer 2–5 m hohen Pflanze wachsen rettichartige Wurzelknollen mit einer Länge von 30–50 cm und einem Gewicht von 2–5 kg. Die Knollen sind ausgesprochen stärkehaltig und gehören, nachdem sie gekocht und gestampft wurden, als *ugali* (Maniokbrei) bei der Landbevölkerung zu jeder anständigen Mahlzeit. Roher Maniok ist wegen seines Linamarin-Gehaltes giftig, jedoch zu Brei oder Mehl verarbeitet, verliert er das toxisch wirkende Blausäureglykosid.

## Papaya

Die Papaya gehört zu den Melonenbaumgewächsen und ihre melonenartigen Früchte sind mal lang, mal kugelrund und je nach Reifegrad grün, gelb oder orange. In der Mitte des butterweichen Fruchtfleisches befinden sich pfefferkorngroße Samen, die von Heilkundigen als Medizin (z. B. gegen Durchfall) verwendet werden. Die reife Pflanze ist orange und schmeckt am besten pur mit einem Spritzer Zitronensaft. Die halbreife, grüne Frucht wird als Salat gegessen. Der Milchsaft unreifer Pflanzen enthält eine hohe Konzentration Papain, ein eiweißspaltendes Enzym, das in Medikamenten gegen Verdauungsschwäche oder auch in Kaugummis und als Fleischzartmacher Verwendung findet. Übrigens: Wenn man unvorsichtigerweise in einen Seeigel getreten ist, hilft es, die Stelle mit dem Saft der Papayazu betupfen; dann lassen sich die Stacheln meistens leichter entfernen!

## Passionsfrucht

Die Passionsfrucht ist verwandt mit der Maracuja und botanisch gesehen eine Beere. Die eiförmige Frucht hat eine ledrige, braunlila Haut, und in ihrem Innern liegen viele essbare Kerne. Das Fruchtfleisch ist süßlichsauer und reich an Vitamin C. Oft werden die Früchte auch zu Saft verarbeitet.

## Rambutan

Die struppige, pflaumengroße Rambutan ist verwandt mit der Litschi, nur sind die Schalen, die die glitschige weiße Frucht umhüllen, stacheliger. Zur Erntezeit (Mai bis Juli und im Dezember) werden die kugeligen Früchte einzeln oder am Ast – ähnlich wie überdimensionale Weintrauben – auf den Märkten angeboten. Rambutan verdirbt schneller als Litschi und eignet sich daher nicht für den Export, die Frucht kann man nur auf den Märkten in der Nähe der Anbaugebiete, z. B. auf Sansibar, finden.

## Stafeli (Anone)

Stafeli gedeiht in vielen tropischen Ländern – hat jedoch 80 Unterarten und schmeckt daher überall ein wenig anders. Leider wird die Stafeli nicht ausgeführt, da sie reif geerntet werden muss (deshalb gibt es auch keinen deutschen Begriff für diese Frucht). Sie schmeckt wie Erdbeeren mit Sahne. Das schneeweiße Fruchtfleisch ist mit glatten pechschwarzen Samen bestückt, die wiederum für medizinische Zwecke genutzt werden. Die grüne Schale ist mit spitzen Pocken versehen, die jedoch nicht stechen. Zur Erntezeit wird aus der ca. 10 cm großen Stafeli auch Saft gemacht.

## Tamarind

Diese säuerliche Hülsenfrucht stammt ursprünglich aus Afrika, obschon ihr arabischer Name ›Indische Dattel‹ bedeutet. Tamarind wird als Frucht gegessen oder aber zu einem erfrischenden Saft verarbeitet. Sie hat leicht abführende Wirkung. In der ca. 8 cm lange Schote befinden sich mehrere Fruchtkerne, um die herum das Fruchtfleisch liegt. Die harte Schale muss zunächst entfernt werden, das Fruchtfleisch wird meist wie ein Lolli gelutscht und ist reich an Vitamin A, C, Eisen und Kalzium. In der Medizin wird sowohl den Blättern als auch der Frucht fiebersenkende Wirkung zugesprochen.

# Getränke

## Von Hochlandtees bis zu Papayawein

Die ›Kokakolanisierung‹ ist mittlerweile auch bis in den letzten Winkel Afrikas vorgedrungen, d. h. Erfrischungsgetränke wie Cola, Fanta oder Sprite sind überall erhältlich. Probieren Sie ruhig auch einmal das ebenfalls von Coca Cola lizenzierte, aber nur in Ostafrika erhältliche Ginger-Ale Tangawizi, das noch mit richtigem Ingwer hergestellt wird und im Rachen bizzelt. Wasser ist überall in Flaschen erhältlich, vom Genuss ungekochten Leitungswassers wird abgeraten.

Trotz der Fülle an Früchten werden frischgepresste Fruchtsäfte außerhalb der Touristenzentren nur selten angeboten. Auf Märkten erhält man manchmal Säfte aus Avokados, Mangos oder Stafelis, allerdings sollte man darauf achten, dass der Saft nicht mit Leitungswasser in Berührung kommt. Man kann selbst eine Flasche Wasser mitbringen, um den evtl. püreeartigen Fruchtsaft damit zu verdünnen.

## Kaffee und Tee

Vielerorts erhältlich ist der in Ostafrika angebaute *chai* (Tee) oder *kahawa* (Kaffee) – beides zumeist mit viel *maziwa* (Milch) und *sukari* (Zucker). Obschon sowohl Kenia als auch Tansania Spitzenkaffee anbauen, der bei Starbucks teuer verkauft wird, bleibt meist nur der lösliche Nescafé im Land. Der ebenfalls in den Höhenlagen angebaute Tee wird zwar auch exportiert, doch bleibt genügend für den eigenen Markt. Typischerweise wird Tee mit viel Milch serviert, mitunter auch mit vielen Gewürzen wie Ingwer, Kardamom und Zimt als *chai masala* (zum Anbau s. S. 37 f.).

## Bier, Wein und andere alkoholische Getränke

Unter den alkoholischen Getränken ist das bei Weitem beliebteste Getränk **Bier** – sogar in recht guter Qualität. Die bekanntesten Marken sind Tusker und White Cap. Bier wird außerhalb der Touristenresorts lauwarm serviert, wenn man es nicht ausdrücklich kalt (*baridi*) bestellt.

**Wein** stammt hauptsächlich aus der Umgebung von Naivasha in Kenia oder aus dem tansanischen Dodoma. Vor allem in Kenia wird Wein auch aus Papayas, Mangos oder Pflaumen gekeltert. Gut gekühlt, sind diese Weine eine interessante Abwechslung zu denen, die wir aus Europa kennen. Europäische und sehr gute südafrikanische Weine sind ebenfalls erhältlich.

An **Spirituosen** werden in Kenia in Lizenz Wodka, Gin, Brandy und Whiskey hergestellt, außerdem der aus Filmen berühmt-berüchtigte Kenya Cane (ein Zuckerrohrschnaps) und Kenya Gold (ein Kaffeelikör). Tansania produziert Konyagi, dessen Geschmack eher dem Gin als einem Kognak gleichkommt. Die lokal hergestellten Produkte sind relativ preiswert, Importspirituosen dagegen sehr teuer.

Traditionelle alkoholische Getränke sind in erster Linie die verschiedenen Formen von *pombe,* einem Gebräu, das aus Hirse, Mais, Bananen oder anderen Früchten hergestellt wird. Es spielt bei zahlreichen Zeremonien eine wichtige Rolle und wird in vielen Lokalen auf dem Land ausgeschenkt.

An der Küste gibt es gelegentlich **Palmwein.** Da dieses Getränk hochprozentiger ist als Wein oder Bier, ist sein Genuss offiziell verboten. Nicht erlaubt ist auch der in den Slums oft aus Abfallprodukten gewonnene Schnaps.

# Kulinarisches Lexikon

## Im Restaurant

| | |
|---|---|
| Bringen Sie mir bitte… | Tafadhali, letee … |
| Die Speisekarte, bitte! | Letee menu, tafadhali! |
| Ich möchte … essen. | Tafadhali, ninataka kula …. |
| Ich möchte … trinken. | Tafadhali, ninataka kunywa …. |
| Guten Appetit! | Karibu chakula! |
| Es ist lecker/es schmeckt gut. | Ni tamu. |
| Die Rechnung, bitte. | Niletee cheti, tafadhali. |
| Frühstück | chai ya asubuhi |
| Mittagessen | chakula cha mchana |
| Abendessen | chakula cha usiku |
| Essen | chakula |
| Teller | sahani |
| Messer | kisu |
| Gabel | uma |
| Löffel (Tee-) | kijiko |
| Löffel (Suppen-) | kijiko cha supu |
| Tasse | kikombe |
| Glas | bilauri/glasi |
| Flasche | chupa |
| Brot | mkate |
| Butter | siagi |
| Salz/Pfeffer | chumvi/pilipili |
| Zucker | sukari |
| Herr Ober | Bwana! |

## Zubereitung/Spezialitäten

| | |
|---|---|
| adias | frittierte Bällchen aus Linsenmehl |
| chapati | Fladenbrot |
| githeri | Eintopf aus Bohnen und Mais |
| irio | Eintopf aus Bohnen, Mais oder Maniok |
| kababu | eine Art Fischstäbchen |
| kachori | Kartoffel- oder Maismehlbällchen |
| karanga | frittiert |
| kassava | Maniok |
| kuku na wali | Huhn mit Reis |
| mandazi | süßes Krapfengebäck |
| maharagwe | Rote Bohnen (Mus) |
| mahindi | Mais (oft als Maiskolben an Garküchen) |
| matumbo | Innereien |
| mayai | Eier |
| mayai ya kuchemsha | gekochte Eier |
| mayai ya kukaanga | Spiegeleier |
| mayai ya kukoroga | Rühreier |
| mchuzi | allgemein für Soße |
| mihogo | Kassava (oft Püree) |
| mishkaki | Fleisch-Bratspieße |
| nduzi na nyama | Kochbananen (schmecken wie Kartoffeln) mit Fleisch |
| nyama choma | gegrilltes Fleisch (Rind, Ziege, Huhn), oft am Spieß |
| nyama haijapikwa kabisa | (Fleisch) blutig, nicht durchgebraten |
| nyama imepikwa kabisa | (Fleisch) durchgebraten, well done |
| nyama ya mbuzi | Ziegenfleisch |
| nyama ya ng'ombe | Rindfleisch |
| pilau | kräftig gewürztes Reisgericht |
| samosa | dreieckige Teigtaschen mit herzhafter Füllung |
| supu ya kuku | Hühnersuppe |
| tandoori | indisches Gericht (in Joghurt und Gewürzen eingelegtes Fleisch im Tandoor-Ofen gegart |
| sukuma wiki | spinatähnliches Gemüse |
| uji | Hirse- oder Maisbrei (als Frühstück) |
| ugali | Mais-, Hirse- oder Kassavabrei |
| viazi vitamu | Süßkartoffeln |

| | |
|---|---|
| wali | Reis |
| wali na maharagwe | Reis mit Bohnen |
| wali na nyama | Reis mit Fleisch |

## Fisch und Fleisch

| | |
|---|---|
| buta | Fischfilet |
| kamba (mdogo) | Shrimp |
| kamba kubwa | Hummer |
| kuku | Huhn |
| nyama ya kondoo | Hammelfleisch |
| nyama ya mbuzi | Ziegenfleisch |
| nyama ya ng'ombe | Rindfleisch |
| nyama ya nguruwe | Schweinefleisch |
| omena | kleine sonnenge-trocknete Fischchen |
| papa | Haifisch |
| samaki | Fisch |
| tewa | eine Barschart |
| tilapia | Viktoriaseebarsch |

## Gemüse

| | |
|---|---|
| kabichi | Kohl |
| karoti | Möhre |
| kunde | Erbsen |
| mboga | Gemüse |
| mahindi | Mais |
| malenge | Kürbis |
| matango | Gurke |
| mchicha | Spinat |
| nyanya | Tomaten |
| pilipili hoho | (grüner) Paprika |
| pilipili kali | Peperoni (scharf) |
| viazi | Kartoffeln |
| viazi vikuu | Süßkartoffel |
| vitunguu | Zwiebeln |
| zeituni | Oliven |

## Obst

| | |
|---|---|
| ananasi | Ananas |
| limau | Zitrone |
| machenza | Mandarinen |
| machungwa | Orangen (oft mit grüner Schale) |
| madanzi | Grapefruit |
| maembe | Mangos |
| matunda | Obst |
| mapera | Guave |
| miwa | Zuckerrohr |
| nazi | Kokosnuss (reif) |
| ndafu | Kokosnuss (unreif, für Kokosmilch) |
| ndimu | Zitrone |
| ndizi | Banane |
| papai | Papaya |
| pasheni | Passionsfrucht |
| stafeli | ähnlich Cherimoya |
| tende | Datteln |
| tikiti oder tango | Wassermelone |
| tofaa | Apfel |
| zabibu | Weintrauben |

## Gewürze, Kräuter und Nüsse

| | |
|---|---|
| basibasi | Muskatnuss |
| dalasini | Zimt |
| dhania | Koriander |
| iliki | Kardamom |
| jozi | Nuss |
| karafuu | Gewürznelken |
| kitungu | Knoblauch |
| korosho | Cashew-Nüsse |
| nyugu | Erdnuss |

## Getränke

| | |
|---|---|
| bia | Bier |
| chai | Tee |
| chai masala | gewürzter Tee |
| divai | Wein |
| kahawa | Kaffee |
| konyagi | Gin |
| maji | Wasser |
| maji ya machungwa | Orangensaft |
| maji ya maembe | Mangosaft |
| maji ya matunda | Saft |
| maziwa | Milch |
| maziwa ya kopo | Kondensmilch (stets gezuckert!) |
| pombe | selbstgebrautes Bier |
| soda | Softgetränk |
| tangawizi | Ingwerbier (mit ech-tem Ingwer, scharf!) |

Flugzeug und Auto sind die Verkehrsmittel der Wahl in Kenia und Tansania

# Wissenswertes für die Reise

# Informationsquellen

## Internet

### Ostafrika

**www.nationmedia.com/eastafrican**
Das Online-Portal der Wochenzeitung East African behandelt vor allem Tagespolitik und Wirtschaftsthemen in Kenia und Tansania. Auch Sport kommt nicht zu kurz, z. B. aktuelle Rugby- und Fußballergebnisse. Englisch.

**www.eac.int**
Die offizielle Website der East African Cooperation (EAC) informiert über die Belange der Mitgliedsstaaten – von Zollbestimmungen bis zu Recht und Politik. Englisch.

**www.fit-for-travel.de/reisemedizin/reiseziele**
Nach Ländern sortiert kann man medizinische Empfehlungen und Vorbeugungsmaßnahmen zu Tansania und Kenia abfragen sowie evtl. Warnungen vor Gesundheitsgefahren, etwa im Fall einer Dürre oder eines akuten Choleraausbruchs. Deutsch.

**www.afrikaaktuell.de**
Hier findet man vielfältige Reiseinformationen, Karten, Tipps und Interviews mit Persönlichkeiten aus dem Tourismusgeschehen. Zahlreiche Fotos untermalen die Informationen. Deutsch.

### Kenia

**www.magicalkenya.com**
»Magical Kenya: So much to see. So much to do.« Die offizielle Website der kenianischen Tourismusbehörde ist sehr umfassend und bietet Hintergrundwissen sowie viele nützliche Tipps und Verweise auf lokale Anbieter (wobei dies angenehmerweise nicht im Mittelpunkt steht). Die Website richtet sich an alle Besucher Kenias, ganz gleich, ob Strandurlauber und Safaritouristen oder Geschäftsreisende. Englisch.

**www.kenia-facts.de**
Deutschsprachige, stets aktualisierte Website mit Tipps und Infos für Reisende, aber auch Daheimgebliebene: aktuelle TV-Tipps, Kino-hinweise und Kochrezepte. Im Blog kann man über die aktuellen News aus Kenia diskutieren.

**www.kws.org**
Der offizielle Link zum Kenya Wildlife Service (KWS), der die Naturschutzgebiete in Kenia managt. Die Website bietet entsprechend gute Übersichten zu den Schutzgebieten, zu den vom KWS betreuten Unterkünften sowie zu den Parkgebühren. Englisch.

**www.kenya.go.ke**
Der Internetauftritt der Republik Kenia. Die Seite verweist vor allem auf andere Webadressen, der Fokus liegt auf Fakten und Statistiken, weniger auf reisepraktischen Informationen. Englisch.

**www.tourism.go.ke**
Das Tourismusministerium Kenias hat nicht unbedingt die benutzerfreundlichste Website, dafür aber eine Menge gute Informationen, Verweise und Statistiken. Englisch.

### Tansania

**www.tanzania-gov.de**
Die offizielle Website der tansanischen Botschaft in Deutschland. Mit vielen guten Infos, Verweisen und der Möglichkeiten, das Antragsformular für das Visum herunterzuladen. Deutsch.

**http://tanzaniaparks.com/de/home.htm**
Tansanias Nationalparks auf einen Klick: Diese hervorragende offizielle Website der tansanischen Nationalparkbehörde bietet übersichtliche und detaillierte Infos zu den Naturschutzgebieten des Landes. Ganz gleich, ob es sich um Landkarten, Unterkünfte, Regelungen oder die neue Gebührenordnung handelt – die Website ist ansprechend, informativ und benutzerfreundlich. Deutsch.

**www.tanzania-network.de**
EinOnline-Podium für verschiedene deutschsprachige tansanische Initiativen und Institutionen, die Beziehungen nach Tansania haben und entsprechend über ihre Aktivitäten in

Deutschland bzw. in Tansania berichten. Es gibt einen Adressen- und Expertenpool, Foren und die Möglichkeit, den Newsletter Habari zu abonnieren. Deutsch.

**www.detaf.de**

Die Deutsch-Tansanische Freundschaftsgesellschaft (DETAF) bietet zahlreiche kulturelle Veranstaltungen, Seminare, Vorträge und Publikationen zu Tansania an. Viele Informationen der Website beziehen sich auch auf längere Aufenthalte in Tansania (z. B. als Entwicklungshelfer). Deutsch.

**www.tanzaniatoday.com**

Was die Welt über Tansania berichtet und Tansania über die Welt: Ob in Dar-es-Salaam oder Düsseldorf, hier erfährt man nationale wie internationale News aus der Sicht eines tansanischen Nachrichtensenders. Englisch.

## Sansibar

**www.zanzibar.net**

Eine Website, die zum Schwärmen anregt und gleichzeitig viele hervorragende Informationen bietet. Ob zum Tauchen, zur Kultur, zu Hotels oder zu den korallenweißen Stränden – diese Website ist definitiv ein Muss für Sansibarbesucher! Englisch.

**www.allaboutzanzibar.com**

Sansibar, Pemba und Mafia – die drei großen Inseln vor Tansanias Küste werden in dieser hübsch aufgemachten Website eines Reiseanbieters, der vor allem Informationen und Bildmaterial liefert, facettenreich beschrieben. Englisch.

**www.zanzibartourism.net**

Die offizielle Website des Tourismusbüros von Sansibar beschreibt ausführlich alle Möglichkeiten für Unternehmungen auf den beiden Archipelen Sansibar und Pemba. Wer hier stöbert, wird seinen Aufenthalt auf Sansibar sicherlich verlängern wollen! Englisch.

# Diplomatische Vertretungen

Die Botschaften von Kenia und Tansania sind u. a. für die Ausstellung von Visa zuständig (Formulare für Besuchervisa können von den jeweiligen Websiten heruntergeladen und per Post eingereicht werden). Die Botschaften und Konsulate in Ostafrika haben für Reisende vor allem die Aufgabe, Ersatzdokumente auszustellen, wenn der Reisepass abhandengekommen ist. Darüber hinaus vermitteln sie Rechtsbeistand und gewähren im Notfall einen Kredit für den Heimflug. Zu weiteren Hilfeleistungen (z. B. Geld zur Verlängerung des Urlaubs, reisetechnische Informationen etc.) sind sie nicht verpflichtet.

## Von Kenia

### Botschaft der Republik Kenia

Die Botschaft in Deutschland ist auch für Österreich und die Schweiz zuständig.
Markgrafenstraße 63
10969 Berlin
Tel. 030-259 26 60
Fax 030-25 92 66 50
www.embassy-of-kenya.de

Honorarkonsulat der Republik Kenia
Fr. und Hr. Breitengross
Rathausstr. 6
20095 Hamburg
Tel. 040-30 30 42 99
Fax 040-30 30 43 33
breitengross@joshansen.de

### Kenianische Vertretung in Österreich

Sie ist auch für die Schweiz zuständig.
Neulinggasse 29/8
1030 Wien
Tel. 017 12 39 19/20
Fax 017 12 39 22
kenyarep-vienna@aon.at

## In Kenia

**Botschaft der Bundesrepublik Deutschland**
Riverside Drive 113,
Ludwig Krapf House, P.O. Box 30180,
00100 Nairobi
Tel. +254-20-426 21 00
Fax +254-20-426 21 29
info@nairobi.diplo.de
Öffnungszeiten: Mo–Fr 8.30–12 Uhr
In Notfällen außerhalb der Öffnungszeiten:
Tel. +254-721-32 24 43

Honorarkonsulat in Mombasa
Bank of India Building, 2. Etage,
Nkrumah Road
Mombasa
Öffnungszeiten: Mo–Fr 9–12 Uhr
Tel. +254-41-222 87 81
Fax +254-41-222 91 86
mombasa@germanconsul.com

**Botschaft der Republik Österreich**
City House, 2. Etage,
Wabera/Standard St.
Nairobi
Tel. +254-20-31 90 76
Fax +254-20-34 22 90
nairobi-ob@bmaa.gv.at
www.bmaa.gv.at
Öffnungszeiten: Mo–Fr 8.30–12 Uhr

Konsulat in Mombasa
Palli House, 3. Etage, Nyerere Ave.
Tel. +254-41-231 33 86
Fax +254-41-231 33 86

**Schweizerische Botschaft**
International House,
Mama Ngina St., 7. Etage
P.O. Box 30572-00100
00100 Nairobi
Tel. +254-20-22 87 35
Fax +254-20-21 73 88
vertretung@nai.rep.admin.ch

Schweizer Konsulat in Mombasa
c/o Orion Hotels Ltd.
P.O. Box 10283-8010
80101 Bamburi/ Mombasa
Tel. +254-727 69 54 52
Fax +254-415 48 63 21
claudia.stuart@orion-hotels.net

## Von Tansania

**Botschaft der Vereinigten Republik Tansania**
Sie ist ebenfalls zuständig für Deutschland,
Österreich und die Schweiz.
Eschenallee 11
14050 Berlin
Tel. 030-303 08 00
Fax 030-30 30 80 20
Schalterzeiten Visumsstelle: Mo–Fr 9–13 Uhr
www.tanzania-gov.de

Honorarkonsul der Republik Tansania
Hr. Jürgen Gotthardt
Franz-Rabe-Straße 23
25474 Bönningstedt
Tel. 040-250 79 36
Fax 040-556 012 54
gotthardt-bönningstedt@t-online.de

## In Tansania

**Botschaft der Bundesrepublik Deutschland**
Umoja House
Mirambo St./Garden Ave., 2nd Floor
Dar es Salaam
Tel. +225-22-211 74 09
Fax +225-22-211 29 44
german.embassy@bol.co.tz
www.daressalam.diplo.de
Öffnungszeiten: Mo–Fr 8–12 Uhr
In Notfällen außerhalb der Öffnungszeiten:
Tel. +255 -713 45 52 09

Deutscher Honorarkonsul in Arusha
Ulf A. Kusserow
Msumbi Estate Ltd.

Ngaramtoni ya Chini
(hinter International School Moshi, Arusha
Campus)
Arusha
Tel. +255-27-250 80 22
Fax +255-27-250 80 22
kusserow@habari.co.tz

Deutsche Honorarkonsulin auf Sansibar
Frau Angelika Sepetu
Kiembe Samaki Kijijini
Zanzibar/Tanzania
Tel. +255-24-223 36 91 (vormittags)
Tel. +255-24-223 40 62 (nachmittags)
Fax +255-24-223 36 91,
Mobil +255-777-41 00 45
sepetu_family@yahoo.com

**Botschaft der Republik Österreich**
Die Botschaft in Kenia (s. S. 82) ist auch zu-
ständig für Tansania.
Honorarkonsulat für Österreich
Slipway Rd.
Dar-es-Salaam (Msasani Halbinsel)
Tel. +255-22-260 14 92
Fax +255-22-260 15 03
austrianconsulate@bol.co.tz

**Schweizerische Botschaft**
Kinondoni Rd., Plot 79, P.O. Box 2454
Dar-es-Salaam
Tel. +255-22-266 60 08
Fax +255-22-266 67 36
vertretung@dar.rep.admin.ch

# Touristeninformation

**Kenya Tourist Board c/o Travel Marketing**
Romberg GmbH
Schwarzbachstr. 32
40822 Mettmann
Tel. 021 04-83 29 19
Fax 021 04-91 26 73
kenia@travelmarketing.de

# Karten

In Europa sind vor allem traditionelle Landkarten erhältlich, die gut für die Routenpla-
nung sind, aber nicht immer ins Detail gehen.
Hierfür empfehlen sich Detailkarten, die fast
nur vor Ort in Kenia und Tansania, dort jedoch
in Hülle und Fülle, angeboten werden.

## Übersichtskarten
**Road Atlas of Kenya:** New Holland Verlag.
Praktisch für Individualreisende, mit detaillierten Karten zu Städten, Nationalparks und
allen Teilregionen Kenias.
**MARCO POLO Länderkarte Kenia:** RV-Ver-
lag. Eine traditionelle Landkarte (Faltkarte
1:1 Mio.), die wichtige Reiseinformationen
bietet, mit Tankstellen, Rasthäusern und Ki-
lometerangaben.
**Map and Guide to Tanzania:** Mit ein wenig
Glück erhält man ein Exemplar der Landkarte,
die kostenlos vom Tanzania Tourist Board herausgegeben wird.

## Detailkarten Kenia
Für Selbstfahrer empfehlen sich die lokal er-
hältlichen Detailkarten, die die Straßenzustände besonders genau wiedergeben. Wer
gern schon vor der Reise über gutes Kar-
tenmaterial verfügen möchte, findet es evtl.
beim Onlineshop www.safari-shop.de oder
über den Harms-ic-Verlag (www.harms-ic-
verlag.de).
**Nationalparks:** Kenya Wildlife Service (KWS)
hat diverse Karten zu kenianischen Nationalparks herausgegeben, die an den Park Gates, im Kifaru Shop beim Nairobi National
Park und in gut sortierten Buchläden in Mombasa und Nairobi erhältlich sind. Evtl. anfragen bei kws@kws.org.
**Map of Greater Nairobi:** 1:25 000, Tourist
Maps. Englische und deutsche Ausgaben,
nur in Nairobi erhältlich.
**Mt. Kenya – Map & Guide:** 1:50 000, M.
Savage/A. Wielochowski, 1993 Eine topo-

grafische Karte mit ausführlicher Beschreibung der verschiedenen Routen.

**Guide to Mt. Kenya & Kilimanjaro:** Mountain Club of Kenya (Iain Allan), 1998. Praktisches Handbuch mit Karte zu den einzelnen Bergen. Erhältlich in Kenia.

**Kilimanjaro – Map & Guide:** 1 : 50 000, Mark Savage. Topografische Karte (unkoloriert) mit Routen und praktische Bergsteiger-Infos. Auf Englisch.

**Kilimanjaro – International Travel Maps:** 2004. Die 2. Auflage dieser detaillierten Karte ist erhältlich bei www.landkartenshop.de.

**Lake Manyara:** 1:100 000. Harms-ic-Verlag, 1999. Darstellung (mit Hilfe von GPS) des gesamten Nationalparkgebiets.

**Ngorongoro:** 1 : 230 000, Harms-ic-Verlag 1999. Touristikkarte mit Erläuterungen (dt., engl., frz.); mit Detailkarte vom Ngorongoro Crater (1 : 60 000). Alle Straßen, Pisten und touristisch bedeutsamen Karteninhalte wurden mit GPS neu aufgenommen.

## Detailkarten Tansania

**Dar-es-Salaam** (1:11 500), mit Sansibar und Pemba, National Geographic Verlag 2003. Die doppelseitige Karte zeigt Museen, Hotels und andere Highlights.

**Sansibar:** 1:100 000, Harms-ic-Verlag 2004. Karte von Unguja, Pemba sowie Stadtplan von Stone Town. Die Legende und zusätzliche Reiseinformationen gibt es auch auf Deutsch.

In Tansania gibt es von Hand gezeichnete Landkarten, die zunächst gewöhnungsbedürftig, doch bei genauem Hinsehen sehr akkurat sind. Sie sind praktisch und außerdem ein nettes Souvenir von der Reise. Die Faltkarten von Giovanni Tombazzi gibt es von Sansibar, Arusha, Arusha NP, Kilimanjaro NP, Ngorongoro Crater, Serengeti NP und Lake Manyara. Die Karten der Parks zeigen die Pisten und Flussläufe sowie Wasserstellen auf der Vorderseite für die Trockenzeiten, auf der Rückseite für die Regenzeiten an. Dies

kann insbesondere für Selbstfahrer sehr hilfreich sein!

# Lese- und Filmtipps

## Belletristik und Biografien

Einstimmende Romane afrikanischer Autoren s. S. 66 f.. Auf Deutsch sind einige im Peter Hammer Verlag, Wuppertal, erschienen, eine gute Adresse für afrikanische Literatur.

**Karen Blixen:** Jenseits von Afrika. Reinbek 1999. Das wohl bekannteste Werk über Afrika schildert eher unkritisch die Wildheit und Unverdorbenheit der Afrikaner und glorifiziert die Kolonialzeit.

**Kuki Gallmann:** Ich träumte von Afrika. München 2000. Wie viele der Romane über Afrika aus nichtafrikanischer Hand verarbeitet dieser die Erfahrungen der Autorin während ihrer Zeit in Ostafrika. Mit Kim Basinger verfilmt.

**Beryl Markham:** Westwärts mit der Nacht. München 2001. Ein autobiografischer und einfühlsamer Bericht über die Pionierin der Luftfahrt und ihr Leben in Kenia.

**Emily Ruete:** Leben im Sultanspalast. Memoiren aus dem 19. Jahrhundert. Hamburg 2007. Emily Ruete, geb. Salme, Prinzessin von Oman und Sansibar, beschreibt den exotischen Alltag ihrer Jugend im Sultanspalast bis zur heimlichen Flucht mit dem Hamburger Kaufmann Heinrich Ruete 1866.

**Barbara Wood:** Rote Sonne, Schwarzes Land. Frankfurt/Main 2003. Dieser Roman schildert die sich wandelnde Gesellschaft Kenias aus der Sicht dreier Generationen.

**Stefanie Zweig:** Nirgendwo in Afrika. München 1999. Die literarische Vorlage des Oscar-prämierten Films über eine nach Kenia ausgewanderte jüdische Familie.

## Sachbücher

**Joy Adamson:** Frei geboren. München 2002. Bestseller aus der Feder der 1980 von Wilderern ermordeten Löwenforscherin.

**Christoph Friedrich:** Kisuaheli Wort für Wort. Bielefeld 2002. Wer zur Reisevorbereitung ein wenig Kiswahili lernen möchte, dem sei dieser Band in der Reihe Kauderwelsch empfohlen. Mit CD-Rom als Aussprachetrainer.

**Collins Field Guide:** National Parks of East Africa, Larger Mammals of Africa und Tropical Plants. Ein altbewährter Klassiker auf Safari sind diese Handbücher zur Naturkunde, tändige Begleiter der meisten Fahrer von organisierten Safaris und aufgrund der zahlreichen Abbildungen und wissenschaftlichen Angaben wertvolle Handbücher.

**Jens Rohwer:** Pflanzen der Tropen. München 2000. In diesem Bestimmungsbuch findet man auch die Pflanzen Ostafrikas.

## Filme

Zur Einstimmung auf einen Urlaub in Ostafrika (oder als Erinnerung) einige Klassiker: **Die Serengeti darf nicht sterben** und **Kein Platz für wilde Tiere.** Die berühmten Tierfilmklassiker von Prof. Dr. Bernhard Grzimek.

**Out of Africa/Jenseits von Afrika:** Sozial unkritischer, aber wegen seiner Landschaftsaufnahmen sehenswerter Oscar-gekrönter Spielfilm mit Robert Redford und Meryl Streep (1986).

**Auf der Fährte der Löwen, Beauty and The Beasts, A Leopard's Story.** Alle drei Filme von National Geographic im IMAX Format). Die Naturfilme wurden mit Spezialkameras gefilmt.

**Den Webervogel und sein Nest erkennt man auch ohne Bestimmungsbuch ...**

# Reise- und Routenplanung

## Kenia und Tansania als Reiseländer

Keine andere Region der Welt bietet die Möglichkeit, eine Safari mit einem Badeurlaub am Tropenstrand und einer Trekkingtour zum ›Schnee am Äquator‹ zu kombinieren.

### Abenteuer Tierwelt und Natur

In erster Linie reizt Ostafrika die meisten Besucher wegen seiner einzigartigen Tierwelt, die hier noch in freier Wildbahn zu beobachten ist, wie Löwen, Giraffen, Paviane, Geparden, Zebras, Flusspferde, Krokodile, Gnus, Geier und viele mehr. Eine Safari ist immer ein Abenteuer, keine gleicht der anderen, jeder Tag birgt neue Eindrücke. Die Landschaftsvielfalt – oftmals reicht der ›Busch‹, die Savannen, Wälder, Berge und Wüsten so weit das Auge reicht – ist ein Augenschmaus, der weltweit seinesgleichen sucht.

### Strandurlaub

Die 1300 km lange Küstenlinie bietet palmengesäumte Strände, einsame Buchten, Mangrovensümpfe, Fischerdörfer und Hafenstädte. Touristisch erschlossen ist der Bereich zwischen Malindi bis südlich von Dares-Salaam – es ist noch längst nicht jeder Strand von Touristen ›entdeckt‹. Dort, wo sich Hotels an den Stränden angesiedelt haben, kann man davon ausgehen, dass es eine entsprechende touristische Infrastruktur gibt. Viele 4- und 5-Sterne-Hotels bieten ein Verwöhnprogramm, das von Massagen über Strandhochzeiten bis hin zu Casinos reicht.

## Pauschal- und Individualreisen

Die Kombinationsmöglichkeiten in Ostafrika sind vielfältig, die Distanzen groß, und sowohl das Klima als auch die kulturellen Gepflogenheiten sind anders als in Europa – daher schließen sich die meisten Urlauber einer organisierten Reise an, die oftmals aus einer Woche Safari und einer Woche Küstenaufenthalt besteht. Die Reiseveranstalter bieten verschiedenste Programme an – vom all-inclusive-Angebot bis zur Möglichkeit, einzelne Bausteine zu buchen, vom Budgeturlaub bis zur Luxussafari, vom Verwöhn- bis zum Aktivurlaub, von der Kulturreise bis zum naturnahen Campingerlebnis. In den meisten Fällen ist es wesentlich preiswerter, sich einer organisierten Safari anzuschließen, als alleine zu fahren, da Nationalparkgebühren pro Fahrzeug verlangt werden und Mietautos teuer sind.

Individualreisenden sei empfohlen, sich mehrere Wochen Zeit zu nehmen für einen Urlaub in Ostafrika, denn es bedarf einiges an Organisation und Vorkehrungen, wenn man in den ›Busch‹ fährt.

## Organisierte Reisen/ Reiseveranstalter

Neben den großen Pauschalreiseunternehmen gibt es zahlreiche Reiseveranstalter, die sich auf die Region spezialisiert haben. Der größte Spezialveranstalter, der African Safari Club (ASC), betreibt eigene Reisebüros in der Schweiz, in Österreich und in Deutschland (www.ascag.net). Der ASC unterhält Strandhotels an der Küste und Lodges in den Nationalparks; mit seiner eigenen Fluglinie bringt der ASC Gäste aus Basel, Zürich, München, Frankfurt und Köln nach Mombasa und von hier weiter in die Nationalparks oder nach Sansibar; darüber hinaus bietet der ASC Kreuzfahrten von Mombasa aus an. Auf den Spuren von Vasco da Gama werden verschiedene afrikanische Häfen auf Sansibar, Madagaskar oder in Südafrika angesteuert.

Weitere Ostafrikaspezialisten sind Reiseservice Africa aus München (www.reiseservice-africa.de) und Safari-Aktuell, Neu-Isenburg (www.safari.de). Auf Tansania spezialisiert haben sich ITST Individualreisen (www.tanzania-tours.de) und Tantours (www.tantours.de).

Alternativ-Reisen, wie beispielsweise eine Trekkingtour auf die beiden höchsten Gipfel Afrikas, organisiert Wikinger Reisen (www.wikinger.de). Rotel Tours bietet Safaris in einem ›Rollenden Hotel‹ (www.rotel.de). Für den kleineren Geldbeutel eignen sich Overland-Touren, bei denen ein umgebauter Truck als Fahrzeug, Hotel und Küche dient (www.elefant-tours.de).

## Veranstalter vor Ort

Viele der o. g. Reiseveranstalter arbeiten mit Agenturen (Tour Operators) vor Ort zusammen. Selbstverständlich kann man sie auch direkt für eine ›Safari-à-la-carte‹ kontaktieren, wobei dieser direkte Weg nicht unbedingt günstiger ist; denn viele der Pauschalreiseveranstalter haben aufgrund ihres Volumens sehr günstige Konditionen mit den Agenturen ausgehandelt.

Gleiches gilt auch für die Buchung von Lodges in den Parks. Die *rack rate,* also der Tarif, den Selbstbucher erhalten, ist oftmals erheblich höher, als wenn man über einen Safariveranstalter bucht.

## Safariagenturen

In den Ausgangszentren für Safaris – in Nairobi, Mombasa, Arusha und Dar-es-Salaam – gibt es hunderte von Safariagenturen. Hier die Spreu vom Weizen zu trennen ist ein Abenteuer für sich. Viele dieser Agenturen arbeiten mit *flycatchern*, die Reisende bei der Ankunft an den Busbahnhöfen oder Flughäfen ansprechen und dann in ihr Büro führen. Wenn möglich, sollte man sich die Fahrzeuge zeigen lassen und genau prüfen, welche Reiseleistungen inklusive sind und welche nicht. Wenn ein Angebot im Preis weit unter dem der anderen liegt, ist wahrscheinlich etwas faul daran. Scheuen Sie sich nicht, zurück-

kehrende Reisende nach ihrer Erfahrung mit dem jeweiligen Veranstalter zu fragen.

## Safariorganisationen KATO und TATO

Ein seriöser Tour Operator ist in der Regel auch TATO- bzw. KATO-Mitglied. TATO (Tanzania Association of Tour Operators) ist ein touristischer Dachverband, der nicht nur die Interessen der Unternehmer vertritt, sondern auch seinen Mitgliedern ein Mindestmaß an Qualität abverlangt. Die Mitgliederliste findet sich unter www. tatotz.org. Ähnliches gilt für KATO in Kenia (Kenya Association of Tour Operators, www.katokenya.org). Seriöse Safariveranstalter, die sich bewährt haben, sind im Reiseteil dieses Bandes ab S. 120 aufgelistet. Einige haben Büros in diversen Städten Ostafrikas und agieren überregional, z. B. Pollman's, UTC, Ranger Safari, Kuoni, Hoopoe Tours und Abercrombie & Kent.

## Kultur- und Sprachurlaub

Wer tiefer in die Kultur einer gewissen Region und Ethnie blicken möchte, dem seien die Kulturprogramme einiger Nichtregierungsorganisationen (NGOs, nongovernment organizations) empfohlen. Hierbei stellt die einheimische Bevölkerung die *Guides,* die Unterkünfte und das Essen. Diese Safaris sind nicht luxuriös, bieten aber einen unbezahlbaren Einblick in die Lebensweise und Weltanschauung der jeweiligen Ethnie. Kultursafaris sind trendig, daher gibt es viele Anbieter, die ihr Angebot als solche bezeichnen, aber nicht wirklich die Einheimischen einspannen.

Empfehlenswert sind die Touren vom **Cultural Tourism Programme** in Tansania. Die Website bietet eine gute Übersicht über das Angebot: www.infojep.com/culturaltours. In Kenia ermöglicht das **Riuki Cultural Center** sogenannte *homestays* und damit einen Einblick in die Religion, Kochtöpfe und Alltagsleben der Kikuyu und anderer Ethnien in Zentralkenia (www.riukiculture.org): Man ist als (zahlender) Gast bei einer Familie untergebracht und kann an deren Alltagsleben teilnehmen, eine günstige Unterkunftsmöglichkeit für den Reisenden und ein willkommenes Zubrot für den Gastgeber.

Für Urlauber, die mehr über die afrikanische Lebensart erfahren möchten, bieten sich neben *homestays* (s. oben) **Sprachurlaube** an. Auf Sansibar kann man am Taasisi ya Kiswahili Kurse in Kiswahili belegen und währenddessen bei einer Swahili-Familie wohnen (englischsprachige Informationen: www.glcom.com/hassan/takiluki.html).

Eine andere Gelegenheit, Einblicke in die Kultur Ostafrikas zu gewinnen sind **Hilfsprojekte,** bei denen man sein Knowhow – sei es als Landwirt, Arzt oder Handwerker – anbietet. Handwerkskammern oder Nichtregierungsorganisationen (NGOs) sind Vermittler solcher Freiwilligendienste.

# Rundreisen

Aufgrund der Anbindung an internationale Flughäfen beginnen die meisten Safaris in Mombasa oder Nairobi, in Dar-es-Salaam oder Arusha. Wegen der großen Distanzen und der vielfach miserablen Straßenzustände ist es nicht unüblich, Teilstrecken zu fliegen. Hinzu kommt, dass einige Pisten während der Regenzeit verschlammen und einige Parks somit nur auf dem Luftweg erreichbar sind. Viele der Lodges in den Nationalparks verfügen über eigene Flugpisten und stellen bei Ankunft Jeeps und Fahrer zur Verfügung. Je nach Größe des Fahrzeuges unternimmt man hier die Pirschfahrten zusammen mit anderen Gästen des Camps.

Für Individualreisende sei angemerkt, dass die Grenzüberquerung zwischen Kenia und Tansania mit einem Mietwagen grundsätzlich möglich ist, jedoch ist eine Green Card Insurance erforderlich, die den Mietpreis stark erhöht (s. S. 95). Ohnehin sind Mietwagen rela

tiv teuer und die Fahrweise auf den Straßen ist gewöhnungsbedürftig – für Tagestouren lohnt es sich, einen Fahrer mit anzumieten (dies ist verhältnismäßig günstig).

Wer auf eigene Faust reist, sollte absolut immer einen gefüllten Ersatzkanister Benzin, einen Ersatzreifen (Reifenpannen sind beinahe an der Tagesordnung) sowie ausreichend Trinkwasser bei sich haben. Wer auf Safari geht, sollte darauf achten, dass ein Abschleppseil und ein Spaten (zum Freischaufeln des Rads) im Wagen sind.

# Vorschläge für Reiserouten

## Kenias Highlights (mindestens zwei Wochen)

90 % der Besucher in Kenia reisen im südlichen Teil des Landes. Manch einer reist noch bis zum Mt. Kenya auf Äquatorhöhe, doch die Naturschutzgebiete und Regionen nördlich des Äquators werden selten besucht. Sie sind sehr abgelegen und schwierig zu erreichen, überdies wird aufgrund sporadischer Überfälle hier meist nur im Konvoi gefahren. Safariagenturen vor Ort wissen die aktuelle Lage einzuschätzen und stornieren Safaris in diese Regionen, sollte die Sicherheitslage unakzeptabel sein. Der Süden Kenias andererseits bietet eine vergleichsweise gute touristische Infrastruktur. Typischerweise beginnt eine Reise entweder in Mombasa oder Nairobi, daher im folgenden ein Routenvorschlag, der sowohl in Nairobi als auch in Mombasa beginnen kann.

Die Reise beginnt im Großstadtdschungel **Nairobi,** wo Giraffen und andere Wildtiere oftmals schon beim Anflug die Gäste begrüßen – der Flughafen grenzt an den **Nairobi National Park.** Von Nairobi geht es in Richtung Westen durch Teeplantagen, Wälder und Blumenfelder bis zum **Naivasha-See.** Je nach Saison halten sich hier oder am weiter nörd lich gelegenen Lake Bogoria Abertausende von Flamingos auf, die den flachen Sodasee aus der Ferne rosa schimmern lassen. Am Lake Naivasha gibt es einige Unterkünfte in herrschaftlichen Siedlerhäusern, die sehr schön sind. Weiter geht es am Elmenteita-See entlang bis zum **Nakuru-See** und dem gleichnamigen Nationalpark. Die meisten Lodges im **Lake Nakuru National Park** sind auf einer Anhöhe angesiedelt, von wo man einen herrlichen Blick auf den See hat, der vielen Tieren als Trinkquelle dient, sodass man hier – quasi beim Sonnenbad von der Terrasse aus – eindrucksvolle Szenen beobachten kann.

Von Nakuru fliegt man in die **Masai Mara** (alternativ führt eine eher schlechte als rechte Straße über Narok). Nahezu alle Lodges und Camps in der Masai Mara sind traumhaft angelegt. Die beste Zeit für einen Besuch ist die Zeit der Migration, wenn riesige Gnuherden die Savanne durchqueren (s. S. 110). Man kann zwar in der Masai Mara mit ein wenig Glück, die Big Five der afrikanischen Tierwelt an einem Tag sehen, doch eine Safari ist nicht ein Abhaken von Tierarten, sondern ein Genuss für die Sinne, denen man Zeit lassen sollte, sich zu sensibilisieren. Nach zwei oder mehr Tagen in der Masai Mara geht es dann – per Flug – in den **Amboseli National Park.** Von hier hat man die beste Sicht auf den mächtigen Mt. Kilimanjaro, dessen schneebedeckter Gipfel in Tansania liegt. Der Amboseli National Park hat aufgrund seiner großen Elefantenherden und seiner Popularität bei Safarireisenden mit großen Umweltproblemen zu kämpfen, weswegen hier vor einigen Jahren die ersten Öko-Lodges gebaut wurden.

Eine Tagesreise führt vom Amboseli in den **Tsavo West National Park,** der gemeinsam mit dem **Tsavo East** den größten zusammenhängenden Naturschutzraum in Kenia bildet. Der Tsavo East ist bekannt für seine rote Erde: Schon nach kurzer Fahrt durch den Park ist man über und über mit feinem roten Staub eingepudert und hat sich ähnlich wie die ›roten Elefanten‹ mimetisch an das Umfeld angepasst. Die beiden Tsavo-Hälften werden von der A 109, dem Nairobi–Mombasa Highway, durchquert, der in einer Halbtagesfahrt an die kenianische Küste führt. Entlang der **Südküste** gibt es zahlreiche Strandhotels, wo man am weißen Korallenstrand entspannen kann – oder aber die Unterwasserwelt des Indischen Ozeans beim Tauchen, Glasbodenbootfahren oder Schnorcheln erkunden kann. Die meisten Hotels an der Südküste sind ca. eine Autostunde von **Mombasa** und dem Moi International Airport entfernt. Wer noch ein wenig Kultur erleben will, der kann in Mombasa z. B. das Fort Jesus und die Altstadt besuchen oder an einer Dhau-Fahrt teilnehmen.

## Tansanias Northern Circuit (mindestens zwei Wochen)

Touristische Infrastruktur und Verteilung der Besucher sind in Tansania ähnlich ungleich verteilt wie in Kenia: Der Norden Tansanias – der gemeinhin als **Northern Circuit** bezeichnet wird – ist relativ gut zugänglich und bietet eine gute Auswahl von Unterkünften in und um die Naturschutzgebiete. Dar-es-Salaam, Tanga und Sansibar, allesamt an der Küste, liegen ebenfalls im nördlichen Teil des Landes. Der Süden dagegen ist touristisch wenig erschlossen, obschon es ausgesprochen schöne Gegenden dort gibt. Hierher kommen vor allem die ›Repeater‹, die wiederkehrenden Gäste, die ›Backpacker‹, die monatelang reisen, oder aber die Jagdtouristen – denn einige Parks im Süden erlauben die Großwildjagd –, die man im **Southern Circuit** antrifft.

Auch diese Reise lässt sich umkehren – mit Start bzw. Ende in Arusha oder Dar-es-Salaam, den beiden großen internationalen Flughäfen Tansanias. Nach der Ankunft am internationalen Flughafen von Arusha hat man die Wahl, in **Moshi** – am Fuß des **Kilimanjaro** – oder aber in **Arusha,** der Safarimetropole, zu übernachten, denn der Flughafen liegt in etwa auf halber Strecke zwischen beiden Städten. Von hier geht es zum **Lake Manyara National Park,** der bekannt ist für seine große Elefantenpopulation. Der waldreiche Park bildet einen krassen Gegensatz zum mit Savannengras bewachsenen **Ngorongoro-Krater**, der als nächstes auf dem Programm steht. Der riesige Krater wird auch gerne als ›Salatschüssel‹ bezeichnet, da diese fruchtbare Kaldera den hier lebenden Tieren Futter in Hülle und Fülle bietet. Hier pulsiert das wilde Leben, und eine überwältigende Anzahl von Pflanzen, Tieren – und neuerdings zweibeinigen Besuchern auf Rädern – tummeln sich in dieser Oase. Letztere müssen allabendlich den Krater verlassen, alle Lodges und Camps sind am Rand der Kaldera angelegt, mit fantastischen Ausblicken auf den Krater mit seinen 16 km im Durchmesser.

Von hier geht es weiter zur **Oldupai-Schlucht**, wo man auf die Spuren unserer ältesten Vorfahren trifft. Die Schutzzone des Ngorongoro-Kraters grenzt unmittelbar an die **Serengeti,** die jedes Jahr Schauplatz eines einzigartigen Spektakels ist – der Migration (s. S. 110). Auch eine Ballonsafari mit Blick auf die großen Ebenen der Savanne mit ihren mäandernden Flussläufen und den grasenden Tieren ist ein unvergessliches Erlebnis.

Von der Serengeti geht es in einer Tagesfahrt zurück nach Arusha. Wer mehr Zeit hat, kann noch einen Besuch im **Tarangire National Park** einbauen, der quasi auf dem Weg liegt, aber leider von vielen Safarianbietern mangels Zeit links liegen gelassen wird.

Von Arusha aus fliegt man am besten direkt nach **Sansibar,** der Land- und Seeweg über Dar-es-Salaam nimmt andernfalls gut zwei kostbare Tage Urlaub in Anspruch. In Sansibar sollte man auf jeden Fall eine Nacht in **Stone Town** verbringen und das allabendliche Stelldichein der ›fliegenden Köche‹ im Forodhani Gardens nicht verpassen. Zum Entspannen und Seele-baumeln-lassen bieten sich abschließend die korallenweißen Strände bei **Nungwi** am Nordende der Insel oder aber entlang der **Ostküste** an. Hier gibt es nicht viel außer glasklarem Wasser, weißem Puderzuckerstrand und Sonne – das macht dieses Fleckchen Erde so attraktiv! Von Sansibar gibt es regelmäßige Flugverbindungen nach Dar-es-Salaam oder Arusha.

# Reisen mit Kindern

Eine Reise mit Kindern öffnet immer viele Türen und Herzen, die einem andernfalls möglicherweise verschlossen geblieben wären. In den Küsten- und Stadthotels sind Kinder, auch Kleinkinder, immer willkommen, viele Lodges jedoch erlauben Kinder erst ab einem gewissen Alter. Das liegt daran, dass die Zimmer teilweise nur über Holzbrücken mit der Lobby verbunden sind, die Anlage auf Stelzen steht oder aus anderen Sicherheitsgründen nicht geeignet sind für kleinere Kinder. Es ist wichtig, vor der Buchung einer Safari auf das Alter der Kinder hinzuweisen. Auch sollten sich die Eltern bewusst sein, dass eine Safari kein Zoobesuch ist und oft viele Stunden im Auto – in großer Hitze – mit sich bringt.

# Behinderte

Die gehobeneren Hotels in den Städten und an der Küste sind auf Menschen mit Behinderungen eingestellt. Lodges und Camps jedoch haben in den seltensten Fällen Vorkehrungen etwa für Rollstuhlfahrer. Grundsätzlich begegnet man behinderten Menschen jedoch mit sehr viel persönlicher Zuwendung und Fürsorge, auch wenn die Infrastruktur nicht vergleichbar ist mit dem, was in vielen Ländern Europas üblich ist.

# Ein-/Ausreise- und Zollbestimmungen

## Visum, Reise- und Impfpass

Deutsche, Österreicher und Schweizer Bürger benötigen in Kenia und in Tansania zur Einreise sowohl einen **Reisepass** (der noch mindestens 6 Monate nach Einreise gültig ist) als auch ein **Visum**. Formulare und Angaben hierzu sind auf den Websites der entsprechenden Botschaften herunterzuladen (s. S. 81 bzw. 82). Grundsätzlich geht die Visumsbeschaffung schnell (2 Wochen), empfohlen wird jedoch, das Visum ca. 6 Wochen vor Reisebeginn zu beantragen. Es ist im Notfall auch möglich, ein Visum bei der Ankunft am Flughafen zu erhalten, jedoch befördern manche Fluggesellschaften gar nicht erst Passagiere ohne Visum, da die Fluglinien für diese Passagiere verantwortlich gemacht werden können.

Wer zwischen Kenia und Tansania hin- und herreist, muss von Anfang an ein Visum für mehrfaches Einreisen *(multiple entry)* beantragen. Die Visumspreise für Kenia liegen bei 40 €, für Tansania bei 50 €, ein aktuelles Passfoto muss dem Antrag beigefügt werden. (Einmalige) Visumsverlängerungen vor Ort sind möglich.

Bei Direktflügen sind keine **Impfungen** erforderlich. Eine Impfbescheinigung gegen Gelbfieber wird von Reisenden verlangt, die sich vorher mindestens eine Nacht in einem Infektionsgebiet aufgehalten haben, also u. U. auch bei Flügen mit Stopover in Ländern mit Infektionsgefahr! Auskunft über aktuelle Impfbestimmungen geben die zuständigen Botschaften. Eine gute Infoquelle ist auch die Website des Auswärtigen Amtes, www.auswaertiges-amt.de (Gesundheit s. a. S. 111).

Für die Ausreise wird eine **Ausreisekarte** verlangt (sie wird gewöhnlich bereits bei der Einreise zusammen mit der Einreisekarte ausgehändigt). Eventuell bei der Einreise vermerkte Luxusgüter, wie Videokameras, müssen bei der Ausreise vorgezeigt werden, eine Maßnahme zur Bekämpfung des Schwarzmarkts.

## Zollbestimmungen

Zollfrei ist die Einfuhr von 200 Zigaretten oder 50 Zigarren oder 250 g Tabak sowie 1 l Alkohol und 0,25 l Parfum. In beiden Ländern besteht ein striktes Ausfuhrverbot von Häuten, Fellen, Tiertrophäen, Elfenbein und Rhinozeroshorn, sofern sie ohne offizielle Lizenz, die nur von bestimmten Händlern ausgestellt werden darf, erworben wurden. Die Ausfuhr von Korallen, Panzern von Wasserschildkröten sowie der meisten Schnecken- und Muschelarten ist illegal. Alle diese ›Souvenirs‹ fallen unter das Artenschutzabkommen, bei Verstößen drohen empfindliche Strafen (s. auch S. 222).

# Anreise

## Mit dem Flugzeug

Reisende haben die Wahl zwischen Charter- und Linienflügen; Preisvergleiche zwischen den Angeboten der Fluggesellschaften lohnen sich, denn die Tarife für die Economy Class schwanken zwischen 500 und 1500 € (für den Hin- und Rückflug). Die Hochsaison deckt sich mit den Terminen der europäischen Schulferien.

Nairobis internationaler Flughafen Jomo Kenyatta Airport bildet das Luftverkehrskreuz Ostafrikas. Hier landen fast alle Flüge aus Europa, auch wenn ihr Endziel ein anderer Flughafen ist. Der zweite internationale Flughafen in Kenia ist der Moi International Airport in Mombasa; er wird vor allem von den Chartergesellschaften Condor, LTU, Air Europe, Austrian Airlines und African Safari Airways angeflogen.

In Tansania gibt es drei internationale Flughäfen: Dar-es-Salaam, Sansibar und der moderne Kilimanjaro Airport zwischen Arusha und Moshi. Sie werden aus Europa von Kenya Airways, Gulf Air, KLM, Swiss, Alitalia, Emirates, Ethiopian und British Airways angeflogen.

**Websites der Fluglinien**
www.condor.com
www.ltu.de
www.air-europe.com
www.aua.com (Austrian)
www.ascag.net (African Safari)
www.kenya-airways.com
www.klm.com
www.swiss.com
www.gulfair.com
www.alitalia.com
www.emirates.com
www.ethiopianairlines.com
www.britishairways.com

**Flughafensteuer:** Tansania verlangt eine Airport Tax von 30 US-$ bei der Ausreise, von Sansibar aufs Festland 20 US-$, in Kenia sind 40 US-$ zu zahlen. Oft ist diese Steuer im Flugpreis bereits inklusive – wer sich nicht sicher ist, hält am besten diese Summe bereit, denn diese Gebühr ist Pflicht.

## Auf dem Landweg

Zwischen den großen Städten Nairobi und Arusha, Mombasa und Tanga/Dar-es-Salaam verkehren zahlreiche Busunternehmen, mit denen man die Grenzen auf dem Landweg überqueren kann. Viele der Busse bieten einen guten Standard und legen kaum Zwischenstopps ein, weswegen der Fahrplan meist eingehalten wird.

Die Hauptgrenzübergänge liegen bei Lunga Lunga an der Küste, Taveta, Namanga und Nyabikaye beim Victoriasee. Seitdem die East African Community (EAC) ein gemeinsames Zoll- und Grenzabkommen geschaffen hat, vollziehen sich Grenzüberquerungen relativ zügig und problemlos. Es ist unbedingt empfehlenswert, dass man sein Visum bereits vorher beantragt hat; andernfalls kann es beim Grenzübertritt zu Verzögerungen kommen. Dies gilt insbesondere für die mehr oder weniger fließenden Grenzen in den Naturschutzgebieten (Masai Mara–Serengeti und Tsavo West–Mkomazi). Über die aktuellen Grenzvorschriften sollte man sich bei der Botschaft informieren (s. S. 81 ff.)

Der Grenzübertritt mit einem Mietwagen ist nur dann erlaubt, wenn die Mietwagenagentur einverstanden ist und der Fahrer ein entsprechendes Formular vorweisen kann (s. S. 95).

## Mit dem Schiff

Es besteht die Möglichkeit, im Rahmen einer Kreuzfahrt oder per Frachtschiff (Fahrtzeit: mehrere Wochen) anzureisen. Da sich die Routen häufig ändern, fragt man am besten in einem Reisebüro nach, welcher Veranstalter zum gewünschten Reisetermin die Häfen Mombasa, Dar-es-Salaam, Tanga oder Sansibar ansteuert.

**Grenzverkehr Kenia–Tansania:** Seit dem Zusammenschluss der Staaten Kenia, Tansania und Uganda zur Ostafrikanischen Union ist die Grenzüberquerung relativ komplikationslos geworden. Soll die Reise beispielsweise in Kenia beginnen, dann nach Tansania gehen und der Rückflug nach Europa wieder von einem kenianischen Flughafen starten, benötigen EU-Bürger sowohl für Kenia als auch für Tansania (auch für einen eintägigen Grenzübertritt!) ein Visum und ein Multiple-Entry-Visum. Einst war es üblich, Bestechungsgelder an die Grenzbeamten zu zahlen, um den Grenzübertritt zu ermöglichen oder zu beschleunigen, doch seit beide Regierungen kräftige Anti-Korruptionskampagnen geführt haben, sollte dies der Vergangenheit angehören. Lassen Sie keine Geldscheine im Pass, dies könnte sehr wohl als Bestechungsgeld verstanden werden.

# Verkehrsmittel

Der größte Teil Ostafrikas lässt sich gut mit öffentlichen Verkehrsmitteln bereisen; neben Busstrecken gibt es eine Reihe von Eisenbahnlinien und ein recht dichtes Binnenflugnetz. Lediglich innerhalb der Nationalparks ist man auf organisierte Touren oder Mietwagen angewiesen.

## Flugzeug

Das ostafrikanische Binnenflugnetz ist recht gut ausgebaut. Neben den internationalen Flughäfen von Nairobi, Mombasa, Dar-es-Salaam, Kilimanjaro und Sansibar gibt es in fast jeder größeren Stadt einen Regionalflughafen sowie unzählige Landepisten (Airstrips), insbesondere innerhalb der Nationalparks, um den Gästen die mühsame Anreise zu erleichtern. Über diese Landepisten kann man selbst in die entlegensten Winkel von Kenia und Tansania gelangen. Zahlreiche lokale Fluggesellschaften, darunter Air Kenya, Air Tanzania, Coastal Aviation oder ZanAir bedienen die Verbindungen zwischen Kenia, Tansania und Sansibar. Zwischen Dar-es-Salaam und Sansibar verkehren darüber hinaus Lufttaxis, die man chartern kann, um die Anfahrt wesentlich zu verkürzen.

**Websites der Fluglinien**

www.airkenya.com
www.airtanzania.com
www.coastal.cc
www.zanair.com

## Bahn

Die Züge in Ostafrika sind nicht vergleichbar mit denen in Europa. Zum einen sind sie weitaus langsamer – die Durchschnittsgeschwindigkeit liegt bei 35 km/h! Zum anderen gibt es drei Klassen, wobei die Wagen der 3. Klasse extrem preiswert, aber völlig überfüllt und schmutzig sind. In der 2. Klasse teilt man sich ein Abteil mit 4–8 Fahrgästen (in Kenia wird dabei nach Geschlechtern getrennt!).

**Kleines Fluggepäck:** Die kleineren Fluggesellschaften erlauben lediglich ein Gepäckstück bis max. 10–15 kg. Dies gilt insbesondere für Cessnas oder andere Propellermaschinen mit Kapazitäten von 3–20 Personen, die für Flüge in die Nationalparks eingesetzt werden. Wer vorhat, von seinem Küstenhotel für ein paar Tage auf Safari zu fliegen, sollte ein kleines Gepäckstück für diesen Zweck mitbringen und den Koffer (mit einem Schloss versehen) im Hotel deponieren.

In der 1. Klasse (Zweierabteil) ist das Reisen recht angenehm (vor allem auf der Strecke Mombasa–Nairobi); nachts werden die Sitze zu Betten umfunktioniert. Reservierungen für die 1. und 2. Klasse müssen im Voraus getätigt werden. Zwischen Kenia und Tansania besteht keine Zugverbindung.

In beiden Ländern wurden die Schienenstrecken in den letzten Jahren stark vernachlässigt, das System ist marode und die Fahrpläne sind unzuverlässig. Im Rahmen der Zollunion der East African Union (EAU) soll in naher Zukunft wieder in das Schienennetz investiert werden. Bis dahin sind Bahnfahrten nur Reisenden mit flexiblem Zeitplan und Abenteuerlust zu empfehlen.

## Busse, Dalladallas und Matatus

In Ostafrika werden zwei Bustypen unterschieden: Neben den großen Bussen, die meist die Fernstrecken bedienen, existieren Kleinbusse oder Pick-ups, die **Matatu** (in Tansania häufig auch **Dalladalla**) genannt werden. Diese Matatus befahren fast alle Strecken in Ostafrika, vielerorts stellen sie das einzig verfügbare Verkehrsmittel dar. Sie sind sehr preiswert, jedoch – vor allem in Tansania – meistens hoffnungslos überfüllt und unbequem; dafür stellt die Reise im Matatu gewiss ein Abenteuer dar. Da Matatus oft anhalten, um Passagiere abzusetzen oder mitzunehmen, muss man mit langen Fahrzeiten rechnen. Matatus fahren selten ab, bevor alle Plätze doppelt belegt sind, einen Fahrplan gibt es nicht.

Relativ komfortabel und schnell (manchmal zu schnell!) sind **Langstreckenbusse,** die auf einigen Hauptrouten verkehren. Sie halten nur in größeren Städten und dürfen nur so viele Passagiere mitnehmen, wie Sitzplätze vorhanden sind. Diese müssen deshalb im Voraus gebucht werden. Die jeweiligen Büros der Busgesellschaften findet man am Busbahnhof. Die Busstationen liegen in der Regel zentral, nur in wenigen größeren Orten wie Nairobi, Mombasa oder Dar-es-Salaam gibt es verschiedene Abfahrtplätze für unterschiedliche Fahrtrichtungen oder Gesellschaften. Überlandbusse haben feste Abfahrtszeiten, an die man sich halten sollte.

Eine komfortable und schnelle Alternative zu Bussen und Matatus bieten die sogenannten **Shared Taxis,** Peugeot-Kombis, die bestimmte Strecken (z. B. Nairobi–Naivasha) nonstop abfahren. Sie haben Platz für sieben Personen und legen die Strecke schneller zurück als Busse. Dafür kostet eine Fahrt etwa doppelt soviel.

## Taxi

Für europäische Verhältnisse sind Taxis sehr preiswert, aber oft auch in kläglichem Zustand. Man hält entweder ein Taxi auf der

**Matatus kommen und gehen – am Fire Station Roundabout in Nairobi**

Straße an oder nimmt ein wartendes Taxi (an Bahnhöfen, Busstationen und vor größeren Hotels). In Hotels kann man sich nach den aktuellen Richtpreisen erkundigen; vor jeder Fahrt müssen die Tarife ausgehandelt werden – insbesondere für Stadtrundfahrten oder längere Ausflüge.

## Mietwagen

Neben den renommierten internationalen Firmen wie Hertz, Avis, Interrent oder Budget existieren in jedem größeren Ort lokale Agenturen, die meist billiger sind. Im Schnitt kostet ein Kleinwagen 70 €, ein Jeep/4WD 120 € pro Tag, plus gefahrene Kilometer und ohne Vollkaskoversicherung, die man aber auf jeden Fall abschließen sollte. Wer nicht selbst fahren will, kann auch einen Fahrer engagieren (ca. 40 €/Tag) – in Anbetracht der oft miserablen Straßenzustände und mitunter katastrophalen Fahrweisen eine durchaus sinnvolle Investition. Nicht alle Mietwagenfirmen erlauben Grenzübertritte, hierfür ist unbedingt eine Green Card Insurance erforderlich sowie eine offizielle Bestätigung der Mietfirma, die die Grenzüberquerung legitimiert.

Für die Anmietung gelten folgende Bedingungen: Mindestalter 23 Jahre, Reisepass, Internationaler Führerschein und eine Kreditkarte als Kaution. Hinterlegen Sie jedoch nie Ihren Reisepass als Sicherheit bei der Leihfirma. Sie sollten ihn immer bei sich tragen.

Einige Firmen (z. B. Tough Tracks, www.toughtracks.com) haben sich darauf spezialisiert, für eine Campingsafari voll ausgestattete 4x4-Wagen zu vermieten. Die Preise hierfür liegen ab 150 € plus Versicherungen. Vor dem Ausleihen unbedingt das Fahrzeug auf evt. Mängel untersuchen und sie der Agentur mitteilen, damit man hinterher nicht hierfür verantwortlich gemacht wird.

## Autofahren

Grundsätzlich sollte man wissen, dass die Distanzen in Ostafrika groß sind und dass 200 km nicht in zwei Stunden zurückgelegt werden können. Oftmals muss man hierfür einen ganzen Tag oder mehr einberechnen, denn viele Straßen sind ungeteerte Pisten und die Fahrweise auf den besseren Straßen ist unberechenbar: Man muss stets mit Schlaglöchern, Wildwechsel und handgezogenen Karren, in abgelegenen Gebieten mit Engpässen in der Treibstoffversorgung sowie an Ersatzteilen rechnen (s. auch S. 88). Es kommt hinzu, dass während der Regenzeit viele Pisten verschlammen, in der Trockenzeit dagegen kann es passieren, dass plötzlich Elefantenherden vielbefahrene Straßen überqueren auf der Suche nach Wasser und Futter. Straßenverhältnisse in Ostafrika bieten immer ein Gesprächsthema und sicherlich eine bleibende Urlaubserinnerung!

**Verkehrsregeln:** Sowohl in Kenia als auch in Tansania herrscht Linksverkehr. Das Tempolimit auf Landstraßen beträgt 100 km/h, in Städten und Nationalparks 30 km/h. Als Verkehrsberuhigung werden häufig Straßenschwellen eingebaut, bisweilen stellt die Polizei auch spitze Metallbarrikaden auf, um die man langsam herumfahren muss.

## Schiff/Fähre

Regelmäßiger und zuverlässiger Küstenschiffverkehr besteht von Dar nach Sansibar (mehrmals tgl.) und Pemba. Für das Ein- und Auslaufen in bzw. von den Häfen auf Sansibar und Pemba wird eine Gebühr (5 US-$) verlangt. Dhaus oder Frachtschiffe, die nach Absprache auch Reisende an Bord nehmen, laufen häufig Mombasa und Lamu bzw. Dar, Kilwa, Lindi oder Mtwara an.

Binnenschiffslinien existieren auf dem Lake Victoria (zwischen Kenia, Tansania und Uganda), Lake Tanganyika (zwischen Tansania, Burundi und Sambia) und Lake Malawi (zwischen Tansania und Sambia). Für private Ausflüge kann man auf verschiedenen Seen und an der Küste kleine Boote, sogenannte Galawas oder kleine Dhaus, mieten.

## Arten der Unterkunft

In Ostafrika gibt es fünf Unterkunftsarten: Hotels, Guesthouses, Lodges, Luxuscamps und Camping. Dabei reicht die Palette von der schäbigen Absteige bis zur Luxusherberge.

### Hotels und Guesthouses

Viele **Stadt-** und **Strandhotels** in den Metropolen entsprechen internationalem Standard; in kleineren **Landhotels** und **Guesthouses** darf man hinsichtlich Komfort und sanitären Anlagen nicht den gleichen Standard erwarten. Diese Mängel werden durch zuvorkommenden Service meist ausgeglichen (drei Angestellte kommen im Schnitt auf einen Gast).

### Lodges und Luxuscamps

Die oftmals hervorragend in die Landschaft eingebetteten Hotels innerhalb der Nationalparks heißen **Lodges.** Hierbei handelt es sich nicht etwa um kleine Hüttchen, sondern um luxuriös ausgestattete Herbergen mit 4- oder sogar 5-Sterne-Standard. Badewannen oder

**Tipps für die Buchung:** Unterkünfte in den Naturschutzgebieten sollten im Voraus gebucht werden. Viele Lodges oder Camps haben nur zehn oder 20 Zimmer, und zur nächsten Lodge ist es mitunter weit. Für die Campsites, die von KWS oder TANAPA gemanagt werden, muss unbedingt vorher ein Permit beantragt werden. In den meisten Fällen erhält man bessere Tarife, wenn man die Lodges/Camps über einen Safariveranstalter bucht, der günstige Tarife ausgehandelt hat. Als Individualreisender erhält man bei Adhoc-Buchungen vor Ort – zumindest was die besseren Unterkünfte betrifft – oftmals nur die *Rack Rate,* den normalen Preis, der bis zu doppelt so hoch ist als der der Reiseveranstalter. In den Städten besteht diesbezüglich mehr Verhandlungsspielraum.

Duschen (mit heißem Wasser), große Betten, Weingläser aus Kristall und Early Morning Tea, der ans Zimmer serviert wird, bevor es zur Frühpirsch geht, gehören hier zum Standard. Daneben gibt es **Luxuscamps,** dauerhaft aufgestellte Canvaszelte mit z. T. gemauerten Elementen, die in Ausstattung, Verpflegung und Service den Lodges in nichts nachstehen, in denen man sich aber noch mehr mit der Wildnis verbunden fühlt.

### Öko-Lodges

Nirgends ist die Natur so bedeutend für den Tourismus wie in Ostafrika – und deswegen liegt nichts näher, als eben diesen Schatz zu schützen, auch und gerade durch die Besucher. Eine wachsende Zahl von Öko-Lodges setzt deswegen auf nachhaltigen Tourismus, d. h. eine Lodge oder Camp integriert die Umwelt. Dazu gehören auch die Menschen, die in der Region leben und oftmals durch den Tourismus Einschnitte in ihrer Lebensweise hinnehmen müssen, aber ökonomisch in keinster Weise davon profitieren. Die Angestellten einer Öko-Lodge sind besonders gut geschult, was den Service, aber auch was Umweltbelange angeht. Hier wird Abfall recycelt und mit energiesparenden Methoden umgegangen. Heißes Wasser und Strom werden beispielsweise durch Solarenergie erzeugt, auf Feuerholz wird verzichtet, um die stark dezimierten Wälder zu schützen, stattdessen produzieren Frauen der Umgebung Briketts aus Dung von ihren Tieren und Abfällen; Abwässer werden in einem Auffangbecken geklärt und nicht in einen Fluss oder See geleitet. Leicht abbaubare Waschmittel werden genutzt, um das Grauwasser schneller zurück in den Kreislauf zu führen.

Eine hervorragende Quelle, um herauszufinden, welche Unterkünfte und Safariveranstalter sich bewusst für den Erhalt der Natur einsetzen, sind die Websites: **www.ecotourismkenya.org** (für Kenia) und **www.eco-resorts.com** (Ostafrika).

**Home from Home**
Langata South Rd., Nairobi,
Tel. 020-89 06 99,
www.kenyasafarihomes.com

Eine Alternative sind **homestays** (s. S. 87), hier ist man zu Gast in einem privaten Haus, jedoch nicht in einem Ferienhaus, sondern im Wohnhaus einer Familie, die Besucher am Alltagsleben teilhaben lässt.

## Camping

In einigen Naturschutzgebieten besteht die Möglichkeit zu zelten. Es werden *public campsites* (öffentlich ausgewiesene Plätze) und **Special campsites** (mit der Parkverwaltung abgesprochene Privatplätze) unterschieden. Beide sind für Selbstversorger eingerichtet, häufig fehlen sanitäre Einrichtungen. **Public campsites** werden in Kenia vom KWS verwaltet bzw. in Tansania von TANAPA. Es besteht die Möglichkeit, über deren Internetseiten Buchungen zu tätigen (www.kws. org, www.tanzaniaparks.com). Die Preise variieren je nach Gebiet und liegen bei 10–50 US-$/Person und Nacht.

Die Parkverwaltungen beider Länder bieten zudem eine begrenzte Zahl von einfachen Unterkünften an, die wesentlich preiswerter, aber auch weniger luxuriös ausgestattet sind als die privaten Lodges (auch über die Websites buchbar).

### Private Unterkünfte

In Kenia kann man private Unterkünfte über die Agentur Home from Home mieten, die in den Kategorien ›Bush‹ oder ›Beach‹ meist **Farm- oder Ferienhäuser** am Strand, quer übers Land verteilt, vermittelt. Interessenten geben die Personenzahl und Region ein und können online anhand von Fotos und Beschreibungen ihre Unterkunft aussuchen. Fast immer sind ein Koch und ein Hausbediensteter, der Einkäufe erledigt und die Zimmer reinigt, inklusive.

# Buchung und Preise

Zahlreiche Lodges sind über das Internet zu buchen, entsprechende Adressen finden sich unter den Hotelangaben oder auf den englischsprachigen Websites:
**www.travelvantage.com/ken.html**
**www.travelvantage.com/tanz.html**

## Hotelketten

Besonders schöne Unterkünfte in beiden Ländern unterhalten die lokalen Ketten Serena (www.serenahotels.com) und Conservation Corporation Africa (www.ccafrica.com); außerdem in Kenia Sarova (www.sarova hotels.com) und in Tansania Elewana Luxuslodges (www.elewana.com) sowie Asilia Lodges & Camps (www.asilialodges.com).

## Preise

Preislich variieren die Unterkünfte enorm, je nach Saison, Standard und Lage. Hotels werden in der Regel in US-$ bezahlt. Steuern (VAT) und Service Charge sind miteingerechnet. Sehr preiswerte Unterkünfte gibt es ab 15 US-$, die besseren Strandhotels liegen bei 100–250 US-$, edle Luxuslodges und Hotels liegen z. T. noch weit darüber. Übernachtungspreise in Ostafrika verstehen sich in der Regel pro Zimmer mit Frühstück, pro Person wird ein Aufschlag verlangt, besonders wenn Verpflegung inklusive ist. Die meisten Lodges und Camps sowie einige Strandhotels bieten Vollpension an, manche auch all-inclusive.

# Sport und Aktivurlaub

Der Indische Ozean lädt zu jeder Wassersportart ein, die man sich nur denken kann: Windsurfen, Tauchen, Hochseefischen oder Schnorcheln und neuerdings auch Kitesurfen gehören sicherlich zu den beliebtesten. Viele der besseren Hotels bieten neben einem Wassersportcenter auch Tennisplätze und ein Fitnessangebot (hier darf man in Kenia mehr erwarten als in Tansania). Kenias Golfplätze sind sehr gepflegt – ob an der Küste oder im Binnenland, wo es zahlreiche Möglichkeiten zum Trekking gibt. Whitewaterrafting und Gliding sind andere beliebte Sportarten.

## Angeln

Für Freunde des **Hochseeangelns** zählt die ostafrikanische Küste zu den attraktivsten Jagdgründen der Welt. Die beste Zeit, um die bis zu 400 kg schweren Schwertfische, Segelfische und Barracudas zu angeln, liegt zwischen November und März. Hochseefischer sind in Malindi, Watamu, Shimoni (Kenia) sowie auf Mafia und Pemba (Tansania) gut aufgehoben; dort kann man Ausrüstung und Boote mieten.

Nicht nur das Meer, auch die großen Seen und Gebirgsbäche der Aberdares und am Mount Kenya eignen sich hervorragend zum **Sportangeln**. Verschiedene Herbergen haben sich auf Angler eingerichtet und beschaffen auch die obligatorischen Angelscheine. Der Verzehr von Fisch aus den o. g. Gewässern ist gefahrlos.

## Golf

Golf ist ein gut gehütetes Geheimnis, obschon verteilt über Ostafrika Dutzende von ausgezeichneten Golfplätzen liegen. Allein in Kenia gibt es 40 Golfplätze, viele davon zwischen Palmen mit Blick auf den Indischen Ozean oder auf die imposante Hochlandkulisse mit dem Mt. Kenya oder Kilimanjaro im Visier. Nicht alle Golfclubs stehen Reisenden offen, genaue Informationen erhält man über die Rezeption in den Hotels.

Besonders gute und zugängliche Golfplätze gibt es in Mombasa, Diani sowie Nairobi. Der Muthaiga Golf Club bei Nairobi ist die Basis von Kenya Open Golf Championship, die mit der europäischen P.G.A. assoziiert ist. Dieser Golfplatz liegt wie viele andere auf einer Höhe von über 1500 m, was Golfern einen extra 10-%-Bonus in der Schlagweite gibt. Weitere Infos zum Golfen in Kenia erteilt Tobs Kenya Golf Safaris, Nairobi, Tel. +254-20-271 08 25, www.kenya-golf-safaris.com.

## Großwildjagd

Die Großwildjagd ist auf wenige Naturschutzgebiete in Tansania (vor allem die im Süden gelegenen Parks) beschränkt, in Kenia ist sie illegal. Im Voraus bezahlt man für Lizenzen, ganz bestimmte Tiere (z. B. ein Zebra) erlegen zu dürfen. Diese Art von Safari wird nur über Spezialanbieter durchgeführt.

## Safari

Wer Ostafrika bereist, ohne auf Safari zu gehen, hat ein weltweit einmaliges Erlebnis verpasst. Dabei gleicht keine Safari der anderen, und weil auf Swahili *safari* einfach nur ›Reise‹ bedeutet, lassen sich Safaris in 1001 Variationen durchführen. Im Folgenden ein kleiner Einblick in die Safariwelt:

### Flugsafaris

Um sich die teilweise mühsame Anfahrt zu den Nationalparks zu ersparen, bieten viele Veranstalter Flugsafaris mit kleinen Propellermaschinen an, die zwischen grasenden Gnus und davongaloppierenden Giraffen in der Nähe der Lodges landen. Von den teilweise abenteuerlichen Landepisten werden die Gäste dann mit Geländewagen abgeholt – und die eigentliche Safari beginnt.

## Mit dem Safarimobil

Erst die holprigen, unasphaltierten Pisten vermitteln das echte Safarigefühl. Da diese unbefestigten Wege je nach Wetterlage entweder völlig verstauben oder verschlammen, ist ein geländetüchtiges Fahrzeug Pflicht. Daher sind auch die meisten Kleinbusse und Geländewagen der Safariveranstalter mit Allradantrieb (four-wheel-drive, kurz 4WD) ausgestattet und ein Ersatzreifen klemmt obligatorisch am Heck eines jeden Wagens. Meistens lassen sich die Dächer sowohl der Busse als auch der 4WD öffnen, sodass man sich auf der Pirschfahrt hinstellen und die Tiere wie aus einem mobilen Hochsitz beobachten kann.

## Mit dem Heißluftballon

Ein unvergessliches Erlebnis sind Safaris in einem bunten Heißluftballon. Wenn man sanft mit den ersten Sonnenstrahlen in einem Weidekorb über die Savannen aufsteigt und beobachtet, wie die Flusspferde von ihrer ›Nachtschicht‹ an Land zurück in die Hippo Pools marschieren, Gazellen grazil ihre Morgentoilette vornehmen und wie Warzenschweine vorwitzig ihre Nasen aus den Erdlöchern stecken … Nach knapp zwei Stunden endet dieses himmlische Vergnügen wieder auf der Erde, wo auf den umfunktionierten Bunsenbrennern ein köstliches Frühstück gezaubert wird. Ballonsafaris kosten pro Person ca. 500 € und können sowohl in der Masai Mara, im Tsavo als auch in der Serengeti über die Lodges oder vorab bei den Safariveranstaltern gebucht werden.

## Aktivsafaris

Wer Interesse an einer Spezialsafari hat, plant diese am besten schon vor der Anreise, denn nur in Ausnahmefällen kann man sie ad hoc buchen. Sie variieren in der Länge zwischen einem Tag und einem Monat.

Es gibt viele Möglichkeiten, auf direkte Tuchfühlung mit der Natur zu gehen. Wer dazu eine Portion Abenteuerlust mitbringt, der kann den Busch in geführten **Wandersafaris** (Fußsafaris) erkunden, etwa am Rand der Masai Mara oder bei der Schimpansenpirsch im Gombe Stream National Park in Südtansania. Etwas mehr Puste braucht man für **Mountainbike-Touren** am Lake Bogoria, oder für **Reitsafaris** am Rand der Masai Mara.

**Kamelsafari:** Yare Safari Company, Nairobi, Tel. +254-220-21 40 99, yare@africaonline. co.ke oder Yare Camel Club, Maralal/ Samburu, Kenia, Tel. +254-65-266 95, www.yare safaris.co.ke.

**Safaris zu Pferd:** Offbeat Safaris, Nanyuki, Kenia, Tel. +254-720-46 13 00, www.offbeat safaris.com oder Safaris Unlimited, Karen (Nairobi), Kenia, www.safarisunlimited.com. In Tansania Reiturlaub am Fuß des Kilimanjaro bei Mkoa Farm (www.mkoa-farm.com).

**Wandersafaris:** s. Trekking

**Mountainbike-Touren:** Explorerer Kenia Tours & Travel, Tel. +254-733-89 99 09, www. explorerkenya.com.

# Wandern/Trekking

**Schimpansen-Trekking** in den Nationalparks Ngombe Stream und Mahale Mountains bietet Utalii Safaris, Dar-es-Salaam, Tel. +255-22-277 27 82, www.utalii.com oder Chimpanzee Safaris, Kigoma / Dar, Tel. +255-282 80 44 35, www.chimpanzeesafaris.com.

Eine großartige Gelegenheit, abseits der Hauptrouten gelegene Regionen Tansanias zu bewandern – etwa die Usambara-Berge oder die Pare Mountains – bietet das Cultural Tourism Programme, das die ansässige Bevölkerung mit einbezieht. Das Koordinationsbüro hat seinen Sitz in Arusha (Tansania), im AICC Center, Ngorongoro Wing, Zi 429, www.infojep.com/culturaltours.

Der **Mt. Kenya** ebenso wie der **Kilimanjaro** sind traumhafte Trekkingziele. Je nach Route, benötigt man keine Klettererfahrung um ›Schnee am Äquator‹ zu berühren – dennoch sollte man in guter körperlicher Verfassung sein. Weitere Berge, die weniger bekannt, doch deswegen nicht minder interessant sind und sich zum Trekking anbieten, sind Mt. Elgon im westlichen Kenia, Mt. Meru und Ol Doinyo Lengai im Norden Tansanias oder aber die wenig bereisten Udzungwa Mountains in Südtansania.

**Besteigung des Mount Kenya**
Savage Wilderness Safaris, Nairobi, Tel +254-20-712 15 90, www.whitewaterkenya.com.

**Mt. Kenya, Kilimanjaro und andere Trekkingtouren (Kenia und Tansania)**
Gametrackers, Nairobi, Tel. +254-20-22 27 03. www.gametrackersafaris.com;
Nature Trek Safaris, Nairobi, Tel. +254-234 11 88, www.naturetreksafaris.com;
Hoopoe Tours, Arusha, Tel. +255-27-250 70 11, www.hoopoe.com

# Wassersport

Angesichts einer 1300 km (!) lange Küstenlinie ist es nicht verwunderlich, dass Reisende beim Wassersport auf ihre Kosten kommen. Die Wassertemperaturen im Indischen Ozean fallen selten unter 20 °C, sodass **Baden** stets ein Vergnügen ist (s. a. S. 104). Das Riff, das fast der gesamten Küste vorgelagert ist, hält große Fische und starke Wellen ab. Die einzige Möglichkeit zum Wellenreiten gibt es bei Malindi und an wenigen Stellen, wo das Riff unterbrochen ist.

Das Korallenriff eignet sich hervorragend zum **Schnorcheln** und **Tauchen**. Da die Sonneneinwirkung knapp unter der Wasseroberfläche besonders intensiv ist, trägt man als Sonnenschutz beim Schnorcheln am besten

**Paradies für Taucher:** Die Meerenge zwischen Wasini in Südkenia und der in Tansania gelegenen Insel Pemba gehört zu den fischreichsten Gewässern Ostafrikas (hier lassen sich auch häufig Delfine beobachten). Teile dieses Gebiets haben Nationalparkstatus, was sie vor Fischern schützt. Die Inseln, die in diesem Bereich liegen – Kisite, Pemba und Mafia – werden fast ausschließlich von Tauchenthusiasten aufgesucht und einige Resorts bieten mehrtägige Tauchsafaris an, bei denen in Booten auf dem Indischen Ozean übernachtet wird.

ein T-Shirt. Wer sich die einzigartige Unterwasserwelt ansehen möchte, ohne dabei nass zu werden, kann an einer **Glasbodenbootfahrt** teilnehmen. Ausflüge und Surfboards (auch zum Kitesurfen) sowie Tret- und Segelboote werden über die Wassersportzentren in den Hotels gebucht. Nahezu allen Küstenhotels sind Tauchschulen angeschlossen, die Kurse (PADI Open Water) anbieten.

## Wildwasserrafting, Kanufahren

Nichts bringt den Adrenalinspiegel in Millisekundenschnelle so in die Höhe wie eine Wildwassertour durch das kenianische Hochland oder eine Kanufahrt auf dem Ruaha River in Tansania, wenn urplötzlich ein riesiges Flusspferd auftaucht oder aber ein vermeintlicher knöchriger Stock sich als Krokodil enttarnt.

Kanufahrten, z. B. auf den Momela Seen, im Selous oder Ruaha River sind über die entsprechenden Lodges zu buchen.

Die kenianischen Flüsse Tana, Sagana Mathioya, Athi und Ewaso Ng'iro bieten sich (saisonbedingt) zu aufregenden Wildwasserfahrten (Whitewater Rafting) und Kajak-Touren an. Gruppen werden entsprechend der Vorkenntnisse eingeteilt. Infos bei Savage Wilderness Safaris, Nairobi, Tel. +254-20-712 15 90, www.whitewaterkenya.com.

## Öffnungszeiten

Geschäfte: Mo–Fr 9–12 und 14–18, Sa 8–12 Uhr, So geschlossen; viele kleine Läden *(dukas)* und manche Supermärkte haben auch abends und an Wochenenden geöffnet, jedoch selten nach 20 Uhr. An der Küste wird meist eine längere Mittagspause eingelegt (bis 15 Uhr oder länger); manche Läden mit muslimischen Besitzern schließen nicht am Sonntag, sondern am Freitag Nachmittag.

## Souvenirs

Zweckmäßige Utensilien, die sowohl für den Urlaub als auch zu Hause praktisch, wenn auch exotisch sind, findet man auf lokalen Märkten und natürlich in den Souvenirläden.

### Textilien

Zweckmäßige Souvenirs sind **Kanga und Kikoi,** große bunte Tücher, die die Landesbevölkerung als Kleidung nutzt. Am Strand dienen sie als Bade- oder Wickeltuch. Zu Hause sind diese Tücher beim Schwimmbadbesuch nützlich, oder aber umfunktioniert als Tischdecke oder eingerahmt als Bild.

Vor Ort besteht auch eine gute Auswahl an **Safariausstattung,** allen voran die khakifarbene Kluft, Hüte und allerlei Utensilien wie Moskitonetze, Stiefel *(boots)* etc. In den Städten findet man Safariausstatter, vielfach sind ihre Artikel günstiger als in unseren Breiten.

### Lebensmittel

Importwaren wie **Hochlandtee** aus Kenia oder **Massala-Tee** (Yoga-Tee) aus Sansibar, Nelken und andere frisch geerntete **Gewürze** erhält man auf Sansibar oder auf den Märkten der Städte für einen Bruchteil dessen, was man in Europa für qualitativ gleichwertige Ware zahlt. Kaffeebohnen dagegen sind bei uns günstiger – doch Originalbohnen sind natürlich ein beliebtes Mitbringsel.

### Kunst und Kunsthandwerk

Beliebte Souvenirs aus Ostafrika sind **kunsthandwerkliche Gegenstände:** farbenfroher Perlenschmuck der Massai, Figuren aus Speckstein und Schnitzereien aus (Eben-) Holz (s. a. S. 67 f.). Der ein oder andere fliegende Händler wird sich auch auf Tauschgeschäfte einlassen, nicht selten wird ein Schachbrett aus Speckstein gegen eine Armbanduhr oder ein anderes Objekt mit hohem Prestige in Afrika eingetauscht. Kunsthandwerk ist grundsätzlich preiswert – hier ist es eine Frage des Geschmacks, ob einem das entsprechende Kunstwerk gefällt. Grundsätzlich ist der Stundenlohn sehr gering, weswegen aufwendig gestaltete Handarbeiten vergleichsweise sehr günstig sind. Hierzu zählen auch die hübschen geflochtenen Körbe und Taschen, aber auch die o. g. ›typischen‹ Souvenirs.

**Edelsteine** wie Tanzanit, Tsavorit oder Amethyst stammen aus Ostafrika und können vergleichsweise preiswert erstanden werden. Allerdings ist dieses Geschäft nur Kennern zu empfehlen.

›**Recycled Art**‹ findet man zunehmend bei Strand- und Marktverkäufern: aus Altmaterial wie Blechdosen oder Kabeln gefertigte kleine Kunstwerke. In europäischen Breiten haben diese Objekte Galeriestatus und einen entsprechend hohen Preis. Beliebt sind **Tingatinga-Malereien,** die auf Baumrinde aufgetragen wurden – etwa als Lesezeichen oder als Wandbild (s. S. 67).

## Beachboys

Etwas lästig können bisweilen die Strandverkäufer (Beachboys) werden (s. auch S. 103).

## Handeln

s. S. 104

# Ausgehen

## Nachtleben

Die meisten Hotels der Urlaubsorte bieten abends ein Unterhaltungsprogramm, in größeren Städten gibt es eine Reihe von Restaurants, Bars, Nightclubs und Kinos.

### Nachtklubs und Diskotheken

Unter den Nightclubs gibt es welche, die vor allem von der ärmeren Bevölkerung Ostafrikas aufgesucht werden – auch wenn manch ein Tourist meint, dass dies ideale Orte sind, um einen ›bevölkerungsnahen‹ Kulturaustausch zu suchen. Hier wird vielfach Swahili-, Sheng- oder Rap-Musik gespielt.

Dann gibt es Clubs, zu deren Publikum sowohl Touristen als auch Afrikaner zählen, wobei es hier auch immer eine große Anzahl von Prostituierten gibt. Und dann findet man noch solche Clubs, in denen die jungen *Kenya Cowboys* oder aber Jugendliche indischer Abstammung die Nacht zum Tag machen. Vor allem in Nairobi, Mombasa und Malindi gibt es supermoderne Discos. Sie spielen die topaktuellen Charts und stehen in Ausstattung und Design amerikanischen oder europäischen Nightclubs in nichts nach.

### Bars

Einfache Bars gibt es in fast jedem Ort. Manche Bars sind mit ›Boarding & Lodging‹ verbunden und fungieren dann zugleich als Bordell. Gehobene Bars sind allen Hotels der mittleren und oberen Kategorie angeschlossen. Insbesondere in Kenia haben viele eine gediegene Einrichtung, die an britische Pubs erinnert; in vielen Bars zeigt die Klimaanlage, was sie kann, man sollte etwas zum Überziehen mitbringen.

### Casinos

In Nairobi, Mombasa und Malindi sowie in Dar-es-Salaam, Arusha und Mwanza gibt es Casinos. Einige sind Resorts angeschlossen, wie in der Leisure Lodge an Kenias Südküste,

und entsprechend ist adrette Kleidung angebracht. Die meisten jedoch gleichen eher Spielhöllen. Hier kann man für ein paar Shillings sein Glück versuchen.

### Prostitution

Während der 1970er-Jahre galt Kenia als Hochburg für Sextouristen. Diesen Rang hat das Land inzwischen an andere Länder abgetreten. Dennoch ist Prostitution nach wie vor verbreitet – sowohl unter Touristen als auch unter Einheimischen (s. S. 238 f.).

Diverse Nachtbars in Mombasa, Malindi, Nairobi und Dar entpuppen sich schnell als Bordell; auch am Strand bieten Frauen und Männer ihre Liebesdienste an. Dabei lassen sich Frauen in bar auszahlen, Männer werden von den weißen Touristinnen für die Dauer des Urlaubs oftmals ›geleast‹ und erhalten Naturalien in Form von Essen, Kleidung und anderen Geschenken. In Tansania ist die Prostitution weniger offensichtlich.

### Theater und Kino

Theater, besonders Volkstheater im wörtlichen Sinn, spielt eine große Rolle im Leben der Ostafrikaner. Die Aufführungen finden oft unter freiem Himmel und nicht in opulenten Theaterhäusern statt. Auf dem Land, wo Fernsehgeräte noch nicht in jedermanns Wohnzimmer stehen, sind Theateraufführungen eine beliebte Art der Unterhaltung und Teil der afrikanischen Oraltradition von Geschichten, Weisheiten und sogar politischer Propaganda. Da diese Theaterstücke jedoch vielfach auf Swahili sind, sind sie für die wenigsten Urlauber von Interesse. Gleiches gilt für Kinofilme (meist aus ›Bollywood‹), die oft mit englischen Untertiteln versehen sind.

### Folkloreveranstaltungen

Fast alle größeren Hotels der Küste bieten abends Folkloredarbietungen, von afrikanischer Musik bis zu traditionellen Tänzen und dem Anfertigen von Kunsthandwerk.

## Beachboys

Strandverkäufer – ganz gleich ob alt, jung, männlich oder weiblich – sind allgemein als Beachboys bekannt. Insbesondere an Kenias Stränden, aber auch in Tansania breiten sie ihre Warenpalette – Schnitzereien, Gemälde, Gürtel – im Sand aus. Auf Wunsch personalisieren sie auch Gegenstände, wie Schlüsselanhänger, mit eingraviertem Namen.

Mitunter ist ihre Verkaufstaktik lästig, und Vorsicht ist geboten, wenn es um dubiose Dinge geht wie Massagen, Geldwechsel oder wenn selbsternannte Safarianbieter ohne festen Firmensitz ihre Dienste offerieren. Wer sichergehen will, dass sein in Auftrag gegebenes Souvenir auch angefertigt wird, sollte niemals im Voraus den gesamten Betrag zahlen. Um die Zahl unseriöser Strandverkäufer einzuschränken, wurde an Kenias Nordküste ein Projekt gestartet, bei dem Beachboys auf einem eigens eingerichteten Markt in Bamburi ihre Souvenirs verkaufen können.

## Drogen

Der Genuss von *mira'a*-Blättern ist in Ostafrika nicht wirklich legal, aber geduldet, da tief verwurzelt im Alltagsleben vieler Menschen – alt und jung. Die jungen Blätter, die wie Spinat aussehen, enthalten einen Wirkstoff, der euphorisch macht, nach Abklingen der Wirkung aber apathisch und depressiv.

Haschisch (*bhang* oder *ganja*), Heroin oder Kokain sind illegal. Gleiches gilt für Palmwein und selbstgebrannten Schnaps, jedoch werden Verstöße kaum geahndet – im Gegensatz zu Genuss bzw. Besitz der übrigen Drogen.

## Elektrizität und Wasser

Die Netzspannung beträgt 240 Volt Wechselstrom. Das bedeutet, europäische Elektrogeräte können verwendet werden, sofern sie einen Adapter für die britischen Zwei- oder Drei-Loch-Stecker haben (Adapter sind oft auch in den Souvenirshops der Hotels erhältlich).

Anders als in Europa ist die Stromversorgung in Kenia und Tansania nicht sehr effizient. In abgelegenen Gebieten muss sogar damit gerechnet werden, dass die Ortschaften noch nicht ans Stromnetz angeschlossen sind. Selbst in größeren Städten und auch in Hotelanlagen gibt es von Zeit zu Zeit Unterbrechungen der Stromzufuhr (die besseren Hotels besitzen Notstromgeneratoren). Besonders in der Regenzeit muss man aufgrund der schlechten Isolierung der Kabel mit häufigen Stromausfällen rechnen. In den Hotels findet man daher immer Kerzen in der Schublade, eine mitgebrachte Taschenlampe ist hier hilfreich.

Auch die Wasserversorgung ist mangelhaft in Ostafrika. Insbesondere in Tansania, wo die Wasserwerke gerade erst privatisiert wurden, gibt es häufig Engpässe aufgrund eines maroden Leitungssystems. In abgelegenen Regionen wird Wasser aus Brunnen geholt. Grundsätzlich ist Wasser ein kostbares Gut in Afrika und man sollte hiermit sorgsam umgehen, haben doch große Teile der Bevölkerung keinen Zugang zu fließendem Wasser aus der Leitung. Die besseren Hotels verfügen über eigene Brunnen, um Engpässe zu vermeiden (zu Trinkwasser s. auch S. 113).

## FKK

FKK und Oben-ohne-Baden sind mit Rücksicht auf den hohen muslimischen Bevölkerungsanteil an der Küste verboten. Das gilt aus Respekt vor den Bediensteten auch für die Touristenresorts.

Die Einheimischen gehen oft mit voller Montur baden – sie praktizieren also das genaue Gegenteil von FKK.

# Fotografieren

Wie in kaum einem anderen Urlaubsland der Welt bieten Ostafrikas Landschaften, Wildtiere, Pflanzen und Menschen traumhafte und exotische Motive. Die Lichtintensität ist hoch, sodass 100-ASA-Filme gewöhnlich ausreichen. Die Belichtung während der Mittagszeit ist allerdings so intensiv, dass die reproduzierten Farben ohne Filter blass erscheinen. Die besten Zeiten sind ein bis zwei Stunden vor/nach Sonnenauf- bzw. untergang.

Filme sind in Lodges, Hotels und in Städten erhältlich, jedoch werden sie oft mangelhaft gelagert und sind zudem überteuert. Am besten deckt man sich vor der Abreise ausreichend mit **Foto- und Filmmaterial** sowie Ersatzbatterien ein. Für Digitalkameras sind eine oder besser zwei Memory-Karten mit viel Speicher empfehlenswert, denn Instant-Fotodrucker sind noch selten. Auch ist es von Vorteil, wenn die Kamera einen Filmmodus hat – nichts ist eindrucksvoller, als einen Geparden bei der Pirsch zu erwischen und diese atemberaubende Minute festzuhalten.

Beim **Fotografieren/Filmen von Menschen** sollte man vorher um Erlaubnis fragen. Vor allem Muslime lassen sich nicht gern ablichten, was man respektieren sollte. Andere, etwa die fotogenen Massai, haben hier keine Scham – auch nicht, wenn es darum geht für das Modellstehen ein Trinkgeld zu verlangen. Ein striktes **Fotografier-/Filmverbot** gilt für folgende ›strategische‹ Motive: Angestellte bzw. Gebäude von Militär und Polizei, Flugplätze, Gefängnisse, Häfen, Bahnhöfe und die Präsidentenresidenz!

# Gezeiten und Seegras

Der Indische Ozean wechselt etwa im Sechs-Stunden-Rhythmus zwischen Ebbe und Flut. Besonders exteme Unterschiede herrschen bei Voll- und Neumond. Dann sowie während der Regenzeiten sind vermehrt Seegrasanspülungen zu beobachten. Hierüber sollte man nicht die Nase rümpfen, zeigt dies doch, dass die Meeresflora vor der ostafrikanischen Küste noch intakt ist. Angeschwemmtes Seegras wird üblicherweise vor den Hotelstränden regelmäßig entfernt.

# Handeln

Hotels, Restaurants und Geschäfte europäischen Stils haben festgelegte Preise, desgleichen öffentliche Verkehrsmittel.

Auf **Märkten** und bei **Straßenhändlern** ist es üblich, zu feilschen. Tarife für Dienstleistungen von Taxifahrern, Schuhputzern, Gepäckträgern, Fremdenführern sollte man immer im Voraus aushandeln. Handeln will gekonnt sein, denn schließlich sollte man niemanden ausbeuten, möchte aber auch seinerseits nicht skrupellos ausgenommen werden. Am besten erkundigt man sich bei Reiseleitern oder Einheimischen über gängige Preise. Tauschgeschäfte sind ebenfalls nicht unüblich, gefragt ist Markenware wie Designertextilien – hier wechselt schon einmal ein T-Shirt gegen einen Löwen aus Holz seinen Besitzer.

# ›Swahilizeit‹ & »pole pole«

In Ostafrika ticken zwei Uhren: Zum einen schlägt die Weltzeit, d. h. GMT plus 1 Std. während der europäischen Sommerzeit, bzw. plus 2 Std. während der Winterzeit und zum anderen die Swahilizeit, die sich nach dem Sonnenstand rechnet. Der Tag beginnt mit Sonnenaufgang um 7 Uhr (= 1 Uhr Swahili-Zeit) und endet mit Sonnenuntergang um 18 Uhr (= 12 Uhr). Als Eselsbrücke addiert bzw. subtrahiert man also 6 Stunden zu unserer Zeit. Gewöhnlich werden Touristen gegenüber die europäischen Zeitangaben benutzt

– im Zweifelsfall (wie bei Abfahrtzeiten von Bussen) fragen Sie besser nach.

Grundsätzlich darf man nicht erwarten, dass die Zeit in Ostafrika mit der sprichwörtlichen Schweizer-Uhren-Genauigkeit gemessen wird. Aufgrund des Klimas und der Mentalität ist in Ostafrika der Lebensrhythmus wesentlich relaxter; immer wieder wird man »pole pole« hören, was so viel bedeutet wie »Langsam, immer mit der Ruhe« oder aber »Haraka haraka haina baraka« (Eile mit Weile!) Dieses Motto hat schon so manchen in der schwülen Tropenhitze vor einem Herzinfarkt bewahrt!

**Chai (Schmiergeld):** Pauschalreisende werden weniger in die Zwangslage von Schmiergeldforderungen kommen, Individualreisende, insbesondere mit eigenem Wagen, sollten dagegen darauf vorbereitet sein, dass viele Polizisten sich ein Zubrot durch Bestechungsgelder verdienen. Es wird zwar eifrig an einem Antikorruptionssystem gewerkelt. Dennoch ist es möglich, dass man in eine dubiose Verkehrskontrolle gerät, bei der man am schnellsten mit der Zahlung von *chai* wegkommt; ansonsten muss man sich auf zeitraubende Diskussionen einlassen, denen man nicht unbedingt gewachsen ist.

## Tageslicht

Die Tage am Äquator sind das ganze Jahr über fast gleich lang. Um 6 Uhr morgens geht die Sonne auf und um 18 Uhr geht sie wieder unter. Je weiter der Äquator vom jeweiligen Standpunkt aus entfernt ist, bzw. je weiter die Sonne zu den Wendekreisen wandert, desto mehr variieren Tages- bzw. Nachtlänge. Im Norden Kenias sowie in Tansania betragen die Verschiebungen max. eine Stunde, d. h. es wird spätestens um 19 Uhr dunkel. Die Dämmerungsphasen sind sehr kurz.

## Trinkgeld

In Restaurants, Bars und Hotels sind Steuern (VAT) und Trinkgelder *(service charge)* im Allgemeinen im Preis enthalten, dennoch sollte man etwa 10 % des Rechnungsbetrages als *tip* geben. Viele der im Tourismus angestellten Servicekräfte verdienen höchstens 50–100 € im Monat, sind also auf ein Trinkgeld angewiesen. In kleinen Lokalen und *hoteli* auf dem Land werden Trinkgelder weniger erwartet als in den größeren Hotels in Städten und an der Küste – das Personal freut sich dafür umso mehr über den kleinen Extraver-

dienst! Auch Gepäckträger, Fahrer von Safariunternehmen und Fremdenführer erwarten ein Trinkgeld; einem Safari-Guide gibt man ca. 3–10 US-$ pro Tag/Person.

## Toiletten

In allen Flughäfen, Hotels und Restaurants gibt es öffentliche Toiletten, die meist dem Niveau der Einrichtung entsprechen. Unterwegs, etwa an Tankstellen, findet man – wenn überhaupt – Plumpsklos. Man tut gut daran, immer etwas **Toilettenpapier** bei sich zu haben. Bei Safaris muss man strategisch geplante Stopps einlegen – etwa in einer Lodge oder einer Rangerstation –, da man hier nicht ›in den Busch‹ gehen kann.

## Verhalten

Viele Afrikaner empfinden es als unpassend, wenn Menschen in der Öffentlichkeit ihre Zuneigung zeigen. Händchenhalten (auch unter Gleichgeschlechtlichen) ist akzeptiert, Küssen in der Öffentlichkeit jedoch ist vielerorts tabu.

## Geld und Währung

Die offiziellen Währungen sind der Kenyan Shilling (KSh) und der Tanzanian Shilling (TSh). Im Umlauf befinden sich Münzen zu 1, 2, 5, 10, 20 und 100 Shilling sowie Banknoten zu 50, 100, 200, 500, 1000, 5000 und 10 000 Shilling. Die Inflationsraten liegen zum Teil hoch, sodass es kurzfristig zu erheblichen Kursschwankungen kommen kann. Jedoch haben sich die Wechselkurse in beiden Ländern in jüngster Zeit weitgehend stabilisiert. Dennoch werden viele reiserelevante Ausgaben, wie etwa Safaris, oftmals in US-Dollar oder Euro angegeben und die Bezahlung in Fremdwährung wird meist vorgezogen. Die Ausfuhr von Shillings ist nicht erlaubt.

Da die Banknoten das Konterfei des Präsidenten zeigen, wird die mutwillige Zerstörung oder Verunstaltung der Scheine rigoros bestraft.

### Wechselkurse

1 € = 90 KSh, 100 KSh = 1,125 €, 1 € = 1724 TSh, 100 TSh = 0,06 € (Stand Juni 2007). Aktuelle Kurse unter www.oanda.com.

### Geldbeschaffung und Kreditkarten

Vor der Reise sollte man Geld in US-Dollar tauschen (dabei auf eine Stückelung von Scheinen unter 50 US-$ achten). Wer über einen europäischen Safariveranstalter bucht, kann auch in Euro vor Ort zahlen.

An den Flughäfen, Banken und in Forex-Büros lässt sich vor Ort Geld in Landeswährung umtauschen. Die größeren Hotels bieten darüber hinaus Geldwechsel an. Bargeld (und bedingt Reiseschecks) wird akzeptiert, größere Banknoten (100 € und mehr) dagegen oft nicht.

In Wechselstuben (Forex-Büros) wird man immer einen besseren Kurs erhalten als bei Banken. Bargeld erzielt bessere Kurse als Reiseschecks. In größeren Städten kann man per Kreditkarte Geld bei Banken (u. a. Deutsche Bank, Barclays, Standard-Chartered) abheben, und in besseren Hotels und bei größeren Safariveranstaltern werden Kreditkarten als Zahlungsmittel akzeptiert.

Die Eintrittsgebühren für die Nationalparks (s. S. 107) werden üblicherweise in US-Dollar kassiert, man sollte also auf keinen Fall sein gesamtes Urlaubsgeld in Shillings umtauschen. Das Geldumtauschen bei Beachboys und Straßenhändlern – auch oder gerade, wenn die Wechselkurse verlockend sind – ist illegal.

### Öffnungszeiten von Banken

Mo–Sa 8–12 Uhr, in größeren Orten z. T. länger. An den Flughäfen von Mombasa und Nairobi sind die Banken 24 Stunden geöffnet.

## Preisniveau und Spartipps

### Allgemeines Preisniveau

Die Preise in Ostafrika liegen weit unter dem europäischen Standard, d. h. die Ausgaben für Nebenkosten sind deutlich geringer. Das gilt jedoch nur für einheimische Produkte und Dienstleistungen, importierte Waren sind teurer als zu Hause. Wer einfach und landestypisch reist, d. h. von einheimischen Produkten lebt, in den kleinen *hoteli* isst, mit öffentlichen Verkehrsmitteln fährt und in einfachen Unterkünften übernachtet, der wird im Durchschnitt nicht mehr als 30–40 €/Tag ausgeben.

### Safaripreise

Vergleichsweise hoch sind die Kosten für Safaris. Die Preise variieren beachtlich – je nach Saison sowie dem Komfort von Transport (Bus- oder Flugsafari) und Unterkunft (einfaches Zelt oder Luxuscamp): Für Budget-Touren sollte man mindestens 100 €/Tag einkalkulieren, für Flugsafaris mit entsprechender Unterkunft 200 €/Tag und aufwärts. Pauschalarrangements (Transfer, Unterkunft, Verpflegung und Game drives) sind günstiger als separate Bausteine.

Im Schnitt sind Safaris in Tansania teurer als in Kenia, zum einen weil die Eintrittspreise für die Parks höher sind, aber auch weil es weniger Lodges gibt, sodass höhere Übernachtungspreise gefordert werden können. Stadthotels, die einer internationalen Kette angehören wie etwa Hilton, haben entsprechend hohe Preise. Lokale Ketten oder Hotels bieten hier oft eine günstigere Alternative zu ähnlicher Qualität. Dies gilt auch für Mietwagenfirmen.

Die Preisspanne bei Safari- und Ausflugsveranstaltern ist groß. Das spiegelt sich vor allem in der Qualität der Übernachtungsmöglichkeiten als auch der Fahrzeuge und Guides wider. Vergleiche lohnen, sollten aber nicht nur anhand der Route angestellt werden, sondern eben auch die Bewertung von Lodges sowie ihre Lage berücksichtigen. Wer sparen will, kann in Lodges außerhalb der Parks übernachten, die meist günstiger sind. Viele dieser Unterkünfte bieten auch Pirschfahrten außerhalb der Naturschutzgebiete an, was zudem die Eintrittsgebühren einspart. Da die meisten Parks nicht eingezäunt sind, sieht man häufig ähnlich viel Wild außerhalb der offiziellen Grenzen.

Ob man Safaris von zu Hause aus bucht oder aber vor Ort, liegt z. T. auch daran, wieviel Zeit überhaupt zur Verfügung steht. Wer nur ein oder zwei Wochen Urlaub hat, tut gut daran, Safaris bereits mit dem Pauschalarrangement zu buchen – insbesondere zur Hauptsaison oder aber während der Großen Migration (s. S. 110). Auf der anderen Seite hat man vor Ort eine größere Auswahl unter den Safarianbietern.

# Nationalparkgebühren

Die Permit-Gebühren für Nationalparks und andere Schutzgebiete liegen zwischen 10

**Sperrung von EC-und Kreditkarten bei Verlust oder Diebstahl\*:**

**0049-116 116**

oder 00 49-30-405 04 05 09
(\* Gilt nur, wenn das ausstellende Geldinstitut angeschlossen ist, Übersicht: www.116116.eu)
Weitere Sperrnummern:
– MasterCard: 0049-69-79 33 19 10
– VISA: 0049-69-79 33 19 10
– American Express: 0049-69-97 97 1000
– Diners Club: 00 49-69-66 16 61 23
Bitte halten Sie Ihre Kreditkartennummer, Kontonummer und Bankleitzahl bereit!

US-$ (für die Marine Parks) und 100 US-$ (Gombe Stream National Park) pro Person/ 24 Std. Die meisten Parkgebühren liegen bei 40 US-$ (z. B. Tsavo) und 50 US-$ (z. B. für Serengeti). Hinzu kommt eine Gebühr pro Fahrzeug, die ebenfalls gestaffelt ist. Beide Gebühren sind gewöhnlich bei Pauschalangeboten inbegriffen. Selbstfahrer entrichten die Gebühren an den Parktoren bei den Parkrangern. Für Schüler und Einheimische gelten vergünstigte Eintrittspreise. Über die aktuellen Tarife für die diversen Parks geben die Websites Auskunft: www.kws.org, www. tanzaniaparks.com.

In Kenia hat der KWS die **Smartcard** eingeführt, eine elektronisch aufladbare Karte, die man vorab beim KWS in Nairobi oder am Park-Haupteingang auflädt und von der die Eintrittsgebühr abgebucht wird. Die Karte eignet sich für Individualreisende, wer sich einer organisierten Safari angeschlossen hat, hat die Eintrittspreise bereits vorab bezahlt. Folgende Parks sind mit Lesegeräten ausgerüstet: Nairobi, Lake Nakuru, Aberdare, Amboseli, Tsavo East and West National Park.

Zur Buchung von Unterkünften in den Nationalparks s. S. 97.

## Regenzeit und Trockenzeit

Kenia und Tansania gelten als ganzjährige Reiseziele. Die angenehmste Phase ist die ›kühle Trockenzeit‹ zwischen Juli und Oktober und die ›heiße Trockenzeit‹ von Dezember bis Februar. Dann liegen die Temperaturen an der Küste zwischen 25 und 30 °C, nachts kühlt es ab, und die Luftfeuchte ist geringer als gegen Ende der Trockenzeiten. Kurz vor dem Beginn der Regenzeiten (Große Regenzeit April–Juni, Kleine Regenzeit Mitte Okt.–Dez.) wird es beinahe unerträglich schwül, der einsetzende Regen bringt frische und kühlere Luft.

### Das Klima am Äquator

Der Äquator, der die Welt in die südliche und nördliche Hemisphäre teilt, verläuft mitten durch Kenia. Wenn die Sonne zweimal im Jahr – am 21. März und am 23. September – direkt über dem Äquator im Zenit steht, dann zählen dort die Tage genau zwölf Stunden, die Temperaturen erreichen den absoluten Höchststand. Je weiter nördlich bzw. südlich man sich vom Äquator entfernt, desto mehr variieren die Sonnenstunden pro Tag, desto mehr schwanken Tages- und Nachttemperaturen. Im Fall von Kenia und Tansania macht dies max. 1–2 Std. aus, im Gegensatz zu Mitteleuropa, wo die Tageslänge im Winter beträchtlich von der im Sommer abweicht.

Vom Äquator aus wandert die Sonne zu den jeweiligen Wendekreisen; die Wanderung bedingt in Europa die vier Jahreszeiten. Der klimatische Jahreszyklus in Ostafrika lässt sich nicht mit den uns bekannten Jahreszeiten vergleichen, vielmehr haben wir es mit besonderen klimatischen Phänomenen zu tun – **Regen-** und **Trockenzeit.** Wenn die Sonne ihren Zenitstand über dem Äquator erreicht, und die Landmassen entsprechend aufgeheizt sind, dann herrschen enorme Temperaturgefälle zwischen Ostafrika und dem kühleren Südwestasien. Um die Luftdruckunterschiede auszugleichen, entstehen heftige Winde, die als Monsun bezeichnet werden.

**Regenzeit in Ostafrika – nicht die beste Reisezeit, aber oft heiß ersehnt**

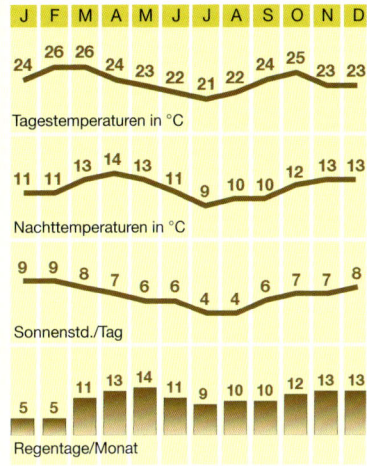

**Klimadaten Nairobi**

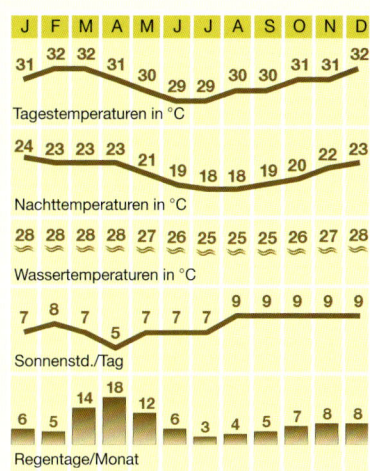

**Klimadaten Dar-es-Salaam**

## Der Monsun – *kaskazi* und *kuzi*

Der Nordostmonsun oder *kaskazi,* der die kleine Regenzeit bedingt, beeinflusst das Klimageschehen der ostafrikanischen Küste von Oktober bis Mitte Dezember. Der Südostmonsun oder *kuzi,* der die große Regenzeit bringt, herrscht von März bis Juni und ist niederschlagsreicher als der *kaskazi.* In der Nähe der Wendekreise, wo die Sonne nur einmal pro Jahr im Zenit steht, gibt es nur eine Regenzeit, wie es auch im Süden Tansanias der Fall ist (Regenzeit zwischen November und April).

## Kleine und Große Regenzeit

Viele Reisende empfinden die Regenzeit als durchaus angenehm, denn sie gilt nicht als Hochsaison und ist daher preiswerter. Die Regenschauer sind nur von kurzer Dauer (wohl aber sehr heftig). Die Wassertemperatur liegt ohnehin das ganze Jahr über 20 °C. An der Küste bricht nach einem Schauer die Wolkendecke gewöhnlich gleich wieder auf, das Sonnenbaden kann fortgesetzt werden.

Lediglich im Landesinnern verursachen die heftigen Regenfälle bisweilen Überschwemmungen und unpassierbare Straßen. Dann muss man damit rechnen, die Reiseroute kurzfristig umzustellen.

Die Regenzeiten im Landesinnern decken sich nicht ganz mit denen an der Küste. Nördlich und westlich von Nairobi beginnt die große Regenzeit bereits 4–6 Wochen früher, im Süden Tansanias tritt sie schon im Dezember ein. Dagegen ist sie in der Wüstenregion im Norden Kenias zwischen den Monaten Mai und Oktober nur ein kurzes Intermezzo.

Für Touren im Hochgebirge und die Besteigung von Kilimanjaro, Mount Kenya, Mount Elgon oder ähnlich hohen Bergen eignen sich vor allem die Monate Dezember bis Februar, während sich die kalten und nassen Monate März, April und Mai nicht empfehlen, da viele Wege vereist bzw. mit Schnee zugeweht sind.

Das aktuelle Wetter in Ostafrika und die Vorhersage für die Region findet man auch im Internet, z. B. unter www.wetter.net.

**Hochsaison Große Migration:** Abgesehen von den Schulferien gilt die Zeit der Großen Migration als Hochsaison. Zu diesem Naturspektakel, das sich nicht an einem Datum, sondern an der Witterungslage orientiert, kommen Menschen aus der ganzen Welt in die Masai Mara/Serengeti, um dem Wildwechsel von Abertausenden von Tieren beizuwohnen (s. S. 358 f.). Aufgrund der begrenzten Kapazitäten in den Lodges empfiehlt es sich hier, schon im Voraus eine Safari zu buchen. Die Migration beginnt etwa im Juni in der Serengeti, wo sich mehr und mehr Tiere dem Treck anschließen. Der Treck wandert von dort circa im August in die kenianische Masai Mara, um dann etwa im September wieder die grüneren Weidegründe in der Serengeti aufzusuchen. Auf dem Höhepunkt der etwa 1000 km langen Migration wandern mehrere Hunderttausend Tiere in bis zu 40 km langen Tierketten durch die Naturschutzgebiete. Der von ihnen aufgewirbelte Staub ist weithin sichtbar, die Flüsse sind eine Festtafel für die Krokodile – bringen Sie unbedingt extra Filmmaterial mit!

# Kleidung und Ausrüstung

Für den Aufenthalt in den Tropen hat sich leichte und helle Kleidung aus Naturfasern bewährt. In feinen Hotels und Restaurants wird mitunter zum Abendessen auf elegantes Auftreten geachtet. Auf Safari trägt man am besten strapazierfähige, bequeme und leicht waschbare Kleidung. Das typische Tropenoutfit mit khakifarbenen oder olivgrünen Shorts und Buschhemden stimmt den Abenteuerlustigen zwar auf sein Vorhaben ein, ist aber nicht erforderlich. Dagegen sollten Kopfbedeckung (zum Festbinden) und geschlossene, aber luftdurchlässige Schuhe niemals fehlen. Auch ein wärmerer Pulli oder eine Windjacke gehören ins Gepäck, da es sich in den Parks morgens und abends ohne die heiße Tropensonne stark abkühlt bzw. viele Restaurants ihre Klimaanlage auf Hochtouren laufen lassen. Während der Regenzeit empfiehlt sich ein Regenschutz.

Außerhalb der Strandhotels stellen Badekleidung, kurze Hosen, Miniröcke und schulterfreie Kleider eine Provokation dar, weshalb man aus Rücksicht auf die Moralvorstellungen seiner Gastgeber auf freizügige Kleidung verzichten sollte.

Viele Hotels bieten einen Wäscheservice an, und in den Guesthouses waschen häufig die Zimmermädchen gegen ein kleines Taschengeld die Kleidung (per Hand).

Wer den Kilimanjaro oder Mt. Kenya besteigen möchte, sollte zudem eine entsprechende Wanderausrüstung mitbringen. Eingelaufenes Schuhwerk, Nylonstrümpfe (isolieren gut), Regen- und Daunenjacke, eine Trinkflasche, Sonnenbrille und ein für Minusgrade tauglicher Schlafsack sind die Minimalausstattung.

## Nicht vergessen ...

– eine kleinere Tasche für einen Safariaufenthalt mit Übernachtung (Safaribusse und Kleinflugzeuge erlauben keine größeren Gepäckstücke, s. Tippkasten S. 93)
– Strandtücher (sind in einigen Hotels inklusive – vor Abreise erfragen!)
– Sonnenbrille und -hut, ausreichend Sonnen- und Mückenschutzmittel
– Fernglas, Fotoapparat, Kamera
– Stromadapter (s. S. 103)
– kleine Kofferschlösser
– Taschenlampe, Batterien (für die Digitalkamera und Taschenlampe) bzw. Akkus
– Malaria-Prophylaxe und evtl. andere Medikamente
– Feuchtetücher für unterwegs
– kleine verschließbare Plastiktüten (Ziplocks), die empfindliche Utensilien wie Uhr oder Fotoapparat vor Safaristaub bzw. vor Sand und Wasser am Strand schützen

## Vorsorge und Impfungen

Grundsätzlich sind keine anderen Schutzimpfungen vorgeschrieben, als auch in der EU erforderlich sind. Eine Gelbfieberimpfung ist nur zwingend, wenn man über ein Gelbfiebergebiet einreist (in der Vergangenheit galten Teile Tansanias als Gelbfiebergebiet, vorher bei der Botschaft erkundigen!). Je nach Reiseart, -zeit und -ziel sowie individuellen Faktoren (z. B. Allergien) empfehlen sich jedoch u. U. weitere Impfungen und Vorkehrungen. Wichtig für eine wirksame Vorsorge ist das Wissen darüber, wie bestimmte Krankheiten übertragen werden, um dann zu entscheiden, ob Impfschutz in Frage kommt. Auskünfte und Beratung erhält man bei Gesundheitsämtern und Tropeninstituten, z. B. den Abteilungen für Infektions- und Tropenmedizin in München, Leipzig und Hamburg, oder im Internet: www.fit-for-travel.de/reise medizin oder www.gesundes-reisen.de.

### Aids

Die gravierenden sozialen Folgen von Aids sind in Ostafrika ein Problem, um dessen Lösung man sich bemüht (s. S. 42). Wie bei der Malaria gibt es noch keine Immunisierung gegen den HI-Virus. Allerdings kann man sich leicht vor ihm schützen. Die größte Gefahr besteht also beim ungeschützten Geschlechtsverkehr; das Risiko kann durch Kondome deutlich verringert werden.

### Bilharziose

Die Erreger, Würmer der Gattung Schistosoma, kommen im Süßwasser vor, z. B. im Victoriasee oder im Lake Tanganyika. Hier sollte der Hautkontakt (z. B. durch Baden) vermieden werden.

### Cholera

Cholera wird vor allem über unreines Wasser übertragen; abgekochtes Wasser verringert die Ansteckungsgefahr.

### Durchfall

Reisende sollten immer sorgfältig Nahrungsmittel- und Trinkwasserhygienemaßnahmen durchführen, um das Risiko von Durchfallerkrankungen aller Art zu minimieren. Durchfall (engl. *diarrhea*) wird im Wesentlichen durch verunreinigtes Trinkwasser verursacht. Es ist wichtig, viel zu trinken (Mineralwasser aus Flaschen), um den Feuchtigkeitsverlust auszugleichen. Dauert Durchfall länger als 24 Stunden, sollte man einen Arzt aufsuchen. Medikamente wirken meist schnell.

### Gelbfieber

Gelbfieber (engl.: *yellow fever*) wird durch Mücken vor allem in den frühen Morgenstunden übertragen. Der Impfschutz beträgt zehn Jahre.

### Hepatitis

**Hepatitis A:** Die ansteckende Leberentzündung wird durch verunreinigtes Wasser und Schmierinfektionen übertragen. Die Impfung (insgesamt drei Injektionen) bietet Schutz für 5–10 Jahre.
**Hepatitis B:** Nur über Blutkontakt übertragbar. Die Immunisierung dauert ca. ein Jahr und kommt z. B. für Ärzte in Betracht.

### Malaria

Gegen die Malaria gibt es leider noch keine Impfung, lediglich eine Prophylaxe. Da verschiedene Stämme der Anopheles-Mücke (Malariaüberträger) sich gegen einige Mala-

**Hinweis:** Malaria kommt nicht überall in Ostafrika vor. Regionen über 1800 m Höhe sind malariafrei (weitgehend malariafrei, wenn auch nicht ganz sicher sind die Hochlandregionen um Nairobi und Moshi). Ein erhöhtes Risiko besteht in der Regenzeit (April–Juni, Okt.–Dez.), besonders an der Küste und entlang der großen Süßwasserseen.

riamittel als resistent erwiesen haben, bleiben zwei Alternativen: Die Einnahme von Mefloquin (Handelsname Lariam), das jedoch häufig Nebenwirkungen hervorruft. Oder die Kombination von Proguanil (Handelsname Paludrine), das auch Schwangere einnehmen können, mit Chloroquin (Handelsname Resochin bzw. Weimerquin). Die beste Vorsorge ist der Schutz vor Stichen. Deswegen sollte man in der Dämmerung möglichst leichte, helle Kleidung am ganzen Körper tragen, ungeschützte Körperstellen (Gesicht, Hände, Hals und Ohren) mit Insektenschutzmitteln einreiben und unter einem Moskitonetz schlafen

Treten die typischen (erkältungsähnlichen) Symptome wie Fieber, Kopf- und Gliederschmerzen, Appetitlosigkeit auf, sollte sofort ein Arzt unterrichtet werden oder zumindest ein Selbsttest auf Malaria unternommen werden. Malaria-Test-Kits für einen Selbsttest sind in den Apotheken *(duka la dawa)* für wenige Dollar erhältlich und geben nach nur 10 Minuten Auskunft über das Bestehen einer Infektion. Je früher die Krankheit behandelt wird, desto schneller klingt sie ab oder verläuft glimpflich. Die Ärzte vor Ort wissen in der Regel besser mit einer Infektion umzugehen als die Mediziner in der Heimat. Sollten die Symptome erst zu Hause auftreten (die Malaria hat eine Inkubationszeit von 2–8 Wochen) muss der hinzugezogene Arzt unbedingt über den Tropenaufenthalt informiert werden.

## Typhus

Typhus wird durch schlechte hygienische Verhältnisse verbreitet. Der Impfschutz hält bis zu drei Jahre an. Empfohlen für Rucksackreisende.

# Reiseapotheke

Eine gut ausgestattete Reiseapotheke sollte so viel wie nötig und so wenig wie möglich enthalten. Die Medikamente sollen in erster Linie dazu beitragen, leichte Beschwerden zu bessern oder größeren Schäden vorzubeugen. So stellt die Mitnahme von Verbandmaterial und Desinfektionsmitteln ein unbedingtes Muss in jeder Reiseapotheke dar. Auch fiebersenkende Mittel oder Medikamente gegen Durchfall können bei einer Reise hilfreich sein. Bei anhaltenden Beschwerden jeder Art empfiehlt es sich jedoch immer, einen Arzt zu konsultieren, um gefährliche Infektionskrankheiten auszuschließen oder ggf. gleich behandeln zu lassen. Chronisch Kranke sollten vor jeder Reise ausrechnen, wie groß die Menge der benötigten Medikamente sein wird und eine Reserve mit einplanen. Natürlich dürfen persönliche Medikamente (z. B. bei Diabetes oder Allergien) oder auch Verhütungsmittel nicht vergessen werden. Sie gehören ins Handgepäck!

Individualreisende sollten zusätzlich folgende Präparate mitführen: Micropur-Tabletten (zur Desinfektion von Wasser), Mittel zur akuten Malariabekämpfung (z. B. Halfan) und, wenn möglich, Einwegspritzen.

Die medizinische Versorgung in den Ferienzentren ist recht gut. Sobald man aber diese Gebiete verlässt, sind Medikamente wie auch Sonnencreme und Mückenschutz Mangelware.

# Krankenversicherung

Krankenversichert ist in Afrika nur, wer eine Zusatzkrankenversicherung vor der Abreise im Heimatland abschließt (in Reisebüros erhältlich). Eventuelle Arzt- und Krankenhauskosten müssen dabei meist als Vorkasse vor Ort bezahlt werden. Gegen Vorlage einer detaillierten Rechnung erstattet Ihre Auslandsreisekrankenversicherung die Auslagen zurück, jedoch je nach Police nicht immer in vollem Umfang. Vor Ort lohnt eine Zusatzversicherung über die Safariveranstalter (15–50

US-$/Person für 2–8 Wochen) bei den **Flying Doctors** (www.amref.org), die im Notfall per Kleinflugzeug Krankentransporte auch aus entlegenen Winkeln des Landes durchführen.

# Sicherheit

In den meisten Fällen wird man von der zuvorkommenden Freundlichkeit der Afrikaner beeindruckt sein; allerdings sollte man eine gewisse Vorsicht walten lassen, denn die Kriminalitätsrate in Ostafrika (vor allem in den Großstädten) ist relativ hoch. Besonders betroffen sind Nairobi und Arusha, gefolgt von Mombasa, Malindi, Dar-es-Salaam und zunehmend auch Sansibar. Mitunter gibt es Meldungen von Überfällen auf Busse aus den entlegenen Regionen im Norden Kenias in Richtung Somalia, wo dann nur im Konvoi gefahren wird. Auch nach Lamu fliegt man am besten.

Die Ursachen für die Kriminalität liegen bekanntermaßen im wirtschaftlich-sozialen Bereich: Viele Menschen strömen in die Städte, finden dort aber keine Arbeit; sie kämpfen um die nackte Existenz, ohne die soziale Kontrolle durch einen Familienverband zu haben. Wie wichtig gerade der letztgenannte Faktor ist, zeigt die Tatsache, dass die Verbrechensraten bei traditionsgebundenen städtischen Gemeinschaften wie Muslimen oder Indern selbst dann weit unter dem Durchschnitt liegen, wenn Armut herrscht.

Als Tourist läuft man vor allem Gefahr, Opfer von Diebstählen zu werden. Daher sollte man einsame Strände meiden, wertvolle Schmuckstücke am besten zu Hause lassen und Geld bzw. Reisekodumente stets verdeckt am Körper tragen oder im Hotelsafe deponieren. Größere Geldbeträge sollten nicht in der Öffentlichkeit gezeigt werden, am besten trägt man etwas Kleingeld in der Hosentasche. Vor allem im Gedränge sollte man auf der Hut sein.

Geschichten von ›armen Schülern‹ oder ›kranken Müttern‹ sind in aller Regel erlogen – wer es ehrlich meint, wäre zu stolz oder zu zurückhaltend, um einen fremden Weißen um Hilfe zu bitten. Phasenweise scheinen auch als Polizisten verkleidete Betrüger ihr Unwesen zu treiben. Sie geben sich als Polizist aus und versuchen, Reisenden ein Delikt anzuhängen; gegen ein bisschen *chai* (Bestechungsgeld) versprechen sie zu schweigen. Wichtig ist hier, dass man nie seinen Pass aus der Hand gibt (einzige Ausnahme ist der Zoll).

Sowohl Kenia als auch Tansania waren in den letzten Jahren Opfer von Terroranschlägen. Das Auswärtige Amt rät diesbezüglich, große Ansammlungen von Menschen zu meiden und verdächtiges Verhalten von Personen den örtlichen Polizei- oder Sicherheitsbehörden zu melden.

So dramatisch das alles klingen mag, Anlass zu Panik besteht nicht, wenn man gesunde Vorsicht walten lässt und sich situationsgerecht verhält. Aktuelle Hinweise zur allgemeinen Sicherheitslage findet man unter www.auswaertiges-amt.de, Stichwort Reise & Sicherheit.

# Trinkwasser

Als Trinkwasser sollte man immer das in Flaschen abgefüllte benutzen und darauf achten, dass der Verschluss noch intakt ist. Das Leitungswasser kommt oft aus veralteten Leitungen und entspricht nicht dem europäischen Hygienestandard (s. auch S. 103).

## Internetanschluss und Internetcafés

In Sachen Internet zeigt sich Ostafrika sehr fortschrittlich: In den Städten, in den Hotels entlang der Küste und sogar in vielen Lodges und Camps in den Naturschutzgebieten gibt es Anschluss an das weltweite Netz. In den Städten sowie dort, wo viele Hotels liegen, gibt es darüber hinaus Internetcafés, die wesentlich günstigere Tarife anbieten als die Hotels.

### Mit dem Laptop unterwegs

Die besseren Unterkünfte verfügen oftmals über Wireless-Anschlüsse. Auch in den Städten Nairobi, Dar-es-Salaam oder Arusha gibt es Möglichkeiten, etwa in Cafés, seinen Laptop zu benutzen. Wer nicht unbedingt muss, sollte seinen Laptop nicht mit auf Safari nehmen, denn der feine Staub und der Morgentau dringen möglicherweise ins Gehäuse.

## Post

Öffnungszeiten: Mo–Fr 8–11/12 und 14–17, Sa 8.30–11 Uhr; die Hauptpostämter in Mombasa und Nairobi öffnen auch über Mittag.

Postämter befinden sich in allen größeren Orten; Briefmarken sind häufig auch in Souvenirläden erhältlich, frankierte Post kann man in den meisten Hotels abgeben. Briefe und Karten sollten deutlich mit ›Air Mail‹ gekennzeichnet werden. Luftpost nach Europa benötigt 1–2 Wochen. Postlagernde Sendun-

**In Kenia und Tansania ist das Mobilnetz besser ausgebaut als das Festnetz**

gen aus der Heimat sind möglich, jedoch nicht unbedingt zuverlässig. In Tansania muss alles, was größer ist als ein Brief durch den Zoll, weswegen es zu langen Verzögerungen kommen kann.

# Fernsehen und Radio

Die Hotels sind meist mit Fernsehgeräten ausgestattet, und viele der größeren Hotels empfangen CNN und Deutsche Welle. Das Programm ist stark dem US-amerikanischen angelehnt. Es gibt Game Shows, Lifestyle-Serien und vor allem Seifenopern, sogar Reality TV. In ländlichen Regionen hat nicht jeder einen Fernseher oder gar Strom, in einer Lehmhütte wird man keinen Fernseher finden. Bei weltbewegenden Ereignissen, wie etwa die Fußball-WM, sieht man oft Trauben von Menschen vor Geschäften stehen, in denen ein Fernseher läuft. Aus einem Transistorradio folgt dann der Ton. Radios sind weit verbreitet. Mit einem Weltempfänger lassen sich auch deutschsprachige Programme hören.

# Telefonieren

Afrika ist der zurzeit weltweit am schnellsten wachsende Markt für Mobilfunk. In Kenia ist der Empfang fast überall (Ausnahme Nordkenia) gut, in Tansania gibt es noch einige weiße Flecken, im Großen und Ganzen aber ist das Mobilnetz wesentlich besser ausgebaut als das Festnetz. Sofern Ihr Handy weltweit kompatibel ist, können Sie aus Ostafrika Gespräche führen. Das hat natürlich seinen Preis, und wer öfter anrufen muss, kann sich sein Telefon freischalten lassen und eine SIM-Karte vor Ort kaufen (ab 3 US-$).

Wer vom Festnetz aus anrufen möchte, kann entweder Telefonkarten kaufen und in Postämtern telefonieren (Telefonzellen sind selten und funktionieren kaum). Andernfalls gibt es private Telefonzentren bzw. Internetcafés, von wo man aus günstiger als von den Hotels ins Ausland telefonieren kann. Hotels berechnen oftmals ein Gesprächsminimum von drei Minuten.

Die günstigste Methode ist es, über einen Internetanschluss zu telefonieren, etwa via Skype oder Messenger.

## Telefonvorwahlen (Landeskennzahlen)

für Deutschland +49
für Österreich +43
für die Schweiz +41
für Kenia +254
für Tansania +255

# Zeitungen, Zeitschriften

In **Kenia** erscheinen u. a. die englischsprachigen Tageszeitungen »Nation« (höchste Auflage), »Standard« und »Kenya Times« (gehört der Einheitspartei KANU). Daneben gibt es diverse Wochenzeitungen, z. B. »Weekly Review« oder »Coastweek« mit Informationen und Veranstaltungstips für Urlauber und Bewohner der Küstenregion. Letztere hat sogar einen deutschen Teil.

In **Tansania** erscheinen die englischsprachigen Tageszeitungen »Daily News« (www.dailynews-tsn.com) und »The Guardian« (www.ippmedia.com).

Die Wochenzeitung »East African« bringt Nachrichten aus Tansania, Kenia und Uganda. Sie lässt sich wie die meisten anderen Tages- und Wochenzeitungen im Internet einsehen (z. B. www.nationmedia.com/eastafrican).

In den Touristenzentren und Nairobi findet man auch deutschsprachige Zeitungen und Illustrierte. Nairobi gilt übrigens als Medienmetropole Afrikas: Hier arbeiten Korrespondenten aus über 150 (!) Nationen.

## Aussprache und Betonung

Die Aussprache von Kiswahili entspricht etwa der Schreibweise. Besonderheiten: dh oder th wie das englische ›th‹, gh wie ›ch‹ in Bach, j wie ›dj‹ in Job, z wie stimmhaftes ›s‹ in Summe, s wie ›ss‹ in Klasse, sh wie ›sch‹ in Schule, y wie ›j‹ in Jaguar. Betont wird die vorletzte Silbe.

## Allgemeines

| | |
|---|---|
| ich (bin) | mimi (ni) |
| du (bist) | wewe (ni) |
| er, sie es (ist) | yeye (ni) |
| wir (sind) | sisi (ni) |
| ihr (seid) | nyinyi (ni) |
| sie (sind) | wao (ni) |
| ich habe | nina |
| du hast, er/sie/es hat | u-na, a-na |
| wir haben, ihr habt | tu-na, m-na |
| sie haben | wa-na |
| ja | ndiyo |
| nein | siyo/hapana |
| klein/ein wenig | kidogo |
| groß | kubwa |
| und | na |
| sehr | sana |
| mehr | zaidi |
| gut/schön | nzuri |
| schlecht | mbaya |
| hier | hapa |
| Entschuldigung | samahani oder: pole |
| Vielen Dank! | asante sana! |
| Bitte! | tafadhali! |
| Wann? | Lini? |
| Wie? | Vipi? |
| o.k. | sawa |

## Auf Safari

| | |
|---|---|
| Auf geht's! | Twende safari! |
| Gute Reise! | Safari njema! |
| Komm! | Njoo! |
| Geh! | Enda! |
| Elefant | tembo |
| Flusspferd | kiboko |
| Gazelle | swala |

| | |
|---|---|
| Giraffe | twiga |
| Hyäne | fisi |

## Unterwegs

| | |
|---|---|
| Haltestelle | stesheni |
| Bus | basi |
| Auto | gari |
| Flugzeug | ndege |
| Tankstelle | kituo cha petroli |
| Benzin | petroli |
| links | kulia |
| rechts | kushoto |
| geradeaus | moja kwa moja |
| Auskunft | maelezo |
| Telefon | simu |
| Postamt | posta |
| Flughafen | uwanja wa ndege |
| Stadtplan | ramani ya mji |
| Eingang(stür) | (mlango wa) kuingia |
| (Es ist) geöffnet. | imefungua. |
| (Es ist) geschlossen. | imefunga. |

## Zeit

| | |
|---|---|
| jetzt | sasa |
| heute | leo |
| morgen | kesho |
| gestern | jana |
| morgens | asubuhi |
| mittags | adhuhuri |
| abends | jioni |
| nachts | usiku |
| langsam | pole pole |
| schnell | haraka, haraka |
| Wie viel Uhr ist es? | Saa ngapi? |

## Notfall

| | |
|---|---|
| Hilf mir! | Nisaidie! |
| Polizei | polisi |
| Arzt | daktari/mganga |
| Ich bin krank. | Mimi ni mgonjwa. |
| Ich habe Probleme mit … | Nina shida na … |
| Ich habe Fieber. | Nina homa. |
| … eine Entzündung. | … harara. |
| Apotheke | duka la madawa |

## Übernachten

| | |
|---|---|
| Hotel/Guesthouse | mahali pa kulala |
| Einzelzimmer | chumba cha mtu moja |
| Doppelzimmer | chumba cha watu wawili |
| mit zwei Betten | na vitanda viwili |
| mit/ohne Bad | na/bila chumba cha kuogea |
| Toilette | choo |
| Dusche | bomba la mvua |
| mit Frühstück | na chakula cha asubuhi |
| Halbpension | na chakula cha asubuhi na chakula cha jioni |
| Gepäck | mzigo |
| Rechnung | bili |

## Einkaufen

| | |
|---|---|
| Geschäft | duka |
| Markt | soko |
| Lebensmittel | chakula |

| | |
|---|---|
| Geld | pesa |
| teuer | ghali |
| billig | rahisi |
| Ich möchte bezahlen. | Nataka kulipa. |

## Zahlen

| | | | |
|---|---|---|---|
| 0 | sifaru | 16 | kumi na sita |
| 1 | moja | 17 | kumi na saba |
| 2 | mbili | 18 | kumi na nane |
| 3 | tatu | 19 | kumi na tisa |
| 4 | nne | 20 | ishirini |
| 5 | tano | 21 | ishirini na moja |
| 6 | sita | 30 | thelathini |
| 7 | saba | 40 | arobaini |
| 8 | nane | 50 | hamsini |
| 9 | tisa | 60 | sitini |
| 10 | kumi | 70 | sabini |
| 11 | kumi na moja | 80 | themanini |
| 12 | kumi na mbili | 90 | tisini |
| 13 | kumi na tatu | 100 | mia |
| 14 | kumi na nne | 150 | mianahamsini |
| 15 | kumi na tano | 1000 | elfu |

## Die wichtigsten Sätze

### Allgemeines

| | |
|---|---|
| Verstehen Sie … | Unafahamu … |
| … Deutsch/ | … Kijerumani |
| … Englisch? | … Kingereza? |
| Ich verstehe nicht. | Sikufahamu. |
| Sprich bitte langsam. | Sema pole pole, ta fadhali. |
| Ich möchte … | Napenda … |
| Ich möchte nicht … | Sipendi … |
| Wie heißen Sie? | Jina lako gani? |
| Ich heiße … | Jina langu … |
| Wie geht es Dir/Ihnen? | Jambo! (auch Hujambo!) |
| Mir geht es gut. | Jambo. (Sijambo.) |
| Kein Problem! | Hakuna matata! |
| Willkommen! | Karibu |
| Auf Wiedersehen! | Kwaheri! |
| Bis bald! | Tutaonana (baadaye)! |

### Unterwegs

| | |
|---|---|
| Ich möchte nach … | Nataka kwenda … |
| Wo ist bitte …? | … iko wapi? |
| Könnten Sie mir bitte … zeigen? | Je, unaweze kunionyesha …? |

### Notfall

| | |
|---|---|
| Bitte helfen Sie mir! | Tafadhali unanisaidie! |
| Rufen Sie einen Arzt! | Umwite daktari! |
| Gefahr | hatari |
| Wo ist ein Krankenhaus? | Hospitali iko wapi? |
| Hier tut es weh. | Inaumwa sana hapa. |
| Wo ist die Toilette? | Choo kiko wapi? |

### Einkaufen

| | |
|---|---|
| Was ist das? | Ni nini? |
| Wie viel kostet das? | Shillingi ngapi? |
| Ich brauche … | Nahitaji … |

# Glossar

*Airstrip* (engl.) – Flugfeld für kleinere Maschinen

*askari* – Wachmann, Soldat

*Banda* – Chalet im lokalen Stil mit Makuti-Dach (kann einfach, aber auch luxuriös sein)

*Beachboys* (engl.) – Strandverkäufer in den von Touristen viel frequentierten Küstenorten (s. S. 103)

*boma* – erste Bedeutung: traditionelle Behausung; zweite Bedeutung: ehem. deutsches Kolonialhauptquartier

*bui-bui* – von muslimischen Frauen auf der Straße über der Kleidung getragener schwarzer Umhang

*chai* – erste Bedeutung: Tee; zweite Bedeutung (in Kenia): Schmiergeld (s. S. 105)

*Dalladall*a – in Tansania gebräuchlicher Ausdruck für *Matatu* (s. dort)

*Dhau* (engl.: *dhow*) – an der Küste verbreiteter Typ von Segelboot

*driver* (engl.) – Fahrer, ein wichtiger und angesehener Beruf

*duka* – (jede Art) Kiosk oder Geschäftslokal

*expat* (engl.) – kurz für *expatriate* (Ausländer)

*flycatcher* (engl.) – jemand, der Safaris oder Ausflüge auf der Straße verkauft; solchen verlockenden Angeboten sollte man tunlichst widerstehen! (s. auch S. 87)

*Guide* (engl.) – Begleiter (eher Führer), ohne den kein Ausflug möglich ist

*fundi* – Arbeiter

*game drive* (engl.) – Pirschfahrt, Tierbeobachtungsfahrt

*Gate* (engl.) – Zugang, Tor (z. B. zu Nationalparks)

*hela* – umgangssprachlich: Geld (abgeleitet von dt. ›Heller‹)

*hoteli* – sehr einfache Speisegaststätte (s. auch S. 97)

*jua kali* – Bezeichnung für den informellen Sektor der Wirtschaft, z. B. Straßenhändler, Marktleute

*kanga* – bunt bedrucktes Baumwolltuch, vielseitiges Kleidungsstück der Frauen (s. S. 272 f.)

*kaskazi* – Nordostmonsun; s. auch *kuzi*

*Kenya cowboy* – Nachkomme weißer Siedler in Kenia

*kikoi* – Baumwolltuch, das von Männern um die Hüfte getragen wird

*kitenge* – Baumwolltuch (ähnlich *kanga*)

*kofia* – von muslimischen Männern getragene Kopfbedeckung, eine Art Kappe

*kuzi* – Südostmonsun; s. auch *kaskazi* und S. 109 f.

*Makuti-Dach* – meist steiles Dach aus getrockneten Kokospalmblättern

*manyatta* – traditionelle Häuser der Massai und Samburu

*Matatu* – Kleinbus oder Pick-up, das wichtigste Transportmittel im Nahverkehr; wird in Tansania auch *Dalladalla* genannt (s. dort) *mira'a* – Blätter eines Baums, die als Stimulans gekaut werden

*mitumba* – Secondhand-Kleidung

*mzungu* (Singular) – Weiße(r)

*Safari* – (jede Art von) Reise (z. B. heißt *safari njema!* Gute Reise!)

*shamba* – kleines Feld, auf dem Gemüse für den Eigenbedarf angebaut wird

*shillingi* – Geld; abgeleitet von der Landeswährung Kenyan Shilling (KSh) bzw. Tanzanian Shilling (TSh)

*shuka* – Umhang der Samburu

*soko* – Markt

*Sundowner* (engl.) – der kleine Drink zum Sonnenuntergang, oft gekoppelt an eine Pirsch- oder eine Bootsfahrt.

*Tilapia* – im Victoriasee heimische Buntbarsche

*Tingatinga* – eine bestimmte, naive Malkunst, die man häufig in Tansania findet,

*TukTuk* – Moped mit überdachter Sitzbank für zwei Personen, z. B. in Nairobi, Machakos und Mombasa eine Alternative zu *Matatus* und Taxis, der Fahrpreis zwischen beiden

*wabenzi* – Angehöriger der High Society (abgeleitet von ›Mercedes-Benz-Fahrer‹)

*wazungu* (Plural) – Weiße (s. *mzungu*)

**Typisch für die Küste, auch bei Hotelbauten, sind Makuti-Dächer**

Mit der traditionellen Dhau segelt es sich gut im Archipel vor Kenias Küste

# Unterwegs in
# Kenia und Tansania

Heiliger Berg: Mt. Kenya

# Nairobi und das Hochland von Kenia

▲ Mt. Kenya
5199 m

● Nairobi

## Menschengewimmel, Heiliger Berg und endlose Savanne

Wer behauptet, Kenias Höhepunkte seien allein ›Beach & Bush‹, also Strand und Savanne, der irrt – oder hat bisher den Blick ins Herz des Landes verpasst.

Und ein pulsierendes Herz schlägt in Nairobi und dem Hochland! Hier wird die Politik Kenias bestimmt, hier strömen Menschen aller Hautfarben, Kulturen und Sprachen zusammen – und das seit ewigen Zeiten, auch als die jetzt als einheimisch geltenden Gruppen der verschiedensten Völker durch das östliche Afrika wanderten. Bei der Suche nach neuen Weidegründen und nach fruchtbarem Boden, in der Unzufriedenheit mit der eigenen Lebenssituation, ist das Verdrängen der einen und das Hereinströmen der anderen ein ewiger Prozess in der Menschheitsgeschichte.

Viele haben ihre Spuren hinterlassen, manche sind vergessen worden, neue Spuren kommen hinzu. Gegensätze prägen die Gegenwart: Großstadtmoloch und friedlich stiller Heiliger Berg, Autokarawanen und einsame Wanderungen, untätig auf das Glück Wartende und tatkräftig Anpackende mit Ideen. Die Chancenlosigkeit derer, die nichts haben, existiert neben maßlosem Wohlstand bei denen, die anhäufen, Gewalt in Familien und auf Straßen neben friedlichem Miteinander in Häusern und auf Plätzen, hilfsbereite Menschen, die man unterwegs trifft, zeigen dem Fremden den Weg.

Die Zentralprovinz ist ein guter Ausgangspunkt für Erkundungen des Landes. Beginnen Sie Ihren Urlaub also in der Hauptstadt, in Nairobi: Dann kennen Sie das urbane Kenia, bevor Sie in die Wildnis aufbrechen. Akklimatisieren Sie sich hier im Hochland, und das nicht nur in Bezug auf das Wetter. Machen Sie sich vertraut mit Traditionen, Sitten und Gebräuchen, lassen Sie sich nicht verschrecken von Nichtnachvollziehbarem, von Unbekanntem.

Wer neugierig ist auf das, was sich im Zentrum Kenias erleben lässt, wird berührt sein und wiederkommen, um beim nächsten Be-

such möglicherweise in andere Richtung aufzubrechen.

Unsere *safari* (Kiswahili für Reise) führt durch **Nairobi**, zeigt die Facetten dieser ungewöhnlichen Metropole und erkundet die nahe Umgebung in Tagesausflügen.

Wir reisen entgegen dem Uhrzeigersinn um den Heiligen Berg, der dem Land den Namen gab: **Mt. Kenya**. Nicht nur für Wanderfreudige und Kletterbegeisterte ist der 5199 m hohe Bergriese ein lohnendes Ziel. Von dort sehen wir Höhenzüge, Städte und Hochebenen in der Ferne, die wir besuchen werden.

Kleinere und größere Sehenswürdigkeiten auf unserem Weg bieten interessante Einblicke in die Geschichte des Landes, das so eng mit seiner Landschaft verbunden ist. In dem Augenblick, da wir das erste Mal die hier heimischen frei lebenden Tiere sehen, spüren wir, dass wir wirklich in Afrika angekommen sind.

Wir treffen zusammen mit Kenianern der verschiedensten Ethnien, wir kommen in Kontakt mit anderen *wazungu* (Kiswahili für Weiße) – und wir lernen unsere ersten Worte in Kiswahili, der Verkehrssprache des Landes, wenn ein freundliches »Jambo!« (sei gegrüßt!) uns entgegenschallt und wir noch etwas zögerlich vielleicht mit »Jambo!« (sprich: dschambo) antworten.

## Highlights

**1** **Nairobi:** Die grüne hügelige Stadt ist nicht nur ein Schmelztiegel der Kulturen, sondern bietet auch einen interessanten Mix aus Natur und Geschäftsleben, Kultur und Kunst (s. S. 126 ff.).

**2** **Laikipia-Plateau:** Die Hochlandsavanne wirkt wie eine Oase für Mensch und Tier, Afrika, wie wir es in Träumen und Filmen sehen (s. S. 154 ff.).

**3** **Mt. Kenya National Park:** Der Heilige Berg fasziniert Naturliebhaber, Wanderer und Kletterer (s. S. 156 ff.).

## Richtig Reisen-Tipps

**Art Safari – Auf Kunstpfaden unterwegs in Nairobi:** Auf Kunstpfaden unterwegs in der Metropole – ein Muss für Künstler, Kunstliebhaber und Sammler (s. S. 136 f.).

**Auf dem Drahtesel zu Giraffen und Zebras:** Es ist ein unvergessliches Erlebnis, im Hell's Gate National Park mit dem Fahrrad unterwegs zu sein (s. S. 147).

**Wildwasserrafting in den Strudeln von Tana und Sagana River:** Kaum zu beschreiben, man muss es erleben, in schlingernden Schlauchbooten oder wackelnden Kanus wilde Flüsse hinabzuschießen (s. S. 152).

**Hoch zu Ross durch die Savanne:** Bei einer geführten Reitsafari kommt es zu eindrucksvollen Begegnungen mit Wildtieren (s. S. 154).

## Empfehlenswerte Route

**Ring Road Mt. Kenya:** Die rund 250 km lange Strecke um den höchsten Berg Kenias lädt zu einer traumhaften Reise durch friedliche Landschaften ein (s. S. 151 f.).

## Reise- und Zeitplanung

Für **Nairobi** sollte man mindestens zwei Tage Aufenthalt einplanen, im **Hochland** kann man mit verschiedensten Ausflügen gut eine Woche verbringen. Eine Wanderung im **Mount-Kenya-Massiv** nimmt vier bis fünf, besser sechs Tage in Anspruch.

## Klima und Reisezeit

Aufgrund der Höhenlage ist das Klima angenehm. Nairobi und das Hochland von Kenia lassen sich das ganze Jahr über gut bereisen, lediglich in den Regenzeiten kann es lokal zu Einschränkungen kommen.

Wer Kenia kennenlernen möchte, muss auch die Hauptstadt Nairobi besuchen. Afrikanische, indische, arabische und europäische Kulturen treffen hier zusammen und prägen eine faszinierende, spannungsvolle Metropole, die gelebt und entdeckt werden will. Wo sonst auf der Welt erlebt man ruhelose Geschäftswelt und gemächlich grasende Giraffen so dicht beieinander?

## 1 Nairobi

**Reiseatlas:** S. 12, E 1

Eine Stadt, die vor 100 Jahren noch nicht bekannt, geschweige denn als solche erkennbar war, die heute mit ihrer multikulturellen Lebendigkeit faszinierend und zugleich mitunter auch beängstigend auf den Neuankommenden wirkt – das ist Nairobi.

### Stadtgeschichte

Die Massai, die mit ihren Rinderherden traditionell auch durch diese Gegend zwischen Hochland und Savanne zogen, nannten den Platz ›Ort des kühlen Wassers‹, *enkare nairobi*, und die ersten weißen Siedler wussten ihn als klimatisch angenehmen Hochlandwohnsitz zu schätzen. Entstanden um 1900 als günstiger Stützpunkt an der seit 1896 im Bau befindlichen Eisenbahnstrecke, die die Hafenstadt Mombasa mit dem afrikanischen Hinterland bis Uganda verbindet, entwickelte sich der Ort zum Verwaltungssitz und zum Verkehrszentrum Ostafrikas. Die Fernstraße Great North Road, die zumindest gedanklich Nord- und Südafrika verbindet, und der tatsächlich existierende Trans Africa Highway von Ost- nach Westafrika, der von Mombasa nach Lagos (Nigeria) führt, treffen hier aufeinander. Der internationale Flugplatz Jomo Kenyatta Airport, benannt nach Kenias erstem Präsidenten, gilt heute als das ostafrikanische Luftverkehrskreuz.

Zwei wichtige UN-Institutionen, UNEP (Umweltschutzorganisation der UN) und UN-Habitat (Wohn- und Siedlungsprogramm der UN), haben in Nairobi ihren Sitz, ebenso zahlreiche Nichtregierungsorganisationen (NROs) und internationale Firmen. So leben Menschen aller Hautfarben, Kulturen und verschiedenster Heimatländer in Nairobi. Ein Erbe vergangener Zeiten prägt noch immer das Leben: Ethnische Gruppe und sozialer Status bestimmen weitgehend das Wohnviertel – und damit auch die Lebenswelt.

### Orientierung

Der Nairobi River teilt die Stadt von Nordwest nach Südost. Im Norden sowie im westlichen und südlichen Teil – also etwa auf 80 % der Stadtfläche – haben vorwiegend Angehörige der Oberklasse und *residents* (ausländische Bewohner) ihre luxuriösen Grundstücke, z. B. in Gigiri, Muthaiga, Westlands, Karen. Hier findet man auch die meisten exklusiven Hotels und Restaurants. Im Osten und Südosten, in Eastleigh und Mathare Valley, hingegen wohnen eher die ärmeren Schichten der stetig wachsenden Bevölkerung. Afrikas größter Slum, Kibera, befindet sich im Südwesten an der Eisenbahnstrecke Richtung Ngong. Täglich strömen neue Bewohner aus allen Landesteilen in die Hauptstadt, in der Hoffnung auf eine Arbeit u. a. als Schuhputzer, Straßenhändler oder *fundi* (Allroundhandwerker). Immer schneller entstehen

Wellblechhütten und einfachste Behausungen; wenige Quadratmeter, die sich meist mehrere Leute aus einem Dorf teilen.

Dennoch oder gerade deshalb: Nairobi hat viele reizvolle Seiten, und mit wachen Augen, Ohren und sensiblem Herzen kann man diese Metropole mit all ihren starken Kontrasten entdecken.

## Die Innenstadt
## zwischen KICC und Bahnhof

Die Innenstadt von Nairobi ist zu Fuß gut zu erkunden: Zwischen der westlichen Achse Uhuru Highway und der östlich gelegenen Tom Mboya Street liegen nicht nur etwa 30 Gehminuten, sondern auch das moderne Geschäfts-Banken-Restaurant- und Hotel-Viertel. Südlich begrenzt wird es durch die Haile Selassie Avenue mit Bahnhof und Busbahnhöfen, nördlich durch den University Way.

Am besten beginnt man am City Square mit dem in den 1970er-Jahren errichteten **Kenyatta International Conference Center**

**(KICC)** **1** . Vom Dach des 105 m hohen markanten Turmes, von der 29. Etage, hat man einen imposanten Blick über die Stadt und ihre grüne Umgebung. Prägt man sich die architektonisch sehr unterschiedlichen Hochhäuser der City ein, fällt anschließend die Orientierung leichter (Harambee Avenue, Tel. 020-24 72 77, www.kicc.co.ke, Mo–Fr 8–18, Sa/So 8–17 Uhr, Erw. 400 KSh, Kinder 200 KSh). Durch den nördlichen Ausgang des KICC gelangt man zum **City Square.** Hier steht das Denkmal des Staatsgründers Jomo Kenyatta, sein Blick ruht auf dem in der Parliament Road gegenüber liegenden **Parlamentsgebäude** **2** mit dem Uhrturm. Nach Voranmeldung können Besucher bei den Sitzungen zusehen (Tel. 020-22 12 91). Im Parlamentsgarten befindet sich das **Kenyatta-Mausoleum** **3** , Jomo Kenyattas letzte Ruhestätte.

Folgt man dem City Hall Way nach Osten, gelangt man, vorbei am Rathaus und dem klassizistischen Gerichtsgebäude des Low

**Vom KICC hat man den besten Überblick, hier auf Parlament und Uhuru-Park**

## Mit der Autorin unterwegs

### Erlebenswertes

**KICC** – der tollste Blick über die Stadt und das Umland bietet sich vom Dach des Konferenzzentrums. Mit dem Fahrstuhl geht es in die 27. Etage, dann zu Fuß noch höher (s. S. 127).

### Kulturelles

In der **Alliance Française** (s. S. 132) gibt es nicht nur ein kleines französisches Terrassencafé, sondern auch Ausstellungen kenianischer Künstler, Kino und Konzerte.

### Pflanzliches

Geheimtipp für Baumfreunde ist das **100-jährige Arboretum**. Die Oase mit urigen Bäumen verschiedenster Herkunft, turnenden Meerkatzen und zahlreichen Singvögeln eignet sich auch zum Picknick (s. S. 132 f.).

### Tierisches

Verwaiste Elefanten- und Nashornbabys werden im **David Sheldrick Wildlife Trust** (s. S. 134) aufgezogen und auf ein Leben in der freien Wildbahn vorbereitet.

### Kulinarisches

Im **Bridges** werden typisch kenianische Gerichte serviert – das Restaurant ist der Spezialist für afrikanische Öko-Kost und die besten frischen Obst- und Gemüsesäfte (s. S. 139).

Court, auf dessen Parkplatz einmal in der Woche ein Massai-Markt stattfindet (Sa 9–17.30 Uhr), zur Moi Avenue. An der Ecke steht der Rundbau des **Hilton Hotel,** und auf der anderen Seite der belebten Tom Mboya Street erblickt man die strenge Fassade der **National Archives** **4** (Mo–Sa 8–17 Uhr, Eintritt frei), dessen Fotogalerie interessante Blicke in die Geschichte Nairobis gewährt. Hinter dem Gebäude in östlicher Richtung erstreckt sich das afrikanisch-muntere **River Road Viertel** mit Busplätzen, Matatu-Statio-

nen, einfachen Unterkünften, Restaurants, preiswerten Geschäften und den zahlreichen Straßenhändlern.

Geht man vom Hilton Hotel aus die Kimathi Street entlang, kommt man nach wenigen Metern zum **Hotel The Sarova Stanley** **5** (erbaut 1902) mit seinem legendären Thorn Tree Café. Die oft beschriebene urige Akazie inmitten des Cafés, die Siedlern und Reisenden ewige Zeiten als Info›brett‹ diente, musste 1998 durch einen jungen Baum – gepflanzt vom Paläontologen Richard Leakey – ersetzt werden. Im Gegensatz zum Hotel ist die Atmosphäre im Café weder gemütlich noch historisch, es ist einfach ein Café.

Man überquert die von Palmen gesäumte mehrspurige Kenyatta Avenue und sieht rechter Hand das **Nation Building** mit seinen grauweiß gestreiften Rundtürmen. Das Gebäude ist u. a. Sitz der auflagenstärksten englischsprachigen kenianischen Tageszeitung, »Nation«. Von dort gelangt man in die Banda Street mit dem imposanten neoklassizistischen Gebäude der **McMillan Library** **6** (Mo–Fr 10.30–17 Uhr für jedermann geöffnet). Direkt daneben kann man die Kuppeln, Türmchen und Verzierungen der in den 30er Jahren des 20. Jh. erbauten **Jamia-Moschee** **7** bewundern. Nicht-Muslime sind als Besucher unerwünscht.

Von der Muindi Mbingu Street kommt man in die tonnenartige Halle des **City Market** **8** (Mo–Fr 8–17.30, Sa 8–14 Uhr). Die beiden Seiteneingänge beherbergen Fleisch-, Geflügel- und Fischverkäufer; im geräumigen Mittelteil findet man Meere von Blumen sowie Obst- und Gemüsestände, auf einer höher gelegenen Galerie Kunsthandwerk, Schmuck und Musikinstrumente. Wer genügend Zeit hat, sollte seine Mitbringsel jedoch nicht hier kaufen, die Preise sind stark überhöht, sondern eher auf den Märkten (s. S. 140). Wenn man sich durch die Händler am Hinterausgang hindurchgeschlängelt hat, steht man in der Koinange Street, in die man nach rechts

**Gut informiert sein ist alles – über den Dächern der Metropole Nairobi**

## Nairobi und Umgebung

einbiegt. In der Tubman Road gibt es das Restaurant Bridges, das durch die frischen Obst- und Gemüsesäfte, die Vielfalt afrikanischer Speisen und eine lichte offene Gestaltung besticht. Das Restaurant verarbeitet Produkte aus kenianischem Ökolandbau.

Die **Biashara Street** bietet einen Eindruck der in diesem Viertel von indischen Händlern geprägten Architektur: Säulenarkaden vor den Geschäften, die speziell in dieser Straße Tuche, Stoffe, Kleidung und alles, was zum Nähen gebraucht wird, anbieten. Auch hier gilt es, die Preise auszuhandeln.

Setzt man den Weg auf der Moi Avenue nach links fort, kommt man am **Jevanjee Garden** 9 vorbei, wo man bereits von Weitem die unzähligen lautstarken Prediger Bibelverse zitieren und ihre Gospel singen hört.

Dienstags sollte man unbedingt nach rechts in die **Slip Road** abbiegen: Von hier bis zum Globe Roundabout zieht sich auf unwirtlichem Gelände der große **Massai-Markt** 10 hin. Ein buntes Treiben von Künstlern, Händlern (nicht alle sind wirkliche Massai!) und um jeden Schilling feilschende Käufer, nimmt einen schnell gefangen. Dazwischen trifft man auf bettelnde Mütter mit Babys und Klebstoff schnüffelnde Kinder. Wenn man hier einkaufen will, ist es ratsam, sein Geld in kleinen Scheinen griffbereit zu haben.

Bummelt man die Harry Thuku Road entlang vorbei an der **Universität** 11, erreicht man linksseitig das 1952 erbaute **National Theatre** 12. Es verfügt über kein festes Ensemble, bietet aber immer wieder interessante Musik-, Tanz- und Theaterveranstaltungen. Die Räume werden genutzt vom Konservatorium, das neben afrikanisch traditionellem Musik- und Tanzunterricht auch Kenntnisse in europäischen klassischen Instrumenten vermittelt und sogar über ein Nationalorchester verfügt. Das Haus dient auch als **Kenya Cultural Centre** (s. S. 141). Vom Platz mit dem aus Shakespeares Garten stammenden alten Rosmarinstrauch lohnt der Blick auf die andere Straßenseite: Eines der ältesten Hotels der Stadt (1904), das **Norfolk Hotel** 13, bietet seine Fachwerkfassade und seine einladende Terrasse zum Schnup-

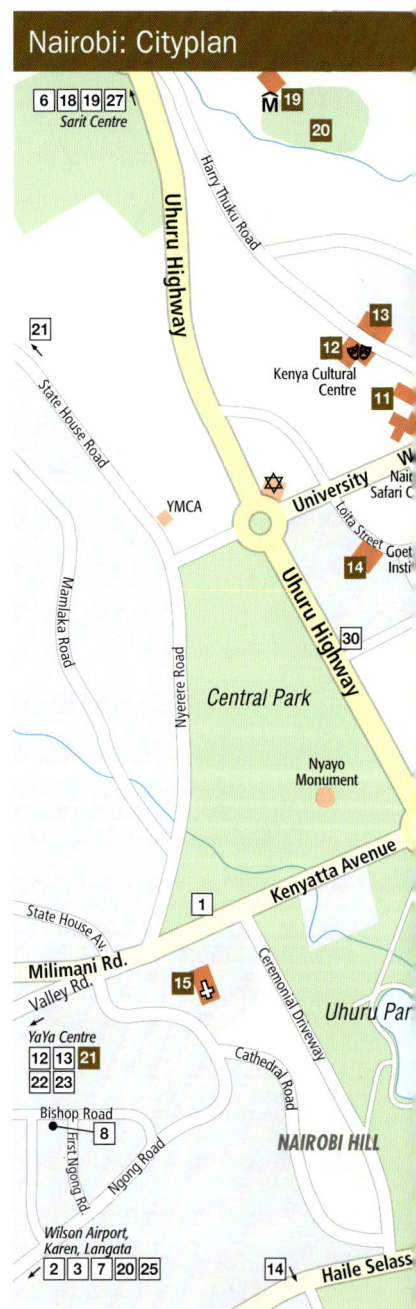

Nairobi: Cityplan

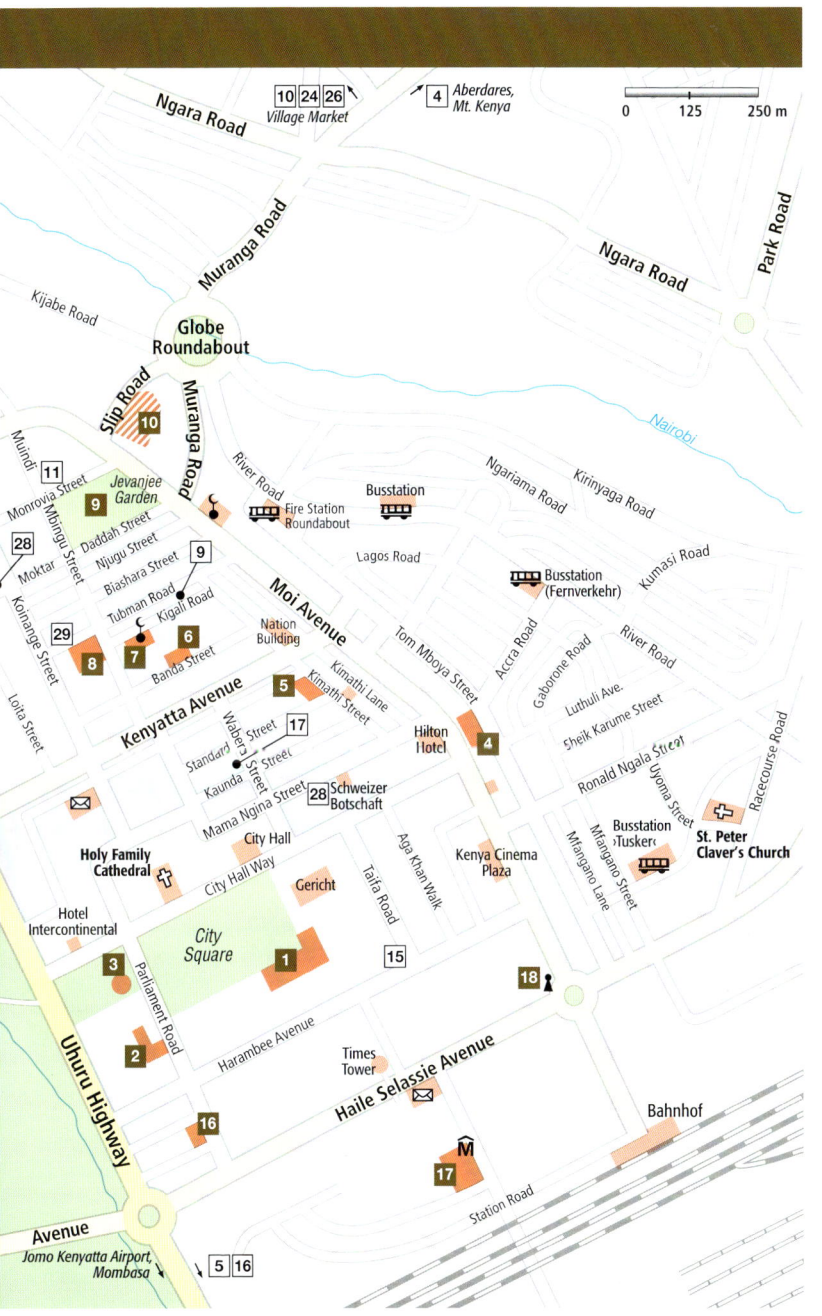

Ngara Road

10 24 26
Village Market

4 Aberdares,
Mt. Kenya

0    125    250 m

Muranga Road

Ngara Road

Park Road

Kijabe Road

Globe
Roundabout

Slip Road

Muranga Road

Nairobi

Muindi

11

Jevanjee
Garden

9

Monrovia Street

Mbingu Street

Daddah Street

Njugu Street

Biashara Street

28

River Road

Ngariama Road

Kirinyaga Road

Fire Station
Roundabout

Busstation

Lagos Road

Busstation
(Fernverkehr)

Kumasi Road

River Road

Moktar

Tubman Road

Kigali Road

9

Moi Avenue

Tom Mboya Street

Accra Road

Gaborone Road

Koinange Street

29

8

7

6

Banda Street

Nation
Building

Kenyatta Avenue

Kimathi Lane

Kimathi Street

Luthuli Ave.

Sheik Karume Street

Ronald Ngala Street

Uyoma Street

Racecourse Road

Lofta Street

5

Wabera Street

17

Standard Street

Hilton
Hotel

4

Kaunda Street

28 Schweizer
Botschaft

Mama Ngina Street

Aga Khan Walk

Kenya Cinema
Plaza

Busstation
›Tusker‹

Mfangano Street

Mfangano Lane

St. Peter
Claver's Church

Holy Family
Cathedral

City Hall

City Hall Way

Gericht

Taifa Road

Hotel
Intercontinental

3

City
Square

1

15

18

2

Parliament Road

Harambee Avenue

Times
Tower

Haile Selassie Avenue

Bahnhof

16

Uhuru Highway

M

17

Station Road

Avenue

Jomo Kenyatta Airport,
Mombasa

5 16

## Nairobi und Umgebung

pern kolonialer Luft an. Der grüne Innenhof mit Gartencafé erinnert an die Zeiten von Karen Blixen und Lord Delamere, die Restaurantpreise sind moderater, als zu erwarten.

Wer zum Ausgangspunkt zurück will, sollte über den University Way in die Loita Street zur **Alliance Française** 14 gehen. Das Französische Kulturzentrum bietet sehenswerte Ausstellungen und ein kleines feines Gartencafé Köstlichkeiten der französischen Küche. Es werden Kinofilme gezeigt (s. S. 141) sowie abends regelmäßig Konzerte und Theaterstücke von kenianischen und internationalen Künstlern. Besonders erlebenswert sind die Highlights of Kenyan Music im Garten (Tel. 020-34 00 54, info@alliancefrnairobi.org).

Überquert man den Uhuru Highway, gelangt man in den nördlichen Teil des **Uhuru Parks.** Vorbei am zentral gelegenen Serena Hotel, gelangt man über die Kenyatta Avenue hinweg zu dem imposanten neugotischen Kirchenbau der **All Saints Cathedral** 15 (Tel. 020-72 31 26, www.allsaintsnairobi.org), in der oft Konzerte stattfinden. Im südlichen Parkteil lädt eine große Tribüne mit natürlichen Sitzterrassen zu Freiluftveranstaltungen, wie Gottesdiensten, Konzerten, Artistik, ein. Von den oberen Terrassen genießt man den Blick hinüber zum innerstädtischen Panorama. Durch die Parliament Road kehrt man auf den City Square zurück.

Wer noch gut zu Fuß ist, geht weiter zur Haile Selassie Avenue. Dabei sollte man auf der rechten Seite das **Professional Centre** 16 nicht übersehen und für den Abend vormerken. Im Keller hat die freie, aber professionell agierende Theaterkompanie **The Phoenix Players** seit rund zehn Jahren ihr Domizil. Die Gruppe gibt es seit mehr als 45 Jahren, gespielt wird auf Englisch. Jedes Jahr kommen etwa 15 eigene Produktionen auf die Bühne. Highlight 2005 war Der Hauptmann von Köpenick, zusammen aufgeführt mit der Theatergruppe der Deutschen Schule Nairobi (Tel. 020-22 55 06, www.phoenix players.net, Eintritt 650 KSh; gespielt wird Mi–Sa).

Linksseitig geht man dann die verkehrsreiche Haile Selassie Avenue entlang, über die Fußgängerbrücke am Times Tower zum **Railway Museum** 17 (tgl. 9–17 Uhr, 200 KSh). Die Geschichte der Uganda-Bahn und damit die Geschichte Kenias, kann anhand interessanter Fotografien und Karten lebhaft nachvollzogen werden. Ausgediente Dampflokomotiven stehen im Freien und lassen Nostalgikerherzen höher schlagen.

Gleich nebenan ist der **Bahnhof.** Wer eine Zugreise plant, sollte sich dort rechtzeitig eine Fahrkarte für die 1. oder 2. Klasse besorgen. Nur alle zwei Tage geht es nach Mombasa und Kisumu, für jede Strecke muss man etwa 12 Stunden Fahrtzeit über Nacht rechnen. Die Landschaften sind abwechslungsreich: Richtung Mombasa führt ein gutes Stück Strecke durch den Tsavo National Park, man kann in den frühen Morgenstunden auch Wildtiere sehen! Und nach Kisumu fährt man durch das imposante Rift Valley. Ein solches Erlebnis ist durchaus reizvoll für den, der Zeit und Muße hat.

Auf der anderen Seite des Kreisverkehrs findet man eine kleine **Gedenkstätte** 18 . An dieser Stelle stand bis zum Bombenattentat am 7. August 1998 die **US-amerikanische Botschaft**. Mehr als 250 Menschen kamen damals ums Leben.

Zum **Kenya National Museum** 19 (Museum Hill, Tel. 020-374 21 31, www.muse ums.or.ke) auf einem Hügel nimmt man am besten ein Taxi. Aufgrund umfassender Restaurierungsarbeiten ist das Museum allerdings bis mindestens Mitte 2007 geschlossen. Beeindruckende und z. T. einmalige prähistorische, ethnologische, naturkundliche und historische Sammlungen erwarten den interessierten Besucher dann in neuer würdiger Form. Im angrenzenden **Snake Park** 20 sind vorwiegend afrikanische Reptilien zu betrachten (tgl. 9.30–18 Uhr, Erw. 800 KSh, Kinder 400 KSh).

Als immergrüne Frischluftoase der abgasbelasteten Stadt liegt das **Arboretum** 21 (tgl. 6–18 Uhr, Eintritt frei, jeden zweiten Samstag Führungen um 9.30 Uhr) zwischen Statehouse und Kileleshwa Police Station. Die Anlage mit 100-jährigen Bäumen ist am günstigsten mit dem Taxi zu erreichen (oder

## Nairobi: Cityplan

### Sehenswürdigkeiten

1. Kenyatta International Conference Centre (KICC
2. Parlamentsgebäude
3. Kenyatta-Mausoleum
4. National Archives
5. Hotel The Sarova Stanley/Thorn Tree Café
6. McMillan Library
7. Jamia-Moschee
8. City Market
9. Jevanjee Garden
10. Massai-Markt
11. Universität
12. National Theatre
13. Norfolk Hotel
14. Alliance Française
15. All Saints Cathedral
16. Professional Centre
17. Railway Museum
18. Gedenkstätte US-Botschaft
19. Kenya National Museum
20. Snake Park
21. Arboretum

### Übernachten

1. Nairobi Serena Hotel
2. The Giraffe Manor
3. Karen Blixen Coffee Garden & Cottages

4. Windsor Golf Hotel & Country Club
5. Panari Hotel
6. Jacaranda Hotel
7. Macushla House
8. Fairview Country Hotel
9. Jamiat Hotel
10. Ascania B&B
11. Parkside Hotel
12. Nairobi Backpackers
13. Nairobi International Youth Hostel
14. Upperhill Campsite & Backpackers

### Essen und Trinken

15. Tamarind
16. Pampa Churrascaria
17. Trattoria
18. Minar
19. Haandi
20. Horseman
21. The Lord Erroll
22. Alan Bobbés Bistro
23. The Cellar
24. La Dolce Vita
25. Talisman
26. The Ro-Ro
27. Le Rustique
28. Nairobi Java House
29. Bridges
30. Haabesha II

Bus 48 ab Latema Road). Am Haupteingang, Arboretum Drive, befindet sich ein kostenpflichtiger bewachter Parkplatz. Dort sind auch Handzettel mit Hinweisen zum Wegesystem und mit interessanten Informationen zu Pflanzen und Tieren erhältlich. Beachtenswert sind die Verhaltensregeln innerhalb des Parks, die sich durchaus von den in Europa üblichen Gepflogenheiten unterscheiden: Händchenhalten, Küssen oder gar auf einer Decke liegen sind in der Öffentlichkeit untersagt, und Verstöße werden streng geahndet. Sonntags treffen sich in dem Park religiöse Gruppen und halten ihren Gottesdienst dort im Freien ab.

### Westlands, Hurlingham, Gigiri

Im Mittelpunkt von Nairobis luxuriösen Wohnvierteln Westlands, Hurlingham, Gigiri befinden sich moderne Hotels und Einkaufszentren mit sicheren, ausreichend vorhandenen Parkplätzen, Verweilecken mit Cafés und Restaurants, Kino oder anderen Unterhaltungsangeboten sowie diversen Geschäften – sie sind Treffpunkt und Bummelmeilen beinahe rund um die Uhr. Im Preisniveau liegen sie zumeist über Geschäften des Stadtzentrums, einiges ist jedoch ausschließlich oder, zumindest in für Europäer gewohnter Qualität, nur hier zu finden. Die Einkaufszentren sind mit eigenem Auto, Taxi und öffentlichen

# Nairobi und Umgebung

Verkehrsmitteln gut erreichbar. Wer sich über Veranstaltungen, Kurse und Verkaufsangebote aller Art informieren will, hat hier ebenfalls sehr gute Chancen, an den Info-Wänden das Richtige zu finden (Öffnungszeiten, Anfahrt s. auch S. 139).

In Westlands liegt das **Sarit Centre,** 1983 am Waiyaki Way errichtet (www.saritcentre. com). In einem separaten Bereich gibt es regelmäßig Ausstellungen, Börsen, Messen (z. B. Tourismus, Kunsthandwerk, Bildung) und Veranstaltungen mit internationaler Präsenz. Hier befindet sich auch die umfangreichste Buchhandlung der Stadt, Textbook Centre, allerdings ohne Angebot in deutscher Sprache. Wer während seines Aufenthaltes einen deutschsprachigen Arzt aufsuchen muss, findet ihn im Sarit Centre (s. S. 135).

Das 2004 erbaute **YaYa Centre** in Hurlingham, zwischen Arwings Khodek Road und Ring Road Kilimani, bietet eine Reihe edler Modegeschäfte und was für den Reisenden besonders wichtig ist: einen sogenannten Outdoorshop. Zu empfehlen ist auch der Massai-Markt (So 8–17.30 Uhr), er ist überschaubarer als die Märkte in der Innenstadt und dennoch preislich günstig (www.yaya-centre.co.ke).

Der **Village Market** in Gigiri liegt an der Limuru Road gegenüber der Deutschen Schule Nairobi, jeder Taxifahrer kennt dieses großzügige Shoppingcenter. Abwechslungsreiche Geschäfte, Restaurants, Kino, Optiker, Minigolfanlage, Bowling und Freizeitbad sind durch Treppen, Wasserspiele und kleine grüne Oasen miteinander verbunden. Auch einige Reiseagenturen und eines der derzeit besten Fotostudios, in dem digitale Fotos bearbeitet und in guter Qualität gedruckt werden, befinden sich im Village. Eine Filiale von DHL bietet guten Service beim schnellen, sicheren Transport von Postsendungen. Und am German Point (tgl. 9–19 Uhr), einem der unzähligen internationalen Bistros, trifft man garantiert auf Einheimische oder Durchreisende deutscher Muttersprache, mit denen man u. a. die neuesten Informationen und Tipps austauschen kann (www.villagemarket-kenya.com).

## Zwischen Langata Road und Karen

Zwischen Langata Road und Karen unterwegs zu sein verspricht einen Tag aus Kultur, Natur und Einkaufsbummel! Die Langata Road führt am Nyayo-Stadion vorbei und verbindet etliche sehenswerte Plätze miteinander (vom Zentrum Bus 24/125 ab Bahnhof oder Taxi).

Linker Hand liegt der **Wilson Airport,** mit Flugverbindung in die Masai Mara oder nach Lamu. Hier sind auch die Büros der Flying Doctors und des Mt.-Kenya-Club sowie der Eastafrican Airclub zu finden. Auf der rechten Straßenseite ziehen sich über weite Strecken die Wellblechdächer von Kibera dahin, dem größten Slum Afrikas**.**

Etwa 2 km nach dem Haupteingang zum Nairobi National Park (s. S. 144 f.) kommt man zum Freilichtmuseum **Bomas of Kenya.** Es gibt mit traditionellen Wohnstätten *(bomas)* und professionellen Tanzdarbietungen (tgl. 14.30 Uhr) vieler in Kenia lebender Ethnien interessante Einblicke in die unterschiedlichen Kulturen des Landes (Langata Road, Tel. 020-89 18 01, Mo–Fr 9–17, Sa/So 13–18 Uhr, Erw. 800 KSh, Kinder 400 KSh).

Der **David Sheldrick Wildlife Trust** öffnet täglich zwischen 11 und 12 Uhr seine Tore. Verwaiste Elefanten- und Nashornbabys werden fachkundig und liebevoll aufgepäppelt und auf das Leben in der freien Wildbahn im Tsavo East National Park vorbereitet. Zur mittäglichen Fütterung sind Besucher willkommen. 1977 zu Ehren des langjährigen Rangers gegründet, gelang seiner Witwe Daphne Sheldrick weltweit erstmalig die erfolgreiche Handaufzucht neugeborener Elefantenbabys (Magadi Road, Tel. 020-89 19 96, www.sheldrickwildlifetrust.org, Eintritt frei, Spenden sind erbeten).

Das **Giraffe Centre** widmet sich dem Schutz der selten vorkommenden Rothschild-Giraffen unter Aufsicht des African Fund for Endangered Wildlife (AFEW). Viele Schulkinder Kenias begegnen hier zum ersten und manchmal einzigen Mal Tieren ihrer afrikanischen Heimat, für sie ist der Eintritt frei (Gogo Falls Road, Tel. 020-89 16 58, www.

giraffecentre.org, tgl. 9-17.30 Uhr, Erw. 500 KSh, Kinder 250 KSh). In der Nähe befindet sich das **Hotel The Giraffe Manor,** in dessen Garten einige der anmutigen Tiere leben.

Highlight für Nostalgiker, Literaturfreunde und Filmliebhaber ist das alte Farmhaus der dänischen Baronin Blixen, die hier von 1914 bis 1931 etwas glücklos eine Kaffeeplantage betrieb. Eine Führung durch das heutige **Karen Blixen Museum** lässt vergessene Zeiten erahnen. Auch wenn der Film Jenseits von Afrika (Out of Africa) nicht in diesem Haus gedreht wurde, ist doch die Atmosphäre des kolonialen Kenia Anfang des 20. Jh. spürbar. Nach dem Kinoerfolg wurde das Haus von der dänischen Regierung gekauft und als Museum der Öffentlichkeit zugänglich gemacht. Im dichten Unterholz verborgen sind noch manche alte Gerätschaften der früheren Farm, z. B. die inzwischen verrostete Röstmaschine. Nach wie vor fasziniert der Blick durch knorrige alte Bäume auf die nahen blauen Ngong-Berge. Die gut gepflegte Grabstelle von Karen Blixens Liebhaber Denis Finch Hatton, der in diesen Bergen mit dem Flugzeug abgestürzt war, ist allerdings nur mit einem Taxi zu erreichen (Karen Road, karenbmuseum@africaonline.co.ke, Tel. 020-88 27 79, tgl. 9.30–18 Uhr, Erw. 800 KSh, Kinder 400 KSh).

**Kazuri** (Kiswahili für klein, wunderschön) ist ein von Lady Susan Wood 1975 gegründetes kunsthandwerkliches Projekt für alleinerziehende Frauen. Inzwischen sind die Unikate aus Tonperlen, wie Ketten, Anhänger und Türknäufe nicht nur in der Manufaktur käuflich zu erwerben, sondern auch in Läden der großen Einkaufszentren oder über Fair Trade. Den Handwerkerinnen über die Schulter zu schauen ist auf jeden Fall lohnenswert (Mbagathi Ridge, www.kazuri.com, Tel. 020-88 40 58, Mo–Fr 9–17 Uhr).

Im nahe gelegenen **Karen Blixen Coffee Garden** lässt sich romantisch verweilen und ein geschmacklich ausgezeichnetes Menü genießen. Stilecht luxuriös einladend sind die Cottages im traumhaft üppig grünen Garten (Karen Road, www.blixencoffeegarden.co.ke, Tel. 020-88 21 30, tgl. 9.30–24 Uhr ).

Der **Karen Country Club** ist bekannt für den reizvoll auf der alten Kaffeefarm gelegenen 18-Loch-Golfplatz, der 1937 bereits von Karen Blixen bespielt wurde. Er gilt als einer der ältesten und schönsten Golfplätze Kenias (Karen Road, www.karencountryclub.org).

Bevor man über die Langata Road wieder in die Innenstadt fährt, lohnt ein Abstecher in die Marula Lane. Die **Marula Studios** bieten originelles Kunsthandwerk aus alten, am Meer angeschwemmten Flipflops. Im Uniqu Eco-Projekt (www.fliflopiwas.com) wird u. a. Schmuck daraus kreiert. Aber auch Arbeiten aus Leder, Perlen, alten Schiffshölzern und farbenfrohe *kangas* sind im Angebot www.marulastudios.com, tgl. 9–17 Uhr).

Wo Langata und Ngong Road aufeinandertreffen, befindet sich das **Karen Shopping Centre** mit dem gemütlichen Restaurant Horseman. **Pferderennen** des Jockey Club of Kenya bieten alle zwei Wochen einen vergnüglichen Sonntag (Ngong Race Course, Tel. 020-387 39 94). Mit dem Bus 111 kehrt man über die Ngong Road in die Innenstadt zurück.

Die Stadt Nairobi bietet zzt. keine Touristeninformation in Form eines Büros an. Informationen über Sehenswürdigkeiten, Übernachtungsangebote, Restaurants, registrierte Reiseanbieter, Veranstaltungen in ganz Kenia s. S. 80 f.. Jährlich erscheinen: **Kenya Tourism Guide** (www.traveldiscover kenya.com) und **Visitors Guide** (www.yellow pageske.com) sowie zweimonatlich **Go Places** (www.goplaceskenya.com). Sie sind in jeder Buchhandlung oder Buchabteilung der Supermärkte erhältlich (um 250 KSh) und geben aktuellste Informationen.

**Medizinische Hilfe/Notfälle in Ostafrika:** AMREF Flying Doctors, Tel. 020-60 24 95, www.fdsake.org und www.amref.org.

**Deutschsprachiger Arzt:** Praxis Dr. Meyerhold, Tel. 020-374 57 19, im Sarit Centre, 4. Etage.

**Zahnarzt:** Eine anerkannt gute Zahnarztpraxis (englischsprachig, Tel. 020-712 24 60) befindet sich im Shoppingcenter Village Market in Gigiri.

## Richtig Reisen-Tipp: Art Safari – Auf Kunstpfaden unterwegs in Nairobi

Nicht nur traditionelles Kunsthandwerk (Ethno-Objekte, die sogenannte *airport-art*) bietet Nairobi, sondern auch Werke international anerkannter oder noch zu entdeckender Künstler, die für interessierte Besucher den Weg in eine der zahlreichen Galerien und Künstlerhöfe lohnen. Bilder mit freien Motiven und aller Formate, Skulpturen aus Holz, Metall, Ton, Glas und Recycling-Objekte können bereits ab 5000 KSh erworben werden.

Eine ›Art Safari‹ ist nicht nur ein Weg des Sehens und Entdeckens, sondern auch ein Weg zu Kenianern. Alle Galerien und Künstlerhöfe miteinander zu verbinden ist kaum machbar, sie sind weit über die Stadt verstreut. Man kann entweder innerhalb eines Gebietes mehrere besuchen oder sich einzelne herauspicken.

Ein guter Start im Zentrum ist die älteste Galerie der Stadt, **Gallery Watatu** (Standard St., im Lonhro Hse., Tel. 020-21 76 78, gleich um die Ecke vom Hotel New Stanley, Mo–Sa 9.30–16.30 Uhr). Gegründet von Künstlern um Jony Waite wurde die Galerie von der deutschstämmigen Ruth Schaffner zu internationalem Ruhm geführt. Sie galt als große Förderin kenianischer Kunst, war geliebt und gefürchtet zugleich. Im März jeden Jahres, seit ihrem Todestag 1996, wird ihr zu Ehren eine besondere Ausstellung gezeigt. Wer sich einen ersten Überblick über die derzeitige Kunstszene verschaffen will, ist hier genau richtig. Mit guten Tipps ausgerüstet, kann man dann gezielt weitere Galerien und Ateliers aufsuchen.

Nahe der Innenstadt, hinter dem Uhuru Park, fällt ein modernes Hochhaus mit markanter Dachspitze auf: der Rahimtulla-Tower in der Upper Hill Road. Hier befindet sich das von Carol Lees geführte **RAMOMA** (Rahimtulla Museum of Modern Art), eine äußerst attraktive, überschaubare Galerie, die durch wechselnde Ausstellungen einzelner Künstler und Präsentationen von Künstlergruppen besticht. Einer der ausstellenden Künstler ist immer anwesend, so dass sich schnell interessante Gespräche entwickeln können. Samstags gibt es Kunst zum Mitmachen für Kinder. Zweimonatlich erscheint das Magazin MSANII (www.msanii.com), das über Entwicklungen auf dem ostafrikanischen Kunstmarkt informiert und neugierig macht (ramoma@africaonline.co.ke, Tel. 020-272 91 81, Mo–Sa 9.30–16.30 Uhr, freier Eintritt). Anschließend lässt es sich im Oleandercafé (tgl. 6–18 Uhr), das zur Blütezeit seinem Namen alle Ehre macht, gemütlich sitzen und über das Gesehene philosophieren.

Im Industriegebiet, nahe der Lusaka Rd., entstand auf altem Fabrikgelände das **Go-**

---

**Nairobi Serena Hotel** 1 : Nyerere Rd., Tel. 020-284 23 33, Fax 020-271 81 03, www.serenahotels.com. 5 Min. Fußweg zum Zentrum, im Uhuru Park, ruhig, edles panafrikanisches Ambiente, wunderschöner Innenbereich mit Jacarandas, Akazien und Pool, guter Fitnessbereich, exquisite internationale Küche. DZ 420 US-$.

**The Norfolk Hotel** 13 : Harry Thuku Rd., Tel. 020-25 09 00, www.fairmont.com. Im Zentrum, eines der ältesten Hotels, luxuriös-edles koloniales Ambiente, ruhige Zimmer, schöner Innengarten mit Terrassencafés ( Ca-

puccino 250 KSh), exzellente internationale Küche. DZ ab 400 US-$.

**The Giraffe Manor** 2 : Mukoma Rd., Tel. 020-89 10 78, www.giraffemanor.com. 25 Min. zum Zentrum, unweit des Karen Blixen Museum, sehr ruhig, im Grünen, edles koloniales Ambiente, anheimelnde familiäre Atmosphäre, im Garten leben Giraffen. DZ 330 US-$ (Vollpension).

**Karen Blixen Coffee Garden & Cottages** 3 : Karen Rd., Tel. 020-88 21 30, www.blixencoffeegarden.co.ke. 25 Min. zum Zentrum, ruhig, Cottages im edel kolonialen Stil,

down **Art Centre** (Dunga Rd., info@the-godown.com, Tel. 020-55 52 27). 2003 als Künstlerzentrum des KUONA Trust gegründet, vereint es verschiedene Genres miteinander: Bildende Kunst, Tanz, Akrobatik, Musik, Theater und Film. Studios und Werkstätten öffnen Mo–Sa 10–16 Uhr ihre Tore, das kleine Restaurant bietet wohlschmeckende Speisen der afrikanischen Küche. Für Performances gibt es einen eigenen Veranstaltungssaal. Besonders attraktiv ist ein Besuch im Godown Art Centre jeweils am letzten Samstag im Monat, denn dann heißt ein umfassender Künstlermarkt die Besucher zum Gucken, Plaudern und Kaufen herzlich willkommen.

**Auf Art Safari in Nairobi kann man Holzschnitzern bei der Arbeit zusehen**

üppiger Garten mit vielen Vögeln, sehr gute internationale Küche und Bar. DZ 260 US-$.
**Windsor Golf Hotel & Country Club** 4 : Ridgeways Rd./Kiambu Rd., Tel. 020-856 23 00, Fax 020-856 01 60, www.windsorgolfresort.com. 20 Min. zum Zentrum, inmitten von Kaffeefeldern, luxuriös edles Ambiente, Zimmer mit Blick in die Landschaft und auf 18-Loch-Golfplatz, exquisite internationale Küche und Bar. DZ 219 US-$.
**Panari Hotel** 5 : Mombasa Rd., Panari Sky Centre, Tel. 020-694 60 00, www.panarihotel.com. Zwischen Flughafen und Zentrum, 2003 eingeweiht, die Zimmer sind modern-luxuriös, der Blick reicht über den Mombasa Highway zum National Park, das Centre bietet die Sisha Bar sowie Eislauf-Center, Kino, Casino, Restaurant mit exquisiter südamerikanisch orientierter Küche und super Fleischgerichten! DZ 180 US-$.
**Jacaranda Hotel** 6 : Wayaki Way, Westlands am Sarit Centrum Tel. 020-444 87 13, www.jacarandahotels.com. Ruhige, gediegen-schöne Zimmer, herrlicher Garten mit Jacarandas und Pool, gute internationale Küche. DZ 140 US-$.

137

## Nairobi und Umgebung

**Macushla House** 7 : Nguruwe Rd., Langata, Tel. 020-89 19 87, marcushla@africaon line.com. Ruhig, wunderbar privates Ambiente, liebevoll eingerichtete, schöne Zimmer, Kamin, üppiger Garten, Pool, Restaurant mit exzellenter Küche, Geheimtipp! DZ 100–250 US-\$.

**Fairview Country Hotel** 8 : Bishop Rd., Tel. 020-271 13 21, www.fairviewkenya.com. 10 Min. Fußweg ins Zentrum, edles, gemütliches, persönliches Ambiente, Zimmer mit schönem Blick, luxuriös in herrlichem Garten, Pool, Gartencafé, langfristig buchen! DZ 10 000–12 000 KSh.

**Jamiat Hotel** 9 : Kimathi St./Tubman Rd., Tel. 020-24 67 19, www.jamiat-hotel.com. Im Zentrum, neu, schlichtes, modernes Ambiente, jedes Zimmer mit kleinem Balkon auf die belebte Straße, oberste Etage eines Einkaufszentrums, dennoch ab 19 Uhr ruhig, unweit der Jamia-Moschee. DZ 65 US-\$.

**Ascania B&B** 10 : Rosslyn Estate Limuru Rd., Tel. 020-712 06 47, karen.johnson@gmx. net. Gigiri, 20 Min. zum Zentrum, unweit Village Market, nett in einer Familie, ruhig, komfortabel, gutbürgerliches Ambiente, schöner Garten, Veranda mit Feuerplatz, Haustiere, Hausmannskost. DZ 50 US-\$.

**Parkside Hotel** 11 : Monrovia St., Tel. 020-21 41 54, www.eastafricashuttles.com. Im Zentrum gegenüber Jevanjee Garden, klein, einfache, aber saubere Zimmer mit Dusche, kleines Restaurant mit afrikanischen Speisen, Kleinbusse nach Arusha/Tanzania halten direkt vor der Tür. DZ 35 US-\$.

**Nairobi Backpackers** 12 : Milimani Rd., Tel. 020-272 48 27, www.nairobibackpackers. com. 15 Min. Fußweg zum Zentrum, Bus Nr. 46, freundlicher Jugendherbergsstil, unterschiedlich große Zimmer, gemütlich und sauber. DZ 18–22 US-\$.

**Nairobi International Youth Hostel** 13 : Ralph Bunche Rd., Tel. 020-272 30 12, www. hihostels.com. 15 Min. Fußweg zum Zentrum oder mit Bus Nr. 46, schlichtes Ambiente, unterschiedlich große Zimmer, sauber, freundliche Mitarbeiter. 10–32 US-\$/Person.

**Upperhill Campsite & Backpackers** 14 : Menengai Rd., Tel. 020-675 02 02, www.up perhillcampsite.com. Bus Nr. 7, 10 Min. zum Zentrum, urig, für Caravan, Zelte, Matratzenlager in Zimmern, Dachboden mit Schlafplätzen und Moskitonetzen, Bad/WC außerhalb des Haupthauses, sicherer Parkplatz, sehr einfach, aber sauber, gute und preiswerte Küche, gut sortierte Bar, freundliche Atmosphäre, abends Musik. 300–1000 KSh/Person.

🍴 **Tamarind** 15 : Harambee Ave., National Bank Hse., Tel. 020-25 18 11, www.tamarind.co.ke, Mo–Sa 12–14, 18.30–22 Uhr. Exklusivstes Restaurant für Meeresfrüchte, edles Ambiente, Tischbestellung am Abend erforderlich. Um 1000 KSh.

**Pampa Churrascaria** 16 : Mombasa Rd., Panari Sky Centre, Tel. 020-82 81 32, pampa @brazafric.co.ke, tgl. 10.30–2 Uhr. Nicht besonders gemütlich, aber exquisite brasilianische Grillspezialitäten für Fleischliebhaber, gutes Salatbuffet. Um 1000 KSh.

**Trattoria** 17 : Wabera St., Town Hse., Tel. 020-34 08 55, tgl. 7.30–24 Uhr. Im Zentrum und draußen genießt man teuerste italienische Küche, gemütliches italienisches Ambiente, Terrasse im Obergeschoss mit Blick auf eine Straßenkreuzung – man kann herrlich Straßenszenen, den Verkehrsalltag beobachten, ohne direkt auf der Straße zu sein; abends ruhig. Pizza um 900 KSh.

**Minar** 18 : Banda St., Nanak Hse., Tel. 020-22 99 99, tgl. 12–14, 19–22.30 Uhr. Exzellente indische Küche verschiedener Regionen, typisch indisches Ambiente. Um 900 KSh.

**Haandi** 19 : The Mall unweit Sarit Centre, Tel. 020-444 82 94, www.haandirestaurants.com, tgl.12–14.30, 19–22.30 Uhr. Exquisite nordindische Küche, das Lokal ist aber nicht besonders gemütlich. Um 900 KSh.

**Horseman** 20 : Langata Rd., Karen Shopping Centre, Tel. 020-88 20 33, www.horse mannairobi.com, tgl. 7–23 Uhr. Sehr gute internationale Küche, verschiedene Sitzbereiche, teils Terrasse, im separaten urigen Rundhaus mit gemütlicher Tanzbar kann man beim Kochen zuschauen. Um 700 KSh.

**The Lord Erroll** 21 : Ruaka Rd. unweit Village Market, Tel. 020-712 24 33, Di–So 12–

14.30, 18–21 Uhr. Gourmetrestaurant, exquisite internationale Küche und gut sortierte
Bar, schönes Ambiente mit Gartenterrasse,
freundlich, etwas abgelegen – aber der Weg
lohnt sich! Um 700 KSh.

**Alan Bobbés Bistro** 22 : Riverside Dr., Tel.
020-444 63 25, tgl. 11–15, 18–23 Uhr. Seit
über 40 Jahren ›der Franzose‹ in der Stadt,
leckere französische Küche in typisch gemütlichem Ambiente und vertrautem
Charme. Um 650 KSh.

**The Cellar** 23 : Oloitokitok Rd., Nähe Valley
Arcade, Tel. 020-386 05 14, tgl. 9–24 Uhr. Gemütlich, mit Terrasse, in kühlen Nächten
gibt's ein Holzkohleöfchen (jiko) unter den
Tisch, sehr gutes Barbecue. Um 600 KSh.

**La Dolce Vita** 24 : Limuru Rd., Muthaiga
Shopping Centre, Tel. 020-374 99 45, tgl. 11–
22.30 Uhr. Beste italienische Küche, elegantes Ambiente, Terrasse im grünen Innenhof,
Service freundlich und schnell, manchmal italienische Livemusik am Abend, Tischbestellung am Wochenende empfehlenswert. Um
600 KSh.

**Talisman** 25 : Ngong Rd., Tel. 020-88 32 13,
talisman@swiftkenya.com, tgl. 12–22 Uhr.
Exzellente Swahiliküche im gemütlichen
Swahiliambiente, für alle, die nicht auf Lamu
waren, oder zur Erinnerung daran! Um 600
KSh.

**The Ro-Ro** 26 : Limuru Rd., Village Market,
Tel. 020-712 04 33, tgl. 12–14, 18–23 Uhr.
Sehr gute chinesische Küche, wunderbare
grüne Tees, helles angenehmes Ambiente.
Um 500 KSh.

**Le Rustique** 27 : General Mathenge Dr., Tel.
020-375 30 81, www.lerustique.co.ke, Mo–
Sa 9.30–19 Uhr, Mi Candle-Light-Dinner mit
Vorbestellung. Liebevoll geführtes Gartencafé mit Stil; wechselnde Kunstausstellungen, sehr gute Salate und hauseigene Crê-
perie, mediterrane Küche. Um 400 KSh.

**Nairobi Java House** 28 : u. a. Mama Ngina
St., Koinange St., Limuru Rd., Tel. 020-445
22 73, www.nairobijavahouse.com, tgl. 8–18
Uhr. Modernes Kaffeehausambiente mit
wechselnden Kunstausstellungen; leckeres
Eis, kenianische Kaffee- und Teespezialitä-
ten, Hausgebackenes. Um 300 KSh.

**Bridges** 29 : Tubman Rd., Tel. 07 27-41 63
57, Mo–Sa 7–19, So 10–16 Uhr. Sehr gute kenianische Öko-Küche, wunderbar frische
Obst- und Gemüesesaftvariationen, helle, moderne Atmosphäre, beim Kochen kann zuge-
schaut werden, mittags sehr gut besucht von
Kenianern aus umliegenden Büro- und Ge-
schäftshäusern. Um 250 KSh.

**Haabesha II** 30 : Utalii Lane, Utalii Hse., tgl.
8–22 Uhr. Die beste äthiopische Küche in ge-
mütlich-stilvollem Ambiente, in märchenhafte
Düfte gehüllt. Einige Sitzplätze auch draußen.
Wer nur unter rustikalen, grünen Dächern essen mag, fährt ins Haabesha I, Gitanga Rd.
unweit YaYa Centre, gleicher Besitzer, gleiche
Öffnungszeiten, gleiche Preise: um 250 KSh.

### Shoppingcenter

Von Supermärkten der teureren Le-
bensmittelketten Nakumatt und Uchumi über
Mode, Optik, Apotheke, Kunsthandwerk bis
zu Spezialgeschäften (u. a. Camping, Foto,
Reformhaus), Internetcafés, Banken, Wechselstuben und Post ist in den Einkaufszentren
alles vorhanden, was Einheimische und Reisende brauchen. Öffnungszeiten der Geschäfte: Mo–Sa 9.30–18, So 10.30–16 Uhr,
Restaurants und Cafés in der Regel bis 22
Uhr.

**Sarit Centre** (s. auch S. 134) in Westlands
(vom Zentrum Bus 118/119 ab Firestation
Roundabout,).

**YaYa Centre** (s. auch S. 134) in Hurlingham
(vom Zentrum Bus 46 ab Hilton Hotel), u. a.
mit Healthy-Shop, der bestsortierte seiner Art
in der Stadt mit reichhaltiger Auswahl an Di-
ätprodukten.

**Village Market** (s. auch S. 134) in Gigiri (vom
Zentrum Bus 106/116 ab Firestation-Roun-
dabout).

### Bekleidung

**Mitumba-Märkte:** an Straßen und Plätzen,
tgl. 8–18 Uhr. Gute gewaschene Secondhand-Kleidung zwischen 50–1000 KSh.

**Für den Strand:** Die größte und preisgüns-
tigste Auswahl an kikois aus heimischer
Baumwolle findet man bei den Händlern in
der Straße **Biashara** (Mo–Sa 9–17.30 Uhr)

# Nairobi und Umgebung

und in den Läden von **ONE WAY** im YaYa, Sarit und Village Market (tgl. 9.30–17.30 Uhr), die auch schöne T-Shirts aus 100 % ostafrikanischer Baumwolle (Fair-Trade-Label) anbieten.

**Safari/Outdoorausrüstung**

**Colpro Ltd.:** Kimathi St., Tel.020-22 44 30, www.colprokenya.com. Alles, was man für den Busch braucht und daheim vergessen hat, super Qualität und Auswahl!

**Xtreme-Outdoorshop:** im YaYa Centre, Tel. 020-272 22 24, www.xtremeoutdoors.co.ke. Mit allem, was z. B. für eine Bergbesteigung nötig ist – einschließlich guter Informationen und Ratschläge (der Besitzer Marcel Schoch ist Schweizer).

**Bücher:** Textbook Center im Sarit Centre, Mo–Sa 9.30–18, So 10.30–16 Uhr. Sehr gutes Angebot an Afrika- und Wörterbüchern, schönen Postkarten!

**Massai-Märkte:** Slip Rd. Globe Roundabout, Di 9–18 Uhr, Village Market, Fr 9–18 Uhr, Harambee Ave. Parkplatz Low Court, Sa 9–17.30 Uhr, YaYa Centre, So 9–18 Uhr, Roundabout am Sarit Centre, tgl. 9–18 Uhr. Hier findet man auch traditionelles Kunsthandwerk. Handeln Sie, was das Zeug hält, steigen Sie bei einem Drittel des genannten Preises ein und überlegen Sie sich, was das Kunstwerk Ihnen wert ist. Dieses Spiel gehört zum Geschäft, aber bedenken Sie: Ein 9 m² großes ›Haus‹ ohne Wasser und Strom kostet im Slum ca. 2500 KSh Miete pro Monat.

**Kunsthandwerk**

**Undugu:** Westlands, in The Mall, www.undugukenya.com, tgl. 9–16 Uhr. Traditionelles Kunsthandwerk. Der Erlös geht an ein Projekt der Undugu Society für die Ausbildung von Straßenkindern.

**Unique Eco:** Karen, Marula Lane, Tel. 020-270 05 34, www.flipflopiwas.com, tgl. 9–17 Uhr. Witziges aus am Meer angeschwemmten Flipflops, der Erlös fließt den Produzenten im Selbsthilfeprojekt zu.

**Kunstgalerien**

(s. auch Richtig Reisen-Tipp S. 136 f.)

In den **Java Cafés** ⌷28⌷ genießt und kauft man Kunst sozusagen zum Frühstück.

**KUONA-Trust:** Tel. 020-375 15 15, info@kuonatrust.com, betreibt eine Galerie im National Museum, bietet oft Workshops mit Straßenkindern, Frauen, internationalen Künstlern an.

**Paa ya Paa:** Kiambu, Ridgways Rd., tgl. 10–16 Uhr. Galerie und Kunstchaos von Elimo Njau.

**Pimbi Gallery:** General Mathenge Cl., Tel. 020-58 68, tgl. 10–16 Uhr. Freiluftatelier von Kioko Mwitiki, interessante, witzige Metallskulpturen.

**Le Rustique** ⌷27⌷ **:** General Mathenge Dr., www.lerustique.co.ke, Tel. 020-375 30 81, Mo–Sa 9.30–19 Uhr. Ausstellungen internationaler bildender Künstler mit stilvoller Vernissage.

**Banana Hill:** Richtung Tigoni, www.banana-gallery.com, Tel. 066-512 65, tgl. 10–18 Uhr. Vereinigung von 14 zumeist bildenden Künstlern.

**Kitengela Glass Studio:** Ongata Rongai, Magadi Rd., www.kitengela.com, Tel. 045-233 51, Mo–Sa 9–17, So 11–16 Uhr. Verkaufsstellen in der Stadt u. a. im Village Market Mo–Sa 10.30–18, So 10–15 Uhr. Originelle Glaskunst, mundgeblasene Unikate. Mehr als eine Kunstoase in der Savanne vor den Toren der Stadt, das Studio ist unbedingt einen Besuch wert. Wer Zeit und Lust hat, kann sich selbst in dieser Kunst versuchen. Das Studio ist auch Ausbildungszentrum für junge kenianische Künstler. Im urig-künstlerischen Ambiente gibt es auch ein einfach möbliertes Gästehaus mit Pool, Sauna sowie Blick in den National Park, unterschiedliche Übernachtungsangebote 19–113 US-$, auch Selbstversorgung.

**Florida 2000,** Moi Ave., Tel. 020-22 90 36, und **New Florida,** Koinange St., Tel.020-34 09 79, beide ab 21 Uhr. Typische Nachtklubs, internationales Publikum jeden Alters. Im Restaurant von New Florida kann bis 3 Uhr leckerer Tilapia gegessen werden.

**Simmers:** Kenyatta Ave., tgl. ab 20 Uhr Liveband und ab 23 Uhr Disko bis in die frühen

Morgenstunden. Terrasse, buntes keniani-sches Publikum, wenige *wazungu,* der Grill läuft die ganze Nacht.

**Dolce, The Club:** Chester Hse. Koinange St., Tel.020-21 82 98, Fr/Sa ab 22 Uhr Disko. Gut-situiertes kenianisches Publikum.

**Zanze Bar:** Cinema Plaza Kenyatta Ave., Tel. 020-22 25 32, ab 21 Uhr Liveband. Buntes kenianisches Publikum.

**Mwendes:** Utalii House, ab 20 Uhr. Klasse Cocktails, supernette Bedienung.

**Havanna:** Woodvale Grove, Westlands, Tel. 020-445 06 53, ab 18 Uhr. Beste Latin Musik zu fantasievollen Cocktails, wer mag, kann hier noch spät gute Latino-Küche genießen.

**Pavement:** Westview Centre, Ring Rd., Westlands, Tel. 020-444 25 37, pavement@ wananchi.com, Mi, Fr/Sa ab 21 Uhr Disko, Do Salsa ab 22 Uhr mit Liveband. Meist junges internationales Publikum, zur Salsa-Nacht alle Altersgruppen.

**Klubhouse K1:** Ojijo Rd., Parklands, West-lands, Tel. 020-374 98 70, www.klubhouse. co.ke, ab 20 Uhr. Disko, kenianisches Publi-kum aller Altersgruppen.

**Casablanca:** Nyangumi Rd., Westlands, Tel. 020-272 31 73, osteriadelchianti@africaon linc.co.kc, ab 20 Uhr. Gemütlich marroka-nisch, sehr gute Cocktails, Disco, nobles in-ternationales Publikum.

**Simba Saloon:** Carnivore, Langata Rd., Tel. 020-605 93 37, carnivore@carnicore.co.ke, Mi Disko, Sa ab 22 Uhr Liveband, meist jun-ges internationales Publikum, Abendessen im Carnivore (Grillspezialitäten) bietet sich vorher an.

**Casinos** in den großen Hotels. Das älteste, **International Casino Museums Hill,** befin-det sich im Umbau (Wiedereröffnung ca. Ja-nuar 2008).

**Kinos:** Moi Avenue, Tel. 020-22 69 81; Sarit Centre, Tel. 020-375 30 25; Vil-lage Market 020-712 25 40, numetro@ispke nya.com.

**French Cultural Centre (Alliance Françai-se)** 14 : Loita St., Tel. 020-34 00 54, info@ alliancefrnairobi.org, jeden Mo 14 Uhr Kino (Eintritt frei).

**Sicherheit – Tag und Nacht:** Geben Sie sich nicht offensichtlich als Tourist zu erkennen: selbstbewusstes Gehen, freundliche Blick-kontakte, Ihre Route im Kopf, notwendiges Kleingeld der Landeswährung griffbereit, an-gemessene Kleidung und höflich-ablehnen-des Reagieren, wenn Sie unerwünscht ange-sprochen werden, sind ein guter Schutz. Allzu schroffe verbale Reaktionen oder allzu ver-trauensvolles Verhalten auf der Straße verra-ten den Landesunkundigen. Wenn Sie Märkte besuchen, sollten Sie Schmuck, Uhren, Ka-meras und größere Taschen und Rucksäcke im Hotel lassen. Die Benutzung von Matatu und Bus ist tagsüber durchaus möglich: Alle sind nummeriert und mit dem Fahrtziel be-schriftet. Steigen Sie aber nur ein, wenn wirk-lich ein Platz frei ist! Bezahlt wird während der Fahrt. Es gibt keine einheitlichen Preise, sie sind abhängig von Route, Tageszeit und Wet-ter (bei Regen wird es teurer) und mitunter von der Hautfarbe. Achten Sie also darauf, was Ihr Nachbar bezahlt! Mit der Dämmerung sollten Sie in der City Gegenden wie das Ri-ver Road-Viertel (s. S. 128) und alle Parkan-lagen meiden. Gehen Sie in kleinen Gruppen oder besser: Nehmen Sie ein gekennzeich-netes Taxi (gelber Streifen oder mit Firmen-logo s. auch S. 144).

### Theater

**Kenya Cultural Centre**: im Kenya National Theatre 12 Informationen zu Veranstaltun-gen und Kursen unter Tel. 020-22 51 74, ke-nyaculturalcentre@nbnet.co.ke.

**The Phoenix Players:** im Professional Cen-tre 16 , Parliament Rd., Tel. 020-22 55 06, www.phoenixplayers.net, Eintritt 650 KSh. Freie, aber professionelle Truppe. Gespielt wird Mi–Sa, in englischer Sprache, Theater mit 120 Plätzen.

**Konzerte:** Italian Cultural Centre, Wayaki Way, Tel. 020-445 12 66, www.iicnairobi. esteri.it.

### Veranstaltungen

**Rhino Charge** (Juni): www.rhinoark.com.

## Nairobi und Umgebung

Rallye durch Kenia zugunsten des Nashorn-schutzes.

**Oldtimer Show** (Juli): Ngong Hills, die schönsten, ältesten liebevoll ausstaffierten Fahrzeuge.

**Polo – Kenya Open** (Sept.): www.polotimes.co.uk. Weltweit beachtetes Turnier.

**Flugschau** (Okt.): eaclub.ea@swiftkenya.com. Auf bzw. über Wilson Airport, internationale Beteiligung interessanter historischer Flugzeuge – etwas für Freunde der ›Fliegenden Kisten‹.

**Pferderennen:** Jockey Club of Kenya. Bieten alle zwei Wochen einen vergnüglichen Sonntag (Ngong Race Course, Tel. 020-387 39 94).

 **Aktivreiseanbieter**
**Flugsafaris:** Geosafaris P. O., Tel. 020-88 42 58, www.geosafaris.com.

**Gametrackers:** Koinange St., Nginyo Tws., Tel. 020-22 27 03, www.gametrackersafaris.com.

**Gamewatchers Safaris:** Village Market, Tel. 020-712 31 29, www.porini.com.

**Kamelsafaris:** Sabuk Camel Safaris, www.

eco-resorts.com, olmaisor@africaonline.co.ke.

**Ornithologische Safaris:** info@originsafaris.info, Karisia Ltd. www.karisia.com.

**Reitsafaris:** www.safarisunlimited.com, ma linda@eco-resorts.com.

**Safaris für Tierfilmer:** samuels@swiftkenya.com.

**Wandersafaris:** Kibo Slopes Safaris Ltd., Tel. 020-272 54 35, www.KiboSlopesSafaris.com, in Deutschland über Hauser-Exkursionen, München, Tel. 089-23 50 06 45, g-krombach@hauser-exkursionen.de.

**Beobachtung von Elefanten:** www.elephant watchsafaris.com.

**Schlangenbeobachtung:** snakes@africaonline.co.ke.

**Schmetterlingsbeobachtung:** ABRI Butterfly Centre, Karen Dagoretti Corner, tgl. 9–17 Uhr, www.african-butterfly.org.

**Vogelbeobachtung**: Nature Kenya Society: Tel. 020-3 74 99 57, www.naturekenya.org, Vogelbeobachtungen in und um Nairobi, Treffpunkt am Parkplatz am National Museum (Museum Hill), am Langi Langi Café, Mi 8.45 Uhr, Rückkehr ca. 12.30 Uhr, jeden dritten So im Monat 9 Uhr, Beitrag 100 KSh.

**Wildwasserrafting, Kanufahren, Segeln:** Savage Wilderness Safaris, Tel. 020-712 15 90, www.whitewaterkenya.com.

**Enchanting-Africa Ltd.:** Gitanga Rd., Valley Arcade, Tel. 020-386 75 51, www.enchanting-africa.de, Büro in Deutschland Tel. 089-59 08 21 57, Fax 089-59 08 12 00. Individualreiseveranstalter. Alle kenianischen Mitarbeiter sprechen deutsch!

### Weitere Aktivitäten

**Ballonfahren:** Go Ballooning, Tel. 020-271 73 73, www.goballooningkenya.com.

**Bowling:** Superbowl Village Market, Tel. 020-712 35 40.

**Bungee-Jumping:** Arlene & Andreas Reblin, Tel. 020-712 30 94, reblin@mitsuminet.com.

**Fallschirmspringen**: East African Aero-Club: www.skydivekenya.com.

**Gocart:** GP Karting, Langata Rd., Tel. 020-60 84 44, www.gpkarting.co.ke, Di–So 10–19 Uhr, Erw. 1000 KSh, Kinder 700–900 KSh.

**Golf:** s. auch S. 98, Informationen über die Golfplätze des Landes bei Kenyan Golf Union, www.kgu.or.ke, www.kenya-golfsafaris.com; Karen Country Club, Karen Road, www.karencountryclub.org.

**Wandern und Klettern:** Mt. Kenya Club, Langata Rd, am Wilson Airport, www.mck.or.ke.

**Spaßbad:** Splash Waterworld, Langata Rd, Tel. 020-60 37 77, www.tamarind.co.ke, Mi-So 9–18 Uhr, Eintritt 250 KSh, Village Market 200 KSh.

**Flüge**
Internationaler Flughafen Jomo Kenyatta Airport, Auskunft Tel. 020-82 76 39; von der Innenstadt zum Flughafen verkehrt Bus Nr. 34 ab Moi Ave. gegenüber Hilton (Fahrtzeit etwa 60 Min.)

**Lufthansa,** University Way, Ambank Hse., Tel. 020-22 62 71, www.lufthansa.com

**SN Brussels Airlines,** Woodvale Gve., Bandari Plaza, Tel. 020-444 30 70, www.flysn.de

**KLM Royal Dutch,** Loita St., Barcleys Plaza, Tel. 020-327 47 47, www.klm.com

**SWISS Air,** Limuru Rd., Chevlon Plaza, Tel. 020-374 40 45, reservations.nairobi@swiss.com

**Emirates,** Monrovia St., View Park Towers, Tel. 020-329 00 00, www.emirates.com

**British Airways,** Mama Ngina St., International Hse., Tel. 020-327 70 00, www.britishairways.com

**QATAR Airways,** Loita St., Barcleys Plaza, Tel. 020-280 00 00, www.qatarairways.com

**Kenya Airways,** Loita St., Barcleys Plaza, Tel.020-327 47 47, www.kenya-airways.com

**South African Airways**, Mama Ngina St., International Hse., Tel. 020-22 96 63, www.flysaa.com

**Inlandsflüge Kenia/Tansania:** Es gibt über 250 Airstrips, die mit kleinen Maschinen vom Wilson Airport, Langata Rd., angeflogen werden, u. a. mit

**SafariLink,** Tel. 020-60 07 77, www.safarilink-kenya.com; **Yellow Wings,** Tel. 020-60 63 13, yellowings@swiftkenya.com.

**Selbstflieger**
Wer eine Pilotenlizenz hat, kann auch **Leichtflugzeuge mieten**: Aero Club of East Africa, Tel. 020-60 24 23, aeroclub.ea@swiftkenya.com.

**Züge**
Rift Valley Railways Tel. 020-21 09 97
Nairobi–Mombasa Mo, Mi, Fr Abfahrt 19 Uhr, Ankunft 8.30 Uhr
Mombasa–Nairobi Di, Do, So Abfahrt 19 Uhr, Ankunft 9 Uhr
Nairobi–Kisumu Mo, Mi, Fr Abfahrt 18.30 Uhr, Ankunft 8 Uhr
Kisumu–Nairobi Di, Do, So Abfahrt 18.30 Uhr, Ankunft 8 Uhr

**Busse**
Mit Überland- und Minibussen kann man praktisch jeden Ort Kenias erreichen. Es gibt unterschiedliche Preiskategorien bei den Unternehmen, je nach Komfort und Fahrtdauer. Die meisten bieten auch Beförderung von Briefen, Paketen und Geld gegen geringe Gebühr. Es gibt mehre Busbahnhöfe, die jeweils vom Fahrtziel bestimmt sind:

**nach Naivasha, Nakuru, Nanyuki, Njeri:** ab River Rd. Viertel, Latema Rd.

**nach Kisumu:** Mololine, ab Cross Rd., Tel. 020-24 20 18.

**nach Machakos:** ab Country Bus Station, Landhies Rd./Pumwani Rd.

**nach Mombasa** (Fahrkarten müssen im Voraus gekauft werden): Akamba, River Rd. Viertel, Lagos Rd., Tel. 020-22 20 27, akamba@skyweb.co.ke; Coastline, River Rd. Viertel, Accra Rd., Tel. 020-21 75 92; Mash, River Rd. Viertel, Accra Rd., Tel. 020-24 44 76.

**nach Tansania**: ab Parkland Hotel am Jevanjee Garden.

**Stadtverkehr**
Es verkehren Busse und Matatus. Gezahlt wird während der Fahrt, es gibt keine offiziellen Namen von Haltestellen, sagen Sie rechtzeitig oder beim Bezahlen, wo Sie aussteigen möchten. Es gibt Wohngebiete und Stadtteile, in denen der Matatu- oder Busverkehr untersagt ist – erkundigen Sie sich im Hotel

nach den besten Möglichkeiten. Die Abfahrtstellen von Matatus und Bussen (Citi hoppa, KBS) richten sich nach dem Fahrtziel. Es gibt derzeit keinen genauen Streckenplan, den man kaufen kann. Im Text sind bereits einige wichtige Routen benannt.

**Weitere Buslinien:**
zum Flughafen Nr. 34 ab Moi Ave. gegenüber Hilton (Fahrtzeit etwa 60 Min.);
zur Deutschen Botschaft, Riverside Drive 48, ab Latema Rd. Richtung Kileleshwa (bis Kileleshwa Ring Rd., dann zu Fuß ca. 25 Min.);
zum Stadion Kasarani Nr. 44, 145 vom Globe Roundabout; zum UN-Gelände Nr. 106/108/116 ab Firestation Roundabout bis Gigiri.

**Taxi/TukTuk**
Aus Sicherheitsgründen sollte man nur die gekennzeichneten Taxis (gelber Streifen und Firmenlogo) benutzen. Der Fahrpreis wird generell vorher ausgehandelt.
Jatco Taxis & Tours: Tel. 020-444 47 14, www.jatcotaxis.com
Jimcab: Tel. 020-52 12 05
Kenatco Taxis: Tel. 020-22 51 23, www.kenatco.co.ke
Princess Travel: Tel. 020-444 25 29
In Gebieten, die von Matatus nicht befahren werden (dürfen), stehen oft **TukTuks** und **Fahrradtaxis** (der Sitz ist auf dem Gepäckträger montiert) zur Verfügung; sie sind für kurze Strecken preisgünstig.

**Mietwagen**
Eine Vielzahl von Unternehmen macht Preis- und Qualitätsvergleiche nötig und möglich, darunter:
AVIS, University Way College Hse., Tel. 020-21 33 30, info@avis.co.ke
Budget, Travel Hse., Tel. 020-22 35 81, www.budget-kenya.com
Market Car Hire, Koinange St., Chester Hse., Tel. 020-34 20 00, market@wananchi.com
Die meisten größeren Safarianbieter haben auch Mietwagen im Angebot.
**Landrover mit Campingausrüstung:** Wildways, Tel. 045-221 05, www.wildways.biz

# Tagesausflüge in die Umgebung

## Nairobi National Park
**Reiseatlas:** S. 12, E 1
Eng an die Stadt angrenzend liegt der **Nairobi National Park** (etwa 25 Min. vom Zentrum Richtung Südwesten zwischen Langata und Mombasa Road). Auf seinen 115 km$^2$ Fläche leben ungewöhnlich viele Tiere, und das in einem der kleinsten aller kenianischen Nationalparks, der zugleich der älteste ist (1945 eröffnet). Der Artenreichtum ist erstaunlich – von den Großen Fünf (s. S. 20 f.) fehlen nur Elefanten. Insgesamt gilt: Die besten Zeiten zur Tierbeobachtung sind die frühen Morgenstunden oder der späte Nachmittag. An den gut ausgeschilderten Picknickplätzen und Aussichtspunkten ist es möglich, das Auto zu verlassen.

In der Nähe des Haupteingangs sollte man die **Erinnerungsstätte** für die von der Regierung unter Moi 1989 hier öffentlich als Protest gegen Wilderei verbrannten 12 t Elfenbein aufsuchen. Besonders lohnenswert sind der **Impala Point** (überdachter Picknickplatz) mit einem grandiosen Blick über die Savanne bis zu den Kamba-Bergen am Horizont sowie der **Hippo Pool.**

Die Wege im Park sind gut beschildert und werden instand gehalten, auch mit einem Taxi kann man auf Tiererkundung fahren. Skurril wirken die grasenden, unter Artenschutz stehenden Spitzmaulnashörner vor der Kulisse der hauptstädtischen Büroriesen. Zum Verlassen des Parks stehen in allen Himmelsrichtungen Ausgänge zur Verfügung (Haupteingang Langata Road, Tel. 0 20-89 16 12, www.kws.org, tgl. 6.30–19 Uhr, Erw. 40 US-$, Kinder 3–18 Jahre 20 US-$, PKW 300 KSh).

Wer nicht viel Zeit oder kein Fahrzeug hat, dem sei der zum Park gehörende **Nairobi Safari Walk** in der Nähe des Haupteingangs empfohlen. Auf Holzbrücken wandelt man in luftiger Höhe über ein kleines Terrain des Nationalparks und kann Tiere aus der Vogelperspektive beobachten (Erw. 10 US-$, Kinder 5 US-$).

**Vor den Toren von Nairobi liegen bei Limuru ausgedehnte Teeplantagen**

## Tee- und Kaffeeplantagen um Limuru

**Reiseatlas:** S. 6, E 4

Im Norden verschmilzt die Metropole mit Kaffee- und Teeplantagen, die sich von **Limuru** aus wie ein frischer grüner Teppich ausgebreitet haben. In britischer Zeit (1903) wurde mit dem Teeanbau begonnen, das Hochland bietet dafür beinahe ideale Bedingungen. Inzwischen ist Kenia der Teelieferant Nr. 1 in der Welt.

Empfehlenswert ist ein Farmbesuch (Anmeldung erforderlich), bei dem man viel Interessantes über Anbau, Ernte, Verarbeitung und Zubereitung erfährt. Die **Kiambethu Tea Farm** in Tigoni (zwischen Nairobi, Banana Hill und Limuru; etwa 45 Min. vom Zentrum, Bus 116 vom Firestation Roundabout ist eine der ältesten ihrer Art. Zu finden ist die Farm an der Straße All-Saints nahe der gleichnamigen Kirche. Die Führung dauert 11–14.30 Uhr, einschließlich eines gemütlichen Mittagessens im 1910 erbauten Farmhaus (Tel. 020-125 42, Erw. 1400 KSh, Kinder 700 KSh).

Auf dem Weg zurück in die Stadt können die **Künstlerstudios/Galerien** in **Banana Hill** (www.banana-gallery.com, Tel. 066-512 65, tgl. 10–18 Uhr) und in **Ruaka** (Ngecha Artists Association, YMCA Building, Limuru Road, tgl. 10–18 Uhr) besucht werden.

## Paradise Lost

**Reiseatlas:** S. 12, E 1

Paradise Lost, das verlorene Paradies, liegt inmitten einer ehemaligen Kaffeefarm zwischen Nairobi und Kiambu und beherbergt Strauße, Kamele und Pferde zum Reiten. An dem idyllischen See mit Ruderbooten gibt es Grill- und Campingplätze. Verschlungene Pfade führen zu einer 2,5 Mio. Jahre alten Karsthöhle, verborgen hinter 3,50 m breiten Wasserfällen. Während des Mau-Mau-Aufstands fanden Freiheitskämpfer hier Unterschlupf. Eine interessante Führung durch die Kaffeeplantage der Mbai Coffee Factory gewährt Einblicke in die Geheimnisse der Pflanze, die den Grundstoff für dieses allseits beliebte Getränk liefert. Besonders am Wochenende ist das ›Paradies‹ ein beliebter Picknickplatz im Grünen (Kiambu Road, Tel. 020-31 52 96, tgl. 6–18 Uhr, Erw. 10 US-$, Kinder 5 US-$, incl. Reiten).

## Lake Naivasha

**Reiseatlas:** S. 6, D 4, **Karte:** S. 147

Über Limuru oder den Waiyaki Way gelangt man ins Rift Valley und in etwa 2 Std. vom Zentrum Nairobis bis Naivasha. Zunächst säumen hohe Nadelbäume den Transafrica Highway, Erinnerungen an Thüringen oder den Schwarzwald werden wach. Der Wald lichtet sich, und bevor die Straße am Kikuyu Escarpment in den Ostafrikanischen Grabenbruch steil hinunterführt, sollte man den imposanten Blick 700 m in die Tiefe und über die fruchtbare Ebene zum **Mt. Longonot** (2776 m), bei klarer Sicht sogar zum 50 km

entfernten Westrand genießen. Spätestens hier lockt die Besteigung des Vulkanberges. Der südlichste der sechs bedeutenden Seen im Rift Valley, der Lake Naivasha, ist bereits an den riesigen Gewächshäusern der sich am Westufer ausbreitenden Blumenplantagen zu erkennen. An dem 1800 m hoch gelegenen Süßwassersee, dessen Wasserspiegel auf Grund der Verdunstung nie konstant ist, liegt nicht nur die Stadt gleichen Namens, sondern auch – auf vulkanischem Boden in 2000 m Höhe – das einzige Weinanbaugebiet Kenias.

Der Ort **Naivasha** selbst bietet keine Sehenswürdigkeiten. Im Zentrum nach links abbiegend auf die Ringstraße, die um den See herum führt, gelangt man schnell zum Abzweig Richtung Mt. Longonot. Die Seestraße führt vorbei an einigen Hotels, die einen direkten Zugang zum Wasser haben.

Auf **Crescent Island** [1] , einer sichelförmigen Halbinsel, die per Fischerboot erreicht werden kann, leben Gazellen, Zebras, Wasserböcke, Pythonschlangen und unzählige Wasservögel. Die Gewächshäuser der riesigen Nelkenfarmen hinter sich lassend, erreicht man **Fisherman's Camp** [2] . Neben Campingplatz, Ruderboot- und Fahrradverleih gibt es auch ein Restaurant.

Nur wenige Kilometer entfernt ist der **Hell's Gate National Park** [3] . Eine Fläche von 68 km² bietet Lebensraum für Zebra-, Büffel- und Gazellenherden, Giraffen, Löwen und Leoparden. Besonders beeindruckend ist die schroffe Felsenlandschaft mit Schluchten und Gesteinstürmen. Im hinteren Teil des Parks zeugt ein Geothermisches Kraftwerk von der brodelnden Energie im Erdinneren. Ein unaufdringliches Maasai Culture Centre (tgl. 9–17.30 Uhr) bietet Gelegenheit sich mit der Kultur vertraut zu machen, mit den Menschen in Kontakt zu kommen (hellsgatenp@kenyaweb.com, Tel. 050-502 90, ganzjährig 6–19 Uhr, Erw. 20 US-$, Kinder 10 US-$, PKW 300 KSh).

Am Südwestzipfel des Lake Naivasha liegt auf der Seeseite das **Elsamere Conservation Centre** [4] . Joy Adamson, die seit ›Löwin Elsa‹ weltweit bekannte Tierschützerin,

## Richtig Reisen-Tipp:
## Auf dem Drahtesel zu Giraffen und Zebras

Hell's Gate ist einer der wenigen National Parks, die per pedes und per Fahrrad durchstreift werden dürfen. Mountainbikes mietet man derzeit am günstigsten im Crayfish Camp (s. Unterkünfte S. 149). Wer sich geschützter fühlen will, bucht über den Kenya Wildlife Service (www.kws.org) einen Ranger als Begleitung, notwendig ist das aber nicht.

Die Wege sind gut ausgeschildert, doch sie führen über Stock und Stein, Schatten findet man nur sehr wenig. Besonders von Januar bis März ist es heiß und trocken. Wer Lust hat, kann mit entsprechender Ausrüstung an den bizarren Felsen klettern, z. B. dem 25 m hohen ehemaligen **Lavaschlot Fisher's Tower.** Tipps gibt es beim Mountain Club of Kenya (www.mck.or.ke).

Das gemütliche Wandern inmitten des Graslandes ist reizvoll und wer sich unauffällig verhält, kann mit Zebras und Giraffen seiner Wege ziehen. Wanderern sei in der Trockenzeit besonders die **Njorowa-Schlucht** mit ihren eng stehenden Basaltwänden empfohlen. Im Westteil des Parks umfängt den Radler oder Wanderer eine eigenartig anmutende von Schwefeldämpfen eingehüllte Mondlandschaft mit dem 2434 m hohen **Ol Karia-Vulkan.**

Übernachtung ist möglich auf kleinen Campingflächen in der Nähe des Elsa Gate und des Ol Karia Gate (pro Person 5 US-$). Es gibt jedoch keinerlei Einkaufsmöglichkeiten im Park, d. h. Wasser, Lebensmittel, Feuerholz und die Zeltausrüstung müssen mitgebracht werden. Aber nachts im Zelt zu liegen und auf die Geräusche der afrikanischen Savanne zu lauschen – ein einmaliges Erlebnis!

lebte hier einige Jahre. Das Haus ist heute Museum mit zahlreichen Erinnerungsstücken an sie und ihren Mann, den langjährigen Ranger George Adamson. Beide wurden in den 1980-er Jahren von Wilderern in nördlich gelegenen National Parks ermordet. Originale ihrer einfühlsamen Gemälde und Zeichnungen von Menschen und Tieren Kenias zieren die Wände.

Aus dem Erlös der Einnahmen der ›Elsa‹-Filme und -Bücher wurde es möglich, zum einen den Hell's Gate National Park, zum anderen eine Art Schullandheim zu gründen. Kostenlos lernen Kinder kenianischer Schulen hier die Wildtiere ihrer Heimat kennen und wie sie zu ihrem Schutz beitragen können. Forscher aus aller Welt treffen sich zu Seminaren und Tagungen.

Elsamere ist nicht allein Museum und Bildungsstätte: Hier ist der grandioseste Platz, den See zu genießen: über 250 Vogelarten, darunter Seeadler, Pelikane, Kormorane, Flamingos und Marabustörche leben im Umfeld des nur 17 m tiefen Sees. An seinem Ufer bestimmen Flusspferde und Krokodile das Geschehen, und die Wipfel der Bäume bewohnen Colobus-Affen. Der liebevoll gestaltete Garten und die Gästezimmer laden zum Verweilen ein. Tagesgäste (Eintritt 600 KSh) sind zum Nachmittagstee (15–18 Uhr) und zu einem Film über Joy Adamson eingeladen.

### Mt. Longonot National Park
**Reiseatlas:** S. 6, D 4

Vom nördlichen Stadtrand Nairobis in etwa 1,5 Std. zu erreichen ist der **Mt. Longonot National Park** 5 . Er besticht nicht durch Tierreichtum. Sein besonderer Reiz liegt in der etwa 1,5-stündigen Wanderung durch grauen Lavasand hinauf zum Kraterrand des vor 100 Jahren letztmalig tätigen Vulkanberges. Der Weg nach oben kann noch spannender werden, wenn man einer Giraffe begegnet, besonders wenn man diese in den Dornenbüschen perfekt getarnten Tiere erst kurz vor einem Zusammentreffen bemerkt. Die dreistündige Umrundung des Kraters garantiert grandiose Ausblicke über die Massai-Steppe in alle Himmelsrichtungen. In der von

dichter grüner Vegetation bedeckten Vulkan-Schüssel leben Büffel und Leoparden, daher ist ein Abstieg nur mit einem vorher beim KWS gebuchtem Ranger sicher (www.kws. org, Tel. 050-502 55, tgl. 8–16.30 Uhr, Eintritt Erw. 20 US-$, Kinder 10 US-$).

 **Lake Naivasha Country Club:** Westufer, Moi South Lake Road, Naivasha, Tel. 050-202 11 60, kenyahotels @kenyahotelsltd.com. Direkt am See, alte Kolonialarchitektur kombiniert mit modernstem Stil, Zimmer mit schönem Blick auf den See, exquisite internationale Küche, viele Aktivitäten, u. a. Angeln, Boote, Ausflüge, Pool. DZ 170–230 US-$.

**Malewa River Lodge:** östlich des Sees im Kigio Wildlife Conservancy, Naivasha, Tel. 020-44 71 51, www.malewariverlodge.com. Ausgezeichnete Öko-Lodge, individuell und luxuriös ausgestatte Rundhütten aus örtlichen Materialien, streng nach ökologischen Auflagen geführt, leckere internationale Küche, Airstrip. 120 US-$/Person im DZ (Vollpension).

**Elsamere Conservation Center:** Westufer, Moi South Lake Road, Naivasha, Tel. 050-202 10 55, www.elsamere.com. Schöne Gästezimmer zu ebener Erde mit Glasfronten ermöglichen nächtliche Tierbeobachtungen: Flusspferde, Büffel, Antilopen, Gazellen ziehen grasend durch das naturbelassene Gelände. Das Abendessen ist ein romantisch-gemütliches Tafeln, die afrikanisch-indische Küche ist hervorragend und überaus empfehlenswert für verwöhnte Gaumen. DZ 150 US-$/Person (Vollpension).

**Crayfish Camp Naivasha:** Moi South Lake Road, Naivasha, Tel. 050-202 02 39, www.crayfishcamp.com. Direkt am See, am Südufer, modernes junges Ambiente im Akazienhain, freundlich, Zimmer und Zelte, Selbstversorgung möglich, viele Aktivitäten u. a. Angeln, Disko, Reiten, Wander- und Klettertouren, Mountainbike-Vermietung, Besichtigung Schnittblumenfarm. DZ ab 3200 KSh, eigenes Zelt 500 KSh.

**Euphorbienwald in der Nähe des Lake Naivasha**

**Schnee am Äquator! – Das verursachte noch vor 150 Jahren ungläubiges Staunen in Deutschland. Doch wer hierher kommt, erlebt weit mehr als nur die Gletscher des 5200 m hohen Mt. Kenya: fruchtbare Felder, die dichten urigen Wälder der Aberdares, die weiten wildtierreichen Savannen des Laikipia-Plateaus und kleinere, gerade deshalb besuchenswerte Wildtierreservate.**

Einst das Einwanderungsgebiet der Kikuyu, Meru und Embu, wurde das Hochland nördlich der heutigen kenianischen Hauptstadt in der Kolonialzeit, ab 1920, schnell zu den ›White Highlands‹. Weiße Farmer, meist Kriegsveteranen, erhielten von der Kolonialregierung Ländereien – auf dem Land, wo die hier lebenden Bantuvölker seit Jahrhunderten bereits Ackerbau betrieben. In andere Gebiete ausweichen oder aber als Lohnarbeiter auf dem einst eigenen Boden bleiben – das waren für sie die Alternativen. Heftiger Widerstand von der lokalen Bevölkerung gegen die Landnahme war daher kaum aufzuhalten, an der Spitze die besonders betroffenen Kikuyu. Die Rebellen des Mau-Mau-Aufstands (1950–1957) kannten die unwirtliche bewaldete Landschaft, nutzten sie für geheime Versammlungen und als Versteck.

Später, mit Beginn der kenianischen Unabhängigkeit 1963, verließen viele weiße Farmer das Land, und große Plantagen wurden in Form kleinerer Farmen an die ortsansässigen Kenianer verteilt. Genießt man die sagenhafte Landschaft des Zentralen Hochlandes heute aus der Vogelperspektive, kann man deutlich den hier entstandenen Flickenteppich aus kleinen Feldern erkennen. Übrigens stammen sowohl der erste kenianische Präsident Jomo Kenyatta als auch die Nobelpreisträgerin von 2004 Wangari Maathai, die ›Mutter der Bäume‹ (s. S. 162), aus diesem Gebiet.

## Von Nairobi nach Meru

**Reiseatlas:** S. 6, E–F 3–4
Nairobi verlässt man über die Thika Road, den Highway, und fährt vorbei am Moi-Sportkomplex Kasarani, an der Kenyatta-Universität, an Kaffeeplantagen. Nach 30 Min. erreicht man das 40 km entfernte **Thika.** Die Stadt bietet kaum Nennenswertes – außer dem herrlich frisch gebrühten Hochlandtee im üppig grünenden Garten des etwas außerhalb gelegenen **Blue Post Hotel.** Von hier lohnt der Blick auf die **Chania-Wasserfälle,** besonders natürlich zu Regenzeiten. Die Stadt ist eingebettet in unendlich scheinende, korrekt ausgerichtete Ananasfelder des Konserven- und Saftproduzenten Del-Monte.

### Ring Road Mt. Kenya

Vor **Sagana** beginnt die gut ausgebaute Teerstraße, die sich wie ein Ring (etwa 3 Std. Fahrtzeit, etwa 250 km) um das Mt.-Kenya-Massiv zieht und dazu einlädt, die grandiose landschaftliche Vielfalt mit traumhaften Ausblicken zu genießen. Die östliche Route führt entlang asiatisch anmutender Reisfelder, über **Embu** (von hier aus gelangt man nach 120 km zum Ura Gate des Meru National

**Bei Thika trifft man auf die imposanten Chania-Wasserfälle**

## Richtig Reisen-Tipp: Wildwasserrafting in den Strudeln von Tana und Sagana River

Wildwasserrafting – kennt man das nicht aus Filmen und aus den Sportnachrichten im Fernsehen? In Schlauchbooten und Kanus schießen wilde Abenteurer auf reißenden Flüssen hinab, drehen sich in Strudeln, und natürlich kippen sie manchmal um, hängen kopfunter im kalten Wasser und werden weiter getrieben? Jetzt oder nie, hier bietet sich die Gelegenheit beim Raften auf dem Sagana! Einer der wildesten Flüsse Kenias bietet ein wundervolles Ambiente und als ganzjährig wasserführendes Gewässer nur wenige Einschränkungen für diese ungewöhnliche Art der Safari.

8 Uhr: Abholung am Norfolk Hotel in Nairobi. Nach etwa 90 Min. Fahrtzeit ist Sagana erreicht. Ein kleiner Snack mit Tee oder Kaffee stärkt und macht fit für das kommende Abenteuer. Abhängig vom Wasserstand wird die Tour vier oder fünf Stunden dauern. Nach Sicherheitseinweisungen geht es hinunter zum Fluss. Rettungswesten, Helme und Paddel werden verteilt, spätestens dann fängt das Kribbeln im Bauch an. Aber es soll noch besser kommen!

Zunächst geht es locker los, wobei das Einsteigen ins leichte Kanu oder Schlauchboot für manchen schon das erste zu bewältigende Abenteuer darstellt, schließlich liegt das Gefährt ja im munter sprudelnden Wasser. Die ersten Kilometer dienen dazu, uns ans Boot zu gewöhnen, die richtige Sitzhaltung zu finden und den Umgang mit dem Paddel auszuprobieren.

Nebenbei kann man entspannt zahlreiche Vögel und im Uferbereich schlummernde Flusspferde beobachten, sich an der glitzernden Wasseroberfläche erfreuen, die besonders silbrig schimmert, wenn das Wasser die Sonnenstrahlen reflektiert. Irgendwann beginnen Strudel, Stromschnellen und flotte Strömungen uns den Atem zu verschlagen! Nicht mehr entspanntes Genießen der Landschaft, sondern eher gespannt-hoffnungsvolles Vertrauen auf das Können des Bootsführers! Aber alles geht immer gut, und wenn Sie vielleicht noch etwas wackelig auf den Beinen und mit flatterndem Magen wieder Land betreten, haben Sie das tolle Gefühl, etwas absolut Sensationelles miterlebt zu haben. Informationen bei Savage Wilderness Safaris: whitewater@nbi.ispkenya.com. Verschiedene Touren (ab 95 US-$ pro Person) sind im Angebot, von mehrstündigem bis zu mehrtägigen Touren mit romantischen Übernachtungen am Fluss.

Parks), den diesseitigen Aufstiegsort zur Besteigung des Berges, Chogoria, nach **Meru.** Die Gegend ist geprägt von der Landwirtschaft: Der Großteil kenianischer Baumwolle sowie die Strauchpflanze *mira'a,* deren grüne Blätter von Kenianern und Somalis gern als aufputschendes Mittel gekaut wird, werden hier angebaut. Ein kleines **Museum** erzählt die Geschichte der Meru (tgl. 9–18 Uhr, Tel. 064-324 82, nmkmeru@plansonlinde.net. Erw. 800 KSh, Kinder 400 KSh). Von Maua aus sind es noch 35 km zum Murera Gate. Der östliche Teil der Ring Road, von Wamumu aus als B 6 bezeichnet, stößt beim Lewa Game Reserve auf die A 2, die Nairobi mit dem Norden verbindet und auf westlicher Seite den Mt. Kenya umfährt

**Blue Post Hotel:** Muranga Rd., Thika, Tel. 067-222 41, blueposthotel@africa online.co.ke. Inzwischen nicht mehr glanzvoll, aber sauber, Lage und Garten sind sehr schön, DZ 1600 KSh.

# Meru National Park

**Reiseatlas:** S. 7, A–B 2–3
Ein Abstecher nach Osten (etwa 85 km) in den Meru National Park (870 km²), der auch

per Leichtflugzeug zu erreichen ist, kommt einem Ausflug ins unberührte Paradies gleich. Die Landschaft ist einzigartig – so etwas findet man in keinem anderen National Park. Der Meru National Park liegt eingebettet zwischen den beiden wasserreichen Flüssen Murera und Tana, an deren Zusammenfluss sich die **Adamson's Falls** 15 m in die Tiefe stürzen. Von vielen Flüssen durchzogen, mit unzähligen Feuchtgebieten, weiten Grassavannen und bewaldeten Hügeln voller Dornbuschhaine, bietet er nicht nur einen großen Tierreichtum, sondern auch eine vielfältige Flora. In den 1980-er Jahren trieben Wildererbanden ihr Unwesen, denen nicht nur Tiere (der gesamte Nashornbestand!), sondern auch Menschen zum Opfer fielen. Der als Wildhüter arbeitende ›Vater‹ von Löwin Elsa, George Adamson (Bwana Simba genannt), war 1989 wohl das bekannteste Mordopfer.

Durch intensive Anstrengungen und Kampagnen der Regierung ist der Park seit gut zehn Jahren jedoch wieder absolut sicher. Dennoch finden nur selten Besucher in die wilde, schroffe Landschaft, um Löwen, Leoparden, Geparden, Grevy's Zebras sowie riesige Elefanten- und Büffelherden zu beobachten. So findet man eher urwüchsige Wege, von Natur aus scheue Tiere und wunderbare Ruhe bietende Unterkünfte. Einer der schönsten darunter ist **Elsa's Kopje** auf dem 700 m hohen Mughwango-Hügel, der einen zauberhaften Rundblick bietet. *Kopje* ist das Meru-Wort für Felsen: Löwin Elsa wurde in diesem Gebiet von Joy und George Adamson ausgewildert. Die Lodge mit den wenigen, ausschließlich aus einheimischen Naturmaterialien gebauten Cottages liegt mitten im Park und wird streng ökologisch geführt. Der Gast kann sich wachen Auges und Ohres nicht nur an der ihn umgebenden Landschaft, sondern auch an den Tieren erfreuen, die frei umherziehen.

Die sich an den Meru National Park anschließenden Nature Reserves sind kaum erschlossen und Rückzugsgebiet der hier absolut frei lebenden Tiere. Der Ringstraße weiter folgend, kann man Richtung Isiolo und ins Samburuland abbiegen (s. S. 169 ff.).

**i** **Meru National Park:** Tel. 07 23-60 76 40, merupark@kws.org, tgl. 6–19 Uhr. Erw. 40 US-$, Kinder 20 US-$.

 **Elsa's Kopje:** Tel. 020-60 40 53, www.chelipeacock.com. Luxuriös ausgestattete Cottages, im Restaurant wird sehr gute internationale Küche serviert, Übernachtung 310–500 US-$/Person (all inclusive).

## Richtig Reisen-Tipp: Hoch zu Ross durch die Savanne

Mädchenträume? Mitnichten! Was kann es Schöneres geben als auf dem Rücken eines Pferdes durch die Savanne zu reiten! In den frühen Morgenstunden in die aufgehende Sonne hinein oder am Abend im Schein der untergehenden, wenn Schirmakazien sich als schwarze Schatten vom Horizont abheben. Der Reiz dieses Abenteuers liegt nicht nur im Reiten selbst, sondern vielmehr in dem ungewöhnlichen Verhältnis, das der Reiter auf diese Weise zu den Wildtieren aufbauen kann.

Die sonst so scheuen Zebras stieben nicht aufgebracht auseinander, Antilopen traben nicht davon, wenn das Pferd sich nähert. Impalas springen nicht ängstlich in die Büsche und auch die urigen Warzenschweine kann man in Ruhe beobachten. Sie rennen nicht mit hoch aufgestellten, Antennen gleichenden, Schwänzchen durchs hohe Gras. Giraffen wirken plötzlich nicht mehr so hochbeinig, aber ihre schönen Gesichter mit den dunklen Augen und langen Wimpern faszinieren noch mehr.

Das sind einmalige Momente, die Träume wahr werden lassen. Das Wort ›Freiheit‹ wird erlebbar, wenn die kleine Reitergruppe hügelab, hügelauf vorwärts zieht, mal im Schritt, aber oft im Trab oder geübte Reiter im Galopp. Professionelle Begleitung korrigiert sensibel Sitz- oder Zügelhaltung, gibt Tipps und macht mit geschultem Auge auf Sehenswertes aufmerksam. Es werden sowohl stundenweise Ausritte als auch Tagestouren mit Picknick unter Schatten spendenden Dornakazien sowie mehrtägige Reitsafaris angeboten.

Besonders attraktiv sind die Reiterlebnisse aufgrund des zu beobachtenden Artenreichtums in den privaten Schutzgebieten des Laikipia-Plateaus, des Rift Valley und südlich von Nairobi.

**Informationen:** u. a. bei Petra Allmendinger: petra@africaonline.co.ke (s. auch S. 163).

**Bwatherongi Bandas:** unter Leitung des KWS, www.kws.org. Auch Camping ist hier möglich, die Bandas sind einfach, aber sauber. Selbstversorgung, es steht nur ein Grillplatz zur Verfügung. Banda 750–1500 KSh.

## 2 Laikipia-Plateau

**Reiseatlas:** S. 6, E–F

Nördlich und nordwestlich des Mt. Kenya erstreckt sich das aufregend romantische wildtierreiche Laikipia-Plateau. Einige private Wildlife Reserves, also Wildreservate auf großen privaten Farmen, sind oftmals mit kleineren, der Landschaft und der Kultur angepassten Lodges und sogenannten Tented Camps ausgestattet. Sie bieten eine traum-

hafte Alternative für Individualtouristen: Natur genießen, Wildtiere beobachten und Menschen anderer Kulturen kennenlernen. Einige der Lodges tragen das Siegel des kenianischen Ökotourismusverbandes. Den Wildtieren Schutzraum zu bieten, gleichzeitig aber die lokalen Gemeinden der Massai und Samburu mit einzubinden, ist eine wichtige Aufgabe, wenn Wilderei vermieden und die Entwicklung gefördert werden soll.

Das Wildreservat **Lewa Wildlife Conservancy** beherbergt eine Vielzahl von Tieren, eingeschlossen die Big Five, mehr als 420 Vogelarten, Netzgiraffen, Geparden, etwa 80 Breit- und Spitzmaulnashörner, verschiedene Antilopen und über 550 der gefährdeten Grevy's Zebras. Im Reservat gibt es neben der klassischen Wildtierbeobachtung alternative Aktivitäten, z. B. Walking Wild (s. S. 156). Die Zufahrt zum Reservat ist über Isiolo möglich (Tel. 020-60 71 97, www.lewa.org. Während der Regenzeiten Anfang April–Mitte Mai und Anfang Nov.–Mitte Dez. nicht zu besuchen! Eintritt 25 US-\$).

Im Gebiet der **Ol Pejeta Conservancy**, verbunden mit dem **Sweetwaters Wildlife Conservancy,** leben Vertreter der Big Five. Das Reservat ist besonders bekannt durch sein integriertes 45 ha großes Schimpansen-Schutzgebiet, das mit dem Jane-Goodall-Institut gemeinsam geführt wird. Die Tiere wurden 1994 während der Unruhen in Burundi in das Reservat umgesiedelt, denn von Natur aus gibt es diese Menschenaffen nicht in Kenia. Inzwischen sind bereits Jungtiere zur Welt gekommen, insgesamt leben 41 Tiere in zwei verschieden großen Gruppen zusammen (Zufahrt über Nanyuki, Tel. 062-

**Mit Giraffen (fast) auf Augenhöhe: Reitsafari**

## Mt. Kenya und das Zentrale Hochland

324 08, www.olpejetaconservancy.org, Eintritt 50 US-$).

 **Laikipia Wildlife Forum:** Tel. 062-316 00, www.laikipia.com.

  **Ol Pejeta Ranch House & Tented Camp:** Sweetwaters Wildlife Conservancy, etwa 35 km westl. Nanyuki, Tel. 062-319 70 oder 020-284 23 33, www.serenahotels.com. Attraktion ist ein zahmes Nashorn. Edel-luxuriös ausgestattete Zimmer im ehemaligen Farmhaus von Lord Delamere bzw. komfortable Zelte, exquisite internationale Küche, Massage, Nachtausflüge, Game Walk zur Löwenbeobachtung. DZ 300–600 US-$.

**Borana Lodge:** Lewa Wildlife Conservancy, Tel. 020-60 04 57, www.borana.co.ke. Ausgezeichnete Öko-Lodge, traumhaft eingebettet in die weite Savanne, luxuriös, behaglich, konsequent umweltfreundliche Führung, exquisite internationale und afrikanische Küche, verschiedene Aktivitäten. 250 US-$/Person.

**Il Ngwesi Lodge:** Lewa Wildlife Conservancy, www.lewa.org/ilngwesi-lodge.php. International ausgezeichnete Öko-Lodge mit ausschließlich aus einheimischen Materialien gebauten, luxuriösen Cottages; exquisite internationale und afrikanische Küche, Pool mit Blick auf die Savanne, u. a. professionell geführte Game Walks. 230 US-$/Person.

**Ol Dome:** etwa 55 km nordwestl. Nanyuki zwischen Lewa Wildlife Conservancy und Sweetwaters Game Reserve, Tel. 062-311 48, www.ol-dome.de. Ol Dome (›Ort der Elefanten‹, beste Beobachtung: Mitte Aug.–Mitte Dez.), private Ranch, familiär, deutschsprachig, Wohnhaus auf und um einen Felsen gebaut, zauberhafter Garten inmitten der Savanne, Ort zum Innehalten und Genießen, exzellente österreichisch und südamerikanisch geprägte Küche, Game Walks und Drives, keine Kinder unter 12 Jahren. All-inclusive DZ 250 US-$.

 **Lewa-Marathon** (Juni): Lauf mit internationaler Beteiligung auf der Hochebene für einen guten Zweck, die Einnahmen werden genutzt für die Erhaltung der Natur und für kommunale Projekte. Einmalige Laufatmosphäre inmitten der Tiere der Savanne (www.lewa.org/safaricom-marathon).

 **Kameltouren:** Bobong & Ol Maisor Camel, Nanyuki, Tel. 062-327 18, ol maisor@africaonline.co.ke.

**Walking Wild:** Einheimische, professionell arbeitende Massai leiten 3- oder 5-tägige spannende Wandersafaris im Lewa Wildlife Conservancy, bei denen man viel über Fauna, Flora und Kultur erfährt. Unter freiem Sternenhimmel wird übernachtet. Intensiver kann man Kenia kaum erleben!

**Flüge:** mehrere Landepisten im Gebiet werden auf Buchung vom Wilson Airport Nairobi angeflogen, u. a. von SafariLink, Tel. 020-60 07 77, www.safarilink-kenya.com; Yellow Wings, Tel. 020-60 63 13, yellowings @swiftkenya.com. Hin und zurück um 170 US-$/Person.

**Auto/Mietwagen:** Für das Gebiet sind ausschließlich 4x4-Autos geeignet, es gibt keine öffentlichen Verkehrsmittel.

## 3 Mt. Kenya National Park

**Reiseatlas:** S. 6, E–F 3

Wanderungen im Mt. Kenya National Park oder gar die Besteigung des zweithöchsten Berges Afrikas sind am günstigsten an der Westseite. Der Berg gilt den Massai, den Kikuyu und den benachbarten Kamba als heilig, Gott Ngai (oder Nyaga) wohnt in dem schroff felsigen Massiv, das weithin sichtbar ist. Der Name Mt. Kenya stammt jedoch von dem um 1840 hier reisenden deutschen Missionar Ludwig Krapf und geht auf einen Hörfehler zurück: Die Kikuyu bezeichnen den Berg als Kirinyaga, die Kamba als Kinyaa. Daraus machte Krapf ›Kenya‹. Die drei höchsten Gipfel sind benannt nach Massai-Ältesten: Point Lenana (4985 m), Nelion (5188 m) und Batian (5199 m). Die beiden letzten sind nur

## Routen auf den Mt. Kenya

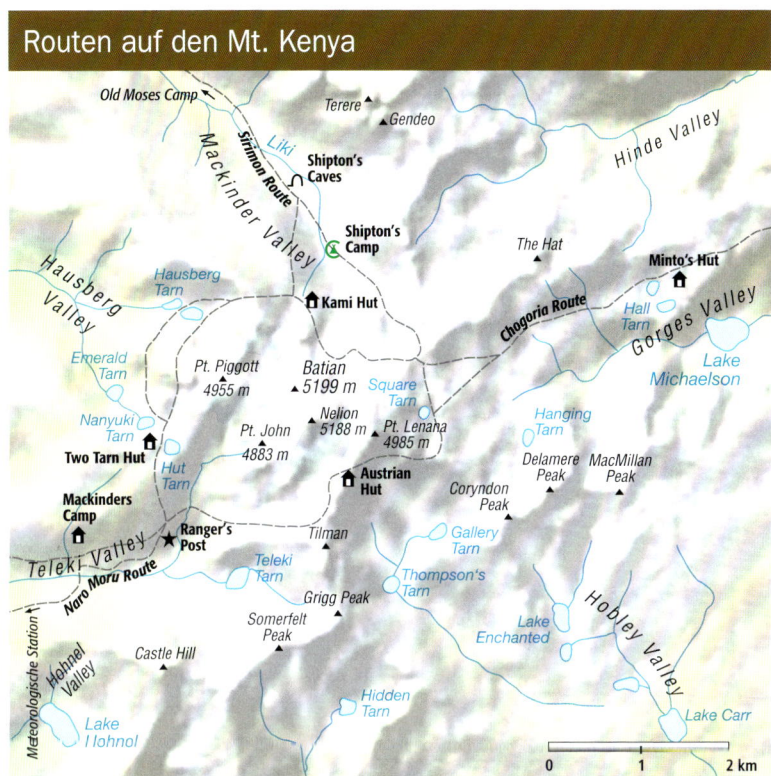

Kletterern mit Erfahrung und technischer Ausrüstung zugänglich (Kontakt zu Mt. Kenya Club: www.mck.or.ke). Der Nationalpark ist allerdings nicht nur interessant für Kletterenthusiasten, die einen der drei hohen Gipfel besteigen wollen, auch für Naturliebhaber und Wanderfreunde ist der ein- oder mehrtägige Aufenthalt ein Erlebnis.

### Vegetationszonen

Dichte Wälder bieten Lebensraum für zahlreiche Tiere wie Elefanten, Büffel, Nashörner, Leoparden, seltene Bongoantilopen und Buschwildschweine. Ausgedehnte Bambuswälder vermitteln einen Eindruck von längst vergangener ursprünglicher Vegetation in Kenia. Wacholder, Koniferen und Lobelien begleiten den Wanderer bis hinauf um 3500 m Höhe. Wo auf europäischen Bergen bereits lange Schnee liegt, erfreuen Kosobäume, riesige Lobelien und bis zu 3 m hohe Heidekrautbüsche das Auge. Strohblumenartige, silbrig glänzende Blumen (Helichrysum) und die beliebte Protea in leicht rosa Farbtönen beleben die sattgrüne Landschaft. Bis auf 4200 m sind die grasbewachsenen Flächen unterbrochen von einer auf eigenwillige Art an die kühlen Nächte angepassten hoch aufgerichteten Pflanze: Senecio keniodendron. Um die nächtliche Feuchtigkeit zu speichern, schließt sie die oberen Blätter gleich einer riesigen Artischocke. Untere abgestorbene Blätter werden so an den Stamm geklappt, dass dieser im Lauf der Jahre immer dicker wird.

Oberhalb 4300 m bestimmen Geröllfelder, Gletscherzungen und einige Schneepolster das Bild – noch, denn die Schneekappe ist in

157

# Mt. Kenya und das Zentrale Hochland

den vergangenen Jahren dramatisch abgeschmolzen, die Folgen für das Ökosystem sind bislang unvorstellbar.

## Routen

Der National Park ist über mehrere Gates zu erreichen. Für Wanderungen und Bergbesteigungen (am besten außerhalb der Regenzeiten, also Dezember bis Februar, Juli bis September) gibt es, je nach vor allem Schwierigkeitsgrad, unterschiedliche Routen. Am einfachsten, dennoch als sehr schön, gelten die Sirimon Route bei Nanyuki mit Start am Sirimon Gate und die Naro Moru Route über das gleichnamige Hauptgate. Unterkünfte und Campingmöglichkeiten gibt es an allen Routen, aber keinerlei Einkaufsgelegenheiten. Für Aufstiege auf Point Lenana sind 3 bis 5 Tage geplant, dabei sollten Symptome der sogenannten Höhenkrankheit

ernst genommen und nicht mit Medikamenten unterdrückt werden.

Die **Sirimon Route** führt über Old Moses Camp (3250 m), durch reizvolle Täler, vorbei an den Shipton's Caves (Höhlen) zum **Shipton's Camp** (4200 m). Am nächsten Morgen gegen 3 Uhr beginnt der Aufstieg auf den Gipfel, den man im Licht des Sonnenaufgangs genießt. Die **Naro Moru Route** passiert die Meteorologische Station (3050 m), die Waldzone bis 4200 m, durchquert die bizarre Afroalpine Zone und gelangt zur **Austrian Hut.** Auch von hier startet die Gipfeltour nachts, zum einen ist der Sonnenaufgang auf beinahe 5000 m ein grandioses Geschenk für die durchlittenen Strapazen, zum anderen ist das Laufen auf vom Nachtfrost hartem Schnee einfacher als auf einer sonnenerwärmtem Schneeschicht. Für den Abstieg kann man durchaus eine andere Route wäh-

**Shipton's Camp am Mt. Kenya liegt auf 4200 m**

len, es gibt immer wieder Treffpunkte der Wege, die meist gut ausgeschildert sind.

Dennoch sollte man entsprechend eigener Erfahrungen und Kondition überlegen, einen einheimischen Bergführer (zzt. 1000 KSh pro Tag) und eventuell Träger (zzt. 600 KSh pro Tag) anzuheuern. Ist man in einer größeren Gruppe unterwegs, ist vielleicht auch ein Koch (zzt. 750 KSh pro Tag) angenehm, der einen am Ende des Tages mit einer leckeren Mahlzeit empfängt. Um sicherzugehen, im wahrsten Sinne des Wortes, wendet man sich am besten an die **Nanyuki-Porter-Association** (Julius Muruga Tel. 07 22-22 50 03) oder einen professionellen Wandertourenanbieter. Die Selbsthilfegruppe der Führer und Träger wird unterstützt und ausgebildet von Toni Tschank (Kibos Slopes Ltd).

**Mt. Kenya National Park:** www.kws. org. Eintritt Erw. 20 US-$, Kinder 8 US-$, bei dreitägigem Aufenthalt inkl. Campinggebühr Erw. 70 US-$, Kinder 50 US-$.
**Mt. Kenya Club:** www.mck.or.ke. Routen, clubeigene Hütten, Wettervorhersage, gemeinsame Touren, Kletterkurse.

**Rutundu Log Cabins:** Lake Rutundu, www.kenyaonetours. com. Traditionelle, gemütlich anheimelnde Blockhäuser mit Moos zwischen den Balken zur Isolation, Schaffellen und Kamin. Wanderungen, Reittouren, exzellente Küche, Vollverpflegung. 215 US-$/Person.

**Austrian Hut:** www.kws.org. Einfach, aber sauber, 180 US-$/Hütte, 50 US-$/Person.
**Batian Guest House:** Tel. 020-60 08 00, www.kws.org. Geschmackvoll eingerichtet, gut ausgestattete Küche, Selbstversorgung, Feuerholz und Trinkwasser mitbringen! 180 US-$/Hütte.
**Old Moses Hut und Shipton's Hut:** über Mountain Rock Lodge, Tel. 020-24 21 33, 062-626 25, www.mountainrockkenya.com. Einfache hölzerne Doppelstockbetten, relativ sauber; es gibt nur kaltes Wasser. 10–12 US-$/Person.

**Berghütten:** über Naro Moru River Lodge, Tel. 01 76-626 22, mt.kenya@africaonline.co. ke. Einfache hölzerne Doppelstockbetten, relativ sauber, es gibt nur kaltes Wasser. 10–12 US-$/Person.

## Nanyuki und Naro Moru

Die Stadt **Nanyuki** verströmt noch etwas koloniales Flair und ist nach wie vor Einkaufszentrum und Treffpunkt der Siedler und Farmer. Eine besuchenswerte ›Institution‹ ist **Settlers Store** in der Nähe der Shell-Tankstelle. Gegründet wurde der Laden 1938 und wird seitdem von V. G. Patel und seiner Frau geführt. Inzwischen organisiert Alpana Patel, die Tochter, die Belieferung der Farmen und Lodges im Umkreis von bis zu 200 km (Flugtransport). Settlers Store ist berühmt für die *samosas* von Frau Patel. Stammkunden kaufen bei Settlers Store bis heute auf Kredit.

In der Nähe sind noch immer einige Air-Force-Soldaten an dem kleinen, einst aus-

**Mit Kamelen auf Du und Du:** Seit 2005 betreibt der Deutsche Holger Marbach die Molkerei Vital Camelmilk in Nanyuki. Bei einem geführten Rundgang kann durch Fenster die Verarbeitung der Milch verfolgt werden, aus hygienischen Gründen dürfen Besucher verständlicherweise die Produktionshalle nicht betreten. Wo sonst erfährt man so viel Interessantes über diese Tiere und den Gesundheitswert ihrer bei uns kaum bekannten Milch, die dreimal so viele Vitamine wie Kuhmilch enthält? Die Einheimischen schwören auf ihre Allround-Heilwirkung. Wer Lust auf leckeres Eis hat, sollte neugierig sein und ins Industriegebiet von Nanyuki fahren, die Ausschilderung von der Hauptverkehrsstraße ist deutsch-deutlich. Eine solche Molkerei ist selbst in Afrika nicht alltäglich. Frühaufsteher können beim Melken der ausgeglichenen Kamelkühe in ihrem Nachtquartier eine Stunde außerhalb der Stadt zuschauen (Führung jederzeit möglich, Anmeldung für Gruppen unter Tel. 07 20-92 68 41 oder Tel. 07 21-62 42 49 oder email@vitalcamelmilk.com).

## Mt. Kenya und das Zentrale Hochland

schließlich dem Militär vorbehaltenen Flugplatz stationiert. Die Region ist das größte Bohnenanbaugebiet des Landes, die hier wachsenden grünen Prinzessbohnen (auf hiesigen Speisekarten: French Beans) gehören allerdings nicht zu den Spezialitäten der kenianischen Küche, sie werden zumeist nach Europa exportiert.

Ansonsten ist die Stadt Tor zum Mt. Kenya Nationalpark und zum Laikipia-Plateau. Kurz nach der Stadtgrenze überquert man den **Äquator** mit einigen Souvenirbuden, weitere 25 km südlich liegt das Städtchen **Naro Moru.** Der Ort ist ebenfalls eine ideale Station für Wanderer, Kletterer und Mountainbiker: Von hier aus gibt es verschiedene Tagestouren, außerdem sind Akklimatisierung vor und Entspannen nach Bergtouren wunderbar möglich.

  **Mount Kenya Safari Club:** Nanyuki, Tel. 020-25 09 00, www. lonrhohotels.com. Ehemalige Residenz des amerikanischen Schauspielers William Holden, außerordentlich luxuriös, edel ausgestatte Zimmer mit schönem Blick in die Landschaft, Golf, Pool, Wellnessbereich, Tiergehege, Flugplatz, exquisite internationale Küche. DZ 209–325 US-$.

**Naro Moru River Lodge:** Naro Moru, Tel. 020-444 33 57 oder 062-620 23, mt.kenya@africaonline.com. Komfortabel inmitten von Gärten am Fluss, Zimmer mit Kamin, Angeln, Reiten, Tennis, Mountainbike, Pool, Vollpension oder Selbstversorgung. Ideale Unterkunft für Aktivurlauber, Verleih von Wander- und Kletterausrüstung. DZ 40–100 US-$, Camping 5 US-$/Person.

**Simbas Lodge:** Nanyuki, Tel. 062-317 23. Schlicht ausgestattete Zimmer, aber mit eigenem Bad, sauber, teils mit schönem Blick zum Mt. Kenya. Restaurant mit einfacher kenianischer Küche. Spielplatz. DZ 1100–1500 KSh.

**Mountain Rock Lodge:** zwischen Nanyuki und Naro Moru, Tel. 020-24 21 33 oder Tel. 062-626 25, www.mountainrockkenya.com. Urig, gediegene Zimmerausstat-

tung, sauber, auch Campingplatz, viele Aktivangebote. DZ 40–100 US-$, Camping 300 KSh/Person.

**Sirimon Bandas:** Sirimon Gate, Tel. 020-60 08 00, www.kws.org. Einfach, aber sauber, gut ausgestattete Küche, Selbstversorgung. Banda 70 US-$.

**Naro Moru Youth Host**el: Tel. 01 76-624 12. Urig, schlicht ausgestattet, sauber, gemütliche Stimmung, viele Aktivitäten, Camping möglich, zuverlässige Vermittlung von Bergführern, Trägern, Köchen. Treffpunkt für Wanderer. 250–800 KSh/Person ohne Frühstück.

**Trout-Tree Restaurant:** zwischen Nanyuki und Naro Moru, Tel. 062-620 59, elk@wananchi.com. Lecker zubereitete frische Forellen, traumhaftes Ambiente im Baum, um 500 KSh.

**Kunst, Kunsthandwerk, Antikes:** Mount Kenya Art Gallery, im Mount Kenya Safari Club, Nanyuki, Tel. 062-327 47, www.artexchangeafrica.com, Galeristin Iris Hunt trägt wertvolle Kunst aus ganz Afrika zusammen.

**Flüge:** regelmäßig mit Air Kenya. Tel. 020-60 17 27, www.airkenya.com; Safari Link, Tel. 020-60 63 64, um 160 US-$/Person hin und zurück.

**Busse:** Matatus und Busse in alle Richtungen (ab/von Nairobi s. auch S. 143).

# Die Aberdares

## Nyeri

**Reiseatlas:** S. 6, E 3

Fährt man die Ringstraße weiter Richtung Süden, ändert sich die Landschaft beinahe schlagartig von der trockenen offenen Savanne zu den fruchtbaren Aberdares vor Nyeri. In den 4000 m hoch gelegenen Aberdares begünstigen ertragreiche Vulkanböden und ganzjährig gemäßigt regenreiches Klima den Anbau von Ananas, Kaffee, Tee und Pyrethrum (einer Margeritenart, aus der ein Insektengift gewonnen wird).

Der Abzweig nach Nyeri, der Haupstadt des Kikuyulandes, ist nicht zu verpassen. Nyeri ist umgeben von weiten Zuckerrohrfeldern, in ihrem Zentrum bietet die Stadt ein buntes Leben mit vielen an der Straße ihre Handwerke ausübenden Männern, frisches Obst und Gemüse feil bietenden Frauen, kleinen Restaurants und in den Tag hinein philosophierenden Geschäftemachern. Bei Pfadfindern der ganzen Welt gilt sie als Pilgerstätte, verbrachte doch der Begründer dieser Bewegung, Lord Baden Powell (1857–1941), etliche Jahre in einem Haus, in dem, heute auf dem Gelände des Outspan Hotel am Rande der Stadt, ein kleines **Museum** untergebracht ist (tgl. 8–18 Uhr, Eintritt 500 KSh).

## Aberdare National Park

**Reiseatlas:** S. 6, D–E 3–4

Der Aberdare National Park unterscheidet sich wesentlich von den anderen National Parks des Landes. Auf 3000–4000 m Höhe gelegen, mit dichtem, feuchtem, oft nebligem Wald, mit urigen Baumbeständen, Hochmooren und einer beeindruckenden Pflanzenvielfalt bietet er Lebensraum für viele Tierarten. Die Big Five können hier selbst in großen Höhenlagen beobachtet werden, Riesige Herden von Elefanten und Büffeln zu begegnen ist keine Seltenheit. Mit ihrem bunt schillernden Gefieder beeindrucken Eis-, Nashorn- und Nektarvögel, Frankoline flattern aufgeregt vom Boden auf, und eine große Anzahl an Raubvögeln zieht ihre Kreise. Besonders erlebnisreich sind begleitete Wanderungen, die beim KWS oder den beiden im Park befindlichen Hotels gebucht werden.

Durch romantische Schluchten führen die Pfade vorbei an tosenden Wasserfällen, wie z. B. den **Chania Falls,** die sich 25 m in die Tiefe stürzen. Da es in dieser Region beinahe das ganze Jahr über Niederschläge gibt, sind die Kaskaden zu jeder Jahreszeit zu bewundern. Innerhalb des Parks zu übernachten ist ein unbeschreibliches Naturerlebnis bei dem sich die Geräusche der nachtaktiven Tiere mit dem Rauschen von Flüssen und Bambuswäldern verbinden. Wer die atemberaubende Natur wirklich mit allen Sinnen erfassen möchte, dem sei eine mehrtägige Wandertour durch den Aberdare National Park empfohlen.

## Solio Game Reserve

**Reiseatlas:** S. 6, E 3

Zwischen Nyeri und Nyahururu, am Nordrand der Aberdares, liegt ein kleines privates Wildreservat: das 25 000 ha große Solio Game Reserve (Tel. 061-552 71, eparfet@africaonline.co.ke, Eintritt 20 US-$). 1970 gegründet, ist es heute Heimstatt für über 50 Spitz- und mehr als 90 Breitmaulnashörner. Die urigen Tiere leben friedlich neben Büffeln, Giraffen, Zebras, Löwen, Leoparden und Geparden. In Zeiten der Wilderei, als die Nashornbestände sich überall im Land drastisch verringerten, gab man den Tieren hier sogenannten Individualschutz: ein bewaffneter Ranger bewachte jeweils ein Nashorn. Eine erfolgreiche, aber kostenintensive Methode, die auch in anderen Parks und Reservaten praktiziert wird. Die Wege führen meist entlang des Moyo River, Akazienhaine und Galeriewälder bieten verschiedenen Vögeln Rast- und Nistplatz. Es gibt jedoch keine Übernachtungsmöglichkeiten.

## Thomson Falls

**Reiseatlas:** S. 6, D 3

Am westlichsten Rand der Aberdares, bei Nyahururu, trifft man auf die 72 m hohen Thomson Falls. Die Wasserfälle tragen ihren Namen nach dem Naturforscher Joseph Thomson, der die Gegend ab 1883 bereiste. Gleich nebenan befindet sich die gleichnamige Lodge. Im Garten kann man mit Aussicht auf die Wasserfälle einen frischen Tee genießen und die geschäftstüchtigen Kikuyu beobachten, die sich in ihrer traditioneller Kriegskleidung gern mit Touristen fotografieren lassen (gegen kleines Entgelt natürlich).

**ℹ** **Aberdare National Park:** Tel. 061-550 24, www.kws.org, Erw. 40 US-$, Kinder 20 US-$.
**Ärztliche Versorgung:** QHOTOK (Quality Health Organization Trust Of Kenya), Rettungssystem mit Notarztwagen und deut-

# Wangari Maathai – Nobelpreisträgerin aus Kenia

## Thema

**Mama Miti – Kiswahili für ›Mutter der Bäume‹ – wird Wangari Maathai auch genannt, eine ›schwarze Grüne‹, die viel redet und noch mehr tut. Meist schenken Menschen in Existenznot dem Umweltschutz keine große Beachtung. Doch der beispielhafte Aktivismus von Mama Miti löste einen Dominoeffekt aus, der in Kenia nicht nur das ökologische, sondern auch das politische Bewusstsein der Menschen geschärft hat.**

Die Aberdares-Wälder am Fuss des Mt. Kenya sind die grüne Lunge Kenias. Doch vor rund 100 Jahren begannen die Briten, die Wälder zu roden, um Tee und Kaffee auf dem fruchtbaren Waldboden zu pflanzen, und die wachsende Bevölkerung Zentralkenias rodete die Wälder weiter, um Brennholz zu gewinnen.

Seitdem zeigen die einst so grünen Aberdares Symptome einer Raucherlunge: Vom gerodeten Boden schwemmen Pestizide in die Flüsse, die als Trinkwasserquelle dienen. Das belastete Trinkwasser beeinflusst das Immunsystem der oft durch Fehlernährung geschwächten armen Bevölkerung und bewirkt eine allgemeine Schwächung der Abwehrkräfte und mitunter tödliche Epidemien.

Zum Glück ist das Problem reversibel, der Boden kann wiederaufgeforstet, das Wasser der Flüsse wieder klar werden – wenn die Menschen mitspielen! Ersteres ist leicht gesagt, letzteres ein schwieriges Unterfangen. Wangari Maathai (geb. 1940) ist aus dem Holz geschnitzt, das man braucht, um die Bevölkerung der Aberdares sowie die Politiker und Großgrundbesitzer in der Region zum Umdenken zu mobilisieren. Die resolute Maathai, die selbst in den Aberdares aufwuchs, begann Setzlinge zu ziehen. Dann rief sie die Frauen der Region auf, die traditionell zumeist für den Feldbau, das Feuerholz- und Wasserholen zuständig sind, gemeinsam die jungen Bäume auszupflanzen und zu pflegen.

Die Biologin und erste Frau, die an der Universität Nairobi einen Doktortitel erhielt, kann die komplexen Zusammenhänge von Abholzung, Bodenerosion, schlechten Ernten, Wassermangel, Dürren, Hungersnöten und Kriegen für jedermann verständlich erklären – den Menschen auf dem Land ebenso wie denen in den Großstadtdschungeln von Nairobi, New York oder Kyoto. Sie gründete das Green Belt Movement, mit dessen Hilfe allein in Kenia seit den 1970er-Jahren über 20 Mio. Bäumen gepflanzt wurden.

Hierfür, aber vor allem für ihre mutige und weitsichtige Herangehensweise auch in Sachen Politik und Frauenrechte erhielt Wangari Maathai 2004 in Deutschland den Petra-Kelly-Preis, und im gleichen Jahr den Friedensnobelpreis. Ende 2006 begann die UNEP, die Umweltbehörde der Vereinten Nationen (mit Sitz in Nairobi) unter Maathais Schirmherrschaft mit einer weltweiten Kampagne, bei der Menschen überall auf der Welt aufgerufen sind, bis Ende 2007 insgesamt 1 Mrd. Bäume zu pflanzen. Dem weltweiten Abholzen von Wäldern soll hiermit entgegengewirkt werden. Der Mensch funktioniert nicht ohne seine Lunge und die Erde produziert kein Leben ohne Wald. Eine intakte Natur wiederum ist die Grundlage für Frieden, Demokratie und Wohlstand. Hierfür kämpft die charismatische Aktivistin Wangari Maathai – ihre Setzlinge haben in den Aberdares, in Kenia und weltweit Wurzeln geschlagen.

**Deutsch-kenianische Bauernhofromantik:**
Die Sandai Farm bietet geschmackvoll komfortabel ausgestattete Cottages, liebevoll-familiäre Atmosphäre, super Hausmannskost und ist ideal als Ausgangs- und Ruhepunkt für Tagesausflüge und Aktivitäten wie Reitsafaris. Individuelle deutschsprachige Begleitung durch die Eigentümerin Petra Allmendinger. 55–70 €/Person, 360-470 € pro Woche (African Footprints, ca. 20 km hinter Nyeri in Richtung Nyahururu, Tel. 07 33-73 46 19 oder Tel. 07 21-65 66 99, www.farmurlaub-afrika.de).

scher Praktischer Ärztin, Tel. 07 35-33 79 80, info@qhotok.com.

  **Outspan Hotel:** Nyeri, Kamakwa Rd., Tel. 020-445 20 95, Fax 020-445 21 02, adventure@aberdaresafari hotels.com. Edles Landhotel, Pool, Tennis, zauberhafter Garten mit Blick zum Mt. Kenya, exzellente internationale Küche. DZ 98–240 US-$.

**Aberdare Country Club**: zwischen Nyeri und Mweiga, Tel. 020-21 69 40, www.lonrhoho tels.com. Luxuriöse Cottages auf ehemaliger Farm, traumhafter Garten, Pool, exquisite internationale Küche. DZ 150–190 US-$.

**The Ark:** Aberdare National Park – Anreise zu The Ark nur über Aberdare Country Club – nicht mit eigenem Auto gestattet, Tel. 061-556 20 oder 020-21 69 40, www.fairmont.com. Luxuriöses Ambiente großzügige Zimmer im Arche-ähnlichen Hotel über einem Wasserloch, super Tierbeobachtung möglich, exzellente internationale Küche. DZ 80–380 US-$.

**Treetops:** Aberdare National Park – Anreise zu Treetops nur über Outspan – nicht mit eigenem Auto gestattet, Tel. 020-445 20 95, Fax 020-445 21 02, adventure@aberdaresafa rihotels.com. Im Original-Baumhotel erhielt Kronprinzessin Elisabeth 1952 die Nachricht vom Tod ihres Vaters und wurde so über Nacht zur englischen Königin. Nach einem Brand 1954 wurde das Hotel auf hölzernen

Stelzen über einer Salzlecke neu aufgebaut, urig. Die Zimmer sind zwar klein, bieten aber eine grandiose Aussicht, gute Küche. DZ 50–200 US-$.

**Thomson's Falls Lodge:** Nyahururu, Tel. 03 65-220 06. Ländlich-gemütliches Ambiente mit Kamin, ruhig. Serviert wird einfache kenianisch-internationale Küche. DZ 1000–3000 KSh; auch Camping möglich (350 KSh/Person).

 **Fishing Lodg**e: Aberdare National Park, Tel. 020- 60 70 24, www.kws.org. Gute, einfach ausgestattete Lodge mit Warmwasserdusche, Selbstversorgung, Küche gut ausgestattet. Hütte 200 US-$.

**Tusk Camp:** Aberdare National Park, Tel. 020-60 70 24, www.kws.org. Einfache Holzlodge, Selbstversorgung, Küche gut ausgestattet. Hütte 100 US-$.

 In den Hotels kann man sehr gut speisen. Wer Lust auf die Küche der Kikuyu hat, findet in den Städten unzählige Restaurants, *hoteli* und Cafés, in denen man durchaus gut essen kann – unbedingt *cabbage* (Weißkohl) und *sukuma wiki* (Spinat-Grünkohl) probieren!

**Angeln:** über alle genannten Unterkünfte möglich, Lizenz: www.kws.org
**Kaffeefarm-Besichtigung:** über Outspan Inn Hotel (April und Nov. ist Blütezeit, Aug.–Dez. Ernte).
**Reiten:** in allen Unterkünften auf Anfrage möglich.
**Segelfliegen:** Gliding Club of Kenya, Mweiga, Anfragen bei Petra Allmendinger (s. Tippkasten).
**Vogelbeobachtung:** info@birdwatchingeast africa.com.
**Wildwasserrafting:** Savage Wilderness Safaris, www.savagewilderness.com.

 **Flüge:** vom Wilson Airport Nairobi Anflug auf Flugplatz Mweiga mit kleinen Maschinen (u. a. Yellow Wings, Safari Airlink).
**Busse:** regelmäßig Expressbusse und Matatus von und in alle Richtungen.

Ursprüngliche Natur im Mt. Elgon National Park

# Der Norden und Westen Kenias

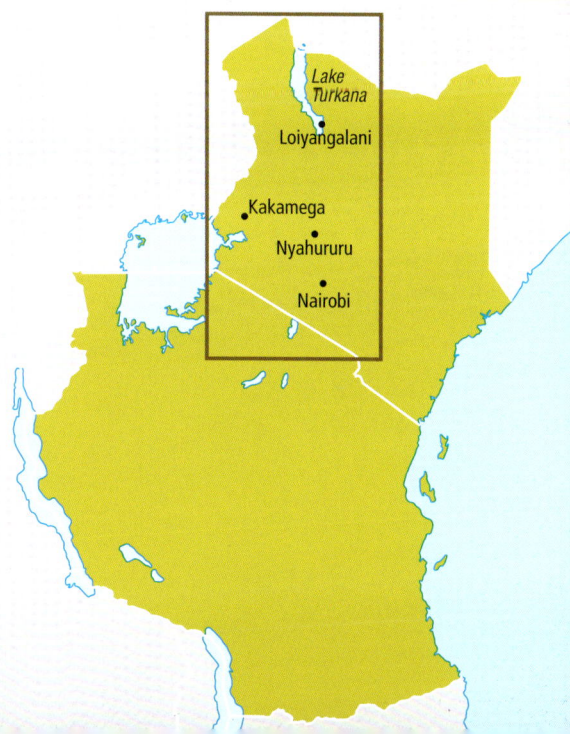

Lake Turkana

Loiyangalani

Kakamega

Nyahururu

Nairobi

# Auf einen Blick: Der Norden und Westen Kenias

## Wiege der Menschheit, Dschungel und Seen

Als Joseph Thomson im Auftrag der Royal Geographical Society 1883 tief ins Innere des Landes bis **Mt. Elgon** und zum **Lake Victoria** vordrang, wurde er nach seiner Rückkehr als wagemutiger Abenteurer und Held gefeiert. James Hannington, 1885 auf dem Weg nach Uganda, zog durch das westliche Land und erblickte einen salzhaltigen See – den **Lake Baringo**. Dass der See mehr als 85 Jahre lang seinen Namen tragen würde, konnte er noch nicht wissen, auf seiner Reise zum Nil wurde er ermordet. Der österreichische Graf Samuel Teleki und sein Tagebuch schreibender deutscher Begleiter Ludwig von Höhnel erreichten 1888 mit ihrer 700

Mann umfassenden Expedition den schwarzgrünlich schimmernden Embasso Narok inmitten der Wüste, heute als **Lake Turkana** bekannt. An seinen Ufern finden sich unzählige Spuren unserer ältesten Vorfahren.

Die weißen Siedler legten ihre Farmen in den fruchtbaren Gebieten Westkenias an. Vom Bau der Uganda-Bahn profitierten Orte wie **Nakuru, Kisumu, Eldoret** und **Kitale.** Das nördliche Kenia hatte dagegen nichts Verwertbares zu bieten und verharrte daher im Dornröschenschlaf. Das trockene Land war uninteressant für Farmer, und auch wildlebende Tiere wie in der Massai-Steppe waren hier weder zu beobachten noch zu jagen. Einzig Missionare zogen durch die rauen Lande mit ewigem Staub, Wind und Vulkansteinen als Begleiter. Missionsstationen in den unwirtlichsten Gegenden zeugen noch heute vom Eifer der Christianisierung, Schulen und Krankenhäuser aus diesen Zeiten sind auch in unseren Tagen noch wichtige, manchmal einzige Zentren der umliegenden Ortschaften.

Der Westen bietet hingegen fruchtbaren Lebensraum für Mensch und Tier. Der Hektik Europas entfliehend, wissen immer mehr Touristen die Unberührtheit der Natur zu schätzen, besteigen den massigen Mt. Elgon, durchwandern den Regenwald von Kakamega, berauschen sich am satten Grün der Kaffee- und Teeplantagen um Kericho, beobachten vom Nachtfang heimkehrende Fischer am Lake Victoria und genießen den Tierreichtum an den Seen und in den Savannen des Rift Valley. Die im Zeitalter des Zeitraffers beschwerlich wirkende Anreise per Bus, Bahn oder Auto kann leicht mit dem Flugzeug bewältigt werden. In wenigen Stunden ist von Nairobi aus einer der Flugplätze jenseits des Großen Grabenbruchs erreicht.

Und der weite Norden? In Kenia lebende Europäer kennen oft alle Nationalparks und die Küste, und sie wissen, wann es wo am schönsten ist – über eine Reise ins Land nördlich des Samburu National Park jedoch sprechen sie mit respektvoller Lust am Abenteuer: Der Reiz liegt auch in unserer Zeit noch in spürbarer Ungewissheit über das Vorankommen. Nach jeder Regenzeit verändern sich Straßen und Wege. Die Besiedlung ist spärlich, komfortable Unterkünfte sind rar. Die Menschen, denen man begegnet, sprechen kaum englisch. Kein Agrarland, also wie wird die Verpflegung in den Tagen des Reisens und Verweilens sein? Immer wieder lassen auch Meldungen über Unruhen Reisepläne zu Träumen zusammenschrumpfen.

Aber allen Zögernden sei ans Herz gelegt: Eine sehr gute Reisevorbereitung, wie die Wahl des geeigneten, weil erfahrenen Safariunternehmens und die Beschäftigung mit Fauna, Flora und Kultur, bilden eine sichere Grundlage für einmalige Eindrücke. Ein friedlicheres Stück Natur als im Norden Kenias lässt sich kaum finden. Den Atem möchte man zuweilen anhalten, wenn nicht gar die Zeit, um sich noch einige Augenblicke länger und stiller der Einzigartigkeit des Erlebnisses hingeben zu können.

Und wer die wellblechartigen Sandpisten und Schotterstrecken meiden möchte, kann mit einem kleinen Flugzeug innerhalb von zwei Stunden in den urigsten Landesteil eintauchen. Diesem unglaublichen Land kann sich niemand entziehen, und der Gedanke, dass hier die Wiege der Menschheit zu finden ist, wird zur unangefochtenen Wahrheit.

## Highlight

**4 Kakamega Forest National Reserve:** Einzigartig ist der letzte Überrest eines überdimensionalen Regenwaldes, der einst West- und Ostafrika miteinander verband (s. S. 186 f.).

## Empfehlenswerte Routen

**Mittlere Route an den Turkana-See:** Die Sandpisten erfordern Können vom Fahrer und zuverlässig geländetaugliche Fahrzeuge,

### Richtig Reisen-Tipps

**Zu Fuß an den Lake Turkana:** Unwiederbringliche Momente beim geruhsamen Voranschreiten der Kamele, deftigen Abendessen am Lagerfeuer und in sternenklaren Nächten inmitten geräuschvoller afrikanischer Stille (s. S. 174).

**Nur fliegen ist schöner:** Aus dem Himmel über dem Rift Valley mit dem Gleitschirm sanft hinuntergleiten in die Savanne oder an einen der vogelreichen Seen – beim Hotel Kerio View ist das möglich (s. S. 182).

dafür ist die Strecke zwischen Nyahururu und Loiyangalani landschaftlich sagenhaft (s. S. 171 ff.).

**Durch das Kerio Valley nach Eldoret:** Die Traumstraße windet sich durch Täler und Höhenzüge mit herrlichen Ausblicken ins Rift Valley (s. S. 183 ff.).

## Reise- und Zeitplanung

Zum **Lake Turkana** fährt man mit dem Auto je nach Route, Lust und Straßenzustand zwei bis vier Tage; um am See zu verweilen, sind drei Tage gut – je länger man Zeit hat, desto besser.

Durch das **Rift Valley** kann, wer Muße hat, drei bis vier Tage einplanen; die direkte Reise in den **Westen** ist mit dem Auto an einem Tag zu bewältigen, dort kann man sich gut drei bis vier Tage aufhalten.

## Klima und Reisezeit

Der Norden Kenias ist zwischen August und Februar am besten zu bereisen, Reisen nach Westkenia sind das ganze Jahr über möglich, doch während der Regenzeiten (Nov./Dez., April–Juni) sind Mt. Elgon und Kakamega Forest National Reserve nur eingeschränkt zugänglich.

# Zum Lake Turkana

Karte
S. 172

**Weite, staubtrockene Vulkanlandschaft, über den Horizont hinaus reichende Wüsten, darin Ziegenherden, begleitet von geruhsam dahinschreitenden, in farbige Tücher gewandeten Menschen, und ein lang ausgestreckter See im Norden, der aussieht wie ein Meer aus Jade – das alles gehört zu den Schönheiten dieses Landes. Das Leben läuft in anderen Bahnen und Zeiten, ein Geschenk für den, der mit offenem Herz und Verstand reist.**

Dieses andere Kenia zu erleben, an die ›Wiege der Menschheit‹ zu treten, ist eine Reise für Abenteurer, die daheim von mehr erzählen wollen als vom Sonnenbaden und den Big Five. Allerdings ist der Nordosten für Touristen nicht erschlossen und aus Sicherheitsgründen auch nicht zu empfehlen.

Unwirklich erscheint nach den fruchtbaren Gebieten des Hochlandes der heißeste, trockenste und am dünnsten besiedelte Raum des Landes: Nordkenia. Wüsten und Halbwüsten sind Lebensraum der nomadisierenden Viehzüchter: der Samburu, Turkana und Rendille, die mit ihren Kamelherden seit Menschengedenken alten Pfaden folgen und nur teilweise spärlichen Ackerbau betreiben. Wasser bedeutet Leben, und so gibt es fruchtbare Oasen mit großen Herden an Ele-

**Unentbehrliches Transportmittel im wüstenhaften Norden Kenias ist das Kamel**

fanten, Büffeln und anderen Wildtieren nur entlang des Ewaso Ng'iro in den National Reserves Buffalo Springs, Samburu und Shaba.

Richtung Norden, an die Ufer des grün schimmernden Jademeers Lake Turkana, führen im Wesentlichen drei Routen: über Isiolo und Marsabit, über Maralal und Baragoi ans Ostufer des Sees sowie über Lodwar an die Westseite. Landschaftlich und die Reisedauer betreffend sind sie sehr unterschiedlich.

# Die Ostroute zum Lake Turkana

### Isiolo

**Reiseatlas:** S. 6, F 2

Die bunte Vielvölkerstadt Isiolo wird vor allem durch die hier lebenden Somali (Nachfahren von Soldaten des Ersten Weltkriegs) geprägt und gilt als Tor zwischen den Welten: Das fruchtbare Hochland hinter sich lassend, ist man hier bereits von trockener wüstenartiger Landschaft umgeben. An **Markt**tagen (Mo, Mi, Fr) wird die Stadt mit den etwa 22 000 Einwohnern laut und geschäftig; neben Gemüse, der in Bananenblättern eingewickelten Drogenpflanze *mira'a* und wunderschönem Metallschmuck der Samburu und Somali, gibt es auch Kamelfleisch zu erhandeln. Sehenswert sind die schöne **Moschee** auf der einen und die erst 1990 fertiggestellte katholische Kathedrale **St. Eusebius** auf der anderen Seite der Hauptstraße. Als Selbstfahrer sollte man in Isiolo alle notwendigen Vorräte auffüllen, denn die nächste wirkliche Stadt in Richtung Norden, Marsabit, ist über 300 km entfernt. Aus Sicherheitsgründen ist diese Route nur im Konvoi zu befahren, aktuelle Informationen gibt es bei der örtlichen Polizeistation.

## Buffalo Springs, Samburu und Shaba National Reserve

Etwa 35 km nördlich Isiolo gehen **Buffalo Springs, Samburu National Reserve** und **Shaba National Reserve** beinahe nahtlos ineinander über. Der Ewaso Ng'iro verbindet

## Mit der Autorin unterwegs

### Wüstengesänge

Wer sich frühmorgens kurz vor dem Ortseingang von **Marsabit** (s. S. 170) aufhält, kann die wundersam anmutenden Gesänge der dortigen Brunnen wahrnehmen und sich magisch angezogen fühlen von den Singenden Brunnen der Borana …

### Wüstenrose zum Wohnen

Die Wüstenrose ist nicht nur eine zauberhafte Pflanze, die in der weiten trockenen Unendlichkeit gedeiht, sondern auch eine zauberhafte Lodge, die **Desert Rose Lodge,** hoch oben am heiligen Berg der Samburu. Zu verweilen bedeutet, sich verzaubern zu lassen vom faszinierenden Land in Kenias Norden (s. S. 173).

### Wüste Tiere

Keine Wüstentiere, aber wüste Tiere: 12 000 Exemplare der bis zu 5 m langen größten Nilkrokodilart leben auf **Central Island im Lake Turkana,** seit 130 Mio. Jahren unverändert in ihrer Gestalt – unverwüstlich (s. S. 177).

und trennt die Gebiete, in denen u. a. sonst kaum zu beobachtende geschützte Arten wie Netzgiraffe, Grevy's-Zebra und Gerenukgazelle beheimatet sind. Krokodile und Flusspferde bevölkern das braungraue Wasser, Löwen sieht man an den Uferböschungen, Leoparden in den Bäumen nahe dem Fluss und Geparden eher in der offenen Ebene. In Trockenzeiten graben Elefanten mit ihren Rüsseln tiefe Löcher ins ausgetrocknete Flussbett, um das kostbare Nass aus den Tiefen heraus zu ›pumpen‹. Diese Wasserlöcher werden dann auch von anderen Tieren genutzt. In den Wäldern leben zahlreiche Vögel, besonders erwähnenswert ist der größte Adler Afrikas, der Kampfadler.

Im **Shaba National Reserve** betrieb die Löwenexpertin Joy Adamson lange Zeit eine Forschungsstation, bevor sie 1980 von Wilderern ermordet wurde. Übrigens: Für viele

## Zum Lake Turkana

Natur- und Tierliebhaber ist das Samburu National Reserve eines der schönsten in Kenia und gilt unter den *residents* als Geheimtipp.

 **Zugang:** Hauptgate ist Archers Post, Tel. 065-624 12, www.kws.org, ganzjährig zu besuchen, in der großen Regenzeit April–Juli sind einige Straßen schwer passierbar, tgl. 6–18.30 Uhr. Erw. 20 US-$, Kinder 10 US-$.
**Banken:** Barclays, Hauptstraße, Isiolo, mit Bankautomat, Mo–Fr 8.30–13, Sa 8.30–11 Uhr.

 **Larsens:** Samburu National Reserve, Tel. 020-55 95 29, Fax 020-65 03 84, www.wildernesslodges.co.ke. Klassisch ausgestattete Zeltlodge mit traumhaftem Blick auf den Ewaso Ng'iro, romantische Atmosphäre, Schwimmbad, exzellente internationale Küche, Kinder erst ab 10 Jahren, abends Lagerfeuer. DZ 300–550 US-$.
**Samburu Serena Lodge:** Samburu National Reserve, Tel. 020-284 23 33, www.serenahotels.com. Edel ausgestattete Lodge in schönem Garten, Pool, unverstellter Blick auf den Fluss, exzellente internationale Küche. DZ 110–160 US-$.
**Sarova Shaba Lodge:** Shaba Game Reserve, Tel. 020-71 66 88, Fax 020-71 55 66, www.sarova.co.ke. Luxuriöse Lodge in üppiger Oase an einer Süßwasserquelle, vornehm ausgestattete Zimmer, Pool, Sauna, exzellente internationale Küche, morgens Vogelbeachtung. DZ 115–250 US-$.
**Bomen Hotel:** Isiolo, Tel. 064-201 08. Einfach ausgestattete Zimmer, sauber, afrikanische Atmosphäre, sehr gutes *nyama choma* (gebratenes Fleisch). 1000–1500 KSh/Person.

 **Wildwasserrafting:** Savage Wilderness Safaris, www.whitewaterkenya.com.

**Flüge:** Landepisten in Buffalo Springs und Samburu ermöglichen Flugverkehr, Buchungen über www.geosafaris.com.
**Busse:** Busplatz an der Hauptstraße in Isiolo, mehrmals tgl. Busse in alle Richtungen.

**Auto:** In den National Reserves sind 4x4-Autos notwendig.

## Marsabit

**Reiseatlas:** S. 3, A 3/4
Nach 300 km wellblechartiger Sandpiste gen Norden erreicht man diesen Vorposten der Wüste, insgesamt etwa acht Autostunden von Nairobi entfernt. Kurz vor dem Ortseingang kann der aufmerksame Reisende eigenartige Gesänge belauschen. Tief aus dem Inneren der Brunnen schallen Lieder und Rhythmen aus fernen Welten herauf. Die sogenannten **Singing Wells** sind keine Mysterien: Borana, die ihre Kamele in den frühen Morgenstunden hier tränken, reichen sich die Wassereimer aus bis zu 15 m Tiefe von Hand zu Hand herauf und in guter Tradition arbeiten sie im Rhythmus der alten Gesänge. Das Straßenbild und die Atmosphäre der 20 000-Seelen-Stadt sind arabisch geprägt. Neben Somalis leben hier aber auch Rendille, Gabbra und Borana.

Anziehungspunkt für Besucher sind zweifelsohne der **Marsabit National Park** bzw. das gleichnamige **National Reserve,** die wie Oasen in der Wüste wirken (Tel. 069-20 28. ganzjährig gut zu besuchen, tgl. 6.30–18 Uhr, Erw. 20 US-$, Kinder 10 US-$). Die dichten Wälder sind ein wahres Elefantenparadies, der berühmteste unter den Dickhäutern hieß Ahmed (als Modell im National Museum in Nairobi zu bewundern), ein Elefantenbulle mit überaus langen stolzen Stoßzähnen. Aber auch Büffel- und Zebraherden können in der beinahe menschenleeren Landschaft beobachtet werden. Die Seen, die sich in erloschenen Vulkanen gebildet haben, sehen aus wie hineingemalt und verzaubern inmitten des paradiesisch frischen Graslands, das sie umschließt. Unzählige farbenfrohe Schmetterlingsarten und Vögel bevölkern die sehr unterschiedlichen Lebensräume.

 Im Marsabit National Park gibt es nur eine Unterkunft:
**Marsabit Lodge:** ca. 4 km vom Hauptgate entfernt, Tel. 069-24 11, Buchung Tel. 020-60 74 81. Gediegen ausgestattete Lodge, sehr

ruhig, mit wundervollem Blick auf einen der Vulkanseen. 4000–6000 KSh/Person.

## Chalbi Desert

Nach etwa 270 km durch die **Chalbi Wüste**, die eigentlich der salzbedeckte Grund eines ausgetrockneten Sees ist, gelangt man an das Ostufer des Lake Turkana, nach Loiyangalani (s. S. 175).

# Die mittlere und kürzeste Route

**Karte:** S. 172

Die mittlere Route zum Lake Turkana entspricht etwa der Strecke, auf der die Forscher Teleki und Höhnel um 1886 nach Norden vordrangen. Teleki, der Forscher und Jäger, und Höhnel, der stille aufmerksame Forscher und Schreiber, reisten vermutlich nicht viel unkomfortabler durch die für Europäer unwirtliche Landschaft, als man dies heute tut. Zunächst führt die Reise von **Nyahururu** `1` über **Rumuruti** nach Maralal (150 km).

Wer Lust hat, kann die gut ausgeschilderte am Weg liegende **Ol Maisol Farm** `2` aufsuchen und sein Zelt aufschlagen. Ol Maisol bietet Kameltagestouren (500 KSh/Person) und mehrtägige Touren bis hinauf zum Lake Turkana (15–20 US-$/Person und Tag). Nach heftigen Regenfällen bleiben hier die LKW, Busse und schlecht ausgerüstete Autos im knietiefen Matsch der Straße liegen. Manneskraft und Erfindungsreichtum sind nötig, um das Fahrzeug wieder flottzumachen.

Eine weitere Farm verdient Beachtung: **Ol Ari Nyiro** `3`. Besitzerin ist die italienische Schriftstellerin Kuki Gallmann, die durch ihren Roman »Ich träumte von Afrika« weltberühmt wurde. Ihre Memorial Gallmann Foundation (www.gallmannkenya.org) setzt sich für das Leben der Menschen im Einklang mit der Natur ein.

🛏🍴 **Ol Ari Nyiro:** Die Farm bietet eine romantische naturnahe Übernachtungsmöglichkeit. 325–380 US-$/ Person (Vollpension).

## Die mittlere und kürzeste Route

### Maralal

**Maralal** `4`, das Zentrum des Samburulandes, erstreckt sich auf weiter Fläche: überdimensional breite Straßen werden von Kamelen bevölkert, rot gewandete junge Samburukrieger patrouillieren, Tabak kauend, ihre Speere über der Schulter. Während der Mau-Mau-Aufstände ab 1950 war der spätere erste kenianische Präsident, Jomo Kenyatta, hierher deportiert und unter Hausarrest gestellt worden. Sein damaliges Wohnhaus ist **Nationalgedenkstätte** (tgl. 9.30–16.30 Uhr, Eintritt 250 KSh). Interessant für Besucher ist die 20 000 Einwohner zählende Stadt im August zum jährlich stattfindenden **International Camel Derby**. Gelegenheits- und professionelle Reiter aus aller Welt zeigen ihr Können in verschiedenen Kategorien, jedermann kann teilnehmen an diesem fröhlichen Spektakel, das die Stadt in ein buntes Gewimmel aus Menschen und Tieren verwandelt. Ein Teil der Startgelder (50–130 US-$/Person) geht an Entwicklungsprojekte in der Region.

ℹ️ **Banken:** KCB, am Markt, die einzige Bank auf dieser Strecke! Mo–Fr 9–15, Sa 9–11 Uhr.

🛏 **Maralal Safari Lodge:** etwas außerhalb Richtung Baragoi im Maralal National Sanctuary, Buchung über Tel. 020-21 11 24, Fax 020-21 11 25, maralalodge@yahoo.com. Komfortabel ausgestattete kleine Hütten mit Kamin, sehr gute Tierbeobachtungsmöglichkeit an der nahen Salzlecke, Pool. Letzte Möglichkeit, behaglich in Wasser zu schwelgen! DZ 200 US-$.

**Yare Safari Club and Campsite:** 4 km südlich, Buchung über Tel. 020-21 40 99. Einfach ausgestattete Bandas, kein warmes Wasser, guter Zeltplatz, Restaurant und Bar empfehlenswert. Um die Zeit des Camel Derby muss im Voraus gebucht werden! Banda 700–900 KSh, Camping 250 KSh.

🍴 Es gibt keine herausragenden Restaurants, die Ausstattung ist oft schlicht, alle bieten in etwa das Gleiche: Hühnchen, Reis, *chapati*.

## Zum Lake Turkana – Mittlere Route

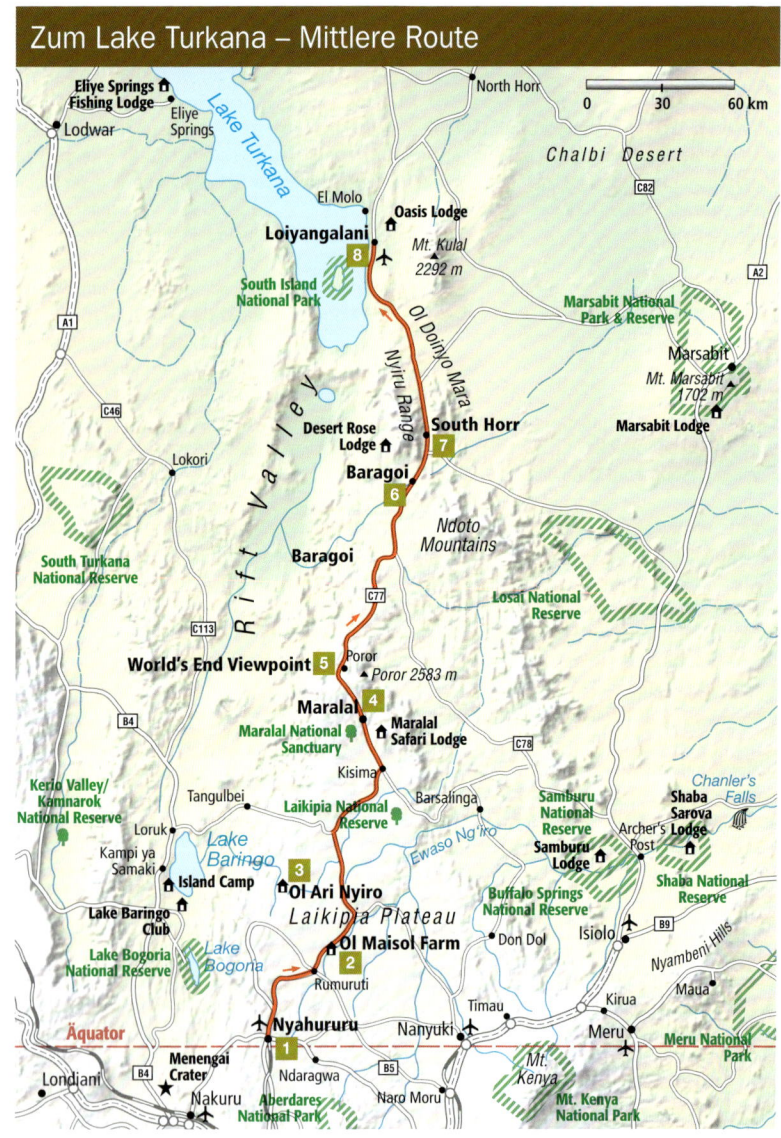

Lake Turkana • Eliye Springs Fishing Lodge • Eliye Springs • Lodwar • North Horr • Chalbi Desert • El Molo • Oasis Lodge • Loiyangalani • **8** • Mt. Kulal 2292 m • C82 • South Island National Park • Marsabit National Park & Reserve • A2 • Ol Doinyo Mara • Nyiru Range • Marsabit • Mt. Marsabit 1702 m • A1 • C46 • Desert Rose Lodge • South Horr • **7** • Marsabit Lodge • Lokori • Baragoi • **6** • Ndoto Mountains • Rift Valley • Baragoi • South Turkana National Reserve • C77 • Losai National Reserve • C113 • World's End Viewpoint • **5** • Poror • Poror 2583 m • Maralal • **4** • B4 • Maralal National Sanctuary • Maralal Safari Lodge • C78 • Kisima • Kerio Valley/ Kamnarok National Reserve • Tangulbei • Laikipia National Reserve • Barsalinga • Samburu National Reserve • Chanler's Falls • Shaba Sarova Lodge • Loruk • Ewaso Ng'iro • Archer's Post • Kampi ya Samaki • Lake Baringo • Island Camp • **3** • Ol Ari Nyiro • Samburu Lodge • Shaba National Reserve • Lake Baringo Club • Laikipia Plateau • Buffalo Springs National Reserve • B9 • Lake Bogoria National Reserve • Lake Bogoria • Ol Maisol Farm • **2** • Don Dol • Isiolo • Nyambeni Hills • Maua • Rumuruti • Timau • Kirua • **Äquator** • Nyahururu • **1** • Nanyuki • Meru • Meru National Park • Londiani • Menengai Crater • Ndaragwa • B5 • Naro Moru • Mt. Kenya • Mt. Kenya National Park • Nakuru • Aberdares National Park

0   30   60 km

**Lebensmittelvorräte** sollte man in Maralal auffüllen (s. S. 173)! An jeder *duka* kann das in dieser Gegend wild wachsende *mira'a* und Kautabak gekauft werden: für den eigenen Bedarf oder aber, noch besser, als Mitbringsel, als Dankeschön für Frauen und Männer, denen man auf der weiteren Fahrt begegnen wird. Doch Vorsicht: Das von beinahe jedem erwachsenen Samburu geliebte pflanzliche Aufputschmittel ist lt. Gesetz verboten, wie jede andere Droge auch. Als Ausländer sollte man, wenn man *mira'a* unbedingt testen möchte, in der Öffentlichkeit äußerst vorsichtig sein.

 **Maralal International Camel Derby** (Anfang Aug.): Tel. 020-21 40 99, Fax 020-327 09, www.yaresafari.com. Eintritt 40 US-$.

 **Wandertouren, Vogelbeobachtung:** über Maralal Safari Lodge und Yare Safari Camp
**Kamelsafari:** u. a. über Maralal Safari Lodge, Yare Safari Camp oder www.letsgosafari.com

 **Flüge**: Eine Landepiste ermöglicht Flugverbindung, Buchung über www.geosafaris.com.
**Busse/Matatus:** Busplatz neben der Tankstelle, einmal tgl. morgens gegen 9 Uhr nach Nyahururu, morgens gegen 9 Uhr ein großer Landrover nach Baragoi (nur etwa 15 ›Plätze‹, zeitiges Aufstehen ist angeraten!)
**Auto:** Selbstfahrer sollten ihre **Lebensmittel- und Treibstoffvorräte** auffüllen, Maralal hat die letzte Tankstelle vor der weiten Wildnis!

## Baragoi

Die weiteren knapp 300 km der Reise an das ›Meer des Nordens‹ führen durch Waldreste in der Hochebene, vorbei an Gerstenfeldern, bis am **World's End Viewpoint**  bei Poror tatsächlich die Welt zu Ende scheint. Der Blick und die Straße über 1000 m hinunter ins nördliche Rift Valley sind grandios und lassen Europäer die Ursprünglichkeit Afrikas spüren.

In mehreren Stufen geht es talwärts in die Elbarta-Ebene in die ›Grenzstadt‹ **Baragoi**  zwischen Samburu- und Turkanaland. Der vergessen und staubig wirkende Platz ist der wichtigste Viehmarkt der Region und Austragungsort so mancher ethnisch bedingter Spannungen. An der den Flecken durchquerenden Hauptstraße gibt es unzählige kleine, oft von Somalis geführte Restaurants und Läden sowie ein mehrstöckiges Gebäude, die **Mt. Ngiro Lodge.** Die obere Etage bietet einen wahrhaft unendlichen Blick zum heiligen Berg der Samburu, dem 2848 m hohen Mt. Ngiro (Mt. Nyiru) über die

# Die mittlere und kürzeste Route

Siedlungen der Turkana und Samburu, die sich links und rechts der Straße im Buschwerk dorniger Akazien ausbreiten, sowie zu den beiden katholischen Kirchen der italienischen Missionsstation. Die Telefonzelle und die Tankstelle scheinen seit ewigen Zeiten im Dornröschenschlaf versunken.

 **Desert Rose Lodge:** Nähe Baragoi, am Mt. Ngiro, Tel. 020-88 34 60 oder 07 33-29 73 73, Skype: kgvalley, www.desertrosekenya.com. Paradiesisch gelegen und liebevoll geführt mit individuellen, luxuriös ausgestatteten Cottages, Pool, exzellenter Küche mit Obst und Gemüse aus eigener Ernte , Kameltouren, Wandern, Angeln, Landepiste. 385 US-$/Person im DZ.

 **Mt. Ngiro Lodge:** Baragoi. Einfach ausgestattete Zimmer, Etagendusche, super Blick. 150 KSh/Person.

 **Trekkingtouren:** Tel. 07 33-71 52 94, www.wanderingnomads.com.

**Flüge:** Eine Landepiste bei Desert Rose ermöglicht Flugverbindungen mit Nairobi, Wilson Airport.
**Busse:** Busse und Matatus können die Straße nicht mehr bewältigen, ein großer Landrover befördert einmal tgl. morgens etwa 15 Personen nach Maralal, Weiterfahrt nach Norden nur mit LKW oder Versorgungsfahrzeugen der Missionsstationen!

## Nach Loiyangalani

Bei **South Horr**  durchquert man nach etwa dreistündiger Fahrt ein märchenhaft romantisches Tal zwischen zwei hohen Bergzügen: **Nyiru Range** und **Ol Doinyo Mara.** Bei starken Regenfällen sind die Sandstraßen zeitweise nicht passierbar. Erst nach einigen Stunden, wenn das Regenwasser im Boden versickert ist, kann man die Fahrt fortsetzen.

Ein vergnüglicher Aufenthalt im **Riverside Hoteli** (eine Holzbank vor dem Wohnhaus einer somalischen Familie) verkürzt die Wartezeit mit Geschichten über die Menschen und das Leben in dieser Gegend.

## Richtig Reisen-Tipp: Zu Fuß an den Lake Turkana

Wüstentrecks versetzen den Reisenden in Zeiten, da die Zeit noch nichts galt. Unendlich erscheint das Land unter den Füßen, der vulkanfelsige Horizont verschwimmt in der heißen Luft der Wüstenwinde.

Gute Kondition und Verbundenheit mit der Natur sind wichtig, um solch einen Treck zu unternehmen. Keine Gipfel müssen gestürmt werden, aber das trocken-heiße Klima (50 °C sind keine Ausnahme) und stundenlanges Laufen sind nicht jedermanns Sache.

Die Tour dauert etwa sieben Tage (von Baragoi) oder zwölf Tage (von Maralal). Ein bisschen Luxus ist erlaubt, das haben sich Forscher und Missionare auch geleistet: Niemand muss Gepäck tragen, eine kleine Karawane an Eseln oder Kamelen trabt mit. Die obligatorische Wasserflasche, Sonnencreme und Kamera sind gut in Westen-, Hosentaschen oder Tagesrucksack verstaut.

Da die Trecks in Regenzeiten (Nov./Dez. und April) nicht zu empfehlen sind, kann auf Regenbekleidung verzichtet werden. Auf einen Pullover für die kühlen Nächte aber nicht.

Tagsüber beim Laufen sind dünne, aber langärmelige Hemden und lange, angenehm weite Hosen ideal. Dass jemand in offenen Schuhen aufbricht, ist nicht nur wegen der kleinen Tierchen indiskutabel. Sonnenhut ist Pflicht. Zu empfehlen ist auch ein *kikoi,* der für alles Mögliche einsetzbar ist: als langer Rock, wenn man/frau es luftig braucht um die Beine, als Schutz für Hals und Schultern, als Tragetuch, als Kopfkissen für die Nacht …

Wichtig ist es, sich auf die Einsamkeit einzustellen. Kein Dorf, kein Telefon. Nur der Wandernde, eine kleine Gruppe und ein Führer, wie z. B. Ismail. Man ist eins mit sich und der Wüste, irgendwann kommt die Stille. Ismail ist Samburu, d. h. dass er das Land wie seine Westentasche, pardon: seine *shuka* (Umhang der Samburu) kennt, Pflanzen, Tiere, Pfade, Geschichten und Lieder sind auch dem Besucher nach diesem Erlebnis vertraut (Ismail Ali, Tel. 07 22-68 07 38, P. O. Box 10, Maralal Kenya, Eclipse Safari: www.originsafaris.info, Preise ab 60 US-$/ Person pro Tag).

Interessant ist auch ein Besuch im **Samburu Youth Centre** (Tel. +88 216 52 07 33 18, stakwellee@yahoo.com) am Ortsausgang. Das junge Samburuehepaar, das das Zentrum leitet, organisiert nachmittägliche Freizeit- und Bildungsangebote sowie Workshops, es gibt einen Fußball- und einen überdachten Basketballplatz. Die Workshops sind für alle offen; Durchreisende erfahren hier etwas über Kultur und Geschichte der Samburu, können traditionelles Essen genießen, in den schlicht ausgestatteten, sauberen Rundhütten übernachten oder aber begleitete Wanderungen in die Berge unternehmen. Mit etwas Glück lassen sich Halbedelsteine zwischen Steinen und Sand finden.

**Riverside Hoteli:** South Horr, von Baragoi aus links vor der Flussdurchfahrt Hier gibt es leckere, typische, in Fett geba-

ckene *mandazis* (süßes Gebäck) und dazu Ziegenmilchtee.

**Flüge:** Eine Landepiste ermöglicht Flugverbindungen, Buchungen über www.geosafaris.com.

## Lake Turkana

**Reiseatlas:** S. 2, D–E 1–3

Vulkansteinige Wüste durchquerend, jede noch so zarte, rot blühende Wüstenlilie als Geschenk der Natur dankbar betrachtend, gelangt man nach etwa fünf Stunden Autofahrt endlich an eines der Naturwunder der Welt: den in dieser Landschaft unwirklich erscheinenden, beinahe 6500 km$^2$ großen Lake Turkana. Die Samburu bezeichnen den See in der Maa-Sprache als *embasso narok*, als

›Schwarzen See‹. 1888 brachte die berühmte Teleki-Expedition erstmals Kunde über das grün schimmernde Meer im Ostafrikanischen Grabenbruch nach Europa; bis zum Ende der 1970-er Jahre war er unter dem Namen des Sponsors der damaligen Expedition, des österreichischen Kronprinzen, als Lake Rudolf bekannt. In der Oasis Lodge erinnern Fliesen und Geschirraufdrucke noch immer an diese Zeit.

Der weltgrößte Wüstensee ist 250 km lang, also länger als die komplette kenianische Küste am Indischen Ozean. Das Wasser scheint zwar nach der strapaziösen Reise zum Baden und Schwimmen verlockend – aber Vorsicht: Krokodile lauern an vielen Stellen, und so sollte man sich unbedingt bei den Fischern erkundigen, wo die Krokodile sich gerade nicht aufhalten! Die Wasseroberfläche erscheint im flimmernden Sonnenlicht grünlich, daher auch die Bezeichnung Jade-Meer. Die Farbe rufen bestimmte Algenarten hervor, die sich im stark sodahaltigen Wasser üppig vermehren.

Seit Urzeiten leben hier Menschen unter härtesten Bedingungen, die halb nomadischen Turkana, Rendille und Samburu sowie die von Fisch- und Krokodilfleisch lebenden El Molo. Ihre kugeligen, dem heftigen Wind trotzenden Palmblätterhütten heben sich deutlich vom schwarzen Wüstensand ab. Mobiltelefone sind kaum brauchbar, der einsame Sendemast arbeitet nicht immer zuverlässig. So macht sich das Gefühl breit, am Ende der Zivilisation angekommen zu sein.

## Loiyangalani

Es gibt keine Straße, auf der man den See umfahren könnte. Das Ostufer kann man von **Loiyangalani** 🔟 aus erkunden. Der ›Ort der vielen Bäume‹, gemeint sind wohl die *palmtrees* einer Palmenart, ist eine Oase mit kleinen Restaurants, einfachen Geschäften, Missionsstation und einigen Unterkünften. Am Seeufer bereiten Fischer den Fang, Unmengen von Nilbarschen und Tilapia, vor, um ihn in der heißen Sonne (40–65 °C) zu trocknen und in großen Ballen zu verpacken – für den Transport in südliche Landesteile.

## South Island National Park

**Reiseatlas:** S. 2, D–E 3

Der South Island National Park (Erw. 20 US-$, Kinder 10 US-$, beim KWS Büro in Loiyangalani) ist mit dem Fischerboot in etwa einstündiger Fahrt und nur bei stiller See zu erreichen. Vogelkundlern und Liebhabern von Schlangen ermöglicht dieser Tagesausflug auf eine wilde Insel mit Dutzenden Vulkanbergen den Blick ins Paradies.

In der **El Molo Bay** lebt die kleinste Ethnie des Landes, die wohl ursprünglich von den Inseln im See stammenden El Molo. Allmählich gehen die El Molo auf in den Samburu und Turkana: Sprache, Traditionen, Riten verlieren sich durch das Zusammenleben mit den großen Nachbarn.

 **KWS-Büro:** auf dem Weg zwischen Ort und Fischerhafen, tgl. 9–17 Uhr.

 **Oasis Lodge:** Tel. +88 216 511 553 95 und 020-88 42 58, Buchung über geosafaris@iconnect.co.ke. Einst eine luxuriöse Edelherberge für Prominente, schlicht ausgestattete Cottages im üppigen grünen Garten, Pool, sehr gute internationale Küche, exquisite Bar, Bootstouren, Angeln, Autoverleih, Landepiste. DZ 240 US-$.
**MO-SA-RE-TU:** neben der Oasis Lodge, Buchung über Gametrackers Ltd., Tel. 020-22 27 03, www.gametrackersafaris.com. Fraueninitiative der vier hier lebenden Ethnien mit Campingplatz und traditionellen *manyattas* (schlicht ausgestattete Palmblätterhütten), mit einfachen, aber sauberen Sanitäranlagen. Auf Wunsch wird typisches Essen zubereitet. Man kann zuschauen, wie Schmuck und Kunsthandwerk hergestellt werden. 350 KSh/Person.

 **Angeln und Bootstouren:** über Oasis Lodge.
**Besichtigung des El Molo Dorfs:** Das Dorf gleicht einem Freiluftmuseum, ist aber gelebte Realität (Eintritt 300 KSh/Person, über Gametrackers Ltd.).
**Wandertouren:** zum Mt. Kulal (2285 m), u. a. über www.ast-reisen.de.

## Zum Lake Turkana

**Stilechte Unterkunft am Turkana See:** *Ekal*-Rundhütten in Loiyangalani

**Flüge:** Eine Landepiste ermöglicht Flugverkehr, Buchungen über www.geosafaris.com

### Sibiloi National Park
**Reiseatlas:** S. 2, D 1–2

Der Sibiloi National Park am Nordostufer des Lake Turkana ist, in 800 km Entfernung von Nairobi, der nördlichste National Park des Landes. Wüstenrosen im trockenen Grasland und buschige Akazien bieten erstaunlicherweise noch genug Lebensraum u. a. für Grevy's- und Burchell-Zebras, Grantgazellen, Netzgiraffen, Löwen, Leoparden, Hyänen und Schakale. Über 350 Vogelarten bewohnen die karge Landschaft, und in den Seen finden sich mehr als 60 Fischspezies. Die vorgelagerte Insel **North Island** ist bekannt durch die hier lebende Nilkrokodilpopulation, die mit 12 000 Tieren die weltgrößte ist. Ein versteinerter Wald bezeugt, dass hier in längst vergangenen Urzeiten andere klimatische Verhältnisse geherrscht haben müssen, und am Parkrand liegt die weltberühmte Ausgrabungsstätte **Koobi Fora** (tgl. 9.30–18 Uhr, www.museums.or.ke. Erw. 400 KSh, Kinder 200 KSh). Hier fand Richard Leakey 1972 den versteinerten Schädel eines Homo habilis, der vor rund 2 Mio. Jahren am Ufer des Sees lebte, der damals noch riesigere Ausmaße gehabt haben muss. Das Paradies auf Erden? Zumindest die Wiege der Menschheit liegt vor den Augen und unter den Füßen des interessierten Reisenden.

**Sibiloi National Park:** Tel. 054-212 23, www.sibiloi.com. ganzjährig zu besuchen, tgl. 6–19 Uhr, aber Dez.–Feb. sehr heiß. Erw. 20 US-$, Kinder 10 US-$

**Alia Bay Guesthouse:** Tel. 020-60 70 24, www.kws.org. Einfaches Haus mit 3 DZ, Moskitonetzen, Solargenerator, gut ausgestattete Küche. DZ 150 US-$.
**Koobi Fora Base Camp**: Tel. +88-216 51 15 65 58, Tel. 020-374 21 61, nmk@museums.or.ke. Schlichte Hütten, gemeinsamer Koch- und Essplatz. Banda 1000 KSh.

land, ein Ausflug zu den Quellen von **Eliye Springs** und der Besuch eines seit Jahren erfolgreichen Frauenprojekts: **Turkana-Women's Conference Centre** etwas außerhalb von Lodwar. Die Kooperative entstand 1984 ursprünglich für Witwen, alleinerziehende Mütter und Gewaltopfer. Inzwischen gibt es mehr als 35 Arbeitsplätze, in der Herstellung von Kunsthandwerk, Seifen und Brot sowie im Nawoitorong Guest House, in dem übrigens nicht nur Frauen übernachten dürfen.

**Bank:** KCB, unweit der Hauptstraße neben der Post, Mo–Fr 9.30–13, Sa 9.30–11 Uhr.

**Turkwell Lodge:** Lodwar, Tel. 054-212 01. Einfach ausgestattete Zimmer, Bar und Restaurant. 850 KSh/Person.

**Nawoitorong Guest House:** 3,5 km außerhalb von Lodwar, Turkwell Bridge, Tel. 054-212 08, Fax 054-215 72, edfrhp@imul.com. Gemütliche, schlicht ausgestattete Zimmer, Moskitonetze, Camping möglich. 100 KSh (Camping)–2000 KSh/Person

Die Anreise ist sehr beschwerlich, am günstigsten bucht man ein Paket bei www.hauser-exkursionen.de.

Empfehlenswert sind neben den Hotelrestaurants die kleinen somalischen Restaurants an der Straße, gut und preiswert. Um 200 KSh.

# Lodwar und die Westseite

**Reiseatlas:** S. 1–2, C–D 1–3
Das Suguta Valley am Südzipfel des Sees kann von Fahrzeugen nicht passiert werden. Die Westseite des Sees ist nur über die Teerstraße von **Lodwar** (über Kitale oder Lake Baringo kommend) erreichbar, die Fahrtdauer beträgt ab Lodwar ca. 1 Std. Die Folgen der fortschreitenden Verlandung, vor allem durch Wasserbauprojekte am äthiopischen Hauptzufluss Omo, sind an der Westseite des Sees erschreckend zu beobachten. Unterkünfte und Fischverarbeitungsfabriken schließen, und ohne Touristen können die wunderschön geflochtenen Palmblätterkörbe oder handgefertigten Seifen nicht verkauft werden.
Zu den attraktiven Unternehmungen gehören eine Bootstour zur Insel **Central Is-**

**Kunsthandwerk** und **Korbwaren** aus Palmblättern gibt es auf dem Markt.

Ausflug zum 15 km vorgelagerten **Central Island National Park** und seiner Krokodilkolonie (nur über www.kws.org).

**Flüge:** Landepisten in Lodwar und Kalokol ermöglichen Verbindung nach Nairobi, Wilson Airport. Buchung über www.geosafaris.com.
**Busse/Matatus:** mehrmals tgl. zwischen Kitale und Lodwar (etwa 7 Std. Fahrtzeit), morgens gegen 9 Uhr ein Fahrzeug nach Kalokol (etwa 2 Std. Fahrtzeit).

**Der äußerste Westen Kenias bleibt häufig als weißer Fleck nach der Urlaubsreise auf der persönlichen Kenia-Karte zurück. Vorbei an den durch die unzähligen Flamingos rosa gefärbten Seen des Rift Valley, durch unendliche immergrüne Teefelder an den zweitgrößten Süßwassersee der Erde – die Reise an den Victoriasee ist eine Entdeckungsreise wie im Bilderbuch. Am Mt. Elgon, dem Grenzberg zu Uganda, erwarten den Besucher abwechslungsreiche Landschaften, Höhlenmalereien, Regenwald und Wanderparadiese.**

Der Westen Kenias, angrenzend an den Nachbarn Uganda, erscheint vom übrigen Land abgetrennt durch den Großen Ostafrikanischen Grabenbruch. Dieser wiederum kann sich mit seinem Naturwunder Masai Mara vor Besuchern kaum retten. Die Distrikte Nyanza und Western sind dagegen im Dornröschenschlaf versunken. Doch das Gebiet lohnt es durchaus, entdeckt zu werden! Nyanza, als die einwohnerstärkste Region neben Nairobi, verfügt über eine gute Infrastruktur, die auch dem Reisenden angenehm entgegenkommt – dennoch verirren sich nur wenige hierher.

So kontrast- und abwechslungsreich wie die Landschaft ist auch die kulturelle Vielfalt. Das Rift Valley mit seinen weiten trockenen Grassavannen ist Heimat der Big Five und der halbnomadischen Massai, das fruchtbare immergrüne Farmland mit bis zum Horizont reichenden Teepflanzungen in den Hügeln um Kericho hingegen bewohnen Gruppen der Kalenjin. Die Bantu sprechenden Luhya bewirtschaften die größten Zuckerrohrplantagen nördlich des Victoriasees, der See selbst und das Ufertiefland sind jedoch Lebensraum der dem Fisch eng verbundenen Luo. Sie stellen übrigens die insgesamt zweitgrößte Bevölkerungsgruppe Kenias und gehören zu den nilotischen Ethnien. In der Region um die Berge von Kisii leben Gusii, berühmt durch ihre hohe Steinschnitzkunst: Der weiche Soapstone, auch Seifen- oder Speckstein, wird hier gebrochen und kunsthandwerklich verarbeitet. Ihre Traditionen und Sprachen sind gänzlich verschieden und doch leben sie in einem Land. Hier wird deutlich, wie wichtig die sie einende Sprache Kiswahili ist.

## Nakuru und Umgebung

Von der Hauptstadt geht die Reise auf dem East African Highway nordwestlich vorbei an Naivasha, dem sodahaltigen, oft von Flamingos bevölkerten **Lake Elmenteita** (im Besitz der Familie Delamere) und der Ausgrabungsstätte von **Kariandusi** bei Gilgil. Hier wurden unzählige altsteinzeitliche Werkzeuge unserer Vorfahren gefunden. Sie werden in einem kleinen Museum ausgestellt (tgl. 9.30–18 Uhr, www.museums.or.ke. Erw. 100 KSh, Kinder 50 KSh).

### Nakuru
**Reiseatlas:** S. 6, D 3
Die etwa 150 km von Nairobi entfernte viertgrößte Stadt Kenias, Nakuru**,** bietet keinen besonders großen Reiz, eine bunte beinahe

normale kenianische Stadt mit staubigen Straßen und einem fröhlichen Gewirr an Händlern.

Anziehungskraft besitzen jedoch der nahe gelegene Lake Nakuru National Park und der beeindruckende Menengai-Krater.

## Menengai-Krater

Vorbei am **Hyrax Hill,** einer prähistorischen Fundstätte mit kleinem **Museum** (tgl. 9.30–18 Uhr, www.museums.or.ke. Erw. 500 KSh, Kinder 250 KSh), windet sich der Weg hinauf auf 2490 m zum Menengai-Krater. Er gilt mit 12 km Durchmesser als die zweitgrößte Caldera der Welt. Vom Kraterrand, der einen imposanten Blick in die Landschaft über die schwarzen Lavazungen bis hin zum Lake Bogoria bietet, geht es steile 350 m hinunter in den buschbewachsenen, nur von Zebras, Antilopen und anderen Savannentieren bewohnten Krater. Die Massai jedoch meiden diesen Ort, erinnert er nicht nur namentlich an den ›Ort des Bösen, Ort der Leichen‹, glauben sie doch, dass der hier meist heftig wehende Wind die Schreie der sterbenden Krieger aus den Stammeskämpfen des 19.Jh in alle Richtungen trägt.

**i** **Banken:** Barclays, Standard, KCB, an der Kenyatta Ave., Mo–Fr 9–15, Sa 9–11 Uhr, alle mit Automaten.

**Merica Hotel:** im Zentrum an den Nyayo Gardens, Kenyatta Ave., Tel. 051-221 42 32, www.mericagroup hotels.com. Luxuriös ausgestattete Zimmer, edle Atmosphäre, Fitness, Sauna und Pool, schöner Blick über die Stadt und zum National Park, empfehlenswerte Küche (um 500 KSh). DZ 110–210 US-$.

**Midland Hotel:** Zentrum, Geofrey Kamau Way, Tel. 051-21 21 25, reservation@mid landhotel.co.ke. Gemütliches Stadthotel mit grünem Innenhof, schlicht, aber die Zimmer, sind gut ausgestattet. Sehr leckere indisch geprägte Küche (um 500 KSh), Bar, Poolbillard, Fitness, eine empfehlenswerte Unterkunft für Durchreisende. DZ 1900–2600 KSh/Person.

## Mit der Autorin unterwegs

### Ein heißes Abenteuer

… verspricht eine Zeltnacht mit Schildkröten, Kudus und Pavianen an den brodelnden heißen Quellen des **Lake Baringo** (s. S. 182 f.) unter knorrigen alten Feigenbäumen zu werden. Wer die Sonne in den See eintauchen sieht, wird zum Träumer.

### Genüssliches Abenteuer

Spätestens in Kisumu am Lake Victoria sollten Sie sich auf ein genüssliches Abenteuer mit der kenianischen Küche einlassen: in heißem Fett frittierter **Tilapia aus dem Victoriasee** (s. S. 190), dazu *ugali* und *sukuma wiki*. Der Tourist bekommt eine Gabel, traditionell wird allerdings mit den Fingern gegessen, was den Fischgenuss absolut steigert!

**Addis Abeba:** Zentrum, Tom Mboya Rd. Einfaches äthiopisches Restaurant mit superleckerem Essen in gemütlichem Ambiente. Um 300 KSh.

Schönes **Kunsthandwerk** gibt es auf dem Markt vor der Standard Chartered Bank. **Käse und Wurst** nach schweiz-deutscher Rezeptur von Happy Cow sind in den Supermärkten erhältlich; die Farm und Produktionsstätte liegt in der Nähe.

**Busse:** tgl. mehrmals Busse/Expressmatatus ab Markt in alle größeren Städte.

## Lake Nakuru National Park

Mit seinem 30 km$^2$ großen stark salzhaltigen See ist der Lake Nakuru National Park weltberühmt für seinen Vogelreichtum, insbesondere für die beinahe den ganzen See bedeckenden Flamingoschwärme von bis zu 1,5 Mio. Tieren! Auch wenn sich hier nach wie vor eine üppige Fülle von mehr als 450 Vogelarten aufhält, sind diese paradiesgleichen Bilder heute keine Selbstverständlichkeit mehr.

## Lake Victoria und Kenias Westen

Immer wieder trocknete der See aus (*enkuru* bedeutet in Maa etwa ›Ort des tanzenden Staubes‹), doch in den letzten Jahrzehnten häufiger als zuvor: Das ökologische Gleichgewicht ist durch zunehmende Wasserentnahme und Abwasserzufuhr stark gefährdet. Dennoch ist es ein wunderbarer Ort zur stillen Beobachtung u. a. von Nashörnern, Löwen, Leoparden und Rothschild-Giraffen. Beheimatet ist hier auch die größte Schlange Afrikas: die Python. Der National Park ist landschaftlich sehr abwechslungsreich mit Savannen, Wäldern, Wasserfällen, Felsen, Sumpf- und natürlich Seegebieten. Am Ostufer des Sees erstreckt sich der größte reine Euphorbienwald Afrikas. Aufgrund der guten Verkehrsanbindung ist der Parkbesuch auch als Tagesausflug (zwei Autostunden) von Nairobi möglich. An ruhigen Wochentagen sollte man sich eine Übernachtung im **Naishi Guesthouse** nicht entgehen lassen, in den Abendstunden kommen Flusspferde aus dem nahen See ans Ufer, und der Sonnenaufgang am Morgen ist einfach traumhaft.

**Lake Nakuru National Park:** tgl. 6–19 Uhr, Tel. 051-221 73 71, www.kws.org, Landepiste im Park. Erw. 40 US-$, Kinder 20 US-$ nur mit Smartcard (s. S. 107)

**Lion Hill Lodge:** Tel. 051-85 02 35, www.sarovahotels.com. Die kleinen, komfortabel eingerichteten Chalets haben Veranda, die Luxussuiten einen Kamin, Pool, Sauna, Blick über den See. Exzellente internationale Küche. DZ 340–390 US-$.

**Naishi Guesthouse:** Tel. 051-221 73 71, kwslnnp@africaonline.co.ke. Die Selbstversorgerhütte des KWS verfügt über acht Schlafplätze. Gut ausgestattete Küche, Stromgenerator 19–22 Uhr, Lage und Anwesen sind sehr beliebt, deshalb lange im Voraus buchen! Hütte 200–250 US-$.
**Wildlife Club of Kenya Guesthouse:** Tel. 051-85 15 59, info@wildlifeclubsofkenya.org. Gemütlich und komfortabel eingerichtete Zimmer, Gemeinschaftsraum mit Kamin, Selbstversorgung in gut ausgestatteter Gemeinschaftsküche. Erw. 800 KSh, Kinder 400 KSh.
**Wildlife Club of Kenya Hostel:** Tel. 051-85 15 59, info@wildlifeclubsofkenya.org. Einfach ausgestattete Gemeinschaftszimmer, kalte Duschen, Selbstversorgung, freundliche saubere Herbergsatmosphäre, Camping möglich. Erw. 150 KSh, Kinder 100 KSh.

**Flüge:** über die Landepiste im Lake Nakuru National Park Verbindung mit Nairobi Wilson Airport

# Lake Bogoria und Lake Baringo

### Lake Bogoria
**Reiseatlas:** S. 6, D 2/3
Wer Zeit hat, darf sich den Tages- oder besser Zweitagesausflug von Nakuru aus zu den

**Rosa Flamingoschwärme und heiße Quellen: am Lake Baringo**

beiden nördlich gelegenen Rift-Valley-Seen Bogoria und Baringo nicht entgehen lassen. Die sehr gut ausgebaute Straße führt 900 m hinunter in die trockene heiße Ebene, nach gut 110 km erreicht man das Loboi Gate des versteckt liegenden salzhaltigen Lake Bogoria, der bis in die 1970-er Jahre als Lake Hannington bekannt war. Mit einer Fläche von etwa 30 km² bildet er das Herzstück des 107 km² großen **Lake Bogoria National Reserve.** Zu Füßen der Laikipia-Bruchstufe findet man ein wahres Kleinod der Natur, das mit seinen brodelnden Geysiren und heißen Schwefeldämpfen an urgeschichtliche Zeiten erinnert. Das selten zu sehende Große Kudu, Büffel, Flusspferde und andere Wildtiere leben friedlich und ungestört nebeneinander. Zuweilen färbt sich das durch den Algenbewuchs sowieso schon bunt schillernde Wasser des Sees zart rosa: die Zeit der Flamingos. Besonders dann, wenn der Lake Nakuru

austrocknet, ziehen diese anmutigen Vögel in riesigen Schwärmen dorthin, wo sie reichlich Nahrung finden. Hauptnahrungsmittel sind kleine Wassertiere und Algen, deren Bildung durch den hohen Sodagehalt des Seewassers gefördert wird. Die Intensität der Gefiederfarbe der Flamingos wird übrigens durch Pigmente im Plankton ausgelöst.

Am südlichen Ende des Sees an einer Süßwasserquelle bescheren uralte, zauberhaft knorrige Feigenbäume einen willkommenen Schattenplatz. Die Fläche bietet die Möglichkeit, sein Zelt aufzuschlagen (2 US-$/Person, am Loboi Gate zu zahlen) und eine sagenhafte Nacht voller afrikanischer Geräusche zu genießen. Allerdings sollte man sich von Pavianen, Schildkröten und anderen nächtlichen tierischen Besuchern nicht vertreiben lassen. Einzig unangenehm sind Tsetsefliegen und Mücken nach Regengüssen. Der Sonnenaufgang hoch oben am **Lake Bo-**

## Lake Victoria und Kenias Westen

**goria View Point** ist traumhaft, ein Pfad führt in etwa 45 Min. hinauf.

**i** **Zugang:** Empfehlenswert ist das Loboi Gate, von der B4 abzweigend. Ganzjährig zu besuchen, Nov.–April sehr heiß, tgl. 6–19 Uhr. Die Erkundung ist auch zu Fuß und mit Fahrrad möglich. Erw. 10 US-$, Kinder 5 US-$.

  **Lake Bogoria Hotel:** 5 Min. Fahrt zum See, Nähe Loboi Gate, Tel. 051-221 64 41, Fax 051-221 68 67, Buchung über www.kenyaonetours.com. Die Cottages sind hübsch eingerichtet, Pool, gediegene Küche (um 400 KSh), Vogelbeobachtung, geführte Wanderungen. DZ ab 58 US-$.

## Lake Baringo

**Reiseatlas:** S. 6, D 2

An der B4, weitere 40 km nördlich hinter Marigat, liegt der Süßwassersee Lake Baringo mit einer großen Population an Krokodilen und Flusspferden, weshalb Vorsicht beim Baden geboten ist. Er ist ein Mekka für Ornithologen und bietet etwa 400 Vogelarten einen Lebensraum, u. a. kann man die größte ostafrikanische Kolonie an Goliathreihern beobachten. Die Menschen am See leben vom Fischfang in traditionellen Booten und betreiben Ackerbau, der durch ein modernes Bewässerungssystem ermöglicht wird.

**Lake Baringo Club:** Buchung über Blockhotels Tel. 020-53 54 12, www.blockhotelske.com. Geschmackvoll, aber schlicht ausgestattete Zimmer, versöhnlich stimmen ein üppiger grüner Garten, exzellente internationale Küche und eine wohlsortierte Bar sowie Pool und viele Aktivitäten: Reiten, Bootstouren, Vogelwanderungen, Dorfbesichtigung. DZ 100–170 US-$.
**Island Camp:** Tel. 051-85 08 58, www. island-camp.com. Paradiesisch gelegen auf Ol Kokwe Island mitten im See, luxuriöses Zeltcamp mit super Blick und himmlischer Ruhe, Pool, Aktivitäten: Vogelbeobachtung,

## Richtig Reisen-Tipp: Nur fliegen ist schöner …

Paraglidung, Gleitsegeln, Gleitschirmfliegen – wie auch immer man es nennt: Es ist ein wunderbares Gefühl, sich von einem Berg hinunter ins Tal gleiten zu lassen. Mal schneller, mal langsamer. Mal in die Nähe einer Siedlung, mal in die einsame Savanne.

Wer da mit seinem Rucksack auf dem Berg ankommt, auspackt, sich den Overall überzieht und seine Siebensachen richtet, der kann gewiss sein, eine Traube Kinder und Heranwachsende um sich herum zu haben. Neugierig wird alles beguckt, mancher fragt ohne Scheu nach den seltsamen Dingen und die ›Erfahreneren‹ sind mit flinken geschickten Händen behilflich.

Wenn die Luft rein ist, sprich genau im richtigen Maß in der richtigen Richtung anströmt, dann kann es losgehen.

Im Rift Valley gibt es ein paar Geheimtipps der Flieger, von wo aus die ohnehin schon grandiose Landschaft noch atemberaubender zu erleben ist. Lake Nakuru, Lake Bogoria und Lake Elmenteita mit ihren rosafarbenen Flamingoschleiern, schroffen Felswänden und zartgrünschwarzen Vulkanbergen.

Irgendwann, wenn einem die Luft ausgeht, kommt die Erde unwiderruflich näher. In Kenia ist es noch nicht alltäglich, dass Menschen einfach so aus dem (heiteren) Himmel fallen. Also auch dann wieder Kinder, Kinder – toll, wenn dieser seltsame *mzungu* in den Hosentaschen ein paar Bonbons hat. Da ist die Arbeit des Zusammenpackens schnell vollbracht. Und schon geht's wieder nach oben, z. B. zum Absprungplatz am Hotel Kerio View, Tel. 053-422 06, www.kerioview. com, Informationen bei Florian Keller, Enchanting-Africa Ltd., Gitanga Rd.,Valley Arcade, Tel. 020-386 75 51, florian@enchanting-africa.com.

## Durch das Kerio Valley nach Eldoret

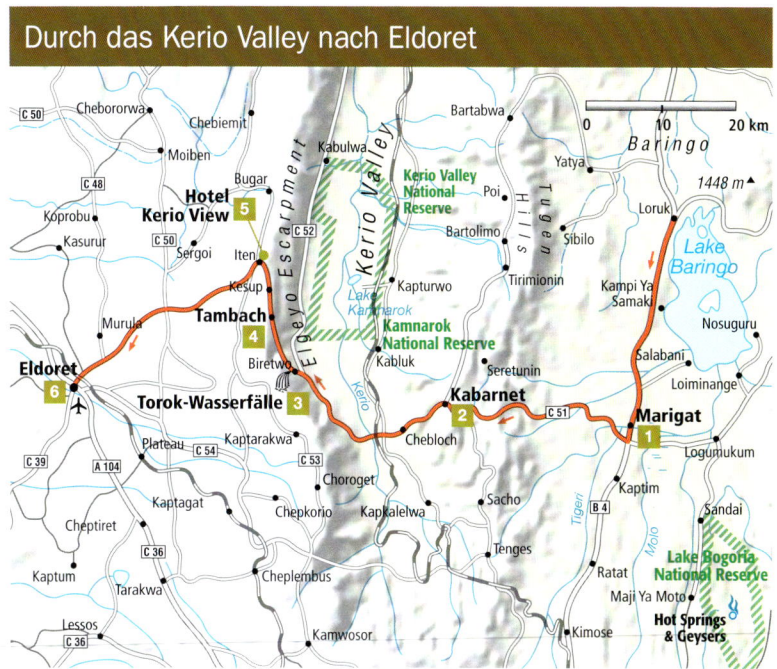

Bootstouren, Surfen, Wasserski. 70–190 US-$/Person (Vollpension), Bootstransfer und bewachter Parkplatz am Bootsanleger.

**Honig** in Flaschen gibt es in großer Auswahl an der Straße B4, eine Kostprobe lohnt sich! Ab 100 KSh.

## Durch das Kerio Valley nach Eldoret

**Karte:** S. 183

Von der B4 zweigt kurz vor **Marigat** 1 eine gut ausgebaute Straße Richtung Eldoret ab. Diese faszinierend kurvenreiche Strecke ist eine der schönsten in Kenia. Auf knapp 60 km windet sie sich die Westwand der Bruchstufe hinauf, genüsslich dahinfahrend kann man den sich ständig ändernden Blick über das Rift Valley und den Lake Baringo genießen.

›Eine Welt in einem Land‹ – das wird dem Reisenden hier sehr bewusst: Vom trocken-heißen Talboden zum frisch-saftigen Grün des Hochlandes gelangt man in nur wenigen Augenblicken. Erreicht man **Kabarnet** 2, ist die Überraschung über diese kleine anheimelnd wirkende Geburtsstadt des früheren Präsidenten Daniel Arap Moi groß. Ein interessantes **Museum** (Tel. 03 28-212 21, tgl. 9.30–18 Uhr, Erw. 400 KSh, Kinder 200 KSh) gibt Auskunft über die Kulturen des Baringo-Distrikts und des Rift Valley.

Hinunter fällt die Straße ins **Kerio Valley,** den ›Grand Canyon Kenias‹, um dann auf der anderen Seite steil wieder hinaufzuklimmen auf das Elgeyo Escarpment mit den 70 m hohen **Torok-Wasserfällen** 3 bei Tambach. Die Wasserfälle sieht man gut links der Straße, kurz vor Biretwo.

Unterwegs fällt der Blick sicherlich auf bunte Gleitschirme, die vom Himmel zu fallen scheinen und auf athletische Läufer, die sich leichtfüßig durch die Landschaft bewegen. Beides sind keine Wunder: Die berühmte Sportschule St. Patricks High der ke-

# Lake Victoria und Kenias Westen

**Kenias Athletenriege trainiert im Rift Valley**

nianischen Läufergilde ist in **Tambach** 4 beheimatet, und die Liebhaber des Gleitschirmfliegens haben ihren geheimen Treffpunkt im **Hotel Kerio View** 5 . Die Startplätze liegen direkt neben der Hotelanlage (s. Richtig reisen-Tipp S. 182) in der Nähe von Iten, dem größten Marktflecken auf diesem Höhenzug.

**Hotel Kerio View:** Tel. 053-422 06, www.kerioview.com. Unterkunft in gemütlich ausgestatteten Bandas für Selbstversorger, Restaurant mit hervorragender internationaler Küche (um 350 KSh) und guter Bar. Auch im Angebot: Wanderungen und Vogelbeobachtungen. DZ 64–112 US-$.

## Eldoret

Der Name der fünftgrößten Stadt Kenias, **Eldoret** 6 , bedeutet in Maa etwa ›Steiniger Fluss‹, die Stadt liegt in 2200 m Höhe am felsigen Flussbett des Sosiani und an der A 104 ungefähr 150 km von Nakuru, rund 300 km von Nairobi entfernt. Mit seinen ertragreichen weiten Maisfeldern gilt das Gebiet auch als ›Maisbunker‹ Kenias. Als südafrikanische Buren 1910 den Ort gründeten, siedelten hier bereits Massai und Nandi. Mit dem Eisenbahnbau erlebte die Stadt ab 1924 einen großen wirtschaftlichen Aufschwung. Einen weiteren, nicht unumstrittenen Investitionsschub verdankt Eldoret dem aus der Region stammenden Altpräsidenten Moi. So verfügt Eldoret heute nicht nur über eine Universität, sondern auch über einen internationalen Flughafen. Alte Holzhäuser aus den frühen Siedlerjahren, als der Ort nach dem Standort seiner Poststelle unter dem Namen Plot 64 bekannt war, zeugen noch immer von der damaligen Atmosphäre.

Kenianische Langstreckenläufer sind weltbekannt, die besten von ihnen gehören zur Volksgruppe der Kalenjjin, die in dieser Region Westkenias beheimatet ist. Der berühmteste ist zweifelsohne Hezekiah Kipchoge Keino, u. a. Sieger über 5000 m in Mexico City 1968. Seine Farm **Kazi Mingi** (›Viel Arbeit‹) liegt wenige Kilometer vor Eldoret. Sie ist heute ein Heim für über 90 Waisenkinder und Trainingszentrum für begabte Läufer unter wenig begüterten kenianischen Kindern. Ein Gästehaus bietet Unterkunft für reisende Läufer, laufende Reisende und für den, der interessiert ist.

 **Banken:** Standard, Barclays, KCB, alle mit Automaten in der Uganda Rd., Mo–Fr 9–15, Sa 9–11 Uhr.

 **Sirikwa Hotel:** Zentrum, Elgeyo Rd., Tel. 020-273 71 33, www.africapoint.com. Etwas abseits der Durchgangsstraße, schlicht bis gediegen ausgestattete Zimmer, etwas lieblos, schön sind Garten und Pool, einfache, international angehauchte Küche. Übernachtung 65 US-$/Person mit Frühstück im DZ.

**Kazi Mingi:** 5 km vor Eldoret an A 104, Buchung über Kenya Camps – Holiday and Running, Tel. 061 09-624 87 (Robert Hartmann), www.kenyacamps.com.

 **Flüge:** Nairobi–Eldoret mit ›Flamingo Line‹, Abflug 8 Uhr Nairobi, hin und zurück um 110 US-$.

**Busse:** Matatus in die Umgebung ab Markt, in die großen Städte mit Busunternehmen wie Eldoret Express und Akamba auch ab Markt.

# Kitale

**Reiseatlas:** S. 5, B 1

Rund 70 km nördlich von Eldoret liegt die kleine gemütliche Stadt Kitale inmitten fruchtbaren Hügellandes mit Bananen- und Orangenplantagen. Meist wird Kitale als Basis für Wanderungen am Mt. Elgon genutzt. Das **Museum of Western Kenya** (tgl. 9.30–18 Uhr, Tel. 054-206 70, www.museums.co.ke, Erw. 800 KSh, Kinder 400 KSh) ist jedoch ebenso zu empfehlen: es bietet einen spannenden Einblick in die Lebenswelten und Kulturen der seit Jahrhunderten in der Region lebenden Menschen, verfügt über einen beeindruckenden Naturlehrpfad auf dem dschungelartigen Gelände und macht den Besucher mit ökologischen Fragen der landwirtschaftlichen Nutzung des westlichen Hügellandes vertraut.

Wer an einheimischen Baumarten und ökologisch sinnvoller Forstwirtschaft interessiert ist, der sollte dem angrenzenden **Olof Palme Centre** (tgl. 8–17 Uhr) einen Besuch abstatten. Das schwedische Beratungsprojekt schlägt eine Brücke zwischen lebensnotwendiger Landwirtschaft und zukunftssichernder Forstwirtschaft. Auch für Städter ist der Besuch eine Bereicherung – und dazu noch kostenfrei.

Unweit der Stadt gibt es noch ein ›Schmeckerchen‹: den mit 2 km$^2$ Fläche kleinsten National Park Kenias, der ausschließlich zu Fuß erlebt werden darf und zum Schutz der seltenen Sitatunga-Antilopen eingerichtet wurde. Der **Saiwa Swamp National Park** (Tel. 054-550 22, www.kws.org, ganzjährig, tgl. 6.30–18 Uhr. Erw. 10 US-$, Kinder 5 US-$) bietet ein ungewöhnliches Wegenetz: Auf Holzbrücken durchstreift man das sumpfige Gebiet und hat so gute und vor allem sichere Beobachtungsmöglichkeiten.

 **Banken:** Barclays und KCB mit Automaten in der Kenyatta St., Mo–Fr 9–15, Sa 9–11 Uhr.

 **Sirikwa Safaris/ Barnley's Guesthouse:** 23 km nördlich von Kitale, Tel. 07 33-79 35 24, sirikwabarnley@swiftkenya.com. Gemütliche Zimmer, auch Camping möglich, warme Duschen, Grillplatz, gute Hausmannskost, Vogelbeobachtung, Vermittlung professioneller Führer für Touren zum Mt. Elgon für 600 KSh/Tag, Träger 300 KSh/Tag. Camping 600 KSh/Person, DZ 1500–3500 KSh.

**Alakara Hotel:** Kenyatta St., Tel. 054-203 95, Fax 054-302 98. Sauberes, nettes Hotel, warme Duschen, empfehlenswertes Restaurant (um 250 KSh). DZ 800–2000 KSh.

 **Busse:** Eldoret Express nach Nairobi (7 Std.), ansonsten verkehren Matatus in alle Richtungen.

# Mt. Elgon National Park

**Reiseatlas:** S. 5, B 1

Das Bergmassiv des Mt. Elgon (4321 m) teilen sich Kenia und Uganda. Auf kenianischer Seite sind 169 km² zum National Park erklärt. Dennoch sind einige Bereiche zur forstwirtschaftlichen Nutzung durch die ansässige Bevölkerung freigegeben. Der Massai-Name Ol Doinyo Ilgoon (›Brustberg‹) weist auf die Form des Berges hin: Beinahe kastenförmig, untypisch für eine Caldera, steht der Fels in der Landschaft aus unberührter Natur mit noch immer ungelüfteten Geheimnissen. Baumsavannen, tropische Waldzonen mit spektakulären Wasserfällen, dichten Bambuswäldern und alpinen Heideflächen umgeben den Wanderer auf seinen einsamen Pfaden. Das Eindringen in das Paradies der Büffel, Leoparden und Elefanten erfordert nicht nur die Begleitung eines bewaffneten Rangers, sondern auch den geübten Umgang mit Karte und Kompass. Bis zur Moorlandschaft in 3500 m Höhe kann man mit dem Allradfahrzeug hinauffahren (2 Std.), spätestens ab dort müssen die rund 10 km bis zum Kraterrand des erloschenen Vulkans erwandert werden. Es gibt jedoch keine markierten Wege. Am besten sind die etwas trockeneren Zeiten des Jahres geeignet, ansonsten verleiden einem ständige Regenschauer und matschige Wege das einmalige Naturerlebnis inmitten von skurrilen Riesenpflanzen und einer Vielzahl an Vögeln und Meerkatzen.

Berühmt ist das Bergmassiv für seine Vielzahl an **Höhlen und Grotten,** die von Tausenden Fledermäusen bewohnt werden. Elefanten statten den Höhlen regelmäßig einen Besuch ab, um mit ihren Stoßzähnen nach Salzen im Gestein zu bohren. Eine der größten Höhlen, **Kitum Cave**, geriet durch Medienberichte über das tödliche Ebola-Virus in Verruf, ein Zusammenhang mit dem Ursprung des Krankheitserregers konnte bisher jedoch nicht nachgewiesen werden.

**Zugang:** über Chorlim Gate 35 km westlich von Kitale: Hier kann man auch einen bewaffneten Ranger buchen (600 KSh/Tag). In den Trockenzeiten ist der Besuch am günstigsten, d. h. Dez.–März und Sept./Okt., tgl. 6–19 Uhr, Tel. 054-314 56, www.kws.org., keinerlei Versorgungsmöglichkeiten. Erw. 10 US-\$, Kinder 5 US-\$.

Camping im Park nur nach Absprache mit dem KWS.

**Kapkuro Bandas:** einfache Selbstversorgerhütten des KWS am Chorlim Gate, gut ausgestattete Küche, Grillplatz. Banda für 3 Personen 50 US-\$.

##  Kakamega Forest National Reserve

**Reiseatlas:** S. 5, B 2–3

Einst spannte sich ein monumentaler Regenwald von Westafrika über das Kongobecken bis zum Indischen Ozean. Heute sind davon auf kenianischem Grund nur noch wenige Quadratkilometer vorhanden, 50 km² davon bilden das Kakamega Forest National Reserve. Das dschungelartige Waldstück liegt auf 1600 m Höhe und bietet einen einzigartigen Lebensraum für eine beinahe unglaubliche Fülle an Pflanzen und Tieren: rund 160 Baum- und Buscharten, 170 Kräuter, 62 Farne sowie über 60 verschiedene Orchideen bilden einen allzeit grünen Dom. In seinem Gewölbe schweben zarte Exemplare von weit mehr als 400 Schmetterlingsarten, besonders bemerkenswert ist unter ihnen der wunderschöne Diademfalter. 370 Vogelarten, davon etliche nur hier vorkommende wie der Große Blaue Turako, sind in ihrem prächtigen Gefieder vor allem in den Vormittags- und späten Nachmittagsstunden zu beobachten. Die beste Zeit zum Bewundern ist von Juni bis September, nach der langen Regenzeit.

Kaum ein anderer Platz ist so reich an Schlangen und anderen Reptilien: Allein 40 Schlangenarten und der bis zu 2 m lange Nilwaran lassen die Herzen von Reptilienliebhabern höher schlagen. Chamäleons äugen herab, Meerkatzen und Colobusaffen flitzen durchs Geäst, selten lassen sich Leoparden blicken.

**Colobusaffen fühlen sich im Regenwald von Kakamega wohl**

Nach wie vor nutzen Einheimische den Wald zur Herstellung von Heilmitteln und zu rituellen Zwecken. Leider schützt das die Baumriesen nicht unbedingt vor wilder Abholzung.

Die Wanderungen in Begleitung erfahrener Führer gleichen einem Ausflug ins üppige Paradies, im Angesicht der berauschenden Natur wird der aufmerksame Besucher still und betrachtet die Welt möglicherweise mit anderen Augen.

**Kakamega Forest National Reserve:** 20 km nördlich von Kakamega Stadt, ganzjährig zu besuchen, tgl. 6–19 Uhr, Tel. 056-306 03, www.kws.org. Festes Schuhwerk ist Pflicht! Erw. 20 US-$, Kinder 10 US-$. **Führer** über Kakamega Forest Guide Association (KAFOGA) Tel. 07 21-62 83 43, über Kenya Wildlife Service (KWS) oder Rondo Retreat Centre.

**Rondo Retreat Centre:** im südl. Waldteil, Tel. 056-302 68, Fax 056-310 57, www.rondoretreat.com. Christliches Erholungsheim, aber offen für jeden Besucher (Alkoholverbot!). Gediegen-gemütliche Zimmer in urigem Holzhaus mit Kamin, Cottages im Kolonialstil in sehr gepflegtem Garten, Kapelle, lange vorbuchen! Wanderungen und Waldführer möglich. 7400 KSh/Person im DZ (Vollpension)

**Udo Bandas:** Selbstversorgerhütten des KWS, Tel. 056-306 03 und 020-60 08 00, www.kws.org. Einfache *bandas* mit insgesamt 12 Betten, Camping möglich, Gemeinschaftskochplatz ohne Ausstattung. 10 US-$/Person.

**Anfahrt** am günstigsten mit Taxi oder PKW, ab Kakamega ausgeschildert, mit öffentlichen Verkehrsmitteln ist es eher schwierig.

## Kakamega

An der A1 etwa 100 km nördlich von Kisumu liegt die 40 000-Einwohner-Stadt Kakamega, die ein müdes geruhsames Dasein fristet: Der einstige ›Goldrausch‹ ist seit Mitte der 1950er-Jahre vorbei, und ohne den Regenwald würden sich nur wenige Reisende hierher verirren.

 **Stierkämpfe:** Kakamega. Das traditionelle Fest wird mit Musik, Tänzen und Gesängen begleitet, die miteinander kämpfenden Stiere vertreten die Ehre des jeweiligen Dorfes. Übers Jahr verteilt finden sie an unbestimmten Sonntagen (am besten im Hotel erfragen) in umliegenden Dörfern statt.

 **Busse:** Kakamega ist per Bus von Nairobi aus erreichbar. Vom Busplatz am Markt fahren Matatus in die umliegenden Ortschaften.

# Lake Victoria

**Reiseatlas:** S. 5, A 3–4

Das ›Mittelmeer Ostafrikas‹ mit einer Größe von rund 67 000 km² verbindet Kenia, Uganda und Tansania miteinander. Sein ursprünglicher Name Nyanza wurde von John Hanning Speke 1858 ausgetauscht gegen den seiner damaligen Königin, der englischen Queen Victoria. Auf der Suche nach den Quellen des Nil (s. S. 370 f.) erblickte er als erster Europäer diesen riesigen See, der nicht zum Rift Valley gehört, sondern zwischen zwei Ausläufern des Großen Grabenbruchs eingebettet ist. Er liegt auf einer Höhe von 1135 m, und das an den Ufern des Sees herrschende feucht-heiße Klima ermöglicht den ertragreichen Anbau von Baumwolle, Zuckerrohr, Kaffee, Bananen und Tee. Zu Kenia gehört allerdings nur ein Zehntel der Wasserfläche, Winam Gulf mit mehreren großen Buchten und einigen Inseln, z. B. Mfangano Island und Rusinga Island.

Seit ihrer Einwanderung aus dem heutigen Südsudan um 1500 siedeln hier vor allem Angehörige der Luo, in Kenia die zweitgrößte Bevölkerungsgruppe nach den Kikuyu, die sich von Viehzüchtern zu Fischern und Ackerbauern gewandelt haben. Keine Frage, am See spielt der Fisch natürlich eine große Rolle. Wie lange noch und in welchem Maße ist heute allerdings unklar. Der Grund: In den 1960er-Jahren setzten britische Wissenschaftler Nilbarsche (bis zu 200 kg schwer werdend!) im See aus. Diese vermehren sich derart rapide, dass sie in ihrer Nahrungssuche dem einheimischen wohlschmeckenden Victoriabarsch Tilapia zu Leibe rücken und zudem die Ausbreitung der von Parasiten hervorgerufenen Krankheit Bilharziose begünstigen (s. S. 376 f.). Infizierte riskieren schwerste Schädigungen der inneren Organe, daher gilt: Auch wenn reizvolle Uferzonen, teils mit Papyrusgürteln bewachsen, zum Baden einladen, sollte man auf dieses Vergnügen verzichten.

Eine Dokumentation von 2005 machte zudem eine soziale Tragödie, die sich am See abspielt, offenbar, von der Eingeweihte schon lange wissen: Die Infizierungsrate mit dem tödlichen HI-Virus ist in den Fischerdörfern um den Lake Victoria um ein Mehrfaches höher als im übrigen Land. Ursache dafür ist der heiß umkämpfte Fischmarkt, überholte Traditionen und Ignoranz gegenüber Aufklärungskampagnen. Das Jaboya-System bezeichnet die sexuelle Abhängigkeit und Prostitution der Frauen im Austausch gegen Fisch. Der Handel mit Fisch ist oft die einzige Einnahmemöglichkeit besonders für alleinstehende Frauen mit Kindern. Dass es Wege aus dieser Situation gibt, durch Vorbeugung und Behandlung der Krankheit, und Erschließen anderer Erwerbszweige, stößt bislang auf wenig Resonanz.

Um den **Winan Gulf** führt eine unterschiedlich gut ausgebaute Straße; sie verbindet die kenianischen Ortschaften auf dem Landweg, die wichtigsten und interessantesten sind ohne Zweifel Mbita und Kisumu.

## Kisumu und Umgebung

**Reiseatlas:** S. 5, B 3

Nur etwa 350 km von Nairobi entfernt, führt Kenias drittgrößte Stadt mit knapp 250 000

Einwohnern ein schläfriges, fast vergessenes Dasein. Gegründet 1901, als die Eisenbahn den Lake Victoria erreichte, wurde ihr der Name der Gattin des leitenden Bauingenieurs verliehen: Port Florence. In den 1930-er Jahren erfolgte ein enormer wirtschaftlicher Aufschwung, als der See zum Landegewässer der Imperial-Airways-Flugboote avancierte. Genau 100 Jahre später erhielt Kisumu die Stadtwürde und fungiert heute als Hauptstadt der Provinz Nyanza.

Das **Kisumu Museum** (Nairobi Rd., Tel. 035-408 04, kisumuse@swiftkisumu.com, tgl. 9.30–18 Uhr. Erw. 400 KSh, Kinder 200 KSh) gilt als eines der interessantesten im Land. 1980 eröffnet, erzählt es anhand gut ausgewählter Ausstellungsstücke anschaulich über das Alltagsleben und die Kulturen der im Umfeld des Sees ansässigen Menschen. Der Garten dient gleichzeitig als Arboretum, und ein traditionelles Gehöft der Luo lädt zum Blick ›hinter die Kulissen‹ ein – selten bietet sich solch eine Gelegenheit.

Das **Alte Marktviertel** befindet sich im nördlichen Teil der Innenstadt. Zwischen der um 1919 erbauten, grünlich weiß leuchtenden **Jamia Moschee** in der Otiengo Oyoo St. und der zum Hafen führenden Oginga Odinga Rd. stößt man auf zahlreiche Zeugen der Kolonialzeit. Indische *dukas,* alte Geschäftshäuser mit Arkaden, kleine Restaurants mit hervorragender indisch-kenianischer Küche, Straßenhändler und sich lautstark unterhaltende Menschen ergeben ein lebhaftes Bild, dessen Betrachtung man eigentlich nur wirklich in sich aufnehmen kann, wenn man sich hineinbegibt in das bunte Gewimmel der Straßen.

Das **Impala Sanctuary** (Eingang Kaunda Hill, tgl. 9–18 Uhr. Eintritt frei) gleicht einer Oase für die seltenen Sitatunga-Antilopen, deren Verbreitungsgebiet Sumpflandschaften sind. Besucher, die an diesen Huftieren interessiert sind, sollten auch einen Ausflug auf die Insel Ndere nicht versäumen. Die gesamte Insel mit ihren 4 km$^2$ Fläche bildet den **Ndere Island National Park.** Wanderfreudige, die die Landschaft und den Blick über den See genießen wollen, finden hier einen sehr einsamen, erholsamen Ort. Am besten ist das Schutzgebiet mit einem Boot des KWS zu erreichen (Informationen unter www. kws.org).

Wer etwas mehr von Kisumu in sich sehen möchte, dem sei ein längerer Spaziergang empfohlen: vorbei am vornehmen Yacht Club zum **Hippo Point**, einem etwa 3 km südlich der Innenstadt gelegenen Aussichtspunkt. Nicht nur Flusspferde sind von diesem Platz aus gut zu beobachten, sondern auch der Sonnenuntergang lässt sich von hier aus ganz besonders romantisch genießen. Letzteres ist auch gut möglich – und noch einsamer – im gemütlichen Fischerdörfchen **Dunga.** Nur weitere 3 km von der City entfernt, scheint die sowieso in Afrika schon langsamer laufende Zeit hier gänzlich stehen geblieben zu sein.

**Banken:** Alle großen Banken mit Automaten findet man in der Oginga Odinga Rd., Mo–Fr 9–15, Sa 9–11 Uhr.

**Kiboko Bay Resort:** Dunga Beach, Ring Rd., Tel. 057-202 55 10, www.kibokobay.com. Gemütlich ausgestattete Zimmer, Blick zum See, Pool, gut sortierte Bar und empfehlenswerte internationale Küche (um 500 KSh). DZ 120 US-$/Person.

**Imperial Hotel:** Jomo Kenyatta Hwy., Tel. 057-202 00 02, Fax 057-202 26 87, www.imperialkisumu.com. Die Zimmer sind gediegen-luxuriös ausgestattet. Pool, Fitness, Sauna, sicherer Parkplatz, gute internationale und indische Küche (um 400 KSh), Ausflüge in die Umgebung. DZ 77 US-$.

**Nyanza Club:** Aput Lane, Tel. 057-202 40 58. In schönem Garten gelegen, gediegen-edel ausgestattete Zimmer, Golfplatz, Fitness, Pool, sehr gute indische und chinesische Küche (um 350 KSh). 2500–3000 KSh/Person.

**Hotel Royale:** Jomo Kenyatta Hwy., Tel. 057-202 09 24. Einst herrschaftlich, heute schlicht ausgestattete Zimmer, aber sauber, gute indische Küche (um 350 KSh), schöner Essplatz auf der Terrasse mit Blick über die Stadt. 1500–3000 KSh/Person.

## Lake Victoria und Kenias Westen

**Hostel des Wildlife Club of Kenya:** Adala Tuk Road (an der Grenze zum Impala Sanctuary), Tel. 057-202 41 62. Einfache Unterkunft für Selbstversorger, spartanisch ausgestattete Küche. Erw. 200 KSh, Kinder 150 KSh.

Internationale Küche servieren die großen Hotels, die einheimischen Speisen (z. B. frisch gefangenen Tilapia) probiert man am besten in den kleinen Restaurants im alten Marktviertel, dort bekommt man kostenlos dazu die lebendige westkenianische Atmosphäre serviert.

**Mona Lisa Restaurant:** Oginga Odinga Rd., tgl. 8–19 Uhr. Kenianische Küche, um 250 KSh.

**Rafiq:** Jomo Kenyatta Hwy. neben Hotel Royale, tgl. 10–20 Uhr. Indische Küche, um 250 KSh.

**Kunsthandwerk:** Besonders Gegenstände aus Speckstein und Papyrusgras kauft man gut im Wananchi Craft Shop, Jomo Kenyatta Hwy., Ecke Kibos Rd., tgl. 9–17 Uhr, die Einnahmen kommen den Produzenten im Selbsthilfeprojekt zugute.

**Kibuye Market:** Jomo Kenyatta Hwy., bei der Kath. Kirche, So 9–18 Uhr. Kommen, Schauen, Kaufen, alles was Herz und Augen begehren: von Handwerksbedarf, Gebrauchtwaren jeglicher Art über Fisch und Gewürze bis zu Blumen und Kunsthandwerk.

**Casino:** Belcoy Leisure Ltd., Otuoma St., Central Square Magak Bldg., Tel. 057-202 13 31, ab 20 Uhr.

**Octopus Night Club:** Ogada St., Tel 057-410 10. Typischer Nachtklub, ab 20 Uhr.

**Golf:** Nyanza Club, Aput Lane, Tel. 057-202 20 90. 18-Loch-Platz.

**Flüge:** Flughafen Kisumu, Tel. 057-202 00 81, regelmäßige Flüge mit Kenya Airways nach Nairobi (um 70 US-$).

**Züge:** nach Nairobi Mo, Mi, Fr Abfahrt 18.30 Uhr (Fahrtzeit etwa 13 Std.), 1. Klasse 1415 KSh (nur Ticket).

**Busse:** tgl. Fernverbindungen verschiedener Busgesellschaften vom Imperial Hotel in alle großen Städte Kenias und nach Kampala (Uganda), Preis- und Busvergleich ist empfehlenswert. In die nähere Umgebung mit Matatus, Abfahrt hinter der Markthalle.

**Mietwagen:** Shiva Travels Ltd., Oginga Odinga Rd., Tel. 057-202 43 31, shiva@swiftkisumu.com; Kisumu Travels, Oginga Odinga Rd., Tel. 057-202 41 22.

# In der Provinz Nyanza

Am Lake Victoria kann man interessante Ausflüge zu den umliegenden Orten unternehmen, auf die Inseln im See und natürlich auch ins Hinterland, wo man das Alltagsleben der Menschen erleben kann.

## Südlich von Kisumu

**Reiseatlas:** S. 5, B 3–4

Von Kisumu führt die A 1 etwa 200 km in südliche Richtung zur tansanischen Grenze, kurz davor zweigt die raue Straße C 13 zur Masai Mara ab. Einige Sehenswürdigkeiten laden zum Verweilen oder zu lohnenden Umwegen ein. Auf halber Strecke, hinter Kisii, kommt man durch das kleine Dörfchen **Tabaka.** Auf allen Märkten werden sie in Hülle und Fülle angeboten: Figuren, Schalen, Schmuck aus Speckstein oder Seifenstein. Der Soapstone, ein weicher kalkhaltiger Stein in den verschiedensten Färbungen und von unterschiedlicher Festigkeit wird in der Umgebung abgebaut. Nur ein Teil wird als Rohling weiterverkauft. Seit Generationen leben viele Familien von der Verarbeitung dieses talkhaltigen Minerals, ihre Kunstfertigkeit hat Tradition und so gibt es weltweit etliche Objekte, die unter den begabten Händen der einheimischen Künstler entstanden. Der bekannteste ist vermutlich Elkana Ongesa, ein Gusii oder Kisii (so bezeichnen sich die Menschen dieser Volksgruppe selbst): Eine seiner Statuen schmückt das Gebäude der Unesco in Paris. Die **Kisii Soapstone Carvers Cooperative Society** ist also auf jeden Fall einen Besuch wert (in Tabaka, ausgeschildert), wenn man am Wachsen und Werden solcher Kunstwerke interessiert ist. Neben den eher unspektakulären Minen, kann man Schnitzern und polierenden Frauen zuschauen, mit ihnen ins Gespräch kommen und das eine oder andere Stück erhandeln.

## Mbita

**Reiseatlas:** S. 5, A 3

Mbita ist ein gemütliches Fischerdörfchen, rund 150 km von Kisumu entfernt. Man erreicht es über die C 19, eine teils rumplige Straße, oder – von der A1 abzweigend – die C 20. Die meist übel nach Fisch riechende Stadt **Homa Bay** schnell hinter sich lassend, kann man hier in Mbita noch die heile Welt der Fischer erleben. Den Ort aufzusuchen macht dann vor allem Sinn, wenn man sich auf die Inseln Rusinga und Mfangano begeben möchte.

 **ICIPE-Guesthouse:** Tel. 020-802 50, www.icipe.com. Das empfehlenswerte Gästehaus eines Insektenforschungszentrums liegt als traumhafte Oase am See, gemütlich ausgestattete Zimmer mit Balkon, Kühlschrank, gute internationale Küche. 800 KSh/Person.

## Rusinga Island

Wer sich für Paläontologie interessiert, dem ist Rusinga Island bekannt als der Ort, wo Mary und Louis Leakey Mitte des 20. Jh. eine Fülle an teilweise einzigartigen Fossilien aus der Zeit vor etwa 18 Mio. Jahren entdeckten. Bedeutendstes Fundstück war der 17,5 Mio. Jahre alte Schädel eines Hominiden. Da die Relikte einstmals rasch unter einem Vulkanascheregen begraben wurden, waren sie so gut erhalten. Über einen 250 m langen Fahrdamm kann man gut zur Insel hinüberlaufen.

Wer in Nairobi schon die Tom Mboya Street entlang gebummelt ist, wird hier wieder auf diesen Namen treffen: Der charismatische, bei Menschen aller kenianischen Volksgruppen sehr beliebte Politiker Tom Mboya wurde auf Rusinga Island geboren. Bei Unruhen 1969 wurde er erschossen; zur Erinnerung an ihn wurde ein kleines Mausoleum auf der *shamba*, dem Feldgarten, seiner Eltern errichtet.

Nach dem Besuch der Masai Mara unternimmt mancher Reisende einen Abstecher per Leichtflugzeug an den Lake Victoria, um noch eine zünftige Angeltour anzuschließen. Rusinga Island bietet dafür die Landepiste und auch die entsprechende Unterkunft.

  **Rusinga Island Fishing Camp:** Buchung über Private Wilderness, Tel. 020-88 20 28, www.rusinga.com. Exklusives Zeltcamp, edel-komfortabel ausgestattet, in wunderschönem Gartenparadies am See, hervorragende internationale Küche, Aktivitäten, wie Angeln, Bootstouren, Wanderungen, Gamedrives, Landepiste. 300–350 US-$ /Person im DZ (Vollpension).

 **Angeln u. a.:** über das Rusinga Island Fishing Camp.

## Mfangano Island

Mfangano Island ist – anders als das über einem Damm mit dem Festland verbundene Rusinga Island – eine wirkliche Insel mit noch immer urigem Charme. Nach der Anreise mit dem Lake Taxi (einem langen Holzkahn) von Mbita aus betritt man nach etwa 2,5-stündigem gemütlichem Dahinschaukeln wieder Festland, den Hauptort **Sena.**

Nicht nur der ›Weg‹ hierher ist erlebnisreich, sondern vor allem die Höhlen bei **Kakapel** sind die Reise wert: 1000–4000 Jahre alte Felsmalereien entführen den Betrachter in uralte Zeiten; rote und weiße geometrische Symbole geben Wissenschaftlern noch immer Rätsel auf (nähere Informationen sowie die Möglichkeit, einen ortskundigen Führer zu finden: www.africanrockart.org).

Dass Fischen nicht nur Angeln ist, zeigen die ansässigen Fischer gern. Ob mit Ruten, Netzen oder Reusen – sie erklären dem interessierten Besucher geduldig das Warum und Wieso. Wer sowieso keine Bleibe für die Nacht hat oder sich einfach auf ein märchenhaftes Erlebnis einzulassen wagt, der möge sich von den allabendlich ausfahrenden Dhaus und Kanus mitnehmen lassen.

## Lake Victoria und Kenias Westen

Dann ist man dabei, wenn die Netze ausgebracht, die Öllämpchen entzündet und aufs Wasser gesetzt werden. Vom Licht werden Tausende von Umena-Sardinchen angezogen und verfangen sich in den Netzen. Jeder geruhsame, doch kräftige Handgriff sitzt beim Einholen der prall gefüllten Netze. Von traditionellen Gesängen der Fischer begleitet, geht es in den frühen Morgenstunden zurück ans Ufer, wo die Fischchen in der Sonne trocknen. Oder man kann sich von der Insel oder von Mbita aus dieses flackernde Lichtermeer der Umena-Fischer anschauen und ins Träumen kommen.

 **Mfangano Island Camp:** Buchung über Western Kenya Hotels, Tel. 020-273 71 33. Exklusive Unterkunft, luxuriös ausgestattete Zelte, Aktivitäten wie Angeln, Boots- und Wandertouren, sehr gute internationale Küche. 198 US-$/Person all-inclusive.

## Ruma National Park

**Reiseatlas:** S. 5, A 4
Der Ruma National Park, südwestlich von Homa Bay, früher bekannt als Lambwe Valley Reserve, ist u. a. Heimstatt der wenig beliebten Tsetsefliege. Den Besuch wert ist er wegen der bedrohten Rothschild-Giraffe, wegen der letzten 30 in Kenia lebenden Pferdeantilopen und der äußerst selten zu beobachtenden Kuhantilopenart Jackson's Hartebeest. Flötenakazien und ein wunderbarer Galeriewald an den Ufern des Lambwe Flusses bestimmen diese einsame Savannenlandschaft.

**i** Zugang zum Nationalpark über das nordöstliche **Kamoto Gate,** Tel. 07 21-76 22 55, www.kws.org, tgl. 6–19 Uhr, März–Mai schwierig, ansonsten ganzjährig, auch zu Fuß möglich mit vorher beim KWS gebuchtem Ranger, Erw. 20 US-$, Kinder 10 US-$.

**Oribi Guesthouse:** *Bandas* des KWS, Tel. 07 21-76 22 55 oder 059-225 44. Drei einfache Schlafräume für 6 Personen, Gemeinschaftsraum mit Kamin, gut ausgestattete Küche. Hütte 100 US-$, auch Camping möglich.

## Thimlich Ohinga

**Reiseatlas:** S. 5, A 4
In der prähistorischen Ausgrabungsstätte Thimlich Ohinga, etwa 50 km von der tansanischen Grenze, finden sich Siedlungsreste aus der späten Eisenzeit. Die über 500 Jahre alte Festung zeugt vom Leben und Kämpfen der Menschen, die hier einst wohnten (Tel. 020-374 21 31, www.museums.or.ke).

## Kericho

Die uf etwa 2000 m Höhe liegende Stadt Kericho ist etwas Besonderes und allemal einen Besuch wert. Vormittags scheint die Sonne, am Nachmittag regnet es, die Böden sind fruchtbar und im Zusammenspiel mit den richtigen Temperaturen ergeben sich auf diese Weise mehr als paradiesische Anbaubedingungen für den in der Welt anerkannt hochwertigen und beliebten Tee. Durch britische Siedler in den 20-er Jahren des 20. Jh. gepflanzt, reichen die satt- und immergrünen

Felder weit über den Horizont der hügeligen Hochebene hinaus. Die Stadt glänzt genauso vor Reinlichkeit wie die glatten, frisch geernteten Teeblättchen. Besuchenswert sind die Anfang der 1950er-Jahre erbaute burgähnliche **Holy Trinity Church** hinter dem Moi Highway und (mit Voranmeldung im Tea Hotel Kericho) die **Brooke Bond Tea Company.**

Vor den Toren der Stadt etwa 10 km in Richtung Nakuru legte der ehemalige Teefarmer Tom Grumbley zwischen 1946 und 1975 einen erstaunlichen Garten an: ein **Arboretum** mit bisher ungezählten Baumarten aus aller Welt. Das – noch dazu kostenfreie – Vergnügen im Schatten eines sehr ungewöhnlichen Waldes zu picknicken oder zu lustwandeln und zahlreiche Vögel zu beobachten, sollte man sich nicht entgehen lassen.

 **Banken:** am Uhrenturm, Moi Hwy., Mo–Fr 9–15, Sa 9–11 Uhr.

 **Tea Hotel Kericho:** Moi Hwy., Tel. 052-300 04, Fax 052-205 76. Das im alten Kolonialstil inmitten von Tee-feldern erbaute, einst luxuriöse Hotel bietet heute eher gediegen-gemütlich ausgestattete Zimmer und Cottages, schöner Blick in den gepflegten Garten, Terrasse, Pool, sehr gute internationale Küche (um 450 KSh). DZ 70–170 US-$.

**Kericho Lodge & Fishing Resort:** etwa 10 km außerhalb Richtung Nakuru, Tel. 052-200 35. Mitten im Grünen gelegen; kleine, aber saubere, schlicht ausgestattete Zimmer, bestes Restaurant der Umgebung mit exquisiter indischer und internationaler Küche (um 250 KSh)! Übernachtung 1200–1500 KSh/Person, Camping 200 KSh/Person.

Urige kleine kenianische *hoteli* finden sich in der Stadt – wer Lust auf Teepflückeratmosphäre hat, sollte sie ausprobieren und sich bei der Auswahl von der eigenen Nase und den eigenen Augen leiten lassen.

**Fabrikverkauf von Tee aus der Region:** an der Straße nach Nakuru, vor Kenya Tea Packers.

**Abendstimmung an Afrikas größtem See, Lake Victoria**

So stellt man sich Traumstrände vor: Diani Beach

# Kenias Süden und die Küste

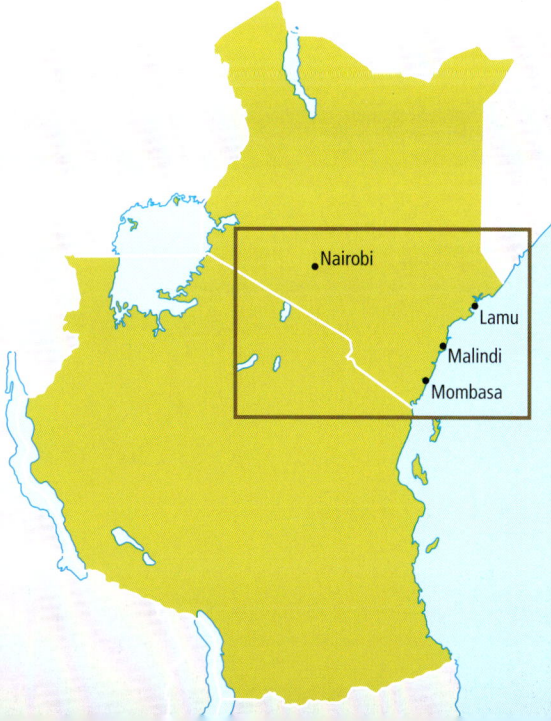

Nairobi

Lamu

Malindi

Mombasa

## Wildtierparadiese, Wasser und eine alte Kultur

Nicht ausschließlich, aber vor allem punktet Kenia mit ›Beach & Bush‹, also der an ein Wunder grenzenden Verbindung von Strand und Savanne, sprich: Wildtierbeobachtung plus Badeurlaub. Wer die Großen Fünf, die Big Five des Tierreiches, sehen möchte, und zwar nicht im Zoo, sondern in ihrer angestammten Umgebung, der findet hier die größten und schönsten Wildtierparadiese mit einem noch immer reichen Bestand. Auch wenn durch das rücksichtslose Vordringen des Menschen der Lebensraum der Tiere immer kleiner wird, so ist es doch noch immer großartig, auf Safari zu gehen. Ein einmalig bewegendes Erlebnis!

Allen voran in die **Masai Mara,** die artenreichste Region Afrikas und in Europa wohl auch die bekannteste neben der Serengeti. Aber nur wenige wissen, dass diese beiden

einst zusammengehörenden Gebiete ein einheitliches Ökosystem bilden. Das heißt, die Tiere wandern grenzüberschreitend dorthin, wo für sie die Nahrungsbedingungen gerade gut sind. Aufgereiht wie Perlen an einer Kette liegen die großen Naturschutzgebiete Masai Mara, **Amboseli** und **Tsavo** nebeneinander. An ihren Nahtstellen findet man kleinere, dennoch nicht minder kostbare sogenannte Sanctuaries. Auch sie sind lohnende Höhepunkte einer Reise durch Kenia. Diese ›Schatzkästchen‹ bieten oft den Vorteil, weniger von den großen Touristenströmen berührt zu sein. Die Tiere sind scheuer, das Vergnügen sie zu entdecken und zu beobachten ist reizvoller. Individualreisenden seien sie besonders empfohlen, aber auch Pauschalurlauber können auf Tagesausflügen solche privaten Schutzgebiete besuchen.

Auf kürzestem Wege aus dem Busch an den Beach, an die Strände des Indischen

Ozeans, reist man per Zug oder Flugzeug – dann ist man zwar in wenigen Stunden am Meer, kann schneller und länger in der Sonne brutzeln, versäumt aber interessante Sehenswürdigkeiten im östlichen Hinterland, einer geschichtsträchtigen und heute fast vergessenen Region. Die Alternative, mit kleinen Abstechern und Umwegen durch die reizvolle **Ostprovinz** an die Küste zu reisen, lohnt sich, das Leben hier ist noch urtümlicher, nicht geprägt von touristischen Zentren. Um **Mombasa** kommt niemand herum! Eine bunte Stadt eigenen Temperaments, über Jahrhunderte gewachsen und von arabischen, europäischen, indischen und afrikanischen Kulturen beeinflusst. Von hier breiten sich die Traumstrände der **nördlichen und südlichen Küste** aus.

## Highlights

**5** **Masai Mara National Reserve:** Besonders sehenswert ist das artenreiche Gebiet zur Zeit der Migration, wenn Gnus und Zebras in einem imposanten Treck auf ihrer Suche nach fettem Gras zwischen Serengeti und Masai Mara hin und herziehen (s. S. 203 f).

**6** **Tsavo National Park:** Das Paradies der roten Elefanten liegt im größten Wildschutzgebiet Kenias, und das Dach Afrikas ist zum Greifen nah (s. S. 211 ff.).

**7** **Altstadt Lamu Town:** Welterbe mit dem Flair arabischer Märchen, Lamu Town ist eine Stadt am Meer und im Meer, zum Bummeln, Baden und in die Geschichte eintauchen (s. S. 233 ff.).

## Empfehlenswerte Routen

**Zum Lake Magadi:** C 58 ist die schlichte Bezeichnung für eine der schönsten Strecken von Nairobi hinunter ins Rift Valley zum Lake Magadi (s. S. 199 f.).

**Von Mombasa nach Malindi:** Dieser Abschnitt der B 8 ist eine malerische Abfolge von kleinen Dörfern, historischen Stätten,

## Richtig Reisen-Tipps

**»Entdecke Afrika mit dem Bike!«:** Mit dem Auto kann jeder die Küste nördlich von Mombasa erkunden, den richtigen Blick für Afrika bekommt man aber eher, wenn man sich aufs Rad schwingt (s. S. 225).

**Auf der Dhau zu Besuch bei Delfinen:** Schwimmen im Indischen Ozean ist toll, aber Schwimmen mit Delfinen ist wohl der Höhepunkt eines Aufenthaltes am Meer, und wenn es dann noch mit dem traditionellen Segler hinausgeht, dann wird die Welt zum Märchen (s. S. 242).

breiten Sandstränden, zahlreichen Unterkünften und typischen Straßenmärkten – also genau das Richtige für einen Urlaub an der ostafrikanischen Küste (s. S. 223 ff.).

## Reise- und Zeitplanung

Für die Wahl der Art und Länge der Safari im Süden sollte man sich fragen: Bin ich Tierliebhaber und -fotograf, welche Tiere reizen mich besonders? Bin ich an abwechslungsreicher Landschaft interessiert? Wie möchte ich mich fortbewegen? Wer es eilig hat und nur schnell die Big Five sehen möchte, der ist zwei bis drei Tage lang in der Masai Mara gut aufgehoben und sollte auf dem Hin- oder Rückweg eine Strecke fliegen. Wer direkt von Nairobi nach Mombasa will, rechnet dafür einen Tag oder eine Nacht (mit dem Zug), per Flugzeug etwa 90 Minuten.

## Klima und Reisezeit

Die Länge des Aufenthaltes am Meer wird bestimmt durch die eigenen Bedürfnisse und Befindlichkeiten (das feuchtheiße Klima von Dezember bis April sollte nicht unterschätzt werden) und das zur Verfügung stehende Budget.

# Safaris im Süden

**Das südliche Kenia, die weite, dünn besiedelte Savannenlandschaft im Grenzland zu Tansania, ist vor allem das Land der Massai, ursprünglich ohne Grenze für Mensch und Tier. Hier liegt das letzte große Wildtierparadies Afrikas: die Masai Mara, der extrem salzhaltige Lake Magadi und der Amboseli National Park reihen sich perlengleich aneinander.**

Von den Ufern des Lake Victoria westlich und den Taita Hills östlich begrenzt, breitet sich eine Landschaft aus, die sich für viele Menschen der europäischen westlichen Welt mit Afrika verbindet. Die Berichte der ersten Forschungsreisenden und Missionare prägten Vorstellungen; Geschichten und Filme inspirieren noch immer romantische Träume vom faszinierenden Leben in der Savanne. Blauer wolkenloser Himmel über dem schneebedeckten Kilimanjaro, im sattgrünen Savannengras gemächlich dahinziehende Elefanten, Giraffen, Nashörner; schlanke sehnige junge Männer, deren rote Tücher den schwarz glänzenden Körper noch intensiver leuchten lassen, locker den Speer in der Hand – und über allem strahlt ein flimmerndes Sonnenlicht mit ungewohnter Wärme. Das ist keine Beschreibung einer kitschigen Postkarte vom anderen Ende der Welt: So will es der aus der Ferne Angereiste erleben und er kann es auch, denn so ist die Realität.

Die Ende des 19. Jh. von Großbritannien und Deutschland selbstherrlich festgelegte Grenze innerhalb Ostafrikas war verheerend im doppelten Sinn: zum einen gehörte das Land ihnen nicht, zum anderen fragten sie nicht nach traditionellen Gebieten der einzelnen Völker. So wurde der seit Jahrhunderten von den Massai mit ihren Viehherden durchwanderte Lebensraum durchschnitten, von der nordöstlichen Ecke des Lake Victoria in gerader Linie zur Küste. Eigentlich so, dass Deutschland Mombasa hätte für sich beanspruchen können. Geschickte Verhandlungen der Briten ließen jedoch den ›Knick in der Landschaft‹ entstehen, sodass die Stadt samt Hafen dennoch der britischen Krone zufiel. Der höchste Berg Afrikas war niemals im Gespräch und schon gar kein Geschenk – dies ist Legende (um über das Ungeschick hinwegzutäuschen?).

Massai-typische Rundsiedlungen sind noch immer diesseits und jenseits der Grenze zu finden. Einige entwickelten sich in den letzten Jahrzehnten zu wirtschaftlichen Zentren, u. a. Narok; andere verwahrlosten, und wieder andere mit ihren aus Ästen, Kuhdung und Lehm gebauten *manyattas* und den Zäunen aus Zweigen der Dornakazien dienen heute als touristische Attraktionen in den seit der Unabhängigkeit gegründeten National Parks und Reserves. Auch diese Eingrenzungen zum Schutz der vielfältigen und zahlreichen Wildtiere führten zu häufigen Auseinandersetzungen der Massai mit der Regierung. Ihre traditionelle (halb)nomadische Lebensweise musste sich verändern, alternative Erwerbsquellen mussten geschaffen werden. Daher ist es kaum verwunderlich, dass in Hotels und anderen touristischen Zentren des gesamten Landes vorwiegend Massai (und deren Verwandte, die Samburu) mit Tänzen und Gesängen auftreten und das Bild vom Afrikaner in den Augen der Besucher prägen.

Der Begriff der Big Five, gemeint sind Löwe, Nashorn, Büffel, Elefant und Leopard (s. S. 20 f.), ist auch hier in aller Munde. Der

198

Artenreichtum ist jedoch wesentlich größer, dem Reisenden bieten sich beinahe ununterbrochen Möglichkeiten, unterschiedlichste Säugetiere, bunt schillernde Vögel, urig anmutende Reptilien und interessante Insekten zu beobachten.

Ob mit dem 4WD-Auto, dem Safaribus oder dem Heißluftballon – die Eindrücke könnten verschiedener nicht sein, abgesehen von den finanziellen Unterschieden (s. S. 87, 107). Wer selber fährt, hat selbst das Vergnügen, sich über jedes mit eigenen Augen erspähte Tier zu freuen. Die ›Ausbeute‹ ist dann aber vielleicht nicht so hoch.

Wer sich im Safaribus durch die Landschaft schaukeln lässt, kann sicher sein, einen Blick auf die meisten der Big Five zu erhaschen. Über Funk sind die Fahrzeuge miteinander in Kontakt, und auf diesem Weg wird die Entdeckung von Löwen, Leoparden oder Geparden rasch weitergegeben. Nicht verwunderlich, dass mancher also nur noch nach Ansammlungen von Bussen sucht, und nicht mehr nach Tieren. Welche Ironie der modernen Welt!

Alternative Ballonsafari? Es ist auf jeden Fall ein spannendes und tief beeindruckendes Erlebnis die Tiere aus der Luft beobachten zu können. Hingewiesen sei jedoch zum einen auf die Tatsache, dass die Art der Fortbewegung nicht so leise und tierfreundlich ist, wie oftmals gedacht (der Gasbrenner verursacht nicht zu vermeidende Geräusche und der riesige farbige Ballon sowie sein gigantischer Schatten erschreckt mitunter die Tiere), zum anderen wehen die Winde, die den Ballon tragen, nicht immer in der gleichen Richtung, in der die von eigenen Wegen bestimmten Tiere dahintraben.

# Zum Lake Magadi

**Reiseatlas:** S. 12, D–E 1–2
Von Nairobi (s. S. 126 f.) besteht nur eine einzige Möglichkeit, zum Lake Magadi zu gelangen: die Langata Rd. vorbei am Stadtteil Karen, bald als Magadi Rd., als C 58, immer weiter gen Südwesten. Schnell ist die groß-

## Mit der Autorin unterwegs

### Paris liegt nicht in Kenia?
Falsch geraten: Das kleine Café Paris finden Sie in **Oloika** an der Südspitze des Lake Magadi! Die Besitzerin Ann, eine junge Massai der neuen Generation, verwöhnt Sie mit heißem Tee, vorzüglichem *mandazi*-Gebäck und den spannendsten Geschichten ihres Volkes (s. S. 202).

### Glauben Sie an Märchen?
Zu Recht: **Basecamp Explorer** in der Mara ist die zauberhafteste Unterkunft, die Sie sich in Afrika wünschen können. Natur und Mensch harmonieren wie sonst nirgends – nicht umsonst wurde das Unternehmen mehrfach ausgezeichnet (s. S. 204).

### Auf zum Mt. Kilimanjaro?
Den höchsten Berg Afrikas von Kenia aus zu besteigen hat unglaublichen Reiz: Der gesamte Weg wird von seinem Anblick begleitet und Sie können die prachtvolle Natur in Stille genießen (s. S. 206 f.).

städtische Atmosphäre vergessen, die Straße zieht an kleinen Vororten mit offenen Märkten entlang, die Landschaft ist geprägt von Akazien, Euphorbien, kleinen *shambas* (traditionelle Feldgärten) und unscheinbaren Siedlungen an den Berghängen. Etwa 30 km außerhalb der Stadt erreicht man die ca. 2400 m hohen Ngong-Berge, der Ausblick hinunter ins Rift Valley ist grandios und lädt zum Picknick ein. Längere Wanderungen werden jedoch in Begleitung eines bewaffneten Polizisten (Polizeistation Ngong) empfohlen.

Ab dem sogenannten Corner Baridi (›kalte Ecke‹) bei Kiserian sind kaum andere Fahrzeuge unterwegs, bald begleiten nur noch knorrige Dornakazien und Vulkankegel den Reisenden. Einsame Giraffen, Gazellengruppen und Rinderherden ziehen durch die Ebene. Je tiefer die Strecke den Bruchstufen hinunter ins Tal folgt, desto heißer und trockener wird die Umgebung. Die Luft beginnt

# Der Schmuck der Massai   Thema

**Eines der faszinierendsten Völker Ostafrikas sind die Massai. Ihr bunter Perlenschmuck – stolz getragen an Ohren, Hals, Hand- und Fußgelenken – bildet einen fotogenen Kontrast auf ihrer schwarzen Haut, weswegen sie in fast keinem Bildband über Ostafrika oder Fotoalbum eines Ostafrikareisenden fehlen.**

Neben seiner Ästhetik hat der Schmuck in vielen Fällen auch die Funktion, etwas über den Status oder die Herkunft der Person auszusagen. Die Anordnung der Farben und Muster oder die Kombination mit der Kleidung, der Frisur bzw. der Körperbemalung lassen auf die Zugehörigkeit zu einem Klan oder aber auf den sozialen Status schließen – etwa ob es sich um eine verheiratete, geschiedene oder eine schwangere Frau, einen unbeschnittenen Mann, einen Krieger o. ä. handelt.

Beispielsweise erkennt man eine beschnittene, d. h. heiratsfähige, Frau an einem Stirnband mit kleinen Metallplättchen, das sich von Ohr zu Ohr spannt. Am Hochzeitstag trägt die Braut eine Entente, eine voluminöse Hochzeitskette mit langen Perlenschnüren, die bis zu den Knien reichen. Nur verheirateten Frauen steht es zu, sich breite, mit Perlen bestickte Lederbänder *(isirutia)* in die Ohren einzuhängen.

Als Zeichen der Freundschaft oder Zuneigung schenken die Frauen ihren Auserwählten Ohrringe, Schutzamulette, Schwertgürtel, Hals- oder Fußbänder, meistens aus Perlen, manchmal aber auch aus Leder, Metall oder der geflochtenen Haut eines Ziegenmagens, dem wohlriechende und beschützende Pflanzensamen eingepresst werden.

Wenn Männer die Altersstufe der *ilmoran*, der Krieger, erreichen, legen sie ganz besonderen Wert auf ihr Äußeres. Neben dem (Per-

len-)Schmuck, der ihre Beliebtheit verrät, verbringen sie viele Stunden damit, sich Zöpfe ins Haar zu flechten und ihre Körper mit Ockerfarben zu bemalen. Zu bestimmten Gelegenheiten legen sie ein Festtagsgewand an, das z. B. eine Löwenmähne oder ein Kopfschmuck aus Straußenfedern – beides Symbole erprobten Mutes – sein kann. Heute sind derartige Ornamente selten, da das Erlegen von Löwen oder Straußen von der Regierung verboten ist oder aber weil die moderne Technik auch bis in die Kraals vorgedrungen ist. Musste man früher lange auf Karawanen warten, die Glasperlen aus Indien brachten oder mühsam die Gedärme von Tieren zu Fäden drehen, um die Perlen aufzuziehen, so benutzen die Massai heute industriell gefertigte Plastikperlen und Nylonfäden.

Auch die traditionelle Bekleidung aus Rinderhäuten wird heute vielfach durch Baumwolltücher oder Decken ersetzt. Selbst die Sandalen werden nicht mehr aus Leder, sondern zunehmend aus alten Autoreifen geschustert – ideal bei Regen oder auf dornigen Feldern sind die ›Dunlops‹. Ein Exemplar dieser schwarzen ›Flipflops‹ hat es sogar ins Museum für Moderne Kunst nach New York geschafft!

**Symbolische Bedeutung:
Der traditionelle Schmuck der Massai
sagt mehr als tausend Worte**

zu flimmern und duftet förmlich nach afrikanischer Savannenlandschaft.

### Olorgesailie

**Reiseatlas:** S. 12, D 1

Nach weiteren 30 wunderbar dahingerollten Kilometern weist ein kleiner Abzweig auf die Prähistorische Ausgrabungsstätte **Olorgesailie** etwas abseits der Straße hin. Der kurze Abstecher lohnt sich auf jeden Fall, auch wenn man nicht unbedingt an Unmengen von 1,2 Mio. Jahre alten Steinwerkzeugen und Tierknochen interessiert ist. In den 40er-Jahren des 20. Jh. war dias Forscherpaar Leakey bei Ausgrabungen an dem einstigen, seit langem ausgetrockneten See sehr erfolgreich. Einladend für diejenigen, die die Einsamkeit unterm Sternendach (besonders imposant im Juni) lieben, sind die vorhandenen Hütten und die Möglichkeit, sein Zelt aufzuschlagen (Selbstversorgung, frisches Grillfleisch auf Anfrage beim Museumswärter; Tel. 020-374 21 31, www.museums.or.ke, tgl. 9.30–18 Uhr, Erw. 500 KSh, Kinder 250 KSh, Banda 500–800 KSh, Camping 250 KSh/Person).

### Lake Magadi

**Reiseatlas:** S. 12, D 2

Noch einmal 50 km, und man erreicht den heißesten Ort Kenias: Lake Magadi, wo die durchschnittliche Tagestemperatur bei 38 °C liegt. Unterirdische heiße Quellen speisen den um 40 °C heißen Sodasee, das Wasser verdunstet und zurück bleibt das Salz. Seefläche und Uferzone sind bedeckt von Salzkrusten, die Luft riecht stark salzhaltig. Die weltweit zweitgrößte Sodafabrik baut den wertvollen Rohstoff hier ab und liefert vor allem nach Fernost zur Glasherstellung.

An den heißen Quellen auf der Ostseite vorbei, gelangt man zum südlichen Ende des Sees. Neben der Beobachtung von Flamingos, Regenpfeifern, Gnus und Zebras ist es durchaus erlebnisreich, falls man unter einer dornigen Akazie ein Schattenplätzchen findet, zu picknicken. Besser noch: im Café Paris in **Oloika** einkehren. Einheimisches Massaiflair ist garantiert, und die junge Wirtin Ann erzählt gern über die Menschen, ihre Tradi-tionen und Geschichten. Mit ihrer Hilfe findet man den Weg zum **Nguruman Escarpment,** das sich bis zur tansanischen Grenze hinzieht.

Der Wildtierreichtum hier ist bemerkenswert, ein Verweilen in der **Shompole Lodge** an den Hängen des Nguruman Escarpment zählt zu den spannendsten Erlebnissen Kenias. Es ist aber auch durchaus möglich, den See gänzlich zu umrunden, auch wenn eine als Straße erkennbare Wegführung kaum vorhanden ist. Kein Problem: Bitten Sie einen Einheimischen um Begleitung, für ihn ein kleines Taschengeld, für Sie aber die Möglichkeit urige Savanne mit frei dahinziehenden Zebras und Giraffen zu entdecken. Bei **Olkiramatian** auf der Westseite ist man wieder in der Zivilisation, will heißen: auf der richtigen Straße. Ein Damm führt mittig über den See, der an der Sodafabrik auf die C 58 trifft.

 **Shompole Lodge:** Tel. 020-88 32 80, www.shompole.com. Anreise per Charterflug von Nairobi Wilson Air-

**Markenzeichen des Salzsees Lake Magadi sind die Flamingos**

port, Masai Mara oder Amboseli oder in der Trockenzeit mit 4WD-Auto in 3,5 Std. von Nairobi (120 km). Ausgezeichnete Öko-Lodge, individuelle, urgemütlich luxuriös ausgestattete Zelte, super Blick, exquisite internationale Küche, Aktivitäten wie Wandern, Mountainbike, Gamedrives. DZ 390–680 US-$/Person als Gamepackage (Vollpension, Pirschfahrt, Pirschgänge).

## 5 Masai Mara National Reserve

**Reiseatlas:** S. 11, B–C 1

Auf einer Höhe von 1700 m, mit einer Fläche von etwa 1700 km² gehört die Mara zu den schönsten und meistbesuchten Naturschutzgebieten der Welt. Ein Teil des Gebiets steht den ansässigen Massai zum Weiden ihres Viehs zur Verfügung. Doch einschließlich der Serengeti bleibt den Wildtieren ein Schutzraum von 25 000 km², in dem sie ungehindert

ihrer Wege ziehen können. *Mara* bedeutet in Maa soviel wie ›gefleckt‹, was sich wohl auf die mit Akazien und Buschgruppen bedeckte hügelige Savannenebene bezieht.

Die schier unendliche Graslandsavanne ist angefüllt mit unzähligen Herden von Zebras, Giraffen, Gazellen und Antilopen sowie Warzenschweinfamilien. In den Akazienwäldern leben neben Leoparden Hunderte von Vögeln und Affen, in den feuchteren Gebieten wiederum Elefanten und Büffel. Die ganzjährig Wasser führenden Flüsse Mara und Talek bieten Flusspferden – besonders am Hippo Pool – und Krokodilen hervorragenden Lebensraum. Unter Kennern gilt die Mara als Königreich der Löwen, Geparden und Hyänen.

Das größte Tierwunder der Welt erlebt diese Region jedes Jahr von Juli bis Oktober. Riesige Gnuherden, Zebras und Thomson-Gazellen – mehr als 2 Mio. Tiere – wandern von der südlich gelegenen Serengeti auf der Suche nach frischem Grün in den nördlichen Teil dieses Ökosystems und später wieder

# Safaris im Süden

zurück. Der bis zum Horizont reichende Treck trabt über die tansanische Grenze und durchquert den Mara-Fluss, das gefährlichste Unternehmen dieser Reise. Denn Krokodile und Löwen warten hier in geduldigen Heerscharen auf das Fressen, was sich ihnen beinahe wie von selbst vors Maul schiebt.

Für andächtige Beobachter ist die Große Tierwanderung (s. S. 358 f.) ein unvergleichliches Schauspiel: Die dampfenden Leiber der Tiere sind dicht aneinandergedrängt, Jungtiere werden von den Alten geschützt. Die einen drängen, die anderen schieben vorwärts und doch wird nicht jeder das Ziel erreichen. Seit Generationen folgen sie diesem unsichtbaren Weg voller Gefahren und Strapazen, ein Kreislauf, den der Mensch bestaunen und bewahren sollte.

Die enorme Zunahme der Besucher in den letzten Jahren bleibt nicht folgenlos: 25 meist luxuriöse Unterkünfte bedeuten auch einen großen Bedarf an Wasser und Brennholz, das Wegenetz ist stark belastet vom Fahrzeugverkehr und die Grasnarbe leidet unter dem wilden Querfeldeinfahren, auf der Jagd nach den besten Fotos. Wer als Naturliebhaber in

die Mara kommt, sollte sich daher ökologisch verantwortungsvoll verhalten, um das empfindliche Gleichgewicht nicht weiter zu zerstören, sondern es zu schützen. Vor allem Betreiber von Unterkünften in der Mara sind Vorreiter im Bereich Ökotourismus.

**Kenya Wildlife Service:** Tel. 020-60 08 00, www.kws.org, tgl. 6–19 Uhr. Eintritt Erw. 40 US-$, Kinder 20 US-$.

Preisvergleiche unter den Paketen verschiedener Reiseanbieter oder direkt bei den Unterkünften lohnen sich, meist gibt es günstige Angebote mit Anflug von Nairobi und Übernachtung. Eine Vielzahl von Unterkünften steht innerhalb und außerhalb des Parks zur Verfügung. Unter den empfehlenswerten Unterkünften innerhalb des Parks sind im Folgenden ausschließlich ausgezeichnete Öko-Lodges aufgeführt. Die Preise verstehen sich incl. Vollpension, Gamedrives/Gamewalks, Transfers zur Landepiste.

**1920s Cottars Safari Camp:** Tel.020-57 56 17/8/9, www.cottars.com. Südöstliche Mara, 6 luxuriöse Zelte für max. 12 Gäste im edlen Stil der 1920er-Jahre, Badezimmer, stille und zuvorkommende Atmosphäre. 415–595 US-$/Person im DZ.

**Rekero Tented Camp:** Tel. 020-60 59 80, www.rekero.com. 7 nicht umzäunte luxuriöse Zelte, Möbel aus lokalem Material gefertigt, liebevolle Dekoration, gastfreundlicher persönlicher Service, traumhafter Blick über den Talek-Fluss. 250–400 US-$/Person im DZ.

**Kicheche Mara Camp:** Tel. 020-89 05 41, www.kicheche.com. April–Mai geschl., nördlich, etwas außerhalb des Reservates, nicht eingezäuntes authentisches, klassisch-edles Luxuscamp inmitten alter Oliven- und Krotonbäume für max. 22 Gäste mit Bädern und heißem Wasser, Hängematten, gemütliche Stühle, exzellente internationale Küche, freundliche Atmosphäre. 3-Tages-Paket 995 US-$/Person im DZ.

**Olonana Camp:** Tel. 020-690 503 20, www.sanctuarylodges.com. Am höher gelegenen Ufer des Mara-Flusses, 12 luxuriöse idyllische Buschpavillons mit privaten Badezimmern und Terrasse. Pool, Bibliothek, persönlicher Service, exquisite Gourmetküche und -weine, 237–555 US-$/Person im DZ.

**Kichwa Tembo Camp:** Tel. 050-224 64/5, www.ccafrica.com. Westliche Mara, 40 im Hemingway-Stil komfortabel ausgestattete Safarizelte, Veranda mit ganzjährig hervorragenden Möglichkeiten zur Tierbeobachtung, Pool, Bar, exquisite internationale Küche. 195–790 US-$/Person im DZ.

### Camping

An allen Gates außerhalb des Parks ist Zelten möglich.

**Mara Springs Safari Camp:** über Tel. 020-24 21 33, www.mountainrockkenya.com. Am Talek Gate außerhalb des Parks. Feste Zelte; es sind auch eigene Zelte möglich, einfache Sanitäranlagen, Restaurant, sauber und sicher, Gamedrives. 250–500 KSh/Person.

 **Wandersafari:** über jede Lodge möglich und ein unvergessliches Erlebnis, z. T im Preis inbegriffen.

**Ballonsafari:** über jede Lodge möglich, 300–500 US-$/Person pro Stunde inkl. Champagnerfrühstück.

 **Flüge:** regelmäßige und Charterflüge Nairobi Wilson Airport, u. a. Air Kenya Aviation und SafariLink zu verschiedenen Landepisten in der Mara, Flugzeit 45–60 Min. (hin/zurück 200–230 US-$/Person).

**Busse:** keine öffentlichen Verkehrsmittel.

**Auto/Mietwagen:** von Nairobi etwa 5 Std. Anfahrt, am günstigsten über Narok zum Sekenani Gate (224 km) im Nordosten, von Kisumu während der Trockenzeit über Suna zum Oloololo Gate (240 km) im Westen.

# Amboseli National Park

**Reiseatlas:** S. 12, E–F 3

Kein Park ist so berühmt und wird so oft als Kulisse für Fotos und Filme genutzt wie der 400 km$^2$ große **Amboseli National Park**. Der majestätische Mt. Kilimanjaro mit seiner weißen Kappe, auf tansanischem Gebiet, aber doch scheinbar nur einen Steinwurf entfernt, thront imposant über der flachen Savanne. Das ›Dach Afrikas‹ ist Anziehungspunkt für Besucher aus aller Herren Länder und aus den Geschichten der Massai nicht wegzudenken. Der nur noch wirklich kräftigem Regen Wasser führende Lake Amboseli liegt die meiste Zeit als krustige, lebensfeindliche Brache da; er gab den Namen zum Bild: *Amboseli* bedeutet in Maa etwa ›salziger Staub‹.

Feuchtgebiete, offene Ebenen, Waldzonen und dornig bewachsene Lavazungen bilden eine immer wieder reizvolle Landschaft mit reicher Tierwelt: Löwen und Geparden, Massaigiraffen, Elen, Wasserböcke, Vögel und unzählige andere leben seit Jahrhunderten in einer großen Gemeinschaft mit den in dieser trockenen Landschaft nomadisierenden Massai. Wenn Nashörner und Elefanten über den vulkanstaubigen Boden stampfen, kann man sich kaum vorstellen, dass er sich in der Regenzeit oft in matschige Sümpfe verwandelt, für Besucher unpassierbar wird, was regelmäßig zu Schließungen des Parks führt.

Durch achtlose Besucher, die wild über die Savannen fahren, wird die ohnehin schon geschwächte Grasnarbe stetig weiter zerstört. Das Gras wächst jedoch auf dem salzhaltigen Boden und in dem vorherrschend heißen Klima äußerst langsam nach und ist immer vom vorzeitigen Absterben bedroht. Wachsende Elefantenherden sind auf ihrer Nahrungssuche ein weiterer Faktor für die fortschreitende Verwüstung des Gebietes.

 **Kenya Wildlife Service:** Tel. 045-62 22 51, www.kws.org. Tgl. 6–19 Uhr, April–Mai mit Einschränkungen befahrbar. Eintritt zum Nationalpark Erw. 40 US-$, Kinder 20 US-$.

  Die Preise verstehen sich mit Vollpension, Gamedrives/Gamewalks, Transfers zur Landepiste. Die drei ersten Unterkünfte sind durch ESOK ausgezeichnete ökologisch arbeitende Lodges:

**Tortilis Camp:** Tel. 020-89 13 79, www.chelipeacock.com. 17 luxuriös ausgestattete

## Safaris im Süden

Zelte, Mobiliar aus einheimischem Material, freundlich-zuvorkommender Service, exzellente internationale Küche. 270–380 US-$/Person im DZ.

**Ol Tukai Lodge:** Tel. 020-444 55 14, www.oltukailodge.com. Herzstück des Parks mit 80 edel-luxuriös ausgestatteten Landhäuschen mit Bad und Veranda; exklusive Villa für 3 Gäste, Pool, attraktive Hochzeitskapelle, Restaurant mit erlesener internationaler Küche, Bar. 196 US-$/Person im DZ.

**Porini Camp:** im Selenkay Conservancy etwas außerhalb des Nationalparks, Tel. 020-712 31 29, www.porini.com. Die 6 luxuriös-komfortablen Zelte mit Bädern unter Akazien erinnern an traditionelle Buschcamps; mit exquisiter internationaler Küche. 180–215 US-$/Person im DZ.

**Serena Safari Lodge:** Tel. 020-284 23 33, www.serenahotels.com. Geschmackvoll-edel gestaltete Lodge im üppig-grünen Garten, Pool, exzellente internationale Küche. DZ 200–350 US-$.

**The Warden's Guesthouse:** Tel. 045-62 22 50, www.kws.org. 40 km vom Meshanani Gate, 2 km vom Kimana Gate. Einfache schöne Selbstversorgerlodge für max. 5 Gäste, super Blick, sehr gut ausgestattete Küche, Generator liefert Strom 19-21 Uhr. 120 US-$.

**KWS-Bandas:** Tel. 045-62 22 50, www.kws. org. Schlichte Selbstversorgerhütten (je max. 2 Pers.), gut ausgestattete Küche. 60 US-$.

**Gamewalks und Gamedrives:** werden von allen Unterkünften angeboten.
**Ballonsafaris:** können von den Lodges organisiert werden (350–500 US-$/Person inkl. Champagnerfrühstück)

**Flüge:** regelmäßige und Charterflüge von Nairobi Wilson Airport, u. a. Air Kenya Aviation und SafariLink zur Landepiste bei Ol Tukai, Flugzeit 45–60 Min. (hin/zurück 170–180 US-$/Person).
**Busse:** keine öffentlichen Verkehrsmittel
**Auto/Mietwagen:** von Nairobi etwa 4 Std., Zufahrt von Nairobi A 104 über Namanga

(165 km) zum westlichen Meshanani Gate (65 km); von Nairobi A 109 über Emali (150 km) C 102 zum östlichen Kimana Gate (96 km); vom Tsavo West National Park Verbindungsstraße C 103 (etwa 60 km).

# Zum Kilimanjaro von Oloitokitok

**Reiseatlas:** S. 12, F 3
Die fröhlich-lebendige Massai-Siedlung an der Grenze zu Tansania ist außer an Markttagen (Di, Sa) nicht so aufregend, als dass sie

# Zum Kilimanjaro von Oloitokitok

Erwähnung finden sollte. Aufregend ist allerdings die von hier startende Besteigung des **Mt. Kilimanjaro.**

Jährlich zählt der Berg etwa 18 000 Besucher, jedoch nur 2500 benutzen diese Route. Kaum vorstellbar, in Einsamkeit und Ruhe die wunderbare Landschaft zu genießen, ohne eine lange ungemütliche Anfahrt oder einen Flug nach Tansania bewältigen zu müssen!

Während des Wanderns hat man den imposanten Gipfel immer im Blick, die täglich zu bewältigenden Distanzen können klein, damit gesundheitlich gut verträglich und mehr zum Genuss gehalten werden.

**Besteigung des Mt. Kilimanjaro**: Als erste Agentur erhielt vor Jahren die in Nairobi ansässige Kibo Slopes Safaris Ltd. die Genehmigung, von kenianischer Seite aufzusteigen. Inzwischen unterhält sie am Berg auch eine eigene kleine Hütte. Von Deutschland aus sind Informationen und Buchungen möglich über www.hauser-exkursionen.de, in Nairobi über Tel. 020-271 73 73, www.KiboSlopesSafaris.com.

**Flüge:** Eine Landepiste macht Flugverkehr zum Nairobi Wilson Airport möglich.

**Scheinbar zum Greifen nah: Mt. Kilimanjaro vom Amboseli National Park aus**

# Durch die Ostprovinz

**Wer noch ein bisschen mehr vom Land erleben möchte, fliegt aus dem Busch nicht direkt an die Küste, sondern gönnt sich die Fahrt von Nairobi durch das Land der Kamba (Ukambani) hinter Machakos, besucht die zauberhaften Chyulu-Berge oder die roten Elefanten im Tsavo National Park.**

Auf alten Karawanenstraßen zu reisen, hat Vor- und Nachteile: Die landschaftliche Vielfalt reicht von dürretrockenen Grasebenen, lieblich gewellten, fruchtbaren Hügeln, über unendliche Ansammlungen der heiligen Baobabs bis zu in der Ferne flimmernden Küstenstreifen. Die Ortsnamen ziehen auf der 500 km langen Strecke zwischen Nairobi und Mombasa wie Register aus der Geschichte des Landes und des Eisenbahnbaus vorüber,

erinnern den aufmerksamen Reisenden an bereits Gehörtes oder Gelesenes: Orte wie Sultan Hamud (der Herrscher von Sansibar besuchte den Ort während des Eisenbahnbaus), Simba (Land der Löwen), Kiboko (Land der Nashörner), Kanga (wie das Stückchen Stoff um Hüfte oder Schulter), Mtito Andei (Wald der Geier), Samburu (Schmetterling).

Nördlich der Route entwickelten sich seit ihrer Einwanderung die Kamba als ge-

**Fundgrube für lokal gefertigtes Kunsthandwerk: Markt in Machakos**

schickte Händler zum Bindeglied zwischen den Arabern an der Küste und den Völkern im Landesinnern. Sie führten Karawanen, Forscher ›entdeckten‹ Afrikas Schönheit, und Missionare zogen ihre ersten Spuren durchs religiöse, wenn auch nicht christliche, Buschland. Nachvollziehbar, dass die Eisenbahn denselben Weg nahm und die alte Piste heute einen wichtigen Teil des Trans-African-Highway darstellt. Spuren der Menschen verschiedenster Kulturen, Traditionen und Zeiten sind überall gegenwärtig, von den unendlichen Sisalplantagen über Gotteshäuser, wie Moscheen, Kirchen, Tempel, bis hin zu Industrieanlagen, Flughäfen und schäbigen Vororten.

Eher von Nachteil erscheint derzeit, dass einige Straßenabschnitte ihre Historie besonders bewahren wollen – durch ergreifend schlechten Belag, oder das, was davon übrig geblieben ist. Dennoch ist die Strapaze die Reise wert, einige wunderschöne Unterbrechungen vom Highway lassen alle Unannehmlichkeiten vergessen.

## Machakos und die Ukambani-Berge

### Machakos

**Reiseatlas:** S. 12, F 1

Ein 15-km-Abstecher von der A 109 knapp 65 km südöstlich von Nairobi, und die alte Hauptstadt der Kamba mit den fruchtbaren Hängen und Hügeln im Hinterland ist erreicht. Obwohl Machakos während des Eisenbahnbaus eine bedeutende Rolle als Versorgungs- und Verwaltungssitz spielte, versank die Stadt im Dornröschenschlaf, als die Strecke anders als geplant gebaut und Machakos nicht an die Linie angeschlossen wurde. Die stolzen, wagemutigen Kamba verhinderten durch ihren passiven Widerstand (geeint zogen sie nach Nairobi und demonstrierten friedlich mehrere Tage lang gegen Habgier und Arroganz) in den frühen 30er-Jahren des 20. Jh. die Ansiedlung weißer Farmer auf ihrem Land, und so leben in dieser Region bis heute nur wenige Europäer. In den Schutz-

## Mit der Autorin unterwegs

### Heilige Stätte

Der **Sikh-Tempel in Makindu** erinnert an eine Kulisse aus Tausend-und-einer-Nacht. Kunst, Geschichte, Religion und warmherzige Menschen verschmelzen zu einem unvergesslichen Eindruck (s. S. 210).

### Heilige Atmosphäre

Übers junge Gras der Lavafelder in der friedlichen Einsamkeit der **Chyulu Hills** zu galoppieren, kann die Seele Ernest Hemingways aufleben lassen und den Reiter gefangen nehmen (s. S. 210 f.).

### Heilige Tiere

Das Besondere liegt im Detail – wo sonst als im **Tsavo National Park** (s. S. 211 f.) erscheinen Elefanten nicht nur in der untergehenden Sonne rötlich, sondern auch im grellen Licht des Tages?

gebieten der National Parks und Reserves leben heute die meisten Wildtiere, und so verirren sich trotz des angenehmen Klimas und landschaftlicher Reize kaum Besucher in diese touristisch wenig erschlossene Region.

Bekannt ist die große Kunstfertigkeit der Menschen hier – der Markt von Machakos ist eine Fundgrube für Sisalkörbe, Holzschnitzereien, Arbeiten aus Bananenblättern und -rinden. Einst wurde hier eine erste Stätte zur Rehabilitation behinderter Menschen in Kenia gegründet, heute kann man den Handwerkern bei der Herstellung von Gegenständen des traditionellen Kunsthandwerks zusehen. In der Stadt herrscht kenianische Geschäftigkeit, Läden bieten im Land produzierte Gegenstände, und der weiße Besucher wird neugierig-ungläubig beobachtet.

### In die Ukambani-Berge

Fährt man die traumhaft gut ausgebaute C 99 Richtung Makueni/Wote weiter nach Südosten, ziehen fruchtbar-grüne Berge mit Terrassenfeldern wie ein Gemälde vorüber, frisches

## Durch die Ostprovinz

Obst und Gemüse wird in kleinen Marktflecken angeboten. Fast die ganze Palette kenianischer Acker- und Baumfrüchte sowie traditionelle Lebensmittel wie Arrowroots (Kiswahili *duma*) sind günstig zu erhandeln. Geologisch imposante Strukturen der Erdgeschichte bieten sich dem Hobbyforscher und Fotografen beiderseits der Straße, die förmlich aus dem Berg herausgeschnitten wurde.

In den **Ukambani-Bergen** hat man hin und wieder dramatisch-faszinierende Ausblicke zum Mt. Kilimanjaro einerseits und zum Mt. Kenya andererseits. Die missionarischen Wegbereiter Krapf und Rebmann gründeten im 19. Jh. in diesem Hinterland erste Schulen. Die touristische Infrastruktur ist nicht entwickelt und so ist der Aufenthalt begrenzt auf Tagesausflüge oder die Durchreise.

### Makindu

**Reiseatlas:** S. 12, F 2, S. 13, A 2

In Makindu trifft die gut ausgebaute Teerstraße wieder auf den Mombasa-Highway A 10. Hingewiesen sei besonders auf den fröhlich beleuchteten **Sikh-Tempel** neben der Jamia-Moschee. Die Gastfreundschaft der frommen Männer gewährt Einblick in die Religion der Sikhs, die als Synthese von Hinduismus und Islam gilt. Besucher lassen ihre Schuhe vor den Toren des Tempels, den man barfüßig betritt, Frauen bedecken Arme, Schultern und Beine. Die Hallen des Gebäudes scheinen wie aus der Welt von Tausend-und-einer-Nacht. Vollbärtige alte Männer mit farbenprächtigen Turbanen sind andächtig ins Gebet oder in Gespräche vertieft.

# Chyulu Hills National Park

**Reiseatlas:** S. 12, F 3

150 km südöstlich von Nairobi, von Kibwezi rechter Hand nach 9 km abbiegend, erreicht man über holprige Piste am Kithasyo Gate den jüngsten aller kenianischen National Parks. Gerade 500 Jahre alt, präsentieren die Chyulu-Berge eine faszinierende Mischung aus vulkanischer Asche, noch nicht bewachsenen Lavazungen, Höhlensystemen und grünen Hügeln. Gekrönt mit atemberaubenden Aussichten erscheint dieser 740 km$^2$ große National Park als ein Refugium für Büffel, Elefanten und Leoparden. Angeregt durch die einzigartige Landschaft entwickelten sich zahlreiche Legenden, die in den Geschichten der Menschen sehr lebendig sind. Übrigens: Nicht umsonst nannte Hemingway diesen Platz, der direkt an den Tsavo West National Park angrenzt, ›Meine grünen Hügel Afrikas‹.

In Begleitung eines Rangers kann man durch das zwischen 1500 und 2000 m hoch liegende Bergmassiv wandern, Ausritte auf hohem Ross sind ein einmaliges Erlebnis und bieten Raum für Träume, Sehnsüchte und in Erinnerung bleibende Tierbeobachtungen. Da es keinerlei Versorgung im Park gibt, darf vor allem Wasser nicht vergessen werden.

**i** **Kenya Wildlife Service:** Tel. 045-62 24 83, www.kws.org. Ganzjährig tgl. 6–19 Uhr, Erw. 20 US-$, Kinder 10 US-$.

Im Park gibt es außer Zeltplätzen (Info über KWS) keine Unterkunft. Die aufgeführten Lodges liegen außerhalb des Parks und eignen sich daher auch gut für Besuche im Amboseli und Tsavo National Park.

**Campi ya Kanzi:** etwa 10 km südwestlich vom Park, Tel. 045-62 25 16, www.campiya kanzi.com. Gemütlich-traumhaftes Luxus-Zeltcamp für max. 14 Gäste. Verwendete Materialien, Dekorationen und diverse Projekte vermitteln Lebenskultur der Massai. Mehrfach ausgezeichnete Öko-Lodge mit zahlreichen Aktivitäten wie Gamedrives und Gamewalks, naturnahe Tierbeobachtung. Exquisite kenianisch-internationale Küche. 400–500 US-$/Person im DZ (Vollpension).

**Ol Donyo Wuas:** etwa 5 km südwestlich vom Park in privatem Schutzgebiet (Eintritt 60 US-$/Person), Tel. 020-60 97 45, www.richard bonhamsafaris.com. 7 individuell gestaltete, edel-luxuriöse Cottages mit Bad, Veranda und unvergleichlichem Blick (besonders Sept.–Mai) zum 55 km entfernten Mt. Kilimanjaro, Pool, Wandern, Reiten, professionell begleitete Tierbeobachtungen, exzellente kenianisch-internationale Küche. 425 US-$/Person im DZ (Vollpension).

 **Flüge:** Eine Landepiste ermöglicht Verbindung mit Nairobi Wilson Airport (45 Min.).
**Auto:** 4WD erforderlich (ca. 4 Std. ab Nairobi)

#  Tsavo National Park

**Reiseatlas:** S. 13, B 2–4

Ursprünglich war das Gebiet des heutigen Tsavo National Park das Jagdrevier der hier ansässigen Waliangulu und Kamba, und Ludwig Krapf durchwanderte es 1848 auf seinem Weg nach Kitui. 1898 terrorisierten Löwen die wagemutigen Erbauer der Eisenbahnlinie Uganda-Bahn – J. H. Pattersons Roman »The Maneaters of Tsavo« war Vorlage für den 1996 in Kenia gedrehten Spielfilm »The Ghost and the Darkness« (dt. Der Geist und die Dunkelheit), 1914–1918 war Tsavo Kriegsschauplatz, und 30 Jahre später wurde hier Kenias größtes Wildschutzgebiet gegründet. Die Fläche von fast 22 000 km$^2$ auf einer Höhenlage zwischen 230 m und 2000 m bildet ein wahres Wildparadies mit Savannen, Felsen und Bergen, Akazienwäldern und Flüssen – ideal für die Big Five, für unüberschaubare Herden von Büffeln, unzählige Gruppen an Giraffen, Antilopen und Gazellen, Vögeln, Insekten, Reptilien.

Weltweit bekannt war die einst Zehntausende umfassende Elefantenpopulation, die allerdings durch Dürren und unverschämte Wilderei in den 70er- und 80er-Jahren des 20. Jh. erheblich reduziert wurde. Der Bestand erholt sich langsam. Die Faszination der roten Elefanten von Tsavo wird wieder zum Highlight für die Besucher. Roter Lateritstaub färbt die Haut der gewaltigen Tiere durch jahrelanges ›Duschen‹ mit dieser Erde, die sie vor unliebsamen Insekten schützt und der Haut angenehme Kühlung verschafft. So findet man nicht nur meterhohe rote Termitenbauten, sondern eben auch diese einzigartigen roten ›wandelnden Felsen‹ in der trocken-gelben Savanne.

Der Mombasa-Nairobi-Highway A 109 und die legendäre Uganda-Bahn durchschneiden den Park in zwei unterschiedlich große Verwaltungsbereiche. Sie können getrennt voneinander besucht werden, die landschaftlich gravierenden Unterschiede machen die Fahrt durch beide Parks aber durchaus interessant.

**i** **Kenya Wildlife Service:** Tsavo West Tel. 045-62 21 20, Tsavo East Tel. 043-300 49, www.kws.org. Ganzjährig zu besuchen, allradbetriebenes Fahrzeug erforderlich, tgl. 6–19 Uhr. Erw. 40 US-$, Kinder 20 US-$.

## Tsavo West

**Reiseatlas:** S. 13, A 3–4

Der Westteil des Nationalparks sieht die meisten Besucher, ist abwechslungsreich und reizvoll mit dem ganzjährig Wasser führenden Tsavo-Fluss, hügeligen Savannen und dichten Galeriewäldern. Besonders der nördliche Teil bietet viele Attraktionen, sodass man von einem Quartier aus, z. B. der Serena Kilanguni Lodge unweit des Mtito Andei Gate, viele schöne erlebnisreiche Gamedrives unternehmen kann. In der Nähe findet man die **Mzima Springs:** Bis zu 500 Mio. Liter kristallklares Wasser treten täglich durch das poröse Vulkangestein aus und versorgen u. a. die Stadt Mombasa. Vermutlich stammen die Wasser einerseits vom 100 km entfernten Mt. Kilimanjaro, andererseits aus den Chyulu Hills. Ein Fußweg führt entlang des Seeufers zur Quelle und zu einer Unterwasserbeobachtungsstation. Flusspferde und Krokodile kann man so nicht nur über Wasser oder schläfrig auf Ufersteinen beobachten, sondern auch durch Guckfenster unterhalb der Wasseroberfläche. Der Weg ist dschungelartig bewachsen, Meerkatzen, Vögel, darunter die selten zu beobachtenden Schlangenhalsvögel, und Schmetterlinge begleiten den stillen Besucher.

Gute Aussichtspunkte sind die **Roaring Rocks,** Felsen an denen der Wind entlangstreift und heulende Geräusche erzeugt, sowie **Poacher's Lookout** (›Wilderer-Ausblick‹). Wer in der ohnehin sengenden Luft noch Lust

# Durch die Ostprovinz

auf die Hitze von schwarzem Koks hat, der mag den 200 Jahre alten Krater des **Chaimu-Vulkan**s besteigen. Zu Füßen der Ngulia-Berge ist das **Rhino Sanctuary** als spezielles Schutzgebiet für Weiße und Schwarze Nashörner eingerichtet worden. Viele von ihnen wurden aus dem privaten Schutzgebiet der Solio Game Ranch hierher umgesiedelt.

An der südwestlichen Grenze zu Tansania liegt der 10 km lange und 3 km breite **Lake Jipe** mit leicht salzhaltigem Wasser. Sein Ufer ist Kenias meist besuchter Platz für Vogelliebhaber: Purpurhuhn, Nachtreiher, Zwerggans, Kleine Blatthühnchen und Scharen europäischer Zugvögel bieten tagelanges Beobachtungsprogramm.

**Finch Hatton's:** Tel. 020-55 32 37, www.finchhattons.com. Das großzügige, edel ausgestattete und aristokratisch-stilvoll geführte Camp für max. 50 Gäste ist eine nostalgische Reminiszenz an den berühmten Jäger und Liebhaber von Ka-

ren Blixen. Pool, bestens sortierte Bar, super Wildbeobachtungsmöglichkeiten an nahen Wasserlöchern, exquisite Gourmetküche, eigene Landepiste. 490 US-$/Person im DZ (Vollpension).

**Serena Kilanguni Lodge:** Tel. 020-284 23 33, www.serenahotels.com. Unweit des Mtito Andei Gate, 1962 als erste Lodge in einem Nationalpark Kenias gegründet, teils neu errichtet, eine edel-luxuriöse Unterkunft mit großer Terrasse und zauberhaftem Blick auf ein Wasserloch. Komfortabel ausgestattete Zimmer mit Aussicht zum Kilimanjaro. Pool, gut sortierte Bar, empfehlenswerte Basis für attraktive Gamedrives, exzellente internationale Küche. DZ 200–350 US-$ (Vollpension).

**Ngulia Lodge:** Tel. 043-300 50, www. tsavoparkhotels.com. Gediegen ausgestattete Zimmer mit Balkon und schönem Blick. Pool, exquisite internationale Küche. 250 US-$/Person im DZ (Vollpension).

**Severin Safari Camp:** Tel. 041-548 50 01, www.severinsafari.com. Luxuriöse komforta-

**Starke Regenfälle bedeuten das Ende mancher Piste, z. B. im Tsavo National Park**

ble Zelte mit Terrassen und schönem Blick, Wohlfühlatmosphäre, exzellente internationale Küche. 120–240 US-$/Person (Vollpension).

 **Kamboyo Guesthouse des KWS:** Tel. 020-60 70 24, www.kws.org. Einfache Selbstversorgerhütte für max. 8 Gäste mit gut ausgestatteter Küche und Bädern nahe einem Wasserloch mit tollen Tierbeobachtungen. 200 US-$/Hütte.

 **Flüge:** Mehrere Landepisten ermöglichen sehr gute Flugverbindungen.
**Zufahrt mit Auto:** von Nairobi A109 über Mtito Andei Gate (230 km), von Mombasa A 109 über Tsavo Gate (260 km).

## Tsavo East

**Reiseatlas:** S. 13, B 2–4

Der Ostteil des Tsavo bietet kilometerweite, flache, trockene Dornbuschsavanne mit vereinzelten Baobabs und wird vom Yatta Plateau, dem längsten Lavastrom der Welt, dominiert. Der Teil nördlich des Galana-Flusses mit den Lugards-Wasserfällen wird derzeit erst für Besucher erschlossen, so dass sich hier noch wirklich wildes Afrika abspielt. Am **Crocodile Point,** 100 m hoch über dem Fluss liegenden Felsen, können diese faszinierenden Reptilien und etliche Flusspferde in Ruhe beobachtet werden. Empfehlenswert ist auch der südlich davon gelegene **Aruba-Damm,** der den Voi-Fluss anstaut und auf diese Weise als paradiesische Tränke und Badeplatz für Tausende Wildtiere fungiert – dem Gast werden hier unglaubliche Tierbeobachtungen ermöglicht. Die nahe gelegenen Aruba-Bandas des Kenya Wildlife Service sind ein idealer Ort dafür, allerdings werden sie derzeit umgebaut, aktuelle Informationen über KWS, www.kws.org. Campingplätze ebenfalls über KWS.

 **Satao Camp:** Tel. 041-47 50 74, www.sataocamp.com. Luxuriöses Inselcamp, komfortabel und großzügig ausgestattete Zelte, gut sortierte Bar, Aktivitäten wie Gamewalks und Kameltouren, ex-

zellente internationale Küche. 130–250 US-$/Person im DZ (Vollpension).

**Voi Wildlife Lodge:** Tel. 020-375 43 93, www.voiwildlifelodge.com. Unweit Voi, luxuriös ausgestattete Zimmer in komfortabler Lodge, Terrasse mit unglaublichem Blick über ein Wasserloch, mit Unterwasserbeobachtungsstand, Pool; gut sortierte Bar, Fitness, Sauna, exzellente internationale Küche. 120–180 US-$/Person im DZ (Vollpension).

 **Flüge:** Landepisten ermöglichen gute Flugverbindungen.
**Zufahrt mit Auto:** Von Nairobi A 109 über südwestliches **Voi Gate** (340 km), von Mombasa A 109 über südöstliches Buchuma Gate (160 km), von Malindi an der Nordküste C 103 über östliches Sala Gate (120 km). Nicht wenige, die von Nairobi aus an die Nordküste reisen wollen, nehmen in Trockenzeiten den Weg durch Tsavo East: die Straße ist nicht unbedingt schlechter (4WD erforderlich), und man spart die Strecke über Mombasa.

## Taita Hills Game Reserve

**Reiseatlas:** S. 13, A–B 4

Die Taita Hills sind ein privates Wildschutzgebiet, das an die großen National Parks angrenzt, und eignen sich bestens für einen Tagesausflug von Mombasa aus (160 km), wenn möglich dienstags oder freitags, denn dann gibt es in **Wundanyi** einen fröhlich-lebendigen Markt.

Schroffe Felsen, die sich 2000 m hoch über der Savanne erheben, charakterisieren die an Wildtieren reiche Landschaft. Mehrere Sanctuarys bieten Schutzraum für die Big Five und viele andere Savannentiere. Besonders eindrucksvoll ist eine Unterkunft im Lion Rock Camp auf einem Felsen über dem **Lumo Sanctuary.** Der 360°-Blick über die felsige Savanne bis zum nahen Kilimanjaro ist nicht nur bei Sonnenuntergang einzigartig atemberaubend.

 **Lion Rock Camp:** im Lumo Sanctuary, zwischen Mashoti und Bura, Tel. 043-300 50, www.tsavoparkhotels.com. DZ 50–100 US-$.

**Was wäre Kenia ohne seine traumhaften Strände: Baden, Schnorcheln und Tauchen im warmen Meerwasser – für Wassersportler ist Kenias Küste nicht wegzudenken aus der Hitliste der Ferienplätze. Historisch und an Wildtieren Interessierten bietet das nahe Hinterland abwechslungsreiche Stunden.**

Die bis zur somalischen Grenze insgesamt rund 390 km lange Küste nördlich von Mombasa ist gekennzeichnet von Hotelstränden, historischen Stätten, idyllischen Buchten, Brücken, Fähren und Naturschönheiten wie aus dem Bilderbuch. Bis Malindi findet der Reisende abwechslungsreiche Landschaft und gute Infrastruktur mit zahlreichen Hotels, die zumeist von Pauschalreisenden genutzt werden. Karg und trist geht es weiter nach Norden, bis das Tana River Delta eine einzigartige Verbindung von Strand und Savanne zaubert, mit verborgenen romantischen Unterkünften. Krönender Abschluss des Küstenstreifens ist der reizvolle Lamu-Archipel mit der arabisch geprägten historischen Altstadt von Lamu und gemütlichen Übernachtungsangeboten.

**Fort Jesus in Mombasa, Portugals Bastion in Ostafrika**

Südlich von Mombasa sind die gut 100 km bis zur tansanischen Grenze bestimmt von ausgedehnten palmengesäumten Stränden, unterbrochen von kleinen attraktiven Einkaufszentren und guter touristischer Infrastruktur: Supermärkte, Restaurants, Tour Operators, Souvenirshops und kleine Lädchen bieten dem Touristen all jenes, was den Urlaub angenehm macht. Nennenswerte Sehenswürdigkeiten gibt es nur wenige, dafür viel Trubel rund um die Ferienorte an Diani Beach Ein reiches Angebot an Unterhaltung und Aktivitäten bieten die zahlreichen kleineren und größeren Hotelanlagen.

# Mombasa

**Reiseatlas:** S. 20, E 1, **Cityplan:** S. 219

Mombasa – der Schmelztiegel vergangener und lebendiger Kulturen – ist Ziel und Ausgangspunkt zugleich. Die einen beenden ihre Reise nach aufregenden Erlebnissen im Busch mit entspannenden Tagen am Meer, fahren von Mombasa aus an die historisch interessanten Stätten der nördlichen Küste oder aalen sich an den südlich gelegenen sonnigen Stränden von Diani Beach. Andere wiederum beginnen ihren Traumurlaub hier, tanken Sonne und Wasser, bevor sie sich auf spannende Abenteuer ins Hinterland begeben. Jeder muss für sich die anregendste und dennoch erholsamste Route wählen.

Die zweitgrößte Stadt Kenias ist eigentlich eine 14 km$^2$ große Insel, verbunden durch Brücken und Fähren mit dem nördlichen und südlichen Festland, das seit den 1930er-Jahren ebenfalls bebaut wurde und nun längst zum Stadtgebiet gehört. Strategisch günstig gelegen, war Mombasa seit jeher ein wichtiger Handelsplatz und Machtfaktor an der östlichen Küste des Schwarzen Kontinents.

## Stadtgeschichte

Mombasas Geschichte ist bewegt, auch wenn nicht alle Zeiten dokumentiert sind. Erstmals um 150 v. Chr. wird die Stadt von Seefahrern erwähnt, von Arabern in ihren Chroniken ab dem 9. Jh. immer wieder ge-

## Mit der Autorin unterwegs

### Romantisches
Romantische Stimmung stellt sich ein, wenn in Mombasa an Bord der **Tamarind Dhau** bei Sonnenuntergang die Speisen aufgetragen werden (s. S. 220).

### Verwunschenes
Die überwachsenen Ruinen von **Jumba la Mtwana** und sie behütende, weise wirkende Baobabs bieten Stoff für unendliche Geschichten (s. S. 225).

### Einsames
Robinson muss vor **Takaungu** gestrandet sein, das Häuschen auf einer Klippe hoch über dem Creek lädt nicht nur Freitag zum Verweilen ein (s. S. 226).

### Waldiges
Sie sind am Ozean und doch im dichten Wald mit allerlei Getier, von Sie nie vorher hörten, oder kennen Sie die Elefantenspitzmaus? Willkommen im **Arabuko Sokoke Forest** (s. S. 226 f.)!

### Verwehtes
In allen Kulturen gibt es die Legende von versunkenen Städten und Palästen, so auch Haribu – die Sanddünen von **Shela** sollen davon so manches verbergen (s. S. 235).

### Steiniges
Nicht unter, sondern über Wasser kann man trockenen Fußes durch die Korallensteingärten auf **Wasini Island** lustwandeln und sich bizarre Geschichten ausdenken (s. S. 243).

nannt, doch erst mit den Portugiesen ab 1500 tauchen regelmäßige Aufzeichnungen auf. Sie berichten über die Ablehnung der Einheimischen den Portugiesen gegenüber, über ungleiche Kämpfe, Blutbäder und Zerstörungen durch die Sieger.

Als eines der ältesten heute noch existierenden Bauwerke wurde 1593 das trutzige

# Entlang der Küste des Indischen Ozeans

Fort Jesus errichtet. Trotz mannigfaltiger glücklicher Handelsbeziehungen im Indischen Ozean war die von den Portugiesen angestrebte dauerhafte Präsenz nicht realisierbar. Ende des 17. Jh. begannen die arabischen Omanis erneut den Kampf um Mombasa, der etwa 30 Jahre währte und mit der Niederlage der Europäer endete.

Die Herrschaft der auch noch heute einflussreichen Familie Mazrui setzte ein, Gewürz- und Sklavenhandel begannen ungeahnt zu blühen und führten zum wirtschaftlichen Aufschwung der Stadt und ihres Umlandes. Die Bevölkerung wuchs an auf 25 000 Menschen, sie errichteten unweit des Fort Jesus ihre Häuser und Geschäfte – die in unseren Tagen etwas heruntergekommene Altstadt lässt die Schönheit und Lebendigkeit dieses Viertels noch erahnen. Altansässige Swahilis, Araber, Inder und einzelne Bantugruppen wurden bald von weißen Ankömmlingen ergänzt. Der Ruf eines paradiesischen, wenn auch gefährlichen Hinterlandes lockte europäische Abenteurer, Missionare und Forscher mit sehr unterschiedlichen Beweggründen an die ostafrikanische Küste.

Innerarabische Rivalitäten im 19. Jh. lenkten jedoch die Aufmerksamkeit des inzwischen zur Seemacht erstarkten britischen Königreichs auf diesen Handelsposten. Durch geschickte Machtspiele siegreich, ernannten sie 1895 Mombasa zur Hauptstadt des neu gegründeten British East Africa Protectorate. Militärische, religiös-missionarische, humanistische (Beendigung der Sklaverei) und wirtschaftliche Motive (Handel mit Elfenbein, Tropenholz, industriellen Produkten) der Krone waren gekoppelt an eindeutige Expansionsbestrebungen. Der stets umstrittene und vielfach belächelte Eisenbahnbau von der Ostküste nach Zentralafrika, der nicht nur Unsummen an Geld verschlang, sondern auch erhebliche Menschenopfer (nicht nur durch die Löwen im Tsavo!) forderte, war ebenfalls Ausdruck dieses Strebens. 1907 verlegten die Kolonialherren ihren Verwaltungssitz in die neue Hauptstadt, ins zentral gelegene Nairobi.

Neben dem Eisenbahn- forcierten die Machthaber auch den Schiffsverkehr als wichtige Transportmöglichkeit, die traditionellen Dhaus (Segelboote) wurden von motorbetriebenen Frachtern abgelöst, und der neue Hafen an der Westseite der Insel entwickelte sich zum modernsten und größten Umschlagplatz Ostafrikas. Ab Mitte der 1970er-Jahre nahm der Hafen auch an Bedeutung für Touristen und *expats* zu, Kreuzfahrtschiffe legen hier an, und die großen Container zeugen vom Umzug der mit Sack und Pack ein- oder ausreisenden *aliens* (offizielle Bezeichnung für im Land lebende Ausländer!).

## Rundgang durch die Altstadt

Das Herz der alten Stadt schlägt in den exotisch anmutenden *kitotos* (Gassen), an windigen Plätzen, durch die der Duft orientalischer Gewürze und Speisen zwischen den in arabischem Stil errichteten Häusern streicht. Hier sind Frauen im schwarzen *buibui* genauso selbstverständlich wie Frauen im *kanga*. Geschäftig wirkende, *mira'a*-kauende und mit *kikois* bekleidete Männer sieht man ebenso wie neugierige *wazungus* (Weiße), leider mitunter eher unpassend in kurze Röckchen und Hosen gezwängt.

Aus den Minaretten der Moscheen rufen die Muezzine fünfmal am Tag zum Gebet – Zeiten, in denen die Arbeit ruht. Der Geruch von frisch geräuchertem Fisch, gegrillten Fleischspezialitäten und köstlich-starkem Kaffee weht durch das Viertel und lädt den Bummelnden zur Rast ein. Aus den offenen kleinen Restaurants kann man das Leben beobachten, sich vergnügen und die Zeit des Verweilens genießen.

Am **Fort Jesus** 1 , der grauen, über die Einfahrt zum alten Hafen wachenden Festung, beginnt man meist den Rundgang bzw. die Rundfahrt. Von Italienern geplant, durch die Portugiesen errichtet, als Gefängnis von den Briten genutzt, restauriert mit Mitteln der Gulbenkian-Stiftung (Gulbenkian war türkischstämmiger Brite, in Portugal lebender Ölhändler und Kunstliebhaber!) verbindet es in seltsamer Weise die verschiedensten Imperien miteinander.

Von den Zinnen reicht der Blick weit übers Meer und die Stadt, im Innern lädt ein interessantes Museum zu einem Ausflug in die bewegte Geschichte ein. Karten und Fotos, Funde aus versunkenen Schiffen oder vom Meeresgrund, Dhau-Modelle, Wandgemälde und militärische Überbleibsel dokumentieren friedliche und grausame Zeiten (Tel. 041-31 28 39, nmkfortj@swiftmombasa.com, tgl. 9.30–18 Uhr, Erw. 800 KSh, Kinder 400 KSh).

Die **ehemalige Polizeistation** 2 von 1898 vermutet man nicht unbedingt in dem schönen, reich verzierten Gebäude auf dem Platz vor der Festung. Zwischen Ndia Kuu links und Mbarak Hinawy Rd. reihen sich die immer noch Charme versprühenden Häuschen aus Korallenstein dicht aneinander. Viele von ihnen zieren nicht nur geschnitzte Balkons und Erker, sondern auch alte Steinbänke neben den wahrhaft künstlerisch dekorierten Eingangstüren. Die rechts liegende Straße führt direkt zur ältesten noch genutzten Moschee des Landes, der 1570 erbauten **Mandhry-Moschee** 3 . Männliche Besucher sind gern gesehen. Allerdings sollte Mann sein Schuhe vor der Tür abstreifen, Arme und Beine bedecken (dafür ist z. B. ein *kanga* oder *kikoi* bestens geeignet). Bemerkenswert sind das eigentümliche konische Minarett und der schön verzierte Brunnen.

Dem Government Square folgend, weitet sich der Blick über den alten **Dhau-Hafen** 4 . Über Jahrhunderte lagen hier immer Dutzende dieser dickbäuchigen imposanten Segelschiffe vor Anker, heute kann sich glücklich fühlen, wer noch eines entdeckt. Die meisten der jetzt einlaufenden Schiffe sind motorisiert und entsprechen nicht unbedingt unseren romantischen Bildern. Das geschäftige Treiben zu beobachten ist aber allemal interessant. In der Nähe befindet sich der alte Fischmarkt.

Die Biashara, die traditionelle Straße der Tuchhändler, schlängelt sich hin zum **Municipal Market** 5 . In der Markthalle türmen sich frisches Obst und Gemüse zu Pyramiden, Gewürze und Schnittblumen konkurrieren um den wohligsten Duft, und müde Händler genehmigen sich zur Mittagsstunde ein kleines Nickerchen unter ihrem Stand. Fisch und Fleisch haben eine eigene Halle, vom Geruch sollte man sich nicht abschrecken lassen, einen Rundgang vorbei an verschiedensten Meeresfrüchten, gerupftem Geflügel und portionierten Vierbeinern zu wagen.

An der Ecke Digo/Langoni Rd. ist die zauberhafte, weiß in der Sonne leuchtende Marmorpracht des **Jain-Tempel** 6 mit seinen Türmchen und Tierskulpturen zu bewundern. Als Spiegelbild der multikulturellen Hafenmetropole findet man in allen Stadtvierteln eine einzigartige Ansammlung von Moscheen, Kirchen und Tempeln am Weg. Das Innere des Tempels kann von Männern besichtigt werden (tgl. 10–12.30 Uhr). Es gilt, zuvor die Schuhe und andere Lederwaren abzulegen. Die indische Religion des Jainismus lehnt das – auch unabsichtliche – Töten von Lebewesen rigoros ab und predigt absolute Gewaltfreiheit.

Der Stadtbummler kommt nicht umhin, die laute Digo Rd. Richtung Süden bis zur Haupt-

## Entlang der Küste des Indischen Ozeans

post zu laufen, um dann in die Moi Avenue einzubiegen. Aber wer will nicht Mombasas Wahrzeichen mit eigenen Augen sehen: die vier torbogenartig über die mehrspurige Straße ragenden weißen Elefantenstoßzähne, die von der Ferne ein ›M‹ bilden – für Mombasa. Die **Tusks** [7] wurden zum Besuch Ihrer Königlichen Hoheit Elisabeth II. 1952 aus Blech gefertigt und schmücken seitdem als Willkommensgruß die Einfahrtsstraße vom Flughafen in die City. Unweit davon befindet sich auch die Tourist Information.

Zurück am Kreisverkehr, überquert man diesen und schlendert die Nkrumah Rd. entlang, um dann vor dem Gerichtsgebäude zum Mama Ngina Drive einzubiegen. Das **Statehouse** links liegen lassend, hat man bald freien Blick aufs Meer. Verkehrsarm und still, trifft man hier allenfalls auf lustwandelnde Pärchen und Familien. Am Leuchtturm vorbei wird die steil abfallende Uferzone grasiggrün und fröhlich überwuchert von uralten Baobabs. Zwischen ihren grauen, glattrindigen Stämmen, schon nah an der Anlegestelle der **Likoni-Fähre** [8] , herrscht emsiges Markttreiben der Händler. Secondhand-Kleidung (*mitumba*), Süßwaren und Softdrinks, geröstete Maiskolben und duftende *mandazis*, Kunsthandwerkliches und gepresste Musik kann man betrachten, erhandeln, sich schmecken lassen. Die Fähre (s. S. 237) verbindet die Stadt mit der südlichen Küste, den Traumstränden von Diani Beach.

**Tourist Information:** Moi Ave. Nähe Tusks, Tel. 041-22 54 28, www.mombasainfo.com, Mo–Fr 9–12, 14–16.30, Sa 9–12 Uhr.

**Banken:** Filialen aller großen Banken mit Automaten befinden sich in der Nkrumah Rd. und auf der Moi Ave., Mo–Fr 9–15, Sa 9–11 Uhr.

Exklusive Hotels haben sich ausschließlich an der Küste nördlich und südlich von Mombasa angesiedelt (s. S. 228 f. und 236 ff.). Wer nach einem langen Abend in der Innenstadt übernachten

## Mombasa: Cityplan

### Sehenswürdigkeiten

1 Fort Jesus
2 ehem. Polizeistation
3 Mandhry-Moschee
4 Dhau-Hafen
5 Municipal Market
6 Jain-Tempel
7 Tusks (Elefantenstoßzähne)
8 Likoni-Fähre

### Übernachten

1 Tamarind Village
2 The Polana Hotel
3 Hotel Sapphire
4 New Palmtree Hotel
5 Lotus Hotel
6 St. Brendans Resthouse

### Essen und Trinken

7 Suriya
8 Fontanella Steakhouse & Beer Garden
9 Recoda
10 Pistacchio

möchte, findet aber auch dort einige gute Unterkünfte.

**The Polana Hotel** [2] : Maungano Rd., Tel. 041-22 21 68, Fax 041-22 91 81. Neu, modern ausgestattete Zimmer, sauber, freundlicher Service, gute indische Küche (um 500

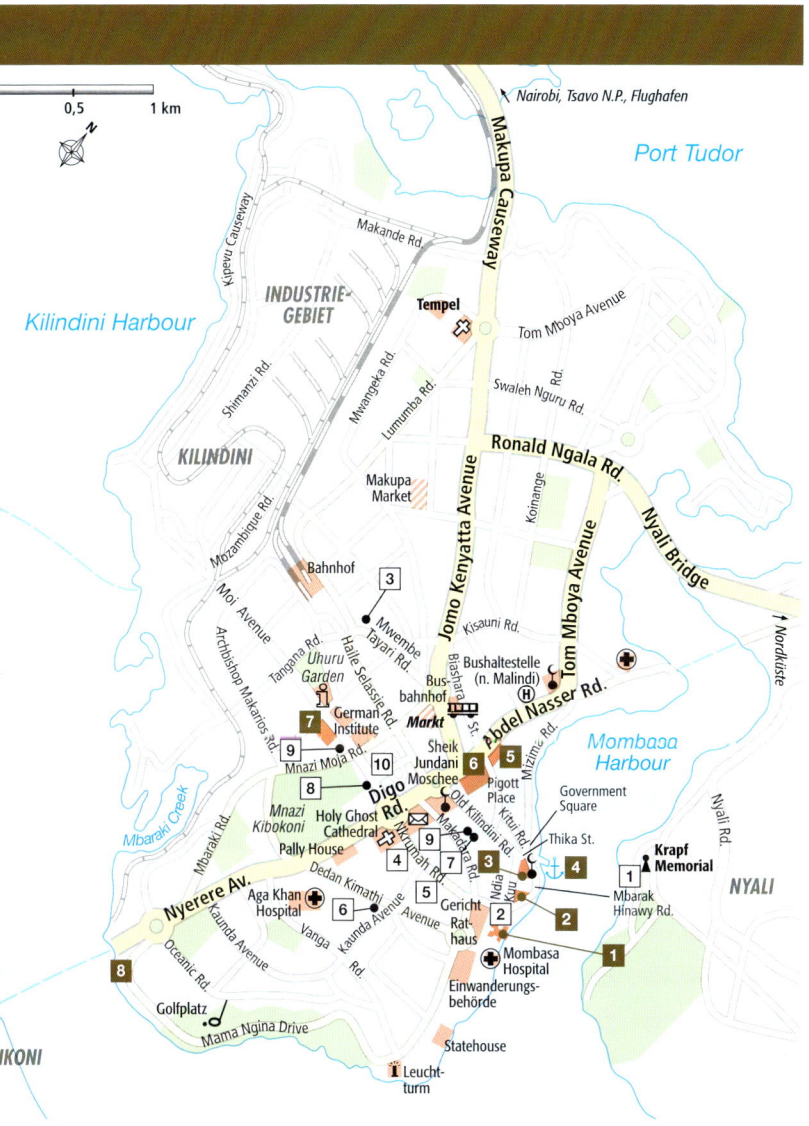

Nairobi, Tsavo N.P., Flughafen

Port Tudor

Kilindini Harbour

INDUSTRIE-GEBIET

Tempel

Tom Mboya Avenue

Makande Rd.

Makupa Causeway

Kipevu Causeway

Shimanzi Rd.

Mwangeka Rd.

Lumumba Rd.

Swaleh Nguru Rd.

KILINDINI

Ronald Ngala Rd.

Mozambique Rd.

Makupa Market

Koinange

Nyali Bridge

Moi Avenue

Bahnhof

3

Mwembe Tayari Rd.

Jomo Kenyatta Avenue

Kisauni Rd.

Tom Mboya Avenue

Nordküste

Archbishop Makarios Rd.

Tangana Rd.

Haile Selassie Rd.

Uhuru Garden

Blashara St.

Bushaltestelle (n. Malindi)

Abdel Nasser Rd.

7 German Institute

Bus-bahnhof

Markt

H

Mombasa Harbour

9

10

Mnazi Moja Rd.

Sheik Jundani Moschee

6

5

Mizizima Rd.

Mnazi Kibokoni

Digo Rd.

Holy Ghost Cathedral

Old Kilindini Rd.

Pigott Place

Kitui Rd.

Government Square

Nyali Rd.

Mbaraki Creek

Pally House

Nkrumah Rd.

9

Makadara Rd.

Thika St.

4

NYALI

Mbaraki Rd.

Dedan Kimathi

7

3

India St.

4

Krapf Memorial

1

Nyerere Av.

Aga Khan Hospital

6

Kaunda Avenue

5

Kuze Rd.

2

Mbarak Hinawy Rd.

Kaunda Avenue

Vanga Rd.

Gericht Rat-haus

2

1

Oceanic Rd.

8

Mama Ngina Drive

Golfplatz

Mombasa Hospital

Einwanderungs-behörde

NKONI

Statehouse

Leucht-turm

0,5    1 km

N

---

KSh). Übernachtung 3000–8000 KSh/Person mit Frühstück.

**Hotel Sapphire** 3 : Mwembe Tayari Rd., Nähe Bahnhof, Tel. 041-248 48 41, hotelsapphire@africaonline.co.ke. Moderne, komfortabel ausgestattete Zimmer, teilweise mit Blick über die Stadt, Pool, Fitness, Sauna, gute chinesische und indische Küche (um 450 KSh). Übernachtung 2500–7000 KSh/Person mit Frühstück.

**New Palmtree Hotel** 4 : Nkrumah Rd., Tel. 041-231 52 72. Einfach ausgestattete, sau-

219

## Entlang der Küste des Indischen Ozeans

**Tamarind Village** [1] **:** Eine empfehlenswerte, absolut stilvolle Verbindung von exzellentem Speisen und der Möglichkeit, sein müdes Haupt anschließend bequem zu betten: Die Apartments mit Bad und kleiner Küche sind luxuriös und komfortabel ausgestattet (ab 135 US-$/Person im DZ mit Frühstück), geboten werden Pool, Squash, Fitness, Wasserski, Hochseeangeln. Das Meeresfrüchte-Gourmetrestaurant Tamarind (im arabischen Stil) und das Segelschiff **Tamarind Dhow** servieren das Beste der französischen, asiatischen und afrikanischen Küche! So lecker und traumhaft zubereitet bekommt man Fisch selten serviert (um 2700 KSh). Besonders romantisch ist das Speisen beim Candle-Light-Dinner (um 70 US-$/Person) an Bord des traditionellen Seglers Tamarind Dhow. Abfahrt 18.30 Uhr am Bootssteg, von beiden Restaurants gibt es gratis einen wunderbaren Blick zur Altstadt. Reservierung ist unbedingt erforderlich (direkt hinter der nördlich zum Festland führenden Nyali Bridge, Silo Rd. am Hafen, Tel. 041-47 46 00, www.tamarind.co.ke, www.tamarinddhow.com, tgl. 11–14.30, 17.30–24 Uhr).

bere Zimmer, Dachterrasse mit Blick über die Gassen. Einfache, leckere afrikanisch-indische Küche (um 300 KSh). Übernachtung 3500 KSh/Person mit Frühstück.

**Lotus Hotel** [5] : Cathedral Rd., Tel. 041-231 32 07, lotus_hotel@hotmail.com. In die Jahre gekommenes uriges Häuschen mit schlichten Zimmern, aber sauber und freundlich, gemütliche Atmosphäre, nette Bar, gute kenianisch-indische Küche (um 300 KSh). Übernachtung 2500–3500 KSh/Person mit Frühstück.

**St. Brendans Resthouse** [6] : Timbwani Rd., Tel. 041-45 19 65. Schlichte Zimmer, sauber, Restaurant mit guter kenianischer Küche (um 200 KSh). Übernachtung 600–2000 KSh/Person mit Frühstück.

Beim Stadtbummel findet man eine Vielzahl gemütlicher kleiner Restau-

rants und Cafés, die man sich für den Abend vormerken sollte.

**Suriya** [7] : Kibokoni/Nyeri St., Tel. 041-31 62 38. Super äthiopische Küche und Swahilispeisen im schönen, stilvollen Ambiente, um 600 KSh.

**Fort Jesus** [1] : innerhalb des Forts, Tel. 041-47 22 13, tgl. 10–20 Uhr. Gemütliches Flair, leckere Swahiliküche, um 500 KSh.

**Fontanella Steakhouse and Beer Garden** [8] : Moi/Nyerere Ave., Tel. 041-222 27 40, littlechef@africaonline.co.ke, tgl. 10–22.30 Uhr. Leckere Fleischgerichte in urig grüner Atmosphäre, um 500 KSh.

**Recoda** [9] : Nyeri St. und Moi Ave., Di–So 18–24 Uhr. Super leckere Swahiliküche! Einfache, stilvolle Ausstattung, um 300 KSh.

**Pistacchio** [10] : Meru Rd., Tel. 041-222 19 89, tgl. 9–22 Uhr. Schweizerisch-deutsches Café der feinsten klassischen Art, die besten Kuchen! Kleine Snacks mittags, um 300 KSh.

**Anglerbedarf:** Captain Andy's Fishing Supply, Ratna Squ., Tel. 041-47 11 17. **Kunsthandwerk:** Akamba Handicraft Cooperative (auch Wakamba Woodcarver) in Changamwe (mit dem Taxi etwa 15 Min. zum Industriegebiet ) Richtung Flughafen, Tel. 041-243 22 41, tgl. 9–18 Uhr. 1975 wurde die Künstlerkooperative gegründet, heute sind rund 4000 Künstler vom Volk der Kamba einträchtig im Schatten der Makuti-Dach-Hütten vereint, es wird gesungen, gescherzt und vor allem gearbeitet: Aus Mahagoni, Teak, Jacaranda, Ebenholz entstehen wunderbare Holzkunstwerke, von den Frauen teils dekoriert und poliert, verkauft in der großen Halle. Jedes Stück ist durch eine Nummer zuzuordnen, so kann man vor oder nach dem Kauf ›seinen‹ Künstler ausfindig machen und ihm zuschauen.

**Stoffe,** *kangas, kikois:* in der Straße Biashara; **Waren des täglichen Bedarfs** kann man in den großen Supermärkten Nakumatt (Likoni Ferry, Malindi Hwy.), Uchumi (Haile

**Die Mandhry-Moschee stammt aus dem Jahr 1570**

## Entlang der Küste des Indischen Ozeans

Selassie Ave.), Mo–Sa 8.30–20, So 9.30–18 Uhr, gut kaufen oder in den kleinen Shops in der Innenstadt.

**Casinos:** Golden Key, im Tamarind Village, Nyali; Ace Ltd., Nyali Cinema Compex, Tel. 041-47 60 62; Florida Casino & Nightclub, Mama Ngina Dr., Tel. 041-231 31 27, alle tgl. 17–4 Uhr.

**Diskotheken:** Toyz, Baluchi St., tgl. 19–24 Uhr. Lebhafte Atmosphäre mit Gästen aller Hautfarben, Musikmix; Bora Bora, Malindi Rd., tgl. 19–4 Uhr. Typischer Nachtclub; Saba saba, Kenyatta Ave., tgl. 16–2 Uhr. Laut, lebensfroh, afrikanisch, abends Live-Musik.

**Kino:** Nyali Cinemax, Ratna Square, Tel. 041-247 00 00, www.nyalicinemax.com.

**Sound & Light Show at Fort Jesus:** Geschichte des Forts und der Stadt, Tel. 041-548 50 01, severin@severin-kenya.com.

**Theater:** Little Theatre Club, Mnazi Moja Rd., Tel. 041-31 21 01. Regelmäßig Stücke vor allem afrikanischer Autoren. Eintritt 500 KSh.

**Fahrradtouren**: Bike the Coast, Makadara Rd., JN Cyber Garden, Tel. 041-222 40 55, www.BikeTheCoast.com.Verschiedene Touren unter Schweizer Leitung, ab 27 € (s. Richtig Reisen-Tipp S. 225).

**Fischen:** Pemba Channel Fishing Club, www.pembachannel.com.

**Golf:** Mombasa Golf Club: Mama Ngina Dr., Tel. 041-222 85 31; Nyali Golf & Country Club: Links Rd., Tel. 041-47 26 32.

**Hochseeangeln:** Tamarind, hwalters@tamarindmsa.co.ke; Deepwater Sports Fishing, eligio@wananchi.com.

**Stadtrundfahrten und Touren:** Pollmann's, Taveta/Shimanzi Rd., Tel. 041-247 18 89, www.pollmanns.com; Southern Cross Safaris Ltd., Nyali Bridge, Kanstan Centre, Tel. 041-47 50 75, www.southerncrosssafaris.com.

### Flüge

Moi International Airport, 10 km außerhalb, Tel. 041-343 32 11, inzwischen mit einem zweitem modernen Terminal, tgl. Flugverbindungen mit Europa und Tansania durch verschiedene Fluggesellschaften.

Inlandsflüge mit Kenya Airways, Büro Nkrumah Rd., Electricity Hse., Tel. 041-222 12 51, Air Kenya Aviation, Fly540, Nairobi–Mombasa 13 000–17 000 KSh hin/zurück.

### Züge

Rift Valley Railways, Bahnhof, Tel. 041-231 22 21, Buchung tgl. 8–12, 14–18.30 Uhr, nach Nairobi Di, Do, So Abfahrt 19 Uhr, 1. Kl. 1885–3160 KSh, 2. Kl. 1000–2275 KSh.

### Busse

Nach Nairobi fahren verschiedene Busgesellschaften mit unterschiedlichem Service, u. a. Akamba, Coast, Coastline. Buchungsbüros und Abfahrt ab Kenyatta Ave., 600–1200 KSh. Nach Kilifi, Malindi, Lamu/Nordküste verkehren KBS ab Kenyatta Ave., Matatus ab A. Nasser Rd. In der City bewegt man sich mit Matatus und TukTuks (s. S. 216).

### Taxis

Taxis findet man im Stadtgebiet, übers Hotel oder Pita Pita Taxis Tours & Safaris, Ukunda, Tel. 07 23-95 08 33, www.taxipeter.com.

### Mietwagen

Es gibt viele Autovermieter, der Preisvergleich lohnt sich also, u. a.:

**AVIS:** Moi Av., Southern Hse., Tel. 041-222 04 65, avismsa@wananchi.com.

**Budget:** Downtown, Tel. 041-249 00 47, www.budget-kenya.com.
**Costa Rica Star:** Moi Ave., Old Nation Office, Tel. 041-222 12 68, Fax 041-222 12 78.
**Distance Care Hire Tours & Travel Ltd.:** Moi Ave., Wimpy Building, Tel. 041-222 16 71, www.distancetours.com.

### Fähren

**Likoni/Südküste:** drei große Autofähren pendeln rund um die Uhr ca. alle 15 Min. (ab 23 Uhr stdl.), für Fußgänger frei, PKW 50 KSh.
**Schiffsverbindungen nach Tansania:** East African Commercial & Shipping Co Ltd., Changamwe/Kipevu Rd., Tel. 041-343 34 34, shipping@eacs.co.ke.

# Von Mombasa nach Malindi

**Karte:** S. 224
Nimmt man die gebührenpflichtige Brücke über den Tudor Creek, kommt man von Mombasa Richtung Norden schnell in den noblen Ort **Nyali** 1 . Hier reiht sich eine Luxusresidenz an die andere, man findet teure Hotels und Restaurants, einen Golfplatz sowie einige interessante Sehenswürdigkeiten, kurz alles, was der Reisende aus der Ferne sich wünscht.

Die Kirche und die Glocke von **Freretown** 2 erinnern an die eher unrühmliche Zeit des Sklavenhandels (s. S. 49). Wenn ein Segler sich der Küste näherte, wurde die Glocke angeschlagen, um alle Einwohner vor den arabischen Sklavenhändlern zu warnen. Die Siedlung für entflohene und befreite Sklaven stand unter dem Schutz des britischen Gesandten in Sansibar Sir Bartle Frere. Das **Ludwig Krapf Memorial** in Freretown nahe dem Tamarind Restaurant ist dem Missionar Ludwig Krapf (1810–1881) gewidmet. Frau und Kind waren nach der Überfahrt hier verstorben, im nahe gelegenen **Rabai** hatte er eine erste christliche Kirche errichtet. Wer interessiert ist, kann einen Tagesausflug dorthin unternehmen und das ehemalige Missionsgelände besuchen.

**Le Pichet:** hinter der Nyali-Brücke, Tel. 041-48 54 65, tgl. 10–14, 18–22 Uhr. Warum nicht mal super französisch essen mit Blick aufs Meer? Wer einmal im Le Pichet war, hat es nicht bereut. Um 600 KSh.

## Mamba Village

**Mamba Village** 3 ist eine Krokodilfarm mit weit über 10 000 Reptilien, Aquarien mit tropischen Fischen und Korallen. Orchideen bilden ein zartes Blütenmeer, und es gibt seltene fleischfressende Pflanzen. Am Abend ist große Fütterung. Wer die Tiere nicht nur gern beobachtet, sondern auch selbst Appetit bekommt, ein zartes Stückchen Fleisch zu essen, kann dies im dazugehörigen Spezialitätenrestaurant tun. Übrigens: Kehle und unteres Schwanzstück sind am zartesten (tgl. 10–18 Uhr, Eintritt 250 KSh).

## Bombolulu

Nicht weit entfernt beginnt das Wohngebiet Bombolulu, lebendig-trubelig. Das **Bombolulu Handicraft Centre** 4 lohnt unbedingt einen längeren Besuch: Zu sehen ist u. a. Kunsthandwerk aus Holz und Leder, filigraner Schmuck, handbedruckte Textilien, farbenfrohe Sisaltaschen, ein kleines Restaurant mit exzellenter Swahili- und kenianischer Küche, ein Freilichtmuseum mit traditionellen Hütten und einfachen Unterkünften in einem gepflegten Garten. Den über 200 Künstlern und Handwerkern kann man über die Schulter schauen, eigene Ideen in ausgewähltem Material umsetzen lassen und sich einen erlebnisreichen Tag gönnen. Das 1969 von der Kenianischen Gesellschaft für Menschen mit Körperbehinderung (APDK) gegründete Zentrum wird bei Touristen immer beliebter (Tel. 041-47 35 71, www.apdkbombolulu. com, Werkstätten mit Mittagspause 12–14.30 Uhr, Shop und Museum Mo–Fr 8–17 Uhr).

## Haller Park (Bamburi Nature Trail)

Der **Haller Park,** auch **Bamburi Nature Trail** 5 genannt, wurde 1971 als beispielhaftes Umweltschutzprojekt vom Schweizer Ökologen René Haller in einem ehemaligen Koral-

Von Mombasa nach Malindi

lensteinbruch der Bamburi-Zementfabrik begonnen. Eine faszinierende, wundergleiche Landschaft bietet auf 2 km² inzwischen Lebensraum für Pflanzen und Tiere, für den Menschen eine üppige Oase. Bei einem geführten Spaziergang kann man nicht nur viel Interessantes über die Entstehung dieses Paradieses erfahren, sondern auch Antilopen, Giraffen, Flusspferde und etliche andere dort heimisch gewordene Tiere beobachten (Tel. 041-548 85 91, www.lafargecosystems.com, tgl. 9–17 Uhr, Eintritt 600 KSh).

### Zum Mtwapa Creek

Am nördlichsten Ende dieses Küstenabschnitts, kurz vor der Brücke über den Mtwapa Creek rechts, lädt **Ngomongo Village 6** ein, in das ländliche Leben hautnah einzutauchen. Innerhalb kurzer Zeit kann man ganz Kenia erleben, erlaufen, erfühlen, erriechen und erschmecken! Traditionelle Wohnbereiche von zehn verschiedenen Ethnien mit allem, was dazugehört (Hausrat, Tiere, Erzähler, Schmuck, Kleidung, Heiler) sind nicht einfach Museum, sondern der Besucher kann sich selbst betätigen, den Dorfalltag erleben und viel Spannendes erfahren. Besonders Kinder werden den Aufenthalt genießen, Mais stampfen, mit der Harpune fischen, Bäume pflanzen, musizieren, Schmuck herstellen, Traditionelles kochen, essen und trinken (Tel. 041-54 80 63, www.ngomongo.com, tgl. 8–16.30 Uhr, Eintritt 1000 KSh).

Von **Mtwapa Creek 7**, 20 km nördlich von Mombasa, bietet Kenya Marineland Tagesausflüge mit der traditionellen Dhau entlang der Küste oder zu den ins Land hineinragenden Meeresarmen mit Mangrovenufern. Nach der Segeltour kann man sich im Restaurant Aquamarine köstliche Meeresfrüchte schmecken lassen.

**Aquamarine:** Tel. 041-548 65 83, Fax 041-548 52 65, tgl. 10–22 Uhr. Ausflug mit der Dhau und Essen um 3500 KSh.

**Dhau-Ausflüge:** Kenya Marineland bietet Tagesausflüge mit traditionellen Dhaus, Buchung im Aquamarine Restaurant.

## Richtig Reisen-Tipp: »Entdecke Afrika mit dem Bike!«

Keine Bange, es geht mit dem Drahtesel nicht gleich durch ganz Kenia: Alle Touren mit Rolf, einem in Kenia ›hängengebliebenen‹ Schweizer, führen auf Entdeckungsreise entlang der Küste nördlich von Mombasa – ein einmalig schönes Erlebnis für Naturliebhaber, auch ohne Bike-Erfahrung. Ein Muss beinahe für Fahrradfans, denn so schnell kommt die Gelegenheit nicht wieder, sich vom ›Radl‹ aus von Kenia verzaubern zu lassen.

Anfänger und Ungeübte radeln entspannt von **Mtwapa** aus auf breiteren, aber nicht von Autos befahrenen Straßen. Vorbei an traditionellen Siedlungen und durch Palmenwälder geht die Fahrt über etwa 30 km. Unterwegs gibt's nicht nur was zu trinken, sondern auch wunderbare Ausblicke aufs Meer und Mangrovenwälder.

Eine andere Route führt auf schmalen Pfaden vom Strand durch Palmenwälder ins halbtrockene Buschland. Am reizvollen **Mtwapa Creek** entlang und durch Kontakte mit einheimischen Giriama bekommt man eine andere Sicht auf die Welt. Profi-Mountainbiker können sich ihre Route selbst zusammenstellen, und dann wird's manchmal abenteuerlich …

Die Touren werden immer von zwei Reiseleitern begleitet, die viel Interessantes zu erzählen haben. Wer Augen und Ohren offen hält, wird Kenia aus dieser Perspektive einmal von einer anderen Seite entdecken. Übrigens spielt Sicherheit eine wichtige Rolle: Die hochwertigen Bikes mit Federgabel werden ständig gewartet, die Radler tragen Helm und Handschuhe, die Wege bergen keinerlei Gefahren durch Fahrzeuge oder wilde hungrige Tiere. Im Schnitt dauern die Touren um 3 Std. (Bike the Coast, Tel./Fax 041-222 40 55, www.BikeTheCoast.com, Preis der Standardtour 27 €, Gruppen ab drei Personen erhalten Ermäßigung).

### Jumba La Mtwana

Don historisch Interessierten werden die teils vom Dschungel noch immer überwucherten Ruinen von **Jumba La Mtwana** 8 begeistern. Das ›Haus der Sklaven‹, so der Name der einst wohlhabenden Siedlung, die im 14. Jh. eine imposante Stadt der Swahili war, mit Resten von Moscheen, Gebetsräumen, Gasthäusern, Wasch- und Toilettenanlagen umweht der Hauch des Mystischen. Still bewahren Steine, Mauern und Grabgewölbe das Geheimnis, weshalb die Stadt schließlich im 16. Jh. verlassen wurde (www.museums.or.ke, tgl. 9.30–18 Uhr, Erw. 500 KSh, Kinder 250 KSh).

**Hochseeangeln:** Jedes Jahr locken zahlreiche Wettbewerbe und Festivitäten Hochseeangler aus aller Welt an, aktuelle Informationen: www.mombasainfo.com. Hochseeangeltouren bieten: James Adcock, fishyjames@africaonline.co.ke; Howard Lawrence-Brown, sue@kenyadeepseafishing.net; John Rodwell, rodwell2@africaonline.co.ke; Walter Brun, walterbrun@wananchi.com

### Vipingo

Die gewaltigen Sisalplantagen um **Vipingo** 9 , seit 1930 von 400 ha auf jetzt etwa 10 000 ha angewachsen, reichen weit über den Horizont hinaus. Durch künstliche Fasern vom Markt verdrängt, ist die Produktion allerdings zurückgegangen und so liegen heute weite Teile brach.

### Takaungu

In **Takaungu** 10 , einem verträumten arabischen Dorf, sind wahre Meister der Holzschnitzkunst zu Hause. In einer Mangrovenbucht des Naturhafens findet sich neben Ruinen auch das vergessene Grab eines Sultans von Oman. Die Welt um diesen romantischen Ort ist nicht nur friedlich, sondern auch eine Einladung ins Fremde und unerforscht Wirkende, noch dazu mit schier endlosen Stränden. Wer dieses stille Paradies in Ruhe und

## Entlang der Küste des Indischen Ozeans

Entspannung genießen möchte, dem sei die zauberhafteste Unterkunft weit und breit empfohlen: Takaungu Robinson House.

**Takaungu Robinson House:** Tel. 042-325 04, www.watamu.com. Das Naturhaus mit zwei Bandas ist ausschließlich aus örtlichen Materialien gebaut, innovative, ökologisch gerechte Technologien werden zum Betreiben genutzt und der Blick über Dschungel, Bucht und Meer ist traumhaft! Banda 258 €.

**Zum Schnorcheln** bieten die Steilwände des Riffs eine unglaublich farbenfrohe Welt an Fischen und anderen Meeresbewohnern.

### Kilifi

Der zerklüftete Meeresarm **Kilifi Creek** `11` reicht mit seinem azurblauen Wasser etwa 15 km landeinwärts und bildet für die schönsten Jachten aus aller Welt eine herrliche Kulisse. Palmengesäumte Strände kontrastieren mit dem von Sisal- und Cashewnussplantagen bestimmten Hinterland. Liebhaber dieser typisch tropischen Nuss mit der markanten Form, sollten die Möglichkeit nutzen, einen Blick hinter die Kulissen der Verarbeitung zu werfen. Die **Kenya Cashewnuts Ltd.** am nördlichen Stadtrand ist auf neugierige Besucher eingestellt (Tel. 041-52 26 26).

Die **Mnarani-Ruinen** `12` auf den Klippen bezaubern vor allem durch die Aussicht aufs offene Meer. Die Reste dieser aus dem 14. Jh. stammenden Swahilisiedlung wurden um 1970 frei gelegt, nachdem sie über 300 Jahre im Dornröschenschlaf versunken waren. Zerstörung und Untergang sind auch hier, wie an der gesamten Küste zwischen Mombasa und Lamu, auf die kriegerischen Galla zurückzuführen (www.museums.or.ke, tgl. 9.30–8 Uhr, Erw. 500 KSh, Kinder 250 KSh).

### Arabuko Sokoke Forest Reserve

Die faszinierende, 400 km² große Waldwildnis des **Arabuko Sokoke Forest Reserve** `13` liegt nur wenige Minuten vom Indischen Ozean entfernt und ist der letzte Teil eines einstmals gigantischen Küstenwaldes. Das Schutzgebiet wurde zum UN-Biospärenreservat erklärt und ist Lebensraum seltener, bedrohter oder nur hier vorkommender Kleinsäugetiere, Vögel und Insekten. Zartbunte Schmetterlinge umflattern den aufmerksamstillen Spaziergänger, Affen schwingen sich durch die Äste der Laub- und Gummibäume, und in den Abendstunden begegnet man nicht selten Elefanten, die auf ihren alten Wegen den Wald passieren.

Das **Besucherzentrum** (tgl. 8–12, 14–16 Uhr) gibt Auskunft über Fauna und Flora. Erlebnisreiche Wanderungen, Vogel- und Schmetterlingsbeobachtungen empfehlen sich mit einem sachkundigen Führer der Arabuko Sokoke Forest Guides Association (Tel. 042-32462, sokoke@africaonline.co.ke, 300–600 KSh pro Gruppe). Dabei sieht man nicht nur besser, sondern erfährt auch viel Interessantes über die Giriama, die hier ansässige Bevölkerung, sowie die Konflikte im Kampf um Lebensräume, Traditionen und Naturschutz. Zahlreiche Initiativen betreiben sogenannte Ecotourism Projects, um den Wald gemeinsam mit den umliegenden Gemeinden zu schützen und neue Erwerbsquellen für die Menschen zu finden. Wer mag, schaut beim 1993 gegründeten **Kipepeo-Projekt** (Tel. 042-323 80, www.kipepeo.org, ganzjährig 8.30–17 Uhr) in die Welt der Schmetterlinge (Kiswahili: *kipepeo*). Puppen werden von den Blättern gesammelt, verpackt und in die USA, nach Europa und Asien vor allem an Zoologische Gärten verschickt. Aber auch die Produktion von Honig ist ein guter und einträglicher Erwerbszweig.

**Kenya Wildlife Service:** www.kws.org und kwsarabuko@africaonline.co.ke.
**Freunde des Arabuko Sokoke Forest Reserve:** FoASF@Bigfoot.com.
**Zugang:** über Watamu, Gede Forest Station, Tel. 042-324 62, ganzjährig, beste Zeit Juli–Sept. und Dez.–April., frühmorgens und am späten Nachmittag ist die Beobachtung der Vögel am beeindruckendsten. Erw. 20 US-$, Kinder 10 US-$.

### Ruinen von Gedi

Das alte Galla-Wort *gede* für ›kostbar‹ klingt geheimnisvoll und passt: Die dem Dschungel entrissenen **Ruinen von Gedi** `14` umweht ein Hauch von Mystik. Überreste eines einst prächtigen Palastes, Tore, Häuser wohlhabender Einwohner, Moscheen und Grabanlagen beeindrucken noch heute den Besucher. Doch so viel Archäologen, Historiker und Laien auch sehen, die Fragen nach den Bewohnern dieser Stadt und ihrem Schicksal werden doch selten beantwortet.

In Aufzeichnungen des Mittelalters fehlt jede Erwähnung einer Siedlung dieses Namens. Aus der Inschrift am Steingrab neben dem Eingang (Dated Tomb) ist die islamische Jahreszahl 802 ersichtlich, nach christlicher Zeitrechnung also 1399. Mehrmals scheint die Stadt verlassen und wieder besiedelt worden zu sein. Um 1650 verschwindet sie ganz aus der Geschichtsschreibung.

Der britische Archäologe John Kirk entdeckte die Dschungelstadt Ende des 19. Jh., und seit Mitte der 1950er-Jahre wird sie systematisch nach und nach freigelegt. Filigranes Schmuckwerk und eingeritzte Zeichnungen an Mauern und Hauswänden beflügeln die Fantasie und geben Rätsel auf. Funde chinesischen Porzellans und persischer Tonwaren zeugen von erfolgreichen Handelsbeziehungen, erinnern an Traditionen und die Blütezeit der Swahilikultur.

Das Nationaldenkmal (Tel. 01 22-320 65, www.museums.or.ke, tgl. 9.30–18 Uhr. Erw. 500 KSh, Kinder 250 KSh) beherbergt auch ein kleines Museum sowie ein rekonstruiertes Giriama-Dorf.

# Watamu und Malindi

Watamu und Malindi gehen inzwischen ineinander über – sie gelten als das real gewordene Paradies zum Schnorcheln und Tauchen. Vom Watamu Marine National Park, über das Marine National Reserve bis zum Malindi Marine National Park ist dieser Küstenabschnitt einer der schönsten. Blütenweiße Sandstrände mit im Wind rauschenden Palmen, ein sagenhaft blauer Himmel und das grünlich blau schimmernde, im Sonnenlicht silbern glitzernde Meer lassen keine Wünsche an die passende Kulisse für einen Traumurlaub offen.

### Watamu Marine National Park

Die einzigartige Unterwasserwelt ist ein Tummelplatz faszinierend farbiger Fische an und über den Korallenbänken. In drei großen Unterwasserhöhlen leben u. a. bis zu 2,50 m lange, friedliche Zackenbarsche. Kenner der Tauchreviere bevorzugen den **Watamu Marine National Park** `15`, einerseits wegen des Artenreichtums, den man hier beobachten kann, und andererseits wegen der beinahe uneingeschränkten Sichtverhältnisse von Oktober bis März. Zwischen Juni bis August sind die Wasser auf Grund des Monsuns aufgewühlt und trüb.

Wer bisher noch nicht zu den begeisterten ›Abtauchern‹ gehörte, hat vielleicht jetzt die richtige Muße für einen Tauchkurs oder wagt sich mit dem Schnorchel unter die Wasseroberfläche. Große Hotelanlagen haben meist eine eigene Tauchbasis oder sind hilfreich bei der Vermittlung. Für Nichttaucher bieten die Hotels Ausfahrten mit Glasbodenbooten an – grundsätzlich ein schönes Erlebnis, doch wenn die Boote über die Korallenbänke fahren, sollte man als Besucher durchaus auch auf Folgendes achten: Werden der Wasserstand und die Tieflage des Bootes falsch eingeschätzt, dann kratzt der Boden oder der Motor über die Korallenbank und zerstört diese für die nächsten Jahrzehnte. Das pflanzliche, über Jahrtausende gewachsene Gebilde (im Durchschnitt 1 mm pro Jahr) ist äußerst empfindlich!

Vor Malindi ist das der Küste sonst überall vorgelagerte Riff unterbrochen, so rollen die Wellen hier direkt an den Strand heran. Nach starken Regenfällen allerdings färbt sich das Meer trübrot: Aus dem Galana River wird durch den Regen eisenhaltige Erde über die Mündung herausgeschwemmt und beeinträchtigt mitunter die Unterwassersicht. Baden und Schwimmen sind aber problemlos möglich.

## Entlang der Küste des Indischen Ozeans

### Watamu

**Watamu**  ist ein etwas verschlafen wirkendes Dorf vor den Toren der Pauschaltourismus-Hochburg Malindi.

Berühmt ist Watamu aber vor allem für seine **Bio Ken Snake Farm and Laboratory.** Der Gründer, der 2007 verstorbene Brite James Ashe, baute die Schlangenfarm und Zuchtstation über 25 Jahre lang liebevoll und sachkundig auf. Sie beherbergt etwa 200 Schlangen, mehr als 30 Arten. Bei einer 90-minütigen Führung erfährt man viel Spannendes über die Kriechtiere, denen die meisten Menschen eher mit scheuem Blick oder mit Schaudern begegnen (Beach Rd., unweit Watamu Village, tgl. 9–12, 14–17 Uhr, Erw. 700 KSh, Kinder bis 12 Jahre frei).

 **Tourist Information:** s. unter Malindi S. 231.

 Die meisten Reisenden buchen ihre Unterkünfte über Pauschalreiseanbieter, ein Preisvergleich lohnt sich mitunter.

**Hemingway's Resort:** Turtle Bay, Tel. 042-326 24, www.hemingways.co.ke. Luxuriös ausgestattete Zimmer mit Meerblick und Balkon, exzellente internationale Küche, viele Aktivitäten besonders Wassersport und Informationen zum Hochseeangeln. DZ 100–300 US-$ (Halbpension).

**Indian Ocean Lodge:** auch bekannt als Che-Shale Club, 20 km nördlich von Malindi, Tel. Tel. 042-203 94. Kleine, sehr luxuriöse Lodge mit 5 individuell ausgestatteten Hütten im rustikalen ›Robinson-Crusoe-Charme‹ in den Sanddünen für Ruheliebende. Erstklassiges Restaurant mit internationaler Küche und gut sortierte Bar, nur mit 4WD-Auto erreichbar. Erste Kitesurfing-Schule Kenias. DZ ab 150 US-$.

**Turtle Bay Beach Club:** Tel. 042-320 03, www.turtlebay.co.ke. Familienfreundlich, eine ausgezeichnete Ökotourismus-Anlage, gemütlich ausgestattete Zimmer, liebevoll gestaltete Gartenanlage, Kinderbetreuung, viele Aktivitäten, gute Tauchbasis, Unterhaltung, leckere internationale Küche mit afrikani-

schem Einschlag. 66–207 US-$/Person, all-inclusive.

**Marjiani Holiday Resort:** 100 m vom Strand, Tel. 042-324 48, www.marijani-holidayresort.com. Deutsch-kenianische familienfreundliche Atmosphäre, individuell ausgestattete, gemütliche Zimmer, B&B oder Selbstversorgung. DZ 2000–5000 KSh.

**Bootsausflüge:** Watamu Association of Boat Operators, Büro gegenüber Blue Bay Village Hotel, Beach Rd. Ausflüge zum Fischen, Schnorcheln und zur Delfinbeobachtung (Nov.–Jan.).

**Hochseeangeln:** Callum Looman, tarka@swiftmalindi.com; Hemingways Resort, gcullen@hemingways.co.ke; Peter Darnborough, alleycat@swiftmalindi.com; Robert Duff, robert@rpstransport.com; Simba Big Game Fishing, kulalu@swiftmalindi.com; Watamu Sea Fishing Club, captandy@iwayafrica.com.

**Tauchen:** Scuba Diving Kenya, Nähe Blue Bay Village, www.scuba-diving-kenya.com, Tel. 042- 320 99, und im Turtle Beach Club. Kurse zwischen 70 und 250 US-$.

### Malindi Stadt

**Reiseatlas:** S. 14, D 3/4, **Cityplan:** S. 230

Das älteste Touristenzentrum Kenias mit etwa 50 000 Einwohnern liegt 120 km nördlich von Mombasa. Wer sich wundert, dass viele Geschäfte in Malindi geschlossen sind und Hotels ungenutzt ihr Dasein fristen, sei an wilde Zeiten Ende der 1990er-Jahre erinnert. Politisch bestimmte kämpferische Auseinandersetzungen von Gruppen unterschiedlicher Ethnien in der Region um Mombasa verschreckten Besucher und Fernreisende. Der Terroranschlag auf die US-amerikanische Botschaft in Nairobi 1998, Meldungen über Unruhen an der somalischen Grenze und unreflektierte Berichte über kriminelle und lästige Beachboys führten zu einem enormen Rückgang im Tourismusgeschäft. Erst allmählich ändert sich das Bild wieder, und vor allem italienische und deutsche Besucher bevölkern in Ferienzeiten oder während des europäischen Winterhalbjahrs die Küste nördlich von Mombasa.

Malindis Geschichte ist bewegt und spannend: Die Swahilisiedlung Ma-Lin wurde bereits in chinesischen Schriften des 9. Jh. erwähnt. Arabische Aufzeichnungen nennen immer wieder den Ort, bevor Anfang des 15. Jh. erste chinesische Schiffe Malindi ansteuerten und einen regen Handel dokumentierten.

Der Sultan von Malindi, nach dem Motto herrschend ›Mombasas Feind ist Malindis Freund‹, empfing denn auch Vasco da Gama überaus freundlich und war geschickter als sein langjähriger Rivale in Mombasa. Damit genoss die Stadt ab 1498 portugiesische Gunst. Kaum 100 Jahre später jedoch verschwand Malindis Stern vom Firmament der Küste. Mit dem Bau von Fort Jesus verlegten die Portugiesen ihr Machtzentrum aus strategischen Gründen nach Mombasa. Sultan und wohlhabende Einwohner zogen daraufhin in die Mauern dieser wehrhaften Stadt an der südlicheren Küste. Zu Recht, denn den gewaltigen Überfällen der Galla konnte Malindi nicht standhalten und wurde schließlich im 18. Jh. aufgegeben. Der Missionar Krapf fand um 1846 nur vom Dschungel überwucherte Häuser und Mauern vor.

Erst ab 1860 kam wieder Leben in Hafen und Stadt, als Heerscharen von Sklaven für den Sultan von Sansibar Getreide- und Obstplantagen zur Versorgung der Inselbewohner anlegten. Zu Beginn des 20. Jh. entdeckten die weißen Siedler des Hochlandes die Vorzüge des Küstenstädtchens und legten so den Grundstein für das heutige Touristenzentrum. Seinen Weltruf gefördert haben sicherlich auch die Aufenthalte und Erzählungen des leidenschaftlichen Hochseeanglers,

**In Malindi muss niemand verdursten: Eingang zum Biergarten**

## Malindi: Cityplan

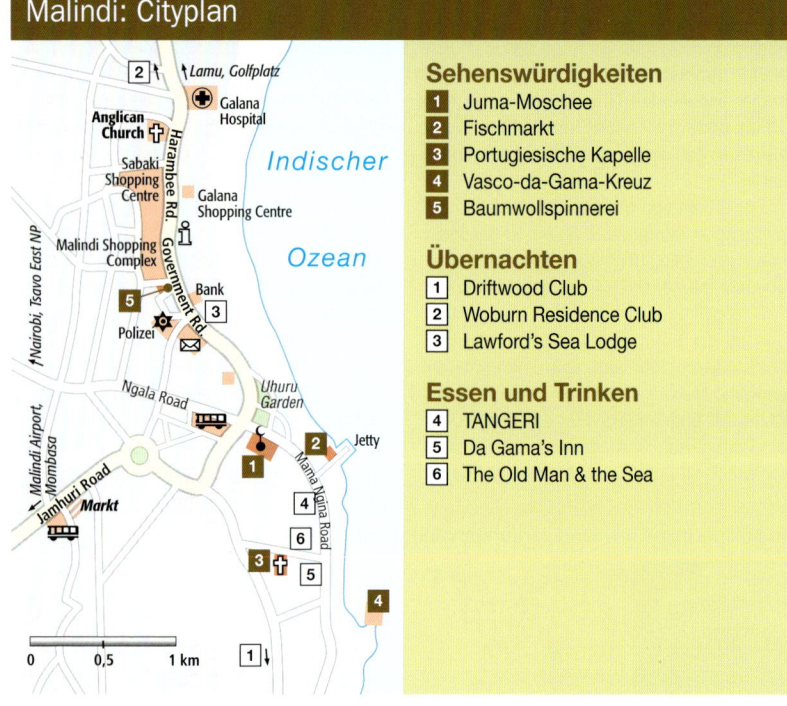

### Sehenswürdigkeiten

**1** Juma-Moschee
**2** Fischmarkt
**3** Portugiesische Kapelle
**4** Vasco-da-Gama-Kreuz
**5** Baumwollspinnerei

### Übernachten

**1** Driftwood Club
**2** Woburn Residence Club
**3** Lawford's Sea Lodge

### Essen und Trinken

**4** TANGERI
**5** Da Gama's Inn
**6** The Old Man & the Sea

Großwildjägers und trinkfesten Schriftstellers Ernest Hemingway. Um diese Zeit gab es noch zahlreiches Wild, einschließlich Löwen, in dieser Gegend. Seit den 1970er-Jahren ist der beschauliche Ort für Urlauber aus aller Welt Inbegriff für unbeschwerte Ferien am Indischen Ozean.

Nur wenige Zeugnisse der Geschichte sind im heutigen Stadtbild zu finden. Südlich der Government Rd. und der sogenannten Jetty, steht die **Juma-Moschee** **1** an der Stelle, wo einst der Sklavenmarkt abgehalten wurde. Unmittelbar daneben fand man zwei Gräber aus dem 15. und 19. Jh. Interessant sind neben feinen Ornamenten die eindeutig vorislamischen Phallussymbole eines alten Fruchtbarkeitskultes.

Ein paar Schritte weiter versteigern noch immer die heimkehrenden Fischer ihren Fang am **Fischmarkt** **2** , ein turbulentes ernsthaftes Spektakel in den frühen Morgenstun-

den. In der wieder zur Stadt hinführenden Strandstraße steht die unscheinbare **Portugiesische Kapelle** **3** . Ein Teil des Gebäudes stammt noch aus dem 16. Jh.

Der Palast des Sultans hat keinerlei Spuren hinterlassen, die man bislang entdecken konnte. Geblieben ist aber eine Erinnerung an **Vasco da Gama**: Bei seinem Aufenthalt 1499 ließ er ein **weißes Kreuz** **4** aus Lissabonner Kalkstein auf einem Sockel aus einheimischem Korallenstein vor dem Palast aufstellen. Im 16. Jh. versetzte man den Navigationspunkt auf die ins Meer hinausragende Landzunge.

Die über 70 Jahre alte **Baumwollspinnerei** **5** in der Government Road ist eine Stippvisite wert, zumal sie noch immer funktionstüchtig ist (Mo–Fr 10–12, 14.30–16 Uhr). An dieser Stelle sei auf etwas Besonderes hingewiesen: Seit 1998 werden unter dem Slogan »öko-fair tragen« T-Shirts aus rein(er) ostafrikanischer Baumwolle angeboten. Das **LamuLamu-Label** steht für zukunftweisende Standards für ökologisch und fair produzierte Textilien. Diese kommen sowohl den Arbeiterinnen in Tansania und Kenia während der Fertigung zugute, als auch den Käufern und Verbrauchern der Kleidung in Deutschland (www.lamulamu.de).

**Tourist Information:** Malindi, Harambee Rd., Mo–Fr 9–12, 14.30–16 Uhr, www.watamu.net, www.kenya-travel.com, www.malindiinfo.com.

**Banken** mit Automaten findet man in der Government Rd., und im Galana Shopping Centre, Mo–Fr 9–15, Sa 9–11 Uhr.

**Watamu Marine National Park:** Büro Watamu Rd., Tel. 042-323 93, www.kws.org, tgl. 6–19 Uhr, Erw.10 US-$, Kinder 5 US-$.

Die meisten Reisenden buchen ihre Unterkünfte über Pauschalreiseanbieter, ein Preisvergleich lohnt sich mitunter.

**Driftwood Club** 1 : etwa 2,5 km von Malindi nach Süden, 5 Min. vom Flugplatz, Tel. 042-201 55, driftwood@swiftmalindi.com. Zimmer mit unterschiedlichster Ausstattung, einfach bis luxuriös, freundlich-lockere Atmosphäre, Pool, viele Aktivitäten wie Vogelbeobachtung, Tauchen, Surfen, Squash, sehr gute internationale Küche. DZ 90–110 US-$/Person mit Frühstück.

**Woburn Residence Club** 2 : Lamu Rd., Tel. 042-310 85, woburn@swiftmalindi.com. Elegante Unterkunft mit luxuriös ausgestatteten Zimmern und Apartments, Pool im tropischen Garten mit exotischen Blumen, sehr gute internationale Küche, 75–150 US-$/Person (Halbpension).

**Lawford's Sea Lodge** 3 : Tel. 042-212 65, lawfords@swiftmalindi.com. Die 2006 im edlen Stil wieder eröffnete Lodge besitzt komfortabel-gemütlich ausgestattete Zimmer mit Veranda, einen neu gestalteten Garten mit Pools, Bar. Angeboten werden verschiedene Aktivitäten wie Tauchen, Surfen, sehr gute internationale Küche im Restaurant unterm Makuti-Dach. DZ 31–56 US-$.

Man findet eine Vielzahl edler Restaurants in den Hotels, aber vor allem auch urige Restaurants in der Innenstadt und in Strandnähe.

**TANGERI** 4 : Sea Front Rd., Tel. 042-20414, tangeri@africaonline.co.ke. Das edelste italienische Restaurant mit Bar weit und breit, europäisch-italienisches Ambiente, exzellente Küche und sehr gute Weine. Um 1000 KSh.

**Da Gama's Inn** 5 : Sea Front Rd., Tel. 042-319 42. Gemütliches Restaurant mit Plätzen drinnen und draußen, schöner Blick aufs Meer, fantastisch frische Meeresfrüchte! 250–900 KSh.

**The Old Man & the Sea** 6 : Vasco da Gama Rd., Tel. 042-311 06. Das romantischste Restaurant im Wohlfühlstil mit Gourmet-Meeresfrüchte-Küche! Wer hier nicht drin war, hat was versäumt. 250–900 KSh.

In den Hotels kann man in diversen Diskotheken die Nächte durchtanzen, und es sind auch Gäste von außerhalb willkommen.

**Dhau-Trips:** am günstigsten und mit authentischem Flair bei Said Ali, Tiki House, Tel. 042-325 52.

**Fahrradverleih:** Subira Bicycle Hire, an jeder Ecke, zwischen 200 und 400 KSh/Tag.

**Golf:** Malindi Golf & Country Club, 9-Loch-Platz.

**Hochseeangeln:** Malindi Sea Fishing Club, Tel. 042-211 68, msfc@swiftmalindi.com; Kingfisher Boats, kingfisher@swiftmalindi. com; Peter Ready, ready@swiftmalindi.com.

**Reiten:** Kibokoni Riding Centre, nördlich von Malindi, Tel. 041-212 73.

**Tauchen und Schnorcheln:** am besten über die Hotels Driftwood und Lawford's.

**Flüge:** Flugplatz 5 km südlich, Richtung Mombasa, regelmäßige Flugverbindungen mit Nairobi, in die Masai Mara und nach Lamu mit Air Kenya (Galana Complex, Tel. 042-308 08), Kenya Airways (Utali Parade, Tel. 042-202 37), Prestige Air (gegenüber Ngulia Bdg., Tel. 042-208 61).

**Luxusbleibe im Labyrinth:** Auf eine stilvolle luxuriöse Unterkunft muss hier niemand verzichten. Im Gegenteil, ein ›Schmeckerchen‹ für Genießer ist das Tana Delta Camp (über Tel. 020-60 04 57, www.bush-and-beyond. com. 390 US-$/Person mit Vollpension) an der Formosa-Bucht. Strandausflüge wechseln mit Vogelbeobachtung, Bootsfahrten, Fischen und Wasserski, man kann morgens surfen und nachmittags auf Büffelpirsch gehen. Das Camp vereint die faszinierenden Kontraste einer abgelegenen Wildnis mit einer Kombination aus Pagoden und sechs luxuriös-komfortablen Buschzelten, die auf den höchsten Punkten der Dünen stehen und mit Palmstroh gedeckt sind. Jedes Cottage ist so gebaut, dass es in seine eigene Nische der Düne hineinpasst. Die Unterkünfte wurden kunstvoll errichtet und sind mit Treibgut vom Strand möbliert. Großen Wert hat man darauf gelegt, dass jedes Cottage seine eigene, unverstellte Aussicht besitzt, so dass Sie sich fühlen, als seien Sie die einzigen Reisenden in ganz Afrika. Eine exquisite, von tropischen Früchten und vom frischen Fang aus dem Meer dominierte Küche rundet den ›Himmel auf Erden‹ ab. Eine Landepiste für Leichtflugzeuge ermöglicht Flugverbindungen.

**Busse/Matatu:** gute Verbindungen von Malindi Richtung Mombasa vom neuen Markt, Ecke Jamhuri/Mombasa Road, und Richtung Lamu vom Polana Hotel

**Mietwagen:** eine Vielzahl von örtlichen Reiseunternehmen (Tour Operator) bieten auch Mietwagen an, ein Vergleich der aktuellen Preis-Leistungs-Verhältnisse ist notwendig!

### Marafa

**Reiseatlas:** S. 14, D 3
Einen schönen Ausflug ins Hinterland verspricht die Fahrt ins etwa 50 km entfernte Marafa. Wind, Sand, Regen und Trockenheit haben teils 30 m tiefe Rinnen in den Sandstein getrieben und eigenartig wirre Formen geschaffen. Die Höllenküche (Hell's Kitchen) ist ein geheimnisvoller Ort voller Geschichten

und fantasievoller Bilder und am besten mit 4WD-Auto zu erreichen.

Aus Sicherheitsgründen sollte man sich vor der Weiterreise nach Norden bei der Polizei nach der aktuellen Lage erkundigen. Seit dem Shifta-Krieg in den 1960er Jahren gilt die Gegend bis zur somalischen Grenze als sehr unsicher und die Strecke dorthin wird meist nur im Konvoi zurückgelegt. Nach etwa drei Autostunden erreicht man das Tana River Delta.

## Tana River Delta

**Reiseatlas:** S. 14, D 2–3
Das Tana River Delta stellt ein Naturwunder der besonderen Art dar. 134 km nördlich von Malindi verbindet die Landschaft traumhaften Strand und wildtierreiches Buschland auf einzigartige Weise miteinander.

Nach mehr als 1000 km mündet der längste Fluss Kenias mäanderartig in die Sanddünen vor dem Indischen Ozean. Der Hauptfluss wird gesäumt von dichtem Uferwald mit Feigenbäumen und Palmen, die über der Wasseroberfläche hängen. Dazwischen liegen Grasfelder und verschlafene Dörfer. Ein Labyrinth von gezeitenabhängigen Flüssen und Mangrovensümpfen, Salzmarschen und Wattgebieten umgibt palmenbewachsene Inseln, von Busch bedeckte Dünen und Grassteppe. Der Küstenabschnitt, flankiert von mächtigen Dünen auf der einen und den Wellen des Indischen Ozeans auf der anderen Seite, erstreckt sich, soweit das Auge reicht.

Boots- oder Kanuausflüge eignen sich bestens zur unauffälligen Beobachtung von Vögeln, Büffeln, Elefanten, Flusspferden, Krokodilen und eher scheuen Antilopen und Primaten.

## Lamu

**Reiseatlas:** S. 14, E 2
Wenn auch die Fahrt über Land abenteuerlich und erlebnisreich ist, die schnellste Mög-

lichkeit, den **Lamu-Archipel** zu erreichen, ist der Flug. Die Landepiste befindet sich auf Manda Island. Boote bringen den Reisenden auf die anderen Inseln. Die bekannteste ist Lamu.

Lamu ist kein Platz wie jeder andere, es ist eine friedliche tropische Insel, wo das Leben in seinem eigenen entspannten Rhythmus abläuft. Aber es ist auch ein Ort, dessen mystische und faszinierende Geschichte mit jedem Stein hier verbunden ist.

Wahrscheinlich bestanden bereits seit über 1000 Jahren wirtschaftliche Beziehungen zwischen Ostafrika, dem Mittleren Osten, Indien und China. Durch den Nordostwind an die ostafrikanische Küste getrieben, ankerten die Segler im Schutz der Buchten, trieben Handel, verlebten gute Zeiten und mit dem Südwestwind kehrten sie zurück. Einige blieben, gründeten mit den einheimischen Banju neue Familien und entwickelten eine eigene Kultur – die Kultur der Swahili (s. S. 283).

Die Insel selbst ist ein wundervolles Fleckchen Erde mit wandernden Sanddünen und unendlichen Stränden, wo sich kleine unscheinbare Dörfer unter Kokospalmen und zwischen Mangoplantagen ducken, wo die Wellen vergnügt mit vor sich hin segelnden Dhaus spielen.

## 7 Altstadt Lamu Town

Die wirkliche Attraktion ist die Altstadt von Lamu. Ihre Geschichte begann wohl im 14. Jh., als die Swahili sich auch auf dieser Insel niederließen. Portugiesische Forscher, türkische Händler und Araber aus dem Oman besuchten die Insel. Alle hinterließen sie ihre Spuren, aber Lamu entwickelte seine eigene unverwechselbare Kultur.

1813 errangen die Einwohner einen ungeahnten Sieg über die vereinten Angreifer von Mombasa und Pate. Seitdem genoss Lamu großen Respekt an der ostafrikanischen Küste. Als Zwischenstation für Sklaven, Elfenbein, Gewürze und andere Handelswaren gelangte die Stadt zu beachtlichem Wohlstand. Sklaven, billige Arbeitskräfte, arbeiteten auf riesigen Plantagen: Getreide, Ölsaaten und Früchte waren neben Mangrovenholz

und Schildpatt gewinnbringende Güter. Mit dem Verbot des Sklavenhandels um 1907 schmolz der Wohlstand dahin und Lamu versank für Jahrzehnte in die Bedeutungslosigkeit. In den 1960er-Jahren entdeckten erste Touristen das Eiland, und in den 70-ern avancierte die Insel zum Wallfahrtsort für Hippies.

Inzwischen hat die Moderne Einzug gehalten: Die Insel wurde mit elektrischem Strom ausgestattet! Doch Lamus schmale Sträßchen wirken zeitlos, auf den Märkten und Plätzen um das Fort bewegt sich das Leben wie eh und je. Kein Auto stört die sagenhafte Ruhe (nur der Verwaltungschef besitzt eins) oder verschmutzt gar mit seinen Abgasen die immer frisch hereinwehende Meeresluft. Esel bestimmen den Transport zu Land, auf dem Wasser dominieren die Dhaus, die traditionellen Segelschiffe.

Die gesamte Stadt wurde 2001 von den Vereinten Nationen als Unesco-Weltkulturerbe unter besonderen Schutz gestellt. Die meisten Bewohner sind strenggläubige sunnitische Muslime, ihren Traditionen und Regeln eng verbunden. Das erlebt der Besucher auch im Stadtbild: Nicht allein große Moscheen, sondern auch einfache Wohnhäuser werden zum gemeinschaftlichen Gebet genutzt. Eine Ansammlung von Schuhen vor der Tür weist auf die Anwesenheit der Gläubigen hin. Minarette sind kaum zu sehen. Die meisten Frauen sind in traditionelle schwarze Umhänge, die den Körper beinahe gänzlich umschließenden *buibui*, gehüllt. Männer tragen oft den gewandartigen weißen *kanzu* oder einen farbigen *kanga* und bedecken ihr Haupt mit dem *kofia*.

Als Besucher sollte man sich respektvoll verhalten und die eigene Bekleidung überprüfen: Sind Schultern und Knie unter Stoff verborgen? Vor dem Betreten einer Moschee zieht man die Schuhe aus und bitte um Erlaubnis, eintreten zu dürfen.

Auf einer Länge von etwa 1500 m zieht sich parallel zum Ufer die Stadt mit ihren winkligen Gassen und schön verzierten Häuschen. Lässt man sich einfach treiben von Gerüchen und Geräuschen oder Kleinigkeiten, die man mit den Augen entdeckt, so

ist dies wohl die beste Möglichkeit, in die Kultur einzutauchen. Kleine traditionelle Steinbänkchen in Nischen neben den Hauseingängen, die von den Männern in den Abendstunden zum Palavern genutzt werden, gehören genauso zur Swahiliarchitektur wie die wundervoll geschnitzten Türen mit symbolträchtigen Ornamenten.

## Bummel durch Lamu Town

**Lamu Fort** am alten Marktplatz wurde 1820 fertiggestellt, bis 1984 diente es als Gefängnis. Umfunktioniert zum kulturellen Zentrum, macht die Dauerausstellung (tgl. 9.30–18 Uhr, Erw. 500 KSh, Kinder 250 KSh) auf ökologische Probleme des Archipels aufmerksam, Stadtbibliothek und ein schöner Blick von oben über die Altstadt runden den Besuch ab. Unter den Arkaden lässt es sich bei einem herrlich gebrühten Tee zu leckerem Gebäck wundervoll ausruhen und das Treiben auf dem Markt beobachten.

Das **Lamu Museum** ist in einem typischen Swahilihaus des 19. Jh. untergebracht. Hier kann man antike Möbel, Gebrauchsgegenstände, Musikinstrumente und Kunstgegenstände sowie Kunsthandwerkliches betrachten und so erste Einblicke in die Swahilikultur gewinnen. Besonders interessant sind die Dokumente zur Geschichte der Stadt und über die vermutlich älteste Ethnie Kenias, die Boni. Verschiedene Modelle von Dhaus verdeutlichen die Entwicklung der Schifffahrt und der weitreichenden Handelsbeziehungen (Seafront, Tel. 01 21-330 073, lamuse@hot mail.com, tgl. 9.30–18 Uhr, Erw. 500 KSh, Kinder 250 KSh).

Ein wirkliches Wohnhaus-Museum des 18. Jh. ist das **Swahili House** (Fazina House) – mit allem, was zum damaligen Leben gehörte. Bemerkenswert sind Raumaufteilungen, Ausstattungen und Dekorationen. Ein gern plaudernder Museumswächter führt durch dieses lebendige Museum und lässt keine Frage offen (tgl. 9.30–18 Uhr).

Von 1888 bis 1891(!) existierte das sogenannte Wituland (40 km²) an der Küste Ostafrikas – ein Resultat des Kampfes des Deutschen Kaiserreiches um einen »Platz an der Sonne«, um Kolonien in Afrika. Heutigen Generationen verdeutlicht das **German Post Office** (Post Museum) mit einigen Dokumente und Ausstellungsstücken die bizarre Rolle dieser Poststation mit eigener Briefmarke (tgl. 9.30–18 Uhr).

## Shela Beach

Ein 45-minütiger Spaziergang führt an die Südküste zum Fischerdorf Shela Beach, dahinter liegt das **Badeparadies** der Insel. Meterhohe **Sanddünen** zaubern die perfekte Strandkulisse zu Geschichten aus Tausendundeiner-Nacht: Einer Legende nach liegt die einst reiche, aber hoffärtige arabische Stadt Hadibu unter dem Sand der Dünen begraben. Surfer können hier bestens über die Wellen gleiten.

## Matondoni

Etwa 30 Min. ist man zu Fuß unterwegs zur Nordseite der Insel nach Matondoni. Auf der **Dhau-Werft** kann man den Schiffbauern zusehen und versuchen, hinter die Geheimnisse der traumhaften Segler zu kommen.

## Takwa Ruins (Manda Island)

Nach 30 Min. Bootsfahrt erreicht man die Insel Manda mit gut erhaltenen Ruinen einer Stadt des 16./17. Jh. Reste der Moschee, von Wohnhäusern und Teilen der Stadtmauer liegen inmitten von alten Baobabs und Jasminbüschen.

Bei der Rückkehr nach Lamu ist vom Boot aus die interessante Bauweise der Stadt gut zu sehen: Die Straßen sind so angelegt, dass sie Schatten spenden, Brauch- und Regenwasser von den höher gelegenen Stadtvierteln zum Meer hin ablaufen können. Dafür wurden eigens kleine Rinnen eingebaut, *maenda wa maji*, die man auch beim Bummeln durch die Gassen bemerkt.

**Lamu Fort dient heute als kulturelles Zentrum**

 **Tourist Office:** Seafront, tgl. 9–12, 14.30–16 Uhr.

## Entlang der Küste des Indischen Ozeans

Wer mehrere kostenpflichtige Sehenswürdigkeiten besuchen möchte, sollte nach dem **Museums-Package** fragen; Fort, Museum, Swahili House und German Post Office zusammen Erw. 3000 KSh, Kinder 1500 KSh.

Neben der Übernachtung in Hotels kann man auch schlicht bis luxuriös-komfortabel ausgestattete **Häuser** mieten, ohne auf Service verzichten zu müssen: Shela House Management Tel. 020-88 27 45, shela@africaonline.co.ke. Personal incl., Selbstversorgung oder Vollpension möglich, je nachdem 125–2000 US-$/Nacht.
**Kipungani Explorer:** am Kipungani-Kanal, Tel. 020-444 66 51, info@heritagehotels.co.ke. Märchenhafte Anlage, 14 individuelle Chalets aus einheimischen Materialien, liebevoll ausgestattet und geschmackvoll dekoriert, romantisches Swahilibett, Veranda mit Meeresblick. Hervorragende Gourmet-Küche. 120–150 US-$/Person im DZ (Vollpension).
**Kizingo Lodge:** in der Sandwüste bei Shela, Tel. 020-444 71 51, info@letsgosafari.com. Ausgezeichnete Öko-Lodge mit 6 romantischen Bandas aus einheimischen Palmmatten, gemütlich und liebevoll ausgestattet, reizend dekoriert, Aktivitäten wie Hochseeangeln, mit Delfinen schwimmen, Mountainbike, exzellente Swahili- und internationale Küche. 130 US-$/Person im DZ (Vollpension).
**Peponi Hotel:** Shela, Tel. 042-63 34 21, peponi@peponi-lamu.com. Kleines familiäres Hotel mit Charme, luxuriös ausgestattete Zimmer mit hübscher lokaler Dekoration, Pool, Bar, exquisite internationale und Swahiliküche. 130 US-$/Person im DZ (Vollpension).
**Kijani House Hotel:** am Shela-Kanal, Tel. 042-63 32 35, kijani@africaonline.co.ke. Kleines sehr privates Hotel mit traumhaft ausgestatteten Zimmern, Veranda, liebevoll gepflegter Garten. Pool, exquisite Swahiliküche, Meeresfrüchte und italienische Speisen. 60–120 US-$/Person im DZ (Vollpension).
**Hapa Hapa Guesthouse mit Restaurant:** Seafront. Schlichte Zimmer, aber sehr sauber, Ventilator, Moskitonetz, schöner Ausblick aufs Meer, super leckere Fischspezialitäten und herrliche Obstsäfte im Restaurant – traumhaft! DZ 300–1000 KSh/Person mit Frühstück.

**Pwani Guesthouse:** Shela, Tel. 042-63 35 40. Komfortabel ausgestattete Zimmer mit Meerblick, liebevoll-romantische Dekoration, super Frühstück mit leckeren Früchten. DZ 3500 KSh/Person.

Die Hotels bieten meist Vollpension, ansonsten gibt es in der ganzen Stadt sehr gute kleine Restaurants mit behaglichem Swahiliambiente und sehr guter Swahiliküche und/oder Meeresfrüchten.

Mit Schnitzereien **verzierte Gegenstände aus Holz** – von Besteck über Schmuck bis zu Möbeln – alles ist bei den Handwerkern an den Straßen zu finden, das Mitnehmen von Truhen oder Swahilibetten nach Europa ist möglich (eine Frage der finanziellen Mittel).
**Silberschmuck** bei den Kunsthandwerkern und Händlern an den Straßen.
**Etablierte Läden:** Wildbeeste Gallery, Old Town; Lamu Craft, Harambee Avenue; Swahili Cultural Centre, Seafront; Ali Skanda Wood Carving, Seafront; Lamu Silversmith, Harambee Avenue.

Nur in einigen großen Hotels wird Alkohol ausgeschenkt oder zum Tanz eingeladen. Romantisches gibt's in Vollmondnächten: Dhaus fahren mit Gästen an einsame Strände zum nächtlichen Grillen und Schwimmen.

**Geburtstagsfest** (2008 im März): Der Geburtstag des Propheten Mohammed wird jährlich eine Woche lang gefeiert, der Termin richtet sich nach dem islamischen Kalender.
**Lamu-Festival** (Aug.): eine Woche lang Musik, Tanz, Feiern – traditionelles Kulturfest.

**Alltag in einer Swahilifamilie:** Das Alltagsleben einen Tag lang als Gast begleiten, Speisen zubereiten, essen, die Moschee mit besuchen … Erfragen Sie die Möglichkeit in Ihrer Unterkunft. Das aufrichtige Interesse an ihrer Kultur erfüllt die Swahili mit Stolz; Ehre und Zuneigung sind Ihnen gewiss!

**Dhau Safaris:** bei Tour Operator buchen oder am Strand erfeilische. Die Segelboote tragen den Reisenden an die Inseln des Archipels, zu kleinen vergessen scheinenden Dörfern, teils freigelegten Ruinen und einigen luxuriösen exklusiven Unterkünften auf Manda, Siyu, Pate und Kiwayu.

**Hochseeangeln:** Nils Korschen, littletoot@swiftmalindi.com; Peponi Hotel, www.peponi-lamu.com.

**Segeln:** Tusitiri Dhow Lamu, Tel. 020-60 02 01, www.sailing-safaris.com. Segeltouren im Archipel.

**Surfen:** Ausrüstung, Kurse über die Hotels.

### Flüge

Regelmäßige Flugverbindungen nach Manda Island ab Malindi (um 65 US-$), Mombasa (um 85 US-$), Nairobi (um 150 US-$).

**Prestige Air:** Büro Seafront, Tel. 042-63 30 55, Mo–Sa 8–12, 14–17 Uhr

**Kenya Airways:** Büro neben Museum, Tel. 042 63 20 40, Mo–Fr 8–12, 14–17 Uhr;

**Air Kenya:** Baraka Hse., Tel. 042-63 34 45, tgl. 8–17 Uhr

### Fähren

Überfahrt Mkoani–Lamu Town tgl. 7.30–16 Uhr, Fahrtzeit 30 Min. (öffentliche Fähre). Wer mit dem Auto kommt, stellt es in Mkoani auf den bewachten Parkplatz, um mit der Fähre nach Lamu Town weiterzuzufahren.

# Die Küste südlich von Mombasa

Die Fähre **Likoni Ferry** ist die einzige Verbindung von Mombasa nach Likoni. Die 10 Min. Überfahrt sind schon das erste Highlight. Für den Reisenden aus dem fernen Europa, der gerade am Flughafen angekommen ist, also die erste Begegnung mit Kenia (und auch die letzte vor der Abreise): geordnetes Gedränge der Menschen und geduldig auf die Einweisung wartende Fahrzeuge, Minibusse der Hotels und Reiseunternehmen, PKW, Motor- und Fahrräder und die riesigen Lastenkarren, die Obst und Gemüse zu den Märkten transportieren. Menschliche Kraft sind die PS, je nach Ladung schieben und ziehen zwei bis fünf junge Männer die gewaltigen Mengen vorwärts den steilen Berg am Anleger hinauf. Wer aus dem Fahrzeug aussteigt (Wertgegenstände bleiben besser dort) und sich unters bunte Volk mischt, bekommt eine Ahnung, ein Gefühl für Land und Leute: den Blick zurück auf die alten Baobabs, über den Meeresarm und nach vorn auf das bunte geschäftige Treiben von **Likoni**.

Hat man den Ort verlassen, führt die A 14 beinahe nur noch geradeaus, ›der Nase nach‹ bis zum Grenzort Lunga Lunga.

## Shimba Hills National Reserve

**Reiseatlas:** S. 20, D–E 1

15 km hinter Likoni zweigt rechts eine Straße zum Shimba Hills National Reserve ab. Die hügelige Landschaft bewahrt in dem 320 km² großen Schutzgebiet den Lebensraum der seltenen Pferde- und Rappenantilopen. Aber auch Waldelefanten, Giraffen, Büffel und Colobus-Affen leben neben zahlreichen Vögeln in dieser Savanne unweit der Küste. Wer den Strand mit dem Busch ergänzen will, aber keine lange Fahrt machen möchte, ist hier genau richtig.

**Shimba Hills Lodge:** Tel. 041-222 85 78, www.kenyaonetours.de. Luxuriöse Lodge mitten im Regenwald, gebaut aus einheimischem Holz. Die individuell-exklusiv ausgestatteten Zimmer verfügen über traumhaften Blick auf ein Wasserloch. Holzbrücken ermöglichen fantastische Tierbeobachtungen. 167 US-$/Person im DZ (Vollpension).

**Sable Bandas:** 3 km vom Kwale Gate, Tel. 07 22-39 74 60, sable@africaonline.co.ke. Die Selbstversorgerhütte des KWS, in schöner Lage und mit tollem Blick bietet schlichte Räume für max. 8 Gäste, gut

# Beachboys und die Mädchen an der Bar

**»Jambo! Woher kommst du? Ah, Deutschland. Deutschland ist gut. Alles klar? Keine Probleme. Nur reden …« So oder ähnlich beginnen Gespräche am Strand, außerhalb der Schutzzone Hotelburg. Das ist lästig? Bevor wir vorschnell bejahen, könnten wir genauer hinsehen.**

Unser Gesprächspartner ist ein junger Kenianer, Bewohner des Landes, das wir für unseren Urlaub aus ganz unterschiedlichen Gründen so sehr lieben. Er hat möglicherweise geschnitzte Figuren, bunte Tücher dabei. Er will ein gutes Geschäft machen, er ist Beachboy. Und der noch blasse Neuankömmling ist der beste Kunde, er kennt weder gängige Preise noch das Geschäftsgebaren und er hat auch noch keine Vergleiche zu schönen Souvenirs anderswo.

Möglicherweise hat der junge Mann auch gar nichts zum Verkaufen dabei. Aber sein Körper ist sportlich gestählt, wohlproportioniert, sein freundliches Lachen macht ihn sympathisch, und er spricht bevorzugt ältere weiße, allein an den Strand kommende Männer oder Frauen an.

Einem Ehepaar kann man möglicherweise eine Safari verkaufen, denn zum Reisen sind die reichen Europäer ja hier. Und reich müssen sie sein, sonst könnten sie nicht von so weit her kommen.

Aus Armut macht man so manches. Schulgeld muss bezahlt werden, und die Miete, Medizin für das kranke Kind oder der Bus nach Hause in den fernen Norden Kenias. Gründe gibt es viele. Und dem Weißen sitzt das Geld locker in der Tasche, er hat Urlaub und er will und kann sich was leisten.

Touristen sind nicht ganz schuldlos am Verhalten von einigen Kenianern speziell an der Küste, Verhalten, das anderen Urlaubern wiederum aufdringlich erscheint. Wo kein Markt ist, gibt's auch keine Händler! Wo kein Bedarf ist, gibt's keine Ware. 14 % der Freier von minderjährigen Prostituierten an den Küsten sind Deutsche. Prostitution ist verboten in Kenia. Bestraft werden die Kenianer, nicht die Freier. Möchte eine Kenianerin am Abend eine Hotelbar allein betreten, muss sie dem Türsteher zu Diensten sein oder eine

# Thema

grüne Karte vorzeigen, der ›Gesundheitscheck‹! Rücksicht auf den Fremden, Demütigung für die Frau.

Ein sogenannter Beach Operator braucht ein polizeiliches Führungszeugnis, und eine Lizenz als Tour Operator kostet 700 KSh. Und die müssen verdient sein. Pauschalurteile, wie »alle Beachboys wollen den *mzungu* (den Weißen) nur ausnehmen!« sollte man nicht übernehmen, zu Recht empören wir uns, wenn es heißen würde: »Die Weißen sind alle Sextouristen!«.

Wer sich belästigt fühlt, kann mit einem freundlich konsequenten »Hapana, rafiki!« (Nein, mein Freund!) die Belagerung von sich abwenden. Wenn Sie allerdings an den Menschen in Ihrem Urlaubsland interessiert sind, lassen Sie sich ruhig auf Gespräche ein. Auch sich tagsüber das Dorf hinter der Küstenstraße zeigen zu lassen, dann zu einem heißen, süßen Tee in einem dortigen *hoteli* einzuladen, bringt Sie Kenia näher. Die Gratwanderung zwischen Vertrauen wagen und Skepsis zeigen (gegenüber manchen Geschichten), muss jeder für sich selbst ausbalancieren. Ein bisschen zu Hause schon gelerntes Kiswahili und etwas Landeskulturkunde machen dem Reisenden auf jeden Fall das Leben leichter und den Urlaub zum echten Erlebnis.

**Kenias Strände sind das Revier der Beachboys**

239

## Entlang der Küste des Indischen Ozeans

ausgestattete Küche, sauber. Landepiste. 15 US-$/Person.

**Zufahrt:** über Main Gate bei Kwale, Tel. 040-210 42 59, www.kws.org. Ganzjährig zu besuchen, tgl. 6–19 Uhr, in der Regenzeit Nov., April/Mai teilweise nicht passierbar. Erw. 20 US-$, Kinder 10 US-$.

## Tiwi Beach
**Reiseatlas:** S. 20, E 1
Der A 14 weiter Richtung Süden folgend, erreicht man den kleinen Ort Tiwi mit dem ru-hig gelegenen **Tiwi Beach.** Einfache, gemütliche Unterkünfte und Zeltplätze sind Ziel vieler Individualreisender.

**Sand Island Beach Cottages:** Tiwi Beach, Tel. 040-330 12 33, www.sandislandtiwi.com. Unterschiedlich ausgestattete Cottages von einfach-gediegen bis komfortabel mit schöner Gartenanlage direkt am Strand, Windsurfen gratis, Camping möglich (150 KSh). DZ 2500–4000 KSh

**Maweni & Capricho Cottages:** Tiwi Beach, Tel. 040-330 00 12, www.mawenibeach.com.

**Eindrucksvolles Taucherlebnis: die Begegnung mit einem Makrelenschwarm**

Gemütlich ausgestattete Cottages in unterschiedlicher Größe, gepflegte Gartenanlage direkt am Strand mit schönen Bäumen, Pool, Camping möglich. 5000–20 000 KSh/Cottage.

### Ukunda, Diani Beach, Chale Island

**Reiseatlas:** S. 20, E 1

Nach 10 km wird das Leben trubelig bunt und laut in **Ukunda** mit Banken, Restaurants, Märkten und Straßenhandwerkern. Hier biegt die Straße zum **Diani Beach** ab. Die Küsten-

straße verbindet die Hotelanlagen der Pauschalreisenden, die sich hier aneinander reihen.

Abwechslung vom Strandtag bieten der 18-Loch-Golfplatz beim Leisure Lodge Resort und der Nature Trail des **Colobus Trust.** Das **Informationszentrum** findet man neben dem Africana Sea Lodge Hotel, zugänglich von der Küstenstraße und vom Strand (Wakuluzu-Freunde des Colobus Trust, Tel./Fax 040-320 35 19, www.colobustrust.org. Mo-Sa 8–17 Uhr, So nach Vereinbarung). Geführte Wanderungen auf dem Naturpfad machen mit den wunderschönen Colobus- und anderen hier heimischen Affen vertraut (Erw. 500 KSh, Kinder bis 12 Jahre frei).

Die Küstenstraße endet wenige Kilometer weiter bei **Chale Island.** Die Privatinsel beherbergt ein idyllisches Camp, Restaurant und Resort sind offen für Tagesausflügler.

Die großen Hotels bucht man preisgünstiger über Agenturen und als Pauschalangebote; die genannten Adressen sind eher für Individualreisende geeignet.

**Diani Marine Ltd.:** unweit Diani Plaza, Tel. 040-320 23 67, www.dianimarine.com. Unterschiedliche Unterkünfte vom schlichten Taucherdorf über urig-gemütliche Safarizelte bis zur exklusiven Villa, schönes gepflegtes Gelände, familienfreundliches Flair, sehr gutes Equipment für Taucher, Tauchschule, Bootsausflüge, absolut zu empfehlen auch für (Noch)-Nichttaucher! 28–560 US-$.

**Vindigo Cottages:** gegenüber Diani Bazaar Centre, Tel. 040-320 21 92, vindigocottages @hotgossip.co.ke. Die Cottages sind unterschiedlich groß (2–8 Pers.), schlicht ausgestattet, mit Küche. Durch die Hanglage am Strand bietet sich von allen Terrassen super Sicht aufs Meer. Kein Generator. Nur für Selbstversorger, wer mag, kann sich einen Koch mieten.

Entlang der Küste gibt es unzählige kleine und große, einfach-urige und luxuriöse Restaurants. Bummeln Sie die Straße entlang – Sie werden verblüfft sein, was es alles gibt!

## Richtig Reisen-Tipp: Auf der Dhau zu Besuch bei Delfinen

Im wahrsten Wortsinn ›eintauchen‹ in das Leben längst vergangener Tage arabischer Seefahrt kann, wer sich auf das Abenteuer eines Segeltrips begibt. Eine Dhau kann man durch Vermittlung des Hotels, direkt bei Pilli Pipa Dhow Safaris oder Dolphin Dhow sowie direkt am Strand buchen. Vorteil der Safari mit einem Unternehmen ist die bereits organisierte Versorgung während des Tages. Vom Hotel wird man in aller Frühe abgeholt, und es geht zunächst durch Palmenhaine nach Shimoni. Hier wird das Segelschiff bestiegen.

Die traditionellen arabischen Schiffe sind seit mehr als tausend Jahren an der Ostküste Afrikas bekannt. In Matondoni auf Lamu (s. S. 235) kann man in einer Werft beim Bau zuschauen. Formen und Ausstattungen sind unterschiedlich, allen gemeinsam ist aber das gemütliche Dahingleiten mit dem Wind im Segel. Den kleinen Imbiss und Begrüßungs-

trunk genießend, schippert man um die Ostspitze von Wasini Island herum.

Wer Glück hat, wird schon im Kanal von ersten Delfinen begleitet. Im Marine National Park erläutert der Kapitän die Besonderheiten dieses Schutzgebietes und weist auf spezielle Meerestiere hin. Hier bietet sich die Gelegenheit zum Schnorcheln, Ausrüstung kann man an Bord ausleihen.

Auf Wasini gibt's dann ein leckeres Meeresfrüchtemenü nach Swahiliart und Zeit zum Bummeln über die Insel – oder man kann in einer Hängematte ausruhen. Nach einem köstlichen Kaffee geht's zurück nach Shimoni und wieder in die Hotels. Ein Tag voll unvergesslicher Eindrücke, der nachdenklich macht angesichts der Schönheiten dieser Erde und unserer Verantwortung für ihren Schutz. Pilli Pipa Dhow: Tel. 040-329 35 59, www.pillipipa.com. 100 US-$ all-inclusive

---

**Boko Boko:** Diani Beach, Tel. 040-320 23 44, tgl. 11–24 Uhr. Superleckere Speisen nach Rezepten von den Seychellen im idyllischen Garten. Um 500 KSh.
**Tropicana Restaurant:** neben Diani Beach Shopping Centre, Tel. 040-320 23 03, tgl. 11–24 Uhr. Hervorragende italienische Küche und super Fleisch vom Grill, Bar und Disko. Um 500 KSh.
**Walter's Inn:** Nähe Diani Shopping Centre, Tel. 040-320 35 22, tgl. 11–24 Uhr. Schmackhafte deutsche Küche und kühles Tusker-Bier, Treffpunkt der deutschsprachigen Urlauber, amüsanter Informationsaustausch garantiert. Um 500 KSh.
**Wasini Island Restaurant and Bar:** Ukunda, Tel. 040-320 23 31, Di–So 11–24 Uhr. Exquisite Meeresfrüchte auf Swahiliart im romantischen Ambiente. Um 700 KSh.

In den Hotels gibt es etliche **Diskotheken** und Bars, die Gäste von außerhalb willkommen heißen. Weitere Adressen: Chakatak, tgl. ab 21 Uhr; Forty Thieves,

Mo, Mi, Fr ab 10 Uhr, Strandbar mit Disco- oder auch Livemusik.

Zahlreiche Aktivitäten werden von den Hotels angeboten, aktuelle Informationen findet man auch in den Einkaufszentren am Schwarzen Brett – die Vielfalt wird immer bunter!
**Fallschirmspringen:** Jedes Jahr treffen sich Enthusiasten eine Woche lang im Oktober im Safari Beach Hotel Ukunda zum sogenannten ›Boogie‹. Nutzen Sie die Möglichkeit, vielleicht zu einem Tandemsprung? www.sky divekenya.com.
**Golf:** Leisure Lodge Resort, Diani Beach, Tel. 040-320 20 46, www.leisurelodgeresort.com. 18-Loch-Platz in traumhafter Landschaft zwischen Strand und A 14, auch Nichthotelgäste sind zum Golfen willkommen.
**Hochseeangeln:** beste Zeit ist Juni–Okt., Nov.–April (im Mai herrscht Monsun), alle aktuellen Informationen unter www.kenya-deepseafishing.net und www.bigame.com.
**Schwimmen mit Delfinen:** beste Zeit Juli–

März, Dolphin Dhow, Tel. 01 27-21 44, www.dolphindhow.com.

**Tauchen:** Paradise Divers Wasini, Ukunda, Tel. 040-320 27 40. www.paradisedivers.com.

**Walbeobachtung (Whale Watching):** beste Zeit im Sept., Pilli Pipa Dhow Safaris, Tel. 040-329 35 59, www.pillipipa.com

## Funzi Island

Zurück nach Ukunda und auf die A 14 muss, wer weiter nach Süden möchte. An weiten Zuckerrohrfeldern und kleinen Orten vorbei fahrend, klingen deren Namen noch zauberhaft nach: Msambweni, Kisimachande, Ramisi. Dem Hinweis nach **Funzi Island** zu folgen ist ein Gewinn. Bei Ebbe hinüber gelaufen, sonst mit einem Boot übergesetzt, erwarten den Besucher ein schnuckeliges kleines Restaurant mit einheimischer Küche, Mangroven, Sand und Meer.

## Shimoni, Wasini Island, Kisite Island

**Reiseatlas:** S. 20, E 2

Die Halbinsel Shimoni 83 km südlich von Mombasa ist bekannt für den Fischreichtum ihrer Küste. Auf Shimoni locken 10 km lange Höhlen Abenteurer, Hobbyforscher und Historiker an, die das Rätsel der **Shimvo Caves** lüften wollen. Neben der sagenhaften Unterwasserwelt genießen die Inseln **Wasini** und **Kisite** besonderen Schutz auch wegen der fossilen Korallenstockgärten, die man dort bewundern kann.

Der **Kisite-Mpunguti Marine National Park** (Tel. 040-520 27, www.kws.org, tgl. 6–19 Uhr, Erw. 10 US-$, Kinder 5 US-$) ist daher Ziel vieler Schnorchler und Taucher. Entsprechende Touren bieten die Hotels und viele Tour Operators an. Besonderes Vergnügen versprechen die Tauch- und Angelsafaris in den **Pemba Channel,** denn die Meerenge zu Tansania ist oft Tummelplatz von Delfinen.

**i** **Mombasa & Coast Tourist Association:** Tel. 041-22 54 28, Informationen unter www.mombasainfo.com und www.wasiniislandkenya.com

 **Pemba Channel Lodge:** Shimoni, Tel. 07 22-20 50 20, www.pembachannel.com. Der ultimative Treff für Hochseeangler zum Klönen und Rausfahren! Exklusive Lodge und gemütlich-liebevoll ausgestattete Bandas mit tollem Blick übers Meer, Pool im üppig blühenden Garten, außer zum Schnorcheln, Tauchen, Fischen geht's auch zum Schwimmen mit Delfinen. Exzellente Verwöhnküche. 100 US-$/Person im DZ.

**Mwazaro Beach Mangrove Lodge:** Shimoni, Tel. 07 21-23 33 32, www.keniabeach.de, in Deutschland Tel. 03 41-25 98 01 50, info@keniabeach.de. Ein friedlicher Platz mit aus Korallenstein gebauten Cottages und gemütlich ausgestatteten Hütten in traumhafter Landschaft am Meer. Der Besitzer Hans von Loesch verzaubert die Gäste mit exquisiter afrikanischer Küche. Naturschutz und Respekt vor den Menschen, Gemeinwesenprojekte, Aktivitäten und Angebote, die Gäste mit dem Land vertraut zu machen, sind von unschätzbarem Wert. Auch wer nicht hier wohnt, sollte auf einen Besuch vorbeischauen, vielleicht um sich für den nächsten Keniaurlaub schon ein Plätzchen zu merken. Ab 33 €–143 € (Halbpension).

**Kunst, Kunsthandwerkliches, *kangas*** bei Straßenhändlern oder in den Lädchen der Shoppingcenter. Selbstversorger können morgens am Strand frisch gefangenen **Fisch** erhandeln.

**Flüge:** internationale Flüge nach Mombasa, von dort Hoteltransfer oder Taxi. Flugverbindungen mit Leichtflugzeugen auch zur Landepiste Diani Beach und Lungalunga an der tansanischen Grenze.

**Matatus:** Matatus fahren die gesamte Südküste ab, denken Sie daran: Man kann überall anhalten, zu- und aussteigen.

**Mietwagen:** Am günstigsten über die Hotels, sie haben meist bessere Konditionen bei einem Autovermieter. Wer Lust hat: Diani bietet sich als Ziel an für Trips mit Fahrrad, Moped oder Motorrad. Auch diese kann man gut über die Unterkünfte mieten.

Fischen von traditionellen Auslegerbooten auf Sansibar

# Kapitel 4

# Tansanias Küste, Sansibar, Pemba und Mafia

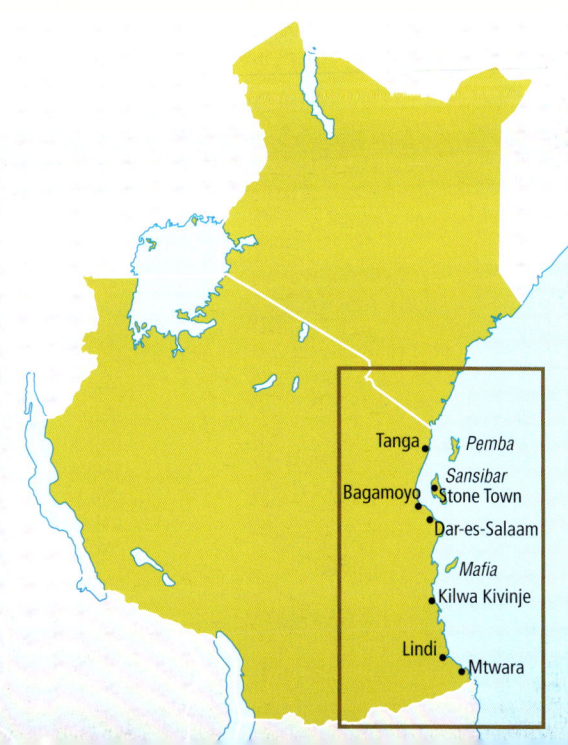

Tanga

*Pemba*

Bagamoyo

*Sansibar*
Stone Town

Dar-es-Salaam

*Mafia*

Kilwa Kivinje

Lindi

Mtwara

# Auf einen Blick: Tansanias Küste, Sansibar, Pemba und Mafia

## Swahili-Charme, Geschichte und Strände

Über Jahrhunderte hinweg waren die Häfen an den Küsten Tansanias stets Handelsdrehscheibe für den gesamten afrikanischen Kontinent, vornehmlich um Waren in den Mittleren Osten, nach Asien oder Europa zu transportieren. Im ausklingenden 19. Jh. zählten – abgesehen vom wirtschaftlichen Zentrum der

Region, Sansibar – die Häfen von Bagamoyo oder Pangani, später auch Tanga und Dar-es-Salaam zu bedeutenden Wirtschaftszentren, wenn es um den Handel mit Sklaven, Elfenbein oder Gewürze ging. Heute freilich kann man den einstigen sagenhaften Reichtum nur mehr erahnen; außer überwucherten Ruinen und zusehends verfallenden Prunkbauten ist nicht mehr viel davon übrig geblieben. Einzig **Stone Town** auf Sansibar blieb für die Nachwelt in alter Pracht erhalten.

Arabische und asiatische Handelsleute legten den Grundstein für die noch heute dominante, muslimische Swahili-Kultur, die sich in besonderem Maße in der Architektur, den Traditionen und dem Kunsthandwerk zeigt. Die Kaufleute kamen in ihren Dhaus, den traditionellen Holzgaleeren, und vermischten sich mit der einheimischen Bantu-Bevölkerung. Früh begann sich deshalb schon die Verkehrssprache Kiswahili aus arabischen und Bantu-Elementen zu entwickeln. Die gesamte Küste ist von einem einzigartigen Charme geprägt, wobei Sansibar im besonderen als die Wiege der Swahili-Kultur und des korrekten Swahili gilt.

Das Zentrum der 800 km langen Küstenregion bildet **Dar-es-Salaam**, die größte und wichtigste Stadt von Tansania – obwohl sie nicht einmal die Hauptstadt ist. Nördlich davon liegen historisch bedeutsame Orte. **Bagamoyo,** einer der ältesten Orte Tansanias und vielleicht auch bald Welterbe, kann neben bröckelnden Gebäuden der Swahilikultur mit einem äußerst sehenswerten Missions-Museum locken. Nördlich davon liegen weitere alte Swahili-Städte wie **Pangani** oder **Tanga.** Auf halbem Weg zwischen Bagamoyo und Tanga befindet sich der **Saadani National Park** – der einzige Nationalpark Tansanias, der ans Meer grenzt.

Wenige Reisende verirren sich in das Land südlich von Dar-es-Salaam. Die ausgedehnten Ruinen von **Kilwa,** einst die reichste und mächtigste Stadt der Swahili-Küste, oder die

**Strände zwischen Lindi und Mtwara** sind zwar einen Besuch wert, doch nehmen nicht viele Reisende die Strapazen einer Fahrt auf den miserablen Straßen dorthin auf sich. Tropische Traumstrände, die weitaus besser erreichbar sind, findet man beispielsweise bei Dar-es-Salaam oder Pangani.

Blütenweiße Strände, artenreiche Korallenriffe, üppige Gewürzgärten und historische Relikte aus der Blütezeit der Swahilikultur locken Besucher auf die Inselgruppe von Sansibar. Die Hauptinsel Unguja, bekannter unter dem Namen Sansibar, steckt voller Erinnerungen an Geschichten aus Tausendundeiner Nacht, von Prinzessinnen und Sultanen. Auch Taucher lassen sich hier bezaubern, vor allem von der Vielfalt unter Wasser um die Inseln **Pemba** oder **Mafia.**

## Empfehlenswerte Route

**Muheza–Pangani:** Dieser kurze, landschaftlich reizvolle Abschnitt in einer sanften, allmählich zum Meer abfallenden Hügellandschaft besticht mit üppiger Vegetation, unverdorbenen Dörtchen und einer sagenhaft roten Piste (s. S. 270).

## Highlights

**8** **Bagamoyo:** Sklaven, Missionare, Pioniere, Kolonialisten – sie alle prägten die Geschichte des für ganz Afrika bedeutsamen Fischerdorfes (s. S. 262 ff.).

**9** **Stone Town:** Häuser aus weißem Korallenstein, enge, schattige Gassen nach arabischem Vorbild und die Sehnsucht nach Tausendundeiner ziehen die Besucher auf Sansibar in ihren Bann (s. S. 281 ff.).

## Reise- und Zeitplanung

Bagamoyo liegt nur gut eine Stunde von Dar-es-Salaam entfernt – für an Geschichte Interessierte ist ein Tagesausflug dorthin also bei weitem lohnenswerter als ein Stadtrundgang in Dar-es-Salaam. Der Saadani National Park liegt gut fünf Stunden von der Metropole ent-

## Richtig Reisen-Tipps

**Gezaulole – Begegnungen im Fischerdorf:** Für Reisende, die den hautnahen Kontakt mit Einheimischen nicht scheuen und sich für das karge Leben, die Kultur und die Traditionen der Tansanier interessieren, ist ein Ausflug in das südlich von Dar-es-Salaam gelegene Fischerdorf das Richtige (s. S. 261).

**Spice-Tour auf Sansibar:** Während man noch das Potpourri von Nelken, Muskatnuss und Pfeffer in der Nase hat, besichtigt man Ruinen aus der Sultanatszeit – (fast) die ganze Geschichte der Insel in einem halben Tag (s. S. 288).

fernt, Tanga ist auf der Asphaltstraße innerhalb von fünf oder sechs Stunden erreichbar. Für eine Weiterfahrt nach Pangani müssen zwei weitere Fahrtstunden eingerechnet werden. Die Überfahrt nach Ushongo Beach kann aber in den meisten Fällen erst am nächsten Tag angetreten werden.

Die Anreise von Dar-es-Salaam in den Süden, nach Kilwa, nimmt genau einen Tag, nach Mtwara einen weiteren Tag in Anspruch. Auf Sansibar entscheiden persönliche Vorlieben über die Dauer des Aufenthalts, aber wegen der Fülle an Sehenswürdigkeiten lohnen sowohl ein Tag als auch drei Tage für einen Besuch in Stone Town. Von Stone Town ist man binnen maximal zwei Stunden an den Resorts der Küste. Das gleiche gilt für die Inseln Pemba und Mafia.

## Klima und Reisezeit

Die beste Reisezeit für die Küste und die Inseln sind alle Monate außerhalb der Großen Regenzeit, die von März bis Mai dauert, wobei das Klima von Juni bis Oktober mit trocken-heißen Tagen und angenehmen Nächten am erträglichsten ist.

# Dar-es-Salaam

Cityplan
S. 250–252

**Die Metropole Tansanias präsentiert sich als buntes Kaleidoskop der Rassen und Religionen – und der Gegensätze. Während in der Innenstadt das Leben pulsiert, verbreiten die Villenviertel am Meer mondäne Ruhe. Obwohl es eine typisch afrikanische Metropole ist, hat Dar-es-Salaam vor allem eines: Strände, die zu den schönsten des ganzen Landes gehören.**

**Reiseatlas:** S. 26, D 1

Als eine der am schnellsten wachsenden Städte Afrikas steht Dar – kurz für Dar-es-Salaam – vor vielen unlösbaren Problemen. 2,5 Mio. Einwohner wurden in der letzten Volkszählung 2002 registriert, die wahren Einwohnerzahlen liegen aber bei weitem höher.

Ungebremst strömen Menschen her, in der Hoffnung auf Arbeit und ein besseres Leben, aber die Großstadt ist für diesen Menschenansturm schlecht gewappnet. Es fehlt adäquater Wohnraum, die öffentliche Wasserversorgung ist zusammengebrochen, die Entsorgung der Abwässer und des Mülls

**Azania Front Lutheran Church an der Bucht von Dar-es-Salaam**

funktioniert nicht, und täglich kommt es mehrmals zum Verkehrskollaps.

Trotz aller Herausforderungen ist Dar-es-Salaam der Ort schlechthin, um Arbeit zu finden, sei es in der Verwaltung oder der Industrie. Das Gros der Bevölkerung muss seinen Lebensunterhalt jedoch im informellen Sektor bestreiten. *Jua-kali*-Straßenverkäufer, die ›unter der heißen Sonne‹ ihre Arbeit verrichten und von Bananen über Krawatten, Sonnenbrillen und Transistorradios mit einer schier unermüdlichen Kondition ihre Waren an den Mann bzw. an die Frau bringen wollen, gehören zum alltäglichen Straßenbild der Metropole.

# Stadtgeschichte

Als Dar-es-Salaam im Jahr 1862 vom Sultan von Sansibar gegründet wurde, gab er dem Ort den klingenden Namen *Bandar as-Salâm*, zu Deutsch ›Hafen des Friedens‹. Stetig wuchs das kleine Fischerdorf von da an. Die deutschen Kolonialherren erkannten seine günstige Hafenlage und verlegten 1891 ihre Verwaltung von Bagamoyo (s. S. 262 ff.) hierher. Die große, viel tiefere Bucht eignete sich nämlich besser für die neueste Errungenschaft der Industriellen Revolution, die schweren Dampfschiffe mit viel Tiefgang. Sie konnten hier erstmals an der tansanischen Küste anlegen und Waren bringen. Viel bedeutender aber war, dass Sisal, Edelsteine, Gewürze, Kaffee und Ähnliches in großen Mengen für den Export nach Europa verladen werden konnten.

Während der gesamten Kolonialzeit und noch lange nach der Unabhängigkeit 1961 blieb Dar-es-Salaam das Verwaltungszentrum des Landes. Erst 1974 wurde Dodoma zur offiziellen Hauptstadt Tansanias erklärt, vor allem um die rückständigen, ländlichen Regionen aufzuwerten. Trotzdem befinden sich nach wie vor alle wichtigen Regierungseinheiten in Dar, auch das State House des Präsidenten, sämtliche Botschaften, die UN-Vertretung und die Repräsentanzen aller großen Unternehmen. Weil die geistige Elite des

## Mit der Autorin unterwegs

### Fischmarkt
Emsige Betriebsamkeit charakterisiert den Fischmarkt von Dar-es-Salaam. Er gibt Einblicke in die ostafrikanische Alltagskultur des Fischens, Feilschens und Palaverns (s. S. 253).

### Kariakoo
Geschäftig, laut, eindrucksvoll – im typisch afrikanischen Stadtviertel geht es Tag und Nacht hoch her (s. S. 253).

### Holzschnitzermarkt Mwenge
Dies ist der beste Ort in Tansania, um Souvenirs einzukaufen. Dabei sollte man unbedingt handeln (s. S. 255)!

### Kipepeo Beach
Wenige Touristen verirren sich an einen der schönsten Strandabschnitte des ganzen Landes. Idyllisch: Übernachtung im Kipepeo Beach Village (s. S. 255).

Landes von hier aus waltet, wird die Stadt von den Tansaniern auch liebevoll *bongo* (Kiswahili für Gehirn) genannt.

Menschen vieler Kulturen, aus Indien, Pakistan, aus arabischen und europäischen Ländern, machen das bunte Gesicht der Millionenstadt aus. Die Vielfalt der Rassen spiegelt sich in der Stadtarchitektur wie auch im kulinarischen Kaleidoskop. So haben sich typisch asiatische oder afrikanische Viertel entwickelt. Positiv ist allerdings, dass sich trotz des unkontrollierten Zuzugs keine Slums vor den Toren der Stadt gebildet haben, wie häufig in Südafrika oder Kenia.

Für die nächsten Jahrzehnte sind große Projekte geplant, die das Leben der Großstadtbewohner verbessern sollen. So plant man, mit Hilfe von japanischen Sponsoren Straßenzüge auszubauen, das Bussystem soll modernisiert und nicht zuletzt das heiße Eisen Stromversorgung soll angegangen werden.

# Dar-es-Salaam: Cityplan

Gymkhana Club Golf Course

Ocean Road

Indischer

Ozean

Ali Hassan
Mwinvi Road

Nyumba ya
Sanaa

Shaban Robert Street

Ghana Avenue

Ohio Street

Mrambo Street

International
House

Botanischer
Garten

Chimara Street

Sokoine Drive

Ocean Road

13

14

Shaban Robert Street

M 15

YMCA

Ghana Avenue

Pfunda

BOTSCHAFTS-
VIERTEL

Azikiwe St.

15

PPF Tower

Garden Avenue

17

Street

Pamba Road

Ohio St.

Luthuli Street

12

Mwepu St.

Simu St.

Makunganya St.

Samora Machel Avenue

Azikiwe St.

Madaraka Street

Magogoni Street

1

16 2 4

1

Bridge Street

Mansfield St.

18

Busbahnhof

4

Sokoine Drive

3

Kivukoni Front

Sansibar

5

Fährhafen
nach Sansibar

6

9

Sansibar

Msasani Bay

20

Msasani
Peninsula

5

Fährhafen
zum South Beach

Busbahnhof

17

7

Slipway

MASAKI

Indischer
Ozean

Harbour

11 12

Old Bagamoyo Rd.

MSASANI

Haile Selassie Road

16

Südstrand

17 6 7

OYSTER BAY

Oyster
Bay

8 10 21

Ali Hassan
Mwinyi Road

NAMANGA

19

Bagamoyo, Mwenge, Kunduchi,
New Bagamoyo Road

KINONDONI

Selander
Bridge

Msimbazi
Bay

Msimbazi Creek

UPANGA

Morogoro Road

siehe Detailplan

KARIAKOO

Central
Railway
Station

Harbour

KIGAMBONI

251

## Sehenswürdigkeiten

1 Askari Monument
2 Azania Front Lutheran Church
3 Old Post Office
4 Toyota House
5 St. Joseph's Cathedral
6 Old Boma
7 City Hall
8 Central Railway Station
9 Clock Tower
10 Kariakoo Market
11 Fischmarkt Mzizima
12 State House
13 Ocean Road Hospital
14 Botanischer Garten
15 National Museum
16 Coco Beach
17 Holzschnitzermarkt von Mwenge
18 Kipepeo Beach

## Übernachten

1 Kilimanjaro Hotel Kempinski

2 Mövenpick Royal Palm Hotel
3 Peacock Hotel
4 Luther House
5 Sea Cliff Hotel
6 Millennium Towers Hotel
7 White Sands Hotel
8 The Beachcomber Hotel & Resort
9 Mediterraneo Hotel
10 Maua Garden
11 Ras Kutani
12 Kipepeo Beach Village
13 Royal Mirage
14 Jambo Inn
15 YWCA

## Essen und Trinken

16 New Africa Hotel
17 The Red Onion
18 Epi d'Or
19 Osaka
20 Sea Cliff Village
21 Lemon Grass

# In der Innenstadt

Verfallende Kolonialgebäude, mehrstöckige verglaste Bürobauten und nicht zuletzt der mörderische Verkehr prägen das Bild der Stadt. Ein Spaziergang sollte im Normalfall kein Problem darstellen; es empfiehlt sich aber eine Stadtrundfahrt mit dem Taxi, um der eigenen Sicherheit willen. Besondere Vorsicht vor Gaunereien ist trotzdem rund um den Fischmarkt, im Kariakoo und beim Fährhafen geboten. Viele Unterkünfte organisieren gern Stadtrundfahrten mit zuverlässigen Taxifahrern.

## Zwischen Askari Monument und Clock Tower

Am stark frequentierten Verkehrskreisel der Azikiwe Street/Samora Avenue steht das **Askari Monument** 1 . Denkmäler dieser Art gibt es in vielen tansanischen Städten; sie gedenken der gefallenen Soldaten (*askari* be-

deutet Soldat auf Kiswahili) der Kriege und Aufstände mit europäischer Beteiligung. In Dar-es-Salaam stellte das ursprüngliche Denkmal von 1911 – im Gedenken an die in der Kolonialzeit gefallenen deutschen Soldaten – den schlagkräftigen deutschen Offizier Herrmann von Wissmann dar. Seine Figur wurde aber 1927 durch die eines afrikanischen Soldaten ersetzt.

An der Meeresfront erreicht man zur Linken die **Azania Front Lutheran Church** 2 . Die Kirche wurde gegen Ende des 19. Jh. von deutschen Missionaren erbaut. Ihre weithin sichtbaren, mit roten Schindeln gedeckten Dächer und der Glockenturm sind definitiv alpenländisch inspiriert.

Gleich nach der Abzweigung in Richtung Südwesten auf den Sokoine Drive finden sich einige Gebäude aus der deutschen Kolonialperiode, wie **The Old Post Office** 3 oder der Bau, der heute als **Toyota House** 4 bezeichnet wird.

Weiter vorne rechts, noch vor dem Fährhafen, kommt die katholische **St. Joseph's Cathedral** `5` ins Blickfeld, die 1902 von deutschen Missionaren fertiggestellt wurde. Einen Block weiter steht die **Old Boma** `6`, die dem Sultan als Gästequartier dienen sollte. Heute beherbergt sie die Unesco, die sie auch mit viel finanziellem Aufwand restauriert hat. Die **City Hall** `7` (1867) nebenan wird heute von der Stadtverwaltung genutzt.

Bei der 1906 errichteten **Central Railway Station** `8`, einem der beiden großen Bahnhöfe der Stadt, biegt man rechts ab. Von 1905 bis 1914 erbaute die deutsche Kolonialregierung die Eisenbahnlinie vom Tanganyika-See zur Küste, hauptsächlich um Kupfer aus Kongo über Kigoma nach Europa verschiffen zu können.

Der **Clock Tower** `9`, nicht weit davon, ist ebenso wie das Denkmal des *askari* ein Phänomen, das man in jeder tansanischen Stadt antrifft. Meistens befindet sich der Uhrturm in der Mitte eines Verkehrskreisels an sehr exponierten Stellen (an denen man sich übrigens gut orientieren kann).

## Kariakoo

Kariakoo wird gerne als ›Afrikaner-Viertel‹ bezeichnet, weil sich hier noch am ehesten das typisch afrikanische Ambiente erhalten hat. Alte Lehmhäuser mit Wellblechdächern, von der Decke hängende Waren, ein intensives Potpourri aus exotischen Gewürzen, lebenden Tieren und Autoabgasen sowie marktschreierische Geschäftigkeit bestimmen die Atmosphäre. Der Name Kariakoo stammt aus dem Ersten Weltkrieg, als tausende Tansanier als Träger für die Soldaten zwangsverpflichtet wurden. Die Wohnbaracken für jene Träger, das tragende Korps (*carrier corps*), wurden auf dem heutigen Gelände des Kariakoo im Schachbrettmuster aufgestellt und nach dem Krieg einfach sich selbst überlassen.

Mitten in Kariakoo befindet sich eine große, zweistöckige Markthalle, der **Kariakoo Market** `10`, unter dessen Wellblechdach der größte Lebensmittelmarkt der Stadt (angeblich auch der größte ganz Ostafrikas) untergebracht ist (tgl. 6–18 Uhr).

## Zwischen Kivukoni Front und Ocean Road

Folgt man der Uferpromenade von der Azania Front Lutheran Church, passiert man zuerst das luxuriöse Kempinski Hotel Kilimanjaro sowie weiter vorne einige bröckelnde deutsche Kolonialgebäude, die heute z. T. tansanische Regierungsbehörden beherbergen. An der Spitze der Bucht findet man, immer der Nase nach, den mit Mitteln der japanischen Regierung revitalisierten **Fischmarkt Mzizima** `11` sowie den **Fährhafen.** Von hier aus verkehrt die Autofähre zum South Beach (Kipepeo Beach).

Weiter auf der Ocean Road, die herrliche Blicke auf den zur rechten Hand liegenden Indischen Ozean freigibt, liegt der Regierungssitz des Präsidenten, **State House** `12`. Er ist in einem aufwendig restaurierten, stattlichen deutschen Kolonialpalast aus den späten 1890er-Jahren untergebracht. Wie sämtliche von der Regierung genutzten Gebäude darf auch dieser Bau nicht fotografiert werden!

Die Ocean Road führt weiter am **Ocean Road Hospital** `13` vorbei, errichtet im Jahr 1897 als Missionskrankenhaus der Lutherischen Kirche, wo man links in die Chimara Street abbiegt und sich bei der nächsten Abzweigung links hält. Das stattliche, imposante Gebäude im Kolonialstil lässt erahnen, dass es einst eines der wichtigsten Hospitäler des Landes war.

Wenn man der Samora Avenue folgt, erreicht man an der nächsten Kreuzung rechts den **Botanischen Garten** `14`, der noch aus der deutschen Kolonialzeit stammt. Zwischen farbenprächtigen heimischen Blumen und seltenen endemischen Pflanzen bietet er einige lauschige, kühle Plätzchen zum Verweilen in der stickigen Millionenmetropole (tgl. 7–18 Uhr, Eintritt frei).

Im **National Museum** `15`, das versteckt auf der anderen Straßenseite liegt, ist der wichtigste prähistorische Fund des Landes untergebracht: der Schädel des ›Nussknacker-Menschen‹, den Mary und Louis Leakey in der Oldupai-Schlucht (s. S. 352) entdeckten (tgl. 9.30–18 Uhr, Erw. 3 US-$, Fotografieren 10 US-$).

# Nördlich der Innenstadt

Nördlich der unscheinbaren Selander Bridge beginnen die Wohn- und Geschäftsviertel der wohlhabenden Einwohner. Auf der pittoresken **Msasani-Halbinsel**, der Top-Adresse für Diplomaten, hochrangige Regierungsbeamte und Mitarbeiter von Entwicklungsorganisationen, reiht sich eine spektakuläre Villa an die andere, selbstverständlich gut gesichert durch hohe Elektrozäune und dem obligaten *askari* (Wachmann). Kein Wunder, dass sich hier die beiden mondänsten Einkaufszentren der Stadt, das **Sea Cliff Village** und das **Slipway,** beide mit angeschlossenem Hotel, angesiedelt haben. Dazwischen befindet sich der bei den Einheimischen beliebte, schöne **Coco Beach** `16` von Oyster Bay.

Ein ungewöhnliches Highlight stellt der **Holzschnitzermarkt von Mwenge** `17` dar (Mwenge Crafts Market). Ein Stück westlich der großen Kreuzung der New Bagamoyo Road mit der Sam Nujoma Road hat sich ein stattlicher Markt von (zumeist aus Kenia importierten) Souvenirs etabliert. Abwechslung von der Einförmigkeit der Souvenirs bringen die zahlreichen Makonde-Holzschnitzer (vom Makonde-Plateau im Süden Tansanias), die noch immer traditionelles tansanisches Kunsthandwerk pflegen. Wer tansanisch kaufen möchte, sollte sich unbedingt genau erkundigen, wie die Ware hergestellt wurde. Handeln ist unabdingbar! Der Markt ist 12 km vom Stadtzentrum entfernt (tgl. 8–18 Uhr).

## Palmen und Sandstrände

Eher bescheiden präsentieren sich die Strände des Nordens. Die Strände der Jangwani Seabreeze Lodge oder des White Sands Hotel (ca. 21 km von der Stadt entfernt) sind neben denen des heruntergekommenen Silver Sands Hotel oder des Bahari Beach Hotel noch am ehesten empfehlenswert (ca. 28 km von der Stadt). Bei Spaziergängen am Strand ist jedoch enorme Vorsicht empfohlen (oder ein *askari* anzuheuern), denn gerade am

**Werbeträger Wäscheleine:**
**Textilienverkauf in Dar-es-Salaam**

Kunduchi und Bahari Beach kommt es immer wieder zu Raubüberfällen auf Touristen.

# Am Südstrand

Viel paradiesischer – und bei weitem weniger frequentiert – sind die Strände südlich der Innenstadt. Dorthin gelangt man ausschließlich mit der Autofähre, die von der Kivukoni Front (neben dem Fischmarkt) täglich viele Male ans andere Ufer, nach Kigamboni, pendelt (tgl. 5–18 Uhr, 100 TSh/Person, Fahrzeug 1000 TSh).

Etwa 7,5 km südlich der Fähre führt eine Abzweigung (an einem Schilderwald mit einigen Verkaufsständen) an einen der wohl schönsten Strandabschnitte von Dar-es-Salaam, **Kipepeo Beach** `18` . Der Strand hier ist genau so, wie man sich ihn am Indischen Ozean vorstellt: blütenweißer Sand, türkisblaues Wasser, romantische Palmenhaine – und Kühe, die samt Kuhhirten auf ihrer täglichen Runde am Strand promenieren.

Auf dem Weg weiter in den Süden gibt es noch einige herrliche Strandabschnitte, die aber für Touristen nicht empfehlenswert sind, da es schon mehrmals zu Übergriffen gekommen ist. Hier liegen zwei exklusive Lodges, Ras Kutani und Protea Amani Beach, die mit himmlischer Abgeschiedenheit und herrlichen Stränden werben können. Die Straße dorthin ist weniger herrlich – die Gäste werden ohnehin in ihre Hideaways geflogen.

**ℹ** **Tourism Information Centre:** Samora Ave., Tel. 022-213 15 55, www.tanzaniatouristboard.com. Das offizielle Tourismusbüro ist gut organisiert und hilft freundlich weiter. Man darf aber keine europäischen Standards erwarten, was die Aktualität der Informationen angeht.

**Banken:** Barclays Bank für MasterCard- und Visa-Abhebungen (Ohio St., gegenüber vom Mövenpick Royal Palm Hotel), NBC-Zentrale (Azikiwe St./Sokoine Dr., gegenüber vom New Africa Hotel) für Visa-Abhebungen, weitere NBC-Zweigstellen im Slipway oder Sea Cliff, weitere Visa-Bankomaten bei der Stan-

## Dar-es-Salaam

dard Chartered Bank im Nic Life House (Samora Ave./Mirambo St.), JM Mall (Samora Ave.), Shoppers Plaza (Old Bagamoyo Rd.).

**Geldwechsel:** Jede Menge Wechselstuben gibt es in der Samora Ave. und in der restlichen Innenstadt. Achtung: Kein Geld auf der Straße wechseln! Es kann sich um Falschgeld oder auch um Betrügereien handeln.

**Internet:** Preise um 1000–3000 TSh/Std. JM Mall. Samora Ave., Internet-Café im EG; Red Hot Spot Internet Café, Ohio St., im Steers-Gebäude, Laptop wird akzeptiert; Millennium Towers Internet Café, New Bagamoyo Rd., Millennium Towers Hotel, neben Wheatfield Bakery, bester Platz für Laptop und Internet-Telefonie in der Stadt.

###  Im Zentrum
### Kilimanjaro Hotel Kempinski

**1** : Kivukoni St., Tel. 022-213 11 11, Fax 022-212 07 77, www.kempinski-daressalaam.com. Im 2005 revitalisierten Hotel dominiert heute klares Design im schicken Ethno-Mix. Spa, Massage, Fitnesscenter, Pool. Wireless Internet. Ausgezeichnetes Restaurant im eleganten Ambiente (ab 20 US-$). 180 Zi., DZ ab 350 US-$.

**Mövenpick Royal Palm Hotel** **2** : Ohio St., Tel. 022-211 24 16, Fax 022-211 39 81, www.moevenpick-hotels.com. Mondänes Klassik-Hotel, das von außen fernöstlich wirkt. Fitnesscenter, Pool, Sauna, Golfplatz. Wireless Internet. Ausgezeichnete Restaurants mit gediegenem Ambiente (ab 20 US-$). 230 Zi., DZ ab 200 US-$.

**Peacock Hotel** **3** : Bibi Titi Mohamed St., Tel. 022-211 40 71, Fax 022-211 79 62, www.peacock-hotel.co.tz. Zuvorkommender Service, saubere Zimmer im westlichen Stil und akzeptable Küche (mit leckeren tansanischen Buffet-Abenden) machen das zentrale Hotel empfehlenswert. Wirkt beengend durch wenig Tageslicht. Wireless Internet. 81 Zi., DZ ab 88 US-$.

**Luther House** **4** : Sokoine Dr., nähe Swiss Air, Tel. 022-212 62 47. Von Geistlichen geführte Unterkünfte sind in der Regel sehr gut, so auch dieses Gästehaus. Gute und günstige tansanische Küche. DZ 25 US-$.

### Nördlich der Innenstadt

**Sea Cliff Hotel** **5** : Toure Dr., Msasani Peninsula, Tel. 022-260 03 80, Fax 022-260 04 76, www.hotelseacliff. Erstklassiges Hotel auf den Klippen mit herrlichem Blick auf den Indischen Ozean. Mit Casino. Wireless Internet. Im Restaurant Calabash kann man exquisit zu Mittag sowie abends speisen und sogar Eisbein oder Wiener Schnitzel bestellen (ab 20 US-$). 113 Zi., DZ ab 160 US-$.

**Millennium Towers Hotel** **6** : Kijitonyama, New Bagamoyo Rd.,Tel. 022-277 45 88, Fax 022-277 45 99, www.africanskyhotels.com. Sympathisches Hotel mit großen stilvollen Zimmern. An der Ostseite wundervolle Aussicht auf Palmenhaine und Meer. Mit cooler Chill-out-Lounge im reduzierten Ethno-Stil. Gutes Restaurant. Pool, Wireless Internet. 60 Zi., DZ ab 142 US-$.

**White Sands Hotel** **7** : Jangwani Beach, Africana Rd., Tel. 022-264 76 20, Fax 022-264 78 75, www.hotelwhitesands.com. Große Zimmer im afrikanischen Stil, teilweise mit Blick aufs Meer. Meerzugang. Pool, Fitnesscenter. Freier Eintritt in die angrenzende Water World. Internet/Wireless Internet. Gute internationale Küche in gehobener Preisklasse. Tgl. Fähre zur romantischen Bongoyo-Insel. 116 Zi., DZ ab 132 US-$.

**The Beachcomber Hotel & Resort** **8** : Jangwani Beach, Africana Rd., Tel. 022-264 77 72, Fax 022-264 7050, www.beachcomber.co.tz. Das freundliche, ältere Hotel im bisweilen kitschigen Stil ist komfortabel, das Personal äußerst zuvorkommend. Alle Zimmer verfügen über Meerblick. Wireless Internet, Fitnesscenter, Pool. Zugang zum Meer. Schmackhafte indische Küche (um 5000 TSh), 36 Zi., DZ ab 122 US-$.

**Mediterraneo Hotel** **9** : Old Bagamoyo Rd., stadtauswärts, rechts abbiegen in den Kawe Beach, Tel. 022-261 83 59, www.mediterraneotanzania.com. Einladendes Hotel im mediterran-afrikanischen Stil mit viel Flair, aber wenig inspirierendem Strand. Pool. Internet. Exzellente italienische Küche mittags und abends, garniert mit Blick aufs Meer und die Lichter der Stadt am Abend (um 15 000 TSh). 19 Zi., DZ ab 90 US-$.

**Maua Garden** 10 : Kunduchi Beach, Tel. 022-265 02 29, www.maua-beach.ch, Einfache, gemütliche Zimmer inkl. Schlemmer-Frühstück. Das familiäre Gästehaus des hilfsbereiten Schweizer Ehepaars Grob hat zwar keinen direkten Strandzugang, aber Pool. Gutes Restaurant (tgl. durchgehend geöffnet, 4000–6000 TSh). 5 Zi., DZ ab 50 US-$.

**Am Südstrand**

**Ras Kutani** 11 : Ras Kutani, Tel. 022-212 84 85, Fax 022-211 27 94, www.selous.com. Charmantes Luxus-Hideaway, wo aus lokalen Materialien ein edles afrikanisches Ambiente gezaubert wurde. Jedes Cottage mit Veranda. Herrlicher Sandstrand. 12 Zi., DZ ab 450 US-$ (Vollpension).

**Kipepeo Beach Village** 12 : Kipepeo Beach, Tel. 022-282 08 77, Fax 022-211 92 72, www.kipepeovillage.com. Anlage mit legerer, entspannter Atmosphäre, auf Stelzen gebaute, rustikale Chalets. Veranda mit Meerblick. Auch Strand-Bandas werden angeboten, um 20 000 TSh (DZ) mit Gemeinschaftsbad. Die Küche mit britischem Einschlag ist spezialisiert auf Frittiertes und schwere Kost. 20 Zi., DZ ab 65 US-$.

 **Royal Mirage** 13 : Livingstone/Amani St., Tel. 022-218 14 62, Fax 022-218

**Coco Beach ist ein bei Einheimischen beliebter stadtnaher Strand**

# Dar-es-Salaam

**Der Hafen – Grundlage für das Wachstum von Dar-es-Salaam**

14 67, www.royalmirage.net. Das 2005 eröffnete Budgethotel im Kariakoo bietet aparte, einfache und saubere Zimmer. 88 Zi., DZ mit Klimaanlage ab 35 US-$.
**Jambo Inn** 14 : Libya St., Tel. 022-211 42 93, www.jambohotel.8m.com. Landestypisches Gästehaus, das außerordentlich beliebt bei Budget-Reisenden ist. DZ ab 16 000 TSh.
**YWCA** 15 : Maktaba St., Eingang über Ghana St., Tel. 022-212 24 39, ywca.tanzania@africaonline.co.tz. Landestypische Unterkunft einfach, recht sauber. DZ ab 6000 TSh.

### Camping
**Kipepeo Camp:** s. Kipepeo Beach Village 12 , www.kipepeocamp.com. Der schönste Campingplatz der Millionenmetropole liegt an blütenweißem Sandstrand. 4 US-$/Person.

### Im Zentrum
**New Africa Hotel** 16 : Azikiwe St./Sokoine Dr., mittags, abends ab 19 Uhr. Im Bandari Grill hervorragende indisch-inspirierte Küche sowie Buffets; das Sawasdee rühmt sich, das beste Thai-Lokal der Stadt zu sein. Beide unter 20 US-$.

**The Red Onion** 17 : Haidery Plaza, Kisutu Ave./India St., tgl. 11–22 Uhr. Serviert wird ›von allem ein bisschen‹, das aber durchaus schmackhaft. Indische, europäische und Thai-Gerichte um 8000 TSh.
**Epi D'Or** 18 : Samora Ave., Mo–Fr 7–17, Sa 7–16 Uhr. Wegen der köstlichen Sandwiches, Suppen und Kleingerichte findet man um die Mittagszeit kaum Platz im französisch-libanesischen Café, wo außerdem gute Süßspeisen und Brot hergestellt werden. Um 4000–6000 TSh.

### Nördlich der Innenstadt
**Osaka** 19 : Oyster Bay, Toure Dr./Chaza Ln., Di–So 12–14.30, 18–23 Uhr. Exquisite japanische Küche mit viel frischem Fisch wird hier kredenzt, um 20 US-$.
**Sea Cliff Village** 20 : Toure Dr., Öffnungszeiten sind unterschiedlich. Hier hat sich eine erkleckliche Anzahl an verschiedenen kleineren und größeren Restaurants (indisch, chinesisch, italienisch, kroatisch, Fischspezialitäten, Steak-Spezialitäten etc.) einquartiert. Günstiges bis mittleres Preisniveau, ideal für die Mittagszeit.

**Lemon Grass** 21 : New Bagamoyo Rd., ab 18 Uhr. Indische, asiatische und Thai-Küche um 6000–8000 TSh.

 **Einkaufszentren:** Viele Einkaufszentren bieten ein breites Sortiment; Supermärkte, Buchläden oder Apotheken findet man dort ebenso wie Kleidung oder einen Foto-Service, z. B. im Seacliff Village, Slipway (beide Toure Dr.), Shoppers Plaza (Old Bagamoyo Rd.), Millennium Towers (New Bagamoyo Rd.) oder Mlimani City (Mwenge).

**Souvenirs** gibt es vor allem in der Innenstadt rund um die Samora Ave., im ›Haus der Kunst‹ Nyumba ya Sanaa (Ohio Ave./Ali Hassan Mwinyi Rd.) sowie in den Einkaufszentren Slipway und Sea Cliff.

**Morogoro Stores:** Haile Selassie Rd. und Msasani-Halbinsel. Die Geschäfte verkaufen nicht nur tansanisches Kunsthandwerk, sondern auch kulinarische Spezialitäten.

**Mwenge Crafts Market** 17 Um Holz- und typische Afrika-Souvenirs einzukaufen, sollte man sich die Fahrt zum Holzschnitzermarkt nicht entgehen lassen, dort gibt es mit Abstand die größte Auswahl. Der **Textilienmarkt** in der Uhuru St./Bibi Titi Mohamed St. bietet Stoffe, wie *kangas* oder *kitenge*.

**Recycle-Metall-Kunst:** The Wonderwelders, Ali Hassan Mwinyi Rd. Richtung Norden, Galu St., Ada Estate, bei Blue Mango, Tel. 07 44 05 14 17, www.wonderwelders.org. Besonders ansprechendes Kunsthandwerk produzieren hier poliogeschädigte Menschen. Aus entsorgten Metallteilen, z. B. Schrauben, Federn oder Ähnlichem, werden kunstvolle kleine Objekte, wie typisch afrikanische Tiere, gefertigt. Voranmeldung erbeten.

**Kunsthandwerk:** Zanzibar Secrets, Haile Selassie Rd., Mo–Fr 9–12, 14–18 Uhr. Wer keinen Abstecher nach Sansibar macht, muss unbedingt hier vorbeischauen. Orientalische und sansibarische Erzeugnisse sowie exquisite Exponate aus Tansania, z. B. Keramik oder Schmuck. Kein Souvenir-Einerlei, sondern solide, schöne Handwerkskunst.

 Viele Hotel und Restaurants verfügen über angeschlossene Bars oder kleine Pubs. Es empfiehlt sich, für nächtliche Ausflüge Taxis zu nutzen.

**Q-Bar:** Haile Selassie Rd., Msasani-Halbinsel, tgl. 9 Uhr bis spät. Beliebter heißer Treffpunkt der Ausländer mit großen Leinwänden und Billardtischen, Live-Konzerte (Mi, Fr).

**Sweet Eazy:** Ghuba Rd., Oyster Bay, tgl. 11–24 Uhr. Gute Küche (Thai, afrikanisch), Do/Fr Live-Musik, beliebte Bar der e*xpats*.

**Garden Bistro:** Haile Selassie Rd., Mo–Sa 17–23.30, So 12–15 Uhr. Mehrere Restaurants und Bars sind unter einem Dach vereint. Pool-Tisch, Leinwände.

 Das beste Informationsmedium für Veranstaltungen und Ereignisse ist der »Dar Guide«, der monatlich erscheint und in Hotels, Restaurants und in vielen Geschäften ausliegt.

**East Africa Art Biennale** (Dez.): Erstmals 2003 veranstaltet, soll das alle zwei Jahre stattfindende Festival Künstlern aus Ostafrika eine nationale und internationale Bühne bieten. Geplant sind Festivals 2007 und 2009.

 **Safari-Veranstalter:** Alle hier genannten Veranstalter sind TATO-Mitglieder (s. S, 87) mit jahrelanger Erfahrung.

**A Tent With A View Safaris:** Zanaki St./Indira Gandhi St., Tel. 022-211 05 07, Fax 022-212 38 12, www.saadani.com. Erfahrener Tour Operator mit eigenen Lodges im Selous Game Reserve und Saadani National Park.

**Wild Things:** Makunganya St., unweit vom Askari Monument, Tel. 022-212 52 25, www.wildthings.co.tz. Sympathisch und innovativ.

**Takims Holidays Tours & Safaris:** Mtendeni St., Tel. 022-211 03 47, Fax 022-211 66 59, www.takimsholidays.com. Gut organisiertes Unternehmen mit Zweigstellen in Arusha und Stone Town.

**Hippotours:** Ohio St., neben Mövenpick Royal Palm Hotel, Tel. 022-212 86 63, Fax 022-212 86 61, www.hippotours.com. Solides Unternehmen mit gutem Ruf und der Rufiji River Lodge im Selous Game Reserve.

**Foxes African Safaris:** kein Büro in Dar, Tel./Fax 022-286 23 57, www.tanzaniasafa

ris.info. Verdienter, empfehlenswerter Safari-Veranstalter, der Camps und Lodges in mehreren Parks des Südens sein Eigen nennen.

**Chimpanzee Safaris:** Kamata-Viertel, Tel. 022-213 05 53, Fax 022-213 04 87, www.chimpanzeesafaris.com. Veranstalter mit Schwerpunkt Gombe, Mahale, Katavi und Tarangire National Park; ein zweites Büro ist im Kigoma Hilltop Hotel in Kigoma (s. S. 367).

**Bootsausflüge:** Die vorgelagerte Insel **Bongoyo Island** kann man auf einem Tagesausflug ansteuern. Ab Slipway-Einkaufszentrum, tgl. 9.30, 11.30, 13.30 Uhr, 16 000 TSh inkl. Eintrittsgebühren für die Insel. Ab Jangwani Beach, 10 000 TSh ohne Eintritt. Außerdem bringt von hier ein Shuttle-Boot je nach Bedarf Sonnenhungrige oder Schnorchler auf die unbewohnte Insel Mbudya Island. Beide Inseln im Internet: www.marineparktz.com.

**Erlebnispark:** Kunduchi Wet'n Wild Water Park, Kunduchi Beach Hotel, Tel. 022-265 03 26, info@kunduchi.com, tgl. 7–18 Uhr, Erw. 4950 TSh, Kinder bis 8 Jahre 4500 TSh. Der nach eigenen Angaben größte Wasser-Vergnügungspark Ostafrikas.

**Wassersport:** Das White Sands Hotel 7 bietet eine Fülle von Aktivitäten, z. B. Windsurfen (7000 TSh/Std./Person), Wasserski-fahren (20 000 TSh/20 Min./Person) oder Kajakfahren (5000 TSh/Std.).

**Tauchen:** über das Sea Breeze Marine Dive Centre, im White Sands Hotel 7 , www.seabreezemarine.org. Kurse PADI Open Water 350 US-$, Tauchgang 40 US-$.

### ⇆ Flüge

Der Mwalimu Julius K. Nyerere International Airport liegt an der Nyerere Rd. ca. 10 km außerhalb der Stadt. Er wird primär von internationalen Airlines angeflogen, doch auch nationale Linien, wie z. B. die Precision Air, haben eine Landelizenz. Die übrigen Inlandsflüge starten vom kleineren, ehem. internationalen Flughafen etwas weiter stadtauswärts an der Nyerere Rd.

### Züge

**Central Line:** von Dar-es-Salaam, Central Railway Station (Railway St./Sokoine Dr., Tel. 022-211 06 00, www.trctz.com) nach Kigoma (54 300 TSh in der 1. Klasse) oder nach Mwanza (53 600 TSh in der 1. Klasse). Abfahrt: Di, Fr, So, jeweils 17 Uhr. Dauer: ca. 40 Std. Aufgrund technischer Probleme ist der Personenverkehr zzt. eingeschränkt.

**TAZARA:** Tanzania-Zambia-Railway nach Sambia mit Halt im Selous Game Reserve und Mbeya. Abfahrt in der Nyerere Rd./Mandela Rd., Tel. 022-286 03 47, www.tazara.co.tz). Abfahrt: Mo 9 Uhr, Di und Fr 15.50 Uhr (55 000 TSh in der 1. Klasse). Dauer: ca. 24 Std.

### Verkehr innerhalb der Stadt

Es gibt zahllose **Dalladallas,** mit denen man jeden noch so entfernten Winkel in der Stadt erreichen kann.

### Busse

Die Überlandbusse der verschiedenen Busunternehmen haben zwar alle in der Nähe der Innenstadt ihre Busdepots, aber wer am **Ubungo Busbahnhof** (Morogoro Rd./Sam Njoma Rd., ca. 8 km außerhalb des Stadtkerns) zusteigt, geht auf Nummer Sicher. Folgende **Buslinien** sind empfehlenswert: Royal Coach (Libya St./Mwisho St., Kisutu, Tel. 022-212 40 73), Scandinavian Express

**Taxis:** Eine riesige Flotte (erkennbar an dem weißen Nummernschild) steht zur Verfügung. Allerdings sagt die Taxilizenz nichts über Ortskenntnisse aus. Die großen Hotels oder Bürogebäude sind den Taxifahrern zumeist bekannt, aber manche Restaurants oder Büros von Fluglinien, kennen sie nicht immer. Der Preis muss immer im Voraus verhandelt werden. Richtpreise: innerhalb der Innenstadt 3000 TSh, von der Innenstadt zur Seacliff Village 6000 TSh, vom Flughafen zu den Strandhotels im Norden 25 000 TSh, vom Flughafen in die Innenstadt bis 10 000 TSh. Taxi für einen ganzen Tag: max. 35 000 TSh inkl. Benzin innerhalb der Stadtgrenzen. Es ist ratsam, den vereinbarten Betrag genau parat zu haben, denn Wechselgeld wird nicht gern herausgegeben.

## Richtig Reisen-Tipp:
## Gezaulole – Begegnungen im Fischerdorf

Das Kulturtourismus-Programm von Gezaulole offeriert mehrere geführte Touren. Beim **Historical Places and Beach Walk** erfährt man, dass Gezaulole einst, neben Bagamoyo und Pangani, ein arabischer Hafen für Elfenbein und Sklaven war, von wo aus die Schiffe Kurs auf Sansibar nahmen. Eine ungefähr 400 Jahre alte Moschee samt Gräbern lässt erahnen, dass der verträumte Ort in der arabischen Besiedelung eine zentrale Rolle gespielt haben muss, denn Moscheen wurden nur an strategisch wichtigen Orten mit großem Einzugsgebiet errichtet.

**The Village Life Walk**, eine weitere geführte Tour, bringt die Besucher mitten in das typische Leben und Arbeiten des Dorfes. Dabei wird gezeigt, wie die Felder bestellt werden und das Vieh gezüchtet wird. Zusätzlich macht man auf Tiere, z. B. Vögel, Reptilien oder Krabben, aufmerksam, die zum Alltag der Dorfbewohner gehören. **Ausflüge auf lokalen Dhaus** zu den benachbarten Inseln Sinda Island oder Latham Island (mit Mög-lichkeit zum Schnorcheln) werden ebenso angeboten (10 000 TSh/Person).

Zu buchen ist diese Tour z. B. über Afriroots (www.afriroots.co.tz, 50 US-$/Person) und die meisten Safari-Veranstalter (60–80 US-$/Person). Eine Anreise auf eigene Faust ist gut machbar, entweder mit öffentlichen Verkehrsmitteln (zuerst mit der Fähre, dann mittels Dalladalla in Richtung Gezaulole, 350 TSh) oder mit einem Taxi (s. Mini-Tipp S. 260). Guides stehen für 4000 TSh/Halbtag zur Verfügung. Gezaulole liegt ca. 14 km südlich der Fähranlegestelle, etwa 7 km hinter Kipepeo. Wer mit Dalladallas unterwegs ist, bittet den Fahrer, bei Gezaulole zu halten.

**Übernachtungsmöglichkeiten:** Campen in Akaida's Garden oder Bett im Kali Mata Guest House (5000 TSh, einfache Unterkunft). Die Verpflegung in Form von typischen tansanischen Gerichten wird von den Dorffrauen organisiert und zubereitet (3000 TSh je Mahlzeit). Zusätzlich wird noch eine Dorfgebühr erhoben.

(Nyerere Rd./Msimbazi St., Kariakoo, Tel. 022-218 48 33, www.scandinaviagroup.com), Dar Express (Africa St., Kisutu, Tel. 07 48-27 60 60) oder Shabiby (Ubungo Bus Terminal, 07 44-75 37 69).

### Mietwagen

**Hertz:** am Flughafen oder im Mövenpick Royal Palm Hotel, Ohio St., Tel. 022-212 21 30, hertz@cats-net.com.

**Takims Holiday Tours & Safaris:** Mtendeni St., Tel. 022-211 03 47, Fax 022-211 66 59, www.takimsholidays.com.

**Xpress Rent a Car:** Kisutu Ave./India St., Haidery Plaza, Tel. 022-212 83 56, www.xpresstours.org.

### Fähren

Zwischen **Sansibar und dem Festland** verkehren mehrmals täglich Fähren. Abfahrtszeiten: 7.30, 10.30, 14, 16 Uhr für Schnellboote, 12.30 Uhr für die langsamere Fähre, Dauer der Überfahrt: je nach Windverhältnissen 1,5–2,5 Std. Die langsamere Fähre benötigt 3 Std. für die Überfahrt (ist aber wesentlich angenehmer für Leute, die leicht seekrank werden). Preise: 35 US-$ Economy Class, 40 US-$ First Class, 25 US-$ Slow Boat (langsamere Fähre).

Es ist ratsam, die Tickets im Voraus zu buchen, da sich die Fähren gerade in der Hauptsaison schnell füllen. Achtung: Erledigen Sie alle Formalitäten nur an den Schaltern, niemals auf der Straße durch Mittelsmänner.

Beim Kauf der Tickets ist große Vorsicht angeraten (Reisepass nicht aus der Hand geben, nur Geld gegen Ticket, keine dubiosen Extra-Gebühren bezahlen, sich keine ›Deals‹ aufschwatzen lassen, etc.)!

**Die Küste nördlich der Metropole Dar-es-Salaam ist geprägt von blutiger Geschichte: Der einstige sagenhafte Reichtum von Bagamoyo, Pangani und Tanga gründete sich vor allem auf Sklaverei und Wilderei z. B. von Elfenbein. Heute kommt der Landstrich einem überdimensionalen Freilichtmuseum gleich; mittendrin liegt der einzige Nationalpark Tansanias am Meer, Saadani National Park.**

## 8 Bagamoyo

**Reiseatlas:** S. 20, D4, **Cityplan:** S. 264

Einst, wenn auch nur 1888–1891, Hauptstadt von Deutsch-Ostafrika, lässt der unscheinbare, staubige Ort (41 000 Einw.) kaum vermuten, dass er vor mehr als 100 Jahren einer der wichtigsten wirtschaftlichen, religiösen und politischen Schauplätze Ostafrikas war.

Im 19. Jh. galt Bagamoyo als bedeutender Umschlagplatz für den Sklavenhandel. Sklaven, die die wochenlangen Fußmärsche vom Inneren des Kontinents bis an die Küste überstanden hatten, sahen ihre Hoffnung auf ein

### Mit der Autorin unterwegs

#### Bootssafari auf dem Wami-Fluss

Mittendrin im pulsierenden Leben eines Flusses macht man Bekanntschaft mit Krokodilen, Hippos und einer unglaublichen Vogelpracht (s. S. 268).

#### Ushongo Beach

Der paradiesische Strand lockt mit einem Hauch von Abenteuer, da die Anreise über den Pangani River nicht immer einfach ist. Geboten werden Tauchen, Schnorcheln und andere Aktivitäten abseits vom Touristenstrom (s. S. 271).

freies Leben beim Anblick der Galeeren auf dem Meer endgültig schwinden. Wer aus *Bwaga-Moyo* (Kiswahili für ›Leg dein Herz nieder‹) deportiert wurde, der hatte wenig Hoffnung, seine Heimat und seine Familie je wieder zu sehen.

Nachdem sich 1868 die ersten Missionare Afrikas hier niedergelassen hatten, bemühten sie sich um das Ende des unwürdigen Menschenhandels. Sie kauften nicht nur die Sklaven frei (wenn es ihnen finanziell möglich war), sondern sie engagierten sich auch intensiv für die Abschaffung der Sklaverei. Ausgehend von der Küste und von Bagamoyo reisten viele abenteuerlustige Missionare auch in die entlegensten Winkel, um die Afrikaner zum Christentum zu bekehren.

Man geht davon aus, dass Bagamoyo um 1880 eine bunte, multikulturelle Stadt mit an die 1000 Bürgern war. Der weltweite Ruf und die gute Infrastruktur lockten Abenteurer und Forscher aus aller Welt, die Bagamoyo als Ausgangspunkt ihrer Expeditionen nutzten. Livingstone, Burton & Speke oder Stanley – sie alle schätzten die Vorzüge einer gut entwickelten Stadt, um sich gebührend für monatelange Expeditionen auszurüsten.

Nach der ›Entdeckung‹ Afrikas durch die Europäer begann das Gerangel um die koloniale Inbesitznahme. Vom Sultan von Sansibar pachteten die Deutschen 1888 einen 16 km breiten Küstenstreifen und machten die Hafenstadt Bagamoyo zur Hauptstadt ihrer neuen Kolonie. 1891 übertrug man diesen Status wegen des tieferen Hafenbeckens auf Dar-es-Salaam. Nicht nur deswegen, sondern vor allem durch die offizielle Abschaffung des Sklavenhandels 1873 verlor die ›Boom-Town‹ ihre Wirtschaftsgrundlage und verfiel alsbald wieder zu einem bedeutungslosen Fischerdorf.

Seit die Asphaltstraße Dar-es-Salaam mit Bagamoyo verbindet, ist der Ort vor allem an den Wochenenden zum Naherholungsgebiet der Großstädter avanciert. Trotzdem lässt der lukrative Tourismus auf sich warten, weswegen die Stadtväter schon seit 2003 ungeduldig darauf hoffen, dass ihre Stadt auf die Liste des Unesco-Welterbes gesetzt wird.

## Rund um das Old Fort

Angesichts der Fülle der steinernen Zeugen – Paläste aus einst leuchtendblütenweißem Korallenstein – erhält man einen guten Eindruck, wie mächtig der Handelsort war. Ein Spaziergang sollte nur in Begleitung eines ortskundigen Führers unternommen werden.

Die imposante Festung **Old Fort 1** am südlichen Ende der Stadt wurde im 19. Jh. von den Sultanen erst nach und nach zu einer Befestigungsanlage ausgebaut. Die deutschen sowie die englischen Kolonialherren nutzten es als Garnison mit Gefängnis. Dem Strand entlang weiter südlich liegt versteckt, hinter Palmenhainen, der **Deutsche Friedhof 2** . Gut erhaltene und gepflegte Gräber mit deutschen Inschriften erinnern u. a. an die Gefallenen der Wissmann-Einheit, die in der großen Schlacht während des Bushiri-Aufstandes 1888 ihr Leben lassen mussten.

## Rund um die Boma

Die heutige India Street, die dereinst die prachtvolle ›Kaiserstraße‹ war, zieht sich vom Alten Fort Richtung Norden stadteinwärts. Erst 2006 wurde sie mit Hilfe europäischer Gelder geteert.

Bald taucht linker Hand die weithin sichtbare **Boma 3** auf. Das monumentale Gebäude, einst das Kolonialhauptquartier von Deutsch-Ostafrika und nach Beendigung der Kolonialherrschaft zeitweise Sitz der Distriktsverwaltung, gleicht heute einem Häufchen Elend. Eine Besichtigung der Innenräume wäre lebensgefährlich, da jederzeit

Vergängliche koloniale Größe: ehemaliges Hauptquartier von Deutsch-Ostafrika

# Die nördliche Küste

## Bagamoyo: Cityplan

Allee **2** **3**
**9**
Katholische Kathedrale
**4**
**10**

*Indischer Ozean*

Mangesani Street

India Street (ehem. Kaiserstraße)

Bagamoyo-Spital

George Street

**5** **7** ⚓ *Dhau-Hafen*

Altes Postamt

**8**

School Street

Customs Road

**6** ⚓ *Dhau-Hafen*

Mtoni Road

Dhau-Werft

Bunda Road

Runumbe Road

Bomane Road

Uhuru Road

Msata Road

Msata

**3** **4**

*Badeco Beach*

Alter Markt

Boma Street

**2**

Karawanserei

**1**

Kitopani Soga Road

Mwanakempi Street

Bagamoyo College of Arts

Kaole Road

0   250   500 m

↓ *Dar-es-Salaam*   **1**

## Sehenswürdigkeiten

**1** Old Fort
**2** Deutscher Friedhof
**3** Boma
**4** Appellplatz
**5** Fischmarkt
**6** Customs House
**7** Usagara-Haus
**8** Erste deutsche Schule
**9** Livingstone Church
**10** Missions-Museum

## Übernachten / Essen und Trinken

**1** Lazy Lagoon Island Lodge
**2** Livingstone Club
**3** Paradise Holiday Resort
**4** Travellers Lodge

eine Mauer oder ein Teil des Daches einstürzen könnte. Vor der Boma befindet sich (erkennbar an den halbrunden Mauern) der einstige **Appellplatz** **4** mit Meerblick und gegenüber eine verwitterte Tafel, die an die

›Entdecker‹ Burton und Speke erinnern soll. Weiter entlang der ehemaligen Kaiserstraße stehen noch viele Kolonialgebäude, die sich aber – wie fast alle Bauten – in einem beklagenswerten Zustand befinden. Hie und da

264

kann man beim Flanieren auch auf eine alte, verwitternde Swahilitür stoßen. Solche kunstvoll gearbeiteten Türen werden nur mehr in Stone Town (s. S. 283) wirklich gepflegt und erhalten.

### Im Einzugsgebiet des Dhau-Hafens

Von der India Street führt eine schmale staubige Straße zum **Fischmarkt** `5` , wo nach dem Eintreffen der Fischerboote das halbe Dorf auf den Beinen ist, um den Fang gleich an Ort und Stelle zu ersteigern. Am Meer steht zu rechter Hand das 1895 errichtete und nunmehr renovierte **Customs House** (Zollhaus) `6` , das heute die Hafenverwaltung beherbergt.

Gleich gegenüber stehen die mächtigen Fundamente des vormals deutschen **Usagara-Hauses** `7` von 1889. Die merkwürdig anmutenden Stützen fungierten als Stelzen für ein deutsches Fachwerkhaus, das hier einst thronte und dem Direktor der Deutsch-Ostafrikanischen Gesellschaft gehörte. Rund um die Pfeiler sollen einst Schalen mit Petroleum gruppiert gewesen sein, die das Ungeziefer am Eindringen und Vernichten der Lebensmittelvorräte hindorn collten.

Zurück auf der India Street in Richtung Norden trifft man an der nächsten Weggabelung auf ein ausgedehntes Gebäude, das die erste **deutsche Schule von Deutsch-Ostafrika** `8` beherbergte. Mittlerweile erstrahlt die Schule in neuem Glanz, weswegen sie auch liebevoll ›Das weiße Haus‹ genannt wird.

### Die katholische Mission mit Museum

Vorbei an der Traveller's Lodge in Richtung Norden erreicht man die kleine **Livingstone Church** `9` , wo 1874 Livingstones Leiche aufgebahrt wurde. Die Legende erzählt, dass 600 freigelassene Sklaven bei seinen sterblichen Überresten Totenwache hielten.

Links davon führt eine prächtige Allee zur ältesten katholischen Mission Ostafrikas, der Mission der ›Brüder zum Heiligen Geist‹. Die islamischen Stadtverantwortlichen überlie-

**Sicherheit:** Die an den Stränden postierten *askaris* sind ernst zu nehmen. Nach Einbruch der Dunkelheit sind Spaziergänge am Strand von Bagamoyo oder im Ort unbedingt zu unterlassen.

ßen 1868 der katholischen Glaubensgemeinschaft ein Stück Land, worauf die erste ostafrikanische Mission errichtet wurde, die ursprünglich als Zufluchtsort für befreite Sklavenkinder fungierte.

Hinter der fein säuberlich restaurierten und gepflegten Kathedrale befindet sich das **Missions-Museum** `10` , das unbedingt einen Besuch wert ist. Zu besichtigen ist Interessantes aus der Ära der Sklaverei, aus der Kolonialzeit und dem zaghaften Beginn der Missionierung. Zu den Exponaten gehören Ketten, Folterutensilien, Ausrüstungsgegenstände der kolonialen Armeen, eine deutschsprachige Zeitung aus Tanga aus dem Jahr 1913 und auch Freibriefe von Sklaven. Viele der Museumsstücke sind in deutscher Sprache gehalten und geben deutlich zu erkennen, wie sehr die Geschichte der Küste durch dio doutoohon Kolonialhorren dominiert wurde (tgl. 10–17 Uhr, Eintritt frei, Spende erbeten).

**i** In den Lodges sowie im Missions-Museum erhält man gute Auskünfte. Ausgezeichnete Informationen liefert außerdem die Website www.bagamoyo.com.

**Lazy Lagoon Island Lodge** `1` : zu buchen über Foxes African Safaris, Tel./Fax 022-286 23 57, www.tanzaniasafaris.info. Die Cottages mit Makuti-Dach wurden alle im rustikalen, offenen tropischmaritimen Stil erbaut und liegen malerisch auf einer Halbinsel ungefähr 20 km südl. von Bagamoyo. Pool. Viele Freizeit- und Wassersportaktivitäten. 12 Zi., DZ ab 240 US-$ (Vollpension).

**Livingstone Club** `2` : Tel. 023-244 00 59, Fax 023-244 01 04, www.livingstone.ws. Einst war es der ›Platzhirsch‹ in Bagamoyo,

## Die nördliche Küste

heute wird es kaum noch belegt. Die wuchtige Hotelanlage setzt voll und ganz auf sansibarisches Design. Diverse Wassersportangebote inkl. Tauchbasis und Tauchschule (PADI). Tennisplatz und Pool. Passable indische Küche mit tansanischem Einschlag. 40 Zi., DZ ab 95 US-$.

**Paradise Holiday Resort** 3: Tel. 023-244 00 00, www.paradiseresort.net. Sehr großes Hotel unter indischer Führung mit dem Ambiente eines sterilen Club-Hotels. Diverse Wassersport- und andere Freizeitaktivitäten. 83 Zi., DZ ab 85 US-$.

**Travellers Lodge** 4: Tel. 023-244 00 77, www.travellers-lodge.com. Die beste Wahl in der Stadt! Sehr gepflegte, sympathische Anlage, die einem deutsch-südafrikanischen Paar gehört. Gemütliches Restaurant mit Makuti-Dach und Lounge-Charakter. Die kleinen Cottages sind zwar schon etwas in die Jahre gekommen, aber noch immer tadellos in Ordnung. Äußerst beliebt, Reservieren! Bestes Restaurant in Bagamoyo. 25 Zi., DZ ab 45 €.

 **Camping**: über Travellers Lodge (s. oben), 6 €/Person.

 Die Aktivitäten sind bei den Unterkünften zu organisieren.

**Stadtrundgänge:** Jede Unterkunft wird gern Führer für einen Stadtspaziergang organisieren (3–5 US-$/Person). Vorsicht vor unautorisierten Guides!

**Strand**: Die Strände sind bei Weitem nicht so makellos wie angepriesen. Am Strand liegen ist möglich, doch in einem islamischen Umfeld fühlt man sich als sonnenbadender Tourist mitunter deplatziert.

**Schnorcheln:** Die vorgelagerte Sandbank ist ein Paradies für Schnorchler, ca. 10–15 US-$/Person.

**Bootsausflüge:** z. B. zur Lagune von Ras Luale zur Vogelbeobachtung (ca. 10–15 US-$/Person), oder auf dem Ruvu River ebenfalls zur Vogel- und Schildkrötenbeobachtung, ca. 10–15 US-$/Person.

 Exponate der Absolventen der örtlichen Kunsthochschule Bagamoyo College of Arts werden in der ganzen Stadt angeboten, vermehrt aber in Geschäften und Gemeinschaftsateliers im Süden der Stadt, auf dem Weg zur Hochschule.

 **International Bagamoyo Arts Festival** (Sept.): www.sanaabagamoyo. com. Die Veranstaltung hat sich als panafrikanisches Musik- und Tanzfestival über die Grenzen des Landes hinweg einen Namen gemacht und zieht Künstler aus dem ganzen Kontinent an.

**Busse:** Der Ort ist bequem mit öffentlichen Verkehrsmitteln von Dar-es-Salaam aus zu erreichen. Busbahnhof Nähe New Market.

**Taxi/Mietwagen:** Wer keinen Mietwagen zur Verfügung hat, kann sich auch ein Taxi von Dar-es-Salaam aus organisieren, max. 50 000 TSh/Tag.

# Saadani National Park

**Reiseatlas:** S. 20, D 3–4

Als jüngster aller tansanischen Nationalparks, der erst 2003 aus der Taufe gehoben wurde, fristet der 1062 km² große Saadani National Park noch ein rechtunbeachtetes Dasein. Dabei ist er der einzige Nationalpark des Landes, in dem man – mit viel Glück – sogar im Meer badende Elefanten beobachten kann. Außerdem sorgen gute Pisten von Dar-es-

Salaam (220 km, 4–5 Std.) für eine unbeschwerliche Anreise.

Karge Savannenlandschaften und Akazienhaine dominieren an Land, entlang der Küstengebiete und des Wami River gedeihen genügsame Mangroven. Das maritime Ökosystem kann mit einer Vielzahl an Fischarten aufwarten, ebenso findet man Garnelen, Shrimps, kleine Haie und sogar Stachelrochen. Man hat schon – wenn auch selten – Buckelwale und Delfine vor der Küste gesichtet.

Ansonsten kann der junge Nationalpark, der sich gerne mit dem passenden Slogan »Where bush meets beach« vermarktet, allerdings nicht mit seinen nördlichen oder südlichen Konkurrenten mithalten. Der Tierbe-

**Kein Appetit auf Sukkulenten: Rinderherde passiert eine Sisalplantage bei Tanga**

## Die nördliche Küste

stand hatte noch nicht ausreichend Zeit, sich vom jahrzehntelangen Wildern zu erholen; die Tiere sind dementsprechend scheu und verängstigt. Unter den Big Five fehlt das Nashorn, doch Löwen, Büffel, Leoparden und Elefanten können gesichtet werden. Andere Säugetiere, wie Dikdiks, Elenantilopen, Kudus, Zebras, Gnus, Hyänen oder Warzenschweine findet man zur Genüge; eine stattliche Anzahl Giraffen lebt ebenfalls innerhalb der Parkgrenzen. Unter Kennern ist der Park für seine Lichtenstein-Antilopen und die seltenen Roosevelts Rappenantilopen bekannt.

**Zugang:** Am südlichen Eingang, beim Dorf Saadani, liegt die Zahlstelle, für Informationen wendet man sich aber besser an die Unterkünfte. Eintritt Erw. 20 US-$.

**A Tent with a View Safari Lodge:** Nähe Nordeingang, Buchungen über A Tent with A View Safaris, Tel. 022-211 05 07, Fax 022-212 38 12, www. saadani.com. Luxuriöse Lodge im Rustikalschick mit fantasievollen Bandas im Safaristil. Alle Bandas auf Stelzen mit Blick auf das Meer. Gute Küche. 10 Zi., DZ 350 US-$ (Vollpension), all inclusive 550 US-$.

**Saadani Safari Lodge:** Nähe Südeingang, Tel./Fax 022-277 32 94, www.saadani.net. Inspirierende, verträumte Safari-Lodge direkt am Strand mit viel Liebe zum Detail. Einladender Pool. Exzellente Küche, spezialisiert auf Meeresfrüchte. Safaris extra (35 US-$/Person). 9 Zi., DZ 310 US-$ (Vollpension).

**Camping:** nördl. der Saadani Safari Lodge, Anmeldung bei der Parkverwaltung, 30 US-$/Person.

**TANAPA Resthouse:** nördl. der Saadani Safari Lodge, Anmeldung bei der Parkverwaltung, 20 US-$/Person.

**Pirschfahrten und geführte Wanderungen:** 35–40 US-$, zu buchen bei den Unterkünften.

**Meeressafari:** Schnorcheln bei einer nahen Sandbank, Anfragen an die Saadani Safari Lodge.

**Bootssafari am Wami River:** s. Tippkasten.

**Flüge:** Das Flugfeld liegt beim Südeingang, nur Charter-Flüge. Von Dar-es-Salaam 120 US-$, von Sansibar 90 US-$ (jeweils einfach).

**Busse:** Die Anreise mit den großen Überlandbussen funktioniert bis Mandera Village problemlos, ab dort ist kein Weiterkommen mehr möglich (Abholung durch die Lodge).

## Tanga

**Reiseatlas:** S. 20, D 2

Tanga liegt am Indischen Ozean und ist durch die Teerstraße bestens sowohl mit Dar-es-Salaam (344 km) als auch mit Arusha (430 km) verbunden. Dass es sich dabei um die zweitwichtigste Hafenstadt von Tansania handelt, sieht man ihr auf den ersten Blick nicht an, und das obwohl die Zement- und Sisalindustrie vielen der 225 000 Einwohner (Stand 2005) Arbeit gibt.

Wie andere Küstenorte war Tanga im 19. Jh. Ziel der Sklaven- und Elfenbeinkarawanen. 1893 begannen die deutschen Kolonialherren mit dem Bau der Usambara-Bahn von Tanga nach Moshi (und später nach Arusha), die den Transport von Kaffee und Sisal zum Hafen gewährleisten sollte. Die Verbindung zum Hinterland bewahrte Tanga vor dem wirtschaftlichen Verfall, der viele andere

Küstenorte nach dem Ende des Sklavenhandels 1873 traf. 1892 pflanzte man erstmals Sisal in Pangani – die Naturfaser wurde zum Exportschlager, der bis weit in das 20. Jh. hinein wirtschaftlich bedeutend blieb. Der Erfindung des Kunststoffs Nylon ist es jedoch zuzuschreiben, dass Sisal und infolgedessen auch Tanga immer belangloser wurden. Einige der brachliegenden Sisal Estates sollen in den nächsten Jahren durch massive Investitionen aus dem Ausland zu neuem Leben erweckt werden.

Außer alten Kolonialbauten, die teilweise vorbildlich instand gesetzt wurden, ist heute nicht viel touristische Substanz vorhanden, doch das Städtchen punktet mit entspanntem Swahili-Charme. Der großzügig angelegte **koloniale Stadtkern** ist dem Meer zugewandt; östlich davon auf einer Halbinsel befindet sich das Villenviertel **Raz Kazone.** Die sauber und gepflegt wirkende Stadt kann man gut zu Fuß besichtigen, die sehenswerten Kolonialgebäude befinden sich in den drei parallel zum Meer verlaufenden Hauptstraßen Independence Avenue, Market Street und Eckernfoerde Avenue.

Auch vor den Toren der Stadt findet man nicht allzu viele Attraktionen. Etwa 8 km nördlioh, bei **Amboni,** liegen 170 Mio. Jahre alte Höhlen (tgl., Erw. 2000 TSh, Guide 5000 TSh). Ruinen der Shirazi, des ehemaligen persischen Herrschergeschlechts des 13. und 14. Jh., gibt es in **Tongoni,** ca. 20 km südlich von Tanga, sowie auf der vorgelagerten Insel **Toten Island.** Die Insel empfiehlt sich auch für sonnenhungrige Schnorchel- und Badeausflügler, denn mit Stränden ist Tanga nicht gesegnet. Erst ca. 30 km südlich, auf dem Weg nach Pangani beginnen die schöneren Strandabschnitte. Eindeutig der schönste darunter ist Ushongo Beach (s. S. 271). Ausflüge sind über die beiden lokalen Veranstalter (s. unten, Aktiv) bzw. über die Unterkünfte, die bei Pangani gelistet sind, zu organisieren.

**Banken:** NBC-Bank mit Visa-ATM (Market St./Bank St.), Exim-Bank mit MasterCard-ATM (Independence Ave., gegenüber vom Bandari House)

**Wechselstube:** Boma Forex (Independence Ave., gegenüber Postgebäude)
**Internet**: Market St. (gegenüber NMB-Bank und gegenüber Food Palace) und in der Independence Ave. (Business Information Centre gegenüber der Post)

**Mkonge Hotel**: Bombo Hospital Rd., Tel. 027-264 34 40, mkongehotel@kaributanga.com. Dem altehrwürdigen Haus, früher Verwaltungsgebäude einer Sisalplantage, ist leider durch eine unpassende Renovierung sein kolonialer Charme abhanden gekommen. Trotzdem die beste Unterkunft in der Stadt. Indische Küche. Pool. 50 Zi., DZ ab 55 US-$.
**Panori Hotel**: Raz Kazone, Tel. 027-264 60 44, Fax 027-264 60 44, panori@africaonline.co.tz. Das Hotel gehört noch zu den besseren Adressen der Stadt. Die Zimmer im ›neu‹ renovierten Trakt, sind zwar schon etwas betagt, aber gemütlich und sauber. Passable indische Küche. DZ ab 22 US-$/30 US-$ im neueren Trakt.

**Silverado Hotel**: Boma Rd., Tel. 027-264 60 54. Mittelklasse-Gästehaus in landestypischer Qualität. Obwohl es direkt an der Straße steht, kann es leicht übersehen werden. 8 Zi., DZ 30 000 TSh.
**Malindi Hotel**: Ring St., Tel. 027-264 27 91. Bescheidenes landestypisches Gästehaus. DZ 10 000 TSh ohne Frühstück.
**Ngorogoro Guest House:** 8th St., Tel. 027-264 35 12. Landestypische Unterkunft. DZ 10 000 TSh ohne Frühstück.

### Camping
**Kiboko:** Richtung Raz Kazone, nach dem Spital rechts, Tel. 0748-46 92 92, jda-kiboko @bluemail.ch. Gepflegte Gartenanlage mit guten Sanitäranlagen. 4 US-$/Person.

**Kiboko:** vgl. Camping, tgl. ab 18 Uhr. Bestes Restaurant in der Stadt. Liebhaber üppiger Portionen und ausgezeichneter Gaumenfreuden kommen hier auf ihre Kosten. Eine gut sortierte Speisekarte bietet für nahezu alle kulinarischen Wünsche etwas

269

### Die nördliche Küste

– Fleischgerichte, Pasta, Vegetarisches (um 10 000 TSh).

**Food Palace**: Market St., Di–So, durchgehend geöffnet. Angeboten werden geschmackvolle indische Küche sowie Pizzen, zwischen 3000 und 4000 TSh.

#### Touren-Veranstalter
Beide private Veranstalter bieten Ausflüge in die Umgebung sowie auch größere Safaris, z. B. nach Lushoto oder ins Mkomazi Game Reserve. Tagesausflüge um 15 US-$/Person.

**Tayodea:** Usambara St., Tel. 07 46-79 65 75, tayodea@yahoo.com. Eine private Jugendinitiative.

**Tourcare Tanzania:** Mkwakwani St., Tel. 027-264 41 11. Engagierte, freundliche Organisation.

**Flüge:** Das Flugfeld liegt wenige Kilometer westl. von Tanga; Verbindungen von Dar-es-Salaam um 100 US-$ (einfach) mit Coastal Aviation.

**Busse:** Überlandbusse aus allen Landesteilen fahren nach Tanga. Busbahnhof südl. der Bahnlinie, an der Pangani Rd.

**Grenzverkehr:** Die Allwetterpiste in den Norden nach Kenia ist in gutem Zustand, Vorsicht nur während der Regenzeit. Die Abfertigung am Grenzübergang (Touristenvisum 50 US-$) funktioniert reibungslos. Es ist aber ein erhöhtes Augenmerk auf die eigene Sicherheit zu legen, denn die teilweise organisierte Kriminalität in Kenia sollte man nicht unterschätzen.

## Von Muheza nach Pangani

**Reiseatlas:** S. 20, D 2–3

Besonders idyllisch ist das kurze Wegstück (fast 44 km) von Muheza nach Pangani. Die Anfahrt erfolgt über eine schmale, aber durchaus akzeptable Sandpiste, die im Städtchen **Muheza** (34 km ab der Abzweigung Segera) beginnt (Abzweigung rechts auf der Teerstraße nach Tanga). Die stetig leicht abfallende Piste führt durch kleine, typisch afrikanische Dörfer mit rotbraunen Lehmhäusern, bunter Wäsche auf der Leine und Männern, die unter ausladenden Mangobäumen Schutz vor der gleißenden Sonne suchen.

Üppige Vegetation, Palmen- und Bananenhaine, dichter Wald und viel ursprüngliches Land machen die Fahrt nach Pangani zu einer reinen Augenweide. Nach einer guten Stunde Autofahrt, je nachdem wie sehr man die Landschaft genießen will, erreicht man an der Küste die Allwetterstraße von Tanga nach Pangani. Um Pangani oder Ushongo Beach zu erreichen, hält man sich hier rechts.

## Pangani

**Reiseatlas:** S. 20, D 3

Mit seinen einsturzgefährdeten Ruinen, der historischen Verstrickung in Sklaven- und Elfenbeinhandel und der heutigen Lethargie unterscheidet sich Pangani kaum von seinen Nachbarstädten. Trotzdem ist Pangani, 48 km südlich von Tanga, ein liebenswertes Stück Afrika abseits der Touristenpfade, das besonders mit Stränden punkten kann. Es ist von Tanga oder Muheza aus auf Sand- und Schotterpisten zu erreichen, die je nach Saison akzeptabel sind.

**Mkoma Bay Lodge:** Tel. 027-263 00 00, Fax 027-263 02 00, mkomabay@gmail.com. Auf hohen Klippen gelegen und rundum saniert, verfügt diese Lodge über einen wunderschönen Ausblick auf die Mkoma Bay. Die Unterkünfte sind im schicken Safarizelt-Style gehalten. Pool mit Blick aufs Meer, gute Küche. 10 Zi., DZ ab 80 US-$.

**Peponi Beach Resort:** Tel. 07 48-20 29 62, www.peponiresort.com. 15 km nördlich von Pagani liegt diese familiär geführte Budget-Unterkunft mit sauberen und zweckmäßigen Bandas sowie einem großen Campingplatz mit überdachten Unterständen. Legeres Ambiente, das besonders unter Overland- und Rucksacktouristen geschätzt wird. Britisch-

**Eine schöne Route** für Reisende mit viel Zeit im Gepäck ist die größtenteils beschwerliche, durchgängig unbefestigte Straße von Pangani bis nach Saadani Village durch idyllische Landstriche, ausgedehnte Sisalplantagen, Palmenhaine und den Saadani National Park. Am besten ist die Strecke von Pangani bzw. Ushongo Beach aus zu bewältigen, was aber eine Überfahrt über den Pangani River voraussetzt. Da natürlich Eintrittsgebühren zu entrichten sind, macht dieser Streckenvorschlag nur für jene Reisende Sinn, die den Saadani National Park (s. S. 267 f.) erkunden möchten (ca. 70 km, 3–5 Std).

kontinentale Küche. DZ ab 40 US-$, Camping 4 US-$/Person.

#### Touren-Veranstalter
Pangani Coast Cultural & Eco Tourism Programme (PCCT), Tel. 07 48-48 91 29, sekibahaculturetours@yahoo.co.uk. Bietet Ausflüge rund um Pangani an.

**Stadtrundgänge in Pangani:** Das PCCT und die Unterkünfte organisieren gern Guides, 5000 TSh/Person.

**Sunset-Cruise auf dem Pangani River:** Wird Vogelliebhaber begeistern, aber auch zahlreiche Krokodile und andere Tiere können gesichtet werden. Anfragen an PCCT, ca. 30 000 TSh/Boot, 6 Pers.

**Busse:** Ab Pangani ist kein Fortkommen mit öffentlichen Verkehrsmitteln mehr möglich.

**Fähren:** Für die Überfahrt über den Pangani River existieren Autofähren (4000 TSh/ Auto, 3 Fahrzeuge haben Platz) und kleine Holzboote für die Personenbeförderung (200 TSh/Person), die allerdings ohne Fahrplan und mehr oder minder willkürlich übersetzen.

## Ushongo Beach
Ein Hauch von Abenteuer kommt bei der Überquerung des Pangani-Flusses auf, nicht nur weil die Fähre so abenteuerlich aussieht, sondern weil man nie genau weiß, wann sie

ablegt – das kann auch genauso gut erst morgen sein …. Für einen Abstecher zum paradiesischen Ushongo Beach nimmt man aber solche Abenteuerlichkeiten gerne in Kauf, denn seine palmengesäumten Strände gehören zu den schönsten des Landes. Nach der Flussüberfahrt führt die Straße durch imposante Sisalplantagen hindurch, wo man sich nach 12 km links halten muss. Bei in Tansania lebenden Ausländern ist Ushongo als Alternative zum überlaufenen Sansibar beliebt.

  **The Tides Lodge:** Tel. 07 84-22 58 12, www.thetideslodge.com. Intime, rustikale Lodge mit Stil und exzellenter Küche. Großes Angebot von Freizeitaktivitäten. DZ ab 240 US-$ (Vollpension).

**Emayani Beach Lodge:** Tel. 027-264 07 55, www.emayanilodge.com. Urige, sympathische Lodge unter Kokospalmen. Gute Küche, umfassendes Freizeitprogramm. DZ ab 140 US-$ (Halbpension).

**The Beach Crab Resort:** Tel. 07 84-54 37 00, www.thebeachcrab.com. Bei dem deutschen Paar Sonja und Alex Berg können Reisende zu Land und zu Wasser Tansania aktiv entdecken: u. a Wandern und Biken bis in die Usambara-Berge, Wind- und Kitesurfen, Tauchen im Marine Park, Beachvolleyball. Neue, absolut gemütliche Unterkunft mit Restaurant und Bar. DZ in Bandas ab 50 US-$, in Hauszelten ab 12 US-$.

**Camping:** The Beach Crab Resort, 3 US-$/Person.

Jede Lodge bietet eine Vielzahl von Aktivitäten, die am besten auch vor Ort gebucht werden sollten. **Schnorcheln** auf Maziwe Island (ab 20 US-$), **Tauchen** (ab 45 US-$/Tauchgang), **Ausflug nach Pangani** (ab 15 US-$), **Sundowner** (ab 25 US-$), **Wind- und Kitesurfen, Hochseeangeln** (auf Anfrage).

**Flüge:** The Tides Lodge verfügt über ein Flugfeld, das auch von den anderen Lodges mitbenutzt werden kann. Nur Charterflüge.

# Der *kanga* – Kunst, Kleidungsstück und Kultur

**Der *kanga*, der sich von der Küste aus über ganz Ostafrika verbreitet hat, ist ein ein rechteckiges, farbenfrohes Baumwolltuch und gehört zum Lebensalltag wie das tägliche Brot. Seinen Siegeszug trat er von Sansibar aus an und breitete sich im Lauf der Zeit bis ins Innere Afrikas, ja bis Madagaskar oder auf die Komoren aus.**

Das 1,5 x 1 m große Tuch wird vielseitig verwendet – als Tragetuch für Babys, als Alltagsbekleidung der Frauen (eines als Rock, eines als Oberteil, mitunter noch eines als Kopftuch), und selbst auf dem Weg ins Grab werden die Frauen in einen *kanga* eingewickelt.

Die Erfolgsgeschichte des *kanga* begann Mitte des 19. Jh., als einige Frauen auf Sansibar die Idee hatten, mehrere Leso (das sind Taschentücher, die die Portugiesen in Afrika eingeführt hatten) zu einem großen Wickeltuch zusammenzunähen. So entstand zunächst eine Art Patchwork-Design. Wegen der vielen bunten Muster erhielten die Tücher die Bezeichnung *kanga*: Kiswahili für ›Perlhuhn‹ (böse Zungen behaupten, Männer hätten der neuen Mode den Namen verliehen, da Perlhühner als unablässig schnatternd und sehr eitel gelten). Aufgrund der vielseitigen Verwendungsmöglichkeit verbreiteten sich die Tücher schnell entlang der gesamten Swahiliküste und lösten bald auch die traditionelle Leder- und Grasbekleidung im Landesinnern ab.

Frauen (und Männer) nämlich wählen *kangas* nicht aufgrund von Formen und Farben (wie es westliche Frauen machen würden), sondern wegen der Botschaften aus. Die Frauen sprachen den verschiedenen Mustern, wie der Lotusblume oder stilisierten Cashewnüssen, bestimmte Bedeutungen zu, beispielsweise Fruchtbarkeit. Seit geraumer

Zeit zieren Sinnsprüche auf Swahili die untere Seite der *kangas*: sprichwörtliche Weisheiten, etwa »Njia mwongo fupi« (»Der Weg des Lügners ist kurz«, im Sinne von »Lügen haben kurze Beine«), oder sozialkritische, oft spitz formulierte Äußerungen (z. B. »Kuleya mimba

si kazi – kazi ni kuleya mwana«, »Schwanger zu werden ist keine Arbeit – die Arbeit ist es, das Kind großzuziehen«). Frauen kaufen ihre *kangas* bewusst entsprechend der Aufschriften, drücken sie doch dadurch persönliche, politische oder religiöse Ansichten aus.

Werdende Mütter erhalten von ihren Schwiegermüttern einen *kanga*, um ihnen durch die Blume Ratschläge für die Erziehung der Kinder oder die Ehe zu geben. Ebenso kann ein Ehemann seiner Frau einen *kanga* mit einem passenden Sprichwort schenken, um sich bei ihr zu entschuldigen. Noch heute gilt Sansibar als das Zentrum der *kangas*;

wenn eine Frau auf Sansibar nicht fündig wird, dann nirgendwo.

Während die *kangas* unaufhaltsam zum Kultobjekt afrikanischer Frauen avanciert sind, ist das von Männern getragene Pendant, der *kikoi*, ein schlichtes Kleidungsstück geblieben. Das traditionelle Baumwolltuch der Männer ist natürlich etwas größer und fester gewebt. Häufig mit Fransen an den Enden versehen, hat der *kikoi* zwar keine Muster, jedoch kräftige Farben, die an Gewürze, die Farben des Meeres und die Tropen erinnern. Der *kikoi* wird von den Männern um die Hüfte gewickelt getragen.

**Kangas** sind Ausdruck der Swahilikultur

273

**Ähnlich wie die nördliche Küste hatte die Region südlich von Dar-es-Salaam ihre Blütezeit in vergangenen Jahrhunderten. Heute gilt dieser Küstenstrich als besonders rückständig, mit geringer Infrastruktur. Geschichtsträchtige Ruinen, das Rufiji-Delta oder die herrlich unberührten weißen Sandstrände des Ruvuma Estuary-Mnazi Bay Marine Park begeistern deshalb vor allem Individualisten.**

## Die drei Kilwas

**Reiseatlas:** S. 26, D–E 3–4, S. 30, E 1
Die Reise auf der Straße von Dar-es-Salaam gen Süden stellt sowohl das Material als auch die Nerven auf eine harte Belastungsprobe. Bis nach **Kibiti,** einem strategisch wichtigen Ort zum Auftanken und Einkaufen (140 km ab Dar-es-Salaam auf Asphalt) und noch unge-

## Mit der Autorin unterwegs

### Die Ruinen von Kilwa
Seit 1981 sind die Überreste der Prunkbauten aus der Swahilizeit Teil des Unesco-Welterbes. Man kann erahnen, welche immense geschichtliche Bedeutung sie besitzen (s. S. 275 f.).

### Hotel in der Festung
Vor 100 Jahren war es noch ein Fort, heute ist es ein Hotel der gehobenen Klasse. Bemerkenswert: Das Old Boma at Mikindani ist das einzige seiner Art an der Festlandsküste (s. S. 277).

### Tauchen und Hochseeangeln
Während Taucher im Mnazi Bay Marine Park die Unterwasserwelt genießen, freuen sich auch über Wasser passionierte Hochseeangler über die reichen Fischgründe (s. S. 277).

fähr 45 km weiter, bis zur neuen **Brücke über den Rufiji-Fluss** kommt man flott vorwärts. Bis vor wenigen Jahren war das imposante Rufiji River Delta nur mit der Fähre passierbar und auch heute noch scheint dieser Fluss das Nadelöhr im Transportwesen zu sein. Wenige Kilometer nach der Brücke folgen nämlich über 50 km unglaublich schlechter Piste, mit tiefen Schlaglöchern und Spurrillen, wo ein Vorwärtskommen stellenweise nur im Schritttempo möglich ist. Überhaupt ist das Rufiji-Fluss-Delta eine überaus unzugängliche Region, die außer den Einheimischen, die in der fruchtbaren Landschaft des Deltas Reis, Bohnen oder Mais anbauen, kaum jemand zu Gesicht bekommt.

Die restlichen 75 km fährt man auf mehr oder minder schlechter Piste, doch es geht zügiger voran. Nachdem man sich am Kreisverkehr der Ortschaft Nangurukuru (km 310) links hält, erreicht man nach 7 km die Abzweigung nach Kilwa Kivinje und nach weiteren 22 km Kilwa Masoko (insgesamt ca. 340 km ab Dar-es-Salaam, 7–10 Std.). Während der Regenzeit verschlammen die Staubpisten, ein Weiterkommen ist dann unmöglich, vor allem wegen liegen gebliebener Fahrzeuge. Die Südküste ist deshalb nur bei Trockenzeit zu empfehlen!

Wer diese Strecke einmal hinter sich gebracht hat, wird dankbar dafür sein, dass ein groß angelegtes Straßenprojekt für einen Teerbelag der Straße bis nach Mtwara sorgen soll, doch – so wie es jetzt aussieht – wird die Baustelle noch Jahre in Anspruch nehmen.

## Kilwa Kivinje, Kilwa Masoko

**Reiseatlas:** S. 30, E 1

Während **Kilwa Kivinje** (›Kilwa beim Kasuarinen-Baum‹) im 19. Jh. ein wichtiger Umschlagplatz für Sklaven war und später von den deutschen Kolonialherren als idealer Platz befunden wurde, um eine Garnison zu errichten, dient **Kilwa Masoko** (›Kilwa der Märkte‹) heute wie damals eher grundlegenderen Bedürfnissen wie Übernachtung sowie Beschaffung von Lebensmitteln und Benzin.

## Kilwa Kisiwani

Als 1498 der portugiesische Seefahrer Vasco da Gama seinen Fuß auf **Kilwa Kisiwani** (›Kilwa der Insel‹) setzte, hatte die Stadt bereits 500 Jahre florierende Wirtschaft hinter sich, auch aufgrund der isolierten Lage, die die In-

sel vor Angreifern schützte. Im 10. Jh. gegründet, lag Kilwa am Ende der Gold-Route von Mosambik und Simbabwe. Auch Silber, Perlen, Parfüms, persische Keramik und chinesisches Porzellan verhalfen Kilwa zu Reichtum und politischem Einfluss. Historiker gehen davon aus, dass es bis zur Eroberung durch die Portugiesen Ende des 15. Jh. sogar die mächtigste Stadt der Swahiliküste war. Selbst eigene Münzen wurden in Kilwa geprägt. Aus dieser Ära stammen auch die meisten imposanten Prunkbauten aus Stein, deren Ruinen heute zu den aufschlussreichsten Zeugnissen vorkolonialer Kultur gehören und deshalb von der Unesco zum Welterbe erklärt wurden.

Nachdem die Portugiesen, getrieben von der Gier nach Geld und Gold, die Insel an sich rissen, bluteten sie die Stadt regelrecht aus. Die arabischen Omanis hatten also leichtes Spiel, als sie 1780 die Stadt besetz-

**Wenn die Schatten länger werden – Abendspaziergang an der Swahiliküste**

ten. Im Zuge der Eroberung rief der Gouverneur alle Einwohner von Kilwa Kisiwani dazu auf, die Insel zu verlassen, um auf dem Festland zwei neue Siedlungen zu gründen, nämlich Kilwa Kivinje und Kilwa Masoko. Die von Sansibar aus operierenden Omanis sorgten zwar dafür, dass es im 18. und 19. Jh. durch Sklaven- und Elfenbeinhandel wieder aufblühte, doch der Glanz alter Tage erlebte keine Renaissance.

Der einstige Reichtum lässt sich heute an der eindrucksvollen Architektur der Ruinenstadt Kilwa Kisiwani nachvollziehen. Die Große Kuppelmoschee (**The Great Mosque**) beispielsweise stammt aus dem 12. Jh.; als größte Freitagsmoschee Ostafrikas wurde sie stets gepflegt und häufig renoviert, weshalb sie fast noch in ihrem gesamten majestätischen Erscheinungsbild zu sehen ist. Das prächtigste Gebäude war der Sultanspalast **Husuni Kubwa** (Kiswahili für ›großer Palast‹) aus dem frühen 14. Jh., der aus über 100 z. T. gewölbten und mit Friesen dekorierten Räumen bestand.

Während es sich bei den genannten Ruinen um präkoloniale Relikte handelt, stammt die **Gereza (Arabisches Fort)**, die dem Besucher gleich bei der Ankunft ins Auge sticht, aus der Zeit der Portugiesen. Weil sich die Bezeichnung vom portugiesischen Wort für Kirche, nämlich *igreja,* ableitet, nimmt man an, dass dies der ursprüngliche Verwendungszweck war. Die Omanis bauten die Hinterlassenschaft der Portugiesen aber später zu einem Fort um.

## Insel Songo Mnara

**Reiseatlas:** S. 26, E 4

Neben Kilwa Kisiwani lohnt sich auch der Besuch der etwa 10 km südlich gelegenen Ruinene auf der Insel **Songo Mnara,** die wie Kilwa Kisiwani zum Unesco-Welterbe gehört. Diese ebenfalls verlassene Stadt hatte ihre Blüte im 15. Jh.; aus dieser Zeit sind die Überreste einiger Moscheen, eines Palastes und privater Wohnhäuser erhalten.

  **Kilwa Ruins Lodge:** Jimbiza Beach, Tel. 0784-63 70 26,

www.kilwalodge.co.za. Als einzige Lodge an der Küste von Tansania wird hier exklusiv Hochseeangeln angeboten. Übernachtung in einfachen Bandas oder neueren rustikalen Cottages am Strand. Die Anlage wurde 2005 generalsaniert. Ausgezeichnete Küche. DZ ab 160 US-$ (Vollpension).

**Kilwa Seaview Resort**: Lumumba St., Tel. 022-265 02 50, Fax 022-265 02 51, www.kilwa.net. Rustikale, gemütliche Cottages im afrikanischen Stil. Ein Highlight ist das (leider lieblos wirkende) Restaurant, das um einen Baobab-Baum gebaut wurde. Schöner Blick auf die Bucht von Kilwa Masoko. Der Pool könnte ein Facelifting gebrauchen. Akzeptable Küche. DZ ab 70 US-$.

**Camping:** Kilwa Seaview Resort, 5 US-$/Person.

**Besichtigung der Ruinen:** Kann auf Wunsch von den Lodges organisiert werden, es ist eine Erlaubnis vom Antiquities Department (direkt an der Hauptstraße, gegenüber von der Post) für 2 US-$/Person einzuholen. Bootsfahrt inkl. Guide 10 US-$/Person.

**Hochseefischen:** Die artenreichen Fischgründe vor der südlichen Küste erfreuen Fischer wie Taucher gleichermaßen. Zur Kilwa Ruins Lodge gehören sechs Hochseeboote. Bootscharter inkl. Skipper pro Tag zwischen 450 US-$ (2 Pers.) und 600 US-$ (4 Pers.).

**Tauchen:** Auf Anfrage in der Kilwa Ruins Lodge zu buchen.

**Schnorcheln:** Zu arrangieren über die Resorts, inkl. Bootsmiete 15–20 US-$/Person.

**Bootssafari mit Vogelbeobachtung:** Die nahe Flussmündung mit ihren Mangrovenwäldern bietet den perfekten Lebensraum für eine breite Palette an Wasservögeln, darunter Ibisse, Störche, Reiher oder Eisvögel. Ebenso kann es zu Begegnungen mit Flusspferden oder Krokodilen kommen. Bootscharter 60–80 US-$/Boot für 6 Pers.

**Flüge:** Von Dar-es-Salaam z. B. mit Coastal Aviation 110 US-$ (einfach), das Flugfeld befindet sich nur ein wenig nördl. von Kilwa Masoko.

**Busse:** Frühmorgens verlassen Überlandbusse Kilwa, um Dar-es-Salaam, Lindi oder Mtwara anzusteuern (jeweils eine Tagesfahrt).

# Südlich von Kilwa

Südlich von Kilwa verläuft die größtenteils zermürbende Piste durch einsames ›Buschland‹ in Richtung Mosambik. Viele Teilstücke sind jedoch schon von der Straßenbaugesellschaft für den Ausbau in Angriff genommen worden. Sowohl das Swahilidorf Lindi (170 km von Nangurukuru, 480 km von Dar) als auch die erst im 20. Jh. gegründete größte Stadt des Südens, Mtwara (103 km von Lindi, 580 km von Dar), bieten wenig Sehenswertes. Ab Lindi führt eine recht gute Teerstraße direkt durch Mikindani (11 km vor Mtwara).

## Das Makonde-Plateau

**Reiseatlas:** S. 30, E 3

Im Südwesten von Lindi und Mtwara erstreckt sich das Makonde-Plateau, die Heimat der Makonde, die für ihre Schnitzereien aus schwarzem Ebenholz berühmt sind. Die Gegend ist nur auf einer äußerst staubigen Piste, die nach Songea führt, zu durchqueren, bietet aber außer typisch afrikanischem Dorfleben keine Highlights.

## Mikindani

**Reiseatlas:** S. 30, F 3

Einzig wenige Kilometer vor Mtwara, an dem früher bedeutsamen Handelsstützpunkt Mikindani, hat sich in den letzten Jahren eine bescheidene Infrastruktur, sogar mit einer Tauchbasis, entwickelt. Das liegt auch an der Nähe zum **Ruvuma Estuary-Mnazi Bay Marine Park,** der über 400 Fischarten und über 200 Korallengattungen beherbergt und über schöne Strände verfügt (z. B. Msimbati).

 Eintritt für den Ruvuma Estuary-Mnazi Bay Marine Park: Erw. 10 US-$. Mehr Infos dazu unter www.marineparktz.com.

  **Old Boma at Mikindani:** Tel. 07 56-78 82 79, www.mikindani.

com. Über 100 Jahre altes deutsches Verwaltungsgebäude, das im Zuge eines Entwicklungsprojektes revitalisiert wurde. Der koloniale Charme sowie die herrliche Aussicht aufs Meer blieben erhalten. Pool. Der Küche eilt ein guter Ruf voraus. Internet. 8 Zi., DZ ab 100 US-$.

**Tendegrees south:** www.eco2.com. Kleine, intime Pension in einem alten arabischen Haus, teilweise mit Gemeinschaftsbad. Einfache Zimmer im Swahilistil. Ausgezeichnetes Restaurant. Beliebt bei Rucksacktouristen. Internet. 5 Zi., DZ ab 20 US-$.

**Tauchen:** eco2 ist nicht nur das einzige Tauchcenter weit und breit, sondern auch gleichzeitig ein Unterwasserforschungs- und Unterrichtszentrum. Kurse PADI Open Water 400 US-$, 2 Tauchgänge 110 US-$.

**Walbeobachtung:** Ohne Garantie, aber mit hoher Wahrscheinlichkeit, erspäht man Buckelwale (Aug.–Nov., 40 US-$/Person).

**Schnorcheln:** im Marine Reserve (30 US-$/Person).

**Bootsausflüge** oder **Dhau-Fahrten** in die Mikindani Bucht oder in das Marine Reserve und zu seinen paradiesischen Stränden werden gern von beiden Lodges organisiert.

**Flüge:** Linienflüge mit Air Tanzania von Dar nach Mtwara (170 US-$ hin und zurück), das Flugfeld liegt wenige Kilometer südl. von Mtwara.

**Busse:** Überlandbusse von Dar und Kilwa fahren mind. 1 x tgl. nach Mtwara. Dalladallas verkehren regelmäßig von Mtwara nach Mikindani.

**Grenzverkehr:** 40 km südöstl. von Mtwara, nach sandiger Schlaglochpiste, befindet sich der einzige Grenzübergang von Tansania nach Mosambik (Landrover-Taxis). Allerdings muss man dafür über den Ruvuma River, was wiederum Fährverkehr voraussetzt. Die Fähre verkehrt nur nach Bedarf. Wer nach Mosambik übersetzt, sollte möglichst bereits in Dar-es-Salaam (oder zu Hause in Deutschland, Österreich oder der Schweiz) ein Visum besorgt haben.

**Die Inseln enthalten alle Ingredienzen für einen exotischen Urlaub – Orte voller mysteriöser Geschichte, Erinnerungen an Prinzessinnen und Abenteurer, Düfte von Nelken und Frangipani, palmengesäumte Strände, azurblaues Meer bis zum Horizont und die faszinierende Unterwasserwelt des Indischen Ozeans. Kein Wunder, dass die Inseln für viele Besucher die ideale Ergänzung zu dem goldbraunen Staub der Safaris auf dem Festland sind.**

Der Name Sansibar bezeichnet eigentlich den gesamten Archipel, der aus den Inseln Unguja (sprich Ungudscha), Pemba und an die 50 anderen kleinen Eilanden besteht. Die größte Insel, Unguja, ist bei uns bekannt unter dem Namen Sansibar. Mafia dagegen gehört verwaltungstechnisch zur Küstenregion des Festlandes und nicht zum Archipel.

## Geschichte Sansibars

Seit jeher waren die Inseln leicht erreichbar, vom afrikanischen Festland und sogar von Europa oder Asien aus. Bereits 60 n. Chr. belegen Schriften, dass griechische Händler von Ägypten aus mit Sansibar Handel trieben. Seit dem 7. Jh. siedelten sich arabische Händler und später, um 1200, die persischen Shirazi an. Ob sie der Insel ihren Namen gaben – *Zangh barr* bedeutet etwa ›Land der Schwarzen‹ – oder ob sich der Name aus dem arabischen *Zayn Za'l Barr* ableitet (›schön ist die Insel‹), da scheiden sich noch immer die Geister. Fest steht aber, dass *Swahili* vom arabischen Wort *sahel* stammt, was ›Küste‹ bedeutet.

Araber und Shirazi sorgten für die Einführung des Islam; Funde belegen, dass die erste Moschee auf sansibarischem Boden bereits 1107 in Kizimkazi (Süd-Unguja) bestand. Als im 15. Jh. die Portugiesen die In-

seln (auch das Festland um Kilwa) überrannten, fanden sie prosperierende Städte vor, die regen Handel mit Persien, Arabien und Indien trieben. Gold, Schildkrötenpanzer, Elfenbein, Ebenholz und Sklaven wurden exportiert, Porzellan, Perlen, Textilien importiert. Zwar schlug das omanische Militär die Portugiesen ein Jahrhundert später in die Flucht, doch finden sich heute noch in der Swahilikultur portugiesische Relikte, z. B. Stierkämpfe auf Pemba, Worte portugiesischen Ursprungs, und es heißt, die Muster der *kangas* stammten von portugiesischen Taschentüchern.

Gestärkt durch militärische Erfolge entlang der Küste – auch in Mombasa oder Lamu vertrieben sie die Portugiesen – erlangten die Omanis wachsenden Einfluss in Ostafrika. Der natürliche Tiefseehafen Sansibars bot ideale Ankerplätze für die immer größer werdenden Handelsschiffe, um 1820 wurden Gewürznelken aus Mauritius sowie Kakao und andere Sonderkulturen eingeführt. Mit der Verlegung der Hauptstadt des Sultanats Muskat nach Sansibar 1832 durch Sultan Sayyid avancierte die Insel zum wirtschaftlichen und politischen Zentrum von Ostafrika und des Oman.

Sayyid lockte wohlhabende Familien in die neue Hauptstadt, indem er ihnen große Ländereien auf der Insel zuteilte. Für die Gewürzplantagen waren Arbeitskräfte vonnöten, der Sklavenhandel florierte. Um 1840 wurden

278

## Mit der Autorin unterwegs

### Forodhani Gardens

Nach Einbruch der Dunkelheit verströmen die Garküchen in den Forodhani Gardens von Stone Town ein exotisches Potpourri von Gerüchen: gegrillter Tintenfisch, Sansibar-Pizza und samtweicher Gewürztee lassen das Wasser im Mund zusammenlaufen. Ein Streifzug durch die pulsierende Menge ist einfach ein Muss jedes Stone-Town-Aufenthalts (s. S. 282).

### Sundowner von oben

Es muss nicht immer das Africa House Hotel sein, obwohl zugegebenermaßen der Sonnenuntergang von hier aus prächtig anzusehen ist. Viele Hotels und Restaurants haben Roof-Top-Bars, die eine gute Alternative zum überfüllten Africa House Hotel sind, z. B. das Chavda Hotel oder das Zanzibar Serena Inn.

### Kaffee trinken nach Art von Sansibar

Obwohl für Touristen kaum sichtbar, hat Sansibar eine eigene, bescheidene Kaffeetradition. Täglich ab 15 oder 16 Uhr, je nach Hitze, wird an bestimmten Plätzen Kaffee ausgeschenkt, z. B. am Soko Muhogo oder beim Darajani-Markt. Kleine, mobile Kaffeehäuser servieren eine Art Türkischen Kaffee (mit weit weniger Kaffeesatz) ohne Zucker in kleinen Schälchen für 20 TSh. Wer gezuckerten Kaffee möchte, verlangt *kahawa ya Pemba* (›Kaffee wie auf Pemba‹). Rund um die kleinen Kaffeestände herrscht binnen Minuten reges Treiben, und man ist gleich mit wissbegierigen Sansibaris in ein Gespräch verwickelt.

### Tauchen auf den Inseln

Ob auf Sansibar, Pemba oder Mafia – die Unterwasserwelt verschlägt einem im wahrsten Sinne des Wortes die Sprache. Bunte Korallenriffe, die die Inseln fast vollständig umgeben, bieten Lebensraum für unzählige Tiere – Schildkröten, Schnapper, Zackenbarsche, Drachenköpfe, Mantas, Barrakudas, Napoleonfische, Riesenmuränen oder gar Walhaie (besonders auf Mafia). Die Sicht beträgt im Normalfall 20–40 m, und im lauwarmen Wasser von bis zu 29 °C macht Tauchen gleich noch mehr Spaß. PADI-Tauchbasen findet man auf allen drei Inseln, der Großteil ist bestens ausgerüstet, mit erfahrenen, zumeist aus Europa oder Südafrika stammenden Instruktoren.

pro Jahr etwa 40 000–50 000 Sklaven ›vermarktet‹. Der geschäftstüchtige Sultan unterhielt intensive Handelsbeziehungen mit europäischen Ländern, darunter Deutschland und Österreich-Ungarn. So zogen zahlreiche exotische Gewürze in die mitteleuropäische Küche ein – was wäre der österreichische Apfelstrudel ohne Zimt oder Nürnberger Lebkuchen ohne Gewürznelken oder Piment?

Als Sultan Sayyid 1856 starb, hinterließ er seinen Söhnen ein florierendes Reich, das sich wegen Erbstreitigkeiten allerdings auf Sansibar sowie die Festlandküste reduzierte. Majid, und ab 1870 sein Sohn Bargash, regierten als fortschrittliche Sultane. Unter Barghash wurde der Großteil der pittoresken Gebäude in Stone Town erbaut, er modernisierte die Stadt auch, u. a ließ er elektrische Straßenbeleuchtung installieren und mittels eines Aquädukts sauberes Trinkwasser in die Stadt leiten.

In den 1870er-Jahren erstreckte sich das Reich der Sansibaris bis zum Tanganyika-See, nach Kenia und Mosambik – aber der Konflikt mit dem aggressiven Großmachtstreben der deutschen Kolonialherren leitete den schleichenden Untergang des Sultanats ein. Schritt für Schritt musste es seine Ländereien auf dem Festland abgeben. Der politischen Entmachtung folgte die wirtschaftliche auf dem Fuß. Offiziell war der Sklavenhandel bereits 1873 durch die Briten abgeschafft, doch brachte der Handel im Verborgenen der omanischen Oberschicht wei-

## Die Inseln: Sansibar, Pemba, Mafia

ter hohe Einnahmen. 1897 griff die britische Kolonialregierung hart gegen den Sklaven-schwarzmarkt durch. Die neuen Tiefseehäfen in Mombasa und Dar-es-Salaam sowie die schwindende Bedeutung des Nelkenexports versetzten der Wirtschaft Sansibars endgültig den Todesstoß.

Nach dem Ende der britischen Kolonial-herrschaft wurde der letzte Sultan 1964 in ei-ner blutigen Revolte gestürzt. Nach kurzer Übergangszeit als ›Volksrepublik‹ vereinigte sich Sansibar am 26. April 1964 mit dem Festlandsstaat Tanganjika zum neuen Staat Tansania. Seitdem ist der Verwaltungsbezirk Sansibar, also Unguja und Pemba, ein Teil-staat der Republik Tansania, mit semi-auto-nomem Status: Die Sansibaris wählen ihren eigenen Präsidenten (zugleich Vizepräsident von Tansania) samt Parlament; es gibt eigene Gesetze, z. B. wird Homosexualität mit 25 Jahren Gefängnis geahndet.

Der erste Präsident Sansibars, Sheikh Abeid Karume, war wie sein Kollege vom Festland, Julius Nyerere, ein Vertreter des Afrikanischen Sozialismus und unterhielt gute Kontakte mit Kuba, der UdSSR, China und der DDR. Die ersten Mehrparteien-Wahlen fanden 1995 statt, von Anfang an begleitet vonn Wahlbetrug und gewalttätigen Aus-schreitungen. Während die Macht habende Partei CCM (Chama cha Mapinduzi) nicht da-ran denkt, ihr Zepter aus der Hand zu geben, fordern die fundamentalistisch-islamischen Oppositionellen CUF (Civic United Front), die Unabhängigkeit als eigener islamischer Staat.

# Bevölkerung, Religion und Kultur

Die rund 1 Mio. Einwohner des Archipels, ein Bevölkerungsgemisch aus Afrikanern, Indern, Persern und Arabern, sind zu 98 % Anhän-ger des Islam, der auch im Alltag allgegen-wärtig ist. Der Großteil der islamischen Frauen trägt *buibuis* – lange schwarze Um-hänge – über der Kleidung. Auch die Männer zeigen sich in ihrer traditionellen Tracht – lange, weiße Hemden *(khanzu)* und kunstvoll verzierte Kopfbedeckungen *(kofia)*. Fünfmal pro Tag hallt der Ruf des Imam zum Gebet über die Inseln; Freitag ist der wichtigste Ge-betstag der Muslime (weswegen dieser Tag

**Vorbildlich gepflegte Swahilitüren findet man noch auf Sansibar**

auch dem Sonntag in christlich geprägten Ländern ähnelt). Polygamie wird praktiziert, Schweinefleisch ist tabu.

Trotzdem unterscheidet sich der auf Sansibar praktizierte, gemäßigte Islam von dem in anderen muslimischen Gesellschaften. Das mag daran liegen, dass in Sansibar muslimische Praktiken aus verschiedenen Teilen der Welt zusammengetroffen sind. Man respektiert auch bereitwillig andere Glaubensrichtungen, denn kaum ein anderer Ort der Welt kann drei große Weltreligionen – den Islam, Hinduismus und Christentum – auf engstem Raum vereinen.

Auch wenn man zu Recht stolz darauf ist, tolerant gegenüber Andersgläubigen zu sein, so hat der Islam klar Vorrang. Vor allem in Stone Town sollten Frauen davon Abstand nehmen, Miniröcke, Shorts oder ärmellose Tops zu tragen (um muslimische Frauen nicht zu brüskieren und keine Blicke auf sich zu ziehen). Für Touristen kann der heilige Monat Ramadan mitunter unangenehm werden, denn Essen und Trinken während des Tages ist dann in der Öffentlichkeit tabu. Das Tourismusministerium fordert seit einigen Jahren die Hoteliers dazu auf, während des Ramadan kein Frühstück zu servieren (betrifft vor allem Stone Town, nicht die Resorts an der Küste), und auch tagsüber haben kaum Restaurants geöffnet. Genauso verpönt ist das Rauchen in der Öffentlichkeit.

# Insel Sansibar (Unguja)

37 km vor dem Festland erstreckt sich die Insel Unguja (622 000 Einw.), die in der Umgangssprache meist Sansibar genannt wird; sie ist etwa 86 km lang und bis zu 40 km breit. An der Westküste liegt die Hauptstadt des Archipels, **Zanzibar Town** (205 000 Einw.), deren historisches Herzstück ist Stone Town.

Viele kleine Inseln sind vorgelagert, beispielsweise Grave Island, Chapwani Island, Bawe oder Chumbe Island, die sich für herrliche Schnorchelausflüge eignen. Auf manchen Inseln haben sich opulente Luxus Hideaways für gut Betuchte angesiedelt, wie

z. B. auf Mnemba Island im Nordosten oder auf Bawe im Westen.

Während die Nordküste rund um Nungwi und Kendwa nächtelang durchfeiernde Rucksacktouristen anzieht, haben die meisten Hotels an der Ostküste himmlische Ruhe und oft nicht einmal elektrischen Strom. Die Strände nördlich und südlich von Stone Town an der Westküste werden vielfach unterschätzt, dabei punkten die Resorts vor allem mit der relativen Nähe zu Stone Town – ideal für Urlauber, denen Sonnenbaden nach dem dritten Tag zu eintönig wird – und mit herrlichen Sonnenuntergängen, die den Resorts am Oststrand naturgemäß fehlen. Der Süden ist wenig bekannt, obwohl gerade Menai Bay oder Fumba wunderschöne Sandstrände haben.

Das Inselinnere ist ein riesiger botanischer Garten, in dem alle nur erdenklichen tropischen Früchte und Gewürze gedeihen. Nicht umsonst trägt die Insel den Beinamen Gewürzinsel. Zudem befindet sich im Inselinneren ein kleiner tropischer Urwald, der Jozani Forest.

# 9 Stone Town

**Reiseatlas:** S. 20, D 4, **Cityplan:** S. 287

Vor über 300 Jahren begannen die Araber, Häuser aus Korallenstein zu bauen – eine für Afrika sonst untypische Bauart. Durch die dichte, schattenspendende Bauweise installierten sie sozusagen flächendeckend eine Klimaanlage. Die meisten Gebäude entstanden im 19. Jh., und heutzutage sind nur wenig mehr als 10 % der Häuser in gutem Zustand. Für den Großteil der historischen Häuser gilt, dass sie dringend renoviert werden müssten, wenn man die Altstadt erhalten möchte. Etwa 18 000 Menschen wohnen heute noch im historischen Kern.

Die ›Steinstadt‹ verzückt durch ihre scheinbar wild aneinandergereihten Häuser, zwischen denen unzählige, enge Gassen verlaufen. Hier pulsiert das Leben, überall duftet es nach kulinarischen Spezialitäten, kleine Läden (duka) bieten von der Zahnpasta über getrocknete Gewürze bis hin zu Stoffen eine

# Die Inseln: Sansibar, Pemba, Mafia

bunte Warenmischung an, und aus den Häusern dringt arabische Taarab-Musik. Für Autos sind die meisten Gassen zu schmal, am besten kommt man zu Fuß voran, doch nicht immer ist es einfach, sich im Straßengewirr zurechtzufinden. Selbst mit einer Stadtkarte wird man bald an seine Grenzen stoßen ...

## Die Meeresfront

Besonders beeindruckend sind die Bauten entlang der Meeresfront, dem vormals strategisch wichtigen Teil der Stadt, in der Nähe des Hafens. Ausgehend von dem geschäftigen **Fährhafen** `1` , der 1925 fertig gestellt wurde, verläuft eine Straße direkt entlang des Meeres in die Altstadt. Östlich vom heutigen Fährhafen liegt im Malindi-Viertel der große **Fischmarkt** `2` , wo besonders am Morgen reges Treiben herrscht, wenn die Fischer ihren Fang gleich nach ihrer Rückkehr lautstark feilbieten. Ein Besuch ist nur mit Guide empfehlenswert!

Nach kurzer Wegstrecke tun sich die ersten Schönheiten auf, z. B. die **Old Dispensary** `3` . Viele Dekaden war in diesem Gebäude, das gegen Ende der 1880er-Jahre erbaut wurde, eine kleine Klinik samt Apotheke einquartiert. Um den gänzlichen Verfall des architektonischen Juwels zu verhindern, restaurierte die Aga-Khan-Stiftung es – soweit möglich – in den 1990er-Jahren originalgetreu. Heute beherbergt die Old Dispensary ein Kulturzentrum mit Ausstellungen und Veranstaltungen.

Weiter entlang der Meeresfront steht das **Palace Museum** `4` . Der einst prachtvolle Palast, der den Namen Beyt-al-Sahel (›Haus an der Küste‹) trug, diente der Sultansfamilie von den 1830er-Jahren bis zur Revolution 1964 als Zweitwohnsitz. Heute beherbergt der Palast ein Museum, das einmalige Preziosen aus dem Schatz der Sultane enthält, darunter kostbare Möbeln, Gemälde und handgeschriebene Verträge. Ein Raum ist Prinzessin Salme (1844–1924) gewidmet, einer Tochter Sayyids, die mit ihrem Liebhaber, dem deutschen Kaufmann Heinrich Ruete, 1866 nach Hamburg durchbrannte und zur deutschen Bürgersgattin Emily Ruete wurde.

1888 veröffentlichte sie ihre Memoiren einer arabischen Prinzessin, eine authentische Beschreibung des Lebens am sansibarischen Hof (s. Lesetipps S. 84). Die revolutionäre Prinzessin gilt als einzige wahre Chronistin des muslimischen Sultanats (Mo–Fr 9–18, Sa–So 9–15 Uhr, Erw. 3000 TSh).

Wenige Schritte weiter sticht das **House of Wonders** `5` ins Auge, das Sultan Barghash 1883 erbauen ließ und das einst durch Übergänge mit dem Palast verbunden war. Der opulente Bau erinnert an viktorianische Kolonialarchitektur: Gewaltige, weiße Säulen stützen die enormen Balkone. Die Balustraden und Galerien im Inneren ähneln denen in alten Herrenhäusern. Der Name leitet sich von dem Umstand ab, dass dieses Gebäude das erste auf Sansibar war, das über Elektrizität und sogar einen Fahrstuhl verfügte. Ursprünglich diente es als Zeremonienstätte der Sultane, danach lange Zeit als Zentrale der CCM, der Revolutionspartei. Seit 2002 fungiert der Prachtbau als Nationalmuseum. Ein Besuch lohnt, denn hier erhält man in komprimierter Form einen Überblick über die Geschichte sowie Kultur, Religion, Wirtschaft und Traditionen der Sansibaris (tgl. 9–18 Uhr, Erw. 3000 TSh).

Allabendlich erwachen die gegenüber liegenden **Forodhani Gardens** `6` , die seit Jahren auf eine Sanierung warten, zum Leben. Nach Sonnenuntergang gibt sich die gesamte Vielfalt der sansibarischen Küche ein Stelldichein. In den kleinen Garküchen brutzeln *samosas* (dreieckige Teigtaschen mit herzhafter Fleisch- oder Gemüsefüllung), *kachori* (herzhafte Kartoffelbällchen), afrikanische *chapati* (eine Art Crêpe, aber ungesüßt) oder sansibarische Pizzen. *Mishkaki* (gegrillte Fleisch- oder Fischspießchen), *Spice Tea* (Gewürztee) oder frisch gepresster Zuckerrohrsaft stehen ebenfalls zum Verkauf (tgl. ab Sonnenuntergang).

Wo heute kleine Garküchen stehen, dürfte vor 1920 der **alte Hafen** gelegen haben. Man kann sich vorstellen, welch herrliche Aussicht die Sultansfamilie genossen hat, wenn bunte Segelschiffe mit fremdartigen Menschen hier anlegten.

# Swahili – mehr als eine Sprache

**Obwohl die Sprache des Volkes der Swahili – das Kiswahili – zur Verkehrssprache in Tansania, Kenia und Uganda avancierte, blieb die markante Kultur auf die Küste und die vorgelagerten Inseln beschränkt. Gerade dort auf den Inseln – namentlich Lamu, Sansibar und Pemba – wird die Swahilikultur viel intensiver gelebt als auf dem Festland.**

An der gesamten Küste Kenias und Tansanias sowie auf allen Inseln beeinflusst die einzigartige Swahilikultur das Leben: vom Kunsthandwerk über kulinarische Genüsse bis hin zum religiösen und sozialen Alltag.

Herzstück der Swahilikultur ist der Islam, der den Alltag sowie das Leben im Jahreslauf bestimmt. Im Besonderen prägen die großen Festlichkeiten das gesellschaftliche Miteinander. Im Monat Ramadan ist das öffentliche Leben auf Sparflamme, da den Fastenden in der Hitze die Energie zum Arbeiten oder für Bewegung fehlt. Ausgelassen feiert man hingegen z. B. das drei Tage dauernde Fest des *Eid ul Fitr*, das den Ramadan beendet. Zu *Maulidi*, dem Geburtstag des Propheten Mohammed, des Begründers der islamischen Religion, strömen jährlich mehrere Tausend gläubige Muslime aus vielen afrikanischen Staaten nach Lamu, um ein acht Tage dauerndes Fest zu feiern. Dabei werden traditionelle Musik- und Tanzaufführungen auf den Straßen dargeboten, und von überall her erklingt Taraab (oder Tarabu), die typische Folkloremusik der Swahili.

Besonderes Aushängeschild der Swahilitradition stellt die Swahilitür dar. Die kunstvoll geschnitzten Holztüren, die meist Häuser wichtiger Geschäftsleute des 18. und 19. Jh. zierten, gaben einst Auskunft über den sozialen Status des Hausbesitzers. Je reicher verziert und je größer die Tür, desto einflussreicher war er. Eine typische Swahilitür hat eine nahezu quadratische Form, besteht aus zwei Flügeln, die in der Mitte von einem senkrechten Balken gestützt werden. Rahmen und Stützbalken sind aufwendig verziert, wobei verschiedene Symbole immer wieder auftauchen: der Fisch und die Wellenlinien, die bedeutende Elemente im Leben der Küstenbewohner darstellen; stilisierte Lotusblumen als Symbol für Fruchtbarkeit und Frieden; die Blätter der Dattelpalme, mit denen Reichtum und Gesundheit assoziiert werden; eine geschnitzte Kette, die um den gesamten Rahmen führt, soll den Bewohnern Sicherheit bescheren. Weitere Schnitzereien, wie Pfauenaugen, Löwen oder Nelken symbolisieren einen bestimmten Charakterzug des Hausbesitzers. Am oberen Rahmen findet man häufig einen Koranspruch, der das Haus und seine Bewohner segnen soll. Die Türflügel sind mit hölzernen oder Messingbeschlägen und dekorativen Schlössern besetzt, die Unheil abhalten sollen.

Schließlich darf auch nicht unerwähnt bleiben, dass das kulinarische Angebot auf den Swahili-Inseln bunter ist. So bereichern die aromatischen Gewürzreisvariationen *pilau* oder *biriani* ebenso den Speiseplan wie Gerichte mit Kokoscreme, z. B. der Sansibar Kokosreis (*wali na nazi*) oder Fisch in Kokossauce. Curry, Tamarinde und andere Gewürze verleihen den Speisen eine delikate Note und bringen Abwechslung in das sonst oft recht eintönige Angebot.

## Die Inseln: Sansibar, Pemba, Mafia

Das **Old Fort** `7` wurde gegen Ende des 18. Jh. von den Omanis an der Stelle einer alten portugiesischen Kapelle erbaut (weswegen manchmal auch vom Portugiesischen Fort die Rede ist) und fungierte als militärische Schutzanlage. Heute finden hinter den dicken Mauern Konzerte, Theater- oder Tanzaufführungen statt. Tagsüber kann die Anlage auch von innen besichtigt werden (tgl. 8–18 Uhr, freier Eintritt).

Folgt man der Straße weiter, muss man durch einen Tunnel gehen. Das mächtige Gebäude, das man unterqueren muss, beherbergte im Lauf der Jahre u. a. den Englischen Club und eine Schule. Heute bietet es als **Orphanage House** `8` den Waisenkindern von Sansibar ein neues Zuhause.

### Im Stadtteil Shangani

Man erreicht den Stadtteil Shangani. Das Viertel ist heute als Souvenir-Mekka für Touristen bekannt, doch auch die hübschen Balkone, die filigranen Holzverzierungen an Fenstern und Türen oder schöne Swahilitüren stechen ins Auge.

Dort wo sich heute das elegante Zanzibar Serena Inn befindet, am **Kelele Square** `9` , war einst Schauplatz des Sklavenmarktes. Der Lärmpegel an diesem Ort muss ohrenbetäubend gewesen sein, wenn die Sklaven lautstark wie auf dem arabischen Basar feilgeboten worden sind, denn zu Deutsch bedeutet *kelele* ›Lärm‹. Wenig schmeichelhaft ist auch der Name einer kleinen Gasse unweit davon, an der Rückseite des Africa House Hotel. Viele Sklaven dürften in der Suicide Alley, der Selbstmord-Allee, lieber den Freitod gewählt haben, als am Markt wie Ware verhökert zu werden.

Zurück zum Beginn der Kenyatta Street zweigt beim **Geburtshaus von Freddy Mercury** `10` eine kleine Gasse ab. An den Sänger der weltbekannten britischen Rockband Queen, Freddie Mercury (1946–1991), den

**Die filigranen Balkone an Stone Towns Meeresfront im milden Abendlicht**

wohl berühmtesten Sohn der Stadt, erinnert außer einer kleinen Tafel (und einem Restaurant an der Meeresfront) nichts mehr. 1963, während der Aufstände nach der Unabhängigkeit, zog seine Familie nach London. In der **Gizenga Street** beginnt ein besonders liebenswürdiger Teil der Altstadt, mit vielen Souvenirgeschäften, der katholischen **St. Joseph Cathedral** 11 und, weiter östlich, dem farbenfrohen **Shiva-Shakti-Hindutempel** 12 bei der **Hurumzi Street.** Jene Straße, in der heute das wohl romantischste Hotel Sansibars, **236 Hurumzi** 13 steht, hätte viele Geschichten zu erzählen. Als 1873 der Sklavenhandel verboten wurde, weigerten sich die Sklavenbesitzer schlichtweg, ihre Sklaven freizulassen. Die britischen Behörden mussten die Sklaven freikaufen. Im heutigen Luxushotel soll eben jene Behörde einquartiert gewesen sein, die dafür zuständig war. Aus dieser Zeit stammt auch der Name der Straße, der auf *huru-muuze* (›Lass ihn frei‹) zurückzuführen ist.

## Zum Darajani-Markt

Auf dem Weg zum Darajani-Markt sollte man sich nun südöstlich halten, freundliche Stadtbewohner werden mit Sicherheit gern helfen, den richtigen Weg zu finden. In der Mkunazini Street, unweit vom Darajani-Markt, lädt das **Zanzibar Coffee House** zur Rast bei köstlichem Kaffee aus Mbeya und herzhaften Kuchen ein (tgl. 9.30–17.30 Uhr).

Der an der Creek Road liegende, lebhafte **Darajani-Markt** 14 existiert seit dem frühen 20. Jh. In der überdachten Markthalle, aber auch nebenan bei den dichtgedrängten Marktständen wird alles verkauft, was die Erde und das Land hergeben. Rote Bananen, grüne Kochbananen, Mangos, Ananas, Anonen Jackfruit, *mchicha* oder Maniok, dazu Gewürze oder Tee. Wer hier etwas erstehen will, muss sich aufs Handeln einlassen, was übrigens überall unerlässlich ist. Nichts für schwache Nerven und feine Nasen ist der übel riechende Fisch- und Fleischmarkt am südlichen Ende der Markthalle.

Weiter südlich, an der nächsten großen Kreuzung, lohnt sich ein Abstecher nach

**Sicherheit:** Stone Town ist die einzige Stadt in Tansania, wo man abends (bis ca. Mitternacht) größtenteils unbedenklich durch die Stadt flanieren kann, vor allem entlang der belebten, beleuchteten Hauptrouten. Die nächtlichen Zerstreuungen, wie Forodhani Gardens oder Live-Konzerte in den Bars, kann man also unbedenklich wahrnehmen.

rechts zur **Anglican Cathedral** mit dem letzten **Sklavenmarkt** 15 Afrikas. Erst in den 1860er-Jahren wurde der Hauptsklavenmarkt vom Kelele Square hierher verlegt, und als 1873 der Sklavenhandel offiziell verboten wurde, ließ der anglikanische Bischof Steer, ein vehementer Gegner der Sklaverei, die Kirche auf dem Gelände des Sklavenmarkts errichten (tgl. 9–18 Uhr, Erw./Kinder 2000 TSh).

Wer noch nicht müde ist, kann der Creek Road südlich in den Stadtteil Vuga folgen. Am südlichsten Zipfel, gegenüber vom ungepflegten Mnazi Mmoja-Park, war einst im imposanten weißen Kuppelbau das National Museum untergebracht. Alle Exponate wurden kürzlich ins House of Wonders transferiert, und das Gebäude in **Beyt-al-Amani** (Haus des Friedens) 16 umbenannt.

Wenn man sich hier an der Kreuzung rechts hält, gelangt man, vorbei an der Victoria Hall mit den **Victoria Gardens** (einst von Sultan Barghash für seine Haremsdamen errichtet), dem State House und dem High Court wieder in die Kenyatta Road.

ℹ️ **Zanzibar Tourist Corporation:** Creek Rd., Tel. 07 77 43 88 51, Mo–Fr 7.30–12, 14–17 Uhr. Veraltetes Informationsmaterial und kopierte Zettel sind die einzige Ausbeute. Auch die Infos unter der offiziellen Webseite des Tourismusministeriums www. zanzibartourism.net oder auf www.zanzibar. net sind nicht sonderlich aktuell.

**Banken:** Barclays Bank für MasterCard- u. Visa-Abhebungen (Gulioni Rd. im ZSTC Building, östl. von Stone Town auf dem Weg in den Norden), NDC-Bank (Kenyatta Rd., neben Karibu Inn) für Visa-Abhebungen.

## Cityplan: Stone Town

### Sehenswürdigkeiten

1. Fährhafen
2. Fischmarkt
3. Old Dispensary
4. Palace Museum
5. House of Wonders
6. Forodhani Gardens
7. Old Fort
8. Orphanage House
9. Kelele Square
10. Geburtshaus Freddie Mercury
11. St. Joseph Cathedral
12. Shiva-Shakti-Hindutempel
13. 236 Hurumzi
14. Darajani-Markt
15. Anglican Cathedral
    mit ehem. Sklavenmarkt
16. Beyt-al-Amani

### Übernachten

1. Zanzibar Serena Inn
2. Zanzibar Palace Hotel
3. Chavda Hotel
4. Dhow Palace Hotel
5. Beyt Al Chai
6. Zanzibar Coffee House
7. Clove Hotel
8. Garden Lodge
9. Safari Lodge
10. Karibu Inn

### Essen und Trinken

11. Livingstone Beach Restaurant
12. Sambusa Two Tables
13. Monsoon Restaurant
14. Archipelago

**Geldwechsel:** Kenyatta Rd., Gizenga St.
**Internet:** Kenyatta Rd., Forodhani St.

  **The Zanzibar Serena Inn** [1]:
Kelele Square, Tel. 024-223 35
87, www.serenahotels.com. Das historische
Gebäude, das einst Abenteurern, Fürsten,
Botschaftern und berühmten Ärzten als
Heimstatt diente, ist heute ein gediegenes,
elegantes Hotel voller romantischer Ge-
schichten aus der Vergangenheit. Pool. 51
Zi., DZ ab 250 US-$.

**Zanzibar Palace Hotel** [2]: Kiponda, Tel.
024-223 22 30, www.zanzibarpalacehotel.
com. Wunderbar einfühlsam renoviertes
Stadthaus, das an Flair nichts eingebüßt hat.
Jede Suite ist individuell, farbenfroh und stilvoll gestaltet. Für die zwei kleineren Suiten
gibt es attraktive Preise. Gute Küche, heimelige Bar mit Lounge-Charakter. 9 Zi., 2 DZ ab
95 US-$, die restlichen Suiten 225 US-$.

**236 Hurumzi** [13]: (vormals Emerson&Green),
Hurumzi St., Tel. 07 77-42 32 66, www.236
hurumzi.com. Der Palast eines der reichsten

Männer der Swahiliküste ist heute ein romantisches Luxushotel – ein Traum aus 1001
Nacht. Gutes Preis-Leistungs-Verhältnis für
so viel Klasse! Das Kidude Café serviert köstliche Snacks, ausgezeichneten Kaffee und
Kuchen. Im Tower-Top-Restaurant diniert
man hoch über den Dächern von Stone Town
nach arabischem Vorbild auf Kissen am Boden (Voranmeldung unter Tel. 024-223 01 7),
ca. 25 US-$). 16 Zi., DZ ab 185 US-$.

**Chavda Hotel** [3]: Shangani, Tel. 024-223 21
15, Fax 024-223 19 31, www.chavdahotel.
co.tz. Im Roof-Top-Restaurant kann man
schön die Stadt überblicken, und es bietet
daher eine gute Alternative zum Sundowner
im Africa House Hotel. Gemütliches Hotel,
das ein wohltuendes Preis-Leistungs-
Verhältnis bietet. 40 Zi., DZ ab 100 US-$.

**Dhow Palace Hotel** [4]: Kenyatta Rd., Tel.
024-223 30 12, Fax 024-223 30 08, www.
tembohotel.com/dhowpalace.html. Sympathisches Open-Air-Hotel. Das Hotel, einst ein
Stadthaus aus den späten 1870erJahren, ist
mit allerlei schweren alten Holzmöbeln und

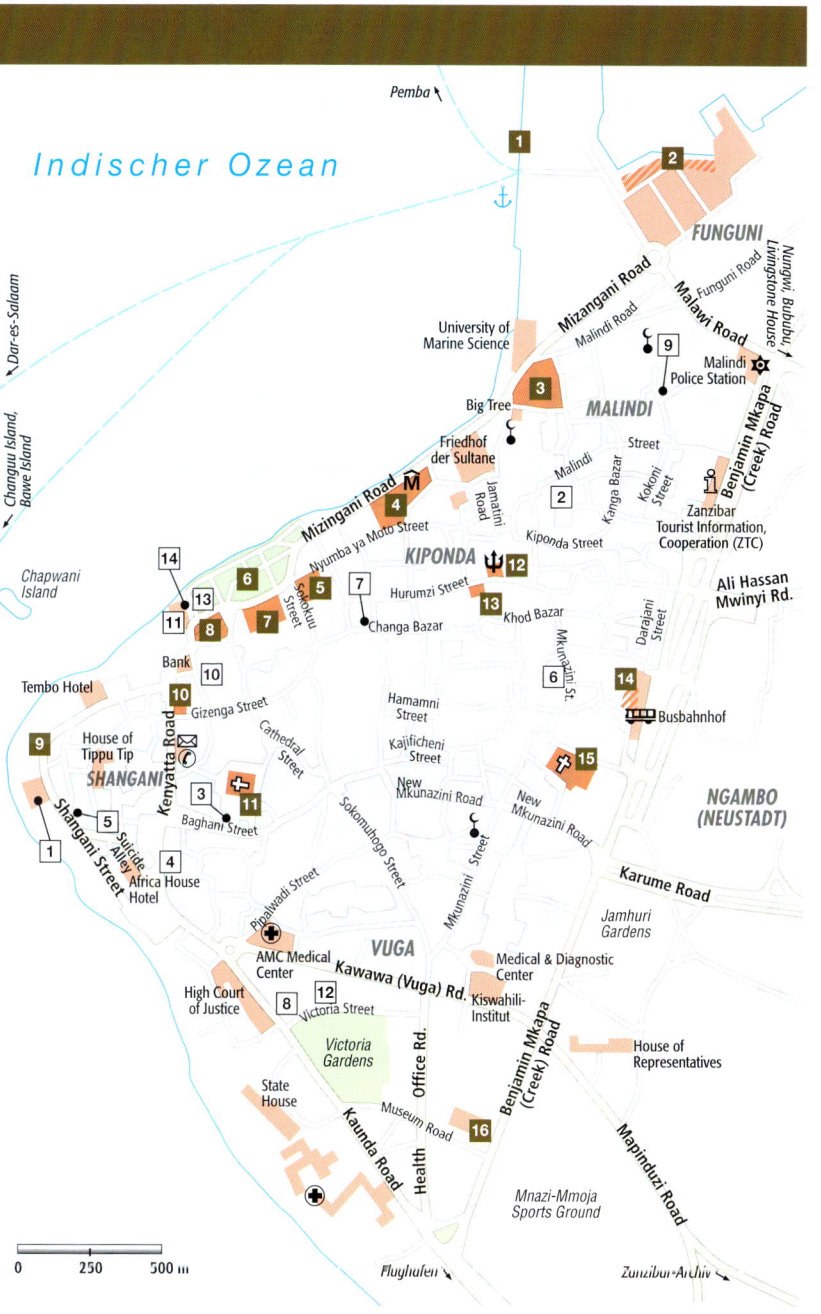

# Stone Town

Indischer Ozean

Pemba

FUNGUNI

Nungwi, Bububu, Livingstone House

Mizangani Road

Malawi Road

Funguni Road

Malindi Road

University of Marine Science

Malindi Police Station

MALINDI

Big Tree

Malindi Street

Friedhof der Sultane

Benjamin Mkapa (Creek) Road

Mizingani Road

Kanga Bazar

Kokoni Street

Jamatini Road

Zanzibar Tourist Information, Cooperation (ZTC)

Nyumba ya Moto Street

KIPONDA

Kiponda Street

Chapwani Island

Sokokuu Street

Hurumzi Street

Ali Hassan Mwinyi Rd.

Khod Bazar

Changu Island, Bawe Island

Changa Bazar

Mkunazini St.

Darajani Street

Bank

Gizenga Street

Busbahnhof

Tembo Hotel

Hamamni Street

House of Tippu Tip

Kenyatta Road

Cathedral Street

Kajificheni Street

NGAMBO (NEUSTADT)

SHANGANI

New Mkunazini Road

New Mkunazini Road

Mkunazini Street

Baghani Street

Sokomuhogo Street

Karume Road

Suicide Alley

Shangani Street

Africa House Hotel

Pigalwadi Street

Jamhuri Gardens

AMC Medical Center

VUGA

Kawawa (Vuga) Rd.

Medical & Diagnostic Center

High Court of Justice

Victoria Street

Kiswahili-Institut

Benjamin Mkapa (Creek) Road

House of Representatives

Victoria Gardens

State House

Office Rd.

Museum Road

Kaunda Road

Health

Mnazi-Mmoja Sports Ground

Mapinduzi Road

Dar-es-Salaam

0    250    500 m

Flughafen

Zanzibar-Archiv

287

## Richtig Reisen-Tipp: Spice Tour auf Sansibar

Zugegeben, mit einer Buschsafari oder einem Tauchgang ist die Spice Tour nicht vergleichbar. Doch sie erlaubt einen Einblick in die sansibarische Geschichte und Kultur, und viele Reisende erhalten hier den ersten (und oft auch letzten) intimen Kontakt mit tansanischen Speisen und tansanischer Esskultur.

Die Tour führt in eine der zahlreichen Spice Farms im Inselinneren. Der Anbau und die Ernte verschiedener inseltypischer Gewürze und Früchte wird gezeigt, z. B. Nelken, Zimt, Vanille, Muskatnuss, Kardamom, Pfeffer oder Zitronengras genauso wie Kaffee und Kakao oder die bei uns relativ unbekannte Jackfruit. Blätter werden gerieben, Knospen aufgebrochen, an Baumrinden gekratzt oder Seifenschaum aus kleinen Kirschen gezaubert. Vielleicht werden auch grüne Kokosnüsse geköpft, und der herrlich erfrischende Saft unreifer Kokosnüsse, *madafu*, verkostet.

Neben Lebensmittelkunde kommt auch der Geschichtsunterricht nicht zu kurz. Abstecher zu historischen Stätten, wie z. B. zu den Sklavenkammern von **Mangapwani** (s. S. 293) oder den Persischen Bädern von **Kidichi** demonstrieren eindrucksvoll die gar nicht allzu weit zurückliegende schillernde Vergangenheit des ehemaligen Sultanats. Inbegriffen ist auch ein Mittagessen im Swahilistil, das in einem traditionellen afrikanischen Haus – am Boden sitzend – eingenommen wird. Üblicherweise klingt die Tour mit einem Strandbesuch aus. Zu buchen fast überall (s. S. 290 f.), z. B. bei Mitus Spice Tour um 10 US-$/Person oder bei Eco+Culture Tours um 30 US-$/Person.

---

sansibarischen Utensilien eingerichtet. Pool in der Lobby. 28 Zi., DZ ab 80 US-$.

**Beyt Al Chai** [5]: Kelele Square, Tel. 07 74-44 41 11, Fax 07 74-44 42 22, www.stonetowninn.com. In einem historischen Teehaus stehen großzügige, individuell gestaltete Zimmer im sansibarischen Stil zur Verfügung. 6 Zi., DZ ab 125 US-$.

**Zanzibar Coffee House** [6]: Mkunazini St., Tel. 024-223 93 19, www.riftvalley-zanzibar.com. Kleines, intimes Gästehaus mit einfühlsam gestalteten Zimmern in einem alten Stadthaus aus dem Jahr 1885. Ausgezeichneter Kaffee aus eigener Produktion. Ein Geheimtipp mitten in den engen Gassen von Stone Town. 10 Zi., DZ ab 75 US-$.

**Clove Hotel** [7]: Hurumzi St., Tel. 07 77-48 45 67, www.zanzibarhotel.nl. Beschwingtes Qualitäts-B&B mit einer einladenden Dachterrasse, die morgens für das Frühstück und abends als Lounge genutzt wird. Wunderbarer Blick über die Dächer von Stone Town und aufs 236 Hurumzi. 8 Zi., DZ ab 50 US-$.

**Garden Lodge** [8]: Kaunda Rd., Tel. 024-223 32 98. Mehrere kleine Erker im Haus und die Veranden machen die Unterkunft gemütlich. Im Erdgeschoss liegen die älteren und daher auch weniger schönen Räume. Das Frühstück wird auf der Dachterrasse serviert. 18 Zi., DZ ab 40 US-$.

**Safari Lodge** [9]: Malindi, Tel. 024-223 65 23, Fax 022-212 45 07, www.safarilodgetz.com. Größeres Gästehaus im landestypischen Stil, das bei Touristen beliebt ist. DZ ab 40 US-$.

**Karibu Inn** [10]: Forodhani St., Tel./Fax 024-223 30 58. Großes, einfaches Gästehaus in zentraler Lage im landestypischen Stil. Sauber. 22 Zi., DZ ab 30 US-$.

**Livingstone Beach Restaurant** [11]: Kenyatta Rd., tgl. 18–23 Uhr. Das Lokal serviert schmackhafte internationale Küche mit exotischem Touch, liegt direkt am Meer und hat zudem historische Bedeutung: Errichtet um 1860 vom Sultan, diente es Missionaren und Abenteurern als Domizil, u. a. David Livingstone. Stilvolles Ambiente, die Tische am Strand (mit Fackeln) ganz nah bei den sanften Wellen sind besonders beliebt, ca. 15 000 TSh.

**Sambusa Two Tables** [12]: Victoria St., Reservierung Tel. 024-223 19 79, tgl. 11–14, 18–23 Uhr.  Kleines Restaurant in einem Privathaus mit köstlicher sansibarischer Küche. Wer authentisch speisen möchte, ist hier gut aufgehoben. Man sollte unbedingt reservieren. Um 10 000 TSh.

**Monsoon Restaurant** [13]: Forodhani Garden, tgl. 11–22.30 Uhr. Lauschiges Restaurant im Swahilistil. Ausgezeichnete Swahiliküche mit fairen Preisen, um 10 000 TSh.

**Archipelago** [14]: Forodhani St., tgl. 8–23 Uhr. Ausgezeichnete sansibarische Küche mit Blick aufs Meer. Das nüchterne Ambiente wirkt weniger einladend, 5000–8000 TSh.

Beliebte Mitbringsel sind neben Gewürzen vor allem typisches Kunsthandwerk aus Sansibar, wie Holztruhen mit kunstvollen Messingbeschlägen, Teppiche, Messingwaren, Stoffe und Textilien. Außerdem ist Stone Town ein Paradies für Liebhaber von Trödelläden und Antiquitäten.

**Souvenirs:** Souvenirjäger werden sicherlich in der Gizenga St. ebenso wie in der Hurumzi St. oder der Kenyatta Rd. reiche Beute machen. Wenig davon ist originell – es wird alles angeboten, was nur im Entferntesten afrikanisch sein könnte. Die meisten Souvenirs werden aus Kenia billig importiert.

**Zanzibar Secrets:** Kenyatta Rd., Mo–Sa 9–19, So 9–14 Uhr. Zauberhafte Kleidung im Ethno-Look made in India und Sansibar, die auch durchaus in Europa tragbar ist. Echtes, feines Kunsthandwerk aus Tansania (und dem asiatischen Raum).

**Memories of Zanzibar:** Kenyatta Rd., Mo–Sa 9–19, So 9–18 Uhr. Viele schöne Mit-

**Früchte aus Sansibar – Angebot auf dem Markt in Stone Town**

# Die Inseln: Sansibar, Pemba, Mafia

bringsel im Herzen der Altstadt, aufbereitet für die Augen und die Geldbeutel von Touristen aus Übersee. Keine Schnäppchen, aber gut sortiert.

**Zanzibar Gallery:** Kenyatta Rd., Mercury House, Mo–Sa 9–19, So 9–14 Uhr. Auf den ersten Blick wirkt das Geschäft wie ein Ramschladen, aber wenn man sich durch den ersten Verkaufsraum durchgequält hat, findet man im hinteren Teil jede Menge schöne Dinge. Gut sortierte Bücherecke, mit vielen Bildbänden und Büchern über die Geschichte Sansibars.

**Oneway:** Kenyatta St., Mo–Sa 9–19.30, So 9–18 Uhr. Jede erdenkliche Art von Kleidung und Accessoires, aus den farbenprächtigen *kikois* hergestellt. Umfangreiches T-Shirt-Sortiment.

**Zanzibar Curio Shop:** Gizenga St., tgl. 9–19, So 9–18 Uhr. Auf den ersten Blick mutet der Shop wie ein gewöhnlicher Souvenirladen an, doch in den Hinterzimmern tun sich wahre Juwelen auf – alte Tauchglocken, echtes Kolonialmobiliar oder gusseiserne Sicherheitsschlösser.

**Garage Club & Dharma Lounge:** Shangani St., tgl. ab 21 Uhr. Vorn ist die heimelige Dharma Lounge im indisch-sansibarischen Stil untergebracht, die durchquert werden muss, um Techno, Rave und Bongo Flava im angesagtesten Club der Stadt zu hören. Eintritt 2000 TSh.

**Mercury's:** Mizingani Rd., tgl. ab 8.30 Uhr. Beliebtes Touristen-Lokal in memoriam Freddie Mercury. Die Qualität der Speisen ist eher mittelmäßig. Doch die Konzerte am Samstag sind hörenswert.

**Sauti za Busara Music Festival** (Feb.): Festival für traditionelle Musik, das Teilnehmer aus vielen afrikanischen Ländern, aber auch immer wieder aus Europa oder Amerika anlockt, Info unter www.busara music.com.

**ZIFF-Festival** (Juli): Laut eigenen Angaben das größte Kunst-, Kultur- und Musikfestival Ostafrikas, das die Kultur der Dhau-Länder des Indischen Ozeans zelebriert. Das Festival spielt sich auf allen wichtigen Plätzen der Stadt ab, z. B. werden im Alten Fort Filme gezeigt, während in den Forodhani Gardens Tanz- und Performancekünstler auftreten, Info unter www.ziff.or.tz.

**Ausflüge:** Unzählige Ausflüge werden von Stone Town (oder auch von den meisten Unterkünften) aus angeboten, z. B. zum Urwald Jozani Forest (25–35 US-$ exkl. 8 US-$ Eintritt, s. S. 297 f.), zu den Ruinen oder zu den Delfinen von Kizimkazi (40–60 US-$, s. S. 299). Anfragen bei den Tour-Veranstaltern. Stone Town ist Jagdrevier der Beachboys, die immer die ›besten und bil-

ligsten‹ Touren auf der Straße verkaufen. Seriöse Veranstalter sind u. a.:

**Zan Tours:** Malawi Rd., Tel. 024-223 31 16, www.zantours.com. Renommierter Veranstalter im höheren Preissegment, zu dessen Unternehmen die sansibarische Airline Zanair gehört.

**Eco+Culture Tours:** Hurumzi St., gegenüber 236 Hurumzi, Tel./Fax 024-223 03 66, www.ecoculture-zanzibar.com. Gute Touren, gutes Preis-Leistungs-Verhältnis.

**Mitus Spice Tours:** neben Malindi Lodge, Tel. 024-223 46 36. Durchschnittliche, Standard-Touren, doch Herr Mitus rühmt sich, der Erfinder der Spice Tour zu sein.

**Stadtführungen:** zu buchen bei den Tour-Veranstaltern, je nach Größe der Gruppe 10–20 US-$/Person.

**Schwimmen**: In Zanzibar Town ist ein Bad im Meer nicht anzuraten – die Abwässer fließen großteils ungereinigt ins Meer. Die nächsten Strände zum Baden: Fuji Beach, etwa 10 km nördl., und der Strand bei den Mbweni Ruins, einige Kilometer südl. der Stadt.

**Schnorchelausflüge:** Bei den Tour-Veranstaltern ab 30 US-$/Person zu buchen.

**Tauchen:** One Ocean, Kenyatta Rd., Tel. 024-333 83 74, www.zanzibaroneocean.com. Die Firma unterhält insgesamt vier Tauchbasen auf der Insel, die Preise variieren je nach Re-

**Ein renoviertes Prunkstück aus der Sultanatszeit ist das Palace Museum**

## Die Inseln: Sansibar, Pemba, Mafia

**Taxis** sind äußerst teure Fortbewegungsmittel auf der Insel. Für die Strecke von Stone Town nach Nungwi oder an die Ostküste (Bwejuu, Paje, Jambiani) werden bis zu 60 US-$ in Rechnung gestellt, mit Verhandlungsgeschick kann man den Preis um ein Drittel senken. Eine bessere Alternative für diese Orte sind **Shared Taxis** (s. S. 94). 5000 TSh pro Person lautet der einheitliche Tarif, aber man sollte sich vor Abfahrt – wenn möglich – mit anderen Touristen kurzschließen. Am besten man wählt namhafte Unternehmen und lässt sich nicht auf der Straße ansprechen. Abfahrt: zumeist 8 Uhr morgens vor dem Cine Afrique, nähe Fährhafen, manchmal auch nachmittags.

sort. Am günstigsten sind Tauchausflüge vom Headquarter in Stone Town aus. Kurse PADI Open Water 350 US-$, 10 Tauchgänge 340 US-$.

### Flüge

Der Zanzibar International Airport liegt 8 km südl. der Stadt, sowohl Übersee- als auch tgl. mehrere Inlands-Flüge vom Festland (z. B. von Dar-es-Salaam 60 US-$, von Arusha US-$ 210, jeweils mit Coastal Aviation einfach). Die von den Taxifahrern geforderten 20 US-$ für einen Transfer in die Innenstadt sollte man nicht anstandslos zahlen, mehr als 10 US-$ ist die Fahrt nicht wert.

### Busse

Der Busbahnhof für die Dalladallas liegt am Darajani-Markt an der Greek Rd. Nirgendwo in Tansania kann man vermutlich unbehelligter mit öffentlichen Verkehrsmitteln fahren als auf den Inseln. Sie fahren, soweit es die Sandpisten zulassen, in jedes auch noch so versteckte Eck. Kosten: max. 2000 TSh, aber man braucht viel, viel Zeit …

### Mietwagen

Halblegale Autovermietungen finden z. B. auf den Stellplätzen bei den Forodhani Gardens statt. Auch wenn der Preis von 40 US-$/Tag verlockend sein mag: Schwierigkeiten sind in drei Viertel der Fälle vorprogrammiert.
Ally Keys: Darajani, Tel. 07 77-41 17 97, alley keys768@yahoo.com. Mietautos ab 50 US-$, Motorräder ab 25 US-$/Tag.

### Fähren

Zwischen Dar-es-Salaam und Stone Town tgl. mehrere Fähren (s. auch S. 261). Abfahrtszeiten 7, 10, 13, 15.45 Uhr (Schnellboote), 21.30 Uhr (langsamere Fähre). Eine Vielzahl von Taxis steht vor den Toren des Hafens bereit. Die Fahrt innerhalb von Stone Town (die meisten Unterkünfte liegen max. 2 km vom Fährhafen) sollte nicht mehr als 3000 TSh kosten. Wenn der Fahrer ein anderes als das bereits gebuchte Hotel vorschlägt – kein Wunder: Die Taxifahrer erhalten Provisionen für jeden vermittelten Kunden.

## Sansibars West- und Nordküste

**Karte:** S. 296

Die Straße von Stone Town in den Norden führt an Ruinen, paradiesischen Stränden und Buchten vorbei, bis man schließlich nach gut eineinhalb Stunden auf teilweise holpriger Straße Nungwi und Kendwa erreicht.

Wenige Kilometer außerhalb von Stone Town passiert man mehrere historische Stätten. Der dritte Sultan von Sansibar, Barghash, ließ 1880 für seine 99 Zweitfrauen ein privates Spa – so würde man heute zu dem Badehaus sagen – mit Wohnräumen errichten, die heute als **Marahubi-Ruinen** [1] bekannt sind. Die Legende erzählt, dass der Sultan es liebte, seinen zahlreichen Haremsdamen beim Nacktbaden in den drei Bädern zuzusehen, um dann letztendlich die verlockendste Frau des Tages in sein Privatbad zu bitten (tgl. 8–18 Uhr, Erw. 1000 TSh).

Ein wenig weiter nördlich liegen die **Mtoni-Ruinen** [2] , in deren direkter Nachbarschaft heute ein Hotel steht. Der einst prachtvolle Palast – er soll der älteste der Insel sein – diente dem ersten Sultan Sayyid als Domizil. Hier hielt er sich größtenteils auf. Der Prachtbau bestand seinerzeit neben dem feudalen Hauptpalast aus einer Moschee, etlichen Badehäusern und Quartieren für über tausend Lakaien. Bäder – man findet viele Überreste auf Sansibar – waren ein Privileg der Reichen und mit Gemälden oder Mosaiken kunstvoll dekoriert. Hier verbrachten die Haremsdamen des Sultans viele Stunden beim Lesen, Koranrezitieren, Ausruhen und Baden.

10 km außerhalb von Stone Town, in Bububu, liegen weitere Ruinen, die Reste des **Chuini-Palastes** 3 , erbaut 1872 vom dritten Sultan Barghash. Es muss sich um seinen Hauptpalast gehandelt haben, denn es wurde großer technischer Aufwand getrieben und der Palast verfügte über fließendes Wasser. Heute stehen die Ruinen unmittelbar im Anwesen der Hakuna Matata Beach Lodge, Besichtigungen sind nach Voranmeldung möglich (s. unten, Unterkunft). Der Ortsname

Bububu stammt von der alten fauchenden und tutenden Dampflok, die zwischen 1905 und 1928 Stone Town mit der ›Vorstadt‹, in der die Sultanspaläste standen, verband.

Hinter Mangapwani folgt eine versteckte Abzweigung Richtung Meer, wo man über Stock und (Korallen)Stein die **Sklavenkammern** 4 von Mangapwani erreicht. Um die Sklaven weit weg von Stone Town, vor den Behörden und den Briten zu verstecken, wurden diese unterirdischen Kammern nach der Abschaffung der Sklaverei erbaut. Sie wurden zudem durch dichtes Buschwerk vor neugierigen Blicken geschützt. Die Ruinen sind zumeist in die Spice Tour integriert, sie sollten nicht alleine, d. h. ohne Guide, in Angriff genommen werden.

  **Chapwani Private Island:** zu buchen über House of Won-

**Anglerglück: Der Fang kann sich sehen lassen**

ders, Tel. +39 051 23 49 74, Fax +39 051 23 90 86, www.chapwaniisland.com, April/Mai geschl. Auf einer kleinen Koralleninsel, nur knappe 2 km vom Festland entfernt, liegt das intime Exklusiv-Resort. Einfache, aber gemütliche Zimmer; großartiger Strand, romantische Buchten. Kein Trubel. 10 Zi., DZ ab 300 US-$ (Vollpension).

**Hakuna Matata Beach Lodge:** Chuini Ruins, Tel. 07 77-45 48 92, www.hakuna-matata-beach-lodge.com. Die familiäre Lodge des deutschen Ehepaars Rose und Fritz liegt verträumt an einer kleinen Bucht, harmonisch in die Chuini-Ruinen integriert. Die begnadete Köchin Rose lässt kulinarisch keine Wünsche offen. Mit Open-Air-Kino und den schönsten Sonnenuntergängen der Insel, denn in der Ferne glitzern die Lichter von Stone Town. Pool, Wireless Internet. 12 Zi., DZ ab 200 US-$ (Halbpension).

**Salome's Garden:** Bububu, zu buchen über House of Wonders, Tel. +39 051 23 49 74, Fax +39 051 23 90 86, www.salomes-garden. com. Die alte Villa – sie soll das letzte Wohnhaus von Prinzessin Salme gewesen sein – wurde absolut stilvoll renoviert, sansibarische Antiquitäten, persische Teppiche, arabische Fliesen zieren die Badezimmer. 4 Zi., DZ ab 140 US-$ mit Frühstück, Reservierung des ganzen Hauses für max. 10 Personen 510 US-$.

**Maruhubi Beach Villas:** Maruhubi Ruins, Tel. 07 77-45 11 88, www.zanzibarmaruhubi. com. Schönes Anwesen mit viel Komfort; jedes Zimmer verfügt über eine Veranda mit Blick auf eine kleine Lagune. Pool. April/Mai geschl. 10 Zi., DZ ab 110 US-$.

## Die Nordspitze: Nungwi

Knapp 60 km nördlich von Stone Town erreicht man die Nordspitze der Insel. In den letzten Jahren hat sich in **Nungwi**  das Ibiza von Sansibar entwickelt, wo nächtelang laute Discomusik den Strand beschallt und man von Bar zu Bar ziehen kann. Prostitution ist üblich. Trotz des wenig friedlichen Drumherums, vor allem in der Hochsaison, hat Nungwi die schönsten Strände der ganzen Insel; nirgendwo leuchtet das Azurblau des

Meeres intensiver als hier. Außerdem kann man hier dank der ›Kaplage‹ sowohl den Sonnenauf- als auch den -untergang beobachten. Östlich davon, um **Ras Nungwi,** und westlich, in **Kendwa** , finden Erholungsbedürftige die etwas ruhigeren Strände. Sowohl in Nungwi als auch in Kendwa spielen Ebbe und Flut eine geringe Rolle; man hat Bade- und Schnorchelspaß in idyllischen Sandbuchten, ohne durch die Gezeiten merklich beeinträchtigt zu werden.

**Ras Nungwi Beach Resort:** Ras Nungwi, Tel. 024-223 37 67, Fax 024-223 30 98, www.rasnungwi.com, April/Mai geschl. Einsam und wohltuend abseits vom Trubel, bietet das charmante Tropen-Resort allen erdenklichen Luxus. Herrlicher, unberührter Strand, Pool mit Meerblick. Tauchen: Kurse PADI Open Water 500 US-$, 10 Tauchgänge 325 US-$. Hochseefischen: Tagestrip ab 800 US-$ (4 Pax). Kitesurfen möglich. 32 Zi., DZ ab 300 US-$ (Halbpension).

**Mnarani Beach Cottages**: Nungwi, Tel. 024-224 04 94, Fax 024-224 04 96, www.light housezanzibar.com. Dank der erhöten Lage auf Klippen hat man wunderschöne Ausblicke auf den azurblauen Ozean. Es gibt einen neueren und älteren Teil, beide sind empfehlenswert. Sympathisches Ambiente, ideal zum Relaxen. 27 Zi., DZ ab 132 US-$ (Vollpension) im älteren Teil, 194 US-$ (Vollpension) im neuen Teil.

**Tanzanite Beach Resort:** Ras Nungwi, Tel. 024-224 02 55, www.tanzanitebeachresort. Mit traumhaftem Ausblick aufs Meer und wunderbar gepflegter Gartenanlage. Blütenweißer Strand. Schöne große Zimmer mit Betten im typischen Sansibarstil: prachtvoll, massiv, kunstvoll mit Schnitzereien verziert, mit europäischem Standard. Tauchbasis. Perfekte Alternative für kleinere Geldbörsen. 8 Zi., DZ ab 95 US-$ (Halbpension).

**Langi Langi:** Nungwi, Tel. 024-224 04 70, Fax 024-224 04 71, www.langilangizanzibar. com. Die üppige Gartenanlage wirkt gepflegt, die komfortablen, zweckmäßigen Zimmer sind in Ordnung. Kein Meerzugang, aber

Pool. Panoramarestaurant mit Blick aufs Meer. 24 Zi., DZ ab 85 US-$.

**Kendwa Rocks:** Kendwa Beach, Tel. 07 74-41 54 74, www.kendwarocks.com. Gemütliche, einfache Unterkunft auf einer Anhöhe, mit direktem Zugang zum Strand. Internet. Lockere Atmosphäre. Beste Wahl in Kendwa! 24 Zi., DZ ab 40 €.

**Jambo Brothers:** Nungwi, Tel. 07 77-49 83 80. Einfache, geräumige Bungalows im landestypischen Stil an einem schönen Strandabschnitt. Für Low-Budget-Reisende durchaus empfehlenswert. DZ ab 30 US-$.

**New Blue Sea Restaurant**: neben Fat Fish Restaurant, tgl. von früh bis spät. Gute Thai-Gerichte, Pizza und die üblichen Einheitsgerichte (z. B. Pasta, frittierter Fisch mit Pommes Frites oder frittierter Tintenfisch). Um 6000–8000 TSh.

**Namaste Coffee Lounge:** gegenüber von Sensation Divers, tgl. 8–19 Uhr. Starker Kaffee, Snacks, Kuchen, Säfte. Unter 3000 TSh.

Partytiger kommen mit Sicherheit nicht zu kurz, viele kleine informelle Open-Air-Bars und Strand-Bistros erwachen nach Sonnenuntergang zum Leben.

**Cholo's:** direkt am Strand. Eine Strandbar in einer Art aufgeschnittenem Schiffsrumpf. Besonders beliebt unter den trinkfesteren Urlaubern, aber auch empfehlenswert für einen schnellen Cocktail.

**Full Moon Parties in Kendwa Rocks:** Jeden Monat zu Vollmond geht im legeren Kendwa Rocks die Post ab. Von der ganzen Insel kommen dann Feierlustige, um sich eine mondhelle Nacht am Strand um die Ohren zu schlagen. Gern suchen Beachboys hier Kontakt.

#### Tauchen

**East Africa Diving & Watersports Centers:** bei den Jambo Brother Bungalows, Tel. 07 77-41 64 25, www.sansibar-tauchen.de. Empfehlenswertes Tauchzentrum mit sympathischer Betreuung, Tauchgänge auch

auf Deutsch. Kurse PADI Open Water 380 US-$, 10 Tauchgänge 300 US-$.

**Scubado Divers:** Kendwa, Tel. 07 84-41 51 79, www.scuba-do-zanzibar.com. Professionelle Tauchbasis in anglo-amerikanischer Hand. Kurse PADI Open Water 385 US-$, 10 Tauchgänge 300 US-$.

**Hochseeangeln:** www.fishingzanzibar.com, vgl. Ras Nungwi Beach Resort.

**Kitesurfen:** www.kitezanzibar.com, vgl. Ras Nungwi Beach Resort.

# Sansibars Ostküste

**Karte:** S. 296

## Nördlich der Chwaka Bay

Die große Bucht bei Chwaka teilt die Ostküste in zwei Hälften. An der nördlichen Ostküste liegen (von Nord nach Süd) die Orte **Matemwe, Kiwengwa, Pongwe** und **Uroa.** Allen Orten an der Ostküste ist gemein, dass sie friedliche Ruhe und Abgeschiedenheit bieten, obwohl an einigen Abschnitten, wie in Kiwengwa, Bwejuu, Paje oder Jambiani, neue Hotels wie Pilze aus dem Boden sprießen. Meist liegen die Hotels aber so weit auseinander, dass man von den Vorgängen in der Nachbarschaft nichts mitbekommt. Einige Abschnitte sind noch nicht an das Elektrizitätsnetz angeschlossen, weswegen (auch wegen der vielen Stromausfälle) fast alle Unterkünfte über Generatoren verfügen. Auch das Internet hält nur spärlich Einzug – man darf also nicht immer postwendend Antwort auf eine E-Mail-Anfrage erwarten. In den letzten Jahren haben sich zudem etliche internationale Clubhotels breitgemacht.

Wie an der übrigen Küste – mit Ausnahme von Nungwi und Kendwa – ist die Küste sehr flach, daher ist Schwimmen bei Ebbe nicht möglich. Bei Flut (alle zwölf Stunden) jedoch verwandeln sich die Ufer in paradiesische, schneeweiße Tropenstrände mit wunderbar türkisblauem Wasser und sanft plätschernden Wellen.

Für die einheimischen Frauen ist die seichte Küste ein Segen. Sie pflanzen im lau-

## Die Inseln: Sansibar, Pemba, Mafia

Ras Nungwi **Nungwi** 5

**Kendwa** 6

*Tumbatu Island*

Daloni Island

Kidoti

Fukuchani

*Mnemba Island*

Gomani

*Puopu Island*
Potowa

**Mkokotoni** Kivunge

Kigomani
**Matemwe Beach Village**
Matemwe

Ras Uso Wa Membe

Makoba

Bububu

Chaani Ndogo

Pwani Mchangani

Bumbwini

Donge

Kinyasini

Kiwengwa

**Sklaven-kammern** 4
**Mangapwani**

Mahonda

Ndagaa

Kazole

*Pangeni*

Bondeni

Mwakaje

*Kichwele Forest Reserve*

Kama

Chuini

**Chuini-Ruinen** 3

**Persische Bäder**

Kizimbani

Kiboje

Mchangani

Pongwe

Bububu

Kidichi

Machui

Mpapa

Uroa

Fuji Beach

Koani

Bambi New Town
Dunga

*Changuu Island*
*Chapwani Island*
Bawe Island

Mtoni

**Mtoni-Ruinen** 2
**Maruhubi-Ruinen** 1

Chwaka

*Chwaka Bay*

**Michamwi**
Pingwe

Ras Michamwi

**Zanzibar Town**
**Stone Town** 9

Fuoni

Charawe

Ukongoroni

Dongwe

*Murogo Island*

**Mbweni-Ruinen** 7

Tunguu

**Jozani Forest** 10

Bwejuu

Chukwani

Kombeni

Bungi

*Chumbe Island*

*Ukanga Island*

Jozani

Paje

**Chumbe Island Coral Park** 9

Bweleo

**Fumba** 8
Ras Mkita

*Sume Island*

Unguja Ukuu

Pete

Kitogani

Muungoni

Jambiani

*Kiwani*

*Niamembe Island*

Uzi

*Uzi Island*

Muyuni

*Kwale Island*

*Pungume Island*

Kufile

**Makunduchi** 12

Kizimkazi Dimbani

**Shirazi-Moschee** 11 **Kizimkazi** Mzambarauni

*Zanzibar*

*Channel*

*Dar-es-Salaam*

*Indischer Ozean*

*Zingwe*   *Kipange*

0   5   10 km

warmen Wasser, in abgesteckten Feldern, Seegras und Algen an, die bisweilen auch an den Strand gespült werden. In mühevoller Geduldsarbeit wird auf diese Weise ein wichtiger Rohstoff für die Kosmetikindustrie gezüchtet. An vielen Küstenabschnitten ist auch gerade die flache Küste die eigentliche Attraktion, wenn man lange Spaziergänge hinaus auf die Korallenbänke voller fantastischer Lebewesen unternehmen kann.

  **Matemwe Beach Lodge:** Matemwe, Tel. 027-250 41 18, Fax 027-25 02 79, www.asilialodges.com. Luftige, offene komfortable Cottages auf Klippen in einer äußerst weitläufigen Anlage, geschmackvoll und afrikanisch dekoriert. Pool. 12 Zi., DZ ab 460 US-$ (Vollpension).

**Shooting Star Lodge:** Kiwengwa, Tel. 07 77-41 41 66, www.zanzibar.org/star. Edles, kleines Hotel mit viel Ambiente hoch über dem Meer auf Klippen. Gemütliche offene Lounge. Pool am vorderen Ende der Klippen mit Blick auf den Bilderbuchstrand. Bunt blühender Garten. 15 Zi., DZ ab 220 US-$ (Vollpension).

**Matemwe Beach Village:** Matemwe, www.matemwebeach.com. Viel charmanter afrikanischer Stil und Liebe zum Detail spielen hier – neben den Gästen – die Hauptrolle. Gemütliche offene Lounge direkt vor dem blütenweißen Sandstrand. Idyllisch und abgelegen. Pool. Tauchen Kurse PADI Open Water 450 US-$, 10 Tauchgänge 390 US-$. 23 Zi., DZ ab 150 US-$ (Halbpension).

## Südlich der Chwaka Bay

An der Küste südlich der Bucht reihen sich **Bwejuu, Paje** und **Jambiani** an den endlos lang scheinenden Strand, dem ein artenreiches Korallenriff vorgelagert ist.

  **Sultan Palace:** Dongwe, Tel. +254-20-712 09 43, Fax +254-20-712 26 38, www.sultanzanzibar.com. Die Zimmern haben Blumennamen, die sansibarischen Möbel duften nach 1001 Nacht. Luxuriöses arabisch-sansibarisches Ambiente zum stolzen Preis. April–Mitte Juni geschl. 15 Zi., DZ ab 400 US-$ (Vollpension).

**Sunrise Guest House:** Bwejuu, Tel. 024-224 02 70, www.sunrise-zanzibar.com. Romantisches Gästehaus in ungezwungener Atmosphäre. Französische Küche und sansibarisches Mobilar am unberührten Strand. Pool. 13 Zi., DZ ab 126 US-$ (Halbpension).

**Cristal Resort:** Paje, www.cristalresort.net. Kleine, sympathische Mittelklasseanlage mit zwei Arten von geräumigen Zimmern: Deluxe- und Öko-Bungalows. Wireless Internet. DZ ab 70 US-$ (Halbpension) im Öko-Häuschen, ab 100 US-$ (Halbpension) in den gemauerten Häuschen.

**Casa del Mar:** Jambiani, Tel. 07 77-45 54 46, www.casa-delmar-zanzibar.com. Der artenreiche Tropengarten macht Laune, ebenso die liebevoll dekorierten Zimmer und der blitzweiße Strand. Gute Küche. 12 Zi., DZ ab 65 US-$.

**Evergreen Bungalows:** Bwejuu, Tel. 024-224 02 73, www.evergreen-bungalows.com. Familiäres Hotel (unter deutscher Führung) direkt am Meer, inmitten von Palmenhainen. Lockere Atmosphäre unter Makuti-Dächern und in der offenen Lounge. Farbenfrohe Gestaltung – hier fühlt man sich wohl. 9 Zi., DZ ab 50 US-$.

**Paje by Night:** Paje, Tel. 07 77-46 07 10, www.pajebynight.net. Familiäres Gästehaus im rustikalen Tropenstil am palmengesäumten Strand. Legere Atmosphäre. 24 Zi., DZ ab 40 US-$.

## Von Stone Town in den Süden

In der südlichen Vorstadt Mbweni, einem beliebten Siedlungsgebiet der in Stone Town ansässigen Ausländer, stehen die **Mbweni-Ruinen** 7 . Die Ruinen beherbergen heute das Mbweni Ruins Hotel. Einst wurden nach Abschaffung der Sklaverei verwaiste Mädchen und die Töchter von befreiten Sklaven aufgenommen und in der ehemaligen Schule zu Lehrerinnen ausgebildet. Weiter südlich, auf einer Halbinsel, befindet sich die makellosen Strände von **Fumba Island** 8 , während man ca. 6 km vor dem Festland den **Chumbe Island Coral Park** 9 sieht.

Auf dem Weg in den Süden passiert man den **Jozani Forest** 10 , den letzten Rest des

tropischen Urwalds, der einst die ganze Insel bedeckte. Bis auf einen kleinen Rest fiel die Waldfläche in den letzten Jahrhunderten den Gewürzplantagen zum Opfer, aber auch den Swahilitüren, den Dhaus oder der Holzkohlenproduktion. Forscher gehen davon aus, dass es im Jozani Forest mindestens sieben endemische Tierarten gibt, darunter der Rote Sansibar-Stummelaffe oder die blauen Syke's Affen. Ansonsten bietet das 10 km² große Areal Unterschlupf vor allem für die 40 Vogelarten, kleine Antilopen, Buschschweine und Insekten, darunter viele Schmetterlinge. Der scheue Sansibar-Leopard soll aber bereits ausgerottet sein (tgl., Erw. 8 US-$ inkl. geführte Tour).

Wenn man sich auf dem Weg zur Ostküste, vorbei am Jozani Forest, bei Kitongani geradeaus hält, gelangt man an die südlichste Spitze von Sansibar mit den beiden Hauptorten **Kizimkazi**  und **Makunduchi**  . Bis vor einigen Jahren war hier außer landestypischen Gästehäusern keinerlei Infrastruktur vorhanden, doch langsam, aber sicher (auch wegen der neuerdings durchgehenden Teerstraße bis Makunduchi) etabliert sich eine bescheidene touristische Szene. Bekannt ist Kizimkazi vor allem wegen der beliebten Delfintouren.

**Chumbe Island Coral Park:** Tel./Fax 024-223 10 40, www. chumbeisland.com, April/Mai geschl. Der Unterwasser-Park rund um die kleine Insel ist Heimat von 90 % der in Ostafrika bekannten Korallen- und über 350 Fischarten. Delfine, Schildkröten und riesige Krabben, die auf Bäume klettern, sind gern gesehene Gäste. Die Unterkunft ist schick-rustikal, so wie man sich echte Öko-Bungalows auf einer exklusiven Insel eben vorstellt. Für Naturliebhaber und Genusstaucher (125 US-$ für 2 Tauchgänge). 7 Zi., DZ ab 400 US-$ (Vollpension). **Fumba Beach Lodge:** Tel. 07 77-86 05 04, www.fumbabeachlodge.com. Elegantes und

**Korallenweiß und von Palmen gesäumt lockt der Strand von Bwejuu**

weitläufiges Luxushotel am herrlichen Strand vom Fumba. Das Interieur im typischen Sansibarstil mit kräftigen Farben sorgt für Exotik und Behaglichkeit. Pool mit Blick auf die Bucht. Tauchen in der Menai Bay Conservation Area: Kurse PADI Open Water 400 US-$, 10 Tauchgänge 410 US-$. 26 Zi., DZ ab 386 US-$ (Vollpension).

**Mbweni Ruins Hotel:** Tel. 024-223 54 78, Fax 024-223 05 36, www.mbweni.com. Elegantes Hotel im sansibarischen Stil, eingerichtet mit historischem Mobiliar und Antiquitäten. Pool. 13 Zi., DZ ab 240 US-$ (Halbpension).

 **Tauchen:** Vermittlung über die Hotels (s. oben).

# Pemba

**Reiseatlas:** S. 20, E 2–3

Bekannt als ›grüne Insel‹ wegen ihrer dichten, tropischen Vegetation und dem Regenwald im Landesinneren, führt die 56 km vom Festland entfernt liegende Insel (362 000 Einw.) politisch wie touristisch ein Schattendasein neben ihrer berühmten Schwester Unguja. Zu der 68 km langen und zwischen 15 und 23 km breiten Insel gehören unzählige kleine, unbewohnte vorgelagerte Inseln – ideale Refugien zum Segeln, Tauchen und Sonnen. Auch wenn das Eiland das Potenzial hätte, Sansibar den Rang abzulaufen, hat die Welle des Massentourismus, die Sansibar erreicht hat, Pemba bis jetzt verschont. Es gibt wenig Infrastruktur, die zutiefst muslimisch geprägte Gesellschaft verhält sich Touristen gegenüber eher skeptisch. Für Erholungsuchende mit entsprechender Urlaubskasse, die nach absolut einsamen Destinationen, weit weg vom Trubel, suchen, ist Pemba (oder Mafia, s. S. 301) also perfekt.

Die drei wichtigsten urbanen Zentren sind Wete, Mkoani und die Hauptstadt Chake Chake. 80 % der Nelkenproduktion des gesamten Archipels stammen noch immer von Pemba. Besonders zur Erntezeit der Gewürznelken im September bietet sich dem

## Die Inseln: Sansibar, Pemba, Mafia

Besucher ein prachtvolles Bild: die rotglänzenden Blütenknospen des Nelkenbaums werden per Hand gepflückt und dann am Straßenrand zum Trocknen ausgelegt. Der Duft hängt überall in der Luft.

Dass die Insel vor Jahrhunderten strategisch wesentlich wichtiger als heute war, belegen jede Menge verwahrloste Ruinen von Moscheen, Häusern oder Gräbern. Westlich von Chake Chake, auf einer Halbinsel, liegt beispielsweise **Ras Mkumbuu,** eine Festung, die die Shirazi um 1200 errichteten. Sie ist wohl die am besten erhaltene historische Stätte auf Pemba und nur per Boot zu erreichen, weil Straßen fehlen. Eine Moschee und 14 Gräber sind noch gut zu erkennen, von vielen Häusern steht nur noch das Fundament.

Herrliche Strände, z. B. auf **Misali Island** – das Juwel von Pemba, lassen die Herzen höher schlagen. Grandiose Natur prägen aber nicht nur die Insel zu Lande, sondern vor allem zu Wasser. Pemba ist bekannt für seine Tauchgründe in den vorgelagerten Korallenriffen; die Sicht ist generell besser als auf Sansibar. Viele Tauchspots weisen starke Strömungen auf und sind nur für erfahrene Taucher geeignet. Die Meerenge zwischen Pemba und dem Festland, **Pemba Channel,** bietet optimale Möglichkeiten zum Fischen.

Für den PECCA (Pemba Marine Park) werden zusätzlich mindestens 5 US-$ pro Person/Tag Eintrittsgebühr erhoben.

**Fundu Lagoon:** Wambaa, südl. von Chake Chake, Tel. 07 74-43 86 68, www.fundula goon.com, Mitte April–Mitte Juni geschl. An einem herrlichen Sandstrand gelegen, schafft das exklusive kleine Hotel den Spagat: geschmackvoller Luxus mit naturverbundenem, rustikalem Ambiente. Pool. Tauchen: Kurse PADI Open Water 555 US-$, 6 Tauchgänge 395 US-$. Hochseeangeln auf Anfrage. 16 Zi., DZ ab 550 US-$ (Vollpension).

**Manta Reef Lodge:** Kigomasha, Tel. +254-41-47 17 71, Fax +254-41-47 39 69, www.mantareeflodge.com. Bungalows auf Holzplattformen, mit Blick direkt aufs Meer. Typisches rustikales Ambiente im luftigen Tropenstil – aber elegant. Tauchen: Kurse PADI Open Water 390 US-$, 10 Tauchgänge 350 US-$. Hochseeangeln ab 2100 US-$ für 3 Tage all-inclusive für 4 Pers. 14 Zi., DZ ab 240 US-$ (Vollpension).

**Old Mission Lodge:** Chake Chake, Tel. 024-245 27 86, Fax 024-245 27 68, www.swahili divers.com. Einfache Unterkunft in einer ehemaligen Quäkermission mit dicken kühlenden Wänden, auch Gemeinschaftsschlafsäle. Tauchen: Kurse PADI Open Water mit Unterkunft/Vollpension ab 420 €/Person im DZ, 10 Tauchgänge mit Unterkunft/Vollpension 549 € im DZ. 6 Zi., DZ ab 40 €.

 **Tauchen und Hochseeangeln:** über die Hotels (s. oben)

**Pemba Bull Fights** (Sept.–Feb.): Die Portugiesen brachten die Stierkämpfe mit, aber im Gegensatz zu den spanischen fließt unter keinen Umständen Blut, zumal dies der Lehre des Islam wiederspricht. Die unregelmäßig stattfindenden Kämpfe (*mchezo ya ngombe*) haben Volksfestcharakter, Hauptaustragungsort ist Chake Chake.

**Flüge:** Am zuverlässigsten ist die Anreise mit dem Flugzeug. Der kleine Flughafen der Insel liegt in Chake Chake. Außer in der Regenzeit, fliegen tgl. kleine Maschinen nach Pemba. Von Sansibar 85 US-$, von Dar-es-Salaam 100 US-$, von Arusha 285 US-$ (jeweils einfach).

**Green Season Rates:** Sofern die Unterkünfte in der Regenzeit nicht geschlossen sind, werden *Green Season Rates* angeboten, die bis zu 40 % unter dem Normalpreis liegen. Für Schnäppchenjäger ideal! Einzige Einschränkung: Das Wetter kann entweder angenehm warm sein, mit täglichen Regenschauern, die den Urlaub nicht beeinträchtigen. Ebenso gut kann es auch durchgehend wie aus Kübeln regnen und der Wind durch die luftigen Häuser blasen.

# Mafia

**Reiseatlas:** S. 26, E 2–3

Kokospalmen und Cashewnusshaine, mangrovengesäumte Küsten und submarine Korallengärten – da wundert es nicht, dass man die 20 km lange und bis zu 8 km breite Insel *maafya,* ›einen gesunden Platz zum Leben‹, nannte. Im Mündungsdelta des Rufiji River nur 25 km vom tansanischen Festland, war Mafia (40 000 Einw.) – wie die gesamte Küste – in vorangegangen Jahrhunderten wichtiger Handelsstützpunkt im Indischen Ozean, vor allem zwischen dem 11. und 13. Jh. Von der üppigen Vegetation überwachsen, schlummern einige Relikte aus vergangenen, großen Zeiten, z. B. auf der Insel Chole, oder auf Juani Island die Kua-Ruinen.

Der Hauptort **Kilindoni** ist ein kleines verschlafenes Fischerdorf; man empfängt Gäste aber viel überschwänglicher als auf Pemba. Von der Tourismusindustrie – vielleicht auch wegen der weniger spektakulären Strände – vernachlässigt, ist Mafia nach wie vor ein Geheimtipp, wenn auch für gutgefüllte Geldbörsen. Low-Budget-Reisen auf Mafia ist nicht möglich, die Auswahl an Unterkünften beschränkt, und die Pisten sind vor allem nach den Regenzeiten in schlechtem Zustand. Von Tomaten über Milch oder Bier muss restlos alles vom Festland eingeflogen werden.

Wer aber einmal in die Unterwassergründe des **Mafia Island Marine Park** abgetaucht ist, wird die enthusiastischen Berichte von Tauchern verstehen. Mit über 40 Arten von Korallen – durch den Status als Marine Park ist Dynamitfischen sowie gewerbliches Fischen verboten – und 460 Fischarten zählen die Tauchgebiete zu den vielfältigsten der Welt. Wissenschaftler haben bestätigt, dass es sich um eines der artenreichsten Gewässer im tropischen Raum handelt. Der Vergleich mit der Serengeti – nur unter Wasser – ist nicht zu weit hergeholt.

Überhaupt hat sich auf der Insel die Tierwelt viel besser erhalten als woanders. Im Rufiji River Delta und im Marine Park leben die vom Aussterben bedrohten Dugongs. Diese Meeressäuger, eine Art Seekuh, er-

**Getrübtes Taucherglück:** Mafia Island ist zwar ein Paradies für die Genießer unter den Tauchern. Doch sind ausgerechnet jene Strände, an denen sich die zahlenmäßig bescheidene touristische Infrastruktur konzentriert, nicht besonders einladend. Grund: Die Mangrovenwälder, die nicht gerodet werden dürfen, überwuchern die Ufer der Küste. Aber zum Glück gibt es paradiesisch schöne, vorgelagerte Sandbänke …

nähren sich von Seegras und erreichen beachtliche Größe und Gewicht: bei 3 m Länge durchschnittlich 400 kg. Eine Besonderheit sind auch die Fliegenden Hunde – während sich die Tropensonne in sattem Rosa-Orange zur Ruhe begibt, schwärmen sie zu Dutzenden aus. Zudem brüten an manchen Strandabschnitten Meeresschildkröten. Ihr sensibler Fortpflanzungsrhythmus wird auf Mafia offenbar nicht so sehr gestört wie anderswo.

Die Unterkünfte erheben zusätzlich die Eintrittsgebühren für den Marine Park in Höhe von 10 US-$/Tag. **Kinasi Lodge:** Utende, kinasi@zanlink.com, www.mafiaisland.com, April/Mai geschl. Geschmackvollste und zugleich sympathischste Lodge (von vier) auf Mafia, wenn auch glücklicherweise nicht die teuerste. Wunderschön im marokkanisch-arabischen Stil gestyltes Ambiente. Heimelige Lounge und stilvolles Restaurant mit Blick auf die türkisblaue Chole Bay. Einziger Pool auf Mafia, Spa. Tauch-Center PADI Open Water 400 US-$, 10 Tauchgänge 450 US-$. 14 Zi., DZ ab 180 US-$ (Vollpension).

**Tauchen:** über die Kinasi Lodge (s. oben).

**Flüge:** Außerhalb der Regenzeiten wird Kilindoni täglich von kleinen Maschinen angeflogen, z. B. von Dar-es-Salaam mit Coastal Aviation 100 US-$ einfach. Die Kinasi Lodge verfügt über ihre eigene Maschine (120 US-$ von Dar einfach).

301

# Der Indische Ozean – ein überdimensionales Aquarium

**Der ostafrikanischen Küste ist ein mehrere hundert Kilometer langes Riff vorgelagert, in dessen bunten Korallengärten eine faszinierende Unterwasserwelt angesiedelt ist. Kristallklares Wasser, herrlich angenehme Wassertemperaturen und ein einzigartiger Fischreichtum lassen die Herzen von Tauchern höher schlagen.**

Viele der Fische haben ihr Zuhause in einem der reichsten Ökosysteme der Welt, dem Korallenriff. Das Gerüst des Riffs besteht aus wasserunlöslichem Kalziumkarbonat. Unter idealen Voraussetzungen wachsen solche Hartkorallen maximal 4 cm pro Jahr. Das Riff vor der ostafrikanischen Küste benötigte also etwa zwei Millionen Jahre, um die heutige Gestalt anzunehmen.

In diesem ›Aquarium‹ schwimmen über 2000 verschiedene Arten von Fischen, dazu kommen über 1500 Muschel- und Krustentiere, mehr als 100 Arten von Korallen sowie 150 verschiedene Seegräser. Seesterne, Schwämme, Fächerfarne, Anemonen und Mangroven vervollständigen den Unterwasserdschungel.

Hier sind einige Spezies das ganze Jahr über zu finden, andere nur zu bestimmten Zeiten. Während des Nordostmonsuns, der zwischen Dezember und März die See auf bis zu 30 °C erwärmt, bestehen die besten Chancen, auf größere Meeresbewohner wie Hai, Marlin, Thunfisch, Blaufisch, Delfin oder Königs- und Goldmakrele zu treffen. Die meisten der stromlinienförmigen Hochseefische haben eine stark ausgebildete Schwanzflosse, durch deren schnelle seitliche Bewegungen sie auch in ungeschützten Gewässern nicht von der Strömung abgedrängt werden.

Im Gegensatz dazu sind bei den kleineren Fischarten die Rücken- und Brustflossen besser ausgebildet, was ihnen im Gewirr der Korallenbänke große Wendigkeit verleiht. Die meisten der kleineren Fische (*reef fish*) sind das ganze Jahr über am Riff zu sehen. Einige werden allerdings von der Strömung des Südostmonsuns, der zwischen April und Ok-

tober bläst und die Wassertemperatur auf 23 °C sinken lässt, nach Norden in Richtung Malediven getragen.

Zu den kleineren Fischen gehören Igelfische und Puffer, die sich mit Wasser zu einer Kugel aufpumpen, wenn sie sich bedroht fühlen; ihre Stachel sind hochgiftig. Einige Fische treten in riesigen Schwärmen auf, wie viele der bunten Korallenfische, Schnapper, Süßlippenfische oder die gelbschwarzen Borstenzähner, die prächtigen Juwelenfische und die bunten Papageienfische. Die Riffbarsche glänzen in den unterschiedlichsten Farben und Größen.

Zu den besonders empfehlenswerten Tauchspots in Kenia zählen die Riffe von Watamu (s. S. 227), Shanzu Beach und Shimoni bei Mombasa (s. S. 243). Erst durch die Errichtung des Mafia Island Marine Park konnte sich in den Riffen vor Mafia Island (s. S. 301) die Unterwasserwelt in ihrer vollen Pracht entfalten, weswegen sie heute auch zu den Topspots in Tansania zählen. Aber auch andere Abschnitte auf Pemba, Sansibar und bei Mikindani an der südlichen Festlandsküste (s. S. 277) brauchen Vergleiche nicht zu scheuen. Sogar vor der Metropole Dar-es-Salaam lässt es sich herrlich tauchen.

**Da machen Taucher große Augen: ein Schwarm Großaugenbarsche**

Das Dach Afrikas: Mt. Kilimanjaro

# Tansanias Norden

Lake Victoria

Serengeti
NP

Kilimanjaro
5892 m

Arusha

Moshi

Dodoma

# Auf einen Blick: Tansanias Norden

## Safaris und grandiose Panoramen

Im Norden Tansanias reihen sich wie Juwelen an einer Kette die Safariwunder aneinander. Nicht weit entfernt von der Safarimetropole **Arusha** liegen der **Tarangire National Park** mit seiner goldbraunen Erde und der **Lake Manyara National Park** mit seiner immergrünen Vegetation. Weiter nördlich verblüfft der gigantische **Ngorongoro Crater,** der nicht umsonst als ›größter Zoo der Welt‹ bezeichnet wird. Unmittelbar daran grenzt die weltberühmte **Serengeti,** die jedes Jahr zum Schauplatz eines einzigartigen Spektakels wird – der Migration, der großen Wanderung der Tierherden.

Aber der Norden eignet sich nicht nur für Safaris. Immerhin ragt hier der höchste Berg Afrikas, der 5892 m hohe **Kilimanjaro** in den Himmel. Unweit davon liegt der **Mt. Meru**, mit 4566 m sozusagen der kleinere Bruder

des Kilimanjaro. Er befindet sich auf dem Gebiet des **Arusha National Park,** einem verhältnismäßig selten besuchten Park zwischen Arusha und der sympathischen Kleinstadt **Moshi** am Fuß des Kilimanjaro. Weiter südöstlich, auf dem Weg zu Küste, passiert man die kargen **Pare Mountains** und die lieblichen **Usambara-Berge.** Beide Regionen sind ausgezeichnete Wandergebiete, bekannt für ihren Pflanzen- und Tierreichtum. Weiter im Norden, entlang des **Ostafrikanischen Grabenbruchs,** erhebt sich eine imposante Vulkanlandschaft mit weiteren atemberaubenden Gipfeln, z. B. dem **Ol Doinyo Lengai** (2878 m).

Beeindruckend: Sogar die Anfänge der Menschheitsentwicklung vermuten Wissenschaftler in der **Schlucht von Oldupai,** die zwischen dem Ngorongoro Crater und der Serengeti liegt. Ein dichtes Besuchsprogramm wartet also auf alle Urlauber!

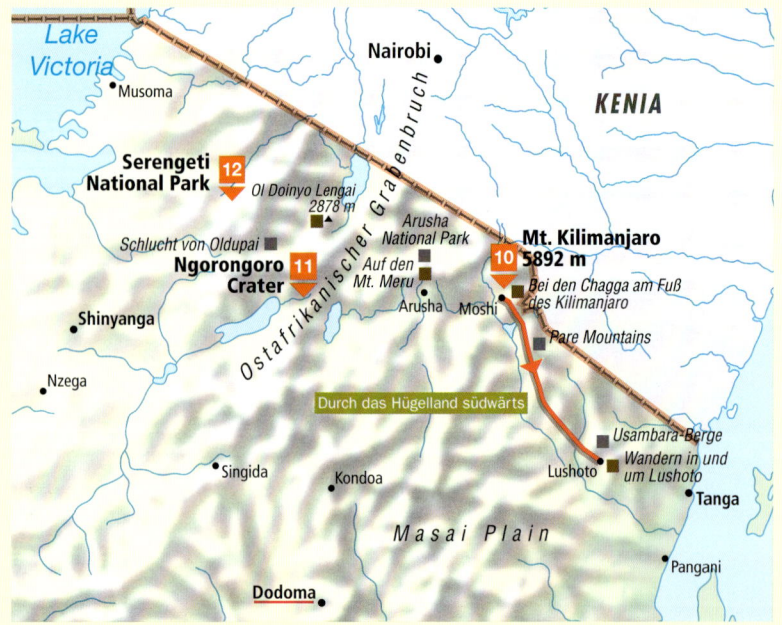

## Highlights

**10** **Mt. Kilimanjaro:** Die majestätische Pracht des höchsten frei stehenden Berges der Welt begeistert immer wieder aufs Neue (s. S. 314 ff.).

**11** **Ngorongoro Crater:** Der Krater von etwas über 19 km Durchmesser ist ein Tierrefugium voller Sensationen: Geschützt durch die Kraterwand präsentiert sich die reichaltige Wildtierpopulation wie in einem überdimensionalen Zoo (s. S. 350 ff.).

**12** **Serengeti National Park:** Das wohl berühmteste Naturschauspiel der Welt findet jedes Jahr in der Savanne statt, wenn sich mit Einsetzen der Trockenzeit Millionen Tiere auf die Suche nach nahrhaftem Gras und Wasser machen (s. S. 354 ff.).

## Empfehlenswerte Route

**Durch das Hügelland südwärts:** Den Kilimanjaro hinter sich lassend, geht es durch die Usambara-Berge nach Lushoto (s. S. 320 ff.).

## Reise- und Zeitplanung

Eine Kilimanjaro-Besteigung dauert durchschnittlich fünf bis sechs Tage, wobei mindestens zwei weitere Tage für Akklimatisierung und Erholung anzuraten sind. Für den Mt. Meru sollte man vier Tage einplanen, eine Besteigung des Ol Doinyo Lengai nimmt (samt Anreise) zwei bis drei Tage in Anspruch. Andere Wanderungen können beliebig gewählt werden, von wenigen Stunden bis hin zu Trecks, die mehrere Tage dauern, z. B. auf dem Fernwanderweg nach Mtae über vier Tage. Die meisten Reisenden hängen nach einer Wandertour noch einige Tage Safari an, wobei jeder Nationalpark gut binnen eines Tages erkundet werden kann. Einzige Ausnahme: Für die Serengeti sind mindestens zwei bis drei Tage einzuplanen.

## Klima und Reisezeit

Der Norden Tansanias liegt größtenteils über 1000 m Seehöhe. Deswegen kann es in den

## Richtig Reisen-Tipps

**Bei den Chagga am Fuß des Kilimanjaro:** Tanzende Menschen, Lagerfeuerromantik und die Lieder der Chagga – herzliche Begegnungen mit dem Bergvolk bei Moshi bleiben in unvergesslicher Erinnerung (s. S. 313).

**Wandern in und um Lushoto:** Durch tropische Regenwälder und bis zum ›Ende der Welt‹ – hier kommen Genuss- wie auch Fernwanderer auf ihre Kosten (s. S. 323).

**Durch Märchenwald, Orchideen und Büffelherden auf den Mt. Meru:** Zu Unrecht wird die anspruchsvolle Besteigung von Bergfexen vernachlässigt. Vor allem fasziniert das herrliche Panorama auf den nur 80 km entfernten Kilimanjaro (s. S. 336).

**Die Götter müssen verrückt sein – der Aufstieg zum Ol Doinyo Lengai:** Der steil aufragende heilige Berg der Massai thront inmitten einer überwältigenden Landschaft. Nur für konditionsstarke Bergsteiger (s. S. 346 f.)!

Nächten, vor allem im Winter (Juni–Okt.) empfindlich kalt sein, je höher man kommt. Temperaturen zwischen 10 und 18 °C in der Nacht sind keine Seltenheit, besonders in den höher gelegenen Gebieten am Kilimanjaro oder um den Ngorongoro Crater.

Die beste Zeit zum Wandern ist während der Sommermonate (Okt.–Feb.), wenn es auch in den Höhen tagsüber angenehm heiß und trocken bleibt. Für Safaris allerdings gilt, dass die Monate nach den Regenzeiten die aufregendsten sind (Dez.–Feb. bzw. Juni–Okt.). Egal zu welcher Jahreszeit man reist, muss für die Abende oder die Morgenpirschfahrten unbedingt warme Kleidung (z. B. eine Fleecejacke) ins Gepäck.

**So stellt man sich wohl Afrika am allerwenigsten vor: schroffe Bergmassive, rauschende Wasserfälle, tiefgrüne Berghänge und ein Fernblick, der süchtig macht. Manche Landstriche erinnern frappant an Tiroler Berge, wenn da nicht Bananenhaine, Kaffeeplantagen und der bunte Alltag Afrikas wären.**

## Moshi

**Reiseatlas:** S. 12, F 4; **Cityplan:** S. 310

In den Ausläufern des Kilimanjaro-Massivs, auf 800 m Höhe, liegt die sympathische Kleinstadt Moshi. Auch als Drehscheibe für den Kilimanjaro-Tourismus hat sie sich ihre Leichtigkeit und Freundlichkeit erhalten können. Moshi zieht die Touristenscharen an, weil sie alle – wenn sie den Kilimanjaro schon nicht besteigen – wenigstens einen Blick auf das ›Dach Afrikas‹ werfen möchten. An unzähligen Plätzen in der Stadt und ihrer Umgebung kann man seine atemberaubende Kulisse bestaunen, und die Menschen sind stolz darauf, dass der höchste Berg Afrikas (übrigens zur Gänze) in ihrem Land steht.

Man weiß nicht genau, ob der aus dem Kiswahili stammende Name Moshi (zu Deutsch ›Rauch‹) auf die letzte vulkanische Tätigkeit des Berges im 17. Jh. oder auf den Rauch der Dampfzüge zurückzuführen ist, die hier einst verkehrten. Was man hingegen genau weiß, ist, dass der relative Wohlstand der Gegend wohl nur durch die Kombination von deutschen Siedlern, britischer Verwaltung und letztlich den hier ansässigen geschäftstüchtigen Chagga zustande kommen konnte. Weit über 200 000 Menschen leben im Großraum Moshi, wobei der größere Teil der Bevölkerung nach wie vor traditionell in der Landwirtschaft tätig ist. Dank des gemäßigten, niederschlagsreichen Klimas gehört das Gebiet zu den ertragreichsten Regionen in Tansania, dessen Produkte z. B. Mais und Bananen, im ganzen Land verkauft werden. Ebenso wird Zuckerrohr in weitläufigen Plantagen kultiviert, Kaffee oder Sisal werden in großen Mengen exportiert.

Erst mit der Ankunft der Usambara-Eisenbahn 1912, die den Hafen Tanga mit dem Hinterland verbinden sollte, wuchs Moshi zum wichtigen Geschäftszentrum. Dank des günstigen Hochlandklimas konnten Kaffeepflanzungen ideal gedeihen. Als Kaffee noch Tansanias Devisenbringer Nr. 1 war, zählte Moshi zu den reichsten Städten Ostafrikas. Nach dem Ausbau der Straße zwischen der Küste und Moshi/Arusha verlor die Eisenbahn an Bedeutung, dafür hat die Fernstraße der Stadt u. a. den Weg zum Tourismus geebnet.

Auch wer den Kilimanjaro nicht besteigen möchte, findet in der Umgebung von Moshi viele Möglichkeiten, zu wandern und sich an der üppigen Vegetation und den spektakulären Naturwundern, wie z. B. Wasserfällen, zu erfreuen. Einen entscheidenden Vorteil hat Moshi überdies: Das allgemeine Preisniveau ist bedeutend niedriger als in Arusha.

### Stadtbesichtigung

Moshi bietet an sich wenig Sehenswertes, doch ist die Stadt ein angenehmer Aufenthaltsort, mit entspannter Atmosphäre und herrlich weitläufig. Breite, alleeartige Straßen, koloniale Häuserfronten und Wohnviertel, die markant voneinander getrennt sind, haben seinerzeit die britischen Kolonialherren angelegt. So ist das einstige Villenviertel der Kolonialherren, Shanty Town (auch heute noch beliebt als Siedlungsgebiet der besser situierten Einwohner) optisch deutlich vom Handelszentrum der Inder und den Wohngegenden der Afrikaner getrennt. Auffällige Gebäude in der Innenstadt sind besonders die **Weiße Moschee** [1] und, weiter entlang der Nyerere/Mawenzi Road, ein bunter **Hindu-Tempel** [2]. Überhaupt sind über die ganze Stadt weitere Gotteshäuser – vor allem christliche – verteilt, z. B. die Christ The King-Kathedrale direkt am zentralen Kreisverkehr mit dem **Askari Monument** [3]. Im Osten von Moshi, an der Ghala Road, befindet sich der **Bahnhof** [4], ein Relikt aus der deutschen Kolonialzeit, der nicht mehr in Betrieb ist. Ein Spaziergang durch die geschäftigen Gassen zwischen dem **Markt** [5] (Chagga Street) und dem Busbahnhof ist jedenfalls lohnenswert.

Der **Kiboriloni Market** [6] 5 km östlich am Dar-Arusha-Highway, ist bis nach Arusha wegen seiner Secondhand-Kleidung bekannt und beliebt (Di/Mi, Fr/Sa 7–18 Uhr).

**i** Es gibt keine offizielle Touristeninformation, auch wenn diverse Safarive-ranstalter dies mittels irreführenden Schildern glaubhaft machen wollen. Mehr Infos z. B. unter www.kiliweb.com.

**Banken:** Bargeldabhebungen mit der Visa-Card bei der NBC-Bank (Clock Tower) und bei Standard Chartered (Rindi Lane). Eine Visa-Abhebung kann auch bei Chase Forex (Rindi Lane) gegen hohe Gebühren getätigt werden.

**Geldwechsel:** Executive Bureaux de Change, Boma Rd., beim Clock Tower; Trust Bureaux de Change, Chagga St./Nyerere Rd.; Chase Forex, Rindi Ln.

**Internet:** Kicheko Internet Café, Nyerere Rd. in Fahrtrichtung zum Clock Tower; Easy.Com, Kahawa House am Clock Tower. 1000 TSh/Std.

  **Kia Lodge** [1]: Tel. 027-255 41 94, Fax 027-255 32 42, www.kia

## Mit der Autorin unterwegs

### Lake Chala
Von dem romantischen und absolut einsam gelegenen Kratersee hat man einen herrlichen Blick auf Kenia und das ›Hinterteil‹ des Kilimanjaro (s. S. 314).

### Kilimanjaro-Sonnenuntergang
Weitläufige Kaffeeplantagen im Norden von Moshi, z. B. nördlich des KCMC-Spitals, bieten die traumhafte Kulisse für den Sonnenuntergang. Um Schwierigkeiten, u. a. mit den Angestellten der Plantagen, zu vermeiden, sollte man allerdings mit einer einheimischen Person unterwegs sein.

### Kilimanjaro hoch zu Pferd
Auf dem Rücken eines Pferdes erlebt man den Kilimanjaro und seinen Naturraum besonders intensiv (s. S. 318).

### Bunter Markt von Lushoto
Jeden Sonntag finden sich Händler aus der ganzen Region zu einem bunten Markt ein. Verkauft wird von frischem Obst und Gemüse über Secondhand-Kleidung, lokale Töpferwaren oder *kangas* alles, was Tansanier für ihren Alltag benötigen (s. S. 321).

lodge.com. Für Reisende, die bei der Ankunft oder beim Rückflug direkt am Flughafen übernachten wollen (34 km von Moshi), bietet sich diese Lodge an. Elegante Atmosphäre mit schicker afrikanischer Einrichtung. 30 Zi., DZ ab 136 US-$.

**Kilemakyaro Mountain Lodge** [2]: Mweka Rd., ca. 7 km außerhalb, Tel. 027-275 49 25, Fax 027-275 49 29, www.kilimanjarosafari. com. Eingebettet in ausgedehnte Kaffeeplantagen liegt das Anwesen mit einem alten deutschen Kolonialhaus äußerst idyllisch. Zwar hat man vom weitläufigen Gelände phänomenale Aussichten auf alle drei Gipfel des Kilimanjaro-Massivs, doch die geräumigen Zimmer sind nicht sonderlich geschmackvoll eingerichtet. 20 Zi., DZ ab 95 US-$.

# Das nördliche Berg- und Hügelland

## Moshi: Cityplan

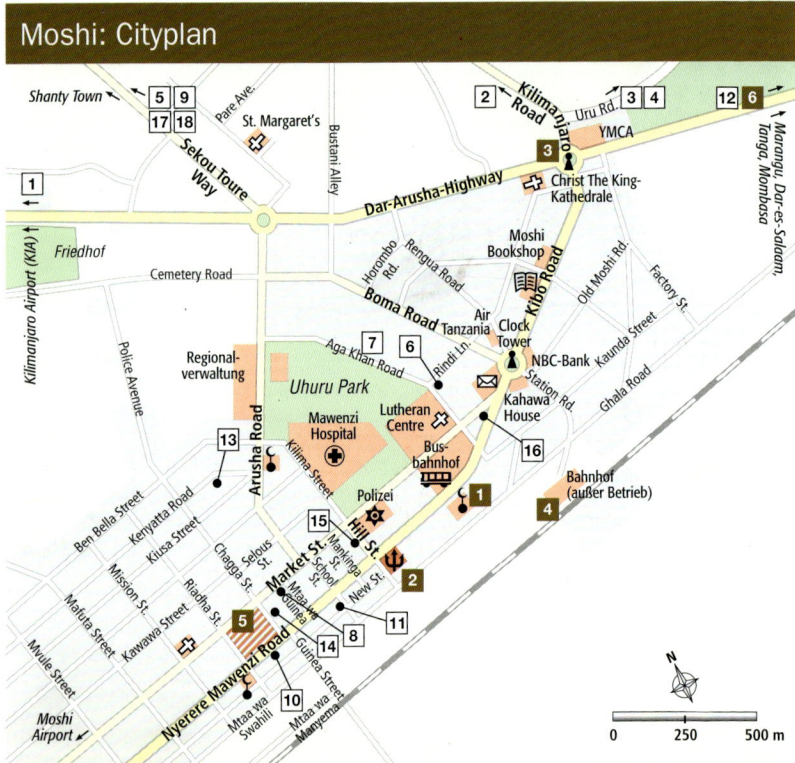

## Sehenswürdigkeiten

| | |
|---|---|
| 1 | Weiße Moschee |
| 2 | Hindu-Tempel |
| 3 | Askari Monument |
| 4 | Bahnhof |
| 5 | Markt |
| 6 | Kiboriloni Market |

## Übernachten

| | |
|---|---|
| 1 | Kia Lodge |
| 2 | Kilemakyaro Mountain Lodge |
| 3 | Mount Kilimanjaro View Lodge |
| 4 | Keys Hotel |
| 5 | Ameg Lodge |
| 6 | Bristol Cottages Kilimanjaro |
| 7 | Parkview Inn |
| 8 | Leopard Hotel |
| 9 | Lutheran Uhuru Hostel |
| 10 | Kindoroko Hotel |
| 11 | Buffalo Hotel |
| 12 | Camping (Golden Shower Restaurant) |

## Essen und Trinken

| | |
|---|---|
| 13 | Salzburger Steakhouse & Café |
| 14 | Tanzania Coffee Lounge |
| 15 | The Coffee Shop |
| 16 | Central Garden Café |
| 17 | Italian Passion |
| 18 | El Rancho |

**Mount Kilimanjaro View Lodge** 3 : Shimbwe Juu, Tel. 07 48-39 28 62, http://kiliweb. com/kiliviewlodge. Urige, kleine Berg-Lodge mit Hütten im traditionellen Chagga-Stil auf 1950 m Höhe am Fuß des Kilimanjaro 13 km von Moshi entfernt. (s. Richtig Reisen-Tipp S. 313) 9 Zi., DZ 80 US-$ (Vollpension).

**Keys Hotel** 4 : Uru Rd., ca. 1,5 km vom Stadtzentrum, Tel. 027-275 22 50, www. keys-hotels.com. Das alteingesessene Hotel besitzt den Charme eines alpinen Berggasthauses. Das angeschlossene Tourunternehmen hat schon berühmte Bergsteiger auf den Gipfel geführt. 15 Zi. und 10 Bandas, DZ ab 70 US-$.

**Ameg Lodge** 5 : Lema Rd., ca. 2 km außerhalb, Tel. 027-275 01 75, www.ameglodge. com. Neuere Lodge mit großen, schick eingerichteten Zimmern. Das besonders charmante Restaurant mit Lounge-Area verspricht gemütliche Abende. Schöner Pool und gut ausgestattetes Fitnesscenter. Internet. Gutes Preis-Leistungs-Verhältnis. 20 Zi., DZ ab 62 US-$.

**Bristol Cottages Kilimanjaro** 6 : Rindi Ln./ Aga Khan Rd., Tel. 027-275 37 45, Fax 027-275 28 33, www.kiliweb.com/bristol. Freundliches Gästehaus in der Stadt. Die acht Cottages sind äußerst geräumig und heimelig, während die Zimmer im neuen Anbau kleiner und weniger charmant sind. DZ ab 54 US-$.

**Parkview Inn** 7 : Aga Khan Rd., Tel. 027-275 07 11, Fax 027-275 06 77, www.pvim. com. Relativ neues (2005 eröffnet), absolut tadelloses Hotel; der junge indische Manager ist äußerst bemüht. Bestes Preis-Leistungs-Verhältnis in Moshi. Internet. 18 Zi., DZ ab 50 US-$.

**Leopard Hotel** 8 : Market St., Tel. 027-275 08 84, Fax 027-275 12 61, www.leopardhotel.com. Neueres, landestypisches Hotel in Hochglanzfliesenoptik und mit kleinen Zimmern. Restaurant und Bar auf der Dachterrasse. 32 Zi., DZ ab 45 US-$.

**Lutheran Uhuru Hostel** 9 : Sekou Toure Way, 3 km außerhalb, Tel. 027-275 40 84, Fax 027-275 35 18, uhuru@elct.org. Weitläufige, schöne Parkanlage. Saubere und zweckmäßige Unterkunft mit zuvorkommendem Personal. 60 Zi., im alten Flügel DZ ab 22 US-$, im neuen Flügel ab 45 US-$.

**Kindoroko Hotel** 10 : Nyerere Rd., Tel. 027-275 40 54, Fax 027-275 40 62, www.kindoroko.com. Mehrstöckiges Hotel mit zweckmäßigen Zimmern. Frühstück auf der Dachterrasse mit Blick auf Moshi und den Kilimanjaro. Internet-Café. Ausgezeichnete indische Küche. DZ ohne Bad/WC 15 US-$, mit Bad/WC 30 US-$.

**Buffalo Hotel** 11 : New St., Tel. 027-275 27 75, buffalohotel@yahoo.com. Gut frequentierte Unterkunft in der Stadt im landestypischen Stil. DZ ab 15 US-$.

**Camping** 12: ca. 1,5 km nordöstl., beim Golden Shower Restaurant, Arusha Rd., 3 US-$/Person.

**Salzburger Steakhouse & Café** 13 : Kenyatta Rd., tgl. 8–24 Uhr. Uriges Lokal mit schmackhaftem Essen unter 4000 TSh. Der Besitzer verliebte sich während seines Studienaufenthaltes in Salzburg – und in VW-Käfer. Sein Restaurant ist proppenvoll mit Salzburg-Memorabilia und VW-Käfer-Utensilien.

**Tanzania Coffee Lounge** 14 : Chagga St., Mo–Sa 8–18 Uhr. Erquickende Oase im amerikanischen Retro-Stil (inkl. Jukebox) mit köstlichen Kaffeespezialiäten, Bagels, Muffins und flaumig gebackene Kuchen mitten im geschäftigen Handelsviertel, max. 4000 TSh.

**The Coffee Shop** 15 : Hill St., Mo–Sa 8–17 Uhr. Kleines Kaffeehaus mit Sitzmöglichkeit im Garten. Vielleicht nicht die stilvollste, aber eine der besten Adressen in der Stadt für Snacks, Sandwiches, Kaffee, Milkhshakes und Kuchen, 3000–5000 TSh.

**Central Garden Café** 16 : am Clock Tower-Kreisel, gegenüber vom Postamt, tgl. 7–18.30 Uhr. Gute Chapatis und andere lokale Köstlichkeiten sowie geschmackvoller Kaffee zum günstigen Preis. Zentraler Treffpunkt vieler Touristen und *expats*.

**Italian Passion** 17 : Shanty Town, über Lema Rd. (nach Impala Hotel links), tgl. 12–22 Uhr. Eines der neuesten Restaurants in Moshi und von einem echten Italiener ge-

## Das nördliche Berg- und Hügelland

führt. Italienische Spezialitäten, u. a. Pizza, 6000–8000 TSh.

**El Rancho** 18 : Shanty Town, über Lema Rd. (nach Impala Hotel 2. Straße rechts), Di–So 12.30–23 Uhr. Bestes indisches Restaurant weit und breit, mit besonderem Augenmerk auf vegetarischen Gerichten. Beliebtestes Restaurant der Stadt, ca. 5000–7000 TSh.

 **Souvenirläden** findet man in der ganzen Stadt. Das **House of African Design – Africulture** (Old Moshi Rd.) bietet ein großes Sortiment an Mitbringseln; **Our Heritage** im The Coffee Shop (Hill St.) oder **Tahea Kili Gallery** (Hill St., gegenüber The Coffee Shop) bieten ebenfalls gute Ware. **Shah Industries** (Karakara St., jenseits der Bahngleise) produzieren Souvenirs, die nicht alltäglich sind, z. B. aus Leder oder Kuhhorn. Am Dar-Arusha-Highway, schräg gegenüber vom YMCA, hat sich eine kleine **Schnitzer-Kooperative** angesiedelt, die Makonde-Skulpturen und andere typische Souvenirs anfertigt.

**Tansanit:** s. S. 331. Händler befinden sich in der Boma Rd. (The Tanzanit Dream, Eagle Adventure Gem) oder in der Rindi Lane (Gem Centre Ltd.).

 **Glacier:** Sekou Toure Way/Lema Rd., Mo–Sa 18–24, So 12–24 Uhr. Open-Air-Lokal im weitläufigen Garten eines alten Kolonialhauses.

**Aventure Africa:** Dar-Arusha-Hwy., bei Majengo. Fr/Sa gibt's Musik: Livebands oder Discomusik.

**Pub Alberto:** Kibo Rd., am Clock Tower, Di–So. Laute Discorhythmen, Billardtische; das Lokal wird auch von Prostituierten aufgesucht.

 **Kilimanjaro-Marathon** (Ende Feb./Anfang März): Der seit 2002 jährlich stattfindende Sport-Event kann zwar nicht mit Marathonläufen in westlichen Ländern verglichen werden, doch es werden ordentliche Preisgelder vergeben und zudem humanitäre Projekte gefördert (www.kilimanjaromarathon.co.uk).

 **Safariveranstalter:** Alle hier genannten Unternehmen sind TATO-Mitglieder (s. S. 87).

**Afromaxx:** HB Building, Boma Rd., Tel. 07 55-87 99 15, www.afromaxx.com. Kleines deutsches Unternehmen mit Schwerpunkt Kilimanjaro und Safaris.

**Ahsante Tours & Safaris:** Karanga Dr., direkt am Dar-Arusha-Highway, Tel. 027-275 02 48, www.ahsantetours.com. Sympathisches, engagiertes Team mit Erfahrung, empfehlenswert für Kilimanjaro, Ol Doinyo Lengai, Mt. Meru, Crater Highlands und natürlich Safaris.

**ZARA International:** Rindi Ln., Tel. 027-275 42 40, www.kilimanjaro.co.tz. Größeres Unternehmen, das die komplette Bandbreite abdeckt.

**Mauly Tours & Safaris:** Mawenzi Rd., Tel. 027-275 07 30, www.mauly-tours.com. Zuverlässige Standard-Touren.

**Wandern:** Marangu oder Machame sind Startpunkte für die meisten Wanderungen, einige gehen aber auch von Moshi aus, z. B. in den Rau Forest, in den Kilimanjaro Forest Reserve oder bei Shimbwe Juu (vgl. Mt. Kilimanjaro View Lodge S. 311). Buchungen über Veranstalter oder in den Hotels.

**Reiten:** s. Machame, S. 318.

 **Flüge:** Moshi und Arusha teilen sich den Kilimanjaro International Airport (KIA), den nicht nur internationale Fluglinien von Europa aus anfliegen, sondern auch lokale Linien. Ticketpreis z. B. Air Tanzania von Dar-es-Salaam 120 US-$ (einfach), 186 US-$ (hin und zurück). Der KIA liegt 34 km westl. von Moshi am Dar-Arusha-Hwy.

**Busse:** Moshi ist mittels Überlandbussen bestens erreichbar. Der Busbahnhof liegt zentral mitten in der Stadt. Soweit es die Straßenverhältnisse zulassen, kann man alle Ecken von Moshi und auch die meisten Ortschaften rund um Moshi mit Dalladallas ansteuern.

**Grenzverkehr:** 34 km östl. von Moshi befindet sich der Grenzübergang Taveta nach Kenia. Touristenvisa (50 US-$) werden anstandslos ausgestellt. Erhöhte Vorsicht ist geboten, denn nach dem Grenzübergang

## Richtig Reisen-Tipp:
## Bei den Chagga am Fuß des Kilimanjaro

In keiner Hochglanzbroschüre findet man, was der Chagga Philip Kilewo seinen Gästen bietet: Chagga-Folklore, romantische Wanderungen und authentisches afrikanisches Leben. Im Vordergrund steht die herrliche Landschaft. Auf einer kurzen Wanderung in den nahen **Regenwald** sichtet man mit Glück Guereza-Affen. Eine weitere Wanderung führt zum eindrucksvollen **Manambe Waterfall** (4–5 Std. hin und zurück). Das Wissen um die lokale Flora und Fauna wird von den Begleitern mit den Besuchern geteilt, ein Chamäleon mit Leichtigkeit im Dickicht erspäht. Schüchterne, verschmitzt lächelnde Dorfkinder begleiten die Wanderungen.

Auch die Kultur der Chagga wird den Gästen nahegebracht: Sie werden mit traditionellen Tänzen und melodiösen Liedern begrüßt, und jeder, der sich vom Rhythmus anstecken lässt, ist zum Mitmachen eingeladen. Die Abende klingen gemütlich am wärmenden Lagerfeuer bei uralten Legenden und Liedern aus. Früh morgens steht dampfender Kaffee oder Tee vor der Hütte, denn der leuchtende Sonnenaufgang mag zwar das Herz erwärmen, die Finger jedoch nicht. Es lohnt sich, früh aufzustehen – die aufgehende Sonne verleiht dem ›Dach Afrikas‹ ganz besonders intensive Farben. Für dieses Abenteuer müssen unbedingt warme Kleidung und festes Schuhwerk ins Gepäck. Die Nächte können vor allem Juni bis Oktober eisig kalt werden.

Die 2005 eröffnete **Mount Kilimanjaro View Lodge** 3 (Adresse s. S. 311) sollte man nur mit einem leistungsstarken Allradfahrzeug selbst anfahren. Nicht nur das Panorama verschlägt einem die Sprache, das gilt auch für die hierher führende Straße, die die volle Konzentration des Fahrers erfordert. Die Lodge sorgt aber gerne für Transport ab Moshi oder dem Flughafen (25 US-$/Fahrt). Anfahrt: Uru Road, im Dorf Rau rechts, dann immer links bergauf halten.

**Die Chagga leben als gastfreundliches Bergvolk am Fuß des Kilimanjaro**

## Das nördliche Berg- und Hügelland

fährt man mehrere Stunden durch Niemandsland, wo es bereits vereinzelt zu Überfällen gekommen ist.

## Von Moshi zum Lake Chala

**Reiseatlas:** S. 12, F 4

Die 55 km lange holprige Anfahrt zum Kratersee Lake Chala durch Akazienhaine, roten Sand und spärliche Vegetation wird mit wunderbaren Panoramen auf die endlose Weite von Kenia und mit freundlichen Begegnungen mit den hier ansässigen Menschen belohnt. Die Abzweigung zum Lake Chala liegt auf der Teerstraße zum Grenzposten nach Kenia, Holili. Von Moshi kommend, passiert man sowohl die Abzweigung nach Dar-es-Salaam (km 22 ab Moshi) als auch Himo (km 25 ab Moshi), wo die Teerstraße nach Marangu führt. Folgt man dem Highway nach Kenia, so erreicht man ca. 6 km ab Himo eine Abzweigung nach links (kein Schild). Die Sandpiste ist anfangs in relativ gutem Zustand, doch je weiter weg von der Hauptstraße, desto holpriger wird die Fahrbahn. Nach 10 km erreicht man eine Kreuzung, wo man sich rechts hält. Hin und wieder begegnet man Menschen, doch das wenig fruchtbare Land ist dünn besiedelt und menschenfeindlich. Nach weiteren 5 km erreicht man weitere Abzweigungen. Spätestens hier sollte man sich bei Einheimischen nach dem Weg erkundigen, da die abfallenden Pisten derart ausgewaschen sind, dass eine eindeutige Orientierung nicht mehr möglich ist. Von hier aber ist es nur mehr ein Katzensprung zum Lake Chala! Insgesamt gesehen ist der Weg zum Lake Chala schwierig zu finden, und

ohne Swahili-Kenntnisse ist man schlichtweg verloren. Es wäre also angebracht, einen Ausflug bei einem Tour Operator zu buchen. Wer die Strecke dennoch in Angriff nimmt, wird mit einer Fülle von mitreißenden Panoramen belohnt!

Wie gottverlassen liegt der tiefblaue Kratersee jeweils zur Hälfte auf tansanischem und kenianischem Terrain. Gespeist wird er vom Kilimanjaro, den man aus einem ungewohnten Winkel betrachten kann – mit dem zerfransten Mawenzi-Gipfel im Vordergrund.

Vor wenigen Jahren hatte man sich von diesem beschaulichen Flecken einen touristischen Impuls erhofft, doch die geplante Lodge wurde nie fertiggestellt. Bauruinen säumen heute den Kraterrand auf tansanischer Seite. Baden ist nicht möglich, ein kurzer Spaziergang am Kraterrand offenbart jedoch wunderbare Aussichten und himmlische Ruhe – kaum ein Mensch verirrt sich dorthin.

## 10 Mt. Kilimanjaro

**Reiseatlas:** S. 12, F 3; **Karte:** S. 316

Weithin sichtbar über das unendlich scheinende Buschland erhebt sich das ›Dach Afrikas‹, der 5892 m hohe Kilimanjaro. Er ist mit Sicherheit ein Höhepunkt einer Ostafrika-Reise, egal ob man ihn nun besteigt oder einfach aus der Ferne betrachtet. Menschen aus aller Welt reisen an, um sich von der dramatischen Kulisse in Bann ziehen zu lassen, und täglich aufs neue ist sein Anblick atemberaubend.

Bereits 1973 erhielt der Kilimanjaro den Status eines Nationalparks und 1989 wurde er zum Weltnaturerbe der Unesco erklärt. Der erloschene Vulkan mit seinem charakteristischen weißen Schneehäubchen ist bei klarem Wetter sowohl von Tansania als auch von Kenia aus zu sehen.

So charakteristisch seine Eiskappe auch sein mag, sie wird, schenkt man den Wissenschaftlern Glauben, vielleicht noch 15 bis 20 Jahre halten. Der einst mächtige Gletscher von teilweise über 100 m Dicke schmilzt heute im Rekordtempo von einem halben bis einem Meter pro Jahr. Dieses Phänomen konnte man schon seit Ende des 19. Jh. beobachten; beschleunigt wird es momentan natürlich durch die allgemein diskutierte und auch spürbare Erderwärmung.

In den Legenden der Chagga, dem Volk des Kilimanjaro, finden sich nur wenige Hinweise auf die Entstehung des Namens. So gibt es zwar viele Vermutungen, aber wenig gesicherte Informationen darüber – am ehesten plausibel ist folgende Erklärung: *Kilemanjaare* (oder *kilemanyaro*) bedeutet in der Sprache der Chagga ›unmöglich für eine Karawane zu überqueren‹, in Anspielung auf die unbezwingbaren Höhen. Diese Bezeichnung wanderte mit den Karawanen, die Sklaven, Elfenbein und Edelsteine Richtung Küste transportierten, in das dort gesprochene Kiswahili. Dabei wurde die Bezeichnung sozusagen ›swahilisiert‹.

## Drei Gipfel und ein besonderes Mikroklima

Bei näherer Betrachtung erkennt man deutlich, dass die Spitze des Kilimanjaro aus drei Gipfeln besteht, die alle durch vulkanische Aktivitäten im Ostafrikanischen Grabenbruch entstanden. Der westlichste Gipfel ist der 3962 m hohe **Shira.** Im Osten zieht das gezackte Profil des **Mawenzi** (5149 m) das Augenmerk auf sich. Im Zentrum – umgeben von ewigem Eis – ragt der Gipfel des **Kibo** (5892 m) heraus, dessen höchster Punkt übrigens **Uhuru Peak** (›Freiheits-Gipfel‹) genannt wird. Der Kibo ist die jüngste Formation; schwefelhaltige Gase im Kraterinneren deuten auf latente vulkanische Aktivität, wobei aber nicht davon auszugehen ist, dass er in der nächsten Zeit ausbricht.

Durch seine frei stehende Lage, seine imposante Höhe und letztendlich auch wegen seiner unzähligen unterirdischen Quellen erzeugt der Kilimanjaro in seiner Umgebung ein fruchtbares Mikroklima. Dichte Regenwälder sowie Bananen- und Kaffeeplantagen sind charakteristisch für das Gebiet um Moshi bis weithin nach Arusha.

Während die Ausläufer des Massive mit dichtem Regenwald und üppiger Vegetation bedeckt sind, dominieren in höheren Regionen Hochmoorlandschaften mit Erika-Gewächsen und Senezien. Weiter oben folgt eine bizarre Mondlandschaft, die hinauf bis ans ewige Eis reicht. Der Kilimanjaro ist aber nicht nur Berg und Pflanzenraum, sondern auch Heimat vieler Tiere, darunter Elefanten, Büffel, Elenantilopen, Ducker, Leoparden und Paviane. In den dichten Regenwäldern leben auch hunderte Vogelarten.

## Die Besteigung

Der höchste Berg Afrikas, ja sogar der höchste frei stehende Berg der Welt, lockt seit Jahrzehnten Abenteurer und Bergsteiger an. Nach einigen Fehlversuchen gelang es dem deutschen Geografen Hans Meyer und dem erfahrenen österreichischen Alpinisten Ludwig Purtscheller 1889 erstmals, den Gipfel des Kibo zu bezwingen. Doch es sollte noch weitere 20 Jahre dauern, bis überhaupt die erste Route über Marangu angelegt wurde. Heute gibt es mehrere Zugangsrouten, wobei Marangu und Machame die beliebtesten sind. Trecks von 5–6 Tagen Dauer sind der übliche Zeitrahmen für eine Besteigung. Neben den beiden genannten Routen führen weitere auf den Kilimanjaro, die jedoch aufgrund höherer Anforderungen an die alpine Technik weitaus weniger frequentiert werden. Die steile und gefährliche Breach Wall beispielsweise bestieg der Südtiroler Extrembergsteiger Reinhold Messner zum ersten Mal im Jahr 1978.

## Risiken, Organisation und Kosten einer Besteigung

Leider musste der Kilimanjaro in den letzten Jahren einen Massenansturm an Bergsteigern hinnehmen, vor allem auch dadurch, dass fälschlicherweise behauptet wird, der Aufstieg über die Marangu-Route sei nicht mehr als eine anspruchsvolle Bergwanderung in größerer Höhe. Zu Spitzenzeiten sind Dutzende Gruppen gleichzeitig unterwegs auf den Kilimanjaro. Wenn man bedenkt, dass jede Gruppe aus mehreren Wanderern sowie doppelt so vielen Trägern und Guides besteht, kann man sich ausmalen, was die-

## Mt. Kilimanjaro National Park

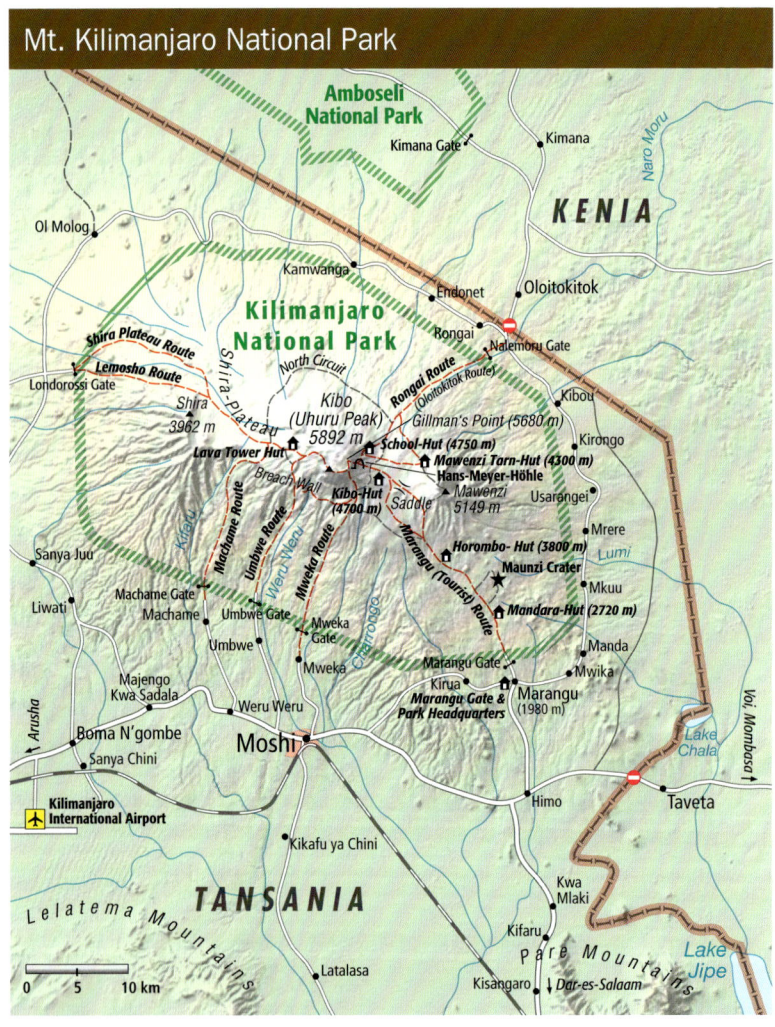

ser Massenansturm für die Tier- und Pflanzenwelt bedeutet. Natürlich ist eine Besteigung des höchsten Berges von Afrika reizvoll. Viele Menschen benötigen dazu auch nur eine gute körperlichen Verfassung sowie die Lust am Wandern. Das größte Hindernis für viele Bergsteiger ist nämlich weniger die technische Seite der Kilimanjaro-Besteigung als vielmehr der stetig abnehmende Sauerstoffgehalt der Luft. Bis auf 3000 m Höhe gibt

es gewöhnlich keine Probleme. Danach wird die Luft ›dünn‹, das Atmen fällt schwer und über 3000 m treten häufig Kopfschmerzen, Erbrechen oder Schwindelgefühl auf – die typischen Symptome der **Berg- oder Höhenkrankheit.** Grund dafür ist Sauerstoffmangel im Blut. Die meisten europäischen Bergsteiger leiden am Kilimanjaro das erste Mal an Höhenkrankheit, denn in Europa liegen die Gipfel im Durchschnitt um 3000 m Höhe. Die

Höhenkrankheit ist der Hauptgrund, weshalb weniger als die Hälfte der Alpinisten tatsächlich bis zum Gipfel kommen. Nebenbei bemerkt erreichen statistisch gesehen weitaus mehr Frauen als Männer das Ziel.

Deshalb sollte eine Kilimanjaro-Besteigung trotz der technischen Anspruchslosigkeit wohl überlegt sein, denn erfahrungsgemäß fällt es den meisten schwer, kurz vor dem Gipfel umzudrehen, vor allem auch wegen der Kosten für dieses Unterfangen von im Schnitt 700–1200 US-$. Von den Behörden oder den Safariveranstaltern wird ungern dazu Stellung genommen, doch finden jedes Jahr einige Touristen am Kilimanjaro den Tod, weil sie den Berg unter- und sich selbst überschätzen.

Wer auch immer sich für eine Besteigung entscheidet, hat sicherzustellen, dass die **Organisation** professionell vonstatten geht. Ausreichend motivierte Träger, erfahrene Guides und ordentliche Verpflegung sind ein Muss ebenso wie Vertrauen, Kameradschaftsgeist und Toleranz innerhalb einer Gruppe. Man muss sich darüber im Klaren sein, dass günstigere Besteigungen oder Lockangebote irgendwo einsparen müssen, die meisten tun es beim Essen, durch mickrige Bezahlung der Begleitmannschaft oder mit fragwürdiger Ausrüstung.

Den Löwenanteil der **Kosten** von 700–1200 US-$, mit denen eine Besteigung pro Person zu Buche schlägt, nehmen die tansanischen Behörden ein. Eintrittsgebühren, 50 US-$ für eine Übernachtung in einer Berghütte, 30 US-$ für das Campen, 20 US-$ sind einmalig als Rettungsbeitrag zu zahlen. Ohne Träger, Guides, Verpflegung und das obligatorische ›Trinkgeld‹ miteinzurechnen, ist man für eine Low-Budget-Sechs-Tages-Besteigung bereits bei knapp 600 US-$. Gerade das sog. Trinkgeld, das tatsächlich eine fest einzukalkulierende finanzielle Zusatzleistung für die Träger und Führer ist, vergessen viele in die Kosten einzubeziehen. Dafür rechne man zusätzlich 50–100 US-$, je nach Begleitmannschaft und Gruppe.

**Klima und Reisezeit:** Der klimatisch günstigste Zeitraum für eine Besteigung ist zwischen Oktober und Februar. Da mit zunehmender Höhe die Temperatur kontinuierlich abnimmt, wird es von März bis Juli eisig kalt in den Höhen, und aufgrund mangelhafter Ausrüstung kommt es bei vielen Bergsteigern zu Erfrierungen an Zehen oder Fingern.

> **i** **Weiterführende Informationen:** Es gibt ausgezeichnete Literatur von erfahrenen Alpinisten, wie auch unzählige wertvolle Webseiten, hauptsächlich von Privatpersonen und Foren, u. a.:
> www.mount-kilimanjaro.de,
> www.kilimanjaro.at, www.gipfeltreffen.at
> www.bergwandern.net

## Machame Village

**Reiseatlas:** S. 12, E 3/4

Die zweitbeliebteste Besteigungsroute des Kilimanjaro nimmt ihren Anfang in Machame Village, einem größeren Dorf an den Westhängen des Bergmassivs. Es ist bequem auf der Teerstraße von Moshi aus erreichbar, 12 km westl. führt die Abzweigung 15 km Richtung Norden nach Machame. Das auf 1524 m gelegene Bergdorf eignet sich gut zum Akklimatisieren oder auch für Erkundungstouren durch die malerischen Ausläufer des Kilimanjaro. Besonders erquickend: Der Kilimanjaro thront imposant und von weither sichtbar.

> **i** **Zugang:** Am Machame Gate (1828 m) befindet sich eine Zahlstelle (von mehreren) für den Zugang zum Kilimanjaro. Eintritt: Erw. 60 US-$.

**Protea Hotel Aisha Machame:** Machame Rd., Tel. 027-275 69 48, Fax 027-275 68 21, www.proteahotels.com. Kleineres Hotel der südafrikanischen Hotelkette Protea mit garantiert südafrikanischem Standard. Die Zimmer sind komfortabel und wohnlich. Pool. Organisation von Exkursionen oder Touren, z. B. zu Wasserfällen, zu heißen Quellen oder auch Ausritte. 30 Zi., DZ ab 150 US-$.

**Makoa Farm:** Machame Rd., nach der Rombo Primary School links, Tel. 07 44-31 28

# Das nördliche Berg- und Hügelland

96, www.makoa-farm.com. Renovierte Kaffeefarm aus kolonialen Tagen. Kleine, intime Lodge mit spektakulärer Aussicht auf den Kilimanjaro. Ausgezeichnete Küche mit Produkten von der eigenen Farm. Reiterhof (s. unten). 4 Zi., 7 Nächte inkl. Ausritte 1000 €/Person (Vollpension), 3 Nächte West Kilimanjaro Wilderness Trail 1130 €/Person (Vollpension).

**Besteigung des Kilimanjaro:** Die genannten Hotels sowie die Safariveranstalter organisieren Besteigungen in jeder Preisklasse.

**Reiten:** Reitsafaris, die von wenigen Stunden bis zu acht Tagen dauern, werden von der Makoa Farm angeboten. Sie führen u. a. in das Gebiet zwischen Kilimanjaro und Mt. Meru (West Kilimanjaro Wilderness), durch die Massai-Steppe oder zu den Kukulewa-Quellen. Für passionierte Reiter (oder die es noch werden wollen) ist das Erleben des weitgehend unberührten Naturraumes Afrika und das Zusammentreffen mit den traditionell lebenden Menschen, z. B. den Massai, ein unvergessliches Erlebnis.

**Wandern:** Machame Cultural Tourism Programme, nach Ende der Teerstraße rechts halten, kleines Büro mit der Aufschrift FODA, Tel. 027-275 70 33, fodamachame@yahoo. com. Wanderungen und Trekking-Touren im Gebiet um Machame. Terminvereinbarungen sind ratsam, da das Büro nicht immer besetzt ist.

**Busse:** Dalladallas fahren mehrmals tgl. von Moshi nach Machame (und wieder zurück). Auch Überlandbusse lassen Reisende an der Machame Junction aussteigen.

## Marangu Village

**Reiseatlas:** S. 12, F 4

Am Marangu Gate (1840 m) beginnt die mit Abstand beliebteste (und einfachste) Besteigungsroute des Kilimanjaro, weswegen sie ein wenig spöttisch auch als ›Coca-Cola-Route‹ bezeichnet wird. Aus diesem Grund ist das Dorf Marangu auch Ausgangsbasis für die meisten Bergsteiger. Nur 30 km von Moshi entfernt, ist es auf guter Teerstraße erreichbar. Hier gilt auf alle Fälle die gleiche De-

**Hier beginnt die Durststrecke: Besteigung des Kilimanjaro**

vise wie für das Machame Gate. Nicht jeder Reisende muss den Kilimanjaro besteigen; ihn aus der Ferne zu betrachten ist genauso reizvoll – und man kann lohnenswerte Tageswanderungen zu tiefen Schluchten oder rauschenden Wasserfällen unternehmen.

**Zugang:** Am Marangu Gate befindet sich eine Zahlstelle (von mehreren) für den Zugang zum Kilimanjaro. Eintritt: Erw. 60 US-$.

**Marangu Hotel:** Marangu Rd., Tel. 027-275 65 94, www.hotel marangu.com. Viel gebuchtes, alteingesessenes Hotel für anspruchslose Bergsteiger. Das Anwesen aus der Kolonialzeit hatte einmal Charme, der heute aber verblasst ist. Weit überzogene Preise. Pool. DZ ab 100 US-$ (Halbpension).

**Capricorn Hotel:** 2,5 km vom Gate entfernt, Tel. 027-275 13 09, www.capricornhotel.com. Das riesige Rondeau, das als Haupthaus und Restaurant dient, wirkt erdrückend, die Inneneinrichtung altbacken. Die 32 neuen und 16 alten Zimmer sind zweckmäßig und einige

etwas zu klein geraten. Dennoch eine der besseren Alternativen in Marangu. DZ ab 100 US-$ im neuen Trakt, DZ ab 90 US-$ im alten Trakt.

**Kibo Hotel:** 1,5 km westl. von Marangu, Tel. 027-275 13 08, www.kibohotel.com. Das alte, große Haus im Kolonialstil hat mit Sicherheit schon bessere Tage gesehen, trotzdem hat es sich seinen besonderen eigenen Charme erhalten. Die Aussicht von den Balkonen ist jedenfalls grandios. 40 Zi., DZ ab 60 US-$.

**Babylon Lodge:** Rombo Rd., Tel. 027-275 63 55, www.babylonlodge.com. Für die gebotene Qualität ist auch hier der Preis weit überhöht, doch die einfachen, zweckmäßigen Zimmer gehören zu den günstigsten Optionen. 15 Zi., DZ ab 40 US-$.

### Camping

**Coffee Tree Village Campsite:** 2 km vor dem Gate, Tel. 027-275 66 04, www.coffeetree campsite.com. Schöne Lage, gute Infrastruktur, 8 US-$/Person. Bandas/einfache Chalets werden ebenso vermietet, 10/12 US-$/Person ohne Frühstück.

**Kilimanjaro Mountain Resort:** 3 km westl. von Marangu, Tel. 027-275 89 50, www. kilimanjaromtresort.com. Herrlich lauschiger Campingplatz im tropischen Garten mit geräumigen Sanitäranlagen. 6 US-$/Person, Frühstück für 5 US-$ erhältlich.

**Besteigung des Kilimanjaro:** Die oben angegebenen Hotels sowie Safariveranstalter organisieren Besteigungen in jeder Preisklasse.

**Wandern:** Die Hotels sind gern bei der Buchung von lokalen Guides behilflich (max. 15

US-$/Person/Tag). Vorsicht vor unautorisierten Guides!

 **Busse:** Viele Dalladallas pendeln zwischen Moshi und Marangu.

# Durch das Hügelland südwärts

Während im Rückspiegel noch das Kilimanjaro-Massiv thront, beginnt im Grenzland zu Kenia ein Landstrich der Gegensätze. Staubtrockenes Grasland zu Füßen der aufragenden Pare Mountains im Norden, ausgedehnte Sisalplantagen und landwirtschaftlich genutztes Land, je weiter nach Süden man vordringt. Die immergrünen, kühlen Usambara-Berge mit ihrer fruchtbaren Erde wirken wie eine Oase im allzu kargen Land.

## Mkomazi Game Reserve
**Reiseatlas:** S. 19, B–C 1
Über den geteerten Dar-Arusha-Highway erreicht man von Moshi aus nach 120 km (ca. 1,5 Std.) bequem das größere Straßendorf **Same.** Von dort ist es ein Katzensprung (ca. 7 km) zum Mkomazi Game Reserve. Abseits des Highway können die Sandpisten stellenweise schlecht und in der Regenzeit mitunter sogar unpassierbar sein.

Das Wildreservat, das bereits seit 1951 besteht, grenzt im Nordosten direkt an den Tsavo West National Park in Kenia (s. S. 211 f.) – Fauna und Flora weisen große Ähnlichkeiten auf. Auf 3700 km$^2$ tummeln sich in einer kargen Savannenlandschaft u. a. Elefanten, Büffel, Zebras, Grantgazellen und die seltenen Gerenuk-Antilopen sowie weitere Antilopenarten. Auch Löwen, Geparden und Leoparden leben und jagen im grenzüberschreitenden Tsavo-Ökosystem.

Internationale Reputation unter Naturschützern erlangte das wenig besuchte Reservat durch seine Versuche, sowohl das in Tansania fast ausgerottete Spitzmaulnashorn als auch die gefährdeten Afrikanischen Wildhunde zu schützen und deren Population wieder zu vermehren. In seiner Art in Tansania einzigartig ist das **Spitzmaulnashorn-Schutzgehege** (Black Rhino Sanctuary). Dorthin wurden über eine Luftbrücke acht Nashörner aus dem südafrikanischen Addo National Park transportiert, die nach und nach wieder in den Mkomazi-Naturraum integriert werden sollen. Man vermutet, dass es heute in Tansania nur mehr an die 30 Spitzmaulnashörner in freier Wildbahn gibt. Aufgrund ihres hohen internationalen Marktwertes (vergleichbar mit Elfenbein im letzten Jahrhundert) hat sich ihre Anzahl in den letzten 40 Jahren von 10 000 auf die alarmierende Zahl von 30 dezimiert (s. S. 28 f.).

 **Zugang:** über Zanga Gate, östl. von Same. Erw. 20 US-$.

Außer **Camping**plätzen gibt es im Park keine Übernachtungsmöglichkeiten. Am besten ist die Anreise sowie Übernachtung mit einem Tour Operator aus dem Norden.

**Elephant Motel:** Same, Tel. 027-275 81 93, Fax 027-275 88 85, www.elephantmotel. com. Einfache, aber gute Unterkunft direkt am Highway. Gutes Restaurant. DZ ab 20 US-$.

## Nach Lushoto
**Reiseatlas:** S. 19, C 2
Auf dem Weg vom Kilimanjaro in Richtung Süden passiert man zu linker Hand die Bergkette der **Pare Mountains,** die Reisende mit ausreichendem Zeitpolster wandernd erkunden können. Mehr Informationen gibt es beim Cultural Tourism Programme Kisangara (Tel. 07 44-48 71 93) oder bei einem Safariunternehmen in Moshi.

Nach knapp 220 km ab Moshi erreicht man den lebhaften Ort **Mombo,** von wo eine Teerstraße ins 33 km entfernte Lushoto abzweigt. Die Straße schlängelt sich nun durch die Berglandschaft hinauf, vorbei an Wasserfällen, beispielsweise den **Soni-Wasserfällen,** herrlichen Aussichten und üppiger Hochlandflora. Alle weiteren Straßen von Lushoto in die Berge stellen mehr oder weniger gute Sand- und Schotterpisten dar, die bei allzu

**Seiner treffsicheren klebrigen Zunge entgeht kaum ein Moskito: Chamäleon**

heftigem Regen aber gemieden werden sollten.

Schon bei den deutschen Kolonialherren waren die Usambara-Berge als Sommerfrische beliebt. Das gefällige Klima, der Überfluss an Lebensmitteln und die liebliche hügelige Gegend erinnerten die Auslandsdeutschen an Zuhause. Kurzzeitig siedelten sie auch ihre Regierungsgeschäfte während der stickig-schwülen Sommermonate nach Wilhelmstal um, so der koloniale Name des auf 1200 m Höhe gelegenen **Lushoto**. Überall in Lushoto und seiner Umgebung sind die kolonialen Relikte noch zu erkennen. Das größte, nämlich das ehemalige deutsche Bezirksamt, steht linker Hand, bevor die Hauptstraße durch den Marktflecken nach der Post

eine Rechtskurve macht. Es dient heute noch als Verwaltungssitz. Auch alte Wohnhäuser oder Kirchen tragen unverkennbar deutsche Handschrift.

### Die Usambara Mountains

Bei einem Streifzug durch die Hügel der **Usambara-Berge,** die übrigens zu den nicht-vulkanischen Eastern Arc Mountains gehören, die vor 100 Mio. Jahren aufgefaltet wurden, überrascht die Fruchtbarkeit der Gegend. Jedes Fleckchen wird für den Anbau von Lebensmitteln verwendet; bis zu dreimal pro Jahr können Gemüseernten eingefahren werden. Der Großteil der Ernte wird in die großen Ballungszentren des Landes verkauft. Pflaumen, Weintrauben, Erdbeeren oder so-

## Das nördliche Berg- und Hügelland

gar Kirschen auf einem beliebigen Markt in Dar-es-Salaam stammen mit recht hoher Wahrscheinlichkeit aus den Usambara-Bergen. Diese wichtige Rolle als landwirtschaftlich intensiv genutztes Gebiet erklärt z.T. auch die erstaunlich guten Straßenverhältnisse bis nach Lushoto. Zur Zeit der Recherche wurde in Lushoto gerade an einer Umfahrungsstraße gearbeitet, die östlich des Marktes in die Berge führt – aber nicht primär wegen der Transporte, sondern weil der Altpräsident Mkapa unweit von Müller's Mountain Lodge wohnt ...

Das gemäßigte Klima sowie die Abgeschiedenheit der Bergwelt haben dazu beigetragen, dass die Usambara-Berge wegen ihres enormen Pflanzenreichtums zu den botanisch interessantesten Gebieten weltweit zählen. Die abgeschiedene Region bietet einigen seltenen Pflanzen, aber auch ungewöhnlichen Amphibien, Reptilien und Vögeln ein ideales Refugium. Auch das bei uns als Zimmerpflanze beliebte violette Usambara-Veilchen stammt ursprünglich genau von hier.

### Von Lushoto nach Mtae

Wer mit dem eigenen Fahrzeug unterwegs ist und 1–2 Tage erübrigen kann, sollte sich einen Ausflug von Lushoto nach **Mtae** (Reiseatlas: S. 19, C 1, s. auch Richtig Reisen-Tipp S. 323) gönnen. Auf dem Weg dorthin (ca. 60 km, 2 Std. Fahrzeit mit dem PKW, 3 Std. mit dem Bus) passiert man fruchtbare kleine Täler mit Obst- und Gemüsefeldern sowie unzählige Maisäcker oder Apfelplantagen. Je weiter westwärts man gelangt, desto holpriger wird zwar die Straße, aber auch umso atemberaubender die Aussichten! Ortsunkundige mögen bei den in Lushoto ansässigen Tourenveranstalter einen Guide organisieren – das erhöht mit Sicherheit den Erfahrungswert!

**Irente View Cliff Lodge:** beim Irente Viewpoint, 6 km westl. der Stadt, Tel. 027-264 00 26, Fax 027-264 00 23, www.irenteview.com. Jedes Zimmer mit Balkon gewährt grandiose Ausblicke auf die weitläufige Massai-Steppe, vor allem am Morgen, wenn zwischen den Hängen der Usambara-Berge noch der Nebel hängt. Steriles Haus in Hochglanzoptik. Internet. 16 Zi., DZ ab 65 US-$.

**Müller's Moutain Lodge:** 15 km nordöstl. der Stadt auf der Straße nach Migambo, Tel. 027-264 02 04. Wohl die beste Wahl in dieser Gegend. Eingebettet in die herrlichen Berge und Wälder des Mkuzu Forest Reserve liegt diese Unterkunft, die in den 1930er-Jahren im Stil eines englischen Landsitzes errichtet wurde. Die Zimmer sind zweckmäßig, was angesichts des liebevollen Gartens enttäuscht. Auch einfache Bandas (12 000 TSh), Campen möglich. Auf Wunsch werden Wander-Guides aus dem nahe gelegenen Dorf organisiert. 16 Zi., DZ ab 60 000 TSh.

**Lawns Hotel:** bei der Ortseinfahrt links, Tel. 027-264 00 05, Fax 027-264 00 66, www.lawnshotel.com. Das alte Kolonialhaus mit seinen romantischen Rosenbüschen hätte das Potenzial zu einem charmanten Plätzchen, aber leider ist die familiäre Pension schmuddelig. Äußerst einladend ist die urige Lounge mit Bar. 17 Zi., DZ ohne Bad/WC ab 18 000 TSh, mit Bad/WC ab 45 000 TSh.

**St. Eugene's Hostel:** 3 km vor Lushoto direkt an der Hauptstraße, Tel. 027-264 00 55, Fax 027-264 02 67, steugenes_hostel@yahoo.com. Die von katholischen Montessori-Schwestern geführte Unterkunft gehört zu den empfehlenswertesten in Lushoto. Gemütlich, sauber und mit ausgezeichnetem Frühstück (Marmelade, Käse und Säfte aus der eigenen Produktion). Gute lokale Küche. 14 Zi., DZ 36 000 TSh.

**Karibuni Lodge:** Tel. 07 48-47 40 26, www.karibunilodge.com. Landestypische Unterkunft unweit vom Busbahnhof und dem Zentrum. DZ 30 000 TSh.

**Camping:** wird angeboten von Lawns Hotel (6000 TSh/Person), Irente View Cliff Lodge (5000 TSh/Person), Müller's Mountain Lodge (5000 TSh/Person) und Irente Farm (3000 TSh/Person), wo man unbedingt die exzellenten, selbst fabrizierten Speisen kosten sollte (Roggenbrot, Marmelade, Säfte, Käse und Quarkaufstriche).

## Richtig Reisen-Tipp: Wandern in und um Lushoto

Auf Schusters Rappen rund um Lushoto unterwegs zu sein, ist die charmanteste Art, das Land kennenzulernen – allerdings ausschließlich mit einem Guide. Die erwähnten Tourenveranstalter sowie die Unterkünfte, z. B. Müller's Mountain Lodge, vermitteln gern Begleitpersonen.

Eine leichte Wanderung führt von Lushoto mitten durch kleine Dörfer zum grandiosen **Irente Viewpoint** und wieder zurück über die Irente Farm, wo man zu einer schmackhaften Jause einkehren kann. Dieser 1425 m hoch gelegene Aussichtspunkt gestattet ein herrliches Panorama auf die Massai-Ebenen, das Städtchen Mazinde und die weitläufigen Sisalplantagen (4–5 Std., ca. 13 km, 10 US-$).

Ein etwas anstrengenderer Marsch, vor allem zu Anfang, wenn die ersten Kilometer steil bergauf durch Felder und Wiesen führen, geht in den **Magamba Regenwald.** Dort passiert man das ›königliche Dorf‹ Kwembago, das in früheren Jahrhunderten den Herrschern der Region als Wohnsitz gedient hat, und trifft mit viel Glück auch auf schwarzweiße Stummelaffen. Die Aussicht vom Magamba Peak (1845 m) ist sagenhaft schön; man sieht weit in die Täler der Usambara-Berge hinein (5–6 Std., ca. 13 km, 13 US-$).

Reisende, die genug Zeit im Gepäck haben, werden im 65 km entfernten Bergdorf **Mtae** für die Strapazen der Vier-Tages-Tour mehr als entschädigt werden (ca. 20 US-$/Tag). Das kleine beschauliche Bergdorf liegt am äußersten westlichen Zipfel der Western Usambara Mountains auf 1670 m Seehöhe und gewährt ein grandioses kilometerweit reichendes Panorama in alle Richtungen, u. a. auf die Massai-Steppe, auf das Mkomazi Game Reserve und auf die benachbarten Pare Mountains bis weit nach Kenia hinein. An klaren Tagen lugt sogar der Kilimanjaro unter seiner Wolkendecke hervor. Romantische Sonnenuntergänge setzen dem ganzen noch die Krone auf. Nicht umsonst trägt Mtae auch den Titel ›Aussichtspunkt am Ende der Welt‹ – ›The End of the World View Point‹.

In einem abgeschiedenen Bergdorf wie Mtae sind die Unterkünfte natürlich auf landestypische Gästehäuser beschränkt, z. B. Muvano Guesthouse (einfache Zimmer mit Eimer-Duschen, DZ ohne Frühstück 5000 TSh) oder in der Mission (einfache Zimmer, Gemeinschaftsbad mit fließend Wasser, DZ ohne Frühstück 6000 TSh). Campen ist bei der Mission möglich (2000 TSh/Zelt). Nach Vorbestellung bereitet das Muvano Guesthouse auch Mahlzeiten zu. In Mtae gibt es außer kleinen Obst- und Gemüseständen nicht viele Möglichkeiten, um sich selbst zu versorgen. Die von der Wanderung müden Beine können sich bei der Rückfahrt nach Lushoto im Bus erholen.

**Tourenveranstalter**
**Tayodea:** westl. vom Busstand, neben dem Florida Guest House, Tel. 0746-79 65 75, tayodea@yahoo.com. Junge engagierte Leute, die mit den Einnahmen Gemeindeprojekte finanzieren.

**Tourist Information Centre Friends of the Usambara Society:** nach dem Markt vor der NMB-Bank rechts, Tel. 027-264 01 32. Eines der ältesten Kulturtourismusprogramme von Tansania.

**Radtouren:** Das Tourist Information Centre der Friends of the Usambara Society hat einige recht gut gewartete Mountainbikes in ihrem Fundus. Individuell zusammengestellte Touren führen z. B. von Lushoto nach Moshi oder Ähnliches (5000 TSh/Person/Tag).
**Wandern:** s. Richtig Reisen-Tipp oben.

**Busse:** Der Busbahnhof befindet sich neben dem Markt. Zwischen den einzelnen Orten in den Bergen verkehren unregelmäßig Dalladallas. Lushoto und Mtae liegen aber auf den täglich befahrenen Routen von großen Überlandbussen aus Dar, Arusha und Tanga.

# Safaris im Norden

**Der Großteil aller Reisenden, die in Tansania auf Safari gehen, tun dies im Norden. Kein Wunder, liegen doch hier alle Sensationen dicht beieinander und sind größtenteils bequem erreichbar. Große Namen wie Serengeti oder Ngorongoro Crater locken die Massen an. Da bleibt für die weniger bekannten Naturschutzgebiete mit ebenso viel atemberaubender Natur meist keine Zeit.**

Seitdem 2005 die Teerstraße von Arusha bis zum Ngorongoro-Schutzgebiet fertiggestellt wurde, haben sich die Anfahrtszeiten für die Safaris enorm verkürzt. Die Fülle der Safariattraktionen kann nun viel bequemer – und vor allem schneller (Tarangire und Lake Manyara 1–1,5 Std., Karatu 2,5 Std.) – erreicht werden. Doch das bedeutet auch zahlreiche Herausforderungen für die Region. Nach intensiver weltweiter Vermarktung in den letzten zehn Jahren sind die Besucherzahlen nun kontinuierlich steigend.

Allerdings hat man bei der Intensivierung im Marketing wichtige Aspekte übersehen. Zum einen hat die Errichtung von neuen Unterkünften nicht mit der Entwicklung der Besucherzahlen Schritt gehalten, was zu langen Vorlaufzeiten in der Buchung und zu Über-

**Massaifrauen bei der täglichen Arbeit**

## Mit der Autorin unterwegs

### Markttag bei den Massai

Für die Massai ist der wöchentliche Markt in ihrem Dorf oft die einzige Möglichkeit zum Einkauf – angeboten werden u. a. Ziegen, Kühe, Geschirr, Sandalen aus alten Autoreifen, Secondhand-Uhren, klapprige Mobiltelefone, Mais oder Bohnen (s. S. 332).

### Wandern im Massai-Land

Für Reisende, die nach der Safari noch gut zu Fuß sind, gibt es keinen Grund, in der Umgebung von Arusha zu faulenzen – die Fülle von Wandermöglichkeiten ist einfach zu verlockend (s. S. 332 f.)!

### Kanusafari

Zwischen Flamingos und bis zum Bauch im Wasser watenden Giraffen gleiten die Kanuten über das grün schimmernde Gewässer des **Little Momela Lake** (s. S. 334).

### Im Land der Baobab-Bäume

Mystisch wirken sie, die mächtigen Affenbrotbäume, die immer wieder inspirierende Fotomotive darstellen. Die imposanten Bäume gedeihen am besten in halb-trockenen Landschaften und ihr gewebeartiges Holz kann Unmengen von Wasser speichern. In den nordöstlichen Sektoren des **Tarangire National Park** (s. S. 337 ff.) stehen sie aufgefädelt wie die Zinnsoldaten.

### Die ›kleine‹ Migration

Weniger bekannt als die Große Migration (s. Thema S. 358 f.) ist die Migration der Tierherden im **Tarangire National Park**. Neben der Wanderung in der Serengeti gehört sie zu den größten saisonalen Wanderbewegungen in Tansania (s. S. 338).

### Sundowner am Kraterrand

Wie lässt sich ein ereignisreicher Tag gebührender beenden als mit einem kühlen Drink in der Hand und einem Blick über den in blutroten Farben getauchten **Ngorongoro Crater**? Tagesgäste sind herzlich willkommen in der Sopa Lodge und der Serena Lodge (s. S. 353) sowie der Wildlife Lodge (s. S. 361).

buchungen führt. Zum anderen stellt sich auch die Frage, wie viel Tourismus die Naturschutzräume vertragen, ohne dass das empfindliche Ökosystem gestört wird. Abschließend gilt auch zu bedenken, dass Gäste heute um das erhoffte ›Jenseits-von-Afrika‹-Flair betrogen werden, denn überlaufene Lodges und Verkehrsstaus in den Nationalparks haben nur wenig mit dem romantischen ›Busch-Feeling‹ gemein.

Der Großteil des Safariareals im Norden ist gut erschlossen und verfügt über ausreichende Infrastruktur. Vor Fahrten in den Süden des Tarangire National Park, zum Lake Natron oder in die Serengeti sollte man aber sicherstellen, dass man (als Individualtourist) ausreichend Lebensmittel, Wasser und Benzinvorräte dabei hat. Das Fahrzeug sollte in Topzustand sein; Sandblech, Schaufel und ähnliche Utensilien sind in diesen Gegenden

ein Muss. Der Nairobi-Highway (s. Grenzverkehr S. 332) soll in den nächsten Jahren – mit den Ende 2006 bereitgestellten Geldern der African Development Bank – repariert und ausgebaut werden.

# Arusha

**Reiseatlas:** S. 12, E 4, **Cityplan:** S. 326

Nicht zuletzt durch die kontinuierlich steigenden Touristenzahlen wuchs Arusha mit über 341 000 Einw. (Stand Januar 2005) in der letzten Dekade rapide zum zweitgrößten Ballungszentrum Tansanias an. Abgesehen von der Mammut-Metropole Dar-es-Salaam – die aber den entscheidenden Nachteil hat, dass man stundenlang im Stau steckt – bietet die Stadt auf kompakte Art und Weise die beste Infrastruktur des ganzen Landes.

## Arusha: Cityplan

## Stadtgeschichte

Ursprünglich wurde Arusha als Garnisonsstadt der Deutschen gegründet. Ende der 1880er-Jahre errichtete die Kolonialregierung ein Fort und läutete somit das allmähliche Wachstum des Örtchens ein. Benannt wurde der damalige Bezirksamtssitz nach den auch heute noch hier lebenden Waarusha, einer Volksgruppe, die sich in den 1850er-Jahren von den Massai abspaltete und sesshaft wurde. Von den ebenfalls in dieser Region

ansässigen Wameru erhielt der Hausberg von Arusha, der Mt. Meru, seinen Namen.

Geschützt durch den 4566 m hohen Mt. Meru und selbst auf 1500 m Höhe gelegen, kommt der Großraum Arusha in den Genuss eines ganzjährig angenehmen Mikroklimas, mit trockenen Sommern sowie kühlen Abenden und Nächten nach der großen Regenzeit. Wer beispielsweise einen Abstecher nach Moshi unternimmt, dem schlägt eine um mehrere Grad wärmere Luft entgegen. So

## Sehenswürdigkeiten

**1** Arusha International Conference
Center (AICC)
**2** Clock Tower
**3** Altes deutsches Fort
**4** Kolonialviertel

## Märkte

**5** Kilombero Market
**6** Secondhand-Markt

## Übernachten

**1** Arusha Coffee Lodge
**2** The Arusha Hotel
**3** Arumeru River Lodge
**4** Onsea House
**5** Kigongoni Lodge
**6** Moivaro Coffee Plantation Lodge
**7** Karama Lodge
**8** L'Oasis Lodge
**9** Arusha Crown Hotel
**10** The Outpost
**11** Arusha Tourist Centre Inn
**12** Masai Camp

## Essen und Trinken

**13** Pepe
**14** Greek Club
**15** Jambo's Coffee House & Restaurant
**16** Via Via Café & Restaurant
**17** Café Bamboo & Restaurant

reich von der Natur gesegnet, vor allem auch mit einer fruchtbaren, vulkanischen Bodendecke, konnte sich die Landwirtschaft bestens entwickeln. Vor allem der Anbau von Kaffee, einst das Hauptausfuhrprodukt Tansanias, ließ Arusha – Hand in Hand mit Moshi – in der ersten Hälfte des 20. Jh. boomen. Mit dem Bau der Usambara-Eisenbahn von Tanga nach Moshi und Arusha war der Zugang zum Meer und damit der Export nach Übersee gesichert.

Heute ist Arusha das größte Industriezentrum Nordtansanias. Schwerpunkte liegen noch immer auf der Rohstoffverarbeitung, z. B. von Kaffee, Zucker, Getreide, Sisal oder Kokosfasern, außerdem auf der Nahrungsmittelproduktion. So gibt es eine Brauerei und Molkereien sowie Fleischverarbeitungsbetriebe. Große Blumenfarmen östlich von Arusha, die Schnittblumen nach Europa exportieren, sind ebenso große Arbeitgeber wie die Insektizidindustrie. Bei weitem der größte Arbeitgeber für die lokale Bevölkerung ist aber der Tourismus. Weit über 200 Safariunternehmen (manche davon illegal), Hotels, Restaurants, Souvenirgeschäfte oder auch Autowerkstätten profitieren von 750 000 (Stand 2006) Touristen im Jahr, von denen der Großteil Arusha passiert.

## Konferenzzentrum AICC

Spätestens seit 1995 ist Arusha international bekannt als Standort des UN-Tribunals zur Verhandlung des Völkermords in Ruanda (www.ictr.org). Schauplatz der Gerichtsverhandlungen ist das **Arusha International Conference Center** (AICC) **1** . Das gigantische Konferenzzentrum wurde anlässlich des 1967 geschlossenen Wirtschaftsabkommens East African Community (EAC) gebaut. Doch bevor das Mammutprojekt 1978 überhaupt fertiggestellt wurde, war der Wirtschaftspakt nach dem Muster der EU auch schon wieder zerbröckelt ... Die EAC, der neben Tansania und Kenia auch Uganda, Ruanda und Burundi angehören, gibt es zwar seit 1996 wieder (unter dem Namen East African Cooperation), doch das leer stehende Bauwerk musste in der Zwischenzeit anders genutzt werden. Zuerst zogen in den 1980er-Jahren Safariunternehmen ein; seit 1995 bestreitet die UN den Großteil der Mietkosten. Durch seine vermittelnde Rolle und Stabilität hat sich Tansania, insbesondere Arusha, afrikaweit einen Namen als Konferenzstandort für Entscheidungen mit großer Tragweite gemacht, nicht zuletzt wegen des AICC und der großen, mondänen Konferenzhotels.

Das mit hohen Kosten verbundene UN-Tribunal ist öffentlich zugänglich (Personalaus-

## Safaris im Norden

weis reicht zur Anmeldung). Es werden allerdings nur an die 50 Fälle der mutmaßlichen
Drahtzieher verhandelt. Juristen verweisen
gerne darauf, dass das Tribunal dazu dienen
soll, um afrikaweit Exempel zu statuieren. An
die 800 Mitarbeiter aus allen Teilen der Welt
arbeiten bei der UN in Arusha, was der Stadt
natürlich auch einen zusätzlich wirtschaftlichen Impuls gibt. Bis 2008 sollen die Verhandlungen abgeschlossen sein; es werden
noch weitere zwei Jahre für Berufungen an-
gehängt.

### Rund um den Uhrturm

An wahren Sehenswürdigkeiten hat Arusha
nicht viel Auswahl, doch die Straßen rund um
den kleinen **Clock Tower** **2** lohnen sich allemal für einen Bummel. Doch es ist Vorsicht
angesagt: Lästige *flycatcher* versuchen, ihre
angeblich billigen Safaris zu verkaufen, Sou-
venirverkäufer können ganz schön dreist werden, und Taschendiebe haben immer Hochsaison.

Als Ausgangs- und Endpunkt eines Rund-
gangs bietet sich das **Alte deutsche Fort**
**3** , auch Boma genannt, am Ende der Boma
Road an, auch wegen des gemütlichen Cafés Via Via, in dem man sich gleich neben
dem Fort mit einer guten Tasse Kaffee oder
einem wohlschmeckenden Snack erholen
kann. 1899 begann man mit dem Bau der
Festung, die genau 100 Jahre später eine
Frischzellenkur aus EU-Geldern erhielt und
heute wieder in blitzweißer Farbe erstrahlt.
Der gut gepflegte Garten hat für Besucher mit
müden Beinen ein schattiges Plätzchen.

Das **alte koloniale Viertel** **4** im Gebiet
zwischen Sokoine Road, Goliondoi Road und
Boma Road birgt zwar wenig architektonische Highlights, aber dafür umso mehr Souvenirshops, Edelsteinläden, Wechselstuben,
Banken und die Post sowie etliche Filialen
von Fluglinien. Ebenso haben hier Safariunternehmen ihre Büros.

### Märkte

Westlich des Goliondoi River beginnen die ty-
pischeren afrikanischen Stadtteile, wo der
Central Market und andere Märkte, landesty-

pische Gästehäuser und viele Geschäfte,
z. B. für Elektronik, Autoersatzteile oder den
täglichen Bedarf zu finden sind.

Der **Kilombero Market** **5** am Westende
von Arusha, (gegenüber Shoprite-Einkaufs-
zentrum, tgl. 6–18 Uhr) bietet alles fürs tägliche Leben, inkl. einer reichen Auswahl an *ki-
tenges* und *kangas*. Einen **Secondhand-
Markt** **6** findet man ihm gleich gegenüber
(Di und Fr 8–12 Uhr). Das reichhaltige Sortiment besteht Flohmarktware, die aus westlichen Industrieländern importiert wurde.

**i** **Tanzania Tourist Board (TTB):** Boma
Rd., Tel. 027-250 38 42, ttb_info@ha
bari.co.tz., Mo–Fr 8–12 und 13–16, Sa 8–12
Uhr. Stadtpläne, Informationen zu den Kul-
turtourismusprogrammen, Abfahrtspläne der
Busse, Hotels und Safariveranstalter und die
(leider nicht aktuelle) Blacklist der Schwarzen
Schafe der Safariszene. Vor allem in Bezug
auf Safariveranstalter, sollte man sich lieber
selbst ein Bild machen.
**Büro der Ngorongoro Conservation Area:**
Boma Rd., gleich neben der TTB, Tel. 027-
254 46 25, www.ngorongoro-crater-africa.
org, Mo–Sa 8–16 Uhr. Alle Informationen
bzgl. der Ngorongoro Conservation Area.
**Tanzania National Parks Authority (TANA-
PA):** Dodoma Rd., ca. 5 km westl. des Zentrums, Tel. 027-250 34 71, www.tanzania
parks.com, Mo–Fr 8–16 Uhr. Broschüren und
Landkarten ausgesuchter Parks sowie Reservierung und Bezahlung der Special Campsites (s. S. 97). Diese Campingplätze (ohne
Sanitäranlagen; Übernachtung: 50 US-$/Per-
son) in malerischer Lage sind zwar öffentlich
zugänglich, doch zumeist von Safariveranstaltern schon Monate im Voraus gebucht.
Sie sind nicht ausgeschildert, und detaillierte
Ortsangaben müssen erfragt werden. Die angebotenen Resthouses sind zweckmäßig.
**Banken:** Barclays Bank für MasterCard u.
Visa-Abhebungen (Serengeti Rd., südöstl.
des Clock Tower), NBC-Bank (Sokoine Rd.)
und Standard Chartered Bank (Goliondoi Rd.)
für Visa-Abhebungen.
**Geldwechsel:** Rund um den Clock Tower
und in dem Viertel zwischen Boma Rd. und

Goliondoi Rd. gibt es mehrere Wechselstuben mit guten Kursen. Auch die NBC-Bank
wechselt zu guten Konditionen.
**Internet:** The Patisserie, Sokoine Rd., Nähe
Clock Tower, Mo–Sa 7–18 Uhr. Beste Wire-
less-Internet-Verbindung in Arusha, für eigenen Laptop, 1000 TSh/Std; Browse-In Internet Café, Shoprite Shopping Centre, Ostflü-
gel OG, Mo–Sa 8.30–18 Uhr. Gut klimatisiert,
geeignet für Laptop, 1500 TSh/Std.

**Arusha Coffee Lodge** 1 : ca.
4 km außerhalb von Arusha auf
der Dodoma Rd., Nähe Flughafen, zu buchen
über Elewana, Tel. 027-250 06 30, Fax 027-
250 67 03, www.arushacoffeelodge.com. Romantisch eingebettet in eine noch bewirt-
schaftete Kaffeefarm. Luxuriöse Zimmer, in-
dividuell-stilvoll und fantasievoll ›Espresso‹
oder ›Latte‹ benannt. Pool, Spa, Internet.
Ausgezeichnete Gaumenfreuden im Restaurant (um 20 US-$). 20 Zi., DZ ab 250 US-$.
**The Arusha Hotel** 2 : Nyerere Rd., Tel. 027-
250 77 77, Fax 027-250 88 89, www.arusha
hotel.com. Das ausgezeichnete Hotel liegt
mitten in der Stadt. Typisches Konferenzho-
tel für Geschäftsleute, gutes Restaurant, riesiger Pool. Internet, Casino. 65 Zi., DZ ab 180
US-$.
**Arumeru River Lodge** 3 : 15 km östl. von
Arusha am Dar-Arusha-Hwy. in Tengeru, Tel.
027-255 35 73, Fax 027-255 35 74, www.aru
merulodge.com. Gemütliche Lounge-Area
mit massivem Kamin und beeindruckenden
Holzschnitzereien. Schickes Ambiente im
modernen Safaristil. Dikdiks, Kronenkraniche
oder Graureiher leben im gepflegten Garten.
Pool, Internet. Exquisite europäisch-exoti-
sche Küche (mittags und abends), ausgezeichnete Kuchen und Desserts (unter 20
US-$). 20 Zi., DZ ab 164 US-$.
**Onsea House** 4 : 700 m südl. des Dar-
Arusha-Hwy., Abzw. Nähe Moivaro, Tel. 07
84-83 32 07, www.onseahouse.com. Intimes
Gästehaus, schick eingerichtet mit viel Liebe
zum Detail. Ausgezeichnete Gaumenfreuden unter 20 US-$, behagliches Ambiente,
persönliche Betreuung. Pool, Internet. 4 Zi.,
DZ 145 US-$.

**Kigongoni Lodge** 5 : von Moshi kommend,
12 km vor Arusha links, Tel. 027-255 30 99,
Fax 027-255 30 73, www.kigongoni.net.
Wunderbar inspirierende Lodge auf einer Anhöhe mit Blick auf den Mt. Meru und den Ki-
limanjaro. Kreative, nicht alltägliche Küche
mittags und abends, mediterran inspiriert,
(Preise unter 20 US-$). Pool. Wanderungen,
Ausritte zu Pferd und Kanufahrten auf dem
benachbarten Lake Duluti. Der Erlös der
Lodge geht an das in der Nachbarschaft an-
gesiedelte Therapiezentrum Sibusiso für
geistig behinderte Kinder. 18 Zi., DZ ab 140
US-$.
**Moivaro Coffee Plantation Lodge** 6 : von
Moshi kommend, 7 km vor Arusha links, zu
buchen über Moivaro Lodges & Tented
Camps, Tel. 07 44-32 41 93, www.moivaro.
com. Seit langem gehört dieses Anwesen zu
den besten Adressen der Gegend. Malerischer Garten, harmonisches Ambiente, gute
Küche. Highlight: die massive Veranda im viktorianischen Kolonialstil, wo die Mahlzeiten
serviert werden. Pool, Internet, Massage. 23
Zi., DZ ab 136 US-$.
**Karama Lodge** 7 : Suye Hills, unmittelbar
nach dem Masai Camp links in die Hügel abbiegen, Tel. 027-250 03 59, www.karama-
lodge.com. Lokale Materialien und afrikanische Rustikalität dominieren, die Chalets stehen auf Stelzen. Vorzügliche Küche. Genie-
ßerische Ausblicke auf den Mt. Meru und –
an klaren Tagen – bis zum Kilimanjaro. Sehr
gutes Preis-Leistungs-Verhältnis. 22 Zi., DZ
ab 115 US-$.
**L'Oasis Lodge** 8 : 800 m nördl. des Dar-
Arusha-Hwy., Einfahrt schräg gegenüber des
Mount Meru Hotel, Tel. 027-250 70 89,
www.loasislodge.com. Freundliche Mittel-
klasse-Lodge am ruhigen Stadtrand von
Arusha mit exzentrischer Lounge. Pool, Internet und hauseigener Kronenkranich inklusive. Im älteren Komplex nebenan gibt es
günstigere, wenn auch weniger komfortable
Zimmer für Budget-Reisende (15 US-$/Zim-
mer). Ausgezeichnete, nicht überteuerte italienisch inspirierte Küche mit selbst gemach-
ten Nudeln (um 1000–7000 TSh). 25 Zi., DZ
ab 80 US-$.

## Safaris im Norden

**Arusha Crown Hotel** ⑨ : Makongoro Rd., Tel. 027-254 41 61, Fax 027-254 41 62, www. arushacrownhotel.com. Steriles Stadthotel Nähe Busbahnhof und Stadion, wenig Flair, aber zweckmäßig und sauber. 38 Zi., DZ ab 70 US-$.

**The Outpost** ⑩ : Serengeti Rd., Tel. 027-254 84 05, www.outposttanzania.com. Einfache, aber gemütliche Unterkunft inmitten von Bananenstauden. Sauber und familiär. Wireless Internet. 23 Zi., DZ ab 50 US-$.

**Arusha Tourist Centre Inn** ⑪ : Pangani St., Tel. 07 87-41 50 23. Landestypische Unterkunft der Mittelklasse zum guten Preis, passables indisches Restaurant. Zuweilen kann es in der Nacht etwas lauter zugehen. DZ ab 25 000 TSh.

### Camping

**Masai Camp** ⑫ : Old Moshi Rd., Tel. 07 44-89 88 00, www.masaicamp.com. Auf der großzügigen Anlage finden viele Camper Platz, Reservierung ist also nicht nötig, 3 US-$/Person. Restaurant & Bar tgl. 7–22.30 Uhr. Heiß begehrt sind die gegrillten Fleischspeisen (Steaks) sowie Pizza und Pasta (um 4000–6000 TSh). Wichtig für Individualreisende: Das Schwarze Brett gehört zu den besten und aktuellsten der Stadt! Es gibt auch einfache Zimmer, ab 5 US-$/Person ohne Frühstück.

**Pepe** ⑬ : Church Rd., an der Old Moshi Rd. stadtauswärts links abbiegen, Di–So 18–24 Uhr. Vorzügliche italienische Küche mit hausgemachter Pasta. Das hallenartige Ambiente wird durch die Speisenqualität wieder wettgemacht, 6000–8000 TSh.

**Greek Club** ⑭ : Nyerere Rd., östl. des Zentrums, Di–Fr 17–24, Sa/So 14–24 Uhr. Das am Wochenende zu einer Sport-Bar umfunktionierte Restaurant (mit riesigen Leinwänden und Sportübertragungen) ist wegen seiner herzhaften griechischen Küche in aller Munde, 5000–8000 TSh.

**Jambo's Coffee House & Restaurant** ⑮ : Boma Rd., Mo–Sa 8–22 Uhr. Kleines, uriges Café (mit herzhaften Süßspeisen) direkt ne-

**Safari mit Rabatt:** Wenig bekannt ist der Umstand, dass die Safaripreise in den Regenmonaten (April–Mai) stark rabattiert bzw. verhandelbar sind, denn kaum einen Touristen verschlägt es zu dieser Zeit in die Nationalparks. Aufgrund des Wasserreichtums allerdings bleiben die Tiere in ihren angestammten Revieren, was zu enorm vielen Tiersichtungen führt. Viele Straßen sind zwar zugegebenermaßen unpassierbar, doch wo die Verhältnisse es erlauben, wird man mit dem Anblick einer Fülle von Wildtieren belohnt. Solcherlei reduzierte Tarife – oft als Green Season Rates bezeichnet – können um bis zu 30 oder 40 % günstiger als normal sein. Die hier vermerkten Preisangaben beziehen sich auf die regulären Tarife.

ben dem Touristeninformationszentrum. Treffpunkte vieler Touristen. Im hinteren Teil des Gebäudes befindet sich das dazugehörige rustikale Restaurant mit schmackhaften Gerichten bis 6000 TSh. Lange Wartezeiten und gelegentliche Selbstbedienung sind einzukalkulieren.

**Via Via Café & Restaurant** ⑯ : Boma Rd., Mo–Sa 8–24 Uhr. Afrobelgische Küche mit delikaten Snacks (Suppen, Salaten, Sandwiches bis 4000 TSh) oder exzellenten À-la-carte-Gerichten (6000 TSh). Serviert wird guter Kaffee, es gibt Milkshakes und Säfte. Eine wirkliche Oase in Arusha – auch für die strapazierte Geldbörse!

**Café Bamboo & Restaurant** ⑰ : Boma Rd., Mo–Sa 7.30–22 Uhr. Ebenso wie die beiden bereits genannten eine wahre Institution in der Café-Szene von Arusha. Guter Kaffee, selbst gemachter Kuchen. Auch Snacks und Abendessen, 5000 TSh.

**Souvenirmarkt:** Fire Rd., südwestl. des Clock Tower, tgl. 8–18 Uhr. Unterm großen Baum sitzen die Massai-Frauen und fabrizieren ihren typischen Perlenschmuck. Zusätzlich wird in den zahlreichen Verkaufsbuden von Holzschnitzereien über Textilien bis hin zu Specksteinfiguren oder Ledererzeugnissen fast alles angeboten, was in Ostafrika an Souvenirs erhältlich ist.

**Cultural Heritage Centre:** westl. von Arusha, Dodoma Rd., tgl. 9–18 Uhr. Im gewaltigen Touristenmekka findet man Souvenirs zu stolzen Preisen. Die Chancen stehen gut, dass man auch auf Safari hier einkehrt, denn die Fahrer erhalten Provision für jeden Kunden, der Einkäufe tätigt.

**Tansanit-Edelsteine:** Bei uns vollkommen unbekannt ist der ausschließlich in Tansania vorkommende Tansanit (*Tanzanite*), ein blassblauer, mitunter violett schimmernder Edelstein. Arusha hat sich zum Haupthandelsplatz entwickelt, da die einzige Abbaustätte Tansanias, nämlich Merelani, ganz in der Nähe ist. Vorsicht beim Kauf: Arusha ist nämlich auch die Fälscherhochburg des Tansanits! In vielen Geschäften rund um Clock Tower erhältlich.

**Via Via** 15 : Boma Rd., Mo–Sa 8–24 Uhr. Eine der angenehmsten Orte, um den Tag ausklingen zu lassen. Mit guten Drinks, Livemusik und Jam Sessions von lokalen Musikern.

**Masai Camp** 12: Old Moshi Rd., tgl. bis mind. 22.30 Uhr. Rustikale Atmosphäre und immer viel los.

**Greek Club** 17 : Nyerere Rd., Di–Fr 17–24, Sa/So 14–24 Uhr. Beliebt wegen der Sportübertragungen auf einer Großbildleinwand.

**Triple-A:** Dar-Arusha-Hwy., ab 21 Uhr. Einer der angesagtesten Nachtclubs in Arusha.

 **Safariveranstalter:** Alle genannten Tour Operators sind TATO-Mitglieder.

**Green Footprint Adventures:** Sekei Village Rd., schräg gegenüber des Mount Meru Hotel, Tel. 027-254 46 35, Fax 027-250 26 64, www.greenfootprint.co.tz. Neben klassischen Safaris das einzige Unternehmen mit Lizenz für Nachtpirschfahrten im Lake Manyara National Park (mit romantischem Busch-Dinner) oder Kanufahrten auf dem Little Momela Lake. Auch im Programm: Mountainbiken, Motorradtouren oder verschiedenste Wanderungen. Für Reisende, die im Urlaub möglichst aktiv sein möchten.

**Hoopoe Safaris:** India St., Tel. 027-250 70 11, Fax 027-254 82 26, www.hoopoe.com. Erfahrener, verlässlicher Tour Operator mit ausgezeichneter Reputation und Verantwortung für Land und Leute. Der Veranstalter verfügt über eigene Lodges am Lake Manyara und in der Serengeti.

**Safarimakers:** Olorien Area, nähe Kijenge-Kreisel und Impala Hotel, Tel. 027-254 44 46, www.safarimakers.com. Erfahrener, bemühter Safariveranstalter mit persönlicher Betreuung.

**Shidolya Tours & Safaris:** AICC-Gebäude, 2. Stock, Tel. 027-254 85 06, Fax 027-254 41 60, www.shidolya-safaris.com. Seit Jahren schon ist dieses Unternehmen mit Recht erfolgreich. Sympathisches, engagiertes Team mit gutem Fuhrpark.

**Sunny Safaris:** Colonel Middleton Rd., Tel. 027-250 81 84, Fax 027-254 80 94, www. sunnysafaris.com. Günstigere Safaris mit guter Qualität.

**Kulturtourismus im Großraum Arusha:** Ausführliche Informationen erhält man in der Touristeninformation (TTB) Arusha, Boma Rd. Man darf für die einzelnen Programme keine festen Preise erwarten, denn wie fast alles in Tansania richtet sich der Preis nach dem individuellen Verhandlungsgeschick. Richtpreise: Für Halbtagestouren im gewöhnlichen Rahmen 10 000–13 000 TSh, für Ganztagestouren max. 30 000 TSh incl. Verköstigung und Übernachtung.

**Wanderungen:** mit den diversen Cultural Tourism Programmes oder Safariveranstaltern.

**Sicherheitshinweis:** Mit Taschendieben und Gelegenheitsgaunern ist in Arusha zu rechnen. Auch Straßenkinder können u. U. sehr dreist und fordernd sein. Am besten, man trägt möglichst wenig Wertsachen mit sich herum und hält die Tasche gut fest (Rucksack nach vorn!). Fahrzeuge werden aufgebrochen, also entweder bewachen lassen oder Wertsachen ausräumen. Nächtliche Spaziergänge unbedingt vermeiden!

## Safaris im Norden

**Flüge:** Kilimanjaro International Airport (50 km entfernt, s. Moshi S. 312). Der Arusha Airport liegt 8 km westl. von Arusha; hier werden hauptsächlich Inlandsflüge abgewickelt. Umbauarbeiten und eine Vergrößerung sind aber bereits im Gange. Von Dar-es-Salaam oder Sansibar, beide 200 US-$ (einfach) mit Coastal Aviation.

**Busse:** Der Busbahnhof liegt westl. vom Central Market. Die Fahrkartenschalter sind in der Stadt verstreut, z. B. Scandinavian (Kituoni St. nahe Busbahnhof) oder Dar Express und Royal Coach in der Colonel Middleton Rd. beim Dalladalla-Stand. Manche Busse halten auch am Kilombero Market (nahe dem Shoprite-Center). Mit den kleinen Dalladallas kommt man gut vorwärts, auch außerhalb von Arusha. Achtung vor Taschendieben!

**Mietwagen:** Arusha Naaz Rent a Car, Sokoine Rd., Arusha Naaz Hotel, Tel. 027-250 20 87, Fax 027-250 88 93, www.arusha naaz.net; Fortes Safaris, Nairobi-Hwy., Tel. 027-250 80 96, www.fortessafaris.com.

**Grenzverkehr:** Von Arusha führt der Nairobi Hwy. nach Kenia, wo nach 109 km, im Dorf Namanga, der Grenzbalken steht. Aus- und Einreiseformalitäten funktionieren reibungslos (50 US-$ für ein dreimonatiges Touristenvisum). Erhöhte Konzentration auf die eigene Sicherheit ist wie immer empfehlenswert: Kameras, Uhren, Handys unter Verschluss halten und das gesamte Gepäck unter keinen Umständen aus den Augen lassen.

### Ausflug zum Lake Duluti

Malerisch eingebettet in Kaffeepflanzungen, wilde Blumenfelder und einen dichten Kranz von Bäumen liegt der Kratersee Lake Duluti etwa 14 km östlich von Arusha (in Tengeru beim Schild Mountain Village Lodge gen Süden abbiegen). Scharen von Schmetterlingen und Vögel fühlen sich im Gehölz wohl, und der kleine Pfad bringt Besucher ganz nahe an diese zarten Geschöpfe. Der See ist aber zum Schwimmen nicht geeignet, weil er mit Erregern der Bilharziose verseucht ist. Kosten: Eintritt 7 US-$, 2 US-$/Person für den Guide. Exkursionen zum Lake Duluti werden vom Tengeru Cultural Tourism Programme

(Anfragen im TTB Arusha, s. S. 328) oder vom Via Via Café (s. S. 330) organisiert (Extrakosten von ca. 10 000 TSh/Person). Tipp: Wem die überteuerten Gebühren ungerechtfertigt vorkommen, der kann sich für weit weniger in der Serena Mountain Village Lodge einen Drink genehmigen und bequem von oben die herrliche Aussicht genießen.

### Nach Longido

**Reiseatlas:** S. 12, E 3

Tief im kargen Massai-Land, ca. 80 km nördlich von Arusha, auf dem Weg nach Kenia, liegt Longido, dessen Massai-Gemeinschaft gerne Besucher empfängt. Neben Führungen durch die Dörfer, die traditionellen Massai-Bomas und vielleicht einen Abstecher zum Viehmarkt (jeden Mittwoch) ist die Ein-Tages-Besteigung des Longido (2638 m) besonders attraktiv. Früh am Morgen zieht man mit einem Massai los und folgt dabei kleinen Büffeltrampelpfaden nach oben. Während man zu Anfang noch im dichten Akazienwald wandert, lichtet sich die Vegetation nach einiger Zeit und gibt wunderschöne Aussichtspunkte frei. Von ganz oben (4–5 Std.) sieht man an

**Markttag bei den Massai:** Wer Afrika oder Tansania unverfälscht kennen lernen möchte, muss unbedingt auf einen der zahlreichen Massai-Märkte! Die Märkte finden draußen im staubigen Massai-Land statt, ohne Ladentische oder Unterstände. Die Handelsware wird einfach auf dem Boden ausgebreitet und lautstark feil geboten. Selbst gelegentliche Windhosen beeinträchtigen das quirlige Treiben nicht. Massai-Märkte finden fast täglich irgendwo im Umland von Arusha statt, z. B. am Mittwoch in Kisongo (15 km westlich) und Longido (80 km nördlich), oder donnerstags und sonntags in Ngaramtoni (12 km nördlich). Unerlässlich ist die Anheuerung eines Guides – so kann man gelassen dem Markttreiben zuschauen und sogar unbehelligt fotografieren. Anfragen an das TTB Arusha oder an die einzelnen Kulturtourismusprogramme (s. S. 331).

klaren Tagen vom Kilimanjaro bis zum Mt. Meru sowie auf die dazwischen liegende Massai-Steppe. Wie die anderen freistehenden Berge in der Umgebung, ist auch der Longido ein steiler Vulkankegel, dessen Besteigung nur von gut trainierten Sportlern unternommen werden sollte. Übernachtung am hiesigen Campingplatz (Ausrüstung ist selbst zu stellen) oder im einfachen Gästehaus. Auf Wunsch werden Gäste gegen Gebühr verköstigt. Kosten: Für die Besteigung sollten nicht mehr als 30 000 TSh (inklusive Übernachtung) berechnet werden, bei größeren Gruppen müssen die Preise nach unten korrigiert werden. Anreise: auch mit Dalladallas gut erreichbar. Anfragen im TTB Arusha.

# Arusha National Park mit Mt. Meru

**Reiseatlas:** S. 12, E 3–4

Kaum 30 km von Arusha entfernt, lockt der Arusha National Park wenige Besucher an, obwohl der zweithöchste Berg Tansanias innerhalb der Parkgrenzen steht. Vielleicht liegt es daran, dass die Landschaft mehr an die Alpen zu Hause erinnert und das beliebteste Tier auf Safari, der Löwe, fehlt.

Auf nur 137 km² findet eine artenreiche Flora Platz, die von Schatten- und Waldgewächsen über tropische Palmenarten bis zu alpiner Hochlandvegetation reicht, ebenso wie eine stimmenprächtige Vogelwelt von bis zu 600 Spezies. Zahlreiche Säugetiere, wenn auch nicht in großen Herden, sind heimisch, darunter Giraffen, Kaffernbüffel, Flusspferde, Zebras, Dikdiks, Wasserböcke und sogar Elefanten. Leoparden und Tüpfelhyänen können sich gut vom Wildbestand hier ernähren, nur Löwen fehlen, denn sie bevorzugen Beutetiere, die auf offenem Land grasen. In den dichten Bergwäldern tummeln sich diverse Primaten, darunter Grüne Meerkatzen und Stummelaffen, sowie Buschböcke oder Ducker. Die abwechslungsreiche, dichte Vegetation trägt zum besonderen Reiz des Parks bei, allerdings erschwert sie es bisweilen, Tiere zu beobachten.

## Ngurdoto Crater

Nach einer Vielzahl von Serpentinen, die sich durch einen Dschungel aus Montanen Wäldern voller Farne, Flechten und Baumgiganten schlängeln, erreicht man den Ngurdoto Crater im äußersten Osten des Parks. Der ›Kleine Ngorongoro Crater‹, wie er auch genannt wird, ist geologisch gesehen ein Nebenschlot des Mt. Meru, dessen Spitze vor etlichen tausend Jahren in sich zusammenfiel und eine Caldera bildete.

Neben weiteren Aussichtspunkten bietet der **Leitong** (1853 m) als höchster Punkt des Kraterrands herrliche Panoramen. Von hier aus sieht man auch die Seen der Momela Lakes in der Ferne schimmern. Bei klarem Wetter glänzt der Kilimanjaro im Hintergrund (je nachdem, wo man sich genau befindet) und macht die Idylle perfekt. An den Hängen gedeiht dichter Regenwald, u. a. Wilde Mangos, Würgefeigen, Baumfarne oder wilde Dattelpalmen. Im Urwald leben u. a. Kaffernadler, Geierraben oder auch Wanderfalken – für Vogelliebhaber ein kleines Paradies.

Der Kraterboden auf 1474 m – zum Großteil saisonal bedingt versumpft – bildet einen unberührten Lebensraum für Kaffernbüffel, Giraffen, Elefanten und Warzenschweine. Denn die im Durchmesser etwa 3 km breite Kraterschüssel darf nicht von Menschen betreten werden; stattdessen führen zwei holprige Pisten jeweils ein Stück weit rechts und links am Rand entlang (eine Umrundung ist aber nicht möglich).

## Momela Lakes

Sechs Seen durchziehen das hügelige, mit Akazien und Buschsavanne bewachsene Gelände im Nordosten des Nationalparks (der siebte See ist mittlerweile ausgetrocknet). Durch die vulkanischen Eruptionen des Mt. Meru vor 250 000 Jahren flossen enorme Massen von glutheißem Material den Osthang hinab und bildeten Mulden. Durch das poröse, vulkanische Gestein konnte von unten Quellwasser eindringen und die Mulden füllen – auch heute werden die Seen so gespeist. Wegen der fehlenden Zu- und Abflüsse sind die Gewässer zum Großteil alka-

**Bootsausflüge:** Green Footprint Adventures (s. Safariveranstalter Arusha S. 331) bieten Bootsfahrten auf dem Little Momela Lake. Am 4 km langen See, entlang kleiner Inseln und vorbei an lauschigen Buchten, sieht man aus nächster Nähe Wasservögel im Schilf, trinkende Büffel am Ufer, scheue Wasser- und Riedböcke im ufernahen Gebüsch, prustende Flusspferde oder Giraffen, die sich bis zum Bauch ins Wasser wagen. Flamingos fühlen sich besonders wohl hier. Das Tüpfelchen auf dem ›i‹: der grandiose Kilimanjaro im Hintergrund. 40 US-$/Person, 20 US-$ Kanugebühr.

lisch, der ideale Lebensraum für bestimmte Algenarten. Je nach Algenart schimmern die Seen in unterschiedlichen Schattierungen, die von Blau, Türkis über Moosgrün bis zu Rotbraun reichen.

Ihre Ufer sind Lebensraum für viele Vogelarten, von denen manche hier nur Zwischenstation vor dem Weiterflug nach Südafrika oder Kenia (Okt.–April) einlegen. Es nisten z. B. verschiedene Gänse- und Entenarten, Reiher, Pelikane, Kormorane, Kraniche, Störche, und zu manchen Zeiten halten sich an den stärker alkalischen Seen große Schwärme von Flamingos auf. Natürlich finden sich auch die meisten anderen Tiere hier ein, allein schon, um sich am kostbaren Nass zu laben.

## Mt. Meru

Westlich vom Momela Gate, dem Ausgangspunkt seiner Besteigung, liegt der Mt. Meru, mit 4566 m der vierthöchste Berg Afrikas. Ursprünglich war er höher als der Kilimanjaro, doch vor rund 250 000 Jahren sprengten gewaltige Ausbrüche den östlichen Kraterrand weg, wobei auch die Momela-Seen entstanden. So ist der Vulkankegel zur Ostseite hin offen. Forscher betrachten ihn momentan als schlafend; die letzte kleinere Eruption wurde 1910 verzeichnet.

Abseits von der Süd-Nord-Achse verlaufen genügend Pisten, die eine Erkundung des Parks zulassen, allerdings nur mit einem guten allradbetriebenen Fahrzeug. Alle Attraktionen sind während der Trockenzeit gut erreichbar, sogar bis zur Miriakamba Hut kann man notfalls mit dem Auto fahren.

**i** **Zugang:** Von Arusha aus ist das New Ngongongare Gate am besten zu erreichen (7 km nördl. des Dar-Arusha-Hwy.). Der zweite Zugang, Momela Gate (24 km vom Hwy.), liegt im Norden des Parks (Parkverwaltung). Erw. 35 US-$.

Alle hier genannten Unterkünfte liegen südlich außerhalb des Parkgebiets. Bei den Momela-Seen gibt es die exklusive Hatari Lodge (www.hatarilodge.com); um dorthin zu gelangen, müssen Eintrittsgebühren für den Park bezahlt werden.

**Rivertrees Country Inn:** Usa River, Tel. 027-255 3894, Fax 027-255 3894, www.rivertrees.com. Herzerwärmende Unterkunft im rustikalen afrikanischen Landhausstil mit viel Liebe zum Detail, jedoch etwas überteuert. Der Usa River plätschert durchs liebliche Anwesen. Ausgezeichnete Küche, Pool. 11 Zi., DZ ab 175 US-$.

**Mount Meru Game Lodge & Sanctuary:** Usa River, Tel. 027-255 36 43, Fax 027-255 38 85, www.mountmerugamelodge.com. Elegante Lodge im Stil eines Kolonialanwesens mit distinguiertem, geschmackvollem Ambiente und ausgezeichneter Küche. Angeschlossen ist ein kleiner Tiergarten. 17 Zi., DZ ab 132 US-$.

**Meru View Lodge:** 6,5 km nördl. von Usa River, Tel. 027-255 38 76, www.meru-view-lodge.com. Familiäre, gemütliche Unterkunft

**Tipp:** Wer die Eintrittsgebühren für den Arusha National Park für vier volle Tage bezahlt, sollte sich vom Tour Operator nicht abspeisen lassen – nach dem Abstieg vom Mt. Meru hat man noch mindestens einen halben Tag Zeit, um den restlichen Park zu sehen!

in herrlicher Ruhelage. Deutsche Spezialitäten. Pool. 7 Zi., DZ ab 70 US-$.

**TANAPA Resthouse:** im Park nahe Momela Gate, zu buchen über die TANAPA Arusha. DZ 30 US-$ ohne Verpflegung. Ebenso Camping auf den öffentlichen Campingplätzen (Public Campsites) im Park, 30 US-$/Person. Für Special Campsites s. TANAPA Arusha, S. 328.

**Den Wolken nah ist man auf dem Viertausender Mt. Meru**

## Richtig Reisen-Tipp: Durch Märchenwald, Orchideen und Büffelherden auf den Mt. Meru

Moosbedeckte Baumkronen, von Lianen umschlungene Urwaldriesen, zarte Orchideen und plätschernde Gewässer, z. B. der **Mayo-Wasserfall**, prägen die ersten Kilometer des sanften Anstiegs. Der mit einem Gewehr bewaffnete Ranger erinnert daran, dass man sich mitten in der Wildnis befindet. Auf einer Lichtung lugen Kaffernbüffel gelangweilt herüber. Grüne Meerkatzen beobachten neugierig das Geschehen. Am **Kitoto Viewpoint** offenbaren sich zum ersten Mal herrliche Fernsichten – auf die Momela-Seen und den Kilimanjaro. Kurz nach Erreichen des Kraterbodens (mit gut 3,5 km Durchmesser) geht der erste Tag in der **Miriakamba Hut** (2514 m) zu Ende (1000 m Höhendifferenz, 4–5 Std.). In der Ferne trompeten Elefanten.

Die Hauptroute bahnt sich stetig ihren Weg bergauf durch märchenhaften Bergwald, streckenweise über steile Holztreppen. Viele Lichtungen entlang des serpentinenreichen Weges geben ungeahnte Panoramen frei, auf den Kilimanjaro, den Mt. Meru, die Momela-Seen und den darunter liegenden Kraterboden. Auch der **Ash Cone**, der von einer kleineren Eruption in den 1880er-Jahren herrührt, erscheint regelmäßig im Blickfeld (er kann in 4–6 Std. erklommen werden, der Weg ist aber durch den weichen Vulkansand stellenweise sehr kraftraubend). Nach gut 3–5 Std. Aufstieg (1000 Höhenmeter) kommt man um die Mittagszeit bei der **Saddle Hut** (3570 m) an, dem zweiten Nachtlager – ausreichend Zeit also, um sich an den **Little Meru** (3820 m) zu wagen. Die steile Silhouette hat es in sich (hin und zurück 1,5 Std.), die wunderbaren Lichtverhältnisse der langsam untergehenden Tropensonne, die den Grabenbruch bis nach Kenia hinein in samtweiches Licht taucht, entschädigen aber für die Anstrengung.

Früh beginnt die letzte Etappe bis zum Gipfel am dritten Tag. Wer pünktlich zum Sonnenaufgang oben sein möchte, tut gut daran, bis spätestens ein Uhr morgens aufzubrechen. Aber auch Langschläfer kommen in den Genuss eines spektakulären Sonnenaufgangs, der sich vom 45 Minuten entfernten **Rhino Point** (3800 m) bietet – der erwachende Kilimanjaro, der in oranges Licht getauchte Ash Cone oder der noch zu bezwingende Mt. Meru.

Stetig aufwärts verläuft der Pfad, über lockeren schwarzen Lavasand und Geröll – auch für Trainierte eine Herausforderung. Eine letzte steile Felspassage noch, und der **Socialist Peak** auf 4566 m ist erklommen. Von den Crater Highlands rund um den Ngorongoro Crater bis zum 80 km entfernten Kilimanjaro reicht der gigantische Rundumblick. Eine kurze Rast zum Verschnaufen, und schon geht es wieder nach unten. Der Abstieg erst (nun bei Licht) gibt die wahren Dimensionen der Route frei, die teilweise dicht am steilen Abbruch der Kraterwand verläuft. Herrlich beeindruckend ist der Blick auf den Ash Cone, dem man von oben in den Schlot schaut, und die permanente Aussicht auf den Kilimanjaro in der Ferne.

Bergfexe mit guter Kondition können den Berg noch am selben Tag verlassen, soweit es die Knie erlauben (was natürlich die Kosten senkt). Gemütlicher ist der Abstieg aber mit einer weiteren Übernachtung in der Miriakamba Hut, von wo man dann am vierten Tag ausgeruht zur kurzen Schlussetappe losmarschiert, vermutlich unter Begleitschutz von Büffeln oder Elefanten.

Landschaftlich und sportlich ist die Besteigung des Mt. Meru weit reizvoller als die des Kilimanjaro. Er steht im Schatten seines berühmten Nachbarn. Dies ist wiederum ein Vorteil für diejenigen, die abseits von Massen eine Herausforderung suchen. Zudem spielt die gefürchtete Höhenkrankheit weit weniger eine Rolle. Einzige Voraussetzung: Trittsicherheit und Schwindelfreiheit. Kosten für eine Vier-Tage-Besteigung: ca. 450–600 US-$/Person.

**Besteigung des Mt. Meru:** Organisation entweder von Safariveranstaltern oder den Hotels in der Umgebung, s. Richtig Reisen-Tipp S. 336.

**Fußsafaris:** In Begleitung eines Rangers der Parkverwaltung und eines erfahrenen Safariveranstalters sind Spaziergänge möglich, z. B. am Rand des Ngurdoto Craters.

 **Busse:** Öffentlicher Transport (von Arusha oder Usa River) existiert bis Ngare Nanyuki nördl. des Momela Gate.

# Tarangire National Park

**Reiseatlas:** S. 18, E–F 1

Tiefer und tiefer kommt man nun ins Massai-Land. Massai in ihren typischen Gewändern, den *shukas*, hüten ihre Rinderherden. Da und dort gibt es kleine Wasserstellen, die von der tansanischen Regierung eigens für die Massai angelegt wurden. Die goldbraunen Grassavannen geben bereits einen Vorgeschmack darauf, was einen im Tarangire National Park erwartet.

Wie der Lake Manyara National Park (s. S. 340 ff.) wird der Tarangire National Park in die undankbare Rolle eines Lückenfüllers gedrängt: Die Mehrzahl der Touristen erleben ihn, zwischen Serengeti oder Ngorongoro Crater noch mit ins pralle Programm genommen, in allzu kurzer Zeit. Dabei bietet er auf seiner Fläche von 2600 km$^2$ (etwa die Größe des Staates Luxemburg) alles, was das Herz des Safarifans begehrt: stachelige Akazienwälder, endlos scheinende hügelige Weiten und unverfälschtes Busch-Feeling. Bereits früh, nämlich 1970, wurde das Gebiet zum Nationalpark erklärt. Einer der Gründe, warum es kaum Einwände gegen die Einrichtung des Schutzgebiets gab: Wegen der lästigen Tsetsefliege war das Areal seit jeher nicht Weideland der Massai.

An die 100 Säugetierarten tummeln sich im Park, darunter Impalas, Warzenschweine, Strauße, Dikdiks, Wasserböcke, Kaffernbüffel, Kudus, Geparden, Hyänen, Löwen, Paviane und Diademmeerkatzen. Gerade Giraffen lieben diesen Lebensraum; sie ernähren sich vorwiegend von den kleinen Blättern der Akazienbäume. Weit über 500 Vogelarten, einige davon sogar endemisch, wurden hier beobachtet. Elefanten fühlen sich besonders heimisch – das Gebiet zählt zu jenen in Tansania mit einer der höchsten Elefantendichte. Saisonal beeinflusst vergrößert sich der Tierbestand um Gnus, Burchell-Zebras, Grantgazellen und andere Tiere, die dem Wasser folgen (s. ›kleine‹ Migration, S. 338).

Bei **Kigongoni** (ca. 100 km ab Arusha auf dem Dodoma-Highway) führt eine 7 km lange Allwetterpiste nach links bis zum Nordeingang. Das Wegenetz im Nationalpark selbst ist dicht, vor allem im Norden, ohne Ortskenntnisse oder ein GPS-Gerät allerdings kann man sich leicht verirren. Der südliche Teil sollte in der Regenzeit gemieden werden.

## Tarangire River

Seinen Namen verdankt der Park dem Tarangire River, der sich von Süden nach Norden durch den gesamten Park schlängelt und das ganze Jahr Wasser führt. Der Flusslauf - er entspringt im Süden in den Kondoa Hills und entwässert in den Lake Burungi – ist von Dhaum- sowie Borrassuspalmen und dichtem Galeriewald gesäumt, der vielen Vögeln Nistplätze bietet. Alle Tiere kommen irgendwann im Laufe eines Tages an den Fluss, wenn es nirgendwo anders mehr Wasser gibt, ein wenig Warten zahlt sich also aus.

Links und rechts vom Fluss erstreckt sich ein wenige Kilometer breiter Saum mit Grasland. Daran schließt sich die offene, zumeist knochentrockene Baumsavanne mit Akazienwäldern an. Das weitläufige, sanft hügelige Areal wirkt durch diese Vegetationszonen besonders weit und übersichtlich.

## Im Norden

In der Nordspitze des Parks, also gleich nach dem Eingang, stechen Massen von ausladenden Baobabbäumen ins Auge. Manche von ihnen sehen mitgenommen aus: Elefanten schärfen mit Vorliebe ihre Stoßzähne daran oder kratzen sich an der Rinde des Stamms. Während der Trockenzeit ›nuckeln‹

# Safaris im Norden

die Elefanten auch bevorzugt am wasserspeichernden Gewebe des Affenbrotbaumes, um wenigstens einen kleinen Teil ihres täglichen Wasserbedarfs von bis zu 200 l zu decken, was u. a. dazu führen kann, dass die Riesenstämme völlig ausgehöhlt werden. Nicht nur Elefanten, auch die fliegenden Bewohner der Region schätzen die knorrigen Giganten. Flughunde oder Fledermäuse suchen tagsüber Schatten in den ausgehöhlten Stämmen, Schleiereulen bevorzugen die stabilen Äste als Nistplatz, und auch Nashornvögel leben gerne in ihnen. Bei vielen afrikanischen Stämmen gelten die Baobabs als heilig, vielleicht weil sie trotz karger Bedingungen eine solche Lebenskraft zeigen.

## Im Süden

Den Süden bekommen nur wenige Besucher zu Gesicht, da man dazu – wegen der Größe des Parks – mindestens eine zweitägige Safari einplanen müsste. Er versumpft saisonal, aber für die Tierbeobachtung bieten die Sümpfe nahezu paradiesische Bedingungen – jede Menge Vögel, Büffel- und Elefantenherden sowie die Baumpythons (die allerdings durch ihre gute Tarnung schwer zu erkennen sind). Für Fahrzeuge kann der

schwarze vulkanische Lehmboden, genannt *black cotton soil,* heimtückisch sein. Wenn der Boden im Laufe von kontinuierlichen Regenfällen kein Wasser mehr aufnehmen kann, verwandelt sich die Oberfläche in schlickigen, klebrigen Sumpf, der aber in der Trockenzeit ebenso schnell wieder auftrocknet und bis zu zwei Meter tiefe Trockennarben bekommen kann.

## Die ›kleine Migration‹

Jeder kennt sie, die sensationelle ›Great Migration‹ in der Serengeti; nur wenige wissen, dass sich so ein Schauspiel im kleineren Rahmen auch im Tarangire National Park beobachten lässt.

Weil der Tarangire River das ganze Jahr über Wasser führt, ziehen gegen Ende der Trockenmonate (Aug.–Okt.) viele Tiere aus den umliegenden Ökosystemen zum Fluss,

um am Wasser ihr Überleben zu sichern. Zu dieser Zeit kann nur der Ngorongoro Crater mit einer höheren Konzentration an Wildtieren aufwarten. Unzählige Elefanten, Gnus, Zebras, Thomsongazellen, Grantgazellen, ganze Büffelherden, Elenantilopen, Kuhantilopen und die seltenen Beisa-Antilopen tummeln sich dann am Wasser und an den benachbarten Wasserlöchern.

Mit dem Einsetzen der ersten Regenfälle im November beginnen die Tiere, wieder zurück in ihre angestammten Gebiete zu ziehen. Diese Tierwanderung erreicht ihren Höhepunkt im April oder Mai, wenn die Wildtiere bis nach Kenia gekommen sind. Dann beginnt der jährliche Zyklus von neuem.

**Zugang:** Am Minjingu Gate im Norden, dem einzigen öffentlichen Zugang, gibt es ein Informationszentrum. Erw. 35 US-$.

**Im Park**

**Swala Camp:** unweit vom Gursi Swamp, 67 km vom Nordeingang, zu buchen über Sanctuary Lodges, Tel. 027-250 98 16, Fax 027-250 82 73, www.sanctuarylodges.com, März–Mai geschl. Todschicke Safarizelte auf Holzplattformen, alle mit hervorragenden Ausblicken auf ein gut frequentiertes Wasserloch. 9 Zi., DZ ab 600 US-$ (Vollpension), All-inclusive (mit Pirschfahrten und anderen Aktivitäten) 800 US-$.

**Tarangire Sopa Lodge:** 30 km südl. des Nordeingangs, Buchungen über Sopa Lodges, Tel. 027-250 06 30, www.sopalodges.com. Ausgedehnte, in die Jahre gekommene Lodge im Stil der späten 1980er-Jahre. Wenig Safarischick, wird aber gerne von den Safariveranstaltern gebucht. 102 Zi., DZ ab 280 US-$ (Vollpension).

**Tarangire Safari Lodge:** 10 km vom Nord-

**Das kostbare Nass des Tarangire River lockt Wildtiere von weither**

## Safaris im Norden

eingang, Tel./Fax 027-254 47 52, www.taran
giresafarilodge.com. Gemütliche Lodge mit
typischen Safarizelten auf einer Anhöhe unter stattlichen Akazienbäumen. Herrliche
Aussicht auf den Tarangire River. Pool. Ver-
nünftiges Preis-Leistungs-Verhältnis. 30 Zi.,
DZ ab 200 US-$ (Vollpension).

### Außerhalb des Parks
### im Tarangire-Schutzgebiet
**Tarangire Treetops Lodge:** 37 km vom
Hwy., Buchungen über Elewana, Tel. 027-250
06 30, Fax 027-250 67 03, www.elewana.
com. Atmosphärisches Luxuscamp auf Stelzen rund um alte Baobab- und Feigenbäume.
Garantiert exzellentes Rundumpanorama von
jedem Cottage sowie von der Bar und dem
Restaurant. Pool, Wasserloch zur Tierbeobachtung. 20 Zi., DZ ab 880 US-$ (Vollpen-
sion).

**Boundary Hill Lodge:** 48 km vom Hwy., Abzweigung bei Makuyuni, boundaryhill@ha-
bari.co.tz, www.tarangireconservation.com.
Neuere Lodge auf einer Anhöhe mit herrlichen Panoramen auf die endlos scheinende
Savanne. Unterbringung in gemauerten Chalets, denen aber das warme Safariflair fehlt.
Pool. Gemeinschaftsprojekt mit den ansässigen Massai. 8 Zi., DZ ab 700 US-$ (Vollpen-
sion), inklusive Pirschfahrten und Aktivitäten.

**Camping:** Der Public Campsite liegt
wenige Kilometer vom Nordtor entfernt
im Park, 30 US-$/Person. Es gibt mehrere
Special Campsites (50 US-$/Person, Bu-
chung s. TANAPA Arusha, S. 328).
Auf dem Weg zum Nordeingang, außerhalb
des Parks, befinden sich zwei zweckmäßige
Campingmöglichkeiten (jeweils 5 US-$/Per-
son): Kigongoni Campsite und Lake View
Campsite.

**Walking Safaris, Vogelbeobachtung,
Nachtpirschfahrten:** Innerhalb des
Parks sind keine dieser Aktivitäten erlaubt.
Einzig das Oliver's Camp darf Fußsafaris
(Walking Safaris) und Vogelbeobachtung zu
Fuß durchführen. Nachtpirschfahrten sind
generell nicht erlaubt. Außerhalb der Park-

grenzen werden allerdings alle Aktivitäten
gerne von allen Camps angeboten.

**Flüge:** Zentral im Park gibt es ein kleines Flugfeld (Kuro), das nur von Char-
terflügen benutzt wird, z. B. mit Coastal Aviation 80 US-$ einfach von Arusha.

# Lake Manyara
# National Park

**Reiseatlas:** S. 11, C 4
Mit seinen 330 km$^2$ Fläche kann der Lake
Manyara National Park in puncto Größe mit
seinen Nachbarn nicht mithalten, aber spielend nimmt er es mit ihnen auf, wenn es um
die botanische Vielfalt, die verschiedenen Lebensräume und nicht zuletzt um den Tierreichtum auf kleinstem Raum geht.

Knapp eineinhalb Stunden Fahrtzeit von
Arusha (113 km) – das Tor befindet sich übrigens direkt am Highway – liegt der Nationalpark am westlichen Ufer des **Lake Manyara**
auf etwa 1000 m Höhe, unterhalb der Bruchstufe des großartigen Ostafrikanischen Grabenbruchs. Von dieser 500–600 m hohen,
dramatisch schönen Grabenwand stürzen
Wasserfälle in das Tal und speisen die von allen Seiten murmelnden Bäche, die den Park
durchziehen und sich schließlich im Manyara-
See vereinen.

Zwei Drittel des gesamten Parkareals
nimmt der leicht alkalische See Lake Manyara ein, wobei seine Größe je nach Jahreszeit variiert. Während der Trockenzeit, zwischen Juni und September, ist der See fast
ausgetrocknet, Tiere können ihn mit Leichtigkeit durchwaten. Ein ganz anderes Bild
zeigt sich während der Regenzeit im März
oder April: In dieser Zeit steigt der Wasser-
pegel stark an, die Bäche können zu reißenden Wasserläufen werden, die mitunter nicht
mehr passierbar sind.

Die ›Baumlöwen‹ haben den Park bekannt
gemacht. Ihr atypisches Verhalten, auf Ästen
zu lauern, mag darin begründet liegen, dass
die Löwen auf den Bäumen die Übersicht
über ihr Revier behalten und so besser ihre

Beute lokalisieren können. In den letzten Jahren ist die Sichtung der Baumlöwen drastisch zurückgegangen, weswegen auch vermutet wird, dass die Löwen sich ein neues Revier gesucht haben.

Große Familien von frechen Pavianen leben im Park, ebenso Grüne Meerkatzen. Auch Giraffen, Büffel, Impalas, Kudus, Dikdiks, Warzenschweine, Schakale oder Zebras fühlen sich heimisch. Seit Kurzem werden wieder – wenn auch selten – Geparden gesichtet. Das Wasser des Sees zieht sich größtenteils so weit zurück, dass sie ausreichend jagen können. Geparden brauchen ein großes Jagdareal, da sie ihre Beute in einer Treibjagd bis zur Erschöpfung hetzen. An die 400 Vogelarten hat man gezählt, darunter Flamingos, Watvögel, Reiher, Pelikane, Ibisse, Afrikanische Löffler, Störche (Afrikanischer Nimmersatt), Kormorane, Nilgänse und Nashornvögel.

Im Großen und Ganzen sind die Schotterpisten in ausgezeichnetem Zustand und sogar in der Regenzeit befahrbar. Links und rechts zweigen von der Hauptroute immer wieder Rundwege (Circuits) ab, die alle wieder zurück zur Hauptstraße führen. Es sind ausreichend Schilder vorhanden, Verirren kann man sich eigentlich nicht.

### Im nördlichen Teil

Gleich hinter dem Parkeingang beginnt die saftig grüne Zone, die ganzjährig von unterirdischen Quellen aus den Ngorongoro Highlands bewässert wird. Im dichten Grundwasserwald, der mit seinen unbekannten Geräuschen und exotischen Düften viel mehr an die Atmosphäre eines tropischen Regenwaldes erinnert, finden sich verschiedenste Baumarten, darunter – der uns als Zimmerpflanze wohlbekannte – Ficus Benjaminii, Wilde Feigenbäume, Tamarindenbäume, Baobab- und Mahagonibäume und, nicht zu vergessen, der lustig aussehende Leberwurstbaum. Auch die bei den Massai als *emanyara* bekannte Euphorbienart, eine genügsame Sukkulentenspezies, die mit ihren vielen dünnen Armen an einen Kaktus erinnert, wächst hier üppig.

Die dichte Vegetation stellt ein regelrechtes Festessen für Elefanten dar – immerhin zählt das Naturschutzgebiet zu jenen Gebieten mit der größten Elefantendichte Afrikas. So wie im Tarangire National Park oder im Ruaha National Park im Süden können Besucher mit Sicherheit viele Herden von Elefanten beobachten.

Wenige Kilometer hinter dem Eingang weisen Schilder den Weg zum Mahali pa Nyati (›Platz der Büffel‹), von wo aus die **Hippo Pools** zugänglich sind, Heimat einer Vielzahl sich suhlender Flusspferde. Viele Wasservögel bevorzugen die Gesellschaft der prustenden Giganten, wobei der faszinierende Kontrast zwischen zierlich und behäbig ein lohnendes Fotomotiv ergibt. Jenseits der kleinen schlammigen Wasserlöcher breitet sich weitläufiges, fruchtbares Grasland aus; in der Ferne sieht man Büffel grasen oder Zebras springen, und an vielen Tagen im Jahr reicht der Blick bis zu den Hügeln des Tarangire-Parks.

### Südlich vom Grundwasserwald

Wenige Kilometer nach dem Gate, auf der Hauptstraße in den Süden, gelangt man unvermutet an eine vollkommen andere Vegetationszone. Hier beginnt die für Afrika so typische Gras- und Akazienlandschaft. Am Escarpment, das an einigen Stellen steil aufragt, dominieren jahrhundertealte Baobabs die Szenerie, noch weiter südlich leisten Palmen und Feigenbäume den Akazien Gesellschaft. Nach ca. 25 km ist der breite **Endabash River** erreicht, dessen Durchquerung der Pirschfahrt einen Hauch von Abenteuer verleiht. Südlich des Endabash sprudeln heiße Quellen, **Hot Springs (Maji Moto Kubwa)** an die Oberfläche, die über 60 °C heiß sind und aufgrund ihres hohen Schwefelgehalts übel riechen. Die kleineren Quellen (Maji Moto Ndogo) befinden sich 3 km vor dem Endabash, sie sprudeln aber aufgrund des niedrigen Wasserpegels des Sees schon seit Längerem nicht mehr.

**i** **Zugang:** Am einzigen öffentlichen Zugang im Norden gibt es ein Informationszentrum sowie die Zahlstelle. Eintritt: Erw. 35 US-$.

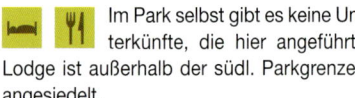 Im Park selbst gibt es keine Unterkünfte, die hier angeführte Lodge ist außerhalb der südl. Parkgrenzen angesiedelt.

**Lake Manyara Tree Lodge:** 45 km südl. vom Parkeingang, zu buchen über CC Africa, Südafrika, Tel. +27-11-809 43 00, Fax +27-11-809 44 00, www.ccafrica.com, April/Mai geschl. Ultimative Safarieleganz zum stolzen Preis. Schlafen in romantischen Baumhäusern auf Mahagonibäumen, Duschen unter freiem Himmel, Sonnenuntergänge genießt man bei einem Cocktail auf der eigenen Veranda mit Zimmerservice. 10 Zi., DZ ab 1580 US-$ (Vollpension).

**Camping:** Die Public Campsites liegen in der Nähe des Haupteingangs, 30 US-$/Person. Special Campsites 50 US-$/Person (Buchung bei TANAPA s. S. 328).

**TANAPA Resthouse:** neben den Campingplätzen, zu buchen über TANAPA Arusha (Vorausbuchung je nach Saison notwendig) 30 US-$/Person ohne Verpflegung.

**Kanufahrten auf dem Lake Manyara:** Offiziell gibt es wegen Wassermangels seit einigen Jahren keine Kanufahrten mehr. Das kann sich allerdings schnell ändern, sollte der See nach ergiebigen Regenfällen

**Flusspferd-Parade:** Die Hippo Pools im Norden des Lake Manyara National Park sind zwar den ganzen Tag ein beeindruckendes Ziel, doch ganz besonders abends in der Dämmerung. Dann verwandeln sich die schwerfällig wirkenden Tiere in leichtfüßige Grazien, wenn sie aus dem Wasser steigen und sich auf die Suche nach Gras machen. Erst am nächsten Morgen kehren die Flusspferde in ihr kühlendes Gewässer zurück. Frühaufsteher können also dasselbe Spektakel – nur in umgekehrter Reihenfolge – bewundern. Immer wieder faszinierend.

wieder ausreichend Wasser führen. Zu buchen sind Kanutouren entweder über die Lodges oder über das Cultural Tourism Programme Mto wa Mbu.

**Nachtpirschfahrten:** Seit kurzem dürfen Nachtpirschfahrten im Park angeboten werden. Green Footprint Adventures, Arusha (s. S. 331), 50 US-$/Person.

## Mto wa Mbu

Mto wa Mbu hat sich in den letzten Jahren als Basis für den Besuch des Lake Manyara etabliert. Wortwörtlich übersetzt bedeutet der Name ›Fluss der Moskitos‹, und der Fluss macht seinem Namen alle Ehre – Moskitos gibt es dort nicht zu knapp.

Der Ort hat sich nach der Fertigstellung der Asphaltstraße rasant entwickelt und den Wünschen der Touristen angepasst. Jede Menge Souvenirläden, neuere landestypische Gästehäuser und Mittelklasse-Unterkünfte sowie der alteingesessene Massai Central Market säumen die Straße.

Des Weiteren kann man sich in Mto wa Mbu gut mit Lebensmitteln, Obst, Gemüse, Wasser etc. eindecken. Der Ort ist bekannt für sein Angebot an verschiedenen Bananensorten, wobei z. B. die Rote Banane hier ganz typisch ist. Sie schmeckt süßer und buttriger als die üblichen Bananen. Einfach ausprobieren!

**E Unoto Retreat:** kurz vor Mto wa Mbu rechts abzweigen, 10 km nach Norden, Tel. 07 44-36 09 08, Fax 027-254 85 42, www.massaivillage.com. Einer typischen Massai-Siedlung nachempfunden, vermittelt die ausgedehnte Luxusherberge Massai-Kultur als Postkartenidylle. Mit Blick auf den senkrecht aufragenden Ostafrikanischen Grabenbruch und Lake Miwaleni. Pool. Es werden zahlreiche Aktivitäten angeboten. Gute Küche. 25 Zi., DZ ab 342 US-$ (Vollpension).

**Kirurumu Tented Camp:** nördl. des Gate rechts abzweigen, noch weitere 6 km westl., zu buchen über Hoopoe, Tel. 027-250 70 11, Fax 027-254 82 26, www.kirurumu.com. Das sympathische Camp liegt auf der Bruchkante des Great Rift Valley inmitten von stacheligen Akazienhainen. Highlight: die heimelige Bar mit fantastischem Blick auf den Lake Manyara und die goldbraune Massai-Steppe. Sehr gute Küche. Vogelsafaris, Ausflüge zu Massai-Dörfern, ethnobotanische Exkursionen und Wanderungen ins Gelände. 20 Zi., DZ ab 267 US-$ (Vollpension).

**Lake Manyara Hotel & Wildlife Lodge:** 5 km nördl. des Parkeingangs links abzweigen, noch weitere 2 km südöstl., zu buchen über Bobby Trekking, Tel. 027-250 47 17, Fax 027-250 54 47, www. bobbytrekking.com. Als älteste Lodge am Lake Manyara hat man ihr zwar eine oberflächliche Frischzellenkur verordnet; die Lodge hat trotzdem weder Ambiente noch Stil. Aber sie hat das beste Panorama auf den See. 100 Zi., DZ ab 240 US-$ (Vollpension).

**Njake Hotels & Lodges:** am Ortseingang gleich links, Tel. 027-250 21 87. Ordentliche Zimmer mit afrikanischem Dekor (allerdings mit viel zu dünnen Wänden) in einer verwilderten Gartenanlage. Einzige annehmbare Option in der Mittelklasse in Mto wa Mbu. DZ ab 80 US-$.

**Twiga Campsite & Lodge:** mitten im Ort links, gut sichtbar durch die massive, bemalte Außenwand, Tel. 027-253 91 01. Ältere Zimmer mit eigenem Bad und WC, die schon etwas Federn lassen mussten. Pool. Sauberes, ordentliches Restaurant. 10 Zi., DZ ab 35 US-$.

**Sanyari Guest Lodge:** im Ortszentrum li., Tel. 027-253 91 07. Neueres landestypisches Gästehaus. 8 Zi., DZ 8000 TSh ohne Frühstück.

**Silver Guest House:** im Ort rechts, beschildert, Tel. 07 48-32 87 36. Das Gästehaus neueren Datums erscheint sauber; Moskitonetze und Warmwasser sind vorhanden. Gemeinschaftsbad. DZ 6000 TSh ohne Frühstück.

**Camping:** Twiga Campsite, Njake Hotels & Lodges, Wild Fig Lodge & Camp oder Panorama Safari Camp oben auf der Bruchkante wenige Kilometer nach Mto wa Mbu, jeweils 5000 TSh/Person.

**Aussichtspunkt:** Wenige Kilometer nach dem Ort Mto wa Mbu, nachdem sich das Fahrzeug die kurvige Straße auf die Bruchkante des Ostafrikanischen Grabenbruchs hinaufgeschraubt hat, befindet sich gleich nach einer Rechtskurve ein größerer Parkplatz (mit Toiletten). Der grenzenlose Ausblick von der anderen Straßenseite auf den darunter liegenden See sowie den Nationalpark ist lohnenswert. In den dichten Wäldern kann man weiße Safarifahrzeuge ausmachen oder gar im See die rosa schimmernden Flamingos erkennen.

**Red Banana Café**: direkt im Ort am Hwy., tgl. durchgehend geöffnet. Einfache tansanische Gerichte – und man hat einen wunderbaren Überblick auf das lebhafte Treiben im Ort. Um 2000 TSh.

Ein Vielzahl von **Souvenirgeschäften** hat sich breit gemacht, die von Holzfiguren bis Massai-Memorabilia alles Erdenkliche verkaufen. Der größte ist sicherlich der **Massai Central Market** (tgl. 8–18 Uhr), aber auch die umliegenden Verkaufsbuden oder die Buden entlang des Hwy. bieten nahezu identische Ware zu teilweise horrenden Preisen. Unbedingt handeln!

**Cultural Tourism Programme:** Basis im Red Banana Café, Tel. 027-253 93 03. Man möchte primär die Massai-Kultur vermitteln sowie Exkursionen ins Umland anbieten. Gemütliche Spaziergänge führen z. B. zum **Lake Miwaleni** oder auf den **Balaa Hill.** Achtung: Unternehmungen sollten nur mit akkreditierten Führern des Projekts durchgeführt werden.

**Flüge:** In der Nähe der Lake Manyara Serena Lodge befindet sich ein Flugfeld. Linienflüge werden u. a. von Coastal Aviation angeboten, von Arusha (einfach) 55 US-$.

**Busse:** Überlandbusse von und nach Arusha halten in Mto Wa Mbu. Weitertransport mit

Dalladallas, die Lodges organisieren gerne die Abholung von der Bushaltestelle.

# Ol Doinyo Lengai und Lake Natron

**Reiseatlas:** S. 11/12, C–D 2–3

Der äußerste Norden des Landes, geformt und geprägt von Vulkanen, ist ein Landstrich voller bizarrer Schönheiten: der aktive Vulkan Ol Doinyo Lengai (was übersetzt soviel wie ›Der Berg Gottes‹ heißt), der flimmernde Lake Natron, der zerfurchte Ostafrikanische Grabenbruch und die endlosen Sand- und Steinwüsten.

Außer den Massai, ihren Rinder- und Ziegenherden und Abertausenden Flamingos scheint der glühend heiße Lebensraum zu feindselig für die meisten Lebewesen zu sein,

auch für Touristen. Viele Monate im Jahr ist dieses Gebiet durch großflächige Überschwemmungen und tiefe, Hochwasser führende Flüsse nicht erreichbar. Auch in Trockenzeiten stellt die wilde (teilweise nicht erkennbare) Piste eine Herausforderung an das Fahrzeug und den Fahrer dar. Sie führt zuerst durch endlose Grassteppen, später durch karge Geröllwüsten und zwischen aufragende Vulkangipfel (125 km von Mto wa Mbu, 4–6 Std.). Absolut gratis: Zebraherden, Gnus, Giraffen, Gazellen und Riesentrappen.

## Ol Doinyo Lengai

**Reiseatlas:** S. 11/12, C/D 2

Von allen Vulkanen entlang des Great Rift Valley, in den sogenannten Crater Highlands (s. S. 352), ist der Ol Doinyo Lengai der einzige, der noch aktiv ist. Der perfekt kegelförmige, heilige Berg der Massai (2878 m) brach erst

**Zu Füßen des Vulkankegels des Ol Doinyo Lengai liegt Lake Natron**

am 30. März 2006 erneut aus. Berichten zufolge mussten 3000 Menschen evakuiert werden, da die Dörfer von der herunterfließenden Lava bedroht waren.

Nachdem sich die Lage wieder beruhigt hatte, strömten Scharen von Wissenschaftlern auf den Ol Doinyo Lengai; Grund ist eine geologische Besonderheit: Wie nur wenige andere Vulkane weltweit speit er Natrokarbonatit, ein Gemisch aus Natrium-, Kalium- und Kalzium-Karbonatiten. Gewöhnlicherweise kommen diese Minerale auch in Kreide oder Backpulver vor. Sie haben die Eigenschaft, nicht nur binnen kurzer Zeit zu erhärten, sondern sie verfärben sich auch noch grauweißlich, was dem Vulkan das Aussehen eines schneebedeckten Gipfels verleiht. Zusätzlich sind sie für die Säure im Lake Natron verantwortlich, die vom Regenwasser nach unten gewaschen wird.

### Lake Natron
**Reiseatlas:** S. 12, D 2

Der seichte sodahaltige Lake Natron zu Füßen des Ol Doinyo Lengai verfügt über nur wenige Zuflüsse und keinen einzigen Abfluss. Während und nach den Regenzeiten speisen die gesamten umliegenden Hochländer den See, allen voran der Ngare Sero River aus dem Ngorongoro-Hochland. Daher schwankt die Fläche des Sees zwischen über 1000 km$^2$ am Ende der Regenzeit und wenigen Quadratkilometern gegen Ende der Trockenzeit.

Oftmals trocknet der flache See gänzlich aus. Übrig bleiben Salzkristalle, die Schicht für Schicht weiße Krusten auf dem Lake Natron hinterlassen. Wenn diese in besonders regenarmen Jahren aufreißen, setzen sich in den Erdspalten Mineralien ab. Aus der Vogelperspektive erscheinen diese Risse dann wie eine gigantische Wabenfläche. Purpurbakterien färben die Wasserflächen zwischen den Sodarändern blutrot – ein faszinierendes Naturspektakel.

Für die rosarote Färbung des Sees, die allerdings nur saisonal bedingt sichtbar ist, zeichnen einzellige Algen, Spirulina-Arten, verantwortlich. Jenen Algen, die mit Purpurbakterien versetzt sind, ist die partielle Kolorierung des Sees zu vedanken, ebenso die charakteristische Färbung der Zwergflamingos, deren natürliches Habitat dieses ansonsten lebensfeindliche Milieu darstellt. Hier können sie ohne Angst vor natürlichen Feinden nisten und brüten, weshalb Lake Natron auch zu einem der weltgrößten Brutgebiete

## Richtig Reisen-Tipp: Die Götter müssen verrückt sein – der Aufstieg zum Ol Doinyo Lengai

Zu äußerst früher Morgenstund' beginnt der Aufstieg auf den Ol Doinyo Lengai. Zwischen Mitternacht und 1 Uhr morgens sollte man spätestens losmarschiert sein: Erstens, um der Hitze des Tages so gut wie möglich ausweichen zu können, zweitens, um den atemberaubenden Sonnenaufgang miterleben zu können, und drittens, damit der permanente Blick nach oben nicht gleich zu Beginn der Wanderung entmutigt.

Der angenehme Anstieg zu Beginn weicht spätestens nach 2 Std. einer 40–60-prozentigen Steigung bis ganz nach oben; da müssen die Kräfte ökonomisch eingesetzt werden. Je nach körperlicher Verfassung dauert der anstrengende Aufstieg über Lavazungen, Lavaasche und viel Geröll 4–7 Std. Der Kraterrand auf 2830 m Höhe bietet aber ein grandioses Panorama, das dann für alle Mühen entschädigt: Im Westen liegen die zerfurch-

**Bizarre Lavaformationen am Krater des Ol Doinyo Lengai**

für Zwergflamingos zählt. Irrtümlicherweise wird oft angenommen, dass die Flamingos sich von Fischen ernähren, die allerdings im Sodawasser kaum Überlebenschancen hätten. Richtig ist vielmehr, dass sie das Wasser durch ihren siebähnlichen Schnabel seihen und auf diese Weise die darin enthaltenen Algen aussondern.

Da die Uferregion sehr schlickig und matschig ist, kann man sich dem See nur schwer nähern. Die Flamingos sind nur aus der Ferne auszumachen, ein Fernglas ist hier unbedingt erforderlich!

**i** Die Massai-Gemeinschaft erhebt Gebühren: in Engaruka (km 64) 5 US-$, in Engare Sero am Lake Natron 15 US-$.

**Lake Natron Tented Camp & Campsite:** gleich hinter dem Fluss rechts, ca. 1 km nördl. vom Gate, zu buchen über Moivaro Lodges & Tented

ten, grünen Ausläufer der Ngorongoro High-lands, im Nordwesten die Serengeti; im Norden blickt man weit bis nach Kenia in die Masai Mara und im Osten glitzern die Wellen des Lake Natron. Ob man den Kraterboden (ca. 2825 m) betreten kann, ist mit dem Massai-Führer zu klären. Auch aus der Entfernung imponiert der aktive Vulkan mit schwefelschwangerer Luft, dampfenden Schloten, heißen Quellen und blubbernder Lava.

Nach einer kurzen Verschnaufpause und einer Stärkung ist aber bald wieder an den Abstieg zu denken, um nicht in die Mittagshitze zu geraten. Besonders beschwerlich ist der Abstieg, vor allem weil man immer das gesamte Tal im Blick und dennoch das Gefühl hat, keinen Zentimeter voran zu kommen. Je nach Kondition und mentaler Stärke ist mit einer Zeit von 4–6 Std. zu rechnen. Trotzdem kann man sich am herrlichen Panorama laben, denn während des ganzen Abstiegs fesseln die grünen, zerfurchten Gräben des Great Rift Valley und die umliegenden Hochländer die Blicke. Mit einem Fernglas lassen sich im niedrigen Grasland weiter unten auch ganz mühelos zahlreiche Tiere ausmachen: Dikdiks, Paviane und die verschiedensten Vögel.

Nur trittsichere, schwindelfreie und kletterfreudige Wanderer mit ausgezeichneter Kondition sollten eine Besteigung in Angriff nehmen. Im Sinne der Selbstverantwortung sollte man bei Regenwetter von einer Besteigung absehen. Durch die nasse Witterung nämlich verwandelt sich die erstarrte Lava in glitschiges Terrain; das nächste geeignete Hospital liegt im mindestens acht Stunden entfernten Arusha. Einen Massai darf man in dieser Angelegenheit allerdings nicht um Rat fragen; er besteigt diesen Berg nämlich bei jedem Wetter und mit (in unseren Augen) bescheidenem Schuhwerk.

Camps, Tel. 027-255 32 42, www.moivaro.com. Das Camp wirkt wie eine Oase in der ansonsen eher trostlosen Steinwüste. Geschlafen wird in typischen Safarizelten, vielleicht nicht gerade luxuriös, aber es herrscht ein familiäres Klima im Camp. Es werden Spaziergänge angeboten sowie Besteigungen des Ol Doinyo Lengai und Wanderungen an den Grabenbruch organisiert. 6 Zi., DZ 187 US-$ (Vollpension), Camping 10 US-$/Person.

**Waterfall Campsite:** 3 km vor dem Ortszentrum, vor der Flussüberquerung links. Der Campingplatz wurde zu Füßen eines saisonalen Wasserfalles eingerichtet, in dessen Pools auch gebadet werden kann. Die Zeltplätze befinden sich im Schatten großer Bäume, was in der hier herrschenden Gluthitze für angenehme Kühle sorgt. Die einfachen Sanitäranlagen verfügen über Toiletten und Duschmöglichkeiten. Camping 10 US-$/Person.

## Safaris im Norden

 **Besteigung des Ol Doinyo Lengai** (s. Richtig Reisen-Tipp S. 346 f.): Die Anmietung eines Massai-Bergführers ist dringend anzuraten, auch wenn man sich auf einer gebuchten Tour befindet (je nach Verhandlungsgeschick 30–50 US-$/Gruppe). Da die Massai-Guides teilweise nicht Englisch sprechen, ist ein ›dolmetschender‹ Guide vom Tour Operator mit Bergerfahrung wichtig.

**Wandern:** Auch andere größere und kleinere Kegel, z. B. der **Mt. Keramasi,** können bestiegen werden. Besonders reizvoll sind Wanderungen entlang des Grabenbruchs. Informationen erteilen Tour Operator oder die Manager des Lake Natron Tented Camp.

 **Busse:** Öffentliche Verkehrsmittel (4x4-Taxis) fahren von Mto wa Mbu maximal bis Engaruka – und das nicht immer verlässlich.

# Rund um den Ngorongoro Crater

## Karatu

**Reiseatlas:** S. 11, C 4

Nachdem man den Aufstieg auf die Bruchkante des Great Rift Valley überwunden hat, folgt eine sanft-hügelige Landschaft, die an heimische Gefilde erinnert. Riesige Mais- und Weizenfelder, Kaffeeplantagen oder gar Sonnenblumen wiegen sich im Fahrtwind der vielen Safarifahrzeuge. Auf dem Mbulu-Plateau, das auf durchschnittlich 2000 m Seehöhe

**Achtung, Moskitos:** Trotz anderslautender Behauptungen ist das Gebiet bei Weitem nicht moskitofrei. Obwohl es in den höher gelegenen Bergregionen weniger Moskitos gibt (schon wegen der Kälte von Mai bis September), sollte man dennoch auf Vorsichtsmaßnahmen wie lange Hosen, leichte Jacken oder Anti-Moskito-Spray nicht verzichten. Unbedingt einhalten: Schlafen unter Moskitonetzen.

liegt, machen die meisten Besucher in **Karatu,** etwa 25 km westlich von Mto wa Mbu, Halt. Als Tor zum Ngorongoro Crater hat es sich (146 km ab Arusha) zu einem wichtigen Stopover für Touristen etabliert.

Während heute der Tourismus einen nicht unerheblichen Wirtschaftszweig darstellt, leben die meisten Iraqw, der hier ansässige Stamm, nach wie vor von der Landwirtschaft. Das taten auch zahlreiche deutsche Siedler, die in den 1920er-Jahren hierher – vor allem in die Gegend von Oldeani – emigriert sind und im regenreichen Hochland große Farmen aufgebaut haben. Manche ehemaligen Farmen haben sich den neuen Gegebenheiten hervorragend angepasst, weswegen es in dem Gebiet auch überdurchschnittlich viele ›Farm‹-Unterkünfte gibt.

 **Banken:** NBC-Bank (am Highway) für Visa-Abhebungen

 Die Anfahrtsbeschreibungen zu den Unterkünften unten beziehen sich auf die Anreise aus Arusha.

**Plantation Lodge:** 7 km nach Karatu in Richtung Norden, Tel./Fax 027-253 44 05, www.plantation-lodge.de. Romantisch in Kaffeeplantagen eingebettet, liegt das Anwesen erhöht, mit schönem Ausblick. Es herrscht das Flair längst vergangener Tage, koloniales Mobiliar, Safariantiquitäten oder afrikanisches Kunsthandwerk bestimmen die unverwechselbare Eleganz der Farm. Pool. Herrlich köstliche Küche. 15 Zi., DZ ab 295 US-$ (Vollpension).

**The Octagon Safari Lodge:** nach dem Ortszentrum links, 1 km südl. des Highway, Tel./Fax 027-253 45 25, www.octagonlodge.com. Sehr sympathische Lodge, kreativ gestaltet und liebevoll perfektioniert. Das farbenfrohe Ambiente ist fröhliches Kontrastprogramm nach einem Tag im staubigen Busch. Es werden auch Safaris angeboten (www.octagonsafaris.com). Gute Küche. 14 Zi., DZ ab 224 US-$ (Vollpension).

**Bougainvillea Safari Lodge:** nach dem Ortszentrum rechts, 300 m des Highway, gut beschildert, Tel. 027-253 40 83, www.bougain

villealodge.com. Freundliche, geräumige Chalets im etwas kahlen Ethno-Look. Obwohl die Küche vorzüglich ist (der einstige Koch der Gibb's Farm schwingt nun das Zepter hier), fehlt dem Restaurant ein warmes Ambiente und viel, viel Licht. (Noch) ausgezeichnetes Preis-Leistungs-Verhältnis für Karatu. 24 Zi., DZ ab 120 US-$.

**Crater Rim View Inn:** vor Karatu Lutheran Hostel links, 500 m südl. der Teerstraße, kein Telefon. Einfach und zweckmäßige Zimmer, sauber und noch relativ neu. 8 Zi., DZ ab 30 US-$.

**Msimbazi Inn:** Nähe Crater Highland Service Station, Tel. 027-253 40 98, msimbazi_inn@yahoo.com. Noch recht neu, punktet dieses landestypische Gästehaus mit Sauberkeit. DZ ab 18 000 TSh.

### Camping

**Kudu Campsite:** nach dem Ortszentrum links, 1 km nach der Octagon Safari Lodge, Tel. 027-253 40 55, Fax 027-253 42 68, www.kuducamp.com. Schönes Areal zum Campen, 10 US-$/Person. Die dazugehörige Lodge ist für den gebotenen Standard zu teuer.

**Souvenirgeschäfte** reihen sich entlang der Hauptstraße. Viele der überteuerten Shops haben den Vorteil, dass sie Kreditkarten akzeptieren (was im übrigen Tansania kaum der Fall ist). Mit Sicherheit lassen sich aber in Arusha, Moshi oder Dar-es-Salaam eher echte Schnäppchen ergattern.

**Kulturtouren:** Die Unterkünfte in Karatu organisieren gerne informative Touren, z. B. in Iraqw-Dörfer, zu traditionellen Massai-Bomas oder zu Massai-Märkten.

**Wandern:** Die meisten Unterkünfte bieten kurze Wanderungen rund um Karatu an. Für längere Wanderungen s. NCA S. 354.

**Lake Eyasi:** Am großartigen Eyasi-See lebt das Volk der Hadzabe, die als letzte echte Sammler und Jäger Tansanias gelten. Anfragen nach geführten Touren bei den Unterkünften oder bei den Safariveranstaltern.

**Fotos gegen Entgelt:** Die beeindruckenden Massai stellen zweifellos herrliche Fotomotive dar. Wer, so wie es allerorts empfohlen wird, einen Massai höflich darum bittet, ihn oder sie zu fotografieren oder zu filmen, muss mit Regiekosten (je nach Verhandlungsgeschick) zwischen 1 und 5 US-$ rechnen.

**Flüge:** Der nächstgelegene Airstrip ist der von Lake Manyara.

**Busse:** Mit Überlandbussen, z. B. mit Dar Express oder Scandinavian, ist Karatu bequem in 3 Std. (ab Arusha) erreichbar. Safaris können aber ausnahmslos nur mit Safariveranstaltern oder mit einem Mietwagen durchgeführt werden.

**Mietwagen:** Die Unterkünfte organisieren auf Anfrage gerne geländegängige Fahrzeuge. 100–120 US-$/Tag mit Fahrer und Benzin.

## Das Ngorongoro-Schutzgebiet (NCA)

**Reiseatlas:** S. 11, B–C 3–4

Das Schutzgebiet Ngorongoro Conservation Area (NCA) umfasst eine Gesamtfläche von 8300 km$^2$. Ein kleiner, wenn auch äußerst bedeutender, Teil davon ist der Ngorongoro Crater. Neben dem Ngorongoro Crater selbst finden sich auf dem Areal, das so groß wie Kreta ist, geologische, botanische und nicht zuletzt paläontologische Attraktionen dicht beieinander.

Aufgrund seiner beachtlichen Größe und auch seines immensen Höhenspektrums (von 1020 m des Lake Eyasi bis zu 3648 m des Lolmalasin) bildet die NCA einen Mikrokosmos für sich. Wüstenartige Savannen, wie die Ausläufer der Serengeti und Salei Plains oder die Schlucht der Oldupai Gorge, werden von immergrünen, dichten Bergwäldern an den Kraterrändern abgelöst, und fruchtbare, mit Flüssen, Sümpfen und Seen gespickte Kraterböden ergeben ideale Lebensräume für Wildtiere. Je nachdem, in welchem Teil und zu welcher Jahreszeit man sich im NCA aufhält, zeigt sich dem Besucher ein anderes Bild.

**Zebras genießen die üppigen Weidegründe am Boden des Ngorongoro Crater**

All diese Besonderheiten, die sich hier auf engstem Raum beisammen finden, waren 1979 Grund genug für die Unesco, das Ngorongoro-Schutzgebiet als Weltnaturerbe einzustufen. Zuvor aber gab es Dispute, denn die ansässigen Massai pochten auf ihr Recht zur Landnutzung. So trennte die Regierung die NCA vom Serengeti National Park ab – zuvor bildeten beide Gebiete eine Einheit – und stellte sie 1959 den Massai, diesmal als Conservation Area (und nicht als Nationalpark) wieder als Weideland zur Verfügung. Man vermutet, dass heute an die 30 000 Massai in diesem Gebiet leben – und nur ihnen ist es erlaubt, sich in der Schutzzone anzusiedeln, mit Ausnahme des Kraters. Ihr Vieh allerdings dürfen sie zum Weiden auf den Kraterboden treiben.

Die Erhaltung dieses einzigartigen Naturschutzgebietes ist vor allem dem Engagement des damaligen Frankfurter Zoodirektors Professor Bernhard Grzimek (1909–1987) und seinem Sohn Michael zu verdanken. Sie leisteten Pionierarbeit in der Erforschung und ebneten den Weg zum Schutz der Serengeti sowie der NCA. Der noch junge Michael kam bei den Dreharbeiten zu dem Film »Die Serengeti darf nicht sterben« 1959 auf tragische Weise um, als ein Geier in den Propeller des Flugzeugs flog. Die Parkverwaltung setzte den Grzimeks ein Denkmal am Kraterrand, direkt an der Straße.

### 11 Ngorongoro Crater

Vom Lodoare Gate (166 km ab Arusha) im Süden führt eine Allwetterpiste im Halb-

das scheinbar nur ihnen zu Ehren von der Natur erschaffen wurde.

Der größte nicht mit Wasser gefüllte Krater der Erde misst 19,2 km im Durchmesser und besitzt eine Fläche von 304 km². Vom Kraterboden (auf ca. 1700 m Seehöhe) führen 600 m steile Wände hinauf zum Kraterrand.

Auf den ersten Blick sticht der bis zu drei Meter tiefe **Lake Magadi** ins Auge, der die tiefste Stelle des Kraters bildet. Seine Größe wird von Regenfällen bestimmt; in der Trockenzeit kommt es regelmäßig vor, dass seine seichteren Ufergestade austrocknen. Wenn genügend Wasser vorhanden ist, lassen sich riesige Gnu- und Zebraherden, auch Gazellen, Elenantilopen, Wasserböcke, Marabus oder Warzenschweine beobachten. Löwen, Schakale oder Tüpfelhyänen liegen auf der Lauer nach Beute. Besonders Flamingos und andere Wasservögel bevorzugen das leicht sodahaltige Wasser.

Flankiert wird der See von zwei mehr oder weniger erkennbaren Sümpfen, den **Mandusi Swamps** im Norden und den **Gorigor Swamps** im Süden, Lebensraum massenhaft gefiederter Freunde und Wasserstellen der Tiere. Letzere beherbergen auch eine Vielzahl von Flusspferden. Entlang des Munge-Bächleins halten sich gerne Leoparden, Büffel und Elefanten auf.

Außer einer bescheidenen Erhebung im Norden, dem **Engatiti Hill**, prägen flache, bräunlich-goldene Grassavannen das Bild des Kraterbodens in der Trockenzeit. Das macht es mitunter schwierig, Tiere im hohen Gras auszumachen. Spitzmaulnashörner (dank der Zoologischen Gesellschaft Frankfurt ist ihr Bestand auf 24 angewachsen), Riesentrappen, Strauße, Kronenkraniche, aber auch Geparden – sie alle verschmelzen farblich mit ihrem Lebensraum.

Dahingegen kann die einzige Grünfläche im Krater leicht schon aus der Ferne erkannt werden. Viele Besucher halten im **Lerai Forest**, um ihre Lunchbox zu leeren (der zweite öffentliche Picknickplatz befindet sich beim Gorigor-Sumpf im Osten, beide mit WC). Größtenteils Fieberakazien, die leicht an

kreis um den südlichen Teil des Ngorongoro Crater. An einigen Stellen erlaubt der dichte, üppige Bergwald einen spektakulären Blick in die überdimensionale Kraterschüssel. Oftmals kreuzen Wildtiere den Weg, weswegen man die Geschwindigkeit drosseln sollte (auch wenn dies die Fahrer der Safarifahrzeuge nur sehr widerwillig tun).

Drei offizielle Rampen verbinden den Kraterboden mit dem Kraterrand, der durchschnittlich auf 2300 m liegt. Sobald die Besucher den Boden des Kraters erreicht haben, können sie verstehen, warum Kenner vielfach vom ›Achten Weltwunder‹ sprechen: seelenruhig – vollkommen unbeirrt vom großen Safarizirkus um sie herum – leben 25 000 bis 30 000 Tiere, darunter auch die Big Five (s. S. 20 f.), in diesem riesigen Amphitheater,

ihrer gelben Rinde zu erkennen sind, und Wilde Feigenbäume bieten sowohl Singvögeln als auch Greifvögeln ein ideales Zuhause. Außerdem leben im Lerai Forest Paviane, Servalkatzen, Elefanten und Büffel. Gerade gegen die Grünen Meerkatzen oder einige dreiste Vögel, beispielsweise die Schwarzmilane, muss man sein Mittagessen verteidigen. Sie sind oft schneller als wir – und schnappen mit zielgenauer Sicherheit die leckeren Bissen aus der Hand. Vorsätzliche Tierfütterung ist übrigens strengstens untersagt.

Giraffen, Impalas und Topis wird man im Krater vergebens suchen, denn entweder scheuen sie den steilen Auf- und Abstieg in den Krater oder ihnen schmecken die vorherrschenden Grasarten nicht. Auch wird man vergeblich Elefantendamen suchen; am Kraterboden leben ausschließlich Bullen.

## The Crater Highlands und Shifting Sands

Der Ngorongoro Crater, ein eingefallener Vulkankegel, gilt wohl als eindrucksvollster Beweis für enorme vulkanische Urkräfte, die vor rund 10–15 Mio. Jahren walteten. Dadurch entstanden mehrere Vulkane, Erdrisse und Seen, die wie die landschaftliche Szenerie in der Ngorongoro-Schutzzone prägen. Zu den imposantesten Formationen zählen z. B. der üppig grüne **Olmoti** (3099 m), der **Lolmalasin** (3648 m) mit seinen herrlichen Fernsichten, oder der **Empakaai** (3231 m), in dessen Caldera sich ein See gebildet hat, der wie ein Juwel im Sonnenlicht glänzt. Der jüngste aller Vulkane ist der Ol Doinyo Lengai (s. S. 344 ff.) im Norden.

Dieser war mit seinen vorangegangenen Ausbrüchen auch Schuld daran, dass sich unweit der Oldupai-Schlucht eine Wanderdüne gebildet hat. Der feine Sand der Eruption wurde vom Wind hierher getragen und formierte sich in der offene Ebene zu einer sichelförmigen Düne, die vom ständig wehenden Wind bewegt wird, weshalb man ihr den Namen **Shifting Sands** gab. Um zu ihr zu gelangen, muss man im übrigen die Oldupai-Schlucht durchwandern; sie liegt also weit abseits der Hauptstraße und ihr Besuch setzt einen längeren Aufenthalt in der NCA voraus.

## Die Oldupai-Schlucht

**Reiseatlas:** S. 11, C 3

Als paläontologisch bedeutsame Fundstelle wird die Oldupai Gorge (oder auch Olduvai Gorge, wie sie bis 2005 genannt wurde) gerne auch als ›Die Wiege der Menscheit‹ bezeichnet. Doch können auch andere Fundorte in Afrika, z. B. in Äthiopien oder im Tschad, dasselbe Prädikat für sich in Anspruch nehmen. Immerhin stießen Archäologen hier auf hominide Funde, die über 3 Mio. Jahre alt sein dürften.

Berühmt wurde die Schlucht als Fundort von uralten **menschlichen Fußabdrücken.** Die schwer zugängliche, steile Schlucht von knapp 50 km Länge und im Durchschnitt 100 m Tiefe entstand, als sich der Oldupai River tief in die Landschaft einschnitt. Dabei legte er im Lauf der Jahrtausende unterschiedliche Schichten mit Relikten menschlicher Existenz frei.

Angespornt durch einen zufälligen Fund von fossilen Knochen machte sich das Archäologenpaar Mary und Louis Leakey 1931 auf eine Expedition in die Oldupai-Schlucht. Bereits nach einigen Stunden hatten sie prähistorische Steinwerkzeuge gefunden. Es sollten noch fast 30 Jahre vergehen, bis sie schließlich auf erste **menschliche Fossilien** stießen, den Schädel des *Zinjanthropus*, der heute *Australopithecus boisei* genannt wird. Dieser 1,2 Mio. Jahre alte Schädel weist riesige Backenzähne auf, die darauf schließen lassen, dass die Spezies sich vegetarisch ernährte, was ihr auch den Spitznamen ›Nussknackermensch‹ einbrachte. Ein Jahr später legten die Leakeys weitere Relikte frei, die dem *Homo habilis,* dem ›geschickten Menschen‹, zugeordnet werden (geschätztes Alter: ca. 1,75 Mio. Jahre). 1978 machte das Team rund um Mary Leakey einen weiteren sensationellen Fund: Sie legten Fußabdrücke von drei Menschen frei, die vor 3,7 Mio. Jahren in der Nähe der Schlucht – in Laetoli – in offensichtlich aufrechtem Gang (*Homo erectus*) über frische Vulkanasche gegangen sind. Man nimmt an, dass die Fußabdrücke in der weichen Ascheschicht eines soeben ausgebrochenen Vulkans durch die heiße Sonne erhärtete und dann von nachfolgenden Asche-Niederschlägen überdeckt wurde. So blieben die Abdrücke der Nachwelt erhalten.

Ob es sich bei den Funden um die ältesten menschlichen Überreste handelt, mag die Zukunft zeigen. Erst 2001 legte man Fossilien eines angeblich 7 Mio. Jahre alten Hominiden im Tschad frei, doch schwelt noch ein Disput um die korrekte Datierung. Bewiesen ist mit den Funden aber, dass in der Entwicklung des Menschen verschiedene Stammformen parallel im gleichen Zeitraum lebten, von denen einige wieder ausstarben.

Die Ausgrabungen der Oldupai-Schlucht und von Laetoli werden in einem kleinen **Museum,** das beim Oldupai Visitor Centre liegt, anschaulich dokumentiert. Vom Aussichtspunkt gleich neben dem Museum hat der Besucher einen ausgezeichneten Blick auf die Schlucht sowie auf die durch Verwitterung freigelegten sieben Gesteinsschichten (*beds*). Das kleine Museum bietet eine willkommene Pause auf der holprigen Fahrt in die Serengeti (Arusha Gate–Naabi Hill Gate: 270 km), obwohl man die wichtigsten Relikte, die Schädelfragmente des *Australopithecus boisei* (sie sind im National Museum in Dar-es-Salaam ausgestellt) und die Laetoli Footprints (es sind Gipsimitate ausgestellt, und auch die Originale im 40 km entfernten Laetoli sind nicht frei zugänglich) nicht zu Gesicht bekommen wird. Die Schlucht selbst kann man besuchen, entweder zu Fuß oder mit einem Fahrzeug. Das Zugangstor liegt ca. 5 km von der Hauptroute entfernt (tgl. 8–17 Uhr, Erw. 3000 TSh, inkl. Museumseintritt).

**Zugang:** Am Lodoare Gate, dem südl. Zugang, gibt es ein bescheidenes Informationszentrum und eine Zahlstelle. Mehr Infos: www.ngorongoro-crater-africa.org. Erw. 50 US-$ (NCA) plus 200 US-$/Fahrzeug (für 6 Std. am Kraterboden). Weitere Zahlstellen: Naabi Hill Gate von der Serengeti-Seite, Headquarter im Ngorongoro Village.

**Ngorongoro Crater Lodge:** am westl. Kraterrand, zu buchen über CC Africa Südafrika, Tel. +27-11-809 43 00, Fax +27-11-809 44 00, www.ccafrica.com. Wohl die teuerste, aber architektonisch auch eine der spektakulärsten Lodges in Tansania. Pompös und keineswegs dezent, dafür aber mit persönlichem Butler-Service. Von diversen Hochglanzmagazinen für die ›Oberen Zehntausend‹ überschwänglich als »Versailles meets Massai« gepriesen. Exzellente Gaumenfreuden. 30 Zi., DZ ab 1850 US-$ (Vollpension).

**Ngorongoro Serena Lodge:** am westl. Kraterrand, zu buchen über Serena Hotels, Tel. 027-250 81 75, Fax 027-250 41 55, www.serenahotels.com. Schon etwas in die Jahre gekommen, denn das Interieur wirkt hausbacken und abgewohnt. Nicht die inspirierendste Lodge der Serena-Hotelkette. 75 Zi., DZ ab 490 US-$ (Vollpension).

**Ngorongoro Sopa Lodge:** beim Lemala Gate, zu buchen über Sopa Lodges, Tel. 027-250 06 30, Fax 027-250 82 45, www.sopalodges.com. Weitläufige, ältere Lodge mit wenig Flair. Pool, Internet. 92 Zi., DZ ab 350 US-$ (Vollpension).

**Ndutu Safari Lodge:** ca. 90 km vom Krater entfernt, Tel. 027-250 28 29, Fax 027-250 83 10, www.ndutu.com. Ausladende Akazien bilden den Rahmen der naturverbundenen Lodge am Sodasee Lake Ndutu. Rustikales, gemütliches Ambiente auf 1646 m Seehöhe. Im Vordergrund steht die Tierwelt: Dez.–Mai spielt sich die Migration hier quasi vor der Haustür ab. Gute Küche. 34 Zi., DZ ab 276 US-$ (Vollpension).

**Camping:** Simba, der einzige öffentliche Campingplatz, liegt am Kraterrand, 30 US-$/Person. Für die zahlreichen Special Campsites s. Ngorongoro Touristeninformation Arusha (S. 328). Achtung: Camping am Kraterboden ist strengstens untersagt!

**Wandern in den Crater Highlands:** Es empfiehlt sich, Wanderungen mit einem Safariveranstalter zu unternehmen. Al-

## Safaris im Norden

les ist möglich, von einfachen Tagestouren bis hin zu Sieben-Tage-Trecks über mehrere Gipfel. Wie auch bei Safaris ist dem Preis nach oben hin keine Grenze gesetzt. Günstige Varianten mit Camping beginnen bei 100 US-$/Tag und Person. Tageswanderungen an den einen oder anderen Vulkan werden auch gerne von den hiesigen Lodges organisiert.

**Fußsafaris:** Sind in der NCA grundsätzlich erlaubt, aber nur mit einem bewaffneten Ranger (20 US-$/Gruppe). Bei den Unterkünften anfragen.

**Vogelbeobachtung:** Die dichten Wälder sind Heimat für Unmengen von Vögeln; an die 400 Arten wurden in der NCA identifiziert. Bei den Unterkünften anfragen.

**Flüge:** Ein Flugfeld existiert in der NCA, Charterflug mit Coastal von Arusha 115 US-$ einfach.

## 12 Serengeti National Park

**Reiseatlas:** S. 11, A–B 1–3

Bei den Massai, die für ihre Rinder- und Ziegenherden jahrein, jahraus auf der Suche nach saftigem Weideland sind, ist die Serengeti als *siringet* bekannt, als ›große, endlose Weite‹. Und es sind genau jene unendlich scheinenden Grassavannen – bis zum golde-nen Horizont –, die die einzigartige Faszination der Serengeti ausmachen. Wenn unvorstellbar riesige Herden von Wildtieren je nach Jahreszeit den saftigen Gräsern und dem Wasservorkommen folgen und somit ein- bis zweimal jährlich eine lange Wanderung unternehmen, dann erst wird die wahre Bedeutung der Serengeti offenbar, nämlich als Schauplatz für die einzig verbliebene intakte Migration der Welt. Als ›Welterbe der Menschheit‹ soll die Serengeti deshalb für die Nachwelt erhalten bleiben und wurde deshalb von der Unesco unter besonderen Schutz gestellt. Für den Mythos in unserem Teil der Welt ist vor allem Walt Disneys »König der Löwen« und in den 1950er-Jahren Bernhard Grzimeks Film und Buch »Die Serengeti darf nicht sterben« verantwortlich,

ganz zu schweigen von unzähligen Dokumentarfilmen, die das faszinierende Schauspiel einzufangen versuchen. Am besten aber erlebt man die Migration der Tierherden allerdings hautnah und live vor Ort.

## Das Ökosystem Serengeti

Im engeren Sinn erstreckt sich die Serengeti über eine Fläche von 14 764 km². Damit gehört sie neben dem Kruger Nationalpark (Südafrika) oder dem Ethosha National Park (Namibia) zu den größten Parks in Afrika.

Während im Norden die kenianische Masai Mara die natürliche Verlängerung darstellt, reicht die Serengeti im Osten bis ganz an die Ngorongoro Conservation Area und im Westen bis auf 8 km an den Victoriasee. Um den Tieren weit weg vom Menschen genügend

Naturraum entlang ihrer Migrationspfade zu lassen, hat man zusätzlich ausgedehnte Pufferzonen eingerichtet. Sie zählen zwar nicht direkt zur Serengeti, aber sie gehören zum Serengeti-Ökosystem, wie z. B. die **Loliondo Controlled Area** im Nordosten, oder **Grumeti** und **Ikorongo** im Nordwesten. In diesen Gebieten kann man der unvergleichlichen Migration ebenso gut beiwohnen, weswegen sich hier (auch wegen weit weniger strenger gesetzlicher Auflagen) zahlreiche mobile Camps (s. Unterkünfte S. 356 f.) etablierten.

Bevor die Serengeti 1929 zum ersten Wildtierreservat Tansanias erklärt wurde, nutzten die Nomaden der Massai sie als Weidefläche für ihr Vieh. Von den 1890er-Jahren an bediente sich die weiße Oberschicht hemmungslos am unermesslichen Tierreichtum

**Thomsongazellen gehören zu den zahlreichen Bewohnern der Serengeti**

# Safaris im Norden

des elitären Jagdreviers. Bis zu 100 Tiere erlegten die Hobbyjäger bei einem einzelnen Jagdausflug, sodass schon bald mehr Löwen die Salonwände schmückten als die Wildnis. Glücklicherweise wurde die alarmierende Situation erkannt und 1929 das erwähnte Reservat eingerichtet; 1951 schließlich erklärte die Kolonialregierung die Serengeti zum ersten und größten Nationalpark des damaligen Tanganyika.

Das über mehrere Jahrzehnte schwelende Problem der Trophäenwilderei scheinen die Parkverantwortlichen sowie ihre Berater von der Zoologischen Gesellschaft Frankfurt (ZGF) heute gut im Griff zu haben. In den blutigen 1970er- und 1980er-Jahren wurden Großtiere gnadenlos gejagt, und dabei fast ausgerottet (s. S. 28 f.). Das dichte Netz der Patrouillen macht es heute für Wilderer schwierig, Fallen zu stellen. Über 4000 Elefanten leben nun in der Serengeti, auch die Population der Nashörner hat sich geringfügig erholt. Jene Tiere sind beispielsweise so empfindsam, dass sich die Safarifahrzeuge negativ auf ihr Fortpflanzungsverhalten auswirken, weil sie durch den Motorenlärm gestresst werden.

Auch die Fleischwilderei der Menschen, die an den Parkgrenzen wohnen, kann die Tierpopulation gut verkraften, meinen Forscher und Tierschützer. In der Hoffnung, in unmittelbarer Nähe eines Nationalparks einträgliche Einkommensquellen erschließen zu können, drängen überdurchschnittlich viele Menschen in diese Gebiete. Sie wildern Tiere, um selbst nicht zu verhungern, aber auch um das Fleisch zu verkaufen.

Am meisten ist die Serengeti durch ausbleibendes Wasser bedroht; durch den Klimawandel und lokale Klimaveränderungen, beispielsweise die Pläne für ein Wasserkraftwerk auf der kenianischen Seite des Mara-Flusses und nicht zuletzt durch die Bewässerung von landwirtschaftlichen Großflächen. Über 2 Mio. Tiere hängen während der Trockenzeit einzig und allein vom Mara-Fluss ab – aber es gibt deutliche Anzeichen dafür, dass er zu versiegen droht.

Auch der unkontrollierte Tourismus bedroht das Ökosystem. Viel mehr Gäste als jetzt würden die Balance aus dem Gleichgewicht bringen. Doch auch wenn die tansanische Regierung ständig beteuert, die Serengeti genieße obersten Schutz, so lässt der im Dezember 2006 angekündigte Bau eines internationalen Flughafens in der Serengeti dies als bloße Lippenbekenntnisse der Regierung erscheinen.

**Zugang:** Zahlstellen befinden sich am Naabi Hill Gate im Osten, am Ndabaka Gate im Westen, Klein's Gate im Nordosten sowie das Ikoma Gate nördl. des Seronera Village. Mehr Infos auf der ausführlichen Website www.serengeti.org. Erw. 50 US-$.

Günstiger übernachten kann man außerhalb der Serengeti, beispielsweise in Unterkünften in der Nähe des Lake Victoria.

**Speke Bay Lodge:** am Lake Victoria, ca. 15 km von der Serengeti entfernt, Tel. 028-262 12 36, Fax 028-262 12 37, www.spekebay. com. Es gibt 8 zweckmäßige Bungalows direkt am See, außerdem kann man auch in günstigeren, einfachen Zeltunterkünften (mit Gemeinschaftsbad) schlafen. Camping ist möglich. DZ ab 89/145 US-$ (Vollpension).

**Mobile Camps:** Der Großteil der Mobilen Camps stehen außerhalb der Nationalparkgrenzen, weswegen auch Walking Safaris und Nachtpirschfahrten angeboten werden können. Ein exklusives Abenteuer, das natürlich auch seinen Preis hat: ab 400 US-$ aufwärts/Person und Nacht. Empfehlenswerte Anbieter solcher Camps sind **Kirurumu Tented Camps** (zu buchen über Hoopoe, Tel. 027-250 70 11, www.hoopoe.com), **Nomad Tanzania** (zu buchen über einen beliebigen Tour Operator, www.nomad-tanzania.com) oder **Asilia Lodges & Camps** (Tel. 027-250 41 18, Fax 027-250 27 99, www.asilialodges. com).

**In der Serengeti selbst** gibt es eine überschaubare Anzahl von Betten. Neben den permanenten Unterkünften hat man auch Camps installiert, die mit der Migrationsroute ›mitwandern‹, um je nach Saison nahe an den Tieren zu sein. Sie werden bei den einzelnen Korridoren jeweils genauer beschrieben (s. S. 360 f.).

**Camping:** Mehrere Public Campsites stehen zur Verfügung, z. B. in der Nähe des Seronera Visitor Centers, bei Kirawira, am Ndabaka Gate oder in Lobo, 30 US-$/Person. Für Special Campsites s. TANAPA Arusha, S. 328.

 **Flüge:** Es existieren mehrere Flugfelder, die täglich angeflogen werden: Seronera, Kusini, Grumeti, Klein's und Lobo Airstrip, auch in den angrenzenden Pufferzonen gibt es Flugplätze, z. B. mit Coastal Aviation (Arusha–Seronera 150 US-$/Person, Arusha–Lobo 170 US-$/Person, Dar–Seronera 300 US-$/Person, alle einfach).

**Busse:** Eine Busfahrt nach Mwanza durch die Serengeti ist technisch machbar, aber praktisch nicht zu empfehlen. Neben dem Ticket (z. B. von Arusha 31 000 TSh) sind die Eintrittsgebühren zu bezahlen.

**Grenzverkehr:** Der ehemalige Grenzübergang Bologonja Gate ist für den Grenzverkehr nicht mehr geöffnet.

**Pisten:** Die Qualität der Pisten in der Serengeti hängt grundsätzlich stark vom Wetter ab. Die Hauptdurchzugsroute vom Süden in den Westen zum Ndabaka Gate (vom Naabi Hill Gate 200 km) wird vom Durchgangsverkehr (Busse, LKWs) frequentiert, was auch ihren teilweise schlechten Zustand erklärt.

## Süd-Serengeti

Es hat sich bewährt, die Serengeti in vier große Korridore einzuteilen, um die Orientierung zu erleichtern – Southern, Central sowie Northern und Western Corridor. Von den goldbraunen Grasebenen der **Serengeti Plains** im **Southern Corridor**, rührt der Mythos der endlosen Weiten. Die Plains gehen nahtlos in das Ngorongoro-Schutzgebiet über, sind durch kurzes, weiter nördlich durch langes, aber sehr nährstoffreiches Gras charakterisiert. In der Regenzeit leuchten sie saftig grün und bieten reichlich Futter für Elefanten, Büffel, Gazellen und andere Vegetarier. In der Trockenzeit allerdings fängt das strohige Gras schnell Feuer und verwandelt die Ebene in eine tiefschwarze, leblose Fläche. Bei den ersten Regentropfen beginnen zartgrüne Sproße zu gedeihen, nicht zuletzt durch die Asche, die wertvolle Mineralien für den Boden birgt.

Als einzige Unterbrechungen des endlosen Horizonts stechen kuriose Steinformationen ins Auge. **Kopjes** (niederländisch für ›kleines Köpfchen‹ sind Felsen aus Gneis und Granit, die wie kleine Steininseln aus dem Grasmeer auftauchen und in der gesamten Serengeti verstreut sind. Von Erosion und Witterung wurden sie im Laufe der Zeit freigelegt. Manche Steine spalteten sich, wenn kalter Regen auf die von der Sonne aufgeheizten Felsen fiel. So entstanden teilweise bizarre Gesteinsformationen. Die Felsen bieten hervorragenden Unterschlupf für Klein- und Kriechtiere, wie Dikdiks, Klippschliefer (Hyrax), Klippspringer, Mangusten, aber auch Kobras, Puffottern und Dickzungeneidechsen, die durch ihre hübsche metallische blaurosa-Färbung auffallen. Löwenrudel dösen ebenso gerne im Schatten der Felsen.

Vielleicht haben früher auch Menschen in den Felsen Schutz gesucht, denn in den **Moru-Kopjes,** unweit vom Seronera Valley, wurden menschliche Spuren entdeckt: Felsmalereien, die den Massai zugeschrieben werden. Da man zur Besichtigung der Moru-Kopjes das Fahrzeug verlassen muss, dürfen sie nur in Begleitung eines Parkrangers besucht werden.

# Die Große Wanderung der Gnus

**Die Serengeti und die in Kenia angrenzende Masai Mara sind der Schauplatz für ein weltweit einzigartiges Naturspektakel: die Große Wanderung – The Great Migration. Auf der Suche nach Wasser und nährstoffreichem Gras ziehen riesige Herden von einem Weideplatz zum nächsten und verwandeln die Savanne in ein Meer von Tieren.**

Jedes Jahr aufs Neue, wie schon viele Tiergenerationen zuvor, machen sich mehr als 2,5 Mio. Tiere auf den ungefähr 1000 km langen Rundkurs. 1,7 Mio. Weißbartgnus sind beim jährlichen Massenspektakel auf den Beinen, begleitet von 800 000 weiteren Tieren, darunter Zebras und Thomsongazellen.

Der Rundkurs – jedes Jahr in etwa dieselbe Route – beginnt in den Serengeti Plains im Süden, wo die Gnus in der Regenzeit von Dezember bis Mai für Nachwuchs gesorgt haben. Die Region bietet ihnen und ihren Jungen saftiges Gras und genügend Wasser. Wenn im Mai die Trockenzeit beginnt und die Jungen einigermaßen kräftig sind, zwingt Mutter Natur die Gnus, sich woanders Nahrung zu suchen. Die Grasfresser machen sich also allmählich auf den Weg Richtung Nordwesten; zu ihnen gesellen sich weitere Tiere: Zebras, Thomsongazellen und Topis. Obwohl allesamt Grasfresser, kommen sich die verschiedenen Tierarten nicht ins Gehege, da sie das Nahrungsangebot in optimaler Weise nutzen: Zebras fressen längeres Gras, während Gnus das mittelhohe bevorzugen. ›Tommys‹ knabbern die bodennahen Halme ab, die die Gnus übrig lassen.

Der große Treck zieht ab Mai in den nun grasreichen Western Corridor der Serengeti, wo die erste Hürde – die Überquerung des Grumeti River – genommen werden muss. Von August bis Oktober geht es langsam nordwärts, wo der Zug die zweite Hürde, den

Mara River, überwindet. Die 40 oder 50 km langen gigantischen Herden ziehen bis November in die kenianische Masai Mara weiter. Wenn hier das Gras abgeweidet ist, und die ersten Regenfälle in der Serengeti einsetzen, schlagen sie den Rückweg ein, über den östlichen Flügel der Serengeti, um im De-

## Thema

zember oder Januar wieder im Süden der Serengeti angekommen zu sein.

In der Zwischenzeit sind die Wasserläufe zu reißenden Flüssen angeschwollen, viele Tiere – das gilt besonders für die Schlusslichter der Herde – schaffen nicht mehr den Sprung über die Flüsse, ertrinken oder werden von Krokodilen gefressen. Das ›große Fressen‹ lässt sich anschaulich von der Anhöhe der Flussplateaus beobachten. Die sonst so träge wirkenden Riesenechsen lauern den Huftieren an den flacheren Flusspassagen auf und packen dann die durch das Wasser rennenden Tiere mit ungeheurer Schnelligkeit und Zielgenauigkeit. Dabei

klammert das Krokodil seine messerscharfen Zähne und das starke Gebiss um den Hals seines Opfers und zieht es blitzschnell unter Wasser, wo es nach kurzer Zeit erstickt. Dann verschlingen die urzeitlich anmutenden Reptilien ihre Beute samt Fell und Knochen.

Ebenso wie Krokodile wittern andere Raubtiere wie Löwen, Geparden und Hyänen ihre Chance auf reiche Beute. Ihre Opfer sind vor allem langsame, kranke oder alte Tiere. Bei ihren Angriffen bringen sie die ganze Herde in Bewegung, dichte Staubwolken wirbeln auf – ein atemraubendes Naturschauspiel, das die Gesetze der Wildnis auf fesselnde Weise demonstriert.

**Massenspektakel in der Serengeti: die Wanderung der Gnus**

## Safaris im Norden

**Kusini Camp:** Nähe Moru-Kopjes und Ndutu, zu buchen über Sanctuary Lodges, Tel. 027-250 98 16, Fax 027-250 82 73, www.sanctuarylodges.com. Unterbringung in luxuriösen Zelten in einer von Felsformationen durchzogenen Buschlandschaft. Absoluter Busch-Schick mit persönlichem Butler. Empfehlenswert Jan.–April. 12 Zi., DZ ab 600 US-$ (Vollpension), all-inclusive (mit Pirschfahrten und anderen Aktivitäten) 800 US-$.

### Zentral-Serengeti

Das gut besuchte Zentrum des Parks bildet das **Seronera Valley,** in dem sich auch der Hauptort der Serengeti, Seronera Village, mit einem Informationsbüro, einem Rangerposten und einer kleinen Tankstelle befindet. Die typische Savannenlandschaft, angereichert um stachelige Akazien, wird an den zahlreichen kleinen Flussläufen, die das Gebiet im Norden durchschlängeln, von Palmen und Leberwurstbäumen gesäumt. Die Galeriewälder sowie die permanenten Gewässer sind Heimat vieler Tierarten. Die Wahrscheinlichkeit, Leoparden, Impalas, Schakale, Wasser- und Riedböcke sowie Paviane zu sichten, ist groß, ebenso wie die schwarzmähnigen Löwen, für die die Seronera bekannt ist. Nördlich der Seronera Lodge kühlen sich schnaufende Flusspferde im Retima Hippo Pool ab. Viele kleine Rundwege (Circuits) ermöglichen es, die Gegend optimal zu erkunden – auch wenn starkes Verkehrsaufkommen hier zuweilen weniger an den afrikanischen Busch erinnert.

**Serengeti Serena Safari Lodge:** 25 km nordwestl. von Seronera, zu buchen über Serena Hotels, Tel. 027-250 81 75, Fax 027-250 41 55, www.serena hotels.com. Einer traditionellen afrikanischen Siedlung nachempfunden, liegt die große Anlage auf einem Hügel (gute Rundumsicht garantiert!). Pool. Empfehlenswert April/Mai. 66 Zi., DZ ab 490 US-$.

**Serengeti Sopa Lodge:** 45 km südwestl. von Seronera, zu buchen über Sopa Lodges, Tel. 027-250 06 30, Fax 027-250 82 45, www.so

palodges.com. Das architektonische Monstrum hat wenigstens exzellente Aussichten. Pool. Empfehlenswert Dez.–Mai. 79 Zi., DZ ab 280 US-$.

**TANAPA Resthouse:** beim Seronera Village, muss frühzeitig in Arusha (s. S. 328) gebucht werden, 30 US-$/Person ohne Verpflegung.

### Nord-Serengeti

Nordöstlich der Banagi Hills bis hinauf zur Grenze mit Kenia reicht der **Northern Corridor.** Sanfte Hügellandschaften, mitunter dichte Baumsavanne und der schwarze Lehmboden *(black cotton soil)* geben dem Gebiet ihr charakteristisches Gesicht. Größere Fließgewässer, wie der **Grumeti River** oder der **Mara River**, halten (noch) ständig Wasser für die Tiere bereit. Entlang der Wasserläufe wachsen riesige Feigen- und Mahagonibäume. In den Galeriewäldern hat sich eine bunte Vogelwelt eingenistet. Unüberhörbar tönen die Turakos, nicht zu übersehen sind die buntschillernden Königsglanzstare (Kingfisher) und die großen Fischadler. Außerdem bietet der Wald Schutz und Nahrung für eine Vielzahl von Laubfressern, allen voran den Elefanten. Viele weitere Tiere, die nicht an der Migration teilnehmen und permanent in ihren Revieren leben, sind ansässig, wie Büffel, Löwen, Leoparden, Geparden, Giraffen, Zebras, Warzenschweine oder Antilopen, die rund um die ganzjährigen Wasserläufe gut mit Nahrung und Wasser versorgt sind.

**Klein's Camp:** Kuka Hills, außerhalb der Parkgrenzen, zu buchen über CC Africa Südafrika, Tel. +27-11-809 43 00, Fax +27-11-809 44 00, www.cc africa.com. April/Mai geschl. Auf einer Hügelkette mit Blick ins Tal, in einem eigenen Privat-Reservat. Luxuriöse Stein-Cottages. Pool. Walking Safaris und Bush Dinners. Empfehlenswert Juli–Okt./Dez. 10 Zi., DZ 1580 US-$ (Vollpension).

**Serengeti Migration Camp:** 80 km nördl. von Seronera, zu buchen über Elewana, Tel.

027-250 06 30, Fax 027-250 67 03, www. elewana.com. In eine Gruppe von Kopjes hineingebaute, geschmackvolle Lodge mit Blick auf den Grumeti River. Wunderbare Sonnenuntergänge von der offenen Bar. Pool. Empfehlenswert Okt./Nov. 21 Zi., DZ ab 880 US-$ (Vollpension).

**Lobo Wildlife Lodge:** 75 km nördl. von Seronera, zu buchen über Hotels & Lodges Ltd., Tel. 027-254 45 95, Fax 027-254 86 33, www.hotelsandlodges-tanzania.com. Wegen der herrlichen Panoramaausblicke auf die östlichen Plainsekannt ist die Lodge bekannt. Architektonisch imposant, weil die Lodge in einen überdimensionalen Kopje hineingebaut wurde, aber eher nicht luxuriös. Pool. Empfehlenswert Nov./Dez. 75 Zi., DZ ab 360 US-$ (Vollpension).

## West-Serengeti

**Reiseatlas:** S. 11, A–B 1, S. 10, F 2

Der **Western Corridor** endet wenige Kilometer östlich vom Victoriasee. Die weiten Ebenen, versetzt mit leichten Hügeln, werden vor allem entlang des Grumeti River und am Fuß der Hügel von Wäldern durchzogen. Charakteristisch sind die beiden Flüsse, **Grumeti River** und **Mbalageti River**, die für die unzähligen Wasserlöcher, Sümpfe und den Schilfbewuchs sorgen. Während der Regenfälle (es regnet hier aufgrund der klimatischen Nähe zum Lake Victoria fast doppelt so viel wie im Osten der Serengeti) versumpft dieser unzugängliche Landstrich völlig; der schwarze Lehmboden, die *Black Cotton Soil*, wird rutschig wie eine Eisfläche und unpassierbar.

Wenn die bescheidenen Pisten und das Wetter zusammenpassen, sind die Monate Mai bis Juli im Western Corridor geradezu perfekt für eine Safari, denn dann durchqueren Millionen Weißbartgnus den Grumeti River. Dieses Gebiet lohnt aber auch das restliche Jahr über einen Besuch, denn dank der beiden Flussläufe halten sich große Populationen von sesshaften Tieren auf: Giraffen, Büffel, Kuhantilopen, Elenantilopen, Impalas, Wasserböcke, aber auch Leoparden. Grunzende Flusspferde und sonnenbadende Krokodile säumen die Flussufer. Besonders abenteuerlich ist es, die außergewöhnlich großen Krokodile am Grumeti-Fluss beim Beutefang zu beobachten. Das Krokodil überrascht sein Opfer, packt es mit seinen messerscharfen Zähnen und erstickt es entweder im Wasser oder zerstückelt es gleich.

 **Kirawira Camp:** 100 km westl. von Seronera, zu buchen über Serena Hotels, Tel. 027-250 81 75, Fax 027-250 41 55, www.serenahotels.com. Auf einer Hügelspitze gelegen, bietet die Lodge einen hervorragenden Ausblick auf den westlichen Korridor und den Grumeti River. Elegantes Ambiente der Luxusklasse, der viktorianischen Kolonialzeit nachempfunden. Pool. Empfehlenswert Mai–Juli. 26 Zi., DZ 1450 US-$ (Vollpension).

**Mbalageti Tented Lodge:** Mwanyeni Hill, Tel. 027-254 86 32, www.mbalageti.com. Neuere, herrlich gelegene Lodge im inspirierenden rustikal-eleganten Design. Drei Arten von Unterkünften werden angeboten, von gemauerten Standardzimmern bis zu abgeschieden gelegenen Stein-und-Canvas-Chalets. Exzellente Küche, nicht enden wollender Horizont mit Blick auf die Ebene und den Mbalageti River. Pool, Internet. Empfehlenswert Mai–Juli. 26 Zi., DZ ab 360/550/710 US-$ (Vollpension).

**Tiere beobachten – gewusst wo:** Die Tierbeobachtung in der Serengeti hängt einzig und allein vom richtigen Ort ab. Entlang der Flussläufe können das ganze Jahr Tiere gesichtet werden; die Migration läuft in Schüben ab und wird stark vom (nicht vorhersehbaren) Wetter gelenkt. Gerade mit den Wetterkapriolen und dem Ausbleiben einiger Regenzeiten in den letzten Jahren hat sich das Migrationsverhalten verschoben. Vor einem Besuch in der Serengeti ist es jedenfalls unerlässlich, sich genau zu informieren (z. B. bei einem Safariveranstalter), welche Abschnitte des riesigen Areals momentan empfehlenswert bzw. überhaupt befahrenswert sind.

Fischer auf dem Lake Malawi

# Tansanias Westen und Süden

Lake
Victoria

Mwanza

Kigoma

Lake
Tanganyika

Dodoma

Morogoro

Lake
Malawi

## Liebliches Hügelland und die größten Seen der Welt

Der Westen Tansanias wurde geformt vom Großen Afrikanischen Grabenbruch – im Zuge seiner Entstehung wurden riesige, tiefe Löcher in die Erdkruste gerissen. Heute erstrecken sich hier die größten Süßwasserseen der Welt: Lake Victoria, Lake Tanganyika und ganz im Süden Lake Malawi.

**Lake Victoria,** der größte Süßwassersee Afrikas, ist bekannt für seinen Fischreichtum und die Buntbarsche. Die Hafen- und Industriestadt **Mwanza** hat sich zu einem wichtigen wirtschaftlichen Knotenpunkt entwickelt, der wenig für Touristen bietet – außer herrliche Sonnenauf- und -untergänge. Der nahe **Rubondo Island National Park** hat es natürlich schwer in relativer Nähe zu den atemberaubenden Nationalparks des Nordens, dem sogenannten ›Northern Circuit‹.

**Kigoma** am **Lake Tanganyika** ist Ausgangspunkt für den ›Western Circuit‹, der für seine Schimpansenparks **Gombe Stream** und **Mahale Mountains National Park** bekannt ist – übrigens die einzige Möglichkeit in Tansania, die Menschenaffen zu sehen. Nahe dem Hauptort Kigoma befindet sich einer der ältesten Marktflecken Ostafrikas, **Ujiji,** einst wichtiger Transitpunkt der Sklavenrouten und Schauplatz der legendären Begegnung des Afrikapioniers David Livingstone mit Henry Morton Stanley. Weit südlich, im Hinterland liegt der schwer zugängliche, aber äußerst schöne **Katavi National Park.**

Dramatische Bergrücken bieten dem herrlichen See **Lake Malawi** eine würdige Kulisse. Er wird von *wazungu* (Weißen) am wenigsten frequentiert, wohl auch weil es an Infrastruktur fehlt. Das Berg- und Hügelland um den See und bei **Mbeya** ist eine unberührte, idyllische Gegend für Naturliebhaber.

Allen drei Seengebieten gemeinsam ist, dass viel zu wenig Touristen die großartigen Landschaften und die herrlichen Sandstrände mit ihren kleinen Buchten und dem bunten Leben im Wasser zu Gesicht bekommen.

Zentral-, West- und Südtansania sind äußerst schlecht erschlossen; es gibt nur wenige Teerstraßen, während der Regenzeit ist von Fahrten auf den Pisten abzuraten. Die bequemste Anreise erfolgt mit Sicherheit per Flug, wenn auch die Bahnfahrten nach Kigoma oder Mwanza bzw. nach Mbeya eine spannende Alternative darstellen, vor allem wenn man an tieferen Einblicken in die afrikanische Gesellschaft interessiert ist.

Viel besser erreichbar sind da schon die beeindruckenden Highlights des wenig besuchten, aber atemberaubenden ›Southern Circuit‹, das **Selous Game Reserve** und der **Ruaha National Park.** Zudem gibt es zwischen Dar-es-Salaam und Mbeya entlang des gut ausgebauten TANZAM-Highway viele Möglichkeiten zum Wandern, z. B. in **Morogoro,** in den **Udzungwa Mountains** und bei Mbeya.

## Highlights

**13** **Selous Game Reserve:** Hier muss man ▼ sich reißende Löwen oder grunzende Hippos mit kaum einer anderen Menschenseele teilen. Wildes, unbeschreiblich schönes Safariland (s. S. 381 ff.)!

**14** **Ruaha National Park:** Miombowälder, ▼ Baobabbäume und der facettenreiche Ruaha River sind nur Statisten – die wahren Helden sind Wildtiere in rauen Mengen (s. S. 388 ff.).

**15** **Lake Malawi:** Nur für Abenteurer – we- ▼ nig Annehmlichkeiten und mörderische Straßen, doch so muss wohl das Paradies aussehen (s. S. 391 ff.).

## Empfehlenswerte Route

**Über die Uluguru-Berge nach Morogoro:** Durch fruchtbare Sumpfgebiet mit wunderbaren Aussichten auf die Uluguru Mountains, dann in Serpentinen über die Berge – die spektakuläre Fahrt (ca. 155 km, 6–8 Std.) ist nur in der Trockenzeit und mit einwandfreiem Allradfahrzeug machbar (s. S. 384).

## Richtig Reisen-Tipps

**Fußsafari im Selous Game Reserve:** Das größte Naturschutzgebiet der Welt per pedes zu erleben, vermittelt intensivste Begegnungen mit dem afrikanischen Busch (s. S. 382).

**Sterne und viele Stunden auf See – eine Schiffstour auf dem Malawi-See:** Wer sich auf eine Schifffahrt einlässt, braucht viel Zeit und Nerven. Doch wunderbare Landschaften und lachendes Palavern mit Tansaniern lassen die Strapazen gern vergessen (s. S. 392).

## Reise- und Zeitplanung

Mit dem Flugzeug erreicht man die einzelnen Gebiete binnen 2, max. 3 Std. Flugzeit ab Arusha oder Dar-es-Salaam – für Urlauber mit normalem Zeitlimit die einzige sinnvolle Anreise. Für Zugfahrten muss man mindestens drei Tage je Richtung einplanen, mit Verspätungen und Pannen ist zu rechnen. Die Anfahrt per Bus oder Fahrzeug zum Lake Victoria dauert ab Arusha mindestens einen Tag, zum Lake Tanganyika und nach Malawi muss man zwei Tage ab Dar-es-Salaam rechnen. Mbeya kann man bequem auf der Teerstraße binnen 8–10 Std. anfahren. Für Selbstfahrer: Sandblech, Schaufel, ausreichend Wasser, Lebensmittel und Benzin sind ein Muss!

## Klima und Reisezeit

Grundsätzlich ist die Trockenzeit, zumeist von Juli bis Oktober und Dezember bis Februar, die beste Reisezeit, nicht nur weil die Pisten ansonsten unpassierbar sind, sondern weil dann in den meisten Gebieten ein angenehm trockenes Hochlandklima herrscht. Diese Zeitspanne eignet sich auch am besten für die Beobachtung der Primaten am Lake Tanganyika. Für Selous und Ruaha gelten die Monate Juni bis Dezember als die beste Reisezeit.

# Lake Tanganyika und Lake Victoria

**Glasklares Wasser, farbenprächtige Fische und idyllische Sandstrände charakterisieren die beiden größten Seen Afrikas. Wo es das Terrain erlaubt, sind die Ufer dicht besiedelt, vor allem am Lake Victoria. Die Umgebung des Lake Tanganyika ist als Refugium für Schimpansen international bekannt. Beide Großräume sind aber für Touristen nur schwer zugänglich.**

Wer sich von Dar-es-Salaam aus in den äußersten Westen des Landes aufmacht, passiert die Hauptstadt Dodoma und andere Ballungszentren, wie Tabora, Singida oder Shinyanga. Die Routen (abgesehen von dem 479 km langen geteerten Stück von Dar-es-Salaam nach Dodoma) sind in schlechtem Zustand und nur Reisenden im Fahrzeug zuzumuten, die über überdurchschnittlich viel Zeit, Off-Road- und Afrikaerfahrung verfügen. Im Folgenden wird deshalb nicht explizit auf Zentraltansania Bezug genommen.

## Lake Tanganyika

**Reiseatlas:** S. 15, A/B 1–4, S. 21 A–B
Vornehmlich Experten für Primaten oder Fische verirren sich an die natürliche Grenze, die Tansania von Sambia, Burundi und Kongo trennt. Der zweitgrößte See Afrikas, im ›Western Rift‹ des Ostafrikanischen Grabenbruchs, ist unter Kennern für sein breites Spektrum an Zierfischen bekannt, die in alle Welt exportiert werden. 676 km lang, 50 km breit und bis zu 1470 m tief, so lauten die Rekordmaße des laut IUCN (International Union for Conservation of Nature and Natural Resources) artenreichsten Ortes der Welt. 2000 Spezies sind heimisch, über 90 % davon endemisch. Wie im nahe gelegenen Malawi-See bevorzugen vor allem Buntbarsche die Gewässer, es gibt aber auch Nilhechte, Karp-

fenfische, Welse oder Afrikanische Lungenfische – allerdings nur bis in ca. 200 m Tiefe. Aufgrund des globalen Klimawandels aber ist die Naturidylle in Gefahr. Forscher sprechen davon, dass der Fischbestand bereits um bis zu 30 % zurückgegangen sei, auch der Pegelstand des Wasser sinkt kontinuierlich. Wie in allen tansanischen Seen, macht Bilharziose Baden an den meisten Stellen unmöglich, eine Verseuchung ist jeweils vor Ort zu klären.

### Kigoma
**Reiseatlas:** S. 15, A 2
Wer sich für den Lake Tanganyika – übrigens auf 773 m Seehöhe gelegen – oder die Parks des ›Western Circuit‹ interessiert, wird nicht umhin kommen, das Provinzstädtchen Kigoma anzupeilen, Drehscheibe des Handels zwischen Ost- und Zentralafrika. Wichtig geworden war Kigoma als Endpunkt der zentralen Eisenbahnlinie, der Central Line, quer durch Tansania nach Dar-es-Salaam; heute hat es viel mehr Bedeutung als die Hafenstadt, die den Handel für Burundi oder Kongo abwickelt – und in der letzten Dekade auch als Auffanglager zentralafrikanischer Flüchtlinge.

Das Städtchen mit entspannter Atmosphäre, an einer Bucht und zu Füßen von sanften Hügeln, bietet kaum touristische Attraktionen. Hier und dort fallen imposante Gebäude auf, die unverkennbar den Stempel der deutschen Kolonialzeit tragen. Dazu gehören die Regionalverwaltung sowie der Bahnhof, der seine besten Zeiten auch schon hinter sich hat.

Weniger die Touristen als vielmehr Geschäftsreisende und die Mitarbeiter der zahlreichen Hilfsorganisationen beleben die Straßen von Kigoma. Die Bevölkerung (178 000 Einw. im Großraum) lebt vornehmlich von der traditionellen Landwirtschaft und vom Fischfang.

 **Banken:** NBC-Bank (Lumumba Rd.) für Visa-Abhebungen.

 **Kigoma Hilltop Hotel:** 4 km südwestl. der Stadt, zu buchen über Chimpanzee Safaris, Tel. 022-213 05 53, Fax 022-213 04 87, www.chimpanzeesafaris.com. Das einzige ordentliche Hotel der Stadt – das auch westlichen Standards entspricht – liegt malerisch auf einem Felsvorsprung mit Blick auf die Bucht. Restaurant mit guter Küche. Pool. 40 Zi., DZ ab 140 US-$ (Vollpension).

 **Diplomatic Villa:** 2,5 km südwestl. der Stadt, Bangwo Rd., Tel. 028-280 45 97. Das Kolonialhaus schaut imposant aus, die Zimmer im westlichen Stil sind landestypische Mittelklasse. 6 Zi., DZ 40 000 TSh.
**Aqua Lodge:** Bangwe Rd., Tel. 07 44-95 34 29. Heruntergekommene Unterkunft, aber sonst gibt es nicht viele Alternativen. DZ 20 US-$.

### Camping
**Jakobsen's Beach & Guesthouse:** südl. von Kigoma, www.kigomabeach.com. Camping 6000 TSh/Person am Strand.

 **Bootsausflüge, Angeltouren** oder **Stadtführungen** organisiert u. a. das Kigoma Hilltop Hotel.
**Schwimmen:** Wer sowohl die Risiken Bilharziose und Krokodile ausschließen kann, findet mit Sicherheit bei Jakobsen's Beach (Erw. 2000 TSh) ein lauschiges Plätzchen am Strand.

## Mit der Autorin unterwegs

### Im Schimpansenland
Eine Safari in den Nationalparks **Gombe Stream** und **Mahale Mountains** kann mitunter ernüchternd sein, da die Tiere – nicht so wie in den anderen Parks – eher verhalten auf Menschen reagieren. Man braucht Glück, um Schimpansen beobachten zu können. Mindestens zwei Tage Aufenthalt erhöhen die Chancen. Man sollte auch gut zu Fuß sein, denn die Suche nach den Primaten bringt lange Wanderungen durch den autofreien Urwald mit sich (s. S. 369 ff.).

### Traditionelles Dorfleben
Auch wenn es auf den ersten Blick nicht so aussieht: Westliche Einflüsse zerstören das traditionelle Gefüge in der Dorfgemeinschaft. Deshalb zelebriert das **Bujora Sukuma Village Museum** die Kultur der größten Volksgruppe des Landes (s. S. 375).

 **Flüge:** Es gibt einen kleinen Flughafen 6 km südwestl. von Kigoma. Linienflüge fast tgl., z. B. mit Precision Air 440 US-$ (einfach) ab Dar-es-Salaam.
**Züge:** Bis auf weiteres ist die Personenbeförderung auf der Bahnlinie nach Dar-es-Salaam eingestellt. Der Bahnhof liegt zentral.
**Busse:** Der Busbahnhof liegt ca. 4 km südöstl. vom Zentrum. Wegen der sehr schlechten Straßenverhältnisse existieren nur wenige Busverbindungen. Unter anderem verkehren tägliche Busse nach Mwanza oder Shinyanga.
**Fähren:** Die ›MV Liemba‹, der legendäre Dampfer ›Graf Von Götzen‹, der von den Deutschen während des Ersten Weltkriegs mit der Bahn hergebracht und zusammengebaut wurde, verkehrt (neben der ›MV Mwongonzo‹) noch immer: Abfahrt: Mi 17 Uhr. Er erreicht Mpulungu (Sambia) Freitag vormittags – sollte es keine größeren Pannen geben. Das Schiff stoppt an vielen kleinen Siedlungen entlang des Ostufers – bunte Einblicke ins Dorfleben sind somit garantiert.

# Lake Tanganyika und Lake Victoria

## Ujiji

**Reiseatlas:** S. 15, A 2

Weit wichtiger als Kigoma war seit jeher der Ort Ujiji, 10 km südlich. Während des 19. Jh. marschierten die großen Sklaven- und Elfenbeinkarawanen auf dem Weg an die Küste hier durch; Endziel war Sansibar. Bis zu 1200 km Fußmarsch hatte die Gefangenen noch vor sich; viele überstanden die Strapazen nicht. An die wenig rühmliche Zeit erinnern einige Gebäude im typischen Swahilistil, erbaut von den damaligen Drahtziehern und Nutznießern der Sklaverei, den arabischen Händlern. Auch die Gesellschaft des Örtchens selbst scheint mehr Swahilikultur in sich zu tragen als das Umland: *kofias* oder *kanzus,* eher in Sansibar übliche Kleidungsstücke, werden viel getragen.

In unseren Breiten ist Ujiji eher durch den Forschungsreisenden David Livingstone ein Begriff. 1871 traf hier der Journalist Henry Morton Stanley auf den als verschollen geltenen Afrikaforscher. Nachdem Stanley sich seit Wochen durch den afrikanischen Busch geschlagen hatte und schließlich auf den einzigen Weißen im Umkreis von mehreren hundert Kilometern traf, brachte der Journalist nur ein trockenes »Doctor Livingstone, I presume« (»Dr. Livingstone, nehme ich an«) über die Lippen. Ein nüchternes Zitat, das in die Geschichtsbücher eingehen sollte. Stanley wollte den von Krankheit geschwächten Livingstone davon überzeugen, mit ihm nach Europa zurückzukehren. Doch Livingstones Herz hing an diesem Kontinent, und die Afrikapolitik der Europäer war ihm verhasst. Daher blieb Livingstone in Afrika, wo er am 1. Mai 1873 in Chitambo (Sambia) an der Ruhr starb. Sein Herz wurde dort an Ort und Stelle begraben, seinen einbalsamierten Körper schickte man nach England.

Vor Livingstone hatten bereits im Jahr 1858 die Forscher Richard Burton und John H. Speke den See auf den Landkarten vermerkt. Zwei Gedenksteine sowie ein kleines Museum, in dem ein lokaler Künstler die Geschichte in illustrierenden Gemälden nachzuempfinden versucht hat, erinnern an die ersten europäischen Erkundungsreisenden. Das

**Livingstone-Museum** befindet sich in der Livingstone Street, kurz vor der kleinen Bootswerft (tgl. 8–18 Uhr, Erw. 2000 TSh).

## Mahale Mountains National Park

**Reiseatlas:** S. 15, B 4

Der Mahale Mountains National Park zählt zu den unbekannten Juwelen unter den tansanischen Nationalparks, weit weg von jeglicher Zivilisation. Weniger als 200 Menschen im Jahr verirren sich hierher. 120 km südlich von Kigoma, an den feinsandigen Ufern des Lake Tanganyika gelegen, ist er eine der Heimstätten der gefährdeten Schimpansen, die das 1613 km$^2$ große, bergige (höchste Erhebung: 2462 m) und mit dichtem Urwald bewachsene Areal mit Warzenschweinen,

Buschschweinen, Buschböcken, Ginsterkatzen oder gar Leoparden, Elefanten oder Büffeln teilen müssen. Über 1000 Schimpansen in 20 Familien sollen im Park leben; sie werden in Langzeitstudien peinlich genau von Wissenschaftlern der University of Kyoto überwacht (Eintritt: Erw. 80 US-$).

### Gombe Stream National Park

**Reiseatlas:** S. 15, A 2

Nur 16 km nördlich von Kigoma liegt der Gombe Stream National Park, der 1968 aufgrund der Bemühungen der weltberühmten Primatologin Jane Goodall eingerichtet wurde. Der 16 km schmale Landstreifen – ein bewaldetes Gebiet mit bis zu 1500 m hohen Bergkämmen und plätschernden Wasserläufen – reicht vom See bis zur Bruchkante des Großen Ostafrikanischen Grabenbruchs. Der mit knapp 50 km² Fläche kleinste aller tansanischen Parks bildet das Refugium für ca. 100 Schimpansen sowie für weitere Affenarten, wie Anubispaviane, Rote Stummelaffen, Diademmeerkatzen oder Grüne Meerkatzen. Jane Goodall setzte sich u. a. dafür ein, dass der Park nur noch von wenigen Besuchern frequentiert wird, um den Schimpansen ein ungestörtes Leben zu garantieren – zum Wohl der Schimpansen, zum Leid der Besucher, die pro Tag 100 US-$ für den Parkbesuch bezahlen müssen.

**i** Weder im Mahale Mountains noch im Gombe Stream National Park gibt es Straßen; auf Fußsafaris ist man in unmittelbarer Tuchfühlung mit der Natur.

**Das Bergland der Mahale Mountains**

# Mutige Abenteurer und gierige Kolonialmächte

**Bereits die alten Römer beschäftigten die Quellen des Nil, dessen Unterlauf ja in ihrem Reich lag. So wurde der Ausdruck »Caput Nili quaerere« (nach der Quelle des Nils fragen) für ein schier unlösbares Problem geprägt. Bis zum 19. Jh. wusste man nicht genau, wo der Nil entsprang. Die von Europa finanzierten Expeditionen sollten diese Frage – neben wirtschaftlichen und politischen Interessen – klären.**

Nachdem vor allem die Araber seit jeher handelspolitische Beziehungen mit Afrika pflegten, kamen ab dem 14. Jh. erstmals europäische Mächte ins Spiel. Während für die Italiener vor allem der Handel im Vordergrund stand, sicherten sich die Portugiesen im 16. Jh. als erste Vertreter der westlichen Welt eine Kolonie – sie besetzten das heutige Mosambik.

Federführend in der Afrikaerforschung waren zweifellos die Briten, deren Neugier (und Gier) an fremden Ländereien durch die Gründung der Royal Geographic Society 1788 nachhaltige Impulse erhielt. Zuerst war man – schon wie die alten Römer – getrieben von der Suche nach den Ursprüngen der drei größten Flüsse – des Kongos, des Nigers und des Nils. Aber bald überlagerten wirtschaftliche und politische Interessen die innerafrikanischen Forschungsreisen.

Als 1848 dann die Neuigkeit des deutschen Missionars Johannes Rebmann über Schnee am Äquator die Gemüter erregte, rückte auch Ostafrika ins Zentrum des Interesses. Nicht zuletzt Gerüchte um einzigartige Reichtümer ließen das wenig bekannte Ostafrika verlockend erscheinen. Von Wissensdurst, Handelsinteressen und Sendungsbewusstsein getrieben, wurden daraufhin Forschungsreisende nach Ostafrika entsandt. Sie sollten Licht in das Wissen um den dunklen Kontinent bringen. Unter dem Deckmantel der Wissenschaft versuchten die Briten herauszufinden, welche nutzbaren Ressourcen sich im Landesinneren verbargen und welche politischen und wirtschaftlichen Möglichkeiten bestanden, sich diese anzueignen.

Zu den ersten Gesandten gehörten die Briten John Hanning Speke und Richard Burton. Ihr offizielles Ziel war es, die Quellen des Nil zu erkunden. Die beiden Forscher machten sich 1857 mit mehreren Dutzend Trägern, Köchen und Dolmetschern auf den Weg. Dabei folgten sie alten Karawanenrouten von Bagamoyo bis nach Ujiji am Tanganyika-See. Diese Wege wurden bereits seit Jahrhunderten von afrikanischen Händlern und arabischen Sklaventreibern genutzt, sodass von einer ›Entdeckung‹, zu der diese Reisen häufig hochstilisiert werden, nicht die Rede sein kann (was analog auch für alle anderen sog. ›Entdeckungsreisen‹ gilt). Am Lake Tanganyika erkrankte Burton an einer schweren Malaria und Speke setzte die Reise ohne seinen Gefährten fort. Er erreichte schließlich den Victoriasee und ortete ihn als Quelle des Nils, was 1862 bei einer erneuten Forschungsreise von Speke bestätigt wurde. Vier Jahre später stieß Samuel Baker weiter im Westen beim Albert-See (Uganda) auf die zweite Nilquelle.

1866 wurde der erfahrene Afrikaforscher, der schottische Missionar und Mediziner David Livingstone, nach Ostafrika entsandt; er landete in Sansibar. Von Mikindani aus trat er zu seiner letzten Expedition an, die sieben Jahre dauern sollte. Er ging zu Fuß zum Lake Malawi und anschließend bis nach Ujiji am Tanganyika-See. Heimtückische Krankheiten quälten ihn, er verlor nicht nur seine Zähne, sondern auch den Kontakt zu Europa. Welches von beidem schlimmer war, vermochte er nicht zu sagen, denn er war Zeuge der brutalen Sklavenfänger, die im Namen der Weißen handelten und verdammte daraufhin die Ausbeutungspolitik der Europäer. Nachdem die westliche Welt lange nichts von ihrem verschollenen Forscher gehört hatte, setzte sie ihm Henry Morton Stanley auf die Fersen.

Stanley war eher ein sensationslüsterner Journalist als ein Forschungsreisender. 1871 traf er den vermissten Livingstone bei Ujiji (s. S. 368). Damit hatte er seine Aufgabe erfüllt und kehrte nach Europa zurück, wo seine Abenteuerberichte in Zeitungen und Büchern für Furore sorgten. Manche der Schilderungen befriedigten die Sensationslust der Leser, andere aber dienten durchaus als aufschlussreiche Quellen für Politiker, Händler und Missionare, die in der Folgezeit (ab etwa 1880) aus jeweils unterschiedlichen Motiven über den ostafrikanischen Kontinent herfielen. Die Kolonialmächte sahen eine Chance, ihr Imperium auszuweiten. Händler witterten neue Rohstoffquellen bzw. Absatzmärkte, und Missionare waren von dem Eifer getrieben, die ›wilden Gottlosen‹ zu bekehren.

**Auf Entdeckungsreisen in Ostafrika: Dr. Livingstone am Tanganyika-See (1871)**

## Lake Tanganyika und Lake Victoria

**Greystoke Mahale:** Kangwena Beach, zu buchen über einen beliebigen Tour Operator, www.nomad-tanzania.com, Mitte März–Mitte Mai geschl. Es herrscht eine absolute Robinson-Atmosphäre vor der dramatischen Kulisse der Mahale-Berge. Die ›A-Bandas‹ aus lokalen Materialien sind geprägt von rustikaler Eleganz. 6 Zi., DZ ab 970 US-$ (Vollpension) inkl. Eintrittsgebühren.

**Nkungwe Luxury Tented Camp:** Mahale, zu buchen über Chimpanzee Safaris, Tel. 022-213 05 53, Fax 022-213 04 87, www.chimpanzeesafaris.com. Am Sandstrand des Lake Tanganyika. Typisch afrikanisches Zeltsafari-Camp, komfortabel und luxuriös. 10 Zi., DZ ab 800 US-$ (Vollpension) inkl. Eintrittsgebühren.

**Gombe Luxury Tented Camp:** Nordufer am Tanganyika-See, zu buchen über Chimpanzee Safaris, Tel. 022-213 05 53, Fax 022-213 04 87, www.chimpanzeesafaris.com. Einziges Camp im Gombe Park, das im dichten Wald direkt am Ufer steht, in typisch afrikanischer Zeltsafarimanier, sehr familiär. 6 Zi., DZ ab 850 US-$ (Vollpension) inkl. Eintrittsgebühren.

**Camping:** Der TANAPA Campingplatz liegt beim Headquarter Mahale. Nur für Selbstversorger, 30 US-$/Person.

Neben **Fußsafaris** werden auch **Vogelsafaris, Schnorchelausflüge** oder **Sundowner-Bootsfahrten** von den Camps angeboten.

**Plätschernde Wasserläufe im Gombe Stream National Park**

**Flüge:** Gombe ist nur per Boot, Mahale per Flug erreichbar; es empfiehlt sich die Inanspruchnahme eines Tour Operators. Im Mahale National Park existiert ein Flugfeld, nur Charterflüge, z. B. Arusha–Mahale 625 US-$/Person einfach.

## Katavi National Park

**Reiseatlas:** S. 21–22, C–D 1–2

Wer schon einmal in dieser Gegend reist, sollte auch das dritte große Highlight nicht versäumen, das man am besten kräfteschonend per Charterflug erreicht – denn es fehlen jegliche Verkehrsstrukturen. Unentdeckte afrikanische Wildnis charakterisiert den Park, der von drei Gewässern maßgeblich beeinflusst wird – im Norden vom **Lake Katavi** und seinem Grasland, im Südosten vom palmen-

gesäumten **Lake Chada** sowie dem **Katuma River** und seinen Sumpflandschaften.

Die Gewässer sind Lebensraum von Flusspferden und Krokodilen in rauen Mengen, in den Miombowäldern und Akazienhainen tummeln sich riesige Büffelherden, jede Menge Leoparden, aber auch Elefanten, Löwen, seltene Antilopenarten und Zebras. Jedes Tier, das üblicherweise zum Bild von Afrika gehört, existiert im Katavi-Park, ohne schädigende Einflüsse von Einheimischen (das verhinderte die Tsetse-Fliege) oder Touristen hinnehmen zu müssen. Er ist einer der wenigen Naturräume Tansanias, der (noch) größtenteils unerforscht ist – ein geheimnisvolles Afrika tut sich für seine Besucher auf. Eintritt: Erw. 25 US-$.

**Katuma Katavi Camp:** zentral gelegen, zu buchen über Chimpanzee Safaris, Tel. 022-213 05 53, Fax 022-213 04 87, www.chimpanzeesafaris.com, Feb.–Mitte Mai geschl. Eine herrliche Lage (mit Blick auf die Katisunga Plains) und komfortable, geschmackvolle Zelte machen das Safarierlebnis perfekt. 12 Zi., DZ 830 US-$ (Vollpension).

**Katavi Wilderness Camp:** Katisunga Plains, zu buchen über Foxes African Safaris, Tel./Fax 022-286 23 57, www.tanzaniasafaris.info. Luxuriöses Zelt-Camp April–Dez. Es liegt in einer Gegend mit reichem Tierbestand. 6 Zi., DZ ab 700 US-$ (Vollpension).

**Fußsafaris** und **Busch-Dinners** werden für die Besucher veranstaltet.

**Flüge:** Es gibt ein kleines Flugfeld, wo Chartermaschinen landen, z. B. von Arusha 625 US-$/Person einfach.

# Lake Victoria

Das Gewässer der Superlativen in Tansania ist der Lake Victoria, das ›Mittelmeer Ostafrikas‹, der bekannteste und größte unter den Seen des Ostafrikanischen Grabenbruchs. Die Hälfte der Seefläche wird zu Tansania ge-

# Lake Tanganyika und Lake Victoria

rechnet, die beiden anderen Anrainerstaaten sind Kenia und Uganda. Seit jeher ranken sich Legenden um den zweitgrößten Süßwassersee der Welt, denn die Suche nach den Quellen des Nil hatte die Forscher und Entdecker jahrhundertelang in Atem gehalten. Heute weiß man, dass der See (er ist zweimal so groß wie die Niederlande!) in den Viktoria-Nil abfließt, der wiederum den Weißen Nil speist – sein Wasserstand hat somit letzten Endes dramatische Auswirkungen auf den Nil.

Die Region um den See (auf 1135 m Seehöhe) ist geprägt von einem eigenen, äußerst niederschlagsreichen Mikroklima und infolgedessen einer spezifischen Flora und Fauna. Zudem ist sie ein fruchtbares Agrarland: Teepflanzungen, Bananen- und Zuckerrohrfelder hüllen das Hochplateau das ganze Jahr lang in saftiges Grün. 85 % des Seewassers stammen aus Niederschlägen! Kein Wunder also, dass das Seengebiet zu den besonders dicht besiedelten Gebieten Tansanias zählt. Wegen der dominierenden Stellung des Volkes der Sukuma spricht man auch öfter vom Sukuma-Land.

Neben der Landwirtschaft ist der See selbst die Haupterwerbsquelle für die Sukuma: Jährlich werden 160 000 t Fisch allein auf tansanischer Seite gefangen – und größtenteils exportiert. Dem See ordnet man den Afrikanischen Lungenfisch zu, sozusagen ein lebendes Fossil, das über 300 Mio. Jahre alt sein soll. Er atmet durch die Lunge und nicht wie die überwiegende Mehrzahl der heute lebenden Fischarten über Kiemen.

Wegen der Bilharziose-Erreger eignet sich das Gewässer nur an ganz wenigen Stellen zum Baden. Überhaupt hat es mit vielen Pro-

blemen zu kämpfen: die Nilbarsche (s. S. 376 f.), die starke Wasserverschmutzung bedingt durch die dichte Besiedlung und die wuchernde Wasserhyazinthe, die versehentlich eingeschleppt wurde und die Lebewesen im See beeinträchtigt.

Wer eine Reise zum Lake Victoria unternehmen will, dem bleibt kaum eine Alternative zum Flug, wenn es um eine bequeme An- oder Abreise geht. Alle anderen Anreisemöglichkeiten sind zeit- und nervenraubend. Von Arusha führen zwei Wege nach Mwanza, entweder durch die Serengeti inklusive aller Parkgebühren (bei Regenfällen ist das Ikoma Gate zu bevorzugen) oder über Singida, Nzega und Shinyanga. Von Tabora führt ebenfalls eine Piste nach Mwanza. Die Verbindung zwischen Mwanza und Kigoma führt durch Sumpfgebiet und ist nur wenige Monate im Jahr befahrbar. Wenige Straßen sind geteert, außer zwischen kenianischer Grenze und Mwanza oder nach Shinyanga, aber stellenweise lässt deren Qualität auch sehr zu wünschen übrig. Eine Alternative zur Straße stellt allenfalls die Schiene dar, allerdings sollte man viel Zeit im Gepäck haben. Man ist fast zwei Tage unterwegs, je nachdem wie häufig die Fahrt wegen Pannen unterbrochen werden muss.

## Mwanza

**Reiseatlas:** S. 10, E 3

Der größte Binnenhafen Tansanias liegt in in der Mitte des Südufers. Mwanza ist eines der größten Ballungszentren des Landes, Das wirtschaftliche und industrielle Zentrum im Nordwesten Tansanias (230 000 Einw.) konnte sich erst durch die gute verkehrstechnische Anbindung entwickeln. Einerseits spielte der Frachthafen, wenige Kilometer vom Zentrum entfernt, eine wichtige Rolle, andererseits auch die Fortführung des Schienennetzes bis nach Mwanza. Wichtige Standbeine sind die Fischverarbeitung, die Baumwoll- und Textilproduktion sowie die Seifenherstellung. Zudem profitiert die Stadt von der größten Goldmine Tansanias in Geita und den zahlreichen Hilfsorganisationen, die im Umland angesiedelt sind.

Für die meisten Touristen sind die Gates der Serengeti Endstation, nur wenige reisen von hier aus zum Victoriasee weiter. Die Stadt selbst hat auch kaum etwas zu bieten, außer schöne Panoramen auf den See, bizarre Steinformationen im Wasser, wie den **Bismarck Rock,** oder seine malerische Lage selbst. Mwanza erstreckt sich über mehrere, von bizarren Granitfelsen übersäte Hügel. Manche Häuser wurden sogar in diese Felsen hineingebaut. Über dem Stadtzentrum schwebt ein Hauch staubiger Wildwest-Atmosphäre. Kolonialarchitektur (z. B. der Bahnhof) sowie Gebäude mit großen Veranden, Säulen und Eckbauten prägen das Stadtbild.

Etwa 19 km östlich von Mwanza bei **Kisesa** (an der Straße nach Musoma) lohnt sich der Besuch des **Bujora Sukuma Village Museum**. Die Sukuma, die in der Region rund um den Lake Victoria bis hinunter nach Shinyanga zu Hause sind, stellen mit etwa 15 % der Gesamtbevölkerung die größte Volksgruppe Tansanias. Ursprünglich von kanadischen Missionaren 1952 initiiert, dokumentiert das Museumsdorf die Geschichte und die Lebensweise der Sukuma. So wird nicht nur der Alltag in traditionellen Hütten gezeigt, sondern auch ein Palast, so wie sie früher von den Sukuma-Königen erbaut wurden. Artefakte, wie Trommeln, Hausrat und Kunsthandwerk, sind ausgestellt. Unregelmäßig, zumeist an Wochenenden während der Touristenhochsaison, finden Tanz- und Trommelvorführungen statt. Solche Vorführungen werden auf Wunsch gerne arrangiert (Mo–Sa 8.30–18, So 13–18 Uhr, Erw. 5000 TSh, Vorführungen 60 000 TSh).

 **Informationen:** Gute allgemeine Infos bietet www.mwanza-guide.com.
**Banken:** NBC-Bank (Nkomo St.) und Standard Chartered Bank (Clock Tower-Kreisel) für Visa-Abhebungen, Exim-Bank für MasterCard-Abhebungen (Kenyatta Rd.)
**Geldwechsel:** bei Serengeti Services & Tours oder im Mwanza Hotel (beide Posta St.).
**Internet:** Barmedas.com (Nkrumah St.) und Cyber Net Café (Bantu St.) für 1000 TSh/Std.

**Hotel Tilapia:** Capri Point, Tel. 028-250 05 17, Fax 028-250 01 41, www.hoteltilapia.com. Das einfache Mittelklassehotel liegt direkt am Capri Point. Zum Hotel gehört auch ein Hausboot, ›The African Queen‹, auf dem man ebenfalls übernachten kann. Internet, Pool. 30 Zi., DZ ab 90 US-$.
**New Mwanza Hotel:** Post St., Tel. 028-250 10 70, Fax 028-250 32 02, www.newmwanzahotel.com. Zweckmäßiges Stadthotel, von außen keine Schönheit, aber innen komfortabel. Internet, Pool. 61 Zi., DZ ab 70 000 TSh.
**Tunza Lodge:** 6 km in Richtung Flughafen am Ilemela Beach, Tel. 028-256 22 15, www.renair.com/guesthouselodge.html. Ruhig, außerhalb der Stadt direkt am See gelegen, mit einfachen, aber gemütlichen Zimmern und einem gepflegten Garten. 13 Zi., DZ 60 US-$.
**Treehouse:** Isamilo, Tel. 07 46-68 28 29, treehouse@streetwise-africa.org. Nettes Gästehaus eines Hilfsprojektes nur 2 km außerhalb des Zentrums. Internet. DZ ab 35 000 TSh.
**Hotel La Kairo:** Kirumba Area, 2 km nördl. des Zentrums, Tel. 028-250 03 45. Neueres landestypisches Mittelklassehotel. DZ ab 28 US-$.

 **Yung Long Restaurant:** südl. des Bismarck Rock, tgl. ab 11 Uhr. Vorzügliche Lage am See, gute chinesische Küche, ca. 5000–7000 TSh.
**Kuleana Pizzeria:** Posta St., tgl. 9–21 Uhr. Hauptsächlich besuchenswert wegen der Pizzen. Sandwiches, Kaffee, Kuchen, 5000 TSh.

**Just Rumours:** Posta St., Di–So ab 15 Uhr. Bar, Pool-Tables und Livekonzerte (oder Disco) Fr/Sa.
**New Mwanza Hotel:** Posta St., tgl. geöffnet. Sa mit Livemusik in der Kipepeo Bar. Glücksspiel im Kings Casino.

 **Safariveranstalter**
**Serengeti Services & Tours:** Posta St., Tel. 028-250 00 61, Fax 028-250 04 46,

# Der Lake Victoria und die Invasion der Nilbarsche

**Berühmt ist der Lake Victoria nicht nur wegen seiner imposanten Größe, sondern vor allem wegen seiner vielfältigen Fischfauna. Im See sollen über 500 – vielfach endemische – Buntbarscharten vorkommen, von denen noch nicht einmal die Hälfte wissenschaftlich erfasst ist. Klingt, als sei hier ein kleines Paradies für Fische – doch gibt es einige eklatante Schönheitsfehler.**

Das nährstoffreiche, warme und lichtdurchflutete Gewässer des Lake Victoria bot den Victoriasee-Buntbarschen eine ideale Lebensgrundlage. Für die ansässige Bevölkerung stellte der zweitgrößte Süßwassersee der Welt nicht nur eine wichtige Nahrungs- und Erwerbsquelle dar, sondern auch das wichtigste Trinkwasserreservoir.

Doch folgenschwere menschliche Eingriffe haben das Ökosystem des Sees nachhaltig geschädigt. So wurden in den 1960er-Jahren zahlreiche Exemplare des bis zu 200 kg schweren Nilbarsch bewusst eingesetzt. Als kommerziell einträglicher Fisch sollte er die Fischernetze füllen. Doch die Ansiedlung erwies sich als Katastrophe, denn für die gefräßigen Raubfische eröffnete sich ein Schlaraffenland – die viel kleineren Tilapia – so der zusammenfassende Name für die verschiedenen Buntbarscharten im Victoriasee – hatten dem übermächtigen Feind nichts entgegenzusetzen. Die Fischbestände waren in der Folge bald drastisch dezimiert – Experten sprechen davon, dass mittlerweile an die zwei Drittel der Buntbarscharten ausgerottet sein dürften.

Die erhofften Gewinne für die Fischer blieben allerdings aus: Der als ›Viktoriabarsch‹ gehandelte und weltweit äußerst beliebte Speisefisch erzielt auf dem Markt einen viel geringeren Preis als die Tilapia, gleichzeitig verlangt er höhere Investitionen.

Anders als der Tilapia kann er nicht in der Sonne getrocknet werden, sondern muss für die Konservierung geräuchert werden, was wiederum zur Brennholzgewinnung Rodungen notwendig und für das ökologische Gleichgewicht dringend notwendige Waldflächen zunichte macht. Außerdem benötigen die Fischer besonders starke und folglich teure Netze, die sich die kleinen Fischer nicht leisten können – zu den ökologischen gesellen sich also ökonomische und soziale Probleme.

Längst ist das Geschäft mit den lukrativen Fischfilets fest in den Händen korrupter Beamter und gewissenloser Eliten, wie der international prämierte Film »Darwin's Nightmare« (»Darwins Alptraum«; nur auf Englisch und Französisch) des österreichischen Filmemachers Hubert Sauper eindrucksvoll dokumentiert. Im Handel mit den Viktoriabarschen werden Naturalien anstatt Devisen vom Westen bezogen: Auf diese Weise gelangt täglich neuer Waffennachschub in die von Krieg heimgesuchten afrikanischen Regionen.

Da mag es schon fast kleinlich klingen, dass auch noch eine Reihe von anderen Einflüssen das ökologische Gleichgewicht bedroht. Ohne ihre natürlichen Feinde, die Tilapia-Buntbarsche, konnten sich u. a. Wasserschnecken, die Zwischenwirte der Bilharziosewürmer, kräftig vermehren – mit dem

Resultat, dass die für den Menschen gefährlichen Bilharzioseerreger heute im gesamten See vorkommen. Die Wurmparasiten befallen die inneren Organe, was zu schweren Schäden führen kann.

Neben der allgemeinen Verschmutzung des Sees, hervorgerufen durch die dichte Besiedlung der Küstenregionen, erwies sich auch die Verschleppung der Wasserhyazinthe in den 1980er-Jahren als gravierend: Buchstäblich beim Zuschauen überwuchert die auf dem Wasser schwimmende in Mittel- und Südamerika heimische Pflanze die Buchten des Lake Victoria. Ihre Wuchsfreude ist immerns:  Innerhalb von nur zwei Wochen

kann sich das Ausmaß der von ihr bedeckten Wasserfläche verdoppeln! Über 90 % der ufernahen Gewässer sollen damit schon überwuchert sein. Dies hat für die ohnehin belastete Fischfauna zusätzlich verheerende Folgen: Durch den Lichtmangel sterben die heimischen Wasserpflanzen und die noch verbliebenen Buntbarsche. Neben anderen Folgeerscheinungen ist der Hyazinthenteppich außerdem eine Behinderung für die Schifffahrt und die Fischerei.

Der Handlungsbedarf ist also groß am Lake Victoria, nicht umsonst wurde er vom Global Nature Fund zum ›bedrohten See des Jahres 2005‹ erklärt.

**Der Verkauf von Fischen ist die einzige Einkommensquelle für viele Frauen**

# Lake Tanganyika und Lake Victoria

www.serengetiservices.com. Reisebüro und Tour Operator.

**Fortes Safaris:** Lumumba St., Tel. 028-250 18 04, Fax 028-250 00 05, www.fortessafaris.com.

**Baden auf Ukerewe Island:** Das Wasser vor den einsamen Sandstränden ist frei von Bilharziose-Erregern und lädt zum Baden ein. Regelmäßige Autofähren setzen auf die nördl. Seite der Bucht über.

**Flüge:** Der Flughafen liegt 10 km außerhalb der Stadt. Fast alle nationalen Linien fliegen nach Mwanza, z. B. von Dar-es-Salaam 400 US-$, von Arusha 200 US-$/Person einfach mit Coastal Aviation.

**Züge:** Bis auf weiteres gibt es eingeschränkten Passagierverkehr mit der Central Line. Die Bahn fährt nach Dar-es-Salaam, der Bahnhof liegt südwestl. vom Zentrum in der Station Rd. Abfahrt Di, Do, So jeweils um 18 Uhr, 53 600 TSh in der 1. Klasse, Dauer ca. 40 Std. Für eine Fahrt nach Kigoma muss man in Tabora umsteigen. Infos unter www.trctz.com.

**Busse:** Der allgemeine Busstand befindet sich zentral neben dem Markt, doch Scandinavian hält südl. davon, in der Rwagasore Rd. Tgl. von Dar-es-Salaam über Nairobi, 61 000 TSh, es ist ein Visum erforderlich (50 US-$).

**Mietwagen:** Fortes Car Hire: Tel. 028-250 05 61, www.fortessafaris.com.

**Fähren:** Passagierfähren nach Bukoba (Di, Do, So 10 Uhr, 21.500 TSh, Dauer 9 Std.), nach Ukerewe Island (tgl., 3500 TSh, Dauer 3 Std.) und nach Rubondo Island. Nach Ukerewe Island verkehren auch Autofähren.

**Grenzverkehr:** Nördl. von Musoma liegt der Grenzübergang Sirari, ca. 156 km nördl. des Ndabaka Gate. Ein Touristenvisum (50 US-$) ist zu erstehen. Achtung vor Übergriffen; es gibt organisierte Banden.

## Rubondo National Park
**Reiseatlas:** S. 9, C 2

Bestehend aus der Hauptinsel, elf kleineren Inseln und dem Gewässer, das sie umgibt, nimmt der Rubondo National Park 450 km$^2$ ein. Die Spezialität dieses ungewöhnlichen Parks sind die grandiosen Urwaldlandschaften, durchzogen mit vielen kleinen Sümpfen.

Man findet eine vielfältige Flora, beispielsweise 40 Orchideenarten, sowie herrliche Sandstrände am See. Doch auch die Fauna versetzt in Erstaunen. Dass der Park von über 400 Vogelspezies, darunter Fischadler, afrikanische Graupapageien und Paradiesschnäpper, bevölkert ist, mag vielleicht nicht

überraschen. Dass aber auch Säugetiere, wie Ginsterkatzen, Diademmeerkatzen, Guereza-Affen, Buschböcke, Antilopen, Elefanten oder Giraffen, hier heimisch sind, ist dem Zoologischen Institut Frankfurt zu verdanken, das die isolierte Insellage dazu nutzen wollte, vom Aussterben bedrohte Tiere zu retten und ihren Bestand auszuweiten. Mit der Einführung von Schimpansen versuchte man die Attraktivität des Parks zu erhöhen. Zusätzlich zu importierten Tieren gab es auf der Insel schon vorher Flusspferde, Krokodile und die seltenen zotteligen Sitatunga (Sumpfantilopen), die in ihrer Lebensweise ans Wasser gebunden sind.

**i** Auf den Inseln des Rubondo National Park selbst sind keine Fahrzeuge zugelassen, auf Safari geht es entweder zu Fuß oder per Boot. Eintritt: 20 US-$, zusätzlich der obligatorische bewaffnete Guide 20–30 US-$/Gruppe.

**Rubondo Island Camp:** www.rubondoislandcamp.com; zu buchen über Kiroyera Tours, Tel. 028-222 02 03, www.kiroyeratours.com. Das ältere, aber renovierte Zeltcamp in malerischer Lage am See bietet neben Unterkunft viele Aktivitäten: Fußsafaris, Bootssafaris, Vogelbeobachtung und Angeln. Pool. 10 Zi., 2 Nächte DZ ab 670 US-$ (Vollpension) inkl. Eintrittsgebühren.

**Flüge:** Am bequemsten ist es, wenn man die Anreise per Charterflug unternimmt. Coastal Aviation fliegt von Arusha (420 US-$/Person einfach), Flüge sind auch aus der Serengeti oder ab Mwanza möglich (dort Verbindung nach Dar-es-Salaam).

**Reiherversammlung im Rubondo National Park**

# Safaris im Süden und die Southern Highlands

Reiseatlas S. 25

*Off-the-beaten-track* – abseits der Touristenpfade – dieser Begriff beschreibt am besten Reisen in das südliche Tansania. Dabei hätte die Region alles, was Touristen sich wünschen: viel authentisches Busch-Feeling, riesige Herden von Tieren, für die der Anblick von Menschen noch nicht alltäglich ist, wunderbare Naturräume, grüne Hügelketten und endlose Ebenen.

Während der Tourismus als Einnahmequelle in diesem Teil von Tansania kaum eine Rolle spielt, sorgt die Agrarwirtschaft für das Auskommen der Menschen. Die Gebiete um Morogoro, Dodoma, Tabora sowie Iringa und Mbeya (Southern Highlands) sind bedeutende Anbaugebiete für die *cash crops* Sisal, Tee, Kaffee und Tabak. Darüber hinaus produziert die Region große Maisüberschüsse und deckt damit teilweise den Bedarf dieses wichtigsten Grundnahrungsmittels. Im Bergbau und bei der Gewinnung von Mineralien wie Gold, Diamanten und Halbedelsteinen liegt die tatsächliche Nutzung der Vorkommen noch weit unter dem vorhandenen Potenzial – die Regierung sucht händeringend nach Investoren.

Die Verkehrsanbindung von Südtansania ist für afrikanische Verhältnisse exzellent. Auf dem gut ausgebauten TANZAM-Highway ge-

**Eine staubige Angelegenheit: Reisen auf ungeteerter Piste**

## Mit der Autorin unterwegs

### Krokodile und Flusspferde

Wer über das Mtemere Gate im Osten in den Selous fährt, darf auf keinen Fall die zahlreichen kleinen Seen des Rufiji-Flusses verpassen: Hier sichtet man große Gruppen von suhlenden Flusspferden und scheuen Krokodilen (s. S. 382).

### Auf Safari per Zug

Sehr beliebt ist die kostensparende Anreise in das Selous Game Reserve per Bahn. Die Zugreise nimmt ungefähr fünf Stunden in Anspruch (aber je nach Interpretation des Fahrplanes auch länger) und stimmt gut darauf ein, dass die Uhren im Süden langsamer gehen. Wer am Montag den Vormittagszug erwischt, hat gute Chancen, Wildtiere zu beobachten, die es mit den Reservatsgrenzen nicht so genau nehmen (s. S. 384).

### Wandern in den Udzungwa Mountains

Naturliebhaber und Individualisten mit ausnehmend guter Kondition können die Udzungwa Mountains wandernd erfahren (s. S. 386).

### Isimilia Stone Age Site

Passionierte Historiker werden Freude an den bedeutendsten Steinzeitfunden Ostafrikas haben. Für die meisten beeindruckender: die nahe gelegene Isimilia-Schlucht (s. S. 388).

---

langt man von Dar-es-Salaam nach Mbeya und weiter nach Sambia. Er ist zentraler Teil der Überlandroute von Nairobi nach Kapstadt und wichtige Transportroute im panafrikanischen Güterverkehr. Hinzu kommt die TAZARA-Eisenbahnlinie, die den Hochseehafen von Dar-es-Salaam mit Sambia verbindet mit vielen Stopps entlang der Strecke, z. B. im Selous Game Reserve, in Iringa oder in Mbeya.

## 13 Selous Game Reserve

**Reiseatlas:** S. 25, B–C

Abenteuerliche Bedingungen, einzigartige Landschaftsszenerie und ungestörte Tierbeobachtungen – das hört sich nach Selous an. Eine Safari im Selous (sprich: Selu) unterscheidet sich ganz wesentlich von Safaris in den meisten anderen Naturschutzräumen. Zuallererst ist der Selous ein Wildreservat, und zwar das größte Afrikas – und kein Nationalpark. Das bedeutet, dass den naturverbundenen Gästen andere Arten der Tierbeobachtung, z. B. zu Fuß oder per Boot, zur Verfügung stehen. Zum zweiten mag zwar die Population von über 1 Mio. Wildtieren impo-

sant klingen, doch auf einer Fläche, die fast viermal so groß ist wie die Serengeti, relativiert sich diese Zahl. Und drittens schlagen die Safariuhren im Selous langsamer: Unendliche Weiten prägen das Bild, es kann vorkommen, dass man auf einer Pirschfahrt keinem Menschen begegnet. Die wenigen Lodges sind familiär und nicht überlaufen, und die Hitze verlangt eine vollkommen andere Strukturierung eines Safaritages.

Gerade deswegen übt das Areal, das mit über 55 000 km$^2$ größer ist als die Schweiz, eine unvergleichliche Faszination aus – hier kann man sich weit intensiver mit der wilden Ursprünglichkeit verbunden fühlen. Bereits 1905 ernannte die deutsche Kolonialregierung Teile des heutigen Gebiets zu Schutzzonen; 1982 erklärte die Unesco es zum ›Erbe der Menschheit‹. Diese Maßnahmen kollidierten auch nicht mit den Interessen der einheimischen Bevölkerung, da in der Region die Tsetsefliege vorkommt, die nicht nur Rinder mit Seuchen infizieren, sondern auch die Schlafkrankheit auf Menschen übertragen kann, sodass die Region wirtschaftlich nicht nutzbar ist. Benannt wurde der Park nach dem britischen Großwildjäger, Naturliebhaber und Soldat Frederick Courtney Selous, der

## Richtig Reisen-Tipp: Fußsafari im Selous Game Reserve

Die Morgenstunden, wenn die schräg einfallenden Sonnenstrahlen den Busch in warme Goldtöne tauchen, sind ideal für Walking Safaris (Fußsafaris). Dem bewaffneten Guide im Gänsemarsch folgend, hält man Augen und Ohren offen – es knackt und raschelt im Busch. Ein paar Impalas machen sich aus dem Unterholz mit grazilen Sprüngen auf und davon. Flüsternd weist der Führer auf Vögel und kleinere Tiere im Dickicht, die nur ein geschultes Auge erkennen kann. Im ausgetrockneten, sandigen Flussbett versucht der Guide, die zahlreichen Tierspuren zu deuten – die riesigen Dunghügel von Elefanten, die wie gepresste Grasballen aussehen, sind nicht zu übersehen; die Spuren der kleinen Dikdiks sind da bei weitem subtiler. Ein wenig weiter haben es sich Flusspferde im übel riechenden, schlammigen Wasserloch bequem gemacht, doch die Anwesenheit von Zaungästen macht sie nervös. Sie suchen das Weite – erstaunlich flink. In der Ferne schnauben Zebras – sie signalisieren ihren Artgenossen Alarm. Ein neugieriges Warzenschwein lässt sich scheinbar von der unbekannten Spezies nicht beirren und hält inne. Nach drei Stunden retour im Camp, bei einer Tasse dampfendem Kaffee, ist man sich einig – die Wildnis per pedes zu erfahren ist berührend, und Gott sei Dank haben weder Elefanten noch Büffel den Weg gekreuzt. Die Vorfreude auf die für die späten Nachmittagsstunden angesetzte Bootssafari steigt, auch wenn das mulmige Gefühl bleibt. So nah kommt man der ungezähmten Wildnis nur selten. Anfragen bei jeder Lodge, fast alle Lodges im Selous haben solche Safariausflüge im Programm.

auf dem heutigen Parkgebiet im Ersten Weltkrieg bei Kämpfen gegen die Deutschen ums Leben kam.

Nur der kleinere, nordöstliche Teil des Reservats – das entspricht etwa 16 % des Areals – ist für Pirschfahrten zugelassen, während der Rest von Großwildjägern gerne genutzt wird (nur etwas für gut gefüllte Geldbörsen), was auch z. T. erklärt, warum die (60 000) Elefanten, (150 000) Büffel oder auch Giraffen beim Anblick von Safarifahrzeugen nervös werden. Große Herden von Gnus, Zebras, Antilopen sind das ideale Dinner für weit über 3500 Löwen, die hier ihre höchste Dichte in Tansania erreichen. Überhaupt sind die meisten Tiere in schier unerschöpflichen Populationen vorhanden, und theoretisch ist es möglich, jedes erdenkliche Wildtier – ausgenommen Nashörner –im Selous zu Gesicht zu bekommen.

### Am Rufiji River

Der Rufiji River durchquert das Reservat, und der Fluss und seine zahlreichen Seitenarme prägen die Tier- und Pflanzenwelt nachhaltig. Aus der Vogelperspektive erinnert er ans Okavango-Delta in Botswana, denn er bildet große Seen und verzweigt sich wie ein Labyrinth in in viele Flussarme mit Inseln, Sandbänken und Lagunen. An deren Ufer sonnen sich so viele Krokodile, wie sonst nirgends in Tansania, grunzende Hippos suhlen sich im schlammigen Wasser und unter den Borassuspalmen dösen stehend Elefantenfamilien. Nebenbei sind die Galeriewälder der zahlreichen Flussläufe Heimat für über 430 Vogelarten – und natürlich auch beliebter Aufenthaltsort weiterer Tiere. Da lohnt sich natürlich eine Bootssafari, die in fast jeder Lodge angeboten wird. Einzigartig in Afrika ist die große Population von Afrikanischen Wildhunden – von 2500 sollen allein über 1000 hier noch überlebt haben.

Neben dem dicht bewachsenen Flussufer ist die Landschaft von weiten, offenen Savannenflächen, Miombotrockenwäldern, Borassuspalmenhainen und Buschsavanne mit Akazienhainen geprägt. Man kann stundenlang durch das größtenteils flache, mancherorts auch sanft hügelige Gebiet fahren, und trotzdem verliert die Landschaft niemals an Faszination.

## Orientierung

Ein besonders spektakulärer Aussichtspunkt auf dem Wasserweg ist die 100 m tiefe **Stiegler's Gorge** im Nordwesten – eine atemraubende Schlucht, in der sich der Fluss staut und vielen Tieren als Tränke dient.

Das Wegesystem ist kaum ausgebaut, außer einer Hauptpiste, die schnurstracks durch den nordöstlichen Sektor läuft. Aufgrund der Größe des Gebiets kommen die Besucher größtenteils per Flugzeug. Während der großen Regenzeit zwischen März und Mai, wenn die Flüsse zu reißenden Strömen werden und sich über ihr Flussbett hinaus ausdehnen, bleiben alle Unterkünfte geschlossen. Die beste Reisezeit ist zwischen Juni und September, dann kann man zudem die in Ostafrika sonst kaum zu beobachtende Laubfärbung an den Miombobäumen erleben. Innerhalb von wenigen Tagen durchlaufen die Blätter den Herbst im Zeitraffer – man kann beinahe zusehen, wie sich das Laub erst gelb, dann rot und schließlich braun färbt, um für den Rest des Jahres grün zu bleiben.

Kein Safariparadies ist aber vollkommen. Wegen schlechter Erreichbarkeit kann der Großteil des Reservats nicht kontrolliert werden, was natürlich Tür und Tor für Wilderer öffnet. Seit Jahren versucht man, bis jetzt erfolglos, nach Öl zu bohren, doch die Bemühungen gehen weiter. Und wenn erst der geplante Damm in der Stiegler's Gorge realisiert worden wäre ...

Die kürzeste Anreise mit Fahrzeug erfolgt über den Osten (über Kibiti, 280 km, 6–8 Std.), zuerst auf Asphalt, ab Kibiti auf Sandpiste. Die spektakuläre Anfahrt von Morogoro über die Uluguru-Berge (ca. 155 km, 6–8 Std.) ist nur sinnvoll für Unterkünfte im westlichen Teil.

**i** **Zugang:** Es gibt zwei Gates, Matambwe Gate im Norden, Mtemere Gate im Osten, wobei letzteres mit dem Fahrzeug besser erreicht werden kann. Eintritt: Erw. 30 US-$.

  Die Camps sind im April und Mai geschlossen.

**Beho Beho Camp:** Zufahrt über Matambwe Gate, zu buchen über Hippotours, Dar-es-Salaam, Tel. 022-212 86 63, Fax 022-212 86 61, www.behobeho.com. Hier wird der englische Kolonialstil gelebt, in luxuriösen Stein-Cottages, mit Cocktail-Bar und Sonnendeck. Pool. 8 Zi. DZ ab 1440 US-$ (Vollpension).

**Selous Impala Camp:** Zufahrt über Mtemere Gate, Tel. 022-245 20 05, Fax 022-245 20 04, www.adventurecamps.co.tz. Edel-Camp am Rufiji-Fluss. In den Zelten sowie im Restaurant und der Lounge herrscht stilvolles Safariambiente. Pool. 8 Zi., DZ ab 990 US-$ (Vollpension).

**Rufiji River Camp:** Zufahrt über Mtemere Gate, zu buchen über Hippotours, Dar-es-Salaam, Tel. 022-212 86 63, Fax 022-212 86 61, www.rufijirivercamp.com. Das einstige deutsche Jägercamp ist die älteste Lodge im Reservat, Unterbringung in typischen Zelten. Rustikaler, minimalistischer Schick, aber sehr komfortabel. Pool. 20 Zi. DZ ab 530 US-$ all-inclusive.

### Außerhalb des Parks

**Sable Mountain Lodge:** vor dem Matambwe Gate, zu buchen über A Tent With A View Safaris, Tel. 022-211 05 07, Fax 022-212 38 12, www.selouslodge.com. Familiäre, gemütliche Lodge mit gemauerten Chalets und Zelt-Bandas inmitten von Hügeln und dichten Wäldern. Mit Blick auf die Uluguru Mountains. Pool. Anreise per Zug empfohlen. 13 Zi , DZ ab 290 US-$ (Vollpension), all-inclusive ab 510 US-$.

**Selous Mbega Camp:** außerhalb des Parks, nahe Mtemere Gate, Tel. 022-265 02 50, Fax 022-265 02 51, www.selous-mbegacamp.com. Am Ufer des Rufiji River steht das einfache, freundliche Camp mit Zelten, mitten im dichten Wald. Günstigste Alternative im Selous. 13 Zi., DZ ab 190 US-$ (Vollpension).

### Camping

**Lake Tagalala:** schönster Campingplatz im Reserve, eine weitere Option ist der Platz bei der Beho-Beho-Brücke. 20 US-

$/Person plus dem obligatorischen Ranger (20 US-$).

**Flüge:** Flugfelder in der näheren Umgebung der meisten Zeltcamps und an den beiden Gates. Tgl. Linien- (Coastal, Zanair) und Charterflüge. Von Dar-es-Salaam 140 US-$/Person (einfach), von Arusha 300 US-$ mit Coastal.

**Züge:** Die Bahn verkehrt von Dar-es-Salaam in Richtung Mbeya, die Abholung vom Haltepunkt muss vorher bei den Camps gebucht werden. Abfahrt Mo 9 Uhr, Di und Fr jeweils um 15.50 Uhr, ca. 17 500 TSh (15 US-$). Dauer ca. 5 Std.

## Über die Uluguru-Berge nach Morogoro

**Reiseatlas:** S. 25, B 1–2

Vom Matambwe Gate und Kisaki (bzw. der TAZARA-Bahnstation Kisaki) führt eine erst kürzlich ausgebaute Allwetterstraße nach Morogoro, die größtenteils in gutem Zustand ist. Nachdem man die Grenzen des Selous Game Reserve hinter sich gelassen hat, hält man sich bei **Kisaki** rechts. Die Piste führt zuerst – teilweise schnurstracks gerade – durch Sumpfgebiet und fruchtbare Ebenen, wo Mais, Reis und viele Feldfrüchte gedeihen.

Es gibt zwar nur wenige Dörfer – doch trotzdem sind die Straßen voller Menschen: in bunten Tüchern, lachende Kinder, die gelbe Kübel voll Wasser nach Hause tragen oder Männer auf ihren Fahrrädern. Hier bieten sich wunderbare Aussichten auf die malerischen **Uluguru Mountains.** Später beginnt die Piste stetig zu steigen und man fährt in zahlreichen Serpentinen über die Uluguru-Berge. Dichter Baumbewuchs, teilweise haarsträubende Kurven und spärliche, typisch afrikanische Siedlungen begleiten die Fahrt. Hinter dem Dorf **Mkuyuni** (ca. 120 km ab dem Gate) muss man sich bei der Kreuzung rechts halten. Wer die Abzweigung versäumt hat, wird schließlich auf einer abenteuerlichen Gebirgsstraße das Dorf Kinole erreichen und hier umdrehen müssen, da die Piste zu Ende ist.

Nach der Abzweigung bei Mkuyuni beginnt die Straße bald sanft zu fallen und die in der Sonne glitzernden Dächer von **Morogoro** und den umliegenden Dörfern werden sichtbar. Die letzten Kilometer geben wunderbare Panoramen auf Morogoro und die dahinter liegenden Ebenen frei.

## Morogoro und Umgebung

**Reiseatlas:** S. 25, B 1

Malerisch liegt Morogoro zu Füßen der Uluguru-Berge auf 500 m Seehöhe, gesegnet mit mildem Klima. Hier erinnert nichts mehr daran, dass dieser Ort früher der Umschlagplatz für arabische Handelskarawanen war.

Wirtschaftlich ist Morogoro (rund 207 000 Einwohner) heute eines der führenden Agrar- und Bildungszentren Tansanias, mit wichtigen Einrichtungen wie z. B. der Sokoine University of Agriculture. Große Tabakfelder an den fruchtbaren Berghängen der Uluguru Mountains, wo sich regelmäßig die Wolken abregnen, und eine Reihe von Tabakfabriken prägen die Stadt. Neben der Tabakindustrie ziehen die zahlreichen Wohlfahrtsorganisationen und nicht zuletzt die hohe Dichte an kirchlichen Organisationen viele Weiße in die Stadt.

Bereits die deutschen Kolonialisten wussten, dass man in Morogoro gut leben kann, wie die heute wenig ansehnlichen Kolonialbauten, beispielsweise der Bahnhof, die alte Boma oder das ehemalige Edelweiß-Gasthaus in den Bergen, zeigen.

Die meisten Reisenden nutzen Morogoro eher als Durchgangsstation auf dem Weg in die südlichen Nationalparks, doch auch ein Zwischenstopp ist lohnend. Empfehlenswert sind Wanderungen in die schönen **Uluguru-Berge** mit Gipfeln bis 2600 m. Bei der Durchführung behilflich ist das engagierte Chilunga Cultural Tourism Programme, das viele Touren, z. B. zu den Hululu-Wasserfällen, zum Lupanga Peak oder zum ehemaligen Edelweiß-Gasthaus (heute bekannt als Morning-side) im Programm hat.

  **Banken:** NBC-Bank und CRDB-Bank (beide in der Old Dar-es-Salaam Rd.) für Visa-Abhebungen, Exim-Bank für Master-Card- und Visa-Abhebungen (Lumumba Rd.). **Internet:** Boma Rd., Mlapakolo St.

**New Acropol Hotel:** Old Dar-es-Salaam Rd. östl. des Spitals, Tel. 023-261 34 03, www.newacropolhotel. biz. Das gemütliche Hotel, das von einer Kanadierin geführt wird, bietet große, recht geschmackvoll eingerichtete Zimmer. Im New Acropol Hotel findet man auch das beste Restaurant in der Stadt (ca. 6000–8000 TSh). 6 Zi., DZ ab 55 000 TSh.

**Morogoro Hotel:** Kingalu St., Tel. 023-32 70, morogorohotel@morogoro.net. Das einstige Glanzstück der Morogoro-Touristik ist in die Jahre gekommen, aber es bietet ein angemessenes Preis-Leistungs-Verhältnis. DZ ab 40 US-$.

**Kola Hill Hotel:** 3 km östl. der Stadt, Tel. 023-260 37 07, www.kolahill.com. Abgelegen und beschaulich, zweckmäßige Zimmer, üppiger Bougainvillea-Garten. Camping möglich (5 US-$/Person). 30 Zi., DZ ab 16 000 TSh.

**Sasine Inn:** Saba Saba St., Tel. 023-260 02 20. Landestypisches Gästehaus, noch relativ neu. DZ 10 000 TSh.

**Mama Pierina's:** Station Rd., tgl. von früh bis spät. Ausgezeichnete griechische und italienische Küche (ca. 5000 TSh).

**Chilunga Cultural Tourism Programme:** Kilunga St., ggü. Spital, Tel. 07 44-47 75 82, www.chilunga.8m.net. Die kleine lokale Agentur, hat auch viele Wanderungen im Programm. Freundliches Team, bietet auch Safaris in die nahen Parks.

**Züge:** Der Bahnhof der Central Line befindet sich in der Station Rd. Fahrplan s. Dar-es-Salaam S. 260.

**Busse:** Die Überlandbusse halten im 4 km nördlich der Stadt gelegenen Busdepot. Taxis in die Stadt kosten 2000 TSh.

# Mikumi National Park

**Reiseatlas:** S. 25, A–B 1–2

Gut auf dem TANZAM-Highway erreichbar liegt der relativ kleine Nationalpark nur 300 km westlich von Dar-es-Salaam. Weil er von allen Parks im Süden am schnellsten, nämlich in knapp vier Stunden, von der Metropole aus erreichbar ist, wird er gerne als Naherholungsgebiet von den Großstädtern genützt.

Der Mikumi National Park ist zwar kein Park der Superlative und wenig spektakulär in Bezug auf Flora und Fauna, doch – in seiner bescheidenen Schönheit – ein lohnendes Ziel. Als Teil des riesigen Ökosystems des Selous Game Reserve vermittelt er einen guten Eindruck der afrikanischen Tierwelt, z. B. mit Elefanten, Büffeln, Giraffen, Zebras, Gnus. Auch Löwen, Leoparden und Flusspferde sind häufig gesehene Besucher der Wasserlöcher.

Die Abendpirsch wird von dramatischen Sonnenuntergängen begleitet, die die Buschlandschaft in stimmungsvolle Farben taucht. In der abendlichen Stille kann man das Heulen der Afrikanischen Wildhunde vernehmen, die zu den bedrohten Tierarten zählen, hier allerdings noch in größeren Rudeln vorkommen. Eintritt: Erw. 20 US-$.

  **Foxes Safari Camp:** 26 km nördl. des Gate, zu buchen über Foxes African Safaris, Tel./Fax 022-286 23 57, www.tanzaniasinfos.com. Neueres familiäres Camp der Busch-erfahrenen Foxes-Familie. Komfortable, geräumige Zelte auf Plattformen mit dem besonderen Busch-Feeling. 8 Zi., DZ 470 US-$ (Vollpension).

**Camping:** Zwei Public Campsites stehen zur Verfügung, 30 US-$/Person. Nach Special Campsites bei der Parkverwaltung anfragen, 50 US-$/Person.

## Safaris im Süden und die Southern Highlands

**Flüge:** Nur Charterflüge sind möglich, der Airstrip befindet sich Nähe des Kikoboga Headquarter.

**Züge:** s. Udzungwa Mountains S. 386.

# Udzungwa Mountains National Park

**Reiseatlas:** S. 24, F 2, S. 25, A 2

Die Hauptattraktion des zweitjüngsten Nationalparks von Tansania (seit 1992) sind die endemischen Pflanzen und Tiere. Deshalb bezeichnet man sich selbst auch gern als ›die afrikanischen Galapagos‹.

Die Udzungwa Mountains sind Teil der 25 Mio. Jahre alten Eastern Arc Mountains, die einst von der Küste Südkenias bis nach Südtansania reichten und denen im Übrigen auch die artenreichen Usambara-Berge angehören. Die höchsten Gipfel reichen bis auf 2579 m. Dieser Umstand macht das Schutzgebiet zu einem hervorragenden Wander- und Klettergebiet. Allerdings sollten Reisende reichlich Pioniergeist und Naturverbundenheit mitbringen, denn man wandert im lebendigen Bergurwald mit über 2500 Pflanzen (viele endemisch), über 250 Vogelarten, anmutigen Schmetterlingen und zahlreichen Säugetieren. Durch die Unerreichbarkeit des Gebiets und die Jahrmillionen andauernde Isolation konnten sich in der überwältigenden Bergszenerie überdurchschnittlich viele endemische Spezies entwickeln. Erst 2005 entdeckten Forscher im dichten Dschungel eine neue Primatenspezies, den Kipunjii-Affen. Man nimmt an, dass eine Population von ungefähr 1000 Tieren existiert. Zwischen rauschenden Wasserfällen, blanken Felsen und dichtem Primärwald tummeln sich u. a. Vertreter von elf Primatengattungen, z. B. neben Grünen Meerkatzen, Weißkehlmeerkatzen, Guereza-Affen auch weitere endemische Arten wie die Sanje-Mangabe, außerdem Elefanten, Büffel, Busch- oder Wasserböcke, diverse Antilopen und sogar Leoparden.

Da es noch keine Unterkünfte im Park gibt, sollte man in Morogoro oder Mikumi Quartier beziehen. Die Unterkünfte in der Region bieten vielfach Tagesausflüge in den Park an. In Dar-es-Salaam ansässige Safariunternehmer, wie z. B. Wild Things (s. S. 259) haben Trecks mit Camping im Programm. Die Anreise per Fahrzeug ist ebenso einfach wie in den Mikumi National Park, man folgt dem TANZAM-Highway in Richtung Mbeya, biegt bei Mikumi nach Süden und folgt der Piste bis zum Parkeingang (65 km). Der Park darf nur zu Fuß erkundet werden.

**Zugang:** Mangula Gate, Eintritt Erw. 20 US-$. Viele Informationen findet man unter www.udzungwa.org.

**Flüge:** Der nächstgelegene Airstrip liegt bei Mikumi (s. S. 385), nur Charterverbindungen.

**Züge:** Die TAZARA hält in Mangula, Abfahrtszeiten s. Dar-es-Salaam, S. 260. Die Abholung von der Bahn ist mit den Unterkünften zu klären.

# Iringa

**Reiseatlas:** S. 24, E 2

190 km westlich nach Mikumi und kontinuierlich ansteigender Strecke liegt, 3 km nördlich des Highway, auf einem Felsplateau das malerische, entspannte Städtchen Iringa. Der Blick geht auf die Tabak- und Maisfelder der Ebene – Iringa liegt auf 1600 m inmitten blauer Jacaranda-Alleen; die Höhe verspricht moderate Temperaturen. Im Südwesten fällt das Plateau fast senkrecht zum Flusstal des Little Ruaha River ab.

Wegen der strategisch günstigen Lage errichteten die Deutschen hier 1896 ein großes **Fort** und legten damit den Grundstein zur Stadtgründung. Das Fort sollte als Verteidigungsposten gegen die aufständischen Hehe dienen, die gegen Ende des 19. Jh. der deutschen Kolonialregierung erbitterten Widerstand leisteten.

**Stark erodierte Sandsteinfelsen prägen die Schlucht von Isimilia**

## Safaris im Süden und die Southern Highlands

Rund um die stattliche **Markthalle,** deren buntes Markttreiben allemal einen Besuch wert ist, stehen Relikte längst vergangener Kolonialtage, wie die Boma oder einige Gebäude entlang der belebten Einkaufsstraße. Auch die Markthalle selbst stammt aus dieser Zeit. Abgesehen davon lebt das charmante Städtchen vor allem durch den kontrastreichen Mix verschiedener Kulturen – hier die Bauten hinduistischer Inder, dort die Moscheen der muslimisch-afrikanischen Bevölkerung.

### Isimilia

Historisch spektakulär, aber de facto eher wenig ansehnlich, sind die Steinzeitfunde bei Isimilia nur 20 km südwestlich von Iringa. Der Fundort liegt ein wenig abseits von der Hauptstraße. Seit Ende der 1960er-Jahre wurden hier tausende Objekte freigelegt, hauptsächlich Steinkeile und Äxte, die weit über 60 000 Jahre alt sind (damals schlummerte Europa noch unter einer Eisdecke). Damit gehören sie zu den ältesten Steinzeitfunden, die je entdeckt wurden. Zudem entdeckte man Fossilien längst ausgestorbener Tierarten, z. B. eines archaischen Flusspferdes oder einer Giraffe mit kurzem Hals. Für Naturliebhaber vielleicht interessanter ist die nahe gelegene **Isimilia-Schlucht,** die mit ihren bizarren 15 m hohen Säulen wie die Miniaturausgabe des Bryce Canyon in Utah (USA) aussieht (tgl., Erw. 1500 TSh).

**Banken:** NBC-Bank und CRDB-Bank (beide in der Uhuru Rd.) für Visa-Abhebungen.

  **Kisolanza Farm:** 36 km südwestl. von Iringa, www.kisolanza.com. Unterkunft auf einem Bauernhof mit familiärer Atmosphäre. Es gibt rustikale Cottages, man verkauft frische Farmprodukte. Chalets für Selbstversorger 25 US-$, Camping 3 US-$/Person. DZ ab 100 US-$ (Vollpension).
**MR Hotel:** Mkwawa Rd., 026-270 20 06, www.mrhotel.co.tz. Landestypisches, sauberes Mittelklassehotel unweit vom Busbahnhof. Internet. DZ ab 30 US-$ .
**Huruma Baptist Conference Centre:** 3 km nördl. des Stadtkerns, Tel. 07 44-29 86 64. Landestypische Unterkunft in einem schönen Garten mit guter Küche. DZ ab 25 000 TSh.

### Camping
**Riverside Campsite:** 14 km östl. von Iringa, Tel. 07 87-11 16 63, www.riversidecampsite-tanzania.com. Lauschiges Plätzchen am Little Ruaha River, Unterkunft in einfachen Holzchalets, in Bandas oder auf dem Campingplatz. 15 000/7500/5000 TSh/Person ohne Frühstück.

## 14 Ruaha National Park

**Reiseatlas:** S. 23/24, C–D 1–3

Mit einer Fläche von 10 300 km² ist der Ruaha Tansanias zweitgrößter Nationalpark. Dennoch setzen die Tourismusverantwortlichen erst jetzt große Hoffnungen in diesen ›Park der Zukunft‹, obwohl er schon 1910 gegründet wurde. Noch ist es nicht gelungen, den Strom der Besucher in den Süden umzulenken, obwohl der Ruaha auch alles das bietet, womit die bekannten Namen unter den Nationalparks des Nordens locken können – eben außer einem Verkehrsstau auf der Piste. Dabei ist der Ruaha Nationalpark auf der gut ausgebauten Straße (500 km auf Teer bis Iringa, 120 km Piste bis zum Gate) von Dar-es-Salaam aus gut erreichbar.

Quer durch den Ruaha National Park verläuft eine auffällige, etwa 100 m hohe Bruchstufe, die den Park in zwei Teile trennt: Südlich, im zugänglichen Teil des Parks, befindet sich auf ca. 900 m Seehöhe das Tal, nördlich ein Plateau mit bis zu 1800 m hohen Bergen, wo Besucher keinen Zutritt haben. Besonders während der Regenzeit schießen Bachläufe die Bruchstufe hinunter, und graben sich Jahr für Jahr tiefer ins Gestein – gut zu sehen bei der **Mdonya Gorge.** Die Höhenlage und das hügelige Terrain sorgen nicht nur für eine abwechslungsreiche Landschaft, sondern auch für ein angenehmes Klima.

Ähnlich wie im Selous, schlägt das Herz des Parks entlang des **Great Ruaha River,** der zugleich im Osten die natürliche Grenze markiert. In den Trockenmonaten konzentriert sich die Tierwelt entlang dem Fluss, und zieht sich mit Einsetzen des Regens in nicht zugängliche Teile des Refugiums zurück. Der Great Ruaha River mündet im Selous Game Reserve in den Rufiji. Daneben gibt es eine Reihe von kleineren Flussläufen, die in den Regenmonaten März bis Mai als reißende Ströme viele Pisten überschwemmen, um danach für neun Monate unter ihrem Flussbett zu schlummern. Die ›Sand-Flüsse‹ scheinen ausgetrocknet zu sein, doch zwischen hartem Granitstein im Unterboden und der Sandschicht darüber verbergen sich unterirdische Rinnsale, die während der Trockenzeit vielen Tieren als Tränke dienen. Am Mwagusi und Mdonya Sand River kann man oft Elefanten beobachten, wie sie mit ihrem Rüssel Wasserlöcher bohren.

Wie alle Gewässer in Tansania hat der Ruaha River auch mit dem Rückgang der Wassermassen zu kämpfen, vor allem durch den Wasserverbrauch im Reisanbau und die intensive Rinderhaltung flussaufwärts. 1993 trocknete der Fluss das erste Mal seit Menschengedenken aus, und seitdem werden die Trockenperioden kontinuierlich länger.

Das herrliche Flusstal des Ruaha-Flusses bildet die Kulisse für beeindruckende Tierbeobachtungen. Der Fluss zwängt sich durch Stromschnellen, bildet tiefe Becken – hier faulenzen die gewichtigen Flusspferde –, spaltet sich auf und bildet eine Insel zwischen den Flussarmen, wo Impalas, Wasserböcke oder Riedböcke grasen. Das Wasser hinterlässt große Sandbänke – Logenplätze für Krokodile. Andere spektakuläre Tiere, die Besucher nicht selten vor die Linse bekommen,

sind riesige Herden von weit über 100 Kaffernbüffeln, eine der dichtesten Elefantenpopulationen Tansanias, Giraffen, Löwen, Leoparden – und die seltenen Afrikanischen Wildhunde, die auch im Selous und Mikumi leben. Seltener beobachtet man die bis zu 270 kg schweren Pferdeantilopen, Rappenantilopen oder Große Kudus. Ornithologen werden von über 500 Vogelarten begeistert sein, vom Zwergeisvogel über Kaffernhornraben bis zum mächtigen Schreiseeadler. In manchen Teilen des Parks gibt es außerordentlich viele Tsetsefliegen, allerdings übertragen sie hier nicht die Schlafkrankheit auf den Menschen.

Miombowälder und Baumsavanne sind typische Vegetationsformen für den Ruaha-Park. Majestätische, alte Baobabs bilden dazu attraktive Kontraste, einige haben unter den Elefanten schon sehr gelitten. Durch den lockeren Bewuchs lassen sich die Wildtiere im gesamten zugänglichen Areal verhältnismäßig gut beobachten.

 **Zugang:** Der einzige Zugang mit der Zahlstelle befindet sich am Msembe Gate im Süden. Eintritt: Erw. 20 US-$.

 Die Camps sind im April und Mai geschlossen.

**Jongomero Camp:** im Park 63 km südwestl. des Gate, zu buchen über The Selous Safari Company, Tel. 022-212 84 85, Fax 022-211 27 94, www.selous.com. Intimes, luxuriöses Camp mit Zelten auf Plattformen, äußerst geschmackvoll eingerichtet. Direkt am Fluss. Pool. 8 Zi., DZ ab 780 US-$ (Vollpension).

**Mdonya Old River Camp:** im Park 40 km westl. des Gate, Tel. 022-245 20 05, Fax 022-245 20 04, www.adventurecamps.co.tz. Einfacheres Zeltcamp in malerischer Lage. Rustikaler Stil und Dusche/WC unter freiem Himmel. 11 Zi., DZ ab 530 US-$ (Vollpension).

**Ruaha River Lodge:** im Park 18 km südwestl. des Gate, zu buchen über Foxes African Safaris, Tel./Fax 022-286 23 57, www.ruahariverlodge.com. Die komplett renovierte Lodge mit Stein-Cottages liegt sehr reizvoll am Fluss Great Ruaha River. Panoramarestaurant. Pool. 24 Zi., DZ ab 470 US-$ (Vollpension).

**Tandala Tented Camp:** außerhalb des Parks 10 km nach Tungamalenga, www.tandalatentedcamp.com. Unterbringung in luxuriösen Zelten auf Stelzen mit großen Veranden. Rustikales Busch-Feeling. Nachtpirschfahrten möglich. Pool. 10 Zi., DZ ab 340 US-$ (Vollpension).

**Camping:** Bei Msembe Headquarter außerhalb des Parks gibt es einen öffentlichen Campingplatz für Selbstversorger, auch einfache Bandas, 30 US-$/Person. Übernachtungen auf den Special Campsites müssen bei der Parkverwaltung angemeldet werden, 50 US-$/Person.

Neben gewöhnlichen Pirschfahrten bieten alle Camps **Fußsafaris** und **Vogelsafaris** an.

**Flüge:** Linienflüge bietet Coastal Aviation an, von Dar-es-Salaam oder Arusha 300 US-$ (einfach). Die beiden Airstrips befinden sich beim Msembe Gate und dem Jongomero Camp.

# Mbeya

**Reiseatlas: S. 23, B 4**

In den 1920er-Jahren stießen Feldarbeiter bei der Ortschaft Lupa auf Gold. Daraufhin wurde 1927 die heutige Provinzhauptstadt Mbeya im Hochland des tansanischen Zentralplateaus (durchschnittlich auf 1700 m Seehöhe) gegründet. Heute vermutet man im 70 km

**Besuch auf der Kaffeeplantage:** Wer sich für Kaffee interessiert, kann die Kaffeefarm besuchen. Führungen müssen arrangiert werden (vgl. Utengule Country Hotel). Besonders schön ist der Anblick der Kaffeeplantagen im Mai und Juni (vor der Ernte), wenn die feuerroten, reifen Kaffeekirschen von den Sträuchern leuchten.

nördlich gelegenen Chunya die größten Goldvorkommen des Landes.

Mit der guten Verkehrsanbindung nach Dar-es-Salaam durch den TANZAM-Highway (Distanz: 860 km) sowie durch die Eisenbahnverbindung zwischen Mbeya, Dar und Lusaka, der Hauptstadt von Sambia, erfreuen sich die 300 000 Bewohner von Mbeya einer guten Infrastruktur. Die Nähe zu Malawi und Sambia verleiht Mbeya eine tragende Funktion im grenzüberschreitenden Güterverkehr; noch heute ist Mbeya das Tor ins südliche Afrika. Einzig mit den Flugverbindungen hapert es noch, denn trotz enormer Geldsummen bleibt die Baustelle des angepeilten internationalen Flughafens jungfräulich. Noch immer ist ungewiss, wann der Bau seiner Bestimmung übergeben werden kann. Für die touristische Erschließung des Lake Malawi wäre er jedenfalls dringend notwendig. Wer nicht nach Sambia oder Malawi weiterreisen möchte, kann via Tunduma (116 km westlich) über Sumbawanga und Mpanda entlang der kargen Mbizi Mountains nach Kigoma fahren (789 km auf teilweise äußerst schlechter Piste und nur in der Trockenzeit).

Besonders im Anbau von Arabica-Kaffee hat sich Mbeya in den letzten Jahren einen guten Ruf erworben; etliche ertragreiche Kaffeefarmen sind entstanden. Größter Arbeitgeber der Region ist eine Zementfabrik, deren Silhouette und dampfende Schlote weithin sichtbar sind.

## Umgebung von Mbeya

Mbeya selbst hat touristisch wenig zu bieten, dafür ist die umgebende Landschaft eine wahre Augenweide. Pinien-, Eukalyptus- und Bambuswälder überziehen die Gebirgszüge der saftig-grünen **Mbeya Range,** deren höchste Erhebung die Mbeya Peak mit 2834 m ist. Mbeya ist ein geeigneter Ausgangspunkt für einige ansprechende Ausflüge ins Umland, beispielsweise zum sodahaltigen **Rukwa-See,** zum **Mbozi-Meteoriten,** zum Kratersee **Ngozi Crater Lake** oder zur Natursteinbrücke **Daraja la Mungu** über den Kiwira River. Außer für Ausflüge ist das Bergland auch bestens für Wanderungen ge-

**Achtung, Krokodile:** Bilharziose ist natürlich auch im Lake Malawi ein Thema, doch genaue Angaben darüber fehlen. Zwar ist der See abschnittsweise verseucht, doch der Großteil gilt als unbedenklich, vor allem auf tansanischer Seite, wo es wenig Verschmutzung, Schilf und noch weniger Menschen gibt. Dramatischer sind da schon die Krokodile, die an den zahlreichen Flussmündungen leben. Die Einheimischen können viele Geschichten von Krokodilattacken erzählen. Am besten ist es, sich vor einem ausgiebigen Bad (oder dem Schnorcheln) im kristallklaren Wasser zu erkundigen, wann das letzte Mal ein Krokodil gesichtet wurde.

eignet. Der relativ steile **Mbeya Peak** kann in einer Tagestour bezwungen werden, ebenso wie der **Loleza Peak** (2656 m). Anfragen bei den Unterkünften und bei Sisi Kwa Sisi.

 **Banken:** NBC-Bank (Karume Ave.) für Visa-Abhebungen

  **Utengule Country Hotel:** 8 km nördl. von Mbalizi, 11 km westl. von Mbeya, Tel. 0753-02 09 01, www.riftvalley-zanzibar.com. Älteres, beliebtes Landhotel mit funktionell eingerichteten Zimmern in wunderbarer Lage. Pool, Internet. Bestes Restaurant in der ganzen Gegend. 16 Zi., DZ ab 70 US-$.

**Karibuni Center Hotel:** Kambarage Rd. nördl. des Highway, Tel. 025-250 30 35, mec@maf.or.tz. Nettes landestypisches Gästehaus von Schweizer Missionaren. Camping möglich (2000 TSh/Person). 13 Zi., DZ 15 000 TSh.

 **Sisi Kwa Sisi:** Mbalizi Rd., beim kleinen Kreisel, Tel. 07 44-46 34 71, sisikwasisitours@hotmail.com. Das lokale Kulturtourismusprogramm bietet Touren zu allen wesentlichen Sehenswürdigkeiten der Umgebung an. Tagestouren schlagen mit max. 20 000 TSh/Person zu Buche, je nach Ziel und Gruppe, z. B. Mbeya Peak 20 000 TSh.

 **Züge:** Die Bahn verkehrt nach Dar-es-Salaam. Abfahrt Di, Mi, Sa jeweils um 12 Uhr, 55 000 TSh. Dauer: ca. 24 Std. Der Bahnhof liegt 5 km außerhalb des Zentrums, am TANZAM-Hwy. Taxis in die Stadt kosten an die 4000 TSh.

**Busse:** Der große Busbahnhof befindet sich an der Mbalizi Rd., ein Stück südl. des Zentrums. Tgl. Busse nach Dar-es-Salaam, ca. 20 000 Tsh. Vorsicht vor Dieben und selbsternannten Ticketverkäufern!

##  15 Lake Malawi

**Reiseatlas:** S. 27, B–C 2–4

Den drittgrößten See Afrikas (31 000 km²) teilen sich Tansania, Malawi und Mosambik , doch einzig und allein Malawi nützt ihn einträglich, einerseits durch den Export von Zierfischen (sog. Cichliden oder Buntbarsche), andererseits durch Tourismus. Im Süden auf malawischer Seite stehen viele kleine Lodges, Tauchbasen, Segelklubs, und Fischereizentren an den feinsandigen Stränden und Buchten des glasklaren Süßwassersees.

In Tansania dagegen ist der Lake Nyasa, wie er früher hieß, die verschlafenste Ecke, unter den drei großen Grabenbruchseen, obwohl er – so sagen viele – unter ihnen der beeindruckendste See ist. Schlechte Straßen und die fehlende Anbindung an Bus, Bahn oder gar Flug haben jeglichen Fortschritt im Keim erstickt. Einige wenige Wagemutige haben sich von der Schönheit der Gegend verzaubern lassen, bescheidene Lodges erbaut – und sind kläglich gescheitert. Bis heute gibt es keine ordentliche Lodge auf tansanischer Seite am See, nur die Gästehäuser von Geistlichen bieten Unterbringung.

Vielleicht gerade deshalb ist der Lake Malawi (474 m Seehöhe) so zauberhaft. Die steilen, faltigen und dunkelgrünen Livingstone Mountains (bis zu 2488 m hoch) geben dem glasklaren Wasser und den feinsandigen, weißen Stränden einen würdigen Rahmen. Je weiter südlich man kommt, desto mehr stechen bizarre Steinformationen an Land und am Ufer ins Auge. Die einzige Möglichkeit, sie

## Richtig Reisen-Tipp: Sterne und viele Stunden auf See – eine Schiffstour auf dem Malawi-See

Die Überfahrt von **Itungi Port** – oder bei niedrigem Wasserstand ein nahe gelegener Schiffsanlegeplatz direkt in einer Bucht ohne Pier – beginnt, wie sie enden wird: mit Verspätung. Doch Zeit spielt nur eine untergeordnete Rolle am ›Ende der Welt‹ und so lässt man sich am besten von Wind, Wogen und der Liebenswürdigkeit der Menschen treiben.

Die kleine, teilweise verrostete ›MV Songea‹ befördert einmal pro Woche (jeweils Do zu Mittag) – neben Passagieren allerlei Waren wie Mehl, Zucker, Reis, Matratzen, Fahrräder und, natürlich, Coca-Cola, denn für die Fischerdörfer entlang des tansanischen Ufers stellt die Fährverbindung die einzige Versorgungsmöglichkeit dar. Voller Erwartung wird das Schiff begrüßt (ob zur Tages- oder Nachtzeit), werden die Waren ausgeladen, Frauen verkaufen *chai* (Tee), *chapati* (eine Art Crêpe, aber ungesüßt), Obst und getrocknete Fische an die hungrigen Passagiere, und die Kinder winken dem Spektakel aufgeregt zu.

An Bord geht es – außer bei den sechs geschäftigen Stopps – gemütlich zu. Die Bordküche bietet lokale Gerichte, man schenkt warmes Kilimanjaro-Bier und kohlensäurehaltige Limonaden aus, und einem Plausch ist niemand unter den Passagiere abgeneigt

– immerhin muss man doch über 22 Stunden bis nach Mbamba Bay überbrücken.

Einen würdigen Rahmen bildet die imposante Szenerie der **Livingstone Mountains**, die herrlich weiße Sandbuchten im See bilden – übertrumpft nur vom glasklaren Wasser und den kleinen Fischerdörfern in Sichtweite. Geschlafen wird später, auch wenn man eine der sechs Schlafkabinen ergattert hat – viel zu zauberhaft ist der Himmel mit Abertausenden leuchtenden Sternen. Viel zu kurz ist der Aufenthalt im friedlichen **Mbamba Bay,** denn am Samstag oder Sonntag geht es wieder zurück, die genauen Abfahrtszeiten sind jeweils vor Ort zu erfragen. Alle zwei Wochen – je nachdem ob sich der Kapitän an den Fahrplan hält – fährt man nach Malawi weiter.

**Tickets/Anreise:** 25 000 TSh/Person (Kabine 1. Klasse). Von Kyela zum Schiffsanlegeplatz (10 km) fahren Pick-up-Taxis und Dalladallas. Für Selbstfahrer: Ein sicherer Autoabstellplatz ist das Matema Lake Shore Resort, doch muss die Anreise nach Kyela gut organisiert werden: entweder per Taxi (am Vortag, 40 000 TSh) oder per Einboot (nur empfehlenswert für Hartgesottene, 10 000 TSh/Person) am selben Tag.

zu sehen, ist mittels einer abenteuerlichen Schiffsreise auf der ›MV Songea‹.

### Nordstrand mit Matema Bay

**Reiseatlas:** S. 27, B 1/2

Das typisch afrikanische Fischerdorf **Matema** liegt herrlich idyllisch in den Ausläufern der **Livingstone Mountains**, ist ans Stromnetz nicht angeschlossen und auch sonst fühlt man sich hier wie am Ende der Welt. Einzige Geräuschkulisse: der unaufhörlich sanfte Wellenschlag des Malawi-Sees – und möglicherweise einige Moskitos, denn das Gebiet ist für Fälle von Malaria Tropica bekannt. Für Wanderungen in die unberührten Berghänge

sollte man einen ortskundigen Führer suchen, denn bislang gibt es keine Wanderwege.

Die Anreise ab Mbeya führt zuerst durch regenreiches, fruchtbares Hügelland mit Tee- und Maisfeldern, wo Engelstrompeten wie Unkraut wachsen und manche Abschnitte an die Schweizer Alpen erinnern. Die letzten 60 km ab Kyela fährt man vorbei an Reisfeldern, durch dichte Bananenhaine und tropischen Dschungel. Die 112 km von Mbeya bis Kyela sind auf guter Teerstraße zu fahren, dann, nach Abzweigung 2 km vor Kyela links, legt man die restlichen 60 km Wegstrecke auf holpriger Allwetterstraße zurück, die Fahrtzeit beträgt insgesamt 5–6 Std.

**Matema Lake Shore Resort:** 1,5 km westl. der Missionskirche, mec@maf.or.tz. Gutes, farbenfroh gestaltetes Gästehaus direkt am See, nur der Strand wirkt etwas steril durch wenig Bepflanzung. Landestypisches Essen nur auf Bestellung. 22 Zi., DZ ab 20 000 TSh.

**Camping:** möglich beim Gästehaus, 2000 TSh/Person. Nur für Selbstversorger.

## Südstrand mit Mbamba Bay

**Reiseatlas:** S. 28, D 4

In der Trockenzeit kann man **Mbamba Bay** auch mit dem Fahrzeug erreichen (von Songea 162 km, 4–6 Std.), eine spektakuläre Fahrt durch Bergland und fruchtbares Gebiet mit Kaffeeplantagen, Bananenhainen und Mangobäumen. Ab **Mbinga** wird die Strecke schwierig, die schlechte Sandpiste auf hügeligem Terrain, teilweise entlang steil abfallender Hänge, verlangt nach absoluter Kontrolle über den Geländewagen. Belohnt wird man aber mit herrlichen Panoramen, schon von Weitem sieht man ständig das Glitzern des Lake Malawi, bevor man ihn erst viele anstrengende Kilometer weiter erreicht. In Mbamba Bay gibt es zwar keinen Strom, dafür idyllische Buchten, reizvolle Steinforma

**Bargeldbeschaffung im Busch:** Es ist unerlässlich, ausreichend Bargeld in Landeswährung in diesem abgelegenen Teil des Landes mitzuführen. Die nächste Möglichkeit, Geld zu wechseln und abzuheben (Kreditkarte) ist entweder in Mbeya oder Songea.

tionen im Wasser und freundliche Menschen. In der Kolonialzeit hatte man Großes vor mit der Ortschaft – Mtwara am Indischen Ozean und Mbamba Bay sollten durch eine Bahnlinie verbunden werden, um von Malawi Kohle und andere Bodenschätze per Schiff zu befördern. Die Pläne liegen heute noch in der Schublade, von Zeit zu Zeit werden sie laut von den Regierungsverantwortlichen angedacht. Aber bislang bleibt alles beim Alten.

**Guesthouse of the Convent Chipole:** auf einer Anhöhe mitten im Dorf, kein Tel. Die einzige akzeptable Unterkunft in Mbamba Bay, mit bemühten Ordensschwestern, ausgezeichneter Swahiliküche und guten Zimmern, einige mit herrlicher Sicht auf den See. 16 Zi., DZ 25 000 TSh (Vollpension).

**Freundliche Menschen erwarten den Reisenden am Ufer des Lake Malawi**

# Register

Der Haupteintrag ist **fett** hervorgehoben.

Der Haupteintrag ist **fett** hervorgehoben.

# Register

Der Haupteintrag ist **fett** hervorgehoben.

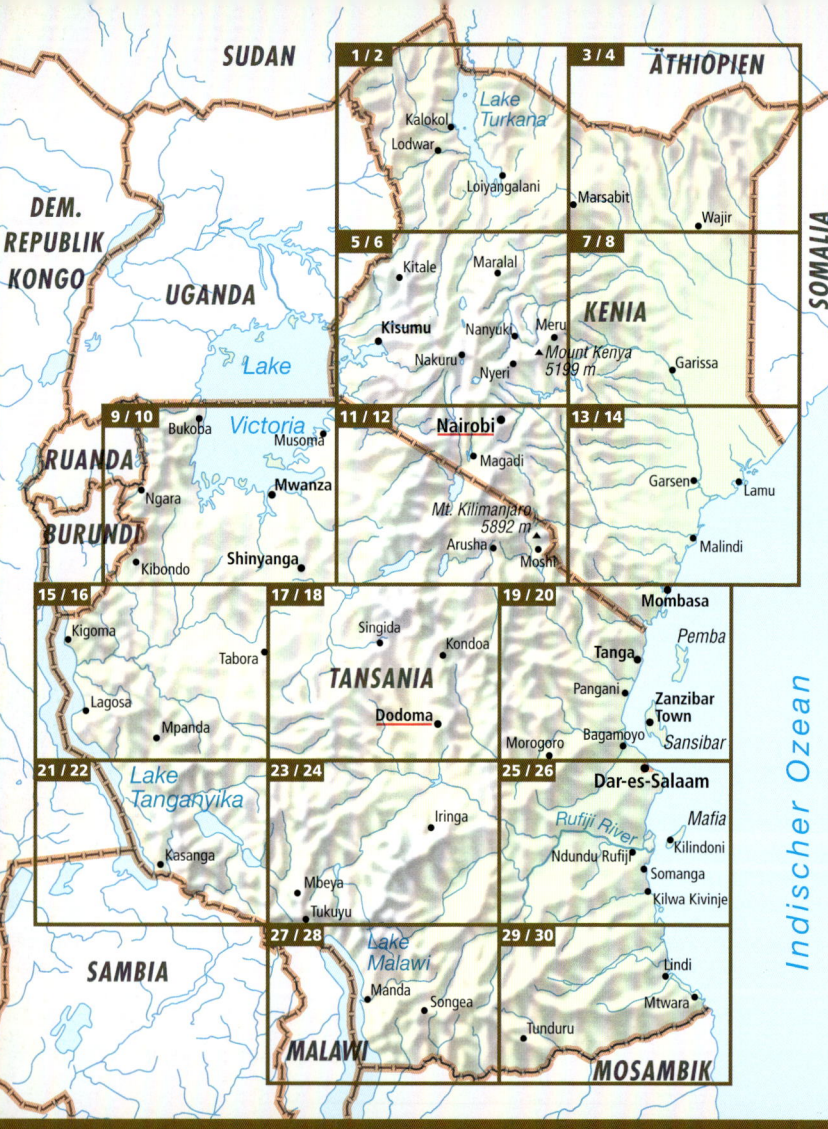

# Legende

| | |
|---|---|
| | Schnellstraße |
| A 23 | Fernstraße mit Nummer |
| | Hauptstraße |
| | Nebenstraße |
| | Straße ungeteert |
| | Piste |
| | Straße in Bau; Straße in Planung |
| ✕ ✕ ✕ ✕ | Straße für Kfz gesperrt |
| | Tunnel |
| | Eisenbahn |
| | Fähre, Schiffsverbindung |
| | Staatsgrenze |
| | Provinzgrenze |
| | Nationalpark, Naturpark |
| | Marine Nationalpark |
| ⚓ ✈ | Hafen; Internationaler Flughafen |
| ⊕ ✈ | Regionaler Flughafen; Flugplatz |
| ⬗ ⛔ | Fähre; Grenzübergang |
| ★ ⛬ | Sehenswürdigkeit; Archäologische Stätte |
| | Kirche; Kloster |
| | Leuchtturm; Turm |
| | Badestrand; Lodge |
| | Gate, Tor; Kopjoo, Inselberg |
| ∩ | Höhle; Wasserfall |
| | Tankstelle; Denkmal, Monument |
| ⛵ | Windsurfen; Tauchen |
| | Gute Schnorchelmöglichkeit; Schiffswrack |
| ▲ )( | Berggipfel; Pass |
| | Mangrovensumpf |
| | Sumpf |
| | Temporärer See |

# Reiseatlas
# Kenia und Tansania

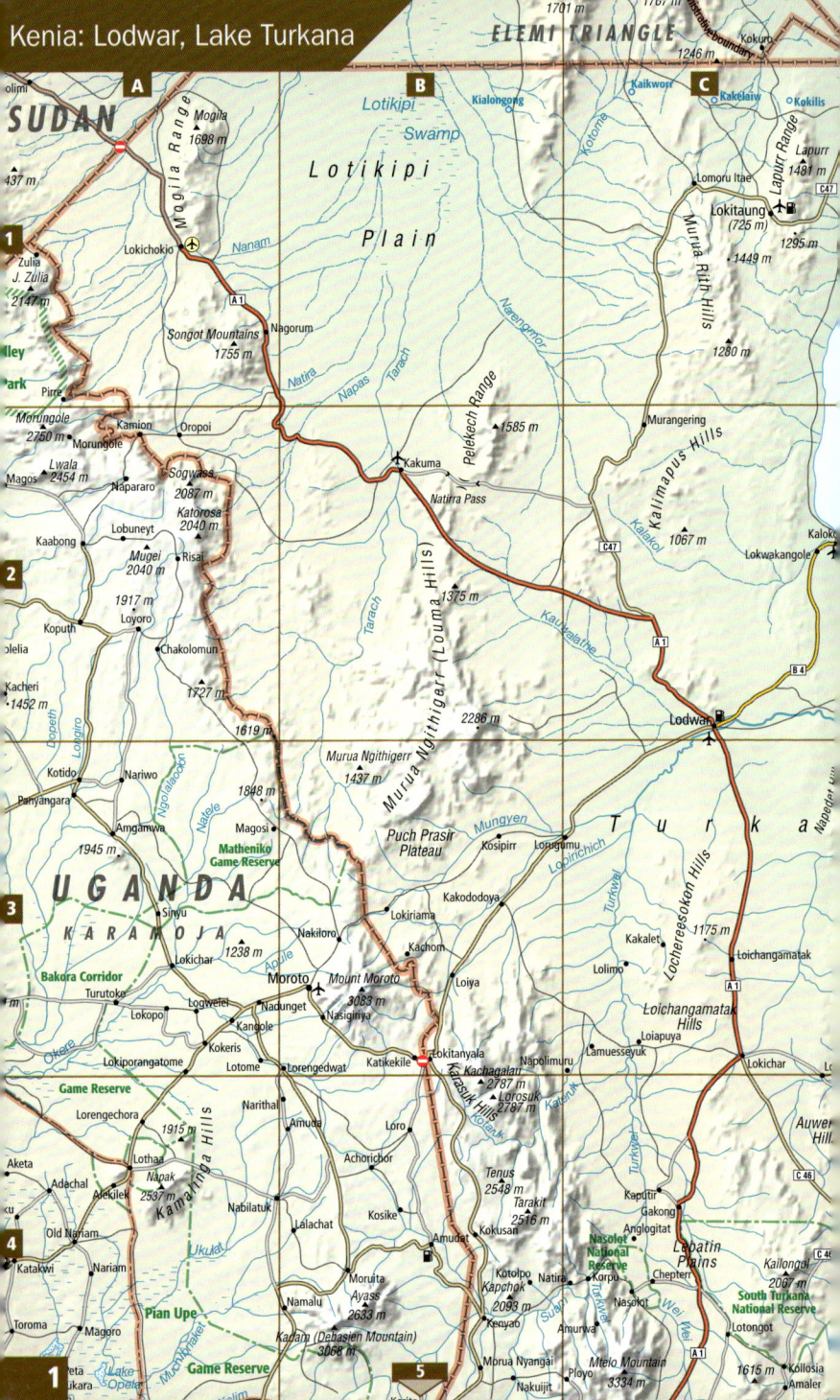

# Kenia: Lodwar, Lake Turkana

**ELEMI TRIANGLE**

SUDAN

437 m

**A**
Mogila Range
Mogila
1698 m

**B**
Lotikipi
Swamp
Kialongong
Lotikipi
Plain

**C**
Kokuro
Kaikwor
Rakelaiw
Kokilis
Lapur Range
1246 m
Lomoru Itae
Lapurr
1481 m
C 47
Lokitaung
(725 m)
1295 m

**1**
Zulia
J. Zulia
3147 m

Lokichokio
A 1
Nanam
1449 m
Murua Rith Hills
1280 m

Pirre
Songot Mountains
1755 m
Nagorum
Natira
Napes
Tarach
Narengmor
Murangering
Kalimapus Hills

Morungole
2750 m
Morungole
Kamion
Oropoi
Kakuma
1585 m
1067 m

**2**
Lwala
2454 m
Magos
Naparoro
Sogwass
2087 m
Katorosa
2040 m
Natirra Pass
Pelekech Range
Kaabong
Lobuneyt
Risal
Mugei
2040 m
1917 m
Loyoro
Chakolomun
Tarach
1375 m
Kaukalathe
C 47
A 1
Lokwakangole
Kalokc
B 4

Koputh
1727 m
1619 m
2286 m
Lodwar

**3**
Kotido
Nariwo
1848 m
Murua Ngithigerr
1437 m
Murua Ngithigarr (Louma Hills)
Puch Prasir
Plateau
Mungyen
Kosipirr
Lorugumu
T u r k a
1175 m
Loichangamatak
Panyangara
Amgamwa
1945 m
Magosi
Matheniko
Game Reserve
Ngolapoidol
Natele
Lobinchich
Lobinchich
KakodoDoya
Kakalet
Lolimo
Lochereesokon Hills

U G A N D A
K A R A M O J A
Bakora Corridor
Sinyu
Nakiloro
Lokichar
1238 m
Apule
Moroto
Mount Moroto
3083 m
Nasiginya
Lokiriama
Kachom
Loiya
A 1
Loichangamatak
Hills
Loiapuya
Lamuesseyuk
Lokichar
Lc

Turutoko
Lokopo
Logwelei
Kangole
Kokeris
Lotome
Nadunget
Lorengedwat
Katikekile
Katikekile
Lotikanyala
Kachagalan
2787 m
Lorosuk
2787 m
Napolimuru
Kerata

**4**
Game Reserve
Lorengechora
1915 m
Kaisuk Hills
Kolanki
Tenus
2548 m
Tarakit
2516 m
Kaputir
Gakong
Anglogitat
Auwer Hill.
C 46

Aketa
Adachal
Alekilek
Lothaa
Napak
2537 m
Narithal
Amuda
Loro
Achorichor
Kosike
Kosusan
Nabilatuk
Lalachat
Kotolpo
Natira
Korpu
Nasolot
National
Reserve
Chepteri
Kailongol
2007 m
C 46

Old Nariam
Katakwi
Nariam
Ukulat
Moruita
Ayass
2683 m
Amudat
Kapchok
2093 m
Kenyab
Amurwa
Nasolot
Suam
South Turkana
National Reserve
Lotongot
1615 m
Kollosia
Amaler

Toroma
Magoro
Pian Upe
Namalu
Kadam (Debasien Mountain)
3066 m
Morua Nyangai
Nakuijit
Ployo
Mtelo Mountain
3334 m

Lake
Opeta
Game Reserve
**5**
Kollosia

**1**

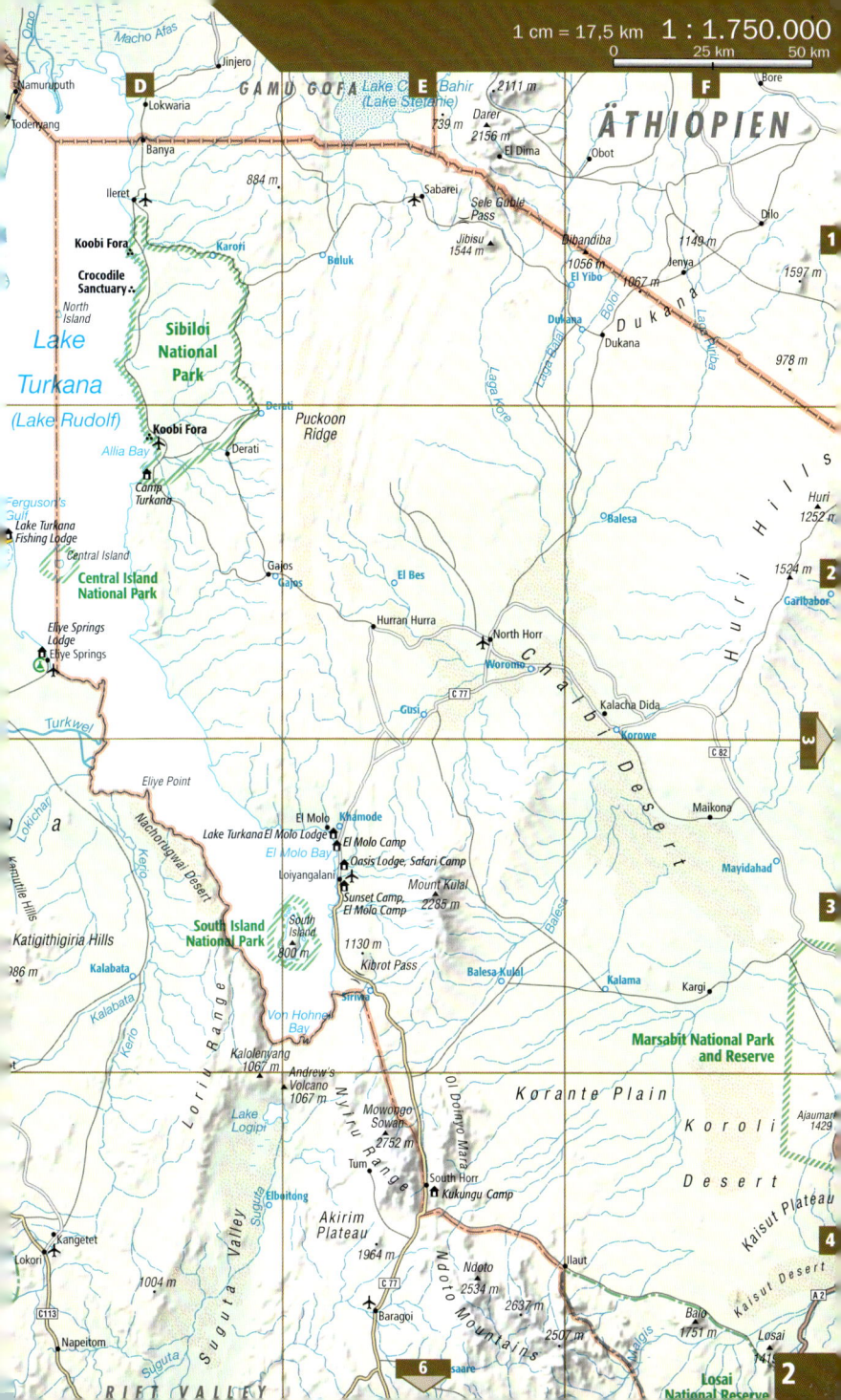

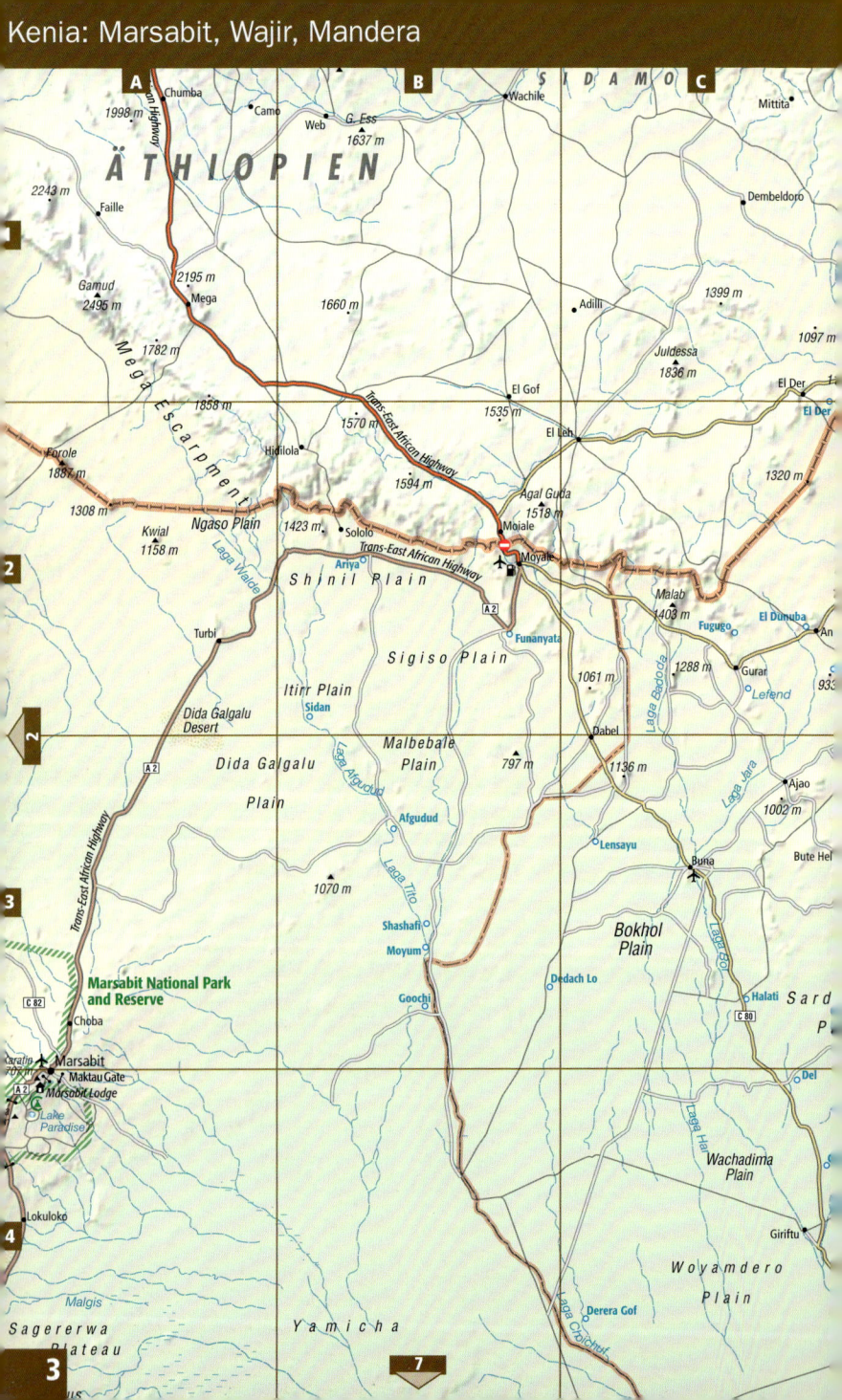

Chumba
1998 m
Camo
Web  G. Ess
1637 m
Wachile
S I D A M O
Mittita

Ä T H I O P I E N

2243 m
Faille
Dembeldoro

Gamud
2495 m
2195 m
Mega
1660 m
Adilli
1399 m
1097 m

1782 m
Juldessa
1836 m
El Der

El Gof
1535 m
El Der
1320 m

1858 m
Trans-East African Highway
1570 m
El Leh

Forole
1887 m
1594 m
Agal Guda
1518 m

1308 m
Hidilola
Moiale

Kwial
1158 m
Ngaso Plain
1423 m
Sololo
Moyale
Malab
1403 m
El Dunuba

Ariya
Shinil Plain
A 2
Fugugo
An

Turbi
Funanyata
Gurar
Lefend
933

Itirr Plain
Sigiso Plain
1061 m
Laga Bagada

Dida Galgalu
Desert
Sidan
Malbebale
Plain
Dabel

A 2
Dida Galgalu
Laga Algudud
797 m
1136 m
Ajao
1002 m

Plain
Afgudud
Lensayu
Buna
Bute Hel

Trans-East African Highway
Laga Tiro
1070 m

Shashafi
Bokhol
Plain
Laga Jiro

Moyum
Dedach Lo

Marsabit National Park
and Reserve
Goochi
Halati
Sard

C 82
Choba
C 80
P

Karatia
Marsabit
Del

A 2
Maktau Gate
Marsabit Lodge

Lake
Paradise
Wachadima
Plain

Lokuloko
Giriftu

Malgis
W o y a m d e r o  P l a i n

Sagererwa
Plateau
Y a m i c h a
Laga Chichuli
Derera Gof

7

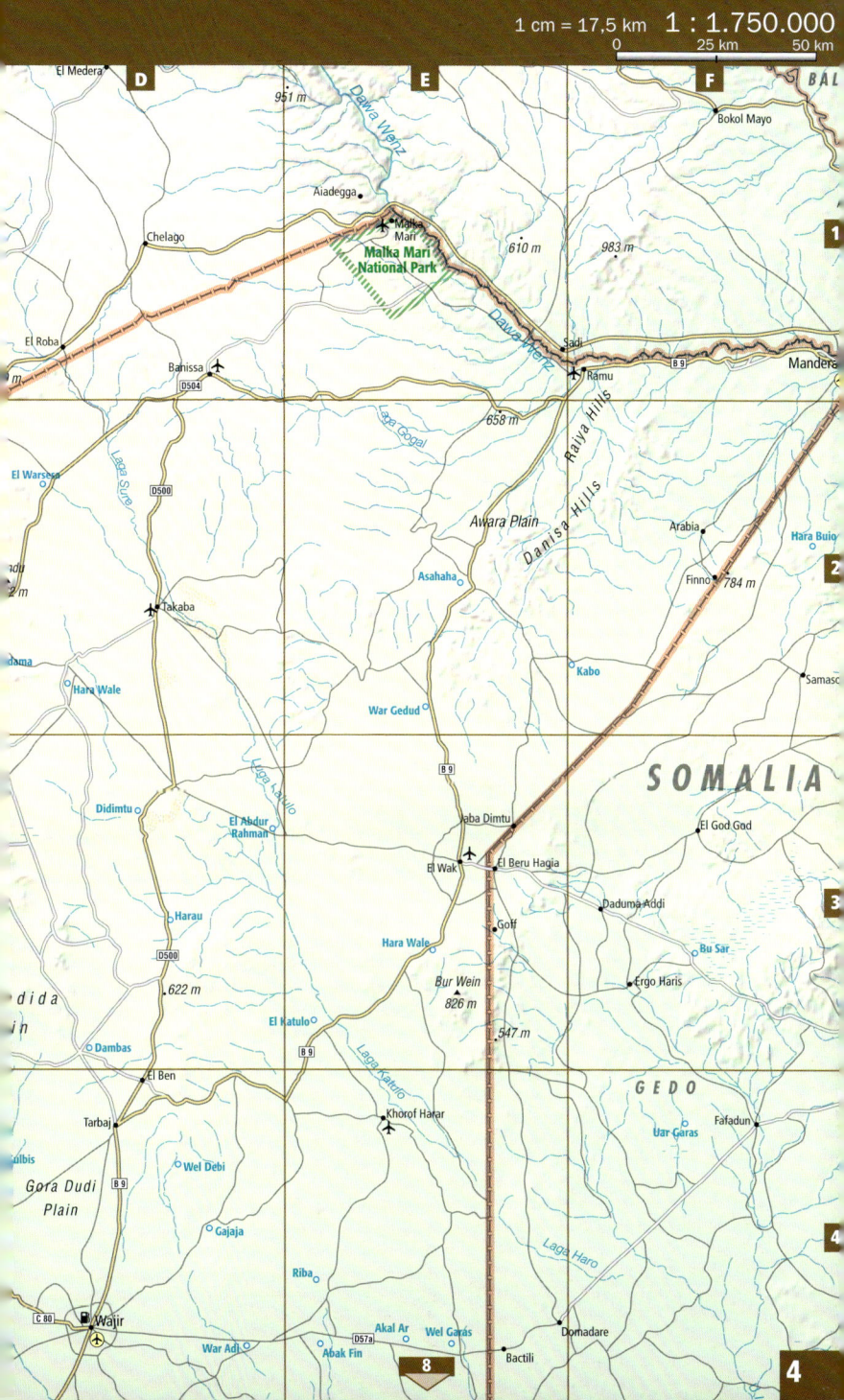

0    25 km    50 km

El Medera

D

E

BAL

951 m

Dawa Wenz

F

Bokol Mayo

Aiadegga

Malka
Mari

1

Chelago

**Malka Mari
National Park**

610 m

983 m

El Roba

Dawa Pheriz

Sadi

Banissa

D504

Laga Gogal

Ramu

B 9

Mandera

m

658 m

El Warsesa

D500

Awara Plain

Raiya Hills

Danisa Hills

Arabia

Hara Buio

du

2 m

Asahaha

Finno    784 m

2

Takaba

dama

Kabo

Samasc

Hara Wale

Laga Kutulo

Laga Sure

War Gedud

Didimtu

El Abdur
Rahman

B 9

Jaba Dimtu

S O M A L I A

El God Gad

El Wak

El Beru Hagia

3

Harau

Daduma Addi

D500

Hara Wale

Bu Sar

622 m

Golf

Ergo Haris

dida

El Katulo

Bur Wein
826 m

in

Dambas

B 9

547 m

El Ben

G E D O

Tarbaj

Khorof Harar

Fafadun

Laga Kutulo

ulbis

B 9

Wel Debi

Uar Garas

**Gora Dudi
Plain**

Gajaja

Laga Haro

Riba

4

Akal Ar

Wel Garas

Wajir

C 80

War Adi

D57a

Abak Fin

Domadare

8

Bactili

4

RIFT VALLEY

D    E    F

Losai National Reserve

1419 m    Laisan

A 2

1525 m    Marti    Lairokua    2288 m    Lenkiyo Hills    Lodosoit

Löpet Plateau    Suiyian    Ol Doinyo Lenkiyo    2375 m

1626 m    Morijo    Ol Doinyo Lenkiyo

Tati 351 m    Samburu Hills    Parsaloi

Kapedo    Silali    1573 m    2531 m    Sware    2285 m    Seredupi    Sakurne    Kauro

World's End View Point    Poror    Losikiria 2215 m    2068 m    A 2

2476 m    3583 m    Maralal Safari Lodge    Kisima    Wamba    Warges    2688 m    Ol Kanjo 1613 m

Maralal National Sanctuary    C 77    Maralal    C 79    Lolokwe 2000 m

1700 m    2086 m    Sukuta Lol Marmar    Lodungokwe    Ngotogongoron    Samburu National Reserve    Archer's Post    Sarara Lodge

Baringo    1448 m    Tangulbei    Churo    Kirimun    Longopito    Buffalo Springs Lodge    Sh National

Lake Baringo    Chemoigut    Laikipia    Ol Doinyo Ngiro    Samburu Serena Lodge    Kampi-Ya-Churvi    A 2

Hot Sulphur Springs    Mukutan    2105 m    Plateau    Lossos    Buffalo Springs National Reserve    B 9

Ol Ari Nyiro Farm    Tandaro    1904 m    Don Dol    2124 m    Mukogodo Forest    Isiolo    Kangeta

Ol Arabel Forest    C 77    Ol Ngarua    Eweso Narok    2234 m    Al Jiju    Lewa Game Reserve    Ndare    Muthara

Lake Bogoria National Reserve    Rumuruti    Ol Dome    Loldaiga    Mountains    Ndare

Maji Ya Moto    Rumuruti Forest    Hulmes Bridge    Timau    Meru Forest    Kirua    B 6    Mia Mikinduri    Meru

Hot Springs & Geysers    C 51    Thomson's Falls    D 558    Animal Orphanage    Muthangone    Meru Forest    Thimangini

Marmanet Forest    Thomson's Falls Lodge    C 76    Sweetwaters Game Reserve    Nanyuki    Äquator    3100 m    Kithirune    B 6    Nkubu    137

Nyahururu (Thomson's Falls)    Ndatagwa    Sweetwaters Tented Camp    Mt. Kenya Safari Club    Kathera    Kionyo    Kanyekine    Mitunu

Ol Joro Orok    Ongobit    Lamuria    Burguret Halt    Meteorological Station    Mount Kenya 5199 m    Chogoria    Igoji    Ngeru    Chiaka

Nakuru    Aberdare    Gatarakwa    Naro Moru    National Park    Gituntu    Chuka    Kanjuki

Hyrax Hill Museum    Kaheho    Solio Game Reserve    Kabaru    Nyeri (Station)    Castle Forest Station    Kibugi    Nembure    Runyenjes    Itugururu    C 92

Lake Nakuru National Park    Solio    Ngenjo    Giakaibii    Kagumo    Ena    Kanyuambora

Lion Hill Lodge    Treetops Lodge    National    Karatina    Kianyaga    Embu    Siakago

Lake Nakuru Lodge    Karandusi National Reserve    The Ark    Park    Mukaro    C 70    Gachiriro    A 2    C 74    Kutus Murun

Gamble's Cave    Elmenteita    Ndunyu Neru    Aberdare Forest    Tusha    Ndiani    Mururuini    C 73    B 6    Musonoke    Kierie

Gilgil    A 104    North Kinangop    Il Kirangop    Gichichi    Kiriani    Mugeka    Sagana    Kiritiru    Kiambere

Naivasha    3906 m    Ridge    Muranga    C 72    Fort Hall    Thiba    Mwea National Reserve    Mavuria

Green Crater    Lake Naivasha    Naivasha Club    Githioro    Kigumo    Maragua    Karaba    Masinga Reservoir    Kitaru Upper

Songasoi Lodge    Lake Naivasha Marina Club    Munyu    2420 m    Githumu    Makuyu    A 2    Kaewa

Safariland Lodge    C 68    Gatakaini    Chania Falls    Kandara    Kabati    1739 m    Masinga

Fisher's Tower    Longonot    C 66    Glakoe    Chomo    Kabuku    Santamor Halt    Nzuikini    Kithyoko

Hell's Gate National Park    Kijabe    Mweyi    Karinga    C 67    Mangu    Mitubiri    Fourteen Falls    Kangondi

Mt. Longonot National Park    Matathia    Uplands    Githunguri    Gatundu    Klima    Thika    Matuu    B 7

2191 m    Kiambethu Tea Farm    Limuru    Ndumberi    Kiambu    Kalimoni    Mbogo    A 3    Yatta    Kithimani

Naoolpopong    2357 m    Makutano    C 65    Paradise Lost    Ol Doinyo Sapuk National Park    1748 m    C 100    Katutt

Ongata Naado    Nachu    Kikuyu    C 64    C 98    NAIROBI    Tala

A　　B　　C

**3**

EASTERN

1419 m
Laisamis
Rusarus Plateau
699 m
Laga Merille
Reserve
A 2

Koiya
524 m
Barchuma Guda

1
eredupi
kurne
Kauro
Komi
Marti Serteta
Laga Kom

Ol Kanjo
1613 m
829 m
Losesia
Merti Plateau
Laga Mado Gali
Merti

Eredupi
Ewaso Ngiro
Ewaso Ngiro
Sericho

Habaswein
B 9
Sabertha

Kittermasters Camp (Waso)
Chanler's Falls
Madodulboleda

Archer's Post
Sarova Shaba Lodge
Magado
Kula Mawe
Garba Tula
520 m
El Dera
Mado Gashi
Galana Gof

2
Buffalo Springs ge
Shaba National Reserve
A 2
Garba Tula
Sanadi
Benane
Tokajo
Laga Afwein
C 81

Kampi-Ya-Churvi
B 9
Mutuati
Lare
Kinna
Korbesa
El Lurt
Rahole
Dinas

Kangeta
Kiengu
Nyambeni Forest
Nyambeni Range

Muthara
Maua
Meru
Bisanadi
Skot
Rahole

6
Mlathene
Amugaa
Kathi
National
National
Bisanadi
National Reserve
C 81
Meru
ores

Mikinduri
Ruiri
Park
Reserve
Kora Wells
Mbalambala

Thimangiri
Meru
B 6
Nkubu
1370 m
Kanjora
Kalangachini
Usueni
Mwingi
Adamson's Falls
Kora
Saka
Tana

Mitunguu
Gatunga
National
Kora National Park
Karere

3
Kanyekine
Tunyai
Tharaka
Tseikuru
687 m
Reserve
Redo
Tana

Igoji
Ngeru
Chiokange
Muvukoni
(North Kitui National Reserve)

untu
Kanjuki
Itugururu
C 92
Katse
Kimangau
EASTERN

Kanyuambora
Kiangombe 1804 m
Kerie
Kyuso
Gai
Ndatani
Mutanda
Dulaya

Kiritiri
Kiambere
Kiambere Res.
Kamuwongo
1299 m
Ngomeni
Kwa Mulingata
A 3
Bangali

Mavuria
Kindaruma Res.
C 93
Waita
Nguni
Kakunike
A 3
Ndeyin Pool

tu Upper Res.
Riachina
Enziu
Mbuvu
Myoni
Hiraman

4
Kivaa
Mwingi
Mutuangombe
Twelo
Yanzen
Matia

awa
A 3
Kithyoko
Thitani
C 94
Migwani
Nzeluni
Nuu
Eyuku
Chamaruba

ondi
B 7
Katutu
Mutonguni
1641 m
Ikoo
945 m
Laga Komoli

7
Kathivo
Matinyani
Mutitu
Endau
1337 m
Ktuwaa
Kathemboni

**13**

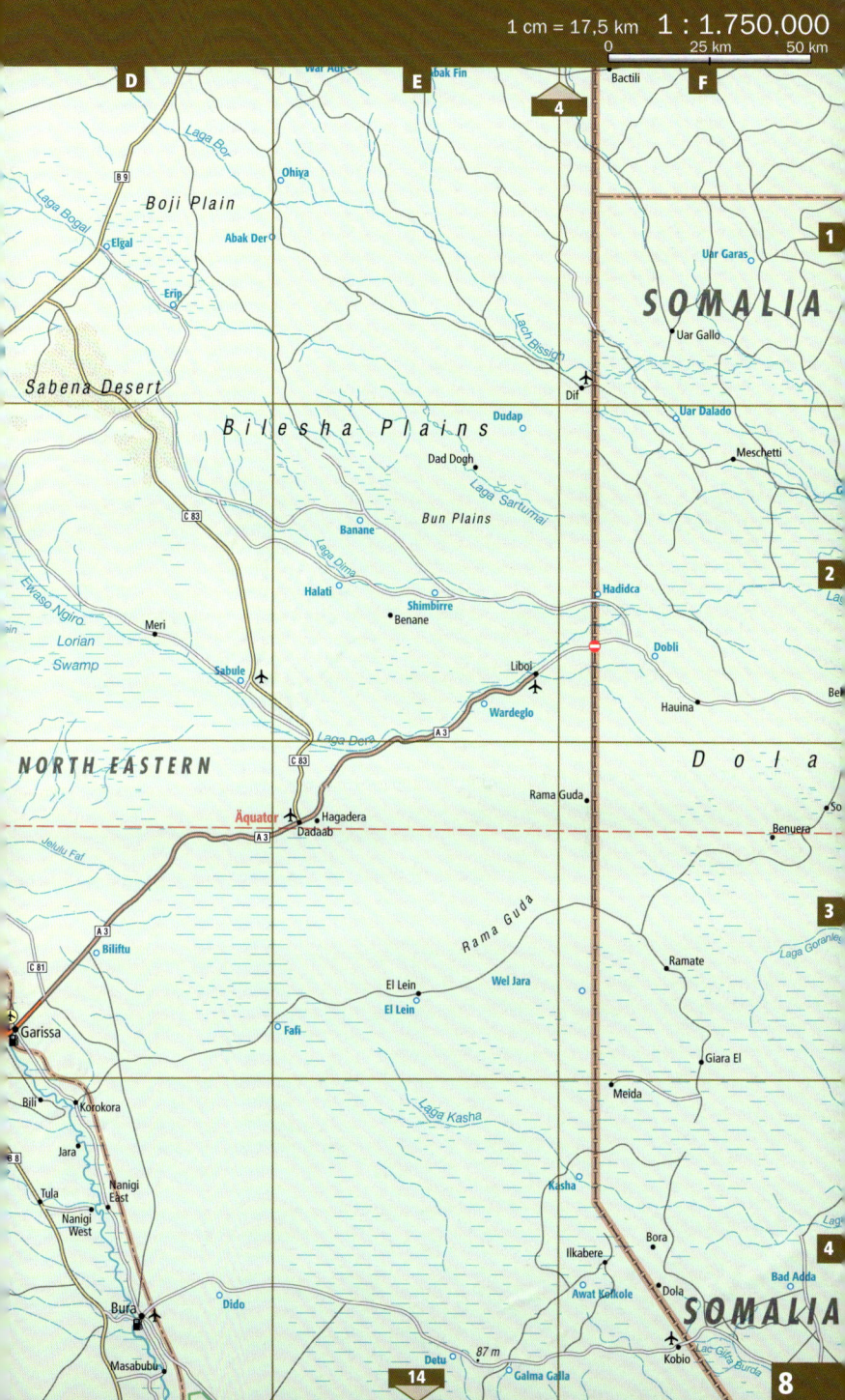

UGANDA

Rushenyi
Nsongezi
Kikagati
Game Res.
Kikagati
Businde
Kagera
Kimsambi
Nyakanyasi
Nsunga
Kanyiragwa
Rubafu
Buyango
Bwanjai
Kalema
Kakitumba
Murango
Mtagata
Mabira
Kakono
B 181
Bunazi
Kyaka
Kilabo
Bugandika
Kabaruka
Bukoba
Ndoma
Ibanda
Game
Res.
Rumanyika
Orugundu
Game Reserve
Kalambi
Rwambazi
Kilungole
Katoro
Kishaka
Island
Nyagatare
Kamagiri
Kigarama
Chemuli
Kishoja
Lake
Ikimba
Rubware
Muhutwe
Bumbire
Ngarama
Gabiro
Akagera National
Park
Itera
1759 m
Kayanga
Omurusbaka
Katoke
Bumbire Island
Gatsibu
Kalehe
Lac
Rwinkizinga
Nkwenda
B 182
Bweranyange
1280 m
Kamachumu
Kishanda
Kahangere
Iroba
Island
Muhura
1887 m.
Luzizi
Kiziguro
Gakenke
Lac
Kirumba
Lac
Iheru
1708 m
Nyaishozii
Ruhita
1555 m
Nshamba
Mubunda
Muleba
Ilemera
Ruiga
Bay
Nazinga
Island
Kayonza
Rwamagana
Kabuga
Kabarondo
Lake
Livelo
Lake
Bisongu
Lake
Burigi
1586 m
Ikuza
Island
Kiziramuyaga
Rubondo Island
National Park
Maisome
Island

RUANDA
Lac
Mugesera
Nguzi
Lake
Nasho
Kimisi
Game
Reserve
B8
Herutale
Kasenye
Rubondo Camp
Mai
Gako
Kibungo
Birenga
Kirehe
Kyamnyarwa
Maganza
Mlaga
Lukaga
Lac
Rweru
Katwe
Kagera
Rusumo
Nyamahale
Burigi
Game Reserve
Biharamulo
Game
Reserve
Rubirizi
Lukukuru
Nzér
Bay
Nymbo
Busoni
Giteranyi
Ngara
Nyakasanza
Kafuha
Nyabugombe
Ksiaho
Nyamirembe
Chato
Senga Point
Emin Pasha Gulf
Yodzu
Mukenke
Kobero
Murugarama
Mhuba
Mutala
Biharamulo
Kato
Nyango
Itari
Bukondo
Nungwe Bay
Kagu
Nongw
Rugari
Rulenge
Kera
Nyakahura
Muzani
B3
1675 m
B8
Runazi
Buzirayomba
Nyakagomba
Chibing
Muyinga
Kabango
Nyanzoyu
1539 m
Rusagamba
Lusahunga
B 163
1371 m
Makurugusi
Buseresere
Rubangabanga
Nyaruonga
Nyakanazi
Katoro
Bwanga
Nyambale

BURUNDI
Buvubu
National Park
Mukweza
Gisagara
Ntumago
Nyanatakora
Diobahika
(verlassen)
Nikonga
Kayongozi
Cendajuru
B8
Nyantwiga
Runzewe
Ikuzi
Muganza
Nyankanda
Kinambi
Musasa
Kwisumo
Rusengo
Kakonko
Kasanda
Nikonga
B3
Butezi
Ruyigi
Mugunzu
Kizuvu
1233 m
Ushirombo
Bu
Mubamba
Kibondo
Nyaviumbo
Mera
Kinyinya
Kasana
Kazibuzi
Giharo
Kafura
Kadida
15
Moyowosi
Game Reserve
Kigosi
Game Reserve

**A** **B** **C**

Othongo
Muhoro
Rakuro
Masara
Tunga
Mariwa
Monianku
Shartuka
Kaboson
Olulunga
Narok

Bande
Mukuro
Kako
Oko
Kilkoris
Ngorengore
Ewaso
Ngiro

Nyarombo
Migori
Moita
Mara Bridge
Kipleleo
Lemek
Eregero
2273 m
2128 m

Suba Kuria
Kurtiange
2037 m
Lolgorien
Altong
Mara River
Loita Plains
2009 m

Shirati
Kikancha
Nyabikaye
Sirari
Esoit Ololalo Escarpment
Ololalo Gate
Little Governors Camp
Mara Buffalo Camp
Maji Moto
2505 m

Ronda
Utegi
1570 m
Tarime
Ntimaru
Governors Camp
Mara Serena Lodge
Talek Gate
Fig Tree Camp
Cottar's Camp

Ochuna
Buhemba
1685 m
Rosana
Nyamwaga
Bwiregi
Masai Mara National Reserve
Bakitabu
Narosura

Butori
Kitandu
Kisaka
Mara Mine
Olemelepo Gate
Mara Sopa Lodge
Osupuga
2679 m

Magana
Mara
Masurua Swamp
Keekorok Lodge
Olaimutiek Gate
2259 m
Morijo

Kiagata
Maji Moto
1801 m
Sand River Gate
Olangaiana

Buhemba
Iramba
1716 m
Bologonja Gate
Klein's Camp
Lemesikio
Olmesutye

Nyamuswa
MWANZA
Mugumu
Serengeti
Klein's Gate
Olosha
2527 m

Nyahuri
1752 m
Mugeta
Nata
Negoti
Grumeti
Lobo
2157 m
Bologki
Lollondo
Wasso

Ruwana
Grumeti Game Reserve
Ikorongo Game Reserve
Serengeti Migration Lodge
Tagora Plain
Lobo Wildlife Lodge
2192 m
Ssamunge
Naidigidi
Digodigo
Sonja

Kirawira Tented Camp
Grumeti River Camp
Ikoma
Rohanda
Ikoma Gate
Michael Grzimek Institute
Banagi
Nyabwitagi
Arash

Handajega
Mbalageti Tented Lodge
Serena Serengeti Lodge
Retima Hippo Pool
Serengeti Visitor's Center

Matongo
Ndoha Plain
National
Seronera
Thach
Masai
Malambo
Olola

Ngalita
Gidamunda
Sopa Lodge
Barafu
Engare Zero

Nyakabindi
Mamoto
Bariandi
Moru
Simba
Gol
Ngorongoro
Ol Doinyo Lengai
2878

Sagata
Maswa
Bolela Bontemi
Park
Naabi Hill Gate
Naab Hills
Embaka

Somanda
Bumera
Simiyu
Oldupai Gorge
Ela Nairobi
3231 m
Crater

Luguru
SHYNANGA
Mwana Kenda
Lake Ndutu
Masek
Oldupai Gorge
Prehistoric Site
Conservation
Olmoti
3099 m
Loolmalass
Nanokanoka
3648 m

Idonalo
Kusini Tented Camp
Ndutu Safari Lodge
Sinoni
Ol-Balbal
Lamagurut
Lake Magadi
Ngorongoro Crater
Oljoro Nyuki

Kimbago
1426 m
Game
Endulen
3107 m
Ngorongoro
Ngorongoro Crater Are
M. Grzimek-Denkmal

Luguru Ya Mbuga
Reserve
Subeti
Kakessio
2051 m
Kambi Ya Nyoka
Lodoare Gate
Rhotia
Oldeani
Karatu

Banya
Kimali
Mangai
Endamaghay
Mangola
Nija Panda

Sanga Mpuya
Kisima Ngeda Camp
Barasani
Seremat
Hot Springs
Lake Manyara National Park

Shagihilu
Lagangarli
Kosala
Geleudabeshta
Endakajuga
Lake Eyasi
Aicho
Endabash
Lake Manyara

Bukundi
Kidero Mountains
Yaida Valley
Daudi
Manyara Estate
Kaiti

Hendawashi
Yaida Swamp
1623 m
Leya
Mbulu
2266 m
Kainam
Madukani
La Burun

1 cm = 17,5 km  1 : 1.750.000

0    25 km    50 km

**D** | **E** | **F**

2420 m  Hell's G... National P...  Matatu  Mweiga  Halt Mitubiri  Nzukim  Kithyoko

Nairagie Engare  B 3  Mt. Longonot National Park  Uplands  Githunguri  Gatundu  **6**  ...rteen ...s  Kangondi

Ndulelei  Kiambethu Tea Farm  Limuru  Ndumberi  Kiambu  **Thika**  Kilima Mbogo  A 3  Kyanzavi  Mätuu  B 7  Katutu

2191 m  Makutano  Muguga  Ndenderu  Kabete  **Paradise Lost**  A 2  Yatta  1746 m  Kithimani  Kabaa  C 100  Kinyaata

Susua  Nachu  Kikuyu  2357 m  **NAIROBI**  Tala  Kangundo  C 99  Syathani  C 97

ngata Naado  Noolopopong  Kareh  **Jomo Kenyatta Airport**  Mitaboni  Kathiani  Ithaeni  Wamunyu  Katangi

6m  Ngong  Langata  Embakasi  Marimbeti  Ngoleni  **Machakos**  Masii  Makutano  Lema

Mosiro  Ngong Hills  2461 m  Kiserian  **Nairobi National Park**  Athi River  Kaani  Miu  1625 m  Kavumbu

Oltepesi  Olepolos  Masai Safari Lodge  Lukenya  Kitooni  Kiatineni  Uaani  Ilika

**Olorgasailie Prehistoric Site**  Athi Plains  Stony Athi  Tawa  Muumandu  Mbooni  C 101

C 58  1758 m  2025 m  Isinya  A 104  Kapiti Plains  Konza  1984 m

Nasikiei Engida  Lake Kuenia  Kitandi  Kivani  Kilala

**Lake Magadi**  Elengata Wuas  Kenya Marble Quarry  Kajiado  Ulu  Kilma Kiu  Ukambani Hills  Nunguni  Makueni  Kathonzweni

Olkiramatian  Koora  Singiraini  Enkorika  Salama  Kima  Kasiku  Matiliku  Masumba

**Birdlife Sanctuary**  Ilemelego 2158 m  1940 m  Sultan Hamud  Nzai  Emali  Kikumini  Simba

Engare Ngiro Swamp  Ofoika  1260 m  Lake Loongojit  Lake Kabongo  Ilbisil  Mashuru  Kiboko  Ikoyo

Shompole  Mparasha Hills  Kibini  Selengei  A 109

**Lake Natron**  Oloiserri  Meto Hills  Ilpartimaro  Ngatataik  Mailua  Lengesim  Merueshi  Makindu

Wosi Wosi  Engare Naibor  Meto  2301 m  Orok  A 104  2524 m  Makutano  C 102  Kibve

Gelai Luimbwa  2941 m  Kibalbal  Oldinka Leguru  Namanga  Lake Amboseli  **Amboseli National**  **Chyulu Hills National Park**

Gelai Bomba  Longido  2637 m  Sinya Mine  Ol Tukai  Ol Tukai Lodge  Amboseli Serena Lodge  **Shetani C...**

Kitumbeine  Kitumbeine  Longido  Mabati  Kimana Gate  Kimana  C 103

Engaruka Chini  2865 m  Ol Molog  Kamwanga  Endoinet  Oloitokitok  Poachers Lookout

**Engaruka**  Lariboro  Londorossi Gate  Ronga  **Mount Kilimanjaro**  Nalemoru  Lasset  Rombo

**Basin**  1731 m  Thga Tinga  Shira 3962 m  (Uhuru Point)  Mount Kilimanjaro  Kibou  Kirongo

Engaruka Magodi  Oldonyo Sambu  Ngare Nanyuki  Engare Nairobi  5892 m  Mawenzi 5149 m  Mrere

itete  Tarosero  2256 m  **Arusha National Park**  Momela Gate  Machame  **National Park**  Ziwani Sisal Estates

**ARUSHA**  Lengijabi  Monduli  2660 m  Ngurdoto Crater  Lekuruki  Kware  Weru Weru  Marangu Gate  Mwika

Burko  Ngoitoito  Olmotoni Juu  Engar  Mount Meru  4566 m  Usa River  Tuvalla  Sanya  Boma N'gombe  **Moshi**  Kirua  Marangu

Losimingur  2136 m  Ardai Plains  Kisongo  **Arusha**  Nkoarango  Sanya Chini  Mbuyuni  Himo  Chala

2300 m  A 104  1450 m  **German Fortress**  Tengeru  **Mt. Meru Game Sanctuary**  **Kilimanjaro International Airport**  Kifaru  Kangala  Taveta  A 23

144  Makuyuni  Loilera  Liviseki  Nduruma Chini  Karangai Ngodo  Kahe  Kifaru  Kamleza  Unyasa  Ubembe

ara  A 104  Kwa Kuchinia  Losinyai  Mbguuni  Tinga  Samanga  Kisangiro  Mwanga  B 1  Usangi

**Tamarind Tented Camp**  Marerani  Nyumba ya Mungu Reservoir  Lembeni  Butu  Mara

**Tarangire Safari Lodge**  Lolkisale 2132 m  Komolo  Nyumba ya Mungu  Kwakoa  Gitingeni

**Sopa Lodge**  Loiborsoit  1356 m  *Lossogonoi*  Kiriya  **KILIMAN**

**18**  **19**  **12**

rangire  Terat  Ndovu  Amboss...  Mgagao

A     B     C

**7**

Kithyoko
Thitani
C 94
B 7
Nzeluni
Nuu
Eyuku
Yanzen
Hiraman
Katutu
Migwani
Mui
945 m
Chamarubia
Matia
Hiraman
Mutonguni
Ikoo
1641 m
Ktuwaa
Laga Komoli
Kathemboni
Ndolo Corner
Mutitu
1337 m
Kathivo
Matinyani
Endau
Kalungu
Chifi
Syongila
**Kitui**
Makongo
Kansarakana
Laga Komoli

**1**

Wikiliye
Kyuluni
1457 m
174 m
Mutiboko
C 97
Tiva
Zombe
Mwitika
Kalikitu
Wayu
Kisasi
Mwewe
Kyamatu
Laga Kitge
Musa
Mbitini
Kakya
Ikanga
Voo
Thiunguni
Thowa
Mombasa
Enyali
South Kitui

Mutha
**National Reserve**
Mutomo
Abakuno
Kathonzweni
Mutbue
Abasula
Kalivu
Kanziko
Tumarela
Laga Kokani
Asa
126 m

**2**

Ikutha
Ovemba
Wikabi
Kiboko
Kasala
Ikoyo
Kailembwa
A 109
991 m
**Tsavo**
Makindu
Mbuinzau
Basadi
Ndia Ndasa
B 7
Kibvezi
Kikumbulyu
**East**
Masongaleni
Ngwata
Ngai Ndethya
**12**
Darajani
National Reserve
Kambu
Kathekani
**National**
Bulbula
Dakawachu
Mtito Andei
Boragi
Kamboyo
Kanga
Chyulu Range
Kenani
Isk
Shetani Caves
**Tsavo**
Ngulia
Kyulu
Lugard's
Hippo Point/
Finch Hattons Camp
Kilaguni
Hills
**Tsavo**
**Falls**
Crocodile Point
Koito
Bereito
Kisiki Cha
Ma

**3**

Poachers
Kilaguni
Roaring
Galdessa
Galana
Wasanya
Mzungu
Lookout
Lodge
Rocks
Ngulia Lodge
Camp
Severin
1821 m
**Observation**
Crocodile
Sala
Galana
Matc
ombo
Safari
Mzima
Manyani
**Hill**
Camp
C 103
Chakama
Camp
Springs
Mudanda Rock
**Park**
Mwaga
**West**
Kedai
Ndi
A 109

Ndome
Voi Safari
443 m
vani sisal
Taita Hills
Lodge
Aruba-Damm
Kavuluni
Estates
Wundanyi
Kigombo
Inima
Satao Camp
Shambweni
hala
Murka
Maktau
Voi
Ndara Plains
Goshi
Jila
A 23
Iriba
Ndara
Bamba
Ganze
Ziwani
Murka
2205 m
Voi River
Sagala
Nghohji
Station
Mashoti
C 104
Maungu
A 109
Wangala
Silaloni
Mtulu
Lake Jipe
Bura
A 23
Mwatate
Galanema

**4**

Lion Rock
Sagala Hills
Buchuma
Maruvesa
Mbongo
Gotani
Mara
National
Taita Hills
Mwanatibu
Mackinnon
Taru
Samburu
Mnyenzeni
Mw
Kwakoa
Game Sanctuary
Kasigau
Road
Maji Ya Chumvi
Mereni
Ngeni
1641 m
Makwasinyi
Kinagoni
Manakani
Kaloleni
Go
**Park**
Rukanga
986 m
Makamini
Mazeras
Rabai
Mi
omazi
Bungule
Matumbi

**13**

**19**

**Kigosi Game Reserve**

**Ugalla River Game Reserve**

Kahama

Ngogwa
Ngogwa
Ihapula
Mpunze
Nyandekwa          Isagehe
Mungwe 1328 m
Kisuke          Busenda 1329 m          Tulole
Mapamba          Tuyi 1329 m
Bukwimba          Wela 1305 m          Chambo          Bukene
Mboga 1343 m
N'gwande          Mwanila          Bukumbi
Usenda 1305 m   1332 m          Tubuku
Mambali          Ipala Station

Mabogwe
Murungu
Nyamgalika
Mgende

Uyowa
Mwendamulima          Iseramagazi
Ichemba
Ulyankulu          Igwamela 1349 m          Morogoro
Nzubuka          Ilomera 1359 m
Kagila 1387 m          Itobo
Igombe Dam          Kakola Halt

Igagala 4          Itwanga          Mfuto          Ibiri          Ubuge
Igagala 10          Kazarono          Ugowola          Ibumbu          Itaga          Uyui          Igalula          Manoleo
Kaliua          Urambo          Usoke          Mwakuni          Itetemia          Tabora          Ikakango
Kombe          Usisha          Ndono          Lulanguru          Kwihara
Limbula Uzwa          Uyumbu          Usoke Mission          Ibeta          Mtega          Uruma          Ityla
Shela          Katundu          Pangale          Kisanga

Kazilambwa
Lugunda
Usinge
Mbala

Lake Sagara

Uyumbu          Msegela          Chavuna          Mpombwe          Sagena          Mowele
Kangeme          Kiloleni          Igigwa
Lumbe          Tutubu          Morogoro          Utwambogo
Igalula          Imalamakwa
Sire          Chabutwa          Sikonge          Kipanga
Usinga
Ipole          Wensata          Ukundamoyo
Bukumbi          Mbuba          Rigalo          Kakoma          Ipako          Msuva          Mivona          Kanja
Ugalla          Milala          Kajombo          Kasa
Nongo          Ngoywa
Ipeta          Isinde

Mpanda          Isanjandugu
Katumba          Koga          Darambue
Magamba          Isagala
Uruwira          Galamila          Scante
Sitalike          Sikitiko          Kapapa          Utende          Sungawule          Bueni          Kaswa
Katisunga          Kirogwe          Inyonga          Ilunde          Galukimo
Wachawaseme

**A** **10** **B** **11** **C**

Singida · Itw · Samuye · Kilolele · Mihawa · Hendawashi · Sibin · SINGID

Jomu (Tinda) · Mwakilunga · Kalitu · Lake Kitangiri · Matongo · Mkalama

Mwamanda 1190 m · Simbo · Igurub · Mangaduli · Sakamaliwa · Tulia · Kisirin · Gumanga

Iyije · Nata · Chomachánkola · Kulwa · Itunduru · Malenga 1201 m · Sakamaliva · Mbutu · Kiomboi · Idugu

Ng'wamata · Bulangamilwa · Igogo · Igunga · Selaski · Shelui · Kirondatal · Kinyangiri

**1** Lububu · Ndomo · Curumunli · Makimgi 1253 m · Klilii 1297 m · Uwanza

Itobe · Busasi · Ndugutu · Ibologelo · Izimba · Malone · Ukoko · Cheli · Ngongora · Temanongea · Uwanza

Mihema · Nzega · Kitangili · Zimba · Bunambigwi · Ngaya · Wembere Swamp · Ndago · Iguguno

Gegeshi · Gilal · Utwigu · Ndembezi · Ulaya · Nkinga · Malangano · Kaseria · Urugu · Ussure · Nkulu

Isagenge · Bulunde · Mwanhala · Nyawa · Ilungu · Sungwizi · Kaseria · Ushora · Sepuka · Lake Singida

Igwambishi 1256 m · Micha · Chaputwa · Mwisi · Susi Jinda · Mapela · Ndaiheya · Singida

Kidano 1277 m · Ubagwa · Utaga · Tuima · Lolanguru · Membere · Ipeti · Nyan

**2** Ilomero 1359 m · Nkinaziwa A · Magulia · Simbo · Mapiringa · Mwaru · Puma

Ibuka · Puge · Kampala · Ndala · Susi Janda · Ugwana · Chuma · Ihanja · Ikungi

Itobo · Pumusi · Ndala · Mtoa · Mapiringa · Wembere Mbu · Mayaha · Kapango 1400 m · Upetu 1401 m

Kakola Halt · Upuge · Mihama · Iyombo · Nhumbili · Misaki · Muwera · Wamba

Tabora · Isikisia · Mdalagwibwe · Umonda · Mihama · Kolongo

Ikakango · Kigunuma · Magiri · Simbo

Kwohara · Kwesi · Kigwa · Ubada · Mwula · Ikungu · Mkurusi · Ipuruso · Suna

**16** Lombo · Miziwasiwa · Rubuga · Mapingi · Kisengi · Ikungu · Mbogo · Mtwikwa · Karasa 1398 m · Mikw

Igalula · Goweko · Nyahua · Malongwe · Bogo · Tura · Makata 1251 m · Kazi-Kazi · Kitaraka · B 129 · Njirii · Aghondi

Mowere · Mitundu · Kisalusalu · Mpuma · Makoa · Karangazi · Lake Chaya · Chaya · B 141 · Itigi · Bangayega

**3** Nyahua · Tati · Biriga 1316 m · Maganga · Kanjanka · Jiwe la Mikowa · Metemete 1380 m · Metemet · Ipunguli · Muhanga · Mar

Ukundomoyo · Mabondja 1326 m · Solesi · Kirurumo · Uyanzi · Msalalo · Mabungulo

Mivono · Kanjamsanga · Mazange · Ngulu · Ilunga · Kasimba 1336 m · Mitundu · Chabutwa · Ukimbu · Nyauwele · Jamkolo · Muwali · Rwani

Ngoywa · Kasasi · Nsimbo 1439 m · Mwulu 1430 m · Kinera · Muhesi · Byanzi

**4** Madamu 1590 m · Mpunde 1628 m · New Kiombo · Muhesi · Magiro · Ilewiro

Mpembapazi · Kanga · Majembe 1450 m · Miombo 1491 m · Kilumbi · Kipili · Salamba · Ikonse · Game Reserve · Masaka · Ibenamtundi · Ilu

Kipala 1441 m · Makulu 1670 m · Wumba 1600 m · Muwale · Mungalo · Kisangala · Mnyani · Masinie · Mauangura · Miraoye · Muhesi

Sumba 1340 m · Kisagute 1480 m · Sila · Mwamagembe · Usuhilo · Kizigo · Madyo · Kikolgoro · Madyo · Usonero

Kululu · Samba 1490 m · Magawe · Itumba · Sulangi 1438 m · Bagamoyo · Kisale · Kyomba · Kirumbi · Kirene · Game Reserve

Kaswa · Kitunda · Kapomba · Kiwere · Rungwa · Kilalau 1520 m · Isowa · Mosima · Ifende · Makasumb · Muyongt

**17** **23** **B 141** **B 6**

Yaida Swamp
1623 m
Mbulu
Dara 2256 m
Maduk
Kainam
Sopa Lodge
Lo
Terat
**D**
**E**
**12**
**F**

Leya 2416 m
Magugu
Madwa
**Tarangire**
Sukuro
Taikus

Dongobesh
Dagariyet
Swala Camp
.1161 m
**National**
Sambu

1906 m
Haidom
Bashanet
Dareda
Babati
A 104
Kwaraha M. 2416 m
Olivers Camp
.1570 m
*Simanjiro*
1

Ufana
Gendi
B 143
Riroda
Galappo
**Park**
Lorboi Serrit
*Plain*

Basodesh
Giting
Lake Balangida
Bonga
Gidas
Kikore
Nguselororobi Swamp
Loibor Serrit
.1601 m

Jambi
Basotu
3417 m
Endasak
Bereku
Disa
Seyarus
*M a s*

Nangwa
Katesh
Sakami
Kikilo
Kandanga

B 144

Endesh
Gamadi
Kinalasat
Sela 1608 m
Itundwi
Mnenya
**K O N D O A**
Makami

ongero
Busi Swamp
Kinolo
Kolo
Pahi
Oloingol Keon
Ma Sw

Akujakumbi
Lake Balangida Lelu
1733 m
Sega
Kaha 1853 m
Haubi
Lake Haubi
Sambwa

B 143
Ngimu
Buhama Salimu
Majimalu
Tumbelo
**Kondoa**
Busi
*Shurio Swamp*

Mgori
Lamba
Duamaganga
Mongoroma
Serya
Hasuhasu 1682 m
Mondo
Araa
Jungalo
Longai 1802 m
2

Mungaa
Misughaa
Kindu
Kipungu
Kingale
Gisau
Goima
Chandama
Sikwakwa
Ngereyani

Ntuntu
Matari
Lalta
Matonya
Kalema
Kaigu 1859 m
Mrijo

Mangony
Taru
Ovada
Dayo
Kurio
Kwa Mtoro
Bangai
Dika 1398 m
Chambala
Chambala
Mreha
Mlima Wa Simu
Kibaya
Msente

Ipuli 1513 m
Mkoba
Poro
Lifatico
1681 m
S a n b c h u g e r o

Karinga
Gungi
Sanza
Tandesi
Farkwa
Mbuiuni
Kwahemu 1471 m
Segala 1778 m
Machingiri 2042 m
Dosidos

Makuru
Mponde
Mponde
Gonga
Selakuni
Tumbakose
Haneti
**Haneti**
Segala
Zoissa

London
Zuboro
Katsuba
Makalonga
Hawelu 1574 m
Selenko
Chenene 1813 m
Chikole

Saaranda
Mtikira
Mupendo
Sasi
Babaiyo
Chenene
Itisu
Chihunungu
Ibumila

**Manyoni**
Nungi
Makutupora
Makanda
*Mutunguta*
Gulali 1361 m
Mgomba 1954 m
Hogoro
Njoge

Muhalala
Kikoyu
Maweni
Mchito
Meia Meia
Mayetu 1481 m
Hombolo
Chamani 1336 m
Mtonana 1265 m
Pandam

Kilimatinde
Mtiwe
Kintinku
Bahi
Zangha
*Hombolo*
Hombolo Lake 1421 m
Sejelli
Kongwa
B 129
Kibaigwe

Sasajila
Makasuko
Ngaiti
B 129
Makutapora
Ipala
Msanga
Chilonwa
Mgunga
1219 m

Majiri
*Bahi Swamp*
Chigongwe
A 104
Chibwangula
Buigiri
Chinangali
Kikombe
Majeleula
Kongwa

Msita
stema
Mkunsi
Lake Sulunga
Kigwe
Nkungu-Nala
Masalatu
Humwa
Makyeche 1323 m
Kibuche 1230 m
Chunyu
*Kiboriani Mountains*
Sugata
Ru
Mlali

Ndaburp
Ipampha
Mahaka
Kikola
**DODOMA**
Nkongontha
Itamba 1609 m
Ifunda
Msagali
Mpwapwa

Pola
Isombeka
Chale
Kipanga
Bihawana
Babala
Bobi 1502 m
Mwumi
Matumbulu
Handali
Igandu
1396 m
Mali 2160 m
Mangweta

Nkonko
Kikole
Isanza
Kidiro
Nkhome
Makangwa
Idifu
Kisale 1078 m
Pandambili
979 m
Gulwe
Lake Nache

Ntumbi
Noruwa
Lwato
Chiona
Iringa Mvumi
Wingama 1523 m
Berego
Gulee 1751 m
Godegode
Lake Gompo

Iseke
Magonga
Mwitikira
1006 m
Mioda
Mima
*Rubeho*
Lukole
Kidete
4

Tiwuka
Korongo
Chambi
Simba Nguru
Huzi
Nagulo
Manzase
A 104
Fufu
Igoji
Matonga
Wota
Kibakwe
Pwaga

Simba Nguru 1356 m
Manda
Mphwayungu
Mkumbi
Chi
**24**
Kinvika
Wangi
Chamumile
Chugu
**18**

**A** · 12 · **B** · 13 · **C**

Lossogon · Ya Mungu · KILIMANTARO · Mkomazi

1356 m · Lake Ambussel · Kiriya · Mgagao · Buguru

Ndovu · 1748 m · Plateau · Same · Zange Gate

Taikus · Lossogonoi · *1846 m · Kisiwani · Njiro Gate · Game

2124 m · Marua · Mwembe · South Pare Mountains

**1** · MANYARA · Rotian · Naberera · 1646 m · Mkahyeni · Shengena · Gonja · Mpirani · Reserve

1832 m · Upuni · Coome · 2463 m · Lake Kalimawe

Namalulu · Chanika · Makanya · Ndungu · Kihurio · Mnazi · Kivingo

1557 m · Suji · Mtae · Shapein · Lunguza · Lelwa

·1601 m · Ngasumet · Hedaru · 2219 m · Kitivo · Umba

Masai Steppe · Sunga · Mlalo · Mlungui · Kivumi

Ruvu · Mkomazi · Kwekongo · Malikwe · Msai

Makami · Buiko · Shume · Lukosi · Mdezui · Mazumi

Makami Swamp · Loligumaishi Hills · Kwam베 · Mkumbara · Marinde · Lushoto · Bumbuli

Mheza · Hepala · Magoli · Mlalo · Kwata

Duka · Mangata · Mabogo · Soni · Mombo · Balangai

Ndelo · Kitwei Plain · Torotto · Mt. Mali · Masasa · Signelo · Matarawanda

**2** · Balibali Wells · 1480 m · Mkalamo · Mkuyu · Gomba · Makuyuni · Mabulu

Mseni · Luchome · Pulumbu · Ambangulu · Mashindei

Ngereyani · Kwedivuna · Mswaha · Korogwe · Ama

TANGA · Pangani · Loliguzao · Mnyusi · Hali

**18** · Mabande · Segera

Kiberashi · Koiten · Jaira · Makinda · Sindeni · Michungwani

Kijungu · Mgera · Kwamkuti · A 14

Gambelo · Korodigo · Mswaki · Handeni · Mzundu · Kabuku

Sakandara · Kingombe · Magamba · Mumbwi · Mgambo

Samatwa · Songe · Tamoto · Masika · Rugaga · Barue · Kwankonje · Komkonga · Chogo

1508 m · Kangata · Kwachaga · B 127 · Luguzi · Kwakobo · 544 m · Mkata

**3** · Sinya · Masagalu · Kwevihingo · Negero · Panga · Mamboya

Pagwi · Nsaka · Kimamba · Manga · Kwanyange

Ngayaki · Masimba · Kibati · Mziha · Kisauke · Mbwewe · Miliga

Njoge · Taragwe · Tunguri · Kongo · Mkan

Pandambili · 1853 m · Nguru · Mhonda · Dihinda · Tiwano · Kyaruhombo · Miono

Kibaigwe · Chakwale · Nguyami · Mountains · Ndole · Turiani · 727 m · Mabuku · Mandera

Gairo · Kibedya · Kitange · Matale · Mesumba · Kwadihombo · Wami · Pongwe · Msata

Sugata · Rubeho · Mamboya · Magubike · 2113 m · Mvomero · Kwadirema · 881 m · Pongwe · Masagulu

**4** · Mlali · Kisitwe · Maguha · Mkundu · Kibaoni · Mindu Tulieni · Kiwangwa

Mangweta · 2160 m · Kaguru · Magole · Mirama · Msavula · Lugoba · Mbukwa · Tarawanda

Mkumburu · Mamiwa · Kidete · Dumila · Dakawa · 766 m · Misasa · Larawanda

2225 m · Mountains · Mbugani · Ngerengere · Msoga · A 14 · Malivundo · Buyoni

Lake Gombo · Mkobwe · Msowero · Mvumi · Wami · Mkata · Ubena · Msorv

Kidete · B 127 · Rudewa · Kimamba · Ubenazomozi · Chalinze

**19** · Munisagari · Msimba · Mazimbu · 25 · Mikese · A7 · Kinonko · Ngerengere · Kidugallo

Kiloca R · Kimamba · MOROGORO · Kiroka

986 m
angule

**TAITA**

D

Kilibasi

Maji Ya Chumvi
Kinagoni
Makamini
Matumbi
Mazeras
Mahakani
Merem
Rabai
Mtaa
Majengo

E

C 107
C 109
C 111
Mwipingo
Vipingo
Majengo
Mtwapa

**Vipingo Beach**
**Kikambala Beach**
Kikambala
**Shanzu**

**14**

F

**Mombasa Marine National Park**
**Kenyatta Beach**
**Bamburi Beach**
Nyali Beach
**Marine National Reserve**

Shambini
Barga
Gulanze
C 107
Khango
Ngomboni
Matuga
Port
Reitz
Mtaa

**MOMBASA**

**1**

**Shimba Hills**
**National Reserve**
Ndavaya
Mkongani
C 106
Kwale
A 14
Waa
Tiwi

**Shelly Beach**
**Tiwi Beach**
**Diani Beach**

Mwangulu
Kidongo
Gate
C 108
Njele
Ukunda
Mwabungu
Gazi

**Diani-Chale**
**Marine National Reserve**

Makalanga
Kikoneni
Mrima
Msambweni

**Gazi Beach**
Kisima Chande

Mikameni
Lunga
Lunga
A 14
Jambe
Ramisi
Kidimu
Funzi Island

Umba

Mkujani
Bwiti
Vanga
Shimoni
Wasini
Island

**Mpunguti Marine National Reserve**
**Kisite Marine National Park**

Mbayani
Mvumoni
Moa
Manza
Subutuni

Ras Kigomasha

**2**

ano
Mwele
Bombo
oma
Mapatano
Vuga
Mingu
Doda
Mtumbwani
Chongoleani

Mwambawamba
Island

**Manza Bay**

Verani
Msuka
Bay
Mshuka
Konde
**Ras Kiuyu**
**Ras Kiuyu Forest**

**Pemba Island**

Nkombola
Kwamgumu
Segoma
Yirihini
Pamkoni
Gombero

**Ngezi Forest**
**Reserve**
Njao Island
Kinyasini
Wingwi
Kiuyu

**Amboni**
**Caves**
Mavumbi
Misoswe
Upale
Kiwanda
Mjesani

**Tanga**
Kange
Yambe Island

Fundo
Island

**Wete**
Nyali
**Msitu Kuu Forest**
**Kojani Island**

Kilole
Mtindiro
Pongwe
Majengo
Katipeni
Mwakidila
Karange Island

Uvinje Island
Piki
Chwale
Kangagani

**Muheza**
A 14
Kumburu
Mtindi
Tongoni
Kigombe

Owen Channel
Misali Island
Wesha
Vitongoji

Mruazi
Kilulu
Kifale

Misali Island
**Chake Chake**

angubu
Bushiri
Boza

**Misali Island**
**Conservation Area**
Jundaua
Wambaa
Kingoji Bay

**Pangani**
Mwera
Mangani

**Mkoani**
**Mtambile**
Kengeja

Pangani

**3**

Tongwe
Sakura

**Ushongo Beach**
Mziwe Island

Matumbini Island
Chekofro
Panza Island
Tutuni
Ras Upembe
Kiweni Island

**Upembe Passage**

Mkwaja
South

**A Tent with a View**
Mkwaja
Ras Nungwi
Nungwi
Kendwa

**I n d i a n**

**Madete**
**Turtle Sanctuary**
Kendwa Beach
Tumbatu Island
Kidoti
Fukuchani
Mnemba Island
Kigomani

**O c e a n**

aadani
**Saadani**
**Safari Camp**
Saadani
Village
Mkokotoni
Matemwe
Pwani Mchangani

**Zanzibar Island**
**(Sansibar)**

ational
**Park**
Mangapwani
Bumbwini
Mahonda
**Kichwele Forest**
Kinyasini
Kiwengwa
Pongwe
Ras Uroa

**4**

Changu I.
Chapwani
Bububu
Mtoni
Uzini
Uroa
Pass of Kiwengwa

**Zanzibar Town**
**Stone**
**Town**
Kidichi
Dunga
Ras Michamvi
Michamvi

Ras
Utondwe
Gama
Mbweni
Chukwani
Tunguu
Chwaka
Ukongoroni

Ras Vinde
Vinde

**Jozani**
**Forest**
Bwejuu
Paje

Kyakulu
Mkadin
**Chumbe Island**
**Marine Sanctuary**
**& Coral Park**
Fumba
Fumba I.
Unguja
Ukuu
Kitogani
Jambiani
Uzi
Island
Muyuni

jkuiosi
Kikoko
Makurunge
Kitopeni

**BAGAMOYO**
Kizingoni
Pungume
Island
Kwale I.
Kufile
**Makunduchi**
Kizimkazi
Mzambarauni
Ras Kizimkazi

Matimbwa
Zinga
Kerege
Mawajara

Mlandiz
A7
Kumba
Bunju
Munoe
Kunduchi
Mbuya Island

North Beach
Bongoyo Island

**DAR-ES-SALAAM**
South Beach

**26**

**20**

A        B        C

**15**

Makungwe
Sibwesa
Edith Bay
Kalva
Sibwesa
Point
Isonga
Iloba
Mantema    Sibwesa    Nkungwi
Kansakasia
Manyo    Kasanga
Lake
Katavi
**88**

Kamembe
1061 m
Ikola
**Luafi**
Cape Ternbwe
Pala

**1**

Kimbibisengo
Kipoka
Musimbe

Karema
Itimba
**Game**
**Reserve**

◼ **Moba**
Kapamba

Kabwe
Luganda
Cape Mpimbwe
Utinta
Kisi

Kashiere    Lusaka
Mukonga
Paranaw

Kalunda
Mko

**D E M O K R A T I S C H E**
Basenga
Kakon

Kavabala
Lumbuba
Manda
Island
**Kipili**

**2**

**R E P U B L I K**
Kalaba
Kasimbo
**Namanyer**
Usensula

Mutoto
Kimbo
Lubengwe
Ninde

**K O N G O**
Pepa
Msamba

Mutanga    Kapangwe
Kizumbi

Lukweza
Wampembe    Nkove

Katanga
Lunangwa
Izinga
X

**M o n t s   M a r u n g u**
Mpasa

Kisabi
Balanga
Sankutu

Kimpinda
Karinde
**Mutungu**
Moliro

**3**

Kimpalapata
Mwange
Pachapi
Cape Kipimbi

Kikalengu
1367 m
Cape Fing

Puta
Musosa
Chocha
Kalaba

1723 m
Kasongole
**Ndole Bay**

Kaputa
Sumbu    **Kasaba Lodge**

1425 m
**Mweru Wantipa**
Kampela
◼ **Kasaba Bay**
Chillingalo
1711 m

Chiengi
**Nsumbu**
Chipasanse

Puta
Kampinda
1306 m
Kambole Mission
Chamazan

**Lake**
**Mweru**
**National Park**
Nsama
1645 m

Selemani
**National Park**
Sinonde
Chasaya

**Bulalo Falls**
Chungu    Lubeni
Chibote

Kaungo    **Mwasha Falls**
Mulenga

**4**

Kaleleya

**S A M B I A**

**21**    **Lusenga Plain**
**National Park**
**Yangumwila**
**Falls**
Njalaminmba
Kamukwamba
Chinakila

**Mporokosa**
Katutwa

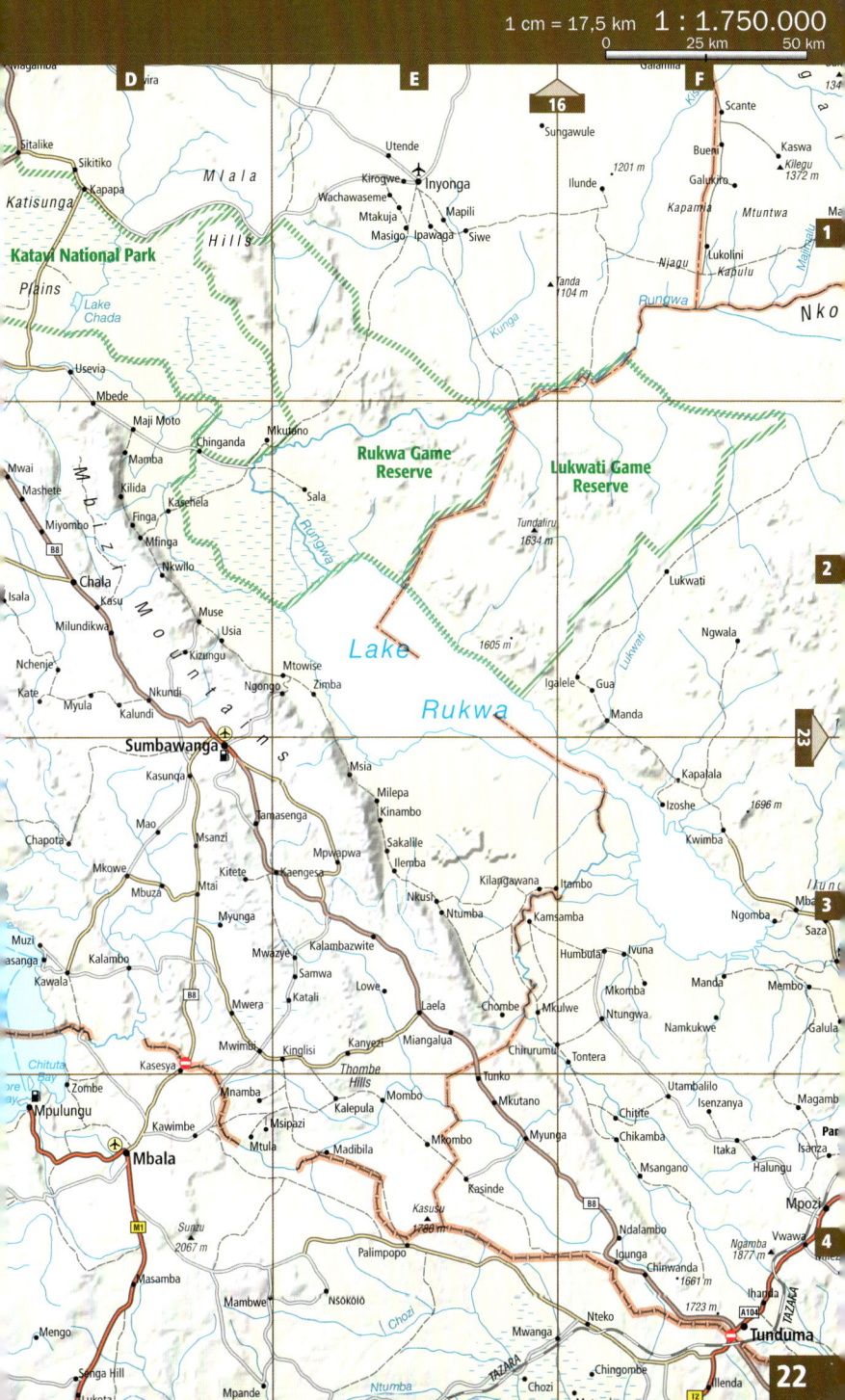

A   B   C

**17**   **B 141**

Itumba
Itumba

Nkululu
Bagamoyo
Kikolgoro   Iyo
Kirumbi
Kirone
Kyombo

**Game Reserve**

Kululu
1340 m   1480 m
Magawe   Samba 1490 m
Sulangi 1438 m   Isowa   Kisale
Muyongu

Kaswa
Kilegu 1372 m   **B6**
Kiwere
Igogo   Kilalau 1520 m
Mosima   Itende   Kikole
Ukamba   Makasumbi

Mtuntwa
Malote   Kitunda   Kapumpa   Mwitiko   Kiloli
Musa
Pangala   Mutimena
Kisada
Mpulwa
Vangama

**1**
Mkola   Lukula
Vigogo
Linkola
Msasa
Kipute
Kitete

Mtakuja   Majojpio
Ukimbu
Lutwe
Isawa
Niomb

Rungwa   Rungwa
Patshensi   Matuli

Nkokolo
Kambi Katoto

**Game Reserve**

Nguliro   1710 m   **B4**

Biti Manyanga   1388 m

Ilungu   1659 m

**2**
Kipembawe
1576 m
1859 m
Mdony Camp
**C**

Kiyombo   1939 m   1868 m
Mdonya Gorge

Igoma
Mtanila   Kitakwa   1695 m
1600 m   Jongomero Camp

**22**
1719 m   **Usungu**

Lupatingatinga   Msangaji
**Game Reserve**

1696 m   Mamba   **B6**
Madib

Salismanis
Great Ruaha

Ilunga Range   Ntumbi   Kiwale

**3**
Mbangala   Makwemba
Utuya   Ulanga
1575 m

Saza   Makongolosi
Usangu Flats
Igawilo

Mwambani   Isechi
Chunya   1752 m
Luhanga   Isunura

Membo   Lupa Goldfield   Isenyela
Utengule   Rùjewa

Kanga   2060 m

Galula   Lupa Market
Loleza Peak 2656 m

Ifumbo
Mbeya
1247 m   Brandt
Wanging'ombe

Magamba   Njelenje   Salangwe
**TAZARA**   Kimani   **A104**

**4**
Pango la Popo (Bat Caves)   Mbeya Peak 2834 m   **Mbeya**
Igurusi   **Chimala**   Ruaha   Kimani Falls

Isanza   Mbalizi   Inyala
Matamba   Kirenganye 2289 m

Mpozi   **A104**   Ruanda   Livole   2621 m   Njipanda   Isyonje   2689 m   2181 m
Kipengere Mpanga Game Reserve
Chalowe

Halungu   **★ Ngozi Crater Lake**   Isongole   Morwi 2961 m
Kidugala   Wangar

Vwawa   **★ Mbozi-Meteorit**   Santilya   Isangate   Mt. Rungwa 2952 m
Elton   Plateau
Mdandu

Milezi   Mbogo 2700 m   Kiwira   Mwakaleli   **Kitulo National Park**
Imalinyi

Iharda   Kasamha
Tukuyu 2400 m   Lwanga
Mgasiwelo   Utungwa

**TAZARA**
**Tunduma**
Mla Mla   **★ Daraja la Mungu**   Makete   Mogoto   Kipengere   **Njombe**

**23**   2103 m   Ibungu   **B345**   Itete
Bulongwa   Ndulamo   Nganda

Kisiba   **27**   Matema   Ukwama   Uwem

D    E    A104    F

18

Tiwuka
Korongo  Chambi
Kipula
Simba Nguru
Simba Nguru
1356 m
Manda
Manda
Ipera
Ilangali
Panduka
Chingulu
Chikuya  Uvimbi
Vihungu
Uwambara
1110 m
Kisigo

Magonga  Ntati  Chic...  Iringa  1523 m  Mim...  Rubeho
Mwitikira  1006 m  Iringa  Berego  Gule...  Godegode
Nagulo  Mvumi  Mioda  Igoj...  Monga  Lukole  Pwaga
Huzi  Manzase  Fufu  Plateau  Wota  Kibakwe  Chamumile  Lumumba
Mkumbi  1281 m  Kinyika  Wangi  Mpwanila  Chugu
Mphwayungu  Chibole  Chinyanghuku  2165 m
Kidachi  Chilambo  Kipogoro  Rubeho  Kipale  Mahwemiro
Cambaku  Cambaku  Logi  Mtamba  Rudi  Chilendu  Chogola  2233 m
1263 m  Himva  Kisima  Kikuya  Kinusi
Mtera  Mang'alisa  2287 m  2182 m
Reservoir  New Mtera  Great R.  Mountains  Madizini
Migole
Makuka  Izazi  Mkulula  Matolo  Elphor.  Pas
Nyanzwa  1678 m  Kisanga
Kisilwa  Nyangolo  Ruaha
Chamdindi  1911 m  Mbuyuni  2062 m
Ikengeza  Uhambingetu  Madukani  Mgowelo  Kidayi
1930 m  Wambengetu  Ibumu  Mtandika  Msosa  A7
Mwaya  Lyasa  Ilindi
Luganga  Ngongwa  Chautu
Mloe  A104  Mazombe  Matassi  1706 m
Nyamihur  Mgonga  Nduli  Itungi  Ikokoto A  Udewa  Udzungw.
Ikonongo  Iringa  Ikokoto B  Ituwa  Nyumbenito  Mountain.
Idodi  Tosamaganga  Lugalu  Kalimbasi  2339 m  National Pa.
Mapogoro  A104  Nyabula  2381 m  Lohombero  Man.
Igangidungu  Nyamerenge  2576 m
Tungamalenga  Kiponzelo  2284 m
Mahuninga  Tanangozi
Ismilia Stone  Uwindi
Age Site  Mgama  25
Ifunda  Lupembelwasenga  Ifakara
Old Farm House  Dabaga  Station
Kisolanza  Mwambara  1934 m  Ifakar.
Sadani  Udumka  Muhaga  Mbingu  Ruipa  Kivukoni
Lugoda  Usokami  Bomalang'ombe  Njagi
Mafinga  Ugesa  Idegenda  Lupiro
Bumilayinga  Ihalimba  Nglingula  Masisiwe  Chombe  Tongora  Igota
Kisada  Ihefwe  Ifwagi  1996 m  Kipanga  Nyamhanga  648 m
Nyororo  Mbalwe  1885 m  Ihimbo  Itete  Mbang.
(James Corner)  Kalinga  Ihgnu  Chita  Merera
Mbaramaziwa  Kibaoni  Mdabulo  1647 m  Mahenge
Itengule  Ugimbano  Kasanga  Chiuzi  Salle  Mzere
Old Kasanga  Idetero  Highlands  Kimbwe  Ngawasi  1516 m
A104  Kungu  Mbarika  Chilombola
Idofi  Kitandalilo  Kiyowela  Uchindile  Kifete  Mhimba Station
Makambako  TAZARA  Kisitu  Igaua  Kiswaga  Mountains
Itunda  Mahongole  1577 m  Mpanga  Inanga  1329 m
Mtwango  1661 m  Taveta  Ngalimira  Malinyi  Kataketa
hanyana  Tanga
Niave  691 m  Ngoilanga  708 m  890 m
1599 m  Kiloreo
Matakanjoro  Kiwulunge  Kilosakwa Mpepo  1526 m
1795 m  Likembe  Bonta Ya Lindi
Lupembe  Mfrika  1173 m
Yagobi  Kilolelo
Igominyl  869 m  28  24

Ruaha
National Park

Great Ruaha

Mwagusi
Safari Camp
Msembe Gate
Ruaha River Lodge

Mufundi

Kilombero Valley

Kibasira
Swamp

Fufu Escarpment

Mtera
Reservoir

TAZARA

**A** **19** **B** **C**

**A 14**
Larawanda
Malivundo
Buyoni
Msorwa

Mudgani
Mkobwe
Mso
Mvumi
Mvuni

Misasa
Msoga
Ubenazomozi
Chalinze
Ubena

**B 127**
Kidete
Lumumba
Munisagari
Msimba
Rudewa
Mkata
Mazimbu
Mikese
Kinonko
Ngerengere
Kidugallo
Magindu
Msua
Kwala

**1**
Kilosa
Kyangayanga
Kimamba
**MOROGORO**
Mzinga
Mgolole
Kiroka
Msumbisi
Ruvoma
Lukosi
Matuli
Mafisi

Miyombo
Nivungu
Mlandize
Kipera
Mkuini
Luhah
Kiziwa
Kikundi
Mangulubwida
Kissio
Kisengeru

Zombo
Kivungu
Kinyenzi
Mlali
2438 m Tegetero
Mkuyuni
Giwata

Mbamba
Soma
Moeta
Bundjki
Mtambo
Mtombozi
354 m

Ulaya
Mgoda
Kibuko
Kikeo
2646 m
Mvuha
Magogoni
Kidunda

Madizini
**Uluguru Mountains**
Kidunda Station

Elphons
Pass
Kikoboga
Bwakira Juu
Dutumi
**TAZARA**
Kisangire

Kisanga
1255 m
Bwakira Chini
Mugazi

2062 m
**Mikumi**
Kisaki
Dakawa
Matambwe
Gate
Kinyanguru
Station
**Nzasa Plains**

Kidayi
Iwemba
**Mikumi National Park**
Kisaki Station
Sable Mountain Lodge
Matambwe
Station
Fuga Halt
Station

**A 7**
Kidodi
Kilombero
Kitete
Beho Beho
Beho Beho
Camp
669 m
Selous
Safari Camp
Rufiji River
Camp

**2**
**Udzungwa Mountains National Park**
2244 m
Kidatu
Msolwa A
Msolwa B
Sand Rivers
Camp
Mtemere Gate
Msanza

Mang'ula Gate
Sanje
**Stiegler's Gorge**
Mbega Comp
Logeloge
Mpanganya
Nyer

**B 127**
Mang'ula
Great Ruaha
Lake Utlenge

**24**
395 m

**Ifakara**
489 m
244 m

Kivukoni
Kilombero
808 m
Lukuliro

**3**
upiro
Igota
Ngarimb

Mbangala
655 m
**Tete Hills**

**Mahenge**
1516 m
**Selous Game Reserve**
868 m
686 m

Salle
Mzerezi
Makanda

Chilombola
Mwaya
Luhambera
Mkangira

Katateta
Ilongo
Muhinji Chin

**4**
990 m
Miembwe
Namabau
Kiniakopa

Ruhangingo
Mitumbati

Matimbwa
Kerege
Mawajara
Yombo
Mtengwu
Munoe
Bunju
*Mbuya Island*
Kunduchi
Mlandiz
Kumba
*Bongoyo Island*
Mbezi
**North Beach**
Ruvu
A7
Mwenge
**DAR-ES-SALAAM**
Ngeta
Soga
Kibaha
Ubungo
Pugu
**South Beach**
*TAZARA*
Kifuru
Mpiji
Mjimwema
Kisaware
Mbagala
Kibada
Gezaulole
Mzenga
Mwakanga
Yombo
Ras Kutani
Kola
Wibura
Kimbiji
*Ras Kimbiji*
Masaki
B2

Maneromango
Mbezi
Buyuni
*Ras Pembamnasi*
452 m
Msanga
Sotele
Chole
Binga
Marui
Mazomora
Njianne
Karole
Kisiju
Lukanga
*Kwale Island*
Kilimahera

Nyuruandanga
293 m
*Nyororo Island*
Bungu
Mchungu
*Barakuni Island*
Bweni
Kibiti
166 m
Changwa
Ngulakula
B2
*Mafia*
Kirongwe
*Ruhoi*
Kikale
Kipora
Baleni
Mkongo
Ikwiriri
Mbumi
**Kilindoni**
*Kinasi Lodge*
Rufiji
*Jombe*
Jtete
Ndundu Rufiji
Msomeni
Mwera
Utende
*Juani Island*
Jibindo
Nyamwage
Mbwera
Mtondo
**Mohoro**
Nyakitasi
Ndundu
**Mafia Island Marine Park**
6 m
*Okuza Island*
Nangulangwa
741 m
Mbongora
Nandete
Pungutini
Somanga
*I n d i a n*
Kipatimu
404 m
Matapatapa
*Songo Songo Island*
*O c e a n*
**Matumbi Caves**
Kandawale
Ndende
Matandu
B2
**Kilwa Kivinje**
Njinjo
Mitore
Nangurukuru
Mpara
Miguruwe
Naiwangaa
Mbate
**Kilwa Masoko**
Zinga Nakingombe
*Kilwa Kisiwani Island*
410 m
Kiwatama
*Songo Mnara Island*
Nainokwe
Kiwawa
Mandura
Kuwea
inga Mulike
Likawage
Roango
Lihimalyao
503 m
Mtole
Nambunju
Mandawa
B2
*Haven*

*Latam Island*

*Mafia Channel*

*Chole Bay*

1
2
3
4

A
B
C
1
2
3
4
23
22
Mbeya
Mbeya
2834 m
Salangwe
Magamba
Njelenje
Pango la Popo (Bat Caves)
Isanza
Halungu
Mbalizi
Uyole
Inyala
Igurusi
Chimala
Brandt
TAZARA
Kimani
A104
Wanging'ombe
Rujewa
Kimani Falls
2181 m
2689 m
Matamba
Kirenganye
2289 m
Kipengere Mpanga Game Reserve
Chalowe
2621 m
Njipanda
Isyonje
Ngozi Crater Lake
Isongole
Mt. Rungwa
2952 m
Mpozi
A104
Ruanda
Panda Hills
Isangate
Iyula
Mbozi-Meteorit
Santilya
Vwawa
Milezi
Kasamba
Mbogo
2700 m
Kiwira
Tukuyu
2400 m
Lwanga
Mwakaleli
Elton Plateau
Mtorwi
2961 m
Kitulo National Park
Kipengere Range
Makete
Kidugala
Mdandu
Wangama
Imalinyi
Mgasiwelo
Utungwa
Ihanda
TAZARA
104
Tunduma
Mla Mla
2103 m
Itumba
Kiwira
Darja la Mungu
Ibungu
B345
Mbaka
Itete
Bulongwa
Mogoto
Kipengere
Ndulamo
Tandala
Nganda
Njombe
Kisiba
2189 m
Katengele
Ipinda
Matema
Ukwama
Uwemba
Mahenye
Kameme
Adam
Bupigu
Ibanda
Mwaya
Lumbila
2511 m
James
Chitipa (Fort Hill)
Chinunka
Kyela
Itungi Port
Mwandenga
Lutsitu
2524 m
Chanka
Misuku
Songwe
Livingstone Mountains
Mwiniwanda
Mwakayera
Kirondo
2244 m
Lugalawa
Nsindano
Kapoka
Kaporo
Ngerege
Milo
Pangala
Chendo
Amosi Ohilanga
Kambwe
Karonga
2488 m
Mukukwe
Makonde
Makonde
Mulembe
Lupindi
MALAWI
Lupembe
Lupingu
Mwiniwisi
Mulembe
Mwenewenya
M1
Rudewa
SAMBIA
Mulekatembo
Kopakopa
Mlal
walizi
Kampumbu
Chifungwe
Nyungwe
Kavukuku
Ukenju
Mpande
Nthalire
Nchewere
Nganda
2608 m
Manda
Mpolomombo
Young's Bay
Amelia Bay
Gingama
Chimbale
Lituhi
Nyika National Park
Muyombe
Chitimba
Chelinda
Livingstonia
Lundu
Lusangani
Bemba
Vitumbi
2527 m
Lake
Mlowe
Nchenachena
Zunga
Mbuli
Nindai
Muhuju
Phwezi
Muyeleko
Njambe
Mwazisi
Ng'onga
South Rukuru
Tumbi Point
Luangwa
Vwaza Marsh
Bolero
Rumpti
Mkondowe
Zung'uza
Kadyungu
Gondwe
Jitha Jembe
Liuli
Chimaliro
2058 m
Ruarwe
Game Reserve
Lake Kazuni
Malisawa
Ngwira
Usisya Bay
Usisya
Chinula
Engucwini
MALAWI
Mphandi Point
Bweteka
Malawi
Emeisweni
Mundalanga
Chikwina
Sokopo
Chinura
Ezondweni
Mzuzu
Eutini
Mzambazi
Kafukule
Timbiri
Nkhata Bay
Vipya Plateau
Chizi Point
Boti Kumwenda
Chinyakula
Limpasa
Kamchocho
Banda
Mzalange
M5
Mankhambira

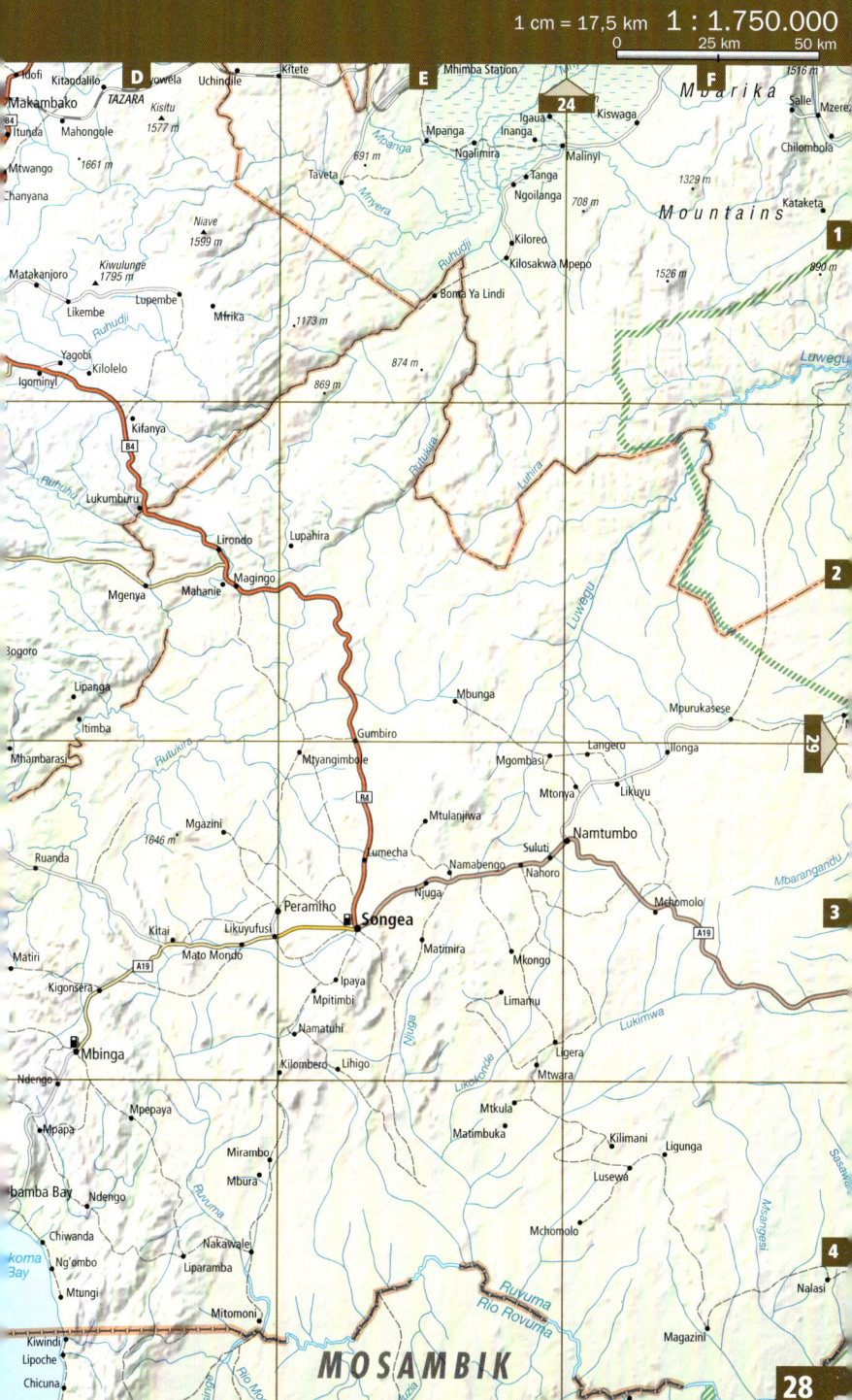

# Tansania: Kilwa Masoko, Lindi, Mtwara, Masasi, Tunduru

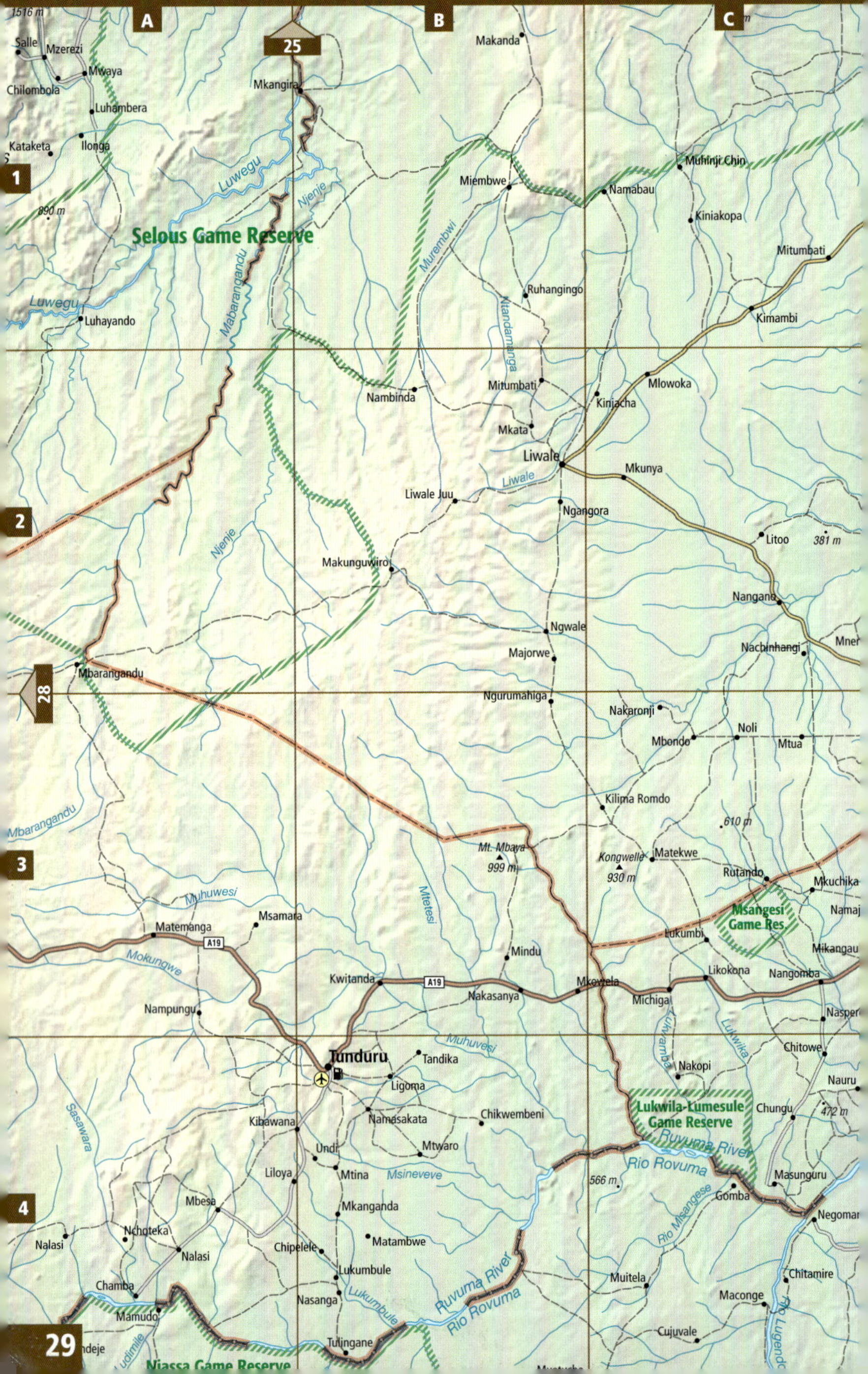